LA NUIT DES LONGS COUTEAUX

Histoire d'une intox

W0299253

Dans la même collection :

Pierre Rocolle, *La Guerre de 40.*
Tome 1 : *Les Illusions* ; tome 2 : *La Défaite*

Henry Laurens, *Le Royaume impossible.* La France et la genèse du monde arabe

Henry Laurens, *Le Grand Jeu.* Orient arabe et rivalités internationales

Ch.-R. Ageron *et alii, Histoire de la France coloniale.*
Tome 1 : *Des origines à 1914 ;* tome 2 : *1914-1990*

Cyril Buffet, *Mourir pour Berlin.* La France et l'Allemagne (1945-1949)

Ahmed Koulakssis, *Le Parti socialiste et l'Afrique du Nord de Jaurès à Blum*

J.-F. Soulet, *La Mort de Lénine.* L'implosion des systèmes commmunistes

André Ropert, *La Misère et la gloire.* Histoire culturelle du monde russe de l'an mil à nos jours

JEAN PHILIPPON

LA NUIT DES LONGS COUTEAUX

Histoire d'une intox

ARMAND COLIN

Illustration de couverture : Dimitri Selesneff
© Armand Colin Éditeur

Tous droits de traduction, d'adaptation et de reproduction par tous procédés réservés pour tous pays.

Toute reproduction ou représentation intégrale ou partielle, par quelque procédé que ce soit, des pages publiées dans le présent ouvrage, faite sans l'autorisation de l'éditeur est illicite et constitue une contrefaçon. Seules sont autorisées, d'une part, les reproductions strictement réservées à l'usage privé du copiste et non destinées à une utilisation collective, et d'autre part, les courtes citations justifiées par le caractère scientifique ou d'information de l'œuvre dans laquelle elles sont incorporées (loi du 11 mars 1957, art. 40 et 41 et Code pénal art. 425).

Des photocopies payantes peuvent être réalisées avec l'accord de l'éditeur. S'adresser au : Centre français d'exploitation du droit de copie, 6 bis, rue Gabriel-Laumain, 75010 Paris. Tél. : 48.24.98.30.

© Armand Colin Éditeur, Paris, 1992
ISBN 2-200-37289-2
ISSN 1151-7638

Armand Colin Éditeur, 103, bd Saint-Michel, 75240 Paris Cedex 05.

Avant-propos

La liste des publications qui ont traité de l'affaire Röhm : études savantes, ouvrages de vulgarisation, voire fictions plus ou moins romanesques, décourage par sa longueur; pourtant aucun de ces travaux ne satisfait en tous points. Nous avons tenté, dans ces pages, une synthèse aussi complète que possible, qui concilie tout ce qui est vraiment acquis et lève les contradictions.

Ce livre est l'abrégé d'une thèse de doctorat d'État soutenue, à l'université de Nice-Sophia Antipolis, devant un jury composé de Mmes Saint-Martin, Stolwitzer et MM. Castellan, Colonge et Nouschi. Nous avons réduit l'ouvrage de moitié et supprimé tout l'appareil d'érudition. Nous ne pouvons que renvoyer les spécialistes, légitimement intéressés au premier chef par les discussions savantes et l'établissement d'une chronologie, jusqu'alors fort imprécise, même dans les meilleurs travaux, aux exemplaires réglementaires, dactylographiés ou microfilmés, déposés dans les bibliothèques universitaires. On trouvera ici, avant tout, la chronique d'une des crises majeures du système nazi.

Le récit de la crise tente de répondre à trois questions d'une portée générale. Quels étaient le fonctionnement et l'influence des institutions lorsqu'une décision était prise? Quelle était la part de l'opinion et de l'esprit public dans la formation des appréciations politiques? Quels étaient enfin les ressorts de la volonté politique? La démonstration sur cet exemple privilégié est-elle probante? C'est au lecteur de le dire.

C'est un agréable devoir que de remercier tous ceux qui nous ont aidés. Ils sont trop pour que nous puissions les citer tous. Que six d'entre eux représentent cette cohorte nombreuse.

Nous inscrirons en tête le nom de notre vieil ami, aujourd'hui disparu, Helmut H. Krausnick. Il fut l'un des tous premiers à étudier de manière scientifique, l'affaire Röhm. Exemple rare, il a suivi nos recherches avec un intérêt constant et toujours bienveillant.

Nous sommes redevable de beaucoup à notre collègue, Madame G. Stolwitzer, professeur à la faculté des Lettres de Nice, notre directeur de thèse, dont les conseils et les encouragements ont été irremplaçables et décisifs.

Nous avons rencontré auprès des bibliothécaires et des archivistes, dans la plupart des cas, le meilleur accueil, au-delà de tout ce qu'un chercheur étranger était en droit d'attendre. Des demandes, en apparence à la fois saugrenues et futiles, ont reçu des réponses parfois fort détaillées. Pourquoi le taire ? Il y eut des exceptions. La RDA, pays qui faisait de l'antifascisme un dogme politique, n'a guère encouragé l'étude du fascisme. Nous conservons quelques lettres précieuses. Ce sont des fins de non-recevoir dont on ne saurait dire qu'elles péchaient par excès de courtoisie. Enfin, ce chapitre appartient au passé.

Que tous veuillent bien considérer le Dr Hermann Weiss, archiviste du Institut für Zeitgeschichte de Munich, comme une sorte d'intercesseur, chargé de transmettre à la communauté des gardiens des sources, l'expression de toute notre gratitude.

Que Mme Hélène Sanna, MM. Christian Picque et Yves Touveron, sous-préfet honoraire, qui, chacun pour sa part, ont contribué à la mise au point matérielle du manuscrit, trouvent ici l'expression de notre amitié et de notre gratitude.

Saint-Sernin-du-Plain
2 mars 1991

PREMIÈRE PARTIE

GENÈSE DE LA CRISE

Chapitre 1

SA - REICHSWEHR
Collaboration et premiers incidents
(1921-février 1934)

La «Nuit des longs couteaux» aurait été un drame sanglant qui tenait, selon une opinion reçue, de *Macbeth* et des Vêpres siciliennes. *Macbeth*? Peut-être! Mais alors revu et corrigé par Heiner Müller, le seul qui ait compris de manière aussi incisive que les États ne sont plus conduits par la volonté et les passions d'un ou de plusieurs hommes, mais par le jeu aveugle des mécanismes du pouvoir. La leçon mérite d'être méditée. Les deux protagonistes ont été la SA et la Reichswehr. Ce sont eux qu'il faut d'abord présenter.

Le conflit Reichswehr - SA

Le conflit a une préhistoire et n'a pas été provoqué, tout à fait accidentellement, par l'ambition ou la sottise de quelques-uns. Il avait de lointains antécédents. La doctrine de la Reichswehr en matière de défense nationale reposait sur deux postulats implicites. Pour réparer Versailles et éviter un nouvel effondrement comme celui de 1918, l'armée future devrait apparaître comme l'armée de toute la nation et non comme la propriété d'une caste au service d'une classe. Les généraux allemands avaient tiré les leçons de la défaite. Durant l'interrègne, la Reichswehr devait se garder jusqu'à l'apparence d'être inféodée à des intérêts partisans. Sans doute, il ne manquait pas de vieilles «culottes de peau» pour rêver de restauration. Les chefs de la Heeresleitung[1] et ceux du Truppenamt[2] ont été fidèles, sans exception, à l'esprit de Seeckt.

1. Commandement de l'armée de terre.
2. Office des troupes, camouflage de l'état-major de l'armée de terre, interdit par le traité de paix.

Le second postulat n'avait pas la même évidence logique. Le 24 avril 1919, Seeckt, qui faisait partie de la délégation allemande à Versailles, avait demandé, dans un télégramme à Groener, le successeur de Ludendorff : «... Effectifs de l'armée de terre, au moins 300000». Comme tant de chiffres avancés dans les discussions politiques, celui-ci ne tarda pas à prendre une véritable valeur cabbalistique. Au-dessous de 300000 hommes, la Reichswehr ne pouvait à la fois maintenir l'ordre intérieur et garantir le Reich d'une incursion polonaise. C'était un article de foi. Le 1er janvier 1921, les effectifs légaux furent ramenés à 100000 hommes. Le commandant militaire inventa divers artifices pour conserver, à l'insu des Alliés, des réserves instruites, rapidement mobilisables, comme en mai 1921 lors de la troisième incursion polonaise en Silésie. Il employa successivement deux systèmes. Le premier reposait en quelque sorte sur le principe de la sous-traitance. Les Freikorps, troupes régulières composées de volontaires qui avaient été choisis et engagés par un chef reconnu des autorités légales, avaient été officiellement dissous. Un noyau clandestin subsistait, sous des raisons sociales diverses : communautés de travail agricoles, équipes de récupération des matériels de guerre, etc. Les hommes obéissaient à leur Führer auxquels ils se sentaient unis par des liens personnels. Le plus souvent, ils gardaient la libre disposition de leurs armes. C'est à ces chefs que l'armée s'adressait lorsqu'elle avait besoin de volontaires. Rossbach dirigeait une agence de police privée à Berlin. C'était une couverture pour de multiples activités. Quelques coups de téléphone suffisaient pour mobiliser les communautés de travail qui dépendaient de lui. Bien que le camouflage ait été remarquable, la tutelle de la Reichswehr est démontrée. Le major Buchrucker et Paul Schulz, qui dirigeaient la schwarze Reichswehr, avaient leurs bureaux dans les locaux de la IIIe région militaire à Berlin. Un des meurtres de la Feme[3], celui de Wilms, a été commandité par le chef d'état-major de la IIe région militaire. En Bavière, le capitaine Röhm avait très officiellement pour mission de constituer, armer et diriger les réserves illégales de la 7e division. Les inconvénients du système apparurent avec une évidence criante lorsque le chancelier Stresemann ordonna, le 26 septembre 1923, de mettre fin à la résistance passive. Rien n'interdisait à ces entrepreneurs de guerre, qui étaient jusque-là restés dans leur rôle de sous-traitants ou presque, de travailler à leur compte. C'est ce que firent Buchrucker à Berlin et Röhm à Munich.

Le second système, plus élaboré, recourait, si l'on nous permet l'expression, à de véritables agences de travail temporaire. En 1926, le Landesschutz[4] était définitivement installé. C'était un service, dont une partie des activités, pour tout ce qui touchait à une éventuelle mobilisation, étaient certes illégales, mais qui était tout à fait officiel. Il dépendait du ministère de la Défense et ses bureaux se trouvaient dans les casernes. La machine fonctionnait par-

---

3. Terme collectif pour désigner la «justice» des organisations clandestines.
4. Mot à mot : «défense territoriale».

faitement, mais presque à vide, car le nombre des mobilisables : soldats de la Reichswehr ayant quitté le service par anticipation, forces de police, etc. n'aurait pas suffi au doublement de l'armée de terre. À ce moment intervenaient les Wehrverband. C'étaient des associations patriotiques comme le Stahlhelm[5], qui non seulement cultivaient les traditions militaires, entretenaient le Soldatentum, le «soldatisme», mais organisaient de vastes activités paramilitaires pour les anciens combattants et une formation prémilitaire pour les jeunes gens qui n'avaient pas été incorporés avant le 11 novembre 1918 ou n'avaient pas servi dans quelque Freikorps. Les Wehrverband constituaient le vivier d'hommes dans lequel le Landesschutz aurait puisé en cas de conflit. Il le faisait déjà, en temps de paix, dans les provinces orientales, car les membres de ces associations fournissaient les effectifs des unités territoriales, illégales elles aussi, chargées de la protection des frontières (Grenzschutz). En apparence, la construction était sans faille. L'appareil mobilisateur était un simple service de la Reichswehr chargé officiellement de besognes subalternes. L'armée avait un contrôle total sur le dispositif de mobilisation. En quelques semaines, des centaines de milliers d'hommes pouvaient être rassemblés, équipés, armés et jetés dans la bataille. Et le secret était à peu près inviolable. Les officiers du Landesschutz avaient le statut d'employés civils. En cas de découverte de documents compromettants, on pouvait faire retomber la responsabilité sur l'«employé» qui aurait eu une initiative condamnable. Il n'existait pas de lien direct entre Reichswehr et Wehrverband. La liaison était assurée, à titre personnel, par les L-Offizier en leur double qualité d'employés civils de l'armée et, par exemple, de membres du Stahlhelm ou de tout autre Wehrverband, auquel les activités para- et prémilitaires étaient confiées. Cette belle organisation avait deux tares. La dualité de commandement n'avait pas été supprimée. La Reichswehr dépendait de la bonne et de la mauvaise volonté des fournisseurs de cette main-d'œuvre temporaire, les Wehrverband, et de la main-d'œuvre elle-même. Le 18 janvier 1927, le lieutenant-colonel von Bonin, qui traitait ces questions pour le Truppenamt (T2 III), se demandait s'il ne serait pas plus simple de s'en remettre aux Wehrverband comme on l'avait fait avec les Freikorps.

En outre, il existait un inconvénient politique. Le secret était certes bien gardé. En juin 1931, le 2e Bureau n'avait encore aucune vue d'ensemble des plans de mobilisation de la Reichswehr. C'est seulement à la fin de l'année qu'il parvint à donner une synthèse. Mais les contacts entre militaires et Stahlhelm ne pouvaient échapper entièrement aux observateurs, qui leur attribuaient une signification partisane. Avant 1923, l'armée était compromise, aux yeux des républicains, avec le radicalisme d'extrême droite; désormais elle le faisait avec les élements les plus réactionnaires, les plus arriérés, les plus inféodés au passé, des partis conservateurs.

---

5. Casque d'Acier.

Mais la menace la plus grave qui pesait sur l'organisation de réserves clandestines, c'était tout simplement l'usure du temps. En posant l'âge limite de la 1re réserve à trente-deux ans, celui des plus jeunes démobilisés au 31 décembre 1920, à dix-huit ans, il était clair que le Reich ne disposerait plus de réserves déjà pleinement instruites au 31 décembre 1934, à l'exception des forces de police et des libérés de la Reichswehr. Il était possible de retarder l'échéance en relevant l'âge limite de la 1re réserve. C'était reculer pour mieux sauter. C'est sous la direction de Schleicher que les plans de réarmement, dont les débuts remontent à 1926, furent élaborés de manière détaillée. Il y en eut trois : le premier et le deuxième Rüstungsplan et le Umbau[6]. Nous n'en retiendrons que ce qui concerne les effectifs. L'armée de terre devait être portée en temps de paix à 147000 hommes par des engagements de longue durée. Les volontaires auraient le choix entre un contrat de 12 ans, prévu dans le traité de Versailles, ou de 3 ans. C'était une innovation qui favorisait la reconstitution d'une réserve d'hommes instruits. En outre tous les ans, 50000 hommes seraient incorporés par tranches de 12500 hommes, pour une durée de trois mois, pendant lesquels ils recevraient une formation militaire accélérée. Le Grenzschutz serait renforcé. La tâche des instructeurs serait facilitée, car un nombre croissant de jeunes Allemands recevraient une instruction prémilitaire approfondie. Dans ce but, un Reichskuratorium für Jugendertüchtigung (Conseil d'Empire pour l'éducation physique de la jeunesse) fut créé. Il devait encourager la pratique du sport militaire (Wehrsport) dans toutes les associations de jeunesse.

En 1933, après l'arrivée d'Hitler à la chancellerie, il n'y eut pas de solution de continuité. Ce furent les plans de Schleicher et notamment le Umbau qui furent mis en application. Certes, les circonstances avaient beaucoup changé. Les obstacles financiers avaient été levés. Les crédits nécessaires furent accordés généreusement et gérés d'ailleurs avec un sens tout prussien de l'économie. Bien qu'il fût toujours indispensable d'occulter cette révision *de facto* du traité de Versailles pour ménager la susceptibilité des vainqueurs, des collisions entre la politique militaire et la politique générale n'étaient plus à craindre. Le Führer et l'armée agissaient en parfait accord. L'étatisation progressive de la vie sociale semblait garantir l'unité administrative de l'entreprise. L'armée fixait les objectifs, définissait les méthodes. Des organisations à demi étatiques exécutaient, sous le contrôle d'officiers, les programmes dont seule la mise en application leur incombait. Enfin, avant même le rétablissement de la conscription, les activités pré- ou paramilitaires devinrent obligatoires de fait pour de nombreuses catégories de jeunes Allemands : étudiants, magistrats, etc. La «prise du pouvoir» simplifiait bien les choses !

Les militaires hésitèrent sur le choix du partenaire unique qui se substituerait à la multiplicité des Wehrverband. Seldte aurait souhaité que ce fût le Service du travail. Le 18 mars, il reçut un long mémorandum de Blomberg.

6. Mot à mot «reconstruction».

L'affaire fut discutée tout au long des mois d'avril, mai et juin. C'est, semble-t-il, sous l'influence du général Reichenau que les tâches militaires dont la Reichswehr n'était pas encore en droit d'assumer la responsabilité publique, furent confiées à la SA.

Pourquoi la SA? Cette sélection surprend avant toute réflexion. Reichenau était certes, disait-on, un «nazi». Mais les généraux...? Si nous nous déprenons de nos préjugés, la décision n'a rien de surprenant. Elle a même de nombreux précédents. Bennecke a montré de manière convaincante que la SA, la Turn-und Sportabteilung, fut constituée moins pour assurer le service d'ordre des réunions nazies que pour servir de couverture aux hommes de la brigade Ehrhardt, un Freikorps, après l'assassinat de Erzberger, le 26 août 1921, et la dissolution de l'Organisation Consul (OC). Hitler ne tarda pas du reste à reprendre le contrôle de cette formation nouvelle. La direction en avait été confiée au sous-lieutenant Klintzsch, un homme de Ehrhardt. Le capitaine Göring lui fut adjoint. les deux hommes formèrent provisoirement un duumvirat. Mais ce fut bientôt Göring qui devint le véritable patron. Ces différentes opérations avaient été supervisées par le capitaine Röhm et elles avaient eu, jusqu'au printemps 1923, l'approbation, au moins tacite, du commandant de la 7e division. Après l'échec du putsch, le 9 novembre, la rupture entre Reichswehr et NSDAP était consommée.

Pendant la captivité d'Hitler à Landsberg, Röhm avait tenté de rassembler les éléments épars de l'ancienne SA pour reconstituer un Wehrverband, le Frontbann. Lorsque le Führer, après sa libération anticipée, le 20 décembre 1924, entreprit de recréer le parti, il désavoua les efforts de Röhm. Le 1er mai 1925, celui-ci abandonna ses fonctions de chef du Frontbann et de la nouvelle SA. Le 1er novembre 1926, un commandant suprême de la SA (OSAF) fut institué et confié au Gauleiter[7] de la Ruhr, Franz Pfeffer von Salomon. Sa première mission était de réorganiser la SA sur des principes neufs. Hitler s'en est clairement expliqué dans *Mein Kampf*. Pour imposer une révision du traité de Versailles, le Reich avait besoin d'une armée nationale, encadrée par des soldats de métier, et dont le recrutement reposerait sur la conscription. L'Allemagne ne pouvait être défendue ni par une Reichswehr dont les chefs avaient pactisé avec les «traîtres de novembre», ni par des milices clandestines, mal instruites, mal armées, composées d'aventuriers en mal de nihilisme. C'était donc la rupture déclarée avec l'armée. Il ne fallait plus compter sur le «tambour» Hitler pour rameuter les volontaires des fameuses «Forces noires». Mais la SA? Elle serait une «armée politique». On s'est gaussé du terme. Il était peut-être équivoque, il n'en recouvrait pas moins une conception parfaitement élaborée. La SA aurait désormais une triple fonction. Comme par le passé, elle assurerait le service d'ordre des manifestations nazies. Par ses masses uniformes, elle exerçait une véritable fascination sur les foules amorphes et servait admirablement la propagande du mouvement.

7. Mot à mot «directeur du Gau», division territoriale du NSDAP qui correspondait approximativement aux provinces.

Mais ce rôle n'était pas de pure figuration. C'est grâce à la SA que le NSDAP est parvenu à pénétrer, toutes bannières déployées, dans les quartiers ouvriers des grandes villes allemandes et à les conquérir de haute lutte, après avoir affronté et brisé l'opposition des groupes armés, communistes et sociaux-démocrates, ses frères ennemis, qui prétendaient lui en interdire l'accès. Ce fut une longue histoire, douloureuse et sanglante, jalonnée de demi-succès et d'échecs comme le «dimanche de sang» d'Altona, le 17 juillet 1932, où la police releva sur le terrain dix-huit morts et soixante-huit blessés graves. Enfin cette violence contrôlée faisait de la SA un facteur politique indépendant de l'arithmétique parlementaire. Il n'était pas de gouvernement qui ne dût compter avec un homme comme Hitler puisque celui-ci avait, à tout moment, la ressource de porter le désordre dans la rue. La SA n'était plus un Wehrverband, mais bien une «armée politique» qui pouvait se transformer en facteur de guerre civile.

Pourtant, Hitler opéra un revirement spectaculaire au cours de l'année 1930. Peu avant les élections du 14 septembre 1930, une agitation gauchissante se manifesta dans la SA. Les hommes qui avaient subi maintes frustrations, réclamaient une radicalisation de la ligne du Parti contre la droite. Le Führer était trop bon tacticien pour effaroucher par des pétitions de principe révolutionnaires, les conservateurs prêts à voter pour lui. Il invita Pfeffer von Salomon, qui avait manqué d'autorité, à démissionner. Il prit le commandement de la SA et nomma, le 3 septembre, un chef d'état-major (Stabschef) provisoire, le Dr Otto Wagner. En même temps il rappela, par télégramme, Röhm de son exil en Bolivie. Le résultat des élections confirma l'exactitude de ses vues. Le NSDAP rassemblait plus de 6400000 voix contre 800000 en mai 1928. Avec 107 sièges, c'était désormais le deuxième parti du Reichstag, après la social-démocratie (143 sièges), mais devant les communistes (76 sièges), le Zentrum (68 sièges), les populistes (29 sièges), etc. Hitler avait cependant fort bien compris que son succès risquait fort de n'être qu'une victoire à la Pyrrhus, s'il ne parvenait pas à conquérir une certaine légitimité. Une coalition de front populaire comprenant KPD, SPD, Zentrum et Deutsche Staatspartei, était concevable sur le papier. Les communistes la condamnaient ouvertement. Les électeurs démocrates, catholiques ou même sociaux-démocrates n'étaient pas prêts à l'accepter. Une combinaison centriste autour du Zentrum, avec une aile gauche (SPD) et une aile droite englobant les partis bourgeois ou conservateurs, s'étendant aussi loin que possible, souffrait des mêmes défauts. Les sociaux-démocrates craignaient de perdre leurs électeurs au profit des communistes en pactisant avec la «réaction». Pour celle-ci, les Sozis se distinguaient à peine du parti de Moscou. Cette double impasse et le titre de chef du deuxième groupe parlementaire ne suffisaient pas à faire de Hitler un candidat sérieux à la chancellerie. C'était un tribun habile, un agitateur sans scrupule, mais tous les notables du DNVP étaient secoués de rire à la seule idée que le Reichskanzler pût s'appeler Adolf Hitler. Sur ce point, nous sommes en droit de faire confiance à leur mémoire. Le Führer avait besoin d'un intercesseur. Pour allié, il choisit la Reichswehr. Il avait un atout, la SA. L'intermédiaire entre lui et le ministère de la Défense serait Ernst Röhm. Celui-ci, qui avait ses entrées dans la Bendlerstrasse, mettrait la SA à la disposition du Grenzschutz. Il ne serait même pas nécessaire pour ce faire, de noyauter les unités de protection des frontières. C'était fait. Le 14 septembre, les nazis avaient obtenu les résultats les plus spectaculaires dans les provinces de l'Est. L'électorat conservateur avait reporté une partie de ses voix sur le NSDAP. Ces transfuges étaient particulièrement nombreux parmi les jeunes électeurs du DNVP. Or, c'étaient eux qui formaient le gros des volontaires du Grenzschutz. Ils votaient national-allemand. Ils appartenaient au Stahlhelm. Désormais, ils donnaient leur voix à Hitler et adhéraient en masse à la SA. Le Grenzschutz se trouvait de ce fait infiltré par le nazisme sans que le Parti ait eu à manœuvrer. Le commandement de l'armée ne pouvait pas ne pas tenir compte de cette évolution, spontanée dans un premier temps, puis systématiquement organisée. Un véritable accord fut conclu entre Röhm et Schleicher. En échange de l'appui politique de la Reichswehr, le NSDAP mettrait la SA à la disposition de la Défense nationale. La réalité de cette convention est attestée par une lettre de Martin Bormann à Hess : « Est-ce que le Führer sait que, dans le Mouvement, nombreux sont ceux qui pensent que Röhm a été roulé par Schleicher. » Les deux partenaires ont peut-être songé à « se rouler » mutuellement. Le pacte donnait en fait à Hitler des possibilités de manœuvre inespérées. Le 10 octobre 1931, il fut reçu, pour la première fois, en compagnie de Göring, par le président Hindenburg. Le 8 mars 1932, le général Groener, ministre à la fois de l'Intérieur et de la Défense nationale envoya une lettre à Carl Severing, le ministre de l'Intérieur de Prusse. Il était à craindre, écrivait-il, que Hitler n'acceptât pas une défaite, le 13 mars, au premier tour de l'élection présidentielle. Severing était invité à prendre toutes les mesures nécessaires. La lettre avait été rédigée par un des directeurs du ministère, le Dr Häntzschel. On savait qu'il n'approuvait pas la tolérance dont le gouvernement avait fait preuve envers les nazis. Le 11, Severing avait conseillé d'attendre. Il avait la situation bien en main. Pourtant le 17, une vaste opération fut déclenchée en Prusse. Des perquisitions eurent lieu. Des documents furent saisis. On a dit que les auteurs de cette opération ne craignaient nullement un putsch de la SA, qu'ils avaient voulu provoquer Hitler à quelque coup d'éclat afin d'avoir un motif de reporter les élections au Landtag de Prusse. Elles devaient avoir lieu le 24 avril et promettaient aux nazis un nouveau succès électoral. Comme presque toujours dans ces cas, la subtilité du calcul était trop fine pour que la pointe fût brisée par les événements. La riposte de Hitler fut simple. À ce moment, on découvrit les instructions destinées à la SA de Prusse orientale. Il était ordonné, en cas de conflit, de laisser les Polonais s'avancer jusqu'à Königsberg plutôt que de défendre une République qui ne valait pas les os d'un seul SA-Mann. On aurait pu avoir des doutes sur l'authenticité des documents. Au début d'avril, le Führer prononça un discours à Lauenbourg, en Poméranie. Il renouvela la menace. La SA ne défendrait pas la République. Dans un premier temps, Schleicher et les commandants des forces armées soutinrent

Groener et approuvèrent la fermeté dont il avait fait preuve envers le NSDAP. Dès le 9 avril, Schleicher prit ses distances avec Groener qui fut bientôt abandonné par la Reichswehr. La menace qui pesait sur le Grenzschutz explique, pour une très large part, nous semble-t-il, le revirement des militaires.

Après les élections du 31 juillet, le NSDAP avait le groupe parlementaire le plus important du Reichstag (230 sièges). Hitler aurait dû normalement être appelé à constituer le gouvernement. Il fut soutenu par Schleicher, mais échoua devant Papen et Hindenburg. C'était un frêle rempart pour la République que la vanité d'un cavalier, sauteur d'obstacles, et l'entêtement d'un vieillard. Mais l'épisode le plus significatif eut lieu le 26 janvier 1933. Le cabinet Schleicher, formé au début de décembre 1932, avait échoué lui aussi. Des tractations étaient en cours depuis le début de janvier entre Hitler, Papen et les conservateurs. Hitler voulait la chancellerie. Papen n'avait pas tout à fait abandonné l'espoir de le convaincre qu'il devait se résigner à n'être que vice-chancelier. Le général Kuno von Hammerstein-Equord, qui commandait l'armée de terre, entreprit une démarche tout à fait inhabituelle. Le Freiherr von dem Bussche-Ippenburg, chef de l'Office des personnels de l'armée de terre, devait faire un rapport de routine à Hindenburg. Hammerstein l'accompagna à la présidence. Il rencontra tout d'abord le secrétaire d'État Meissner auquel il demanda s'il n'y avait plus la moindre chance d'éviter la démission de Schleicher. Puis, il fut reçu par le président en même temps que von dem Bussche. Après l'exposé de celui-ci, il prit la parole. Que dit-il?

L'affaire était simple. Schleicher avait en fait renoncé à se maintenir aux affaires. Il fallait choisir entre deux maux : Papen ou Hitler. Le commandant de l'armée de terre ne sortait pas de son rôle en signalant au président du Reich que la désignation du premier comme chancelier aurait des répercussions fâcheuses sur l'armée et la politique militaire. Pour les généraux, Hitler était alors le moindre mal. Hammerstein-Equord n'obéissait pas à des considérations idéologiques. Il n'envisageait même pas l'ensemble de la politique du Reich. Il n'en retenait qu'un aspect, tout ce qui touchait à la Reichswehr. Sur ce point, les généraux furent intransigeants. Hitler ne devait pas toucher à l'armée. Solidement encadré, ayant à ses côtés un ministre de la Défense pourvu de l'aval du président et de la Reichswehr — pourquoi pas Schleicher? Si absurde que cela paraisse, la combinaison a été envisagée — le Führer ferait un chancelier passable.

L'apport de la SA à la défense nationale pesait très lourd. Contrairement à ce qu'affirmait Bormann, les calculs de Hitler et de Röhm étaient justes. Schleicher n'avait pas réussi à les «rouler». Il était tombé dans son propre piège. Pour le commandement de l'armée, il n'y eut pas de solution de continuité. Lorsque la Reichswehr désigna, au mois de juin 1933, la SA comme Wehrverband unique, la décision heurta bien des L-Offizier. Les chefs de l'armée demeuraient fidèles à une politique ébauchée dès l'année 1931. Ils se contentaient d'en faire un système.

La SA comme Wehrverband

La première mesure à prendre était d'incorporer tous les Wehrverband dans la SA. Dès le 21 juin 1933, il avait été convenu entre Hitler et Seldte que le Jungstahlhelm (17 à 23 ans) serait intégré à la SA. Du 1er au 3 juillet, une importante réunion eut lieu à Bad Reichenhall, à laquelle participèrent Hitler, Röhm, et de nombreux officiers dont le général von Reichenau, le chef du Ministeramt[8] et le colonel Keitel, directeur de la section T2 du Truppenamt, à laquelle étaient rattachés Landesschutz et Grenzschutz. Il ne fait guère de doute que la subordination du Kernstahlhelm (de 24 à 35 ans) à la SA avait été imposée par la Reichswehr. La conférence avait pour objet de préparer les conditions morales et de définir les modalités de cette union forcée. Le Führer prononça un long discours. Pris à la lettre, ce n'était qu'une nouvelle litanie de lieux communs et de formules philosophiques creuses. Une fois décrypté, le sens en était parfaitement clair. Le national-socialisme avait conquis le pouvoir politique. Dès lors, l'État devait procéder à une mobilisation totale de toutes les ressources de la nation afin de résoudre le problème du chômage. Les officiers qui avaient entendu le chancelier, le 3 février, chez Hammerstein-Equord, ne pouvaient ignorer qu'il n'existait pour Hitler d'autre solution à la crise que la conquête d'un vaste espace vital à l'Est. Le rôle de la SA dans cette mobilisation de la nation serait capital. Elle enseignerait à la jeunesse allemande une simplicité spartiate, elle l'endurcirait physiquement et moralement, elle l'accoutumerait à obéir aveuglément à l'autorité de ses Führer. SA, SS, Stahlhelm donneraient, en acceptant de se fondre en un seul corps, l'exemple de l'unité nationale. Ils formeraient une armée de « soldats politiques ». Le Führer prit soin de dissiper deux équivoques dont la formule était lourde de sens. Cette armée n'était pas destinée à remplacer la Reichswehr. Cette dernière serait seule à « porter les armes » (Waffenträger) de la nation. Par une *captatio benevolentiae* sans détour, il ajoutait qu'il ne doutait pas un seul instant que « l'armée ne s'appuyât sur la nouvelle Weltanschauung ». Quant à la SA, elle serait prête à briser toutes les entreprises de la « réaction » afin de renverser l'ordre existant. Elle n'avait pas pour autant à propager ce que certains nommaient déjà une « seconde révolution » dont les conséquences risquaient d'être le chaos. La mission de la nouvelle SA était donc d'incarner aussi parfaitement que possible le « soldatisme », au service de la défense nationale, en vue de la mobilisation totale de la nation. Toutes les mesures d'intégration des Wehrverband à la SA favorisaient sans aucun doute la collaboration de la Reichswehr et de la SA dans les différentes régions militaires. En revanche, la dissolution de ce qui restait du Stahlhelm (hommes de plus de 35 ans), prononcée le 27 février 1934 par Seldte apparut à beaucoup d'officiers comme une brimade sans profit pour la constitution de réserves clandestines. D'autres Wehrverband

8. Office ministériel, cabinet politique du ministre de la Défense.

furent intégrés à la SA : le Wehrwolf de Fritz Kloppe, le 25 août; le Bund Wiking du légendaire Kapitän Ehrhardt, le 26 août (le capitaine plaça sa brigade «sous les ordres» du Reichsführer SS). Le Jungdeutscher Orden de Mahraun fut interdit en 1933 bien que son Führer ait proposé de servir le nouveau régime. La Spielschar de Rossbach fut dissoute en 1934.

À Reichenhall, une autre mesure importante avait été prise. Il avait été décidé que les tâches du Reichskuratorium für Jugendertüchtigung seraient confiées à un organisme aux compétences élargies. Ce fut le Chef des Ausbildungswesens der SA (chef des services d'instruction de la SA) ou, en abrégé, Chef AW. Le Reichskuratorium continua d'ailleurs de subsister encore un certain temps, de manière formelle, mais à sa tête, von Neuville avait été remplacé par le Chef AW. Celui-ci disposait d'un budget beaucoup plus important. La tutelle de la Reichswehr était incomparablement plus étroite.

Les crédits du Chef AW étaient inscrits au budget du ministre de l'Intérieur comme pour le Reichskuratorium, mais c'était avant tout un camouflage, car les demandes étaient présentées et défendues devant le cabinet par le ministre de la Reichswehr. L'armée aurait d'ailleurs, selon Absolon, financé une partie des programmes en puisant dans ses propres ressources. Le personnel était nombreux. Au début de 1935, il comprenait 13000 personnes. La centrale administrative était installée à Berlin sur le Lützowufer. Le point est d'importance. L'homme qui dirigeait l'organisation, le SA-Gruppenführer Friedrich Wilhelm Krüger n'avait que le Landwehr-Kanal à franchir pour se rendre au ministère de la Défense. En revanche, il lui fallait traverser toute l'Allemagne pour rencontrer Röhm qui vivait à Munich où la OSAF avait ses bureaux. La Reichswehr avait du reste détaché un officier de liaison auprès de Krüger, d'abord le capitaine von Bernuth, puis le lieutenant-colonel Auleb. À la centrale était rattaché le SA-Hochschulamt (Office universitaire de la SA) à la tête duquel se trouvait le Gruppenführer Heinrich Bennecke. Dans les unités régionales (Obergruppe et Gruppe), le Chef AW avait des délégués qui portaient le titre de chargés de mission (Beauftragter). Ils recevaient leurs instructions directement de Krüger. Ce puissant appareil administratif était complété par un réseau de M-Beauftragter. L'origine et le sens du terme sont inconnus. Ces hommes étaient en fait les agents de renseignement de Krüger. Ce service d'espionnage et de contre-espionnage était distinct de celui de la SA. Les M-Beauftragter n'hésitaient pas à surveiller les responsables de la SA avec lesquels ils étaient censés collaborer. Le personnel administratif avait été recruté dans la SA. Le Chef AW gérait environ deux cents écoles où l'on pratiquait le «sport militaire». La plupart des instructeurs étaient des soldats de métier. C'étaient des Militäranwärter, anciens militaires dégagés des cadres qui avaient acquis un droit à être employés en priorité dans les services publics. Au mois de juillet 1933, Krüger avait eu besoin de leurs compétences comme formateurs. Pour les attirer, il avait dû leur offrir des rémunérations égales ou supérieures à celles du service du Travail, des Eaux et Forêts, etc. Il en était résulté un relèvement substantiel de l'échelle des traitements du Chef AW. Ils dépassaient de beaucoup les

Organisation de la SA et fonctions de Röhm

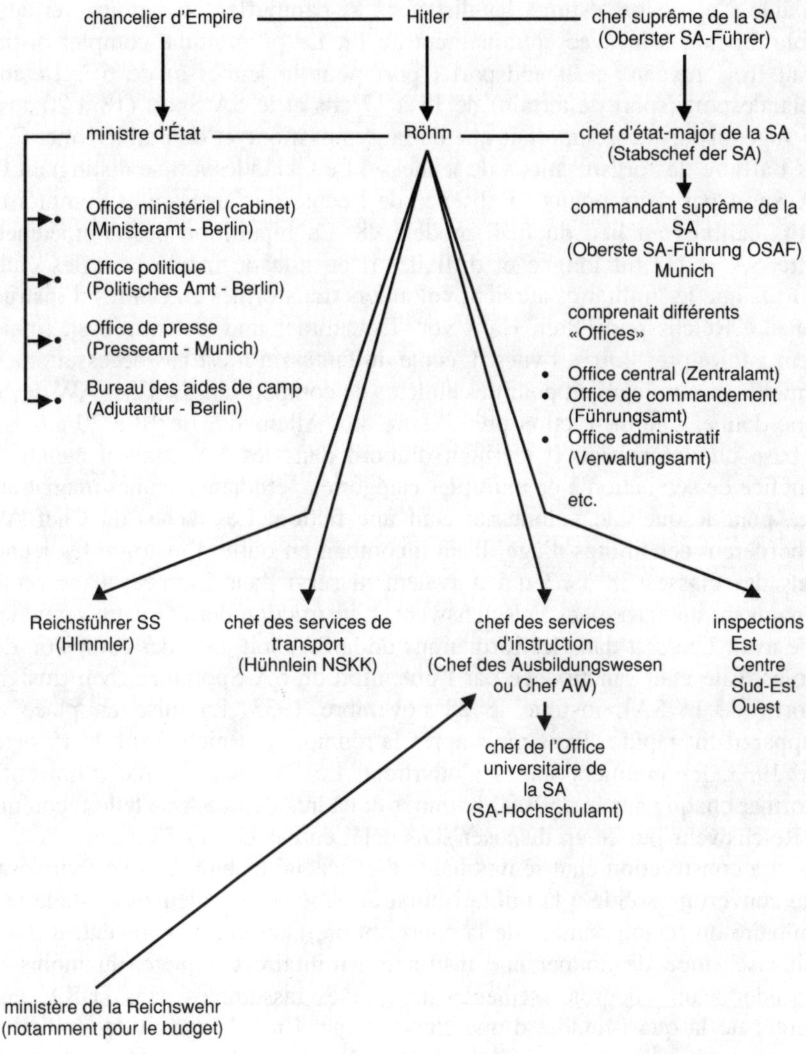

N.B. Pour les questions administratives, Himmler, Hühnlein, Krüger et les inspecteurs passaient par les services de la OSAF, mais n'étaient pas subordonnés aux chefs des offices de la OSAF.

soldes, maigres et incertaines de la SA. Ce fut une source de jalousies et de rivalités.

La tâche du Chef AW était de propager et d'imposer la pratique du Wehrsport (sport militaire) que l'on baptisa SA-Sport, terme qui paru plus neutre. Il comprenait une formation idéologique, de l'éducation physique et une instruction militaire proprement dite, des exercices de terrain : s'orienter à l'aide d'une carte, estimer les distances, se camoufler, etc., et une véritable école du fantassin avec entraînement au tir. Le programme complet distinguait trois niveaux : Jugendsport (sport pour la jeunesse) de 6 à 14 ans, Geländesport (sport de terrain) de 15 à 17 ans et le SA-Sport (18 à 20 ans). Le Jugendsport ne comportait que de la gymnastique et de l'athlétisme. C'était l'affaire des organisations de jeunesse. Le Geländesport se distinguait du SA-Sport par deux points : l'absence de l'école du fantassin et l'emploi de petits calibres au lieu du fusil modèle 98. La répartition des compétences entre SA et HJ fut longue et difficile. Il en alla de même avec les clubs sportifs que les militaires auraient volontiers transformés en centres d'instruction. Le Reichssportführer, Hans von Tschammer und Osten, réussit finalement à faire prévaloir ses vues. L'école du fantassin n'est pas nécessairement le meilleur entraînement pour des athlètes de compétition. Le Chef AW devait donc donner une instruction prémilitaire aux Allemands de 18 à 20 ans, sur la base du volontariat. Il recrutait d'abord dans les SA, mais il étendit le bénéfice de son action à de multiples catégories : étudiants, jeunes magistrats, etc., pour lesquels le volontariat était une fiction. Les tâches du Chef AW débordèrent ces limites d'âge. Il lui incombait en outre d'instruire les jeunes gens des classes 28 à 33 qui n'avaient ni servi dans l'armée, ni accompli auparavant un stage dans la Reichswehr. L'instruction durait quatre semaines. Elle avait lieu soit dans les formations de la SA, soit dans des camps ou des écoles. Elle était sanctionnée par l'obtention du SA-Sportabzeichen (insigne sportif de la SA), institué le 28 novembre 1933. La mise en place de l'appareil fut rapide. Trois mois après la réunion de Reichenhall, le 1er octobre 1933, les premiers stages s'ouvrirent. Le Führer avait fixé l'objectif : « former chaque année 250000 hommes et cadres de la SA de telle façon que la Reichswehr puisse en disposer sans délai en cas de mobilisation ».

La construction était remarquable d'efficacité technique. Elle fournissait une couverture solide à la militarisation de la jeunesse allemande, stade préliminaire du rétablissement de la conscription. Derrière ce paravent, il devenait aisé sinon de donner une instruction militaire complète, du moins de procéder à un « dégrossissement » des jeunes rassemblés dans la SA, puis bientôt de la quasi-totalité d'une classe d'âge. Bref, le travail des militaires s'en trouvait préparé et comme mâché à l'avance. Rien de tout cela ne se faisait du reste sans leur assentiment. Politiquement, la construction était moins habile. Krüger se trouvait placé entre deux maîtres. Bennecke qui le connaissait bien et ne l'aimait guère a tracé un portrait au vitriol d'un ambitieux sans scrupule, bien décidé à attiser l'incendie pour peu qu'il en espérât de retirer deux ou trois marrons du feu. Aurait-il été le meilleur homme du monde, il était pris entre la OSAF et la Reichswehr comme entre l'enclume et le marteau. Négocier? Expliquer? Aplanir les difficultés? Rôle ingrat! Comment le Petit Poucet s'employerait-il à réconcilier deux ogres? Krüger prit un parti qui n'était pas glorieux. Lorsqu'un conflit se dessina, il choisit celui qui tenait les cordons de la bourse. Plus qu'à l'homme, les imperfections tenaient au système.

La SA avait ainsi la responsabilité de l'instruction pré- et paramilitaire. L'armée ne tarda pas à lui confier d'autres tâches. Après la rencontre de Bad Reichhall dont le but était de proclamer la constitution d'une seule formation rassemblant les anciens et les futurs soldats, par l'intégration du Stahlhelm à la SA, une seconde réunion eut lieu à Bad Godesberg, les 18-19 août 1933. L'invitation était venue de Röhm, mais l'initiative appartenait à Reichenau. De nombreux SA-Führer étaient présents. Blomberg, ministre de la Défense, Reichenau, son chef de cabinet, l'état-major de l'armée de terre y participaient. Keitel, chef de la section d'organisation (T2) du Truppenamt et, de ce fait, responsable des programmes et de la collaboration avec les Wehrverband y assistait. Le 19, Hitler prononça un discours que certains militaires goûtèrent fort peu. Le sens de cette conférence? Il ne paraît pas que l'on y ait pris des décisions fermes. Elle n'était pas pour autant sans signification. C'était une sorte de cérémonie de fiançailles, une présentation officielle des deux promis sous l'œil attendri de Hitler et de Röhm, de Blomberg et de Reichenau. Une organisation complexe fut créée. Du côté de la Reichswehr, les chefs de T2, Keitel, puis von Sodenstern, rédigeaient, en accord avec le chef de l'état-major (Truppenamt), les généraux Adam, puis Beck, et avec le commandant de l'armée de terre (Chef der Heeresleitung), les généraux von Hammerstein-Equord, puis von Fritsch, les directives et veillaient à leur application. À l'intérieur de la section d'organisation (T2), c'était l'affaire du 3ᵉ Bureau. Par une série de circonstances inhérentes soit à l'organisation, soit aux personnes, le rôle de Keitel, puis de von Sodenstern et surtout, de son adjoint Stapf a été déterminant. Du côté de la SA, il y avait tout d'abord le Chef AW pour les questions d'instruction en dehors de l'armée. Les affaires militaires étaient traitées par le Führungsamt (Office de la direction), à la fois secrétariat général et état-major de la OSAF, à la tête duquel était placé le Obergruppenführer Fritz von Kraußer. Il était assisté, dans ce domaine, par le Gruppenführer Max Jüttner, soldat de métier, demi-solde ayant entamé une nouvelle carrière dans l'industrie et enfin devenu Stahlhelmführer, qui avait accepté sans réticence la « normalisation », la Gleichschaltung. À Berlin, Friedrich comte von der Schulenburg, un ancien officier d'état-major qui était entré, au mois d'août 1933, dans la SA, très vraisemblablement, à la demande du ministère de la Défense, servait d'agent de liaison entre OSAF et Reichswehr. Il ne semble pas que les rapports entre Führungsamt et Chef AW aient jamais été définis de manière très précise; en tout cas, Krüger parvint très vite à s'assurer une large autonomie.

Le Führungsamt, par l'intermédiaire de Jüttner et de von der Schulenburg, discutait des programmes avec le ministère de la Défense, dont il transmettait ensuite les instructions aux Obergruppenführer et Gruppenführer. Pour rendre cette collaboration plus aisée, un certain nombre de mesures furent prises. Elles se proposaient de modeler l'organisation de la SA sur celle de la Reichswehr afin qu'un parallélisme rigoureux facilitât le synchronisme des mouvements et les échanges. C'est à tort, nous semble-t-il, que l'on a vu, plus tard, dans cette adaptation, une volonté de singer l'armée régulière afin de se substituer, un jour, à elle. Bien souvent d'ailleurs, l'initiative vint des militaires. La docilité des SA-Führer dispensa ces premiers d'imposer ce qui leur était accordé sans réticence. Dès le 7 juillet 1933, le nombre des Obergruppe fut fixé à 8 et celui des Gruppe à 21. Il correspondait ainsi aux 7 régions militaires (Wehrkreis) et aux subdivisions (Wehrgau). Le Obergruppe VIII était l'Autriche. Le 11 juin 1934, le nombre des Obergruppe et des Gruppe fut porté respectivement à 12 et à 22. Cette réorganisation apportait une correction à un parallélisme encore imparfait et anticipait des décisions politiques. Un tableau des équivalences entre les grades de l'armée et ceux de la SA fut établi afin de régler la hiérarchisation des relations mutuelles. Les chefs des régions militaires s'adresseraient aux Obergruppenführer, ceux des subdivisions aux Gruppenführer, le commandant d'un régiment au Standartenführer ayant les mêmes compétences territoriales, etc. Des procédures qui peuvent paraître sans importance, mais déterminent bien souvent la qualité des rapports entre représentants de deux corps furent définies, par exemple l'obligation du salut entre SA et Reichswehr.

Outre la formation militaire en dehors de l'armée, la SA avait la responsabilité du recrutement des volontaires. Ceux-ci avaient des vocations et des missions différentes. Les uns recevaient une instruction accélérée dans les unités de la Reichswehr. Ainsi, ils étaient en mesure de diriger, à leur tour, la formation prémilitaire dans les unités de la SA. Ou bien ils étaient affectés aux unités du Grenzschutz. C'est également avec le concours de la SA que l'armée recrutait, du moins en partie, les hommes qui souscrivaient un engagement de longue durée. Enfin, il fallait préparer travaux de mobilisation et d'armement. Toutes ces tâches n'ont pas été entreprises simultanément et le rythme en a beaucoup varié selon la conjoncture. Il convient de distinguer deux périodes distinctes : 1) du début de juillet au début de décembre 1933; 2) du 18 décembre 1933 au 30 juin 1934. Au cours de la première, le ministre se contenta d'appliquer, non sans retards, la politique de Schleicher : recrutement de 35000 hommes ayant contracté des engagements de longue durée, formation de 50000 hommes servant à court terme (3 mois), doublement du Grenzschutz par l'instruction accélérée de volontaires effectuant des stages de quinze jours (80000 par an). À la fin de l'année 1933, les effectifs réguliers auraient donc dû atteindre environ 139000 hommes. Ils étaient inférieurs, semble-t-il, à 130000 hommes. Hitler avait demandé, à Reichenhall, que 250000 hommes fussent formés chaque année en dehors de la Reichswehr. Celle-ci devait en incorporer annuellement 165000 (35000 pour le service à long terme, 50000 pour le service de trois mois et 80000 pour le Grenzschutz). Que faire des autres? Reichenau aurait songé à créer une milice destinée à décharger et appuyer l'armée de métier. Il mit la question à l'étude. D'une note de service du chef de l'artillerie de la 7e division, il ressort qu'à la fin du mois d'octobre 1933, les « intentions » n'avaient pas encore été traduites en une formule définie.

Hésitations et tergiversations furent bientôt levées. Au mois de décembre 1933, Hitler décida, en secret, de rétablir, à bref délai, le service militaire obligatoire. Le général Beck, chef du Truppenamt, rédigea un aide-mémoire, daté du 14 décembre qui fut transmis à la chancellerie. Le 18, des instructions furent adressées aux commandants des grandes unités. En temps de paix, l'armée comprendrait 21 divisions et compterait 300 000 hommes. La conscription serait rétablie le 1er octobre 1934. Un tiers des appelés accomplirait un service long de 2, 3 ou 12 ans. Les deux autres tiers serviraient 1 an. Après le service actif, les hommes appartiendraient à la 1re réserve jusqu'à l'âge de 30 ans, puis à la Landwehr (2e réserve) de 30 à 38 ans enfin au Landsturm (unités territoriales) jusqu'à 45 ans. Les classes qui, en raison des circonstances, avaient été soustraites aux obligations militaires, seraient rangées dans le Landsturm. L'objectif du plan était la constitution d'une puissante force de réserve grâce à laquelle l'armée serait portée en temps de guerre à 66 divisions d'active et 30 divisions de Landwehr. Ainsi, toute « agression de la part (des) voisins (de l'Allemagne) comporterait un risque ».

La mesure était si soudaine, moins de six semaines après le retrait du Reich de la SDN, les délais si brefs, la nécessité de préserver le secret de mesures encore illégales si grande que le commandement militaire fut placé devant une montagne de difficultés matérielles, personnelles et stratégiques. Où trouver les cantonnements, les équipements, l'armement ? Où puiser les personnels d'encadrement et d'instruction ? Comment faire face aux dangers de cette période de transition ? Les adversaires du Reich seraient alarmés par une politique de remilitarisation qui ne passerait pas inaperçue. L'armée allait se transformer en une vaste école. Le 1er juin 1933 déjà, avant même que les programmes du Chef AW fussent mis en application, les chefs des grandes unités avaient exprimé des doléances. La troupe était fort occupée, en dehors de l'armée, à instruire des volontaires. Blomberg avait rejeté l'objection. Dans l'immédiat, la Reichswehr aurait à « s'absorber entièrement dans cette mission ». En décembre, il apparut clairement que la Reichswehr aurait un nouvel effort à fournir. Pendant cette mue, l'Allemagne ne serait-elle pas comme un crustacé privé de sa coquille ?

Des ripostes furent imaginées. Pour ce qui est des personnels, l'obstacle était le manque d'officiers et d'instructeurs. Le cadre des officiers devait être porté de 2000 à 21 000. Un palliatif était l'incorporation des gradés de la Landespolizei, la réactivation des meilleurs éléments du cadre de réserve. Les SA-Führer qui avaient obtenu un grade étaient autorisés à faire valoir leurs droits et seraient éventuellement réintégrés au rang qui était le leur. Le chef d'état-major de l'armée, Beck, estimait qu'il faudrait néanmoins de six à huit ans, en limitant la période de formation à deux années, pour que l'encadrement fût satisfaisant. Pour ce qui est des instructeurs, la Reichswehr fut contrainte de rappeler tous ceux qu'elle avait détachés. Enfin, le programme fut échelonné. Au 1er avril, l'effectif de la Reichswehr serait porté à 180000 hommes, au 1er juillet à 250000 hommes. L'effectif complet de 300000 ne serait réuni qu'au 1er octobre 1934. C'était diviser les difficultés pour les mieux résoudre. Malgré cela, le calendrier initial ne put être respecté et Hitler ne proclama le rétablissement du service militaire obligatoire que le 16 mars 1935. Les premiers conscrits n'arrivèrent dans les casernes que le 1er avril suivant. Il faut signaler que le rythme du réarmement provoqua de sérieuses divergences doctrinales au sein de l'armée. Les «modernistes» approuvaient. Les «traditionnalistes» s'inquiétaient de ce train d'enfer. Ces catégories ne recouvraient pas les notions de «nazis et de «conservateurs». Reichenau était favorable au régime. Beck aussi ! Pour le premier, rien n'allait assez vite. Le second, qui se considérait comme le fils spirituel du grand Moltke, était parfois effrayé de brûler les étapes. Ces divergences influaient sur l'attitude envers la SA. Pour les premiers, la SA deviendrait bientôt inutile. Il était superflu de la ménager. Pour les seconds, elle demeurait indispensable, même s'il fallait la considérer comme un mal, un mal nécessaire, jusqu'à ce que l'œuvre de réarmement ait mûri et fût arrivée à son plein épanouissement. Les premiers inclinaient à la rigueur. Les seconds auraient volontiers temporisé.

Dans les plans du Truppenamt, une part importante avait été accordée à la SA. Il fut suggéré aux chefs de corps qui, il est vrai, gardaient une entière liberté de décision, de recruter, au 1er avril et 1er octobre, de préférence, des SA. Pour faciliter leur tâche de véritables jumelages avaient été institués entre les unités de la Wehrmacht et celles de la SA. Le résultat de ces campagnes de recrutement auprès des hommes de la SA fut, dans l'ensemble, un succès. Le 2 février 1934, Hummel, un officier du Landesschutz, employé au Meldeamt fur freiwilligen Arbeitsdienst (Bureau de recrutement pour le service volontaire du travail), camouflage des bureaux de recrutement et services mobilisateurs, notait dans un rapport que «le succès avait été bouleversant». À Mindelheim, le 5e échelon divisionnaire du train et le 3e bataillon du 19e régiment d'infanterie. avaient demandé à la 12e Standarte, 300 volontaires. Près de 3000 avaient voulu souscrire un engagement.

La SA devait enfin collaborer au Grenzschutz de manière systématique. À l'Est et au Sud-Est, le dispositif et l'organisation ne seraient pas modifiés, mais devaient être renforcés. Le Grenzschutz West serait constitué afin d'assurer la défense du Rhin et de la Forêt-Noire. Dès le 25 octobre, peu après que le Reich se fut retiré de la SDN, la nécessité en était apparue. Il serait dirigé par les inspections de la Landespolizei à Düsseldorf, Francfort-sur-le-Main et l'état-major régional (Reichszwischenbefehlsstelle) de la Reichswehr à Stuttgart. Dans la VIe région militaire (Münster), le général Fleck s'opposa à l'utilisation de SA. Ailleurs, les autres Wehrverband ayant été incorporés à la SA, ce fut par la force des choses, la SA qui fournit le gros des effectifs. Les tâches étaient multiples : transfert des populations, évacuation des installations et matériels mobiles, des stocks de produits divers, destruction de routes, ponts, etc., combats de retardement, sabotage des communications sur les arrières de l'ennemi. La mise en place du Grenzschutz West semble s'être faite sans heurts. En tout cas, la SA du Bade et du Wurtemberg a participé, dans ce cadre, à des manœuvres en Forêt-Noire.

Premières difficultés

Ces vastes projets ne furent pas mis en œuvre sans que n'apparussent très tôt de sérieuses difficultés. Au début, les heurts eurent des raisons morales et psychologiques. Les réactions ne prirent une signification politique que bien plus tard.

Le ministère de la Défense avait une doctrine bien définie. Elle n'a pas toujours été bien comprise et l'on a souvent voulu tout expliquer, avec beaucoup de simplisme, par les convictions « nazies » de Blomberg et de Reichenau. Il apparaît tout au contraire qu'un des postulats de leur action a été le maintien de l'esprit de corps. La Wehrmacht devait conserver le « monopole des armes ». Elle devait se distinguer nettement des Wehrverband. Lorsque de jeunes officiers souhaitaient entrer dans la SA, les chefs de corps devraient leur rappeler que l'on ne peut servir deux maîtres à la fois et qu'ils devaient choisir. Ce qui avait changé, c'était l'attitude envers le pouvoir politique. Jusqu'en 1933, les chefs militaires s'étaient déclarés « apolitiques ». Cet « apolitisme » signifiait qu'ils refusaient de lier leur sort à celui des gouvernements de la République. Eux représentaient la véritable continuité de l'histoire allemande. Les politiques géraient un interrègne insignifiant. Cette querelle de légitimité avait un enjeu bien réel. Le régime de Weimar n'avait pas rassemblé le peuple autour de lui. En s'engageant, la Reichswehr aurait fait figure d'armée de parti et ainsi, compromis toute chance de devenir un jour l'armée de la nation. Avec le nouveau chancelier, tout avait changé. Il avait su réaliser l'union nationale. Il avait levé les principaux obstacles, diplomatiques, financiers, moraux, à un réarmement de l'Allemagne. Reichenau déclarait sans détour : « Il n'y a pas encore eu d'homme d'État qui ait donné à la Wehrmacht [...], dans une telle mesure, des possibilités de développement comme le chancelier d'Empire Adolf Hitler. » L'armée pouvait-elle continuer de camper aux portes de la cité ? Il n'en était plus question. Ce ralliement n'impliquait pas pour autant un renoncement à l'esprit de corps. Deux mesures qui dans l'esprit de Blomberg et de Reichenau, devaient, au-delà de leur valeur tactique, marquer l'union de la Wehrmacht et de l'État, ne signifiaient pas une abdication totale devant les nouvelles autorités. Le 12 février 1934, l'emblême du NSDAP, l'aigle aux ailes déployées qui tient dans ses serres un boûclier frappé de la croix gammée, fut adopté par la Wehrmacht. Plus grave, le 28 du même mois, la loi sur « la restauration de la fonction publique », du 7 avril 1933, fut déclarée applicable aux personnels militaires par le ministre de la Défense. Le paragraphe 3 (ascendance aryenne) excluait de la fonction publique les juifs. Dans l'armée, cinquante personnes furent frappées par cette mesure. Blomberg a voulu, par cette décision, mettre dans son jeu quelques atouts dont il comptait se servir contre Röhm. C'était la part de tactique. Avait-il l'intention d'introduire l'esprit nazi dans l'armée ? C'est peu probable. Les mesures, dont la signification était éminemment symbolique, étaient destinées avant tout à illustrer de manière spectaculaire l'union de l'armée et de l'État. Blomberg et Reichenau auraient-ils été des naïfs, des innocents ? Nullement ! On les disculpe en leur imputant des fautes qu'ils n'ont pas commises. Trop intelligents pour prêter crédit aux élucubrations racistes du régime, ils ne songeaient pas à propager la doctrine. Ils la toléraient simplement, comme une sorte de manie sans conséquence, car, derrière ce verbiage, s'accomplissait une œuvre gigantesque dont le résultat serait la « totalité de l'État », c'est-à-dire la mobilisation de toutes les forces et les énergies de la nation au service de l'armée. Cette sorte de troc leur paraissait d'autant plus avantageux que, techniciens accomplis, ils étaient de faibles moralistes et avaient déjà perdu, pour une bonne part, le sens élémentaire du Bien et du Mal.

Dans les états-majors des grandes unités et les corps de troupe, la situation était différente, beaucoup moins homogène. Les cadres supérieurs ou généraux avaient tous appartenu à l'ancienne armée impériale. Les cadres subalternes et la troupe n'avaient guère connu que la guerre et la république de Weimar. Un autre clivage séparait les brevetés d'état-major des « troupiers » qui avaient fait la guerre sur le front. À cela s'ajoutait, la diversité des origines, des opinions personnelles. Un témoin, von Dewitz, a signalé que la plupart de ces officiers de carrière étaient sans fortune. Le major prussien qui possédait un riche domaine agricole était une figure d'un autre temps. Pour vivre, la plupart d'entre eux n'avaient que leur solde et leur pension. Depuis 1919, ces soucis immédiats avaient engendré chez eux une remarquable faculté de mimétisme et d'adaptation au milieu. Cela ressemblait fort à un conformisme.

Tout au long des conférences qui réunissaient périodiquement les chefs des grandes unités, Blomberg, Reichenau et le commandant de l'armée de terre n'ont cessé d'exhorter les généraux de la Reichswehr à adopter une attitude moins ambiguë. Ceux-ci ne parvenaient pas à épouser sans réticence leur temps. Ils courbaient la tête en attendant que le gouvernement fût renversé et fermaient les yeux au changement. Une nouvelle combinaison ministérielle n'avait pas succédé à une autre, leur disaient Blomberg et Reichenau, une révolution avait eu lieu. Ils devaient en tenir compte, sans fausse humilité et sans arrogance injustifiée.

Le désarroi des cadres supérieurs n'était que trop compréhensible. Soudain, le monde avait été soulevé de ses gonds, abandonné à une incompréhensible dérive. Cet Hitler était devenu chancelier. Il avait rassemblé le peuple, l'avait converti à la nécessité d'une défense nationale, il avait donné à la Reichswehr, en quelques mois, plus que la République en douze ans. Le commandement militaire s'était rallié et leur demandait de mettre la Reichswehr au service du nouvel État. Ils se sentaient à la fois humiliés et honteux. Leur mauvaise conscience s'exprimait de cent façons. Beaucoup se résolurent à admirer le chancelier, mais ils transféraient sur les Führer subalternes et notamment sur les SA-Führer, toute leur animosité. Sans cesse, ils balançaient entre le manque d'esprit civique, presque la servilité et des bouffées d'arrogance. Tantôt, ils n'osaient signaler des incidents dans lesquels la SA avait tort. Le ministre devait les fouailler pour que ces militaires fussent enfin capables de «Zivilcourage». Ou bien ils sentaient se réveiller en eux le lieutenant prussien qu'ils avaient été, cette figure dont la morgue et l'insolence bornées avaient fait la joie des caricaturistes de l'époque wilhelminienne et la terreur des bourgeois. C'était provoquer sottement les SA-Führer. Parmi les témoignages contemporains sûrs, un seul, exemplaire! Du 23 au 30 juin 1934 eut lieu le tournoi hippique d'Aix-la-Chapelle. Pour la première fois depuis la guerre, une équipe polonaise y prenait part. Le consul général de Pologne donna une réception, le 27 ou le 28 juin. Le SA-Oberführer Henrich qui commandait la 76e SA-Brigade (Aix-la-Chapelle) y avait été convié. Oberführer était un grade intermédiaire entre Standartenführer (colonel) et Brigadeführer (général de brigade). Il n'avait pas d'équivalent dans l'armée. Un major de la Reichswehr (était-ce le Freiherr von Waldenfels qui commandait l'équipe allemande?) aperçut Henrich. Avec une impertinence soigneusement rodée, il s'enquit à peu près en ces termes : «Excusez-moi, je connais mal les grades et les insignes de la SA. Vous êtes bien Obertruppführer (adjudant-chef)?» Le consul sauva la situation en expliquant quel était le rang du Oberführer. Les suites, on les devine. Pour une satisfaction d'amour-propre, on entretenait des animosités redoutables. Il semble bien que cette attitude ait été très répandue parmi les L-Offizier, généralement plus âgés, à rang égal, que les gradés d'active. Parmi ceux-ci, en revanche, les adhésions morales, spontanées, au nazisme paraissent avoir été nombreuses aux échelons subalternes de la hiérarchie, notamment dans les armes techniques. Le réarmement rendait l'avancement plus rapide. Il ouvrirait à de brillants sujets le cadre supérieur ou général. Le génie, les transmissions, les armes motorisées étaient enfin moins marqués par la tradition et l'esprit de corps s'y affirmait sur un mode différent.

Cette typologie garde cependant quelque chose d'arbitraire. En règle générale, les questions de personne avaient une importance décisive. Il est facile de l'établir, pièces à l'appui. La IIIe région militaire et la 3e division ont été sous les ordres du général von Fritsch jusqu'à la fin du mois de décembre 1933, puis furent placées sous le commandement du général von Witzleben dont le chef d'état-major était le colonel Erich von Manstein. Celui-ci s'appelait en fait Erich von Levinski. Il était de très lointaine ascendance polonaise. On murmurait qu'il était juif. Cela ne l'inclinait sûrement pas à la sympathie pour le nazisme. Durant les derniers mois de l'année 1933, les relations entre l'armée et la SA, dirigée par le Gruppenführer Karl Ernst, furent excellentes, à Berlin et dans le Brandebourg. Le 5 septembre, Wehrkreis et SA-Gruppe publièrent un ordre du jour en commun. Il se terminait par ces mots : «Pour la Reichswehr et la SA, fermes appuis du gouvernement dirigé par le chancelier du Peuple Adolf Hitler, une seule tâche, faire front contre l'ennemi commun.» L'officier de renseignement (Ic) de la 3e division faisait également savoir que cette collaboration était «exemplaire». Six mois plus tard, tout était changé. Karl Ernst était devenu la bête noire de la IIIe région militaire. E. von Manstein en a tracé un portrait sans indulgence : «Un gamin bouffi de suffisance qui avait quelque vingt ans [en fait, il était né en septembre 1904]; on aurait peut-être tiré quelque chose de lui s'il avait été plié, à temps, par une rude éducation, mais, à ce que l'on m'a dit, il était passé, en quelques années, probablement en vertu des mérites qu'il avait acquis dans les bagarres électorales, de la condition de garçon d'ascenseur à un rang dont il s'imaginait qu'il correspondait à celui de général commandant un corps d'armée... Le papa de Ernst était un brave concierge, national-allemand de conviction...» Avec une franchise militaire qui confine à la naïveté, le général von Manstein confesse sans détour les raisons véritables de son animosité : la puissance de l'esprit de corps, l'orgueil de la caste, l'infatuation du spécialiste... Aucun des SA-Führer ne trouvait grâce à ses yeux.

Du côté des milices brunes, mêmes réactions sommaires et même importance des facteurs personnels ! Dans l'ensemble, les hommes ont approuvé sans restriction de participer à la défense nationale. Ils étaient heureux d'être incorporés à la nouvelle Wehrmacht. Ils seraient mieux logés, mieux nourris, mieux habillés, toucheraient une solde régulière et y gagneraient sans conteste en prestige social, ne fût-ce qu'auprès des jeunes filles. Après leur service, ils auraient acquis des droits à certains emplois réservés. Beaucoup d'entre eux étaient d'ailleurs intimement persuadés que, malgré le vocabulaire et la propagande, ils n'avaient pas été, jusque-là, de vrais soldats. Pour les chefs, il en allait tout différemment. Étant donné les conditions mises à leur intégration dans la Wehrmacht, ce changement aurait constitué un recul social. L'ont-ils vraiment souhaité, espéré ? Un Karl Ernst s'est-il imaginé qu'il serait prochainement nommé, à trente ans, général de corps d'armées ? On peut en douter ! Ils souhaitaient servir ! En échange, que demandaient-ils ? D'être traités en véritables partenaires ! Bref, un peu de considération. Ce que nous savons de von Manstein nous montre qu'elle leur a été souvent refusée. Dans les cas où elle ne leur fut pas ménagée : 1re division (Prusse orientale), (von Brauchitsch), 2e division (von Bock, à partir de 1934) et surtout la 5e division (Hesse, Bade et Wurtemberg), (général Liebmann), les relations avec l'armée furent bonnes, voire excellentes. D'ailleurs, beaucoup de SA-Führer étaient avant tout des soldats, comme F. von Krausser, von Jagow, von Fichte, von Heydebreck, von Obernitz, Hühnlein, Knickmann, etc. Ils s'étaient battus sur tous les fronts entre 1914 et 1918, avaient refusé de déposer les armes et continué à lutter contre la révolution bolchevique. Pour eux, ce combat politique n'avait été qu'une continuation de la guerre, il n'avait eu qu'un but : libérer l'Allemagne des chaînes de Versailles. Le nazisme, une voie qui conduisait plus rapidement au but ! Le journal de Gertrud von Krausser est un document irremplaçable. Son mari, le chef du Führungsamt de la OSAF, considérait comme une tâche primordiale de rendre à la nation sa souveraineté militaire. Il savait fort bien que la SA n'aurait su remplacer une armée de conscription encadrée par des soldats de métier. Il souhaitait participer de toutes ses forces à cette œuvre de réarmement. Mais comment un tel homme aurait-il accepté de ne pas être traité sur un pied d'égalité par les militaires ? Il ne demandait ni n'attendait de reconnaissance. Cela ne signifiait pas pour autant qu'il fût prêt à tolérer une ingratitude déplacée. Les généraux de la Wehrmacht n'avaient plus à craindre le manque de crédit, le désaveu du gouvernement dans les négociations internationales ou devant l'opinion publique allemande. Rien ne leur était compté... Un tel changement ne s'était pas fait de soi. Le commandement de l'armée n'était prêt à le reconnaître qu'à moitié. Il se sentait en dette envers le Führer, mais il n'était pas disposé à rembourser, en menue monnaie, à des subalternes, ce dont il était redevable à Hitler. Quels étaient donc les mérites de ces SA-Führer? D'avoir pris part à d'obscures «bagarres électorales»! Dans cette manière de voir, il y avait de l'injustice. Elle devait être ressentie d'autant plus amèrement par ceux qui pendant des années avaient passé pour des enfants perdus, qu'elle ravivait de vieilles rancœurs. Certains n'avaient pas été jugés dignes d'être repris dans la Reichswehr parce qu'ils n'étaient que des officiers de troupe dont toute l'expérience tenait en quatre années de front, ou parce qu'ils s'étaient trop engagés dans la voie qui avait conduit au 30 janvier 1933, ou tout simplement parce qu'ils avaient fait preuve d'esprit d'indépendance plus qu'il ne convient à un cadre subalterne d'en posséder. Souvent, les profiteurs avaient été les opportunistes. Aussi, malgré toutes les complicités personnelles qui subsistaient entre camarades de régiment, camarades du front, ces soldats dans l'âme, qui désormais portaient l'uniforme de la SA se montraient, au fil des mois, de plus en plus sévères envers l'armée et répondaient par des violences verbales à ces gradés qui, de jour en jour, se montraient plus arrogants. On oublie d'ailleurs que cette mentalité n'était pas le propre de la SA. Elle était pour le moins aussi répandue dans la SS. À la fin du mois de février ou au début de mars 1934, le SS-Gruppenführer Wittje qui dirigeait le SS-Hauptamt, Service central de la SS, prononça une allocution devant des SS-Führer : si le Führer l'ordonnait, leur dit-il, la foi jurée des SS leur faisait un devoir de tirer même sur l'armée.

Les dispositions intérieures étant, de part et d'autre, ce qu'elles étaient, des incidents devenaient inévitables. Ils furent nombreux. Certains n'étaient que de simples rixes de garnison et n'avaient guère plus de signification politique que les batailles rangées entre marsouins et troupes coloniales, sous d'autres cieux. Un dossier fut ouvert par un des services de la Heeresleitung.

Il n'en allait pas de même lorsque la discorde s'installait au sommet des deux hiérarchies parallèles. L'évolution des rapports de la SA et de la Reichswehr, depuis la rencontre de Bad Reichenhall, lui avait entrebaillé la porte. La nouvelle Wehrmacht revendiquait hautement les privilèges qui avaient été ceux de l'ancienne Reichswehr. La solution était peu satisfaisante pour Röhm, qui tenta de négocier. Dès le 18 octobre, Krüger demanda, au nom du Stabschef, à l'officier de liaison du ministère de la Défense, le capitaine von Bernuth, que toute l'instruction militaire fut confiée à la SA. Le lendemain, il fut reçu par Reichenau qui lui opposa un refus formel. Instruction militaire, instruction accélérée et instruction du Grenzschutz étaient liées, disait le général. Confier la préparation de tous les volontaires à des SA-Führer, c'était ruiner les «cours spéciaux», dans lesquels les SA recevaient une formation accélérée. Le 23 octobre, ces questions furent discutées dans une réunion de Gruppenführer que Röhm dirigeait. L'Allemagne s'était retirée de la SDN le 14 octobre. Le Führer et le commandement militaire avaient d'autres soucis que la répartition des tâches d'instruction entre SA et Reichswehr. À la mi-décembre, il fut ordonné de préparer le rétablissement du service militaire obligatoire. Les deux partis campaient sur leurs positions. Le chancelier ne se décidait pas à trancher. Au désaccord de fond s'ajoutait une incertitude.

De bons connaisseurs comme Bennecke ont estimé qu'une collaboration, franche et fructueuse, se serait instaurée, n'eussent été les préventions des uns et des autres, et notamment celles des militaires. Dans une circulaire recommandant pourtant «tact et prudence», l'Artillerie-Führer de la 7e division affirmait, en toute naïveté, que les SA-Führer étaient dépourvus des compétences nécessaires pour diriger l'instruction militaire et se demandait, en outre, si leur sens des responsabilités était assez développé pour qu'on les associât à une entreprise qui devait rester secrète. Les officiers du Landesschutz devraient leur inculquer quelle différence il existait entre «les méthodes de travail usuelles dans les clubs et associations privées» et «le travail sérieux et responsable accompli par l'armée». Au soir des noces, les deux partenaires ouvrirent une longue suite de scènes de ménage. Les unions les mieux calculées n'y résistent pas.

Nous donnerons quelques exemples de ces incidents. Il en disent plus que de longs développements. Au début de l'automne, Blomberg tint quelques propos à Krüger. C'étaient sans doute de bons conseils en vue d'une loyale collaboration de la SA à la défense nationale. Le Chef AW les rapporte au Obergruppenführer von Jagow (Obergruppe V). Celui-ci fit une remarque. Elle était sans doute peu aimable. On la colporta. Blomberg en a eut connaissance. Après une brève exégèse, le ministre conclut que von Jagow était sur le point d'ordonner la suspension de l'instruction militaire dans son Obergruppe. L'affaire serait grave et menacerait la mise sur pied du Grenzschutz entre la frontière suisse et Mayence. Lettre de protestation du ministre à Jagow! Réponse de celui-ci! Nouveaux malentendus! Le 17 octobre, visite de Jagow au ministère. Il fut reçu par le capitaine de vaisseau von Langsdorff. Le 19, Krüger exposa à Reichenau sa propre version. Tout finit bien. Ce n'étaient que malentendus. Le Gruppenführer von Obernitz converse avec un capitaine Feuchtinger. Les propos (?) sont rapportés à von Reichenau. Sans doute manquaient-ils d'aménité. Obernitz était connu pour son radicalisme et ses excès de langage. Voilà une nouvelle affaire. Krüger s'entremit. Encore un malentendu! Reichenau s'engagea à écrire une lettre personnelle au Gruppenführer. Blomberg et Reichenau passaient pour des généraux «nazis». La collaboration du Obergruppe V et du Gruppe Franconie avec la Reichswehr a été exemplaire. Jagow et Obernitz ont été considérés par Hitler non comme de ces SA-Führer qui désapprouvaient Röhm tout en lui obéissant, mais comme des hommes qui s'opposaient ouvertement aux entreprises aventureuses du Stabschef. Entre des partenaires aussi faits pour s'entendre, la concorde aurait dû s'installer de soi. Que l'on imagine ce que devaient être les rapports entre un Erich von Manstein et les SA-Führer.

C'est aux échelons intermédiaires de la hiérarchie que l'affaire fut la plus grave. La disproportion entre le motif ou le prétexte et les conséquences éclate avec une brutalité qui a quelque chose de grotesque. Dans un rapport circonstancié, le capitaine Hummel, directeur adjoint du Meldeamt de Mindelheim, rendit compte au général Tscherning, d'une réunion des cadres subalternes de la 12e SA-Standarte, à laquelle il avait participé, le 26 novembre. Le Brigadeführer Ritter von Schöpf et le Standartenführer Kellner exposèrent à leurs cadres subalternes les changements intervenus. Les relations avec l'armée n'avaient pas toujours été bonnes dans le passé. Les officiers avaient parlé avec quelque dédain de la SA et de sa valeur militaire. Il n'en allait plus de même. Désormais la SA primait l'organisation politique. Schöpf laissa entrevoir quelques améliorations : des officiers seraient «nommés»; «... en raison des circonstances», un commandant de place, ayant autorité exclusivement sur la SA, serait désigné prochainement. Les dépenses de la SA étaient désormais inscrites au budget de l'État. Il faudrait respecter les règles comptables de manière stricte. Kellner laissa percer un regret de vanité. Le commandant du 3e bataillon du 19e RI, le lieutenant-colonel Dietl, le futur vainqueur de Narvik, avait été invité. Il n'était pas venu alors qu'il avait pris part à une réunion semblable le 19, à Kempten... Rien de bien subversif dans tout cela! Nous possédons un commentaire authentique : les notes marginales du général Tscherning. Il approuvait d'un vigoureux «Très juste!» l'évocation des désaccords passés entre SA et Reichswehr et ajoutait : «Pour ce qui concerne le degré de formation militaire, le point de vue [de l'armée] ne s'est certainement pas modifié en soi.» Des points d'interrogation glosaient les «nominations d'officiers» et de vigoureuses exclamations, l'inscription de la SA au budget du Reich et la présence de Dietl, en uniforme, à une réunion de SA. Voilà pour le général Tscherning qui commandait l'artillerie de la 7e division et dirigeait le Wehrgau (subdivision) Munich.

Les contestations les plus vives, les plus futiles, mais les plus graves puisqu'elles paralysaient le service, furent provoquées par le Grenzschutz. Nous connaissons les sentiments vrais du général Tscherning. C'était néanmoins un officier discipliné. Il voulut faire un geste de bonne volonté. Au début du mois d'octobre, il invita les SA-Führer qui dirigeaient le Gruppe Hochland, «en camarades», à participer à une soirée commune avec les officiers du Wehrgau, au mess de la place. Le retrait de l'Allemagne de la SDN retarda la rencontre. Elle eut lieu vers la mi-novembre. Ce fut un de ces Bierabend où la bière coule à flots, comme on les aime en Bavière. Sur ce terrain, le Gruppenführer Schmid et ses collaborateurs pouvaient rivaliser avec la Reichswehr. Pour Tscherning, l'euphorie d'une soirée, «réussie», a-t-on dit, ne changeait rien. La SA était subordonnée à la Reichswehr. Elle n'avait d'autre rôle que de fournir le «matériel humain» dont la Wehrmacht aurait besoin.

En quelques semaines, trois incidents se produisirent, à la base, dans le Wehrgau : à Erding, à Freising et à Fürstenfeldbrück. Nous sommes fort bien renseignés sur ce dernier. Le dossier qui, complet, ne devait pas compter moins de cent feuillets, reste assez substantiel pour que nous puissions reconstituer les principales péripéties de ce drame héroïco-comique. Le lieutenant-colonel a.D. Gmeinwiser dirigeait le Meldeamt de Munich-Sud. Il appartenait donc au corps des L-Offizier. Ils remplissaient des fonctions qui demandaient beaucoup d'abnégation. En principe dégagés des cadres, ces anciens officiers n'étaient que des employés civils. Leurs responsabilités étaient lourdes. C'étaient eux qui dirigeaient le réarmement clandestin pour ce qui est des personnels et effectuaient, selon les directives du Truppenamt, les travaux préparatoires de mobilisation. Les avantages matériels étaient maigres. Ils touchaient la différence entre leur pension et la solde afférente à leur grade, mais ne bénéficiaient d'aucun avancement. De plus, dans une carrière où l'honneur fait la morale et la vertu des individus et du corps, toute satisfaction leur était refusée. Les officiers d'active les considéraient comme des «ronds-de-cuir» qui, de temps à autre, jouaient à la petite guerre avec des jeunes gens ou des gamins attardés. Le ministère avait dû rappeler qu'ils étaient «des camarades à part entière». Pour le reste, Gmeinwiser avait des sympathies pour le Heimatbund (Bayerischer Heimat-und Königsbund), une organisation qui entre 1919 et 1933, s'était livrée à une propagande criarde et excessive en faveur du particularisme bavarois et des Wittelsbach. Au mois d'octobre 1933, Gmeinwiser fut chargé de diriger l'instruction d'une grande partie des volontaires de la 85e SA-Brigade et notamment des Sturmbann (bataillons) 1 et 4 (Fürstenfeldbrück et Ammersee), de la 2e Standarte. Ces cours réunissaient des SA ainsi que des volontaires qui n'appartenaient pas aux milices brunes. Le 19 décembre, le lieutenant-colonel convoqua les stagiaires pour une séance qui devait avoir lieu le 21. Il avait invité le sous-préfet (Bezirksamtmann) de Fürstenfeldbrück. Ce fonctionnaire aurait eu, lui aussi, des sympathies pour le Heimatbund. C'était en tout cas un homme du «système», probablement une créature du BVP, les populistes bavarois, qui avait survécu jusqu'alors aux différentes épurations de l'administration. Puis Gmeinwiser prévint le Sturmbannführer Wild qui commandait la Standarte 2, et le pria d'informer le responsable de la SA à Fürstenfeldbrück. Jusque-là, les parties sont d'accord sur le déroulement des événements. À partir de ce point, les deux récits divergent. Il semble bien que Wild ait été placé devant le fait accompli. La riposte a été simple. Une réunion le 21 ? Comme c'était regrettable ! La SA de Fürstenfeldbrück était convoquée, le même jour et à la même heure pour un appel ! Annuler l'appel ? Wild s'y prêta d'abord, puis se déroba. Ce n'était pas de sa compétence. Seul, le Sonderbeauftragter du groupe avait autorité pour casser la décision. Bref, la U-Gemeinschaft ne put avoir lieu. L'incident n'était pas clos. Le dossier fut transmis au général

Tscherning et au Gruppenführer Schmid. Le moment était venu d'ouvrir les procès d'intention. Le général fut sans nuance. La SA sabotait la défense nationale. «Il me semble, dit Tscherning, qu'il y a du système dans tout cela.» Schmid répondit sur le même ton : «Je me permettrai de faire remarquer que je considère le général Tscherning comme un représentant de la vieille morale réactionnaire. Ce n'est pas de gaîté de cœur qu'il se voit dans l'obligation de reconnaître que l'idée de l'État n'est plus incarnée par la Reichswehr, mais en vérité par la SA.» Puis on s'en remit au commandant de la région militaire, le général Adam, et au Obergruppenführer Schneidhuber. Le ministère fut informé. Toute cette procédure occupa le mois de janvier et finit, semble-t-il, par tourner court. Cela avait commencé comme un Clochemerle bavarois, quelque farce courtelinesque. Combien d'habitants de cette petite ville auraient fait des gorges chaudes si le Standartenführer avait été évité et le Bezirksamtmann invité? Mais la querelle de préséance retardait la militarisation du Reich et se termina en tragédie. Le 30 juin, Schmid et Schneidhuber furent passés par les armes dans une cour de la prison de Stadelheim.

Nous avons longuement relaté un incident facile à prévenir et, en apparence insignifiant. Pour couper court à tout, il aurait suffi que Gmeinwiser consultât Wild avant de fixer la date du cours. L'autorité de la Reichswehr aurait-elle souffert de ce qui serait resté une simple démarche de courtoisie? Le même conflit se produisit un peu partout, en Saxe, en Silésie, dans la Ostmark, etc. Chaque désaccord signifiait pour les autorités militaires, en mettant les choses au mieux, une perte de temps considérable, sans aucun profit. Cette multiplicité dessinait en outre une menace qui, elle, n'était pas négligeable. Que deviendraient tous les plans si la SA faisait sécession et se retirait sur l'Aventin? Ainsi, bien que le Führer se fût prononcé pour une collaboration franche et loyale de la part de la SA, les chefs de la Reichswehr se trouvaient ramenés à une situation qu'ils connaissaient bien. Il y avait dualité de commandement comme au temps des Freikorps. Le partenaire était trop faible pour imposer sa volonté à l'armée. Mais, on ne pouvait le contraindre à vouloir. Là, était le point faible de l'organisation. Les SA ne comprirent pas qu'une telle attitude, de leur part, devait dissuader les généraux de leur accorder ce qu'ils demandaient. Pour limiter les risques d'une éventuelle défection, ils devaient restreindre, dans la mesure du possible, le rôle proprement militaire des SA-Führer.

*

* *

Les incidents étaient statistiquement peu nombreux : trois dans un Wehrgau. On aurait été autorisé à les considérer comme maladies infantiles d'une entreprise véritablement neuve. À l'épreuve du temps, ils seraient peut-être devenus plus rares et auraient fini par disparaître. Deux circonstances en grossirent l'importance et légitimèrent la volonté d'y mettre fin le plus vite possible. Les délais fixés par le Führer pour le rétablissement du service militaire obligatoire, d'abord le 1er octobre 1934, puis le 1er avril 1935, étaient calculés au plus juste. Il n'y avait plus de temps à perdre en querelles bouffonnes. Les bureaux avaient d'autres tâches, plus urgentes. La seconde raison fut la nomination du général W. von Fritsch comme commandant en chef de l'armée de terre. Son prédécesseur, Kurt von Hammerstein-Equord, était d'une indolence proverbiale. Il détestait le travail de bureau, aimait la vie à la campagne avec son cortège de nobles plaisirs. Peu de temps après avoir été, à sa demande, relevé de ses fonctions, il rencontra, à Dahlem, le comte Schwerin von Krosigk, son voisin. Celui-ci demanda au général comment il envisageait son avenir personnel. Hammerstein répondit qu'il ferait de la chasse et de la pêche sa profession principale. Le ministre ne retint pas l'épigramme qui lui venait aux lèvres. «En somme, dit-il, vous ne changerez rien à vos habitudes.» Hammerstein-Equord n'inclinait que trop à laisser les choses suivre leur cours.

Avec Fritsch tout changea. La nécessité l'imposait. Mais par tempérament, le général aimait l'ordre et l'obéissance. Sa nomination prenait effet au 1er février 1934 mais, dès le mois de janvier, il s'était installé dans la Bendlerstrasse. Au cours de la réunion des chefs de grandes unités, le 2 et le 3 février, à Berlin, il demanda que l'on collectât du matériel afin d'apporter la preuve que «les prétentions de Röhm commençaient à produire des effets aux échelons inférieurs de la hiérarchie.» D'ailleurs l'armée avait de moins en moins intérêt à tolérer les initiatives intempestives de la SA. Au fil des jours, à mesure que l'on se rapprochait de la date du rétablissement de la conscription, ce que l'on pourrait appeler la valeur marchande de la SA s'amenuisait. Les atouts que Röhm tenait en main, en début de partie, étaient complètement dévalorisés vers la fin.

Chapitre 2

MALADRESSES DE ROEHM ET «DIKTAT» DE LA REICHSWEHR

L'esprit de corps, voire l'esprit de caste d'une part, une arrogance de parvenus d'autre part allaient transformer quelques histoires dignes d'un Clochemerle germanique, botté, casqué, militarisé, en une affaire d'État avant d'en faire quasiment une crise de régime, Röhm y contribua beaucoup par des initiatives tumultueuses, intempestives et dont le sens n'apparaît pas toujours bien clairement. Devant ce déchaînement d'activité, la Reichswehr se durcit en un bloc sans faille. Finalement, Blomberg demanda au Führer d'imposer sa loi. Ce fut le fameux Vorschlag du 27 février, qui, pour Röhm, était, à la lettre, un nouveau Diktat.

*

* *

Maladresses de Röhm

Röhm accumula, à partir de décembre 1933, maladresse sur maladresse. Trois d'entre elles pesèrent beaucoup, à un moment décisif, car un nouvel enjeu avait été substitué au précédent. Jusqu'alors, il s'agissait d'imposer au SA-Sturmbann 1/2 de Haute Bavière, un concours sans réticence à la Unterrichtsgemeinschaft du lieutenant-colonel a.D. Gmeinwiser, ou bien de contraindre quelque SA-Sturm, dans un bourg perdu de Poméranie ou en plat pays, dans un lointain canton de Basse Silésie, à servir avec loyauté le Grenzschutz. Désormais, l'objet du débat était la collaboration entre l'armée et les bataillons bruns, dans son principe même.

Le 1er décembre, fut promulguée la loi de garantie de l'unité de l'État et du Parti. Ainsi que le Parti, la SA devenait une corporation de droit public, c'est-à-dire une communauté civile ayant la personnalité juridique. Le Stabschef était, en même temps, nommé ministre d'État. On a beaucoup spéculé sur la signification de ces deux mesures et, souvent avec beaucoup d'ingéniosité, fait de la loi une péripétie dans le conflit entre SA et Reichswehr. C'est peu vraisemblable. Le projet législatif est antérieur au 28 septembre et, par suite, à la collaboration effective de l'armée et des milices brunes ainsi qu'aux incidents qui en découlèrent. Le législateur a été inspiré par des considérations administratives. Le Chef AW gérait un budget considérable, alimenté par des fonds publics. La loi imposait le respect des règles de la comptabilité publique. Comme il n'était pas concevable que des malversations financières fussent poursuivies devant les tribunaux réguliers, il fut prévu en annexe de la loi que le Parti et la SA auraient leur propre juridiction.

Un des premiers actes ministériels de Röhm fut de prononcer une conférence, le 7 décembre, devant le corps diplomatique, à Berlin. Elle était intitulée «Pourquoi les SA?», fut traduite en anglais et en français et les différentes versions furent publiées en brochure. Le Stabschef s'efforça de persuader ses auditeurs que la SA était une «armée politique», indispensable aussi longtemps que le communisme n'aurait pas été vaincu, et, en même temps, un instrument d'éducation au moyen duquel la jeunesse allemande ferait l'apprentissage des valeurs sociales que la république de Weimar lui avait appris à mépriser. Enfin, il cherchait à dissiper les appréhensions des diplomates. Les SA n'étaient pas des militaires déguisés en civils. «On ne peut pas, disait-il, du jour au lendemain, par une simple distribution d'engins, transformer en soldats terribles, menaçant la sécurité du monde, des hommes désarmés, non exercés, de façon permanente, au maniement des armes». En revanche, la SA incarnait le nouvel État, elle était «titulaire [?] de [sa] force... et dépositaire de ses responsabilités». Ce fut un coup d'épée dans l'eau. Personne ne prêta foi à de tels propos. Pour les diplomates, c'était une manœuvre de diversion, pas très habile. Une initiative intempestive de Röhm? Le bruit en a couru à Berlin, au mois de décembre 1933. Des historiens ont brodé sur ce motif. Force est de constater que le discours de Röhm concorde, pour l'essentiel, avec la note du chancelier, en date du 11 décembre, destinée à sir Eric Phipps, l'ambassadeur de Grande-Bretagne à Berlin. D'ailleurs, le Stabschef était extrêmement circonspect. André François-Poncet aurait aimé le rencontrer, mais ne réussissait pas à obtenir une invitation. L'ambassadeur eut recours à une petite ruse. Au cours d'un entretien, il confia le mardi 5 décembre, au secrétaire d'État von Bülow qu'il avait été convié par Röhm, dans la semaine du 11 à 18, à une rencontre, qu'il n'avait osé accepter, craignant qu'une telle démarche ne soulevât des critiques en France, mais qu'il serait très heureux d'avoir l'occasion d'une conversation approfondie avec le Stabschef. La chancellerie informée demanda une mise au point à Röhm. C'était l'ambassadeur français qui avait essayé de se faire inviter. Le Stabschef n'avait pas répondu à ses avances.

Au lendemain de la conférence prononcée «à l'usage du corps diplomatique», en présence d'Alfred Rosenberg et de Goebbels qui avait mis à la disposition de Röhm une salle appropriée dans les locaux du ministère de la

Propagande, Röhm fut «brusquement atteint de la grippe», décommanda ses visites et ses audiences et partit «en congé pour l'île de Capri». Pour André François-Poncet, c'était une maladie diplomatique. Ce qui était atteint, ce n'était pas l'organisme du robuste quadragénaire, mais sa susceptibilité. Il avait rêvé de devenir général comme Göring; on en avait fait un ministre. L'ambassadeur ajoutait : «Il n'est pas sûr non plus qu'on ait été content des gestes et des paroles par lesquels il a inauguré son nouvel état». Röhm aurait-il manifesté des prétentions militaires déjà rabrouées? Nous n'en savons rien. Peut-être était-il grippé? De toute façon, cette retraite loin de l'Allemagne pour goûter, entouré d'une cour de beaux éphèbes, les délices de Capri, était la première grosse maladresse du Stabschef. Alors qu'il se prélassait au soleil aux bords d'une mer glorieuse, le destin abattait ses cartes dans la capitale du Reich. Le rétablissement du service militaire obligatoire était décidé. La succession de Hammerstein-Equord était ouverte. C'était au président du Reich de choisir entre les candidats. Reichenau croyait avoir des chances bien qu'il ne fût qu'un des plus jeunes brigadiers. On le disait prêt à faire des concessions à la SA. Les états de service, les qualités personnelles, l'ancienneté plaidaient en faveur de Fritsch qui l'emporta. Quels que fussent les sentiments de Röhm, la sagesse aurait dû lui conseiller de rester. Lorsque les vents se déchaînent, le navigateur avisé cherche à se maintenir dans l'œil du typhon afin de veiller, d'observer et de parer aux menaces éventuelles.

Le mois de janvier vit le début de l'affrontement ouvert entre OSAF, le commandement suprême de la SA, et le ministère de la Défense. Rien n'avait été réglé. Des incidents, certes peu nombreux, mais inquiétants, avaient, croyait-on, montré par leur similitude même que l'on se trouvait sinon en présence d'une volonté systématique de saboter l'effort de défense nationale, tout au moins devant une imperfection intrinsèque de l'organisation des rapports entre SA et Reichswehr. Les vices du système devaient être éliminés. Les militaires étaient bien résolus à régler la question rapidement. Blomberg présenta un aide-mémoire contenant un projet de réforme. Röhm en avait-il été averti, à son retour de Capri, ou bien fut-il placé, par ce papier, devant une sorte d'ultimatum? En tout cas, on en discuta et ces négociations se poursuivirent jusqu'à la fin de février. Elles furent menées pour le ministère par le général Beck, le chef du Truppenamt et Stapf, directeur de T2 (Bureau d'organisation), pour la OSAF par F. von Krausser, Jüttner et le comte von der Schulenburg. Au mois de janvier, Röhm se rendit en personne au ministère. Les officiers notèrent qu'il était outrageusement parfumé, mais durent admettre qu'il avait du charme et de l'autorité.

Que proposait Blomberg? Sur ce point, le témoin principal, le général Liebman, est muet. Mais nous ne voyons aucune raison de ne pas identifier le mémorandum déjà mentionné à «la proposition du ministère de la Défense en ce qui concerne les compétences du lieutenant-colonel Auleb dans l'état-major du Chef AW». Par la date, le contenu, la correspondance de Röhm, ce document s'insère parfaitement dans la trame de la discussion. Le poste d'officier de liaison avec la Reichswehr était supprimé et le capitaine von Bernuth était relevé de ses fonctions. Il était remplacé par le lieutenant-colonel Auleb qui devenait chef d'état-major du Chef AW et portait le titre de Chef des Stabes. Il avait sous ses ordres tous les bureaux chargés de l'instruction et de l'organisation (recrutement). Il aurait été en outre associé aux travaux de tous les autres bureaux de la SA lorsque des questions d'instruction ou d'organisation étaient traitées. Le service du courrier avec le ministère lui aurait été confié. Pour un meilleur camouflage, il aurait porté l'uniforme de la SA avec un grade à déterminer en accord avec le Stabschef. La proposition était inacceptable pour Röhm. Toutes les compétences dans le domaine militaire lui auraient été enlevées pour être dévolues à un lieutenant-colonel, car le projet de Blomberg touchait à la fois au Chef AW, à la OSAF et, de fait, à toutes les instances de commandement de la SA. Certes, Auleb devait «régler le service selon les instructions de Krüger», mais il aurait eu, à tout moment, la possibilité de faire intervenir le ministère de la Défense pour avoir le dernier mot. La construction n'apparaît d'ailleurs pas comme très heureuse, car elle était de nature à multiplier les frictions. Il était jusqu'au choix des termes pour brusquer Röhm ! Hitler était le chef suprême de la SA (Oberster SA-Führer). Röhm n'était, en titre, que son chef d'état-major (Strabschef) bien qu'il exerçât le commandement réel. Pour distinguer le Stabschef des gradés qui dirigeaient les états-majors, on désignait ceux-ci, dans la SA, par le terme de Stabsführer. Blomberg ne l'ignorait pas. Son mémorandum a, selon toute vraisemblance, joué délibérément sur une confusion sémantique pour souligner l'importance des fonctions de Auleb. À côté du Stabschef, il y aurait eu un Chef des Stabs. Son homologue pour les questions militaires ?

Krüger s'efforça de faire admettre un compromis. Auleb serait intégré aux services du Chef AW. Deux solutions étaient concevables. Ou bien Auleb n'aurait pas la responsabilité d'un bureau, mais aurait un droit de regard sur toutes les questions militaires. Son champ d'activité aurait été total, mais l'officier n'aurait eu qu'un rôle consultatif. Ou bien il dirigeait un bureau de planification, mais il aurait été privé du droit de contrôler la manière dont les décisions seraient appliquées. Les concessions faites par Krüger n'étaient pas de pure forme. En apparence certes, un SA-Führer, Krüger lui-même, continuait de commander les services du Chef AW, mais sa disposition était de plus en plus ambiguë. En tant que membre de la SA, il dépendait de Röhm ; en tant que responsable de l'instruction, il était en principe, autonome. À ses côtés, il aurait eu comme chef d'état-major officieux, un gradé de la Reichswehr. Dès le mois de janvier, Krüger, tiraillé entre les deux parties, inclinait vers l'armée à laquelle il se rallia définitivement en février. Ce que Röhm aurait tenu en main, aurait été une coquille vide de toute substance. L'autorité réelle aurait été exercée par le ministère de la Défense.

Le Stabschef présenta des contre-propositions contenues dans un aide-mémoire. Nous en connaissons l'existence par les notes du général Liebmann. K.-J. Müller, s'appuyant sur Liebman, affirme que le document fut remis par Röhm à Blomberg, le 1er février. Mais les propositions étaient connues des militaires, dès le 23 janvier. Le mémorandum remis le 1er février n'a donc été tout au plus qu'un résumé de propositions antérieurement soumises au ministère de la Défense et n'a pas eu le caractère d'un ultimatum inopiné qu'on lui prête souvent. Le document n'a pas été retrouvé. De son contenu, nous ne savons rien de plus que les brèves indications de Liebmann. Voici le passage essentiel des notes du général : «L'ensemble des questions intéressant la défense nationale (c'est sans doute un lapsus; il faut lire plutôt Landesschutz) est le domaine de la SA. La Wehrmacht a pour tâche de former les hommes et l'encadrement et de remettre ces "produits finis" à la SA. Les officiers assistent les SA-Führer comme conseillers militaires». Ce sont les propos tenus par Blomberg, le 2 février 1934, devant les chefs des grandes unités! Il serait absurde de supposer que Röhm ait revendiqué le commandement de la Reichswehr. La suite du texte indique d'ailleurs que Röhm avait reconnu qu'en cas de guerre, la Heeresleitung devait exercer une autorité sans partage. Ce que Röhm réclamait, c'étaient des compétences élargies en matière de Landesschutz. La OSAF aurait dirigé l'instruction des volontaires, le recrutement du service à court terme et du Grenzschutz. L'armée aurait fourni les instructeurs. Ils auraient été assimilés à des SA-Führer. Röhm proposait qu'ils aient dans la SA le grade équivalent à celui qu'ils avaient dans l'armée. D'une égalité de fonction, il déduisait une égalité de rang. Ce que Röhm renvoyait au ministère de la Défense, c'était une image inversée des propositions de Blomberg.

C'était la seconde maladresse capitale, commise par Röhm depuis le début du mois de décembre. Jusqu'alors, il était permis de soupçonner qu'«il y avait du système» dans la suite des incidents entre soldats et SA. Les soupçons étaient-ils fondés? Il était bien difficile d'en apporter la preuve. Désormais, Röhm avait, disait-on dans la Bendlerstrasse, abattu son jeu, sur un coup de tête. Il était avéré que le Stabschef avait un vaste dessein. Tous les procès d'intention devenaient légitimes. On ne s'en priva pas. Pour ne tenir compte que des témoignages les plus sérieux, ceux des officiers qui travaillaient alors au ministère de la Défense, et en ignorant les obscurs colporteurs de ragots, Röhm voulait devenir «ministre de la Défense» et aurait fait de «Blomberg, le commandant de l'armée de terre»; il voulait «reprendre à son compte» [?] la Reichswehr. Un grand dessein militaire? Certes, mais au-delà, on croyait apercevoir une volonté politique qui ne pouvait manquer d'entrer en conflit avec l'autorité du Führer. Bien des historiens s'en sont donné à cœur joie et ont puisé dans cet amas de rumeurs malveillantes les matériaux de constructions hasardeuses.

Röhm, il est vrai, n'a pas péché par esprit politique, durant ces semaines. Alors qu'il venait de demander des compétences élargies en matière de Landesschutz, il ordonna, comme ministre, toute une série de mesures qui visaient, en apparence, à constituer un État dans l'État. Un corps de gendarmerie de la SA avait été constitué le 1er octobre 1933. Il devait être l'équivalent d'une police militaire. Le 8 janvier 1934, Röhm confia à von Detten de traiter toutes les affaires du Feldjägerkorps. Detten installa ses bureaux dans le bâtiment du Staatsministerium de Prusse, au 63 de la Wilhelmstrasse. Cela était encore de peu de conséquence. En Prusse, Göring ne tarda pas, du reste, à prendre le contrôle des Feldjäger. Dans le courant du mois de janvier, Röhm institua quatre Inspections de la SA : Ouest, Sud-Est, Centre et Est. Ces inspections territoriales étaient fort différentes, par leur principe même, des inspections d'armes de la Reichswehr. Mais elles avaient été créées sans que le ministère de la Défense fût consulté. La Bendlerstrasse s'inquiéta. N'avaient-elles pas des tâches militaires? Les explications données par la OSAF n'étaient pas faites pour rassurer. L'Inspection Ouest était un camouflage du Grenzschutz West. Cependant, la personne de l'Inspecteur, Max Otto Luyken, inspirait quelque confiance. Mais Röhm ne s'en tint pas là. Successivement, il installa, à Berlin, un bureau des aides de camp, au 1 de la Vosstrasse, dans le Borsig-Palais qui abritait déjà le Büro Papen, un Politisches Amt (office politique), sorte de ministère des Affaires étrangères, dirigé par le Gruppenführer von Detten, un Presseamt (service de presse) à la tête duquel était le Gruppenführer Wilhelm Weiss à Munich et enfin un Ministeramt (office ministériel), véritable cabinet, chargé avant tout des affaires intérieures, dont la direction était assumée par le SS-Gruppenführer Rolf Reiner. Tout cela formait un gouvernement au petit pied. Et lorsque Röhm séjournait dans la capitale du Reich, il occupait une somptueuse villa dans la Matthäikirchstrasse, en bordure du Tiergarten. Il y recevait en souverain avec luxe et opulence. Par cette ostentation de puissance, Röhm a cru rehausser son autorité. Il étalait des prétentions qu'il n'était en mesure de soutenir. Cela conduisait à un désastre. Mis à l'épreuve, il reculerait. Alors comme dans une faillite, tout serait emporté, les ambitions illégitimes comme les revendications les mieux fondées. Il ne garderait pour lui que la honte d'avoir voulu paraître plus qu'il n'était.

Les négociations entre OSAF et ministère de la Défense occupèrent une bonne partie du mois de janvier. La documentation est fragmentaire et fournit tout juste quelques instantanés, encadrés de vastes zones d'ombre. Le 19 et le 20 janvier, Röhm réunit les principaux SA-Führer à Friedrichroda, en Thuringe, non loin de Gotha. Les comptes rendus de presse furent insignifiants. Il n'est guère douteux que le Stabschef ait voulu connaître les dispositions de ses lieutenants, les informer de l'évolution des rapports avec la Reichswehr, entendre leurs avis et ainsi, s'assurer de leur soutien. André François-Poncet obtint quelques renseignements d'un informateur sûr. Röhm, qui passait jusqu'alors pour un «modéré», aurait tenu à Friedrichroda le langage d'un «révolutionnaire». La Reichswehr demeurait l'armée de la «réaction». L'Allemagne avait besoin d'une armée véritablement nationale-socialiste. Cet observateur croyait que le conflit avait été «résolu à l'avantage des extrémistes». Le 22, Hitler reçut à la chancellerie Röhm et les SA-Führer qui étaient venus de Thuringe dans la capitale et il leur adressa une allocution. Il insista sur la mission pédagogique de la SA. Elle devait former les jeunes Allemands, leur inculquer la doctrine, fortifier les corps et préparer les esprits aux servitudes militaires. Pour autant que l'on sache, il n'aborda pas les problèmes de commandement. Les ambiguïtés subsistaient. Le lendemain, le «Militärwochenblatt», organe officieux du ministère de la Défense publiait un article sur les rapports de la Reichswehr et de la SA. C'était peut-être une simple coïncidence de date. Pour la première fois, les difficultés étaient reconnues, mais le ton était conciliant. Il aurait été «vain, à la suite de froissements journaliers, de se laisser aller au dépit, de se retirer sous sa tente et d'y attendre réparation... Il s'agit de reconnaître que nous sommes encore au début d'une transformation prodigieuse». La collaboration de Röhm était sollicitée à mots couverts. On ne désespérait pas d'amener le Stabschef à un accord, sans rien céder, il est vrai, sur l'essentiel.

Le 23 et le 24 janvier, le comité de travail du Conseil de défense du Reich se réunit, dans la grande salle du Bendlerblock, de 10 h 15 à 13 h 30, sous la présidence du général Beck. Le chef du Truppenamt exposa tout d'abord que la politique militaire du Reich devait être conduite, étant donné la situation, sans délais ni atermoiements. Le but de la séance était de dresser un état des travaux. Une question concernait particulièrement la SA : les travaux de mobilisation du Grenzschutz étaient-ils assez avancés pour que l'on fût en mesure de réunir les unités, vingt-quatre heures après l'appel, sur les frontières orientales et les côtes? À l'Est, grâce à un personnel permanent de 3000 hommes et 10000 hommes de renfort, le VGAD était opérationnel. Sur les côtes, il était à peine ébauché et à l'Ouest, il n'existait que sur le papier. La OSAF fut invitée à prendre toutes les mesures utiles afin qu'une participation de la SA fût garantie, en cas de mobilisation. Beck lui-même souligna l'importance du VGAD. Jüttner lui répondit : «La OSAF se rend parfaitement compte que les plans de mobilisation doivent être mis en œuvre sous la direction unique du ministre de la Défense du Reich. Aussi, la SA est-elle non seulement prête, mais elle considère qu'il y a pour elle obligation de satisfaire à toutes les exigences de la Wehrmacht. Des frictions devraient-elles se produire, (la SA) demandait à en être immédiatement informée». Le discord était nettement circonscrit. Il portait uniquement sur l'instruction et l'organisation des nouvelles recrues.

Les chefs des grandes unités allaient se réunir, dans la même salle du Bendlerblock, le 2 et le 3 février, pour entendre von Blomberg et von Fritsch. Il restait neuf jours. Le ministre et von Reichenau ont espéré qu'ils parviendraient, d'ici là à réduire la résistance de Röhm. Nous ne savons pas quelles tractations furent menées. Elles ne conduisirent à rien, sinon à renforcer les préventions de part et d'autre.

Le 1er et le 2 février, Hitler avait convoqué à Berlin les Reichsstatthalter et les Gauleiter. Les réunions eurent lieu en partie au Kaiserhof, en partie à la chancellerie. L'un de ces deux jours, plus vraisemblablement le 1er, Hitler reçut Röhm. Le Stabschef lui exposa ses griefs, fit des propositions et demanda au Führer d'user de son autorité pour les imposer. Il aurait souhaité que, tout au moins, quelques milliers de SA-Führer fussent incorporés comme officiers ou sous-officiers, à titre définitif, à l'armée. Selon la constitution qui n'avait pas été formellement abolie, le commandement des forces armées était exercé par le chef de la Heeresleitung, le ministre de la Défense et le président du Reich. La question relevait certes de la compétence du chancelier dans la mesure où il s'agissait d'organisation des forces armées, non des questions de personnel ou de commandement, mais l'usage s'était établi que les chanceliers se gardassent, en cette matière, de toute initiative qui ne fût approuvée par la Bendlerstrasse. Hitler se défendit : « Je ne peux pas ! Je ne peux pas ! Tu demandes l'impossible... Tu sais très bien que Hindenburg ne tolère pas que je dise mon mot dans les questions militaires. Jamais, il n'acceptera cela... J'ai déjà promis à Blomberg. » Finalement, Hitler aurait cédé, s'engageant à parler à Hindenburg. La discussion avait été très vive. F.G. von Tschirschky, un collaborateur de Papen, attendait dans l'antichambre une signature et il avait entendu « involontairement » les échos de la conversation à travers la porte. Lorsque Hitler sortit du bureau, il était hagard et il prit Tschirschky pour Brückner, son aide de camp. Il commença à lui dicter des instructions jusqu'à ce qu'il s'aperçût de sa méprise.

Dans le Bendlerblock, la conférence d'état-major se déroula avec plus d'urbanité. Blomberg commença par une annonce décevante. Un accord avec la SA n'avait pas encore été obtenu. Puis, il fit un rapide exposé de la situation, mentionnant ses propositions et la réponse de Röhm. Le chancelier devrait trancher. Il fallait patienter. Des démarches avaient été entreprises. L'issue en était incertaine. Tout resterait peut-être en suspens comme en ce moment. C'était le moindre mal. Une rupture brutale aurait des conséquences encore plus fâcheuses. D'ailleurs, il était permis de ralentir l'allure du renforcement du Grenzschutz à l'est. C'était lui qui était la source du plus grand nombre de frictions. Le traité signé le 26 janvier avec la Pologne avait des avantages. Les militaires lui reprochaient certes de détourner l'URSS du Reich et de compromettre, pour un pacte incertain, une alliance fondée dans la tradition. Mais il écartait, dans l'immédiat, le risque d'une incursion polonaise. Il était raisonnable d'espérer une solution définitive avec la SA, vers la fin du mois de février. Blomberg quitta la salle.

Le lendemain, Fritsch prit la parole pour affirmer tout d'abord qu'il « s'opposerait de toutes ses forces à la SA », avant d'en venir à des questions particulières. Pendant qu'il parlait, une ordonnance entra dans la salle et remit un billet à von Reichenau. Le général se leva, s'approcha de Fritsch et le pria de l'autoriser à lire ce message de Röhm : « Je ne reconnais d'autre rôle à la Reichswehr que d'être l'école de la nation. La conduite des opérations et par conséquent la mobilisation seront à l'avenir l'affaire de la SA. Heil Hitler ! Röhm ». Maximilian von Weichs était un témoin trop sûr pour que l'on croie à une forgerie de sa part même si sa mémoire l'a trompé sur certains détails. Alors ? Un coup monté de Reichenau pour galvaniser l'ensemble des généraux ? Une stupide foucade de Röhm, pour se détendre les nerfs à la sortie de son algarade avec le Führer ? Le mois de janvier n'avait désigné ni vainqueur ni vaincu. Hitler devrait trancher.

Röhm diplomate

Röhm commit une troisième erreur capitale. Il se hasarda dans la diplomatie. Trop de nazis s'étaient crus destinés à diriger des négociations internationales pour que les fonctionnaires du Auswärtiges Amt n'aient pas surveillé, avec une inquiétude tatillonne, les démarches de tous ces novices. Au ministère de la Défense, on n'était pas moins vigilant. Au mois de février 1932 s'était ouverte la conférence du désarmement. Elle était mal nommée. Son véritable objectif était de définir une formule de réarmement de l'Allemagne, acceptable pour les voisins de celle-ci et pour les Allemands eux-mêmes. Les généraux de la Reichswehr pensaient comme Charles de Gaulle qui écrivait en contemporain de ces événements, dans *Vers l'armée de métier* (1934) : « L'État doté d'une Reichswehr aura toujours l'initiative contre une nation qui n'a qu'une milice ; l'assertion est irréfutable ». Ils vivaient avec la préoccupation de ne pas se laisser manœuvrer dans une impasse où leur aurait été imposé un troc désavantageux : en échange d'un accroissement numérique des effectifs, sacrifier l'armée de métier à une troupe servant à court terme et dépourvue d'armements lourds.

André François-Poncet n'avait pas renoncé à rencontrer Röhm. À la fin du mois de janvier 1934, les circonstances semblaient être réunies. L'ambassadeur d'Argentine, Eduardo Labougle, avait invité son collègue français et le ministre d'État Röhm. Très correctement, le Stabschef en informa le secrétaire d'État aux Affaires étrangères, von Bülow, qui l'incita vivement à accepter afin que la première rencontre se produisît en terrain neutre. Pour des raisons inconnues, cette prise de contact n'eut pas lieu. Le mois suivant, « sur les instances pressantes » du chef du protocole du Auswärtiges Amt, le comte von Bassewitz, André François-Poncet fit la connaissance de Röhm, à l'occasion d'une soirée donnée, par Bassewitz, le 21 février, au domicile de celui-ci. Les deux hommes eurent une longue conversation. Elle parut assez intéressante au diplomate pour qu'il en rapportât le contenu, le lendemain, dans une dépêche circonstanciée. André François-Poncet considérait comme inéluctable le réarmement allemand. Pour en affaiblir la puissance ou tout au moins en ralentir le rythme, il pensait qu'un accord assorti de concessions réciproques et de contrôles mutuels serait l'instrument le plus efficace. La Reichswehr serait portée à 300 000 hommes. Soit ! L'obstacle majeur était l'existence de la SA et de la SS. En France et en Angleterre, les adversaires de tout réarmement allemand faisaient valoir que le Reich disposait, avec ces milices, d'une réserve d'hommes que l'on disait parfaitement instruits, équipés, armés, et dont les effectifs immédiatement mobilisables étaient estimés à un, voire deux millions. La valeur militaire de la SA était grossièrement surestimée. Dans les conversations avec le chancelier, les ministres, on se heurtait invinciblement à des allégations mensongères à peine déguisées : la SA était une armée « politique », elle n'avait rien de commun avec la Reichswehr. André François-Poncet voulut en avoir le cœur net. Que lui dirait le Stabschef ? L'ambassadeur français offrit à celui-ci une sortie honorable. Vous avez été contraint, lui dit-il, de transformer la SA en une sorte de milice dont la valeur militaire est d'ailleurs médiocre parce que vous avez craint pour la sûreté du Reich lorsque les voisins de l'Allemagne, après l'arrivée de Hitler à la chancellerie, ont manifesté envers votre pays une hostilité ouverte. Que n'avez-vous «promis de renoncer à leur donner une instruction militaire dans la mesure où l'entente intervenue entre les puissances vous eût débarrassé de vos appréhensions?» Röhm se garda de répondre et se contenta de «hocher la tête». François-Poncet en retira «l'impression qu'une démilitarisation des bataillons bruns était possible».

Une telle conversation n'était pas passée inaperçue. Le ministère de la Défense s'en inquiéta. En l'état des négociations sur le désarmement, à ce moment, les discussions portaient sur trois points principaux en ce qui concernait les forces terrestres : les effectifs de la Reichswehr, la formation prémilitaire et l'existence de la SA et de la SS. Au mois de février, il semblait que la Grande-Bretagne et la France fussent disposées à admettre un accroissement des effectifs jusqu'à 300000 hommes. Tout achoppait sur la question de la SA et de la SS. Pour les Français et les Anglais, elles constituaient une milice bien entraînée, mobilisable sur le champ. C'était faux. Elles n'en étaient pas moins indispensables comme camouflage et instrument de la formation militaire accélérée, Hitler et les généraux étaient en plein accord sur ce point. Jusqu'alors, on avait éludé toutes les objections en niant le caractère militaire des milices brunes. Elles étaient, disait-on, une armée politique. Rien d'autre! L'intervention de Röhm dans la partie risquait de gâcher la donne. D'entrée de jeu, il avait laissé entendre que la SA participait à la défense nationale. Que Français et Anglais fissent une proposition : 300000 hommes contre la démilitarisation de la SA, mais tout cela assorti d'un contrôle? C'en était fait de la préparation militaire, des «cours spéciaux», du recrutement accéléré et du renforcement du Grenzschutz et au-delà. Pour tourner ces obstacles, il aurait fallu ralentir le mouvement, repousser les échéances. Le service militaire obligatoire n'aurait été rétabli ni au 1er octobre 1934 ni même au 1er avril 1935. Ce fut Reichenau qui réagit le premier. Il voulait savoir ce qui s'était dit et, en même temps, parer à toute dérive. Il fit part au général Renondeau, l'attaché militaire français, de son désir de bavarder avec lui. Une conversation privée! Franche et amicale! Entre soldats! Elle eut lieu le 26 février dans le bureau du chef du Wehrmachtamt, nouvelle désignation du Ministeramt. Par les fenêtres, on apercevait le Kaiserin-Augusta-Ufer. La tactique de Reichenau fut simple. Elle était pratiquée avec succès par la diplomatie allemande depuis 1932. Elle proposait un objectif à ses interlocuteurs. Pour ceux-ci, c'était un objet de discussion. Pour les Allemands c'était le but à atteindre. Tout en parlant, ils faisaient avancer les choses en sous-main. Durant la négociation, les interlocuteurs de l'Allemagne n'osaient rompre. N'allaient-ils pas tout perdre d'un coup? Et si le Reich allait «demander à voir»? Après, ils s'inclinaient tout en protestant. Renondeau était sans illusions. Il représentait «un peuple qui désir[ait] la paix à tout prix...» Il y avait deux solutions : «un accord qui nous conserv[ait] nos forces, autoris[ait] un réarmement limité de l'Allemagne, et... nous donn[ait] sans doute une dizaine d'années de paix ou [autre hypothèse] l'obstination dans une attitude négative et hargneuse, et le conflit probable». Le chef du Wehrmachtamt jouait sur du velours. L'Allemagne voulait négocier. Il l'affirma avec force, bondit dans son fauteuil lorsque son visiteur laissa paraître un doute. Mais la SA? Reichenau ne fit pas de difficultés pour reconnaître qu'elle constituait une sorte de milice. C'était nouveau. Le 15 février, Hitler avait affirmé le contraire à André François-Poncet. Le 21, Röhm n'avait pas nié. Le 26, Reichenau l'avouait carrément. Pouvait-on revenir sur le fait accompli? Oter à la SA toute fonction militaire? Est-ce que ce «ne serait pas interprété... comme "un pas en arrière"... qu'un gouvernement ne peut... risquer sans affaiblir son prestige»? Reichenau répartit avec feu : «Le Führer peut faire de ses SA ce qu'il veut. Il leur a déjà imposé des mesures qui leur ont été désagréables : ils se sont inclinés; ils s'inclineront encore s'il le faut.» À l'issue de cet entretien, Reichenau était rasséréné. Röhm n'avait rien dit, sinon Renondeau n'aurait pas dressé l'oreille comme il l'avait fait aux propositions de son interlocuteur. En offrant de négocier l'avenir de la SA, Reichenau faisait coup double. On parlerait de la transformation de la SA en un simple mouvement politique jusqu'à ce que l'on ait plus besoin d'elle. On concéderait alors ce qui serait devenu superflu. Ce serait en même temps un instrument de pression sur Röhm. Il serait facile, si celui-ci n'était pas docile, de l'accuser de saboter une négociation internationale. Cela ne tarda pas. Au début du mois de mars, le conseiller von Bülow-Schwante reçut des instructions. Il invita Röhm et le Gruppenführer Reiner à venir le voir au Auswärtiges Amt. Le prétexte était une interview donnée à la «Deutsche Zeitung» par Reiner. Bülow-Schwante les «pria de la manière la plus amicale d'observer à l'avenir la plus grande prudence dans des conversations qu'ils pourraient avoir avec des diplomates étrangers, notamment dans toutes les questions qui touchaient à la SA et au désarmement».

Le grand dessein de Röhm?

C'est à ce moment, dans les premiers jours de février 1934, alors que les divergences entre le ministère de la Défense et la OSAF n'ont pas encore été rendues publiques qu'il faut s'interroger sur les intentions de Röhm. Nous parviendrons peut-être à les démêler là, avant qu'elles n'aient été oblitérées par la rumeur publique, les commentaires, les exégèses ou tout simplement par le mensonge naïf ou trop intéressé.

Il est avéré que Röhm a proposé de regrouper les différentes formes d'instruction militaire. Elle aurait été conduite par des soldats de métier, intégrés à la SA, à l'intérieur des formations de la SA. Les hommes instruits auraient donc été à la disposition de celle-ci qui, par voie de conséquence, aurait contrôlé le recrutement de la Wehrmacht. Elle aurait filtré le flot des volontaires et aurait été en mesure de retenir les meilleurs éléments. Fritsch exprima cette inquiétude lors de la réunion des 2-3 février 1934. De plus, les hommes qui n'auraient pas été incorporés à l'armée et ceux qui avaient accompli leur service militaire, devaient appartenir automatiquement à la SA. Ils pouvaient lui être intégrés de deux manières : soit être répartis proportionnellement dans l'ensemble des formations de la SA, soit être regroupés en unités homogènes : compagnies, bataillons, voire régiments. Dans ce dernier cas, la première réserve et la Landwehr auraient été composées d'unités homogènes de SA. Il en serait allé de même du Grenzschutz. C'était un véritable type d'arme nouvelle qui aurait été constitué à côté de l'armée de terre, une milice révolutionnaire du mouvement. Une telle extrapolation a-t-elle été faite par Röhm? Certes, elle était dans la logique de son projet. Nous savons en outre qu'il a soutenu certaines demandes avec une ardeur volcanique et a contraint «Adolf», son vieil ami, à l'appuyer auprès des militaires et de Hindenburg. Un plan hardi dont les conséquences laissaient supposer de plus vastes ambitions? Et un véritable coup de force politique dont le succès aurait eu des suites incalculables? Pourtant, selon les témoignages les plus sûrs, le Stabschef abandonna tous ces beaux projets avec une facilité déconcertante.

L'attitude du Stabschef déroute. L'attitude? Les attitudes! C'est en effet le plus surprenant, il y a en lui des personnages multiples. Rien à voir avec les mues de l'intrigant, souple et rusé, toujours prêt à se glisser dans une peau nouvelle pour mieux se fondre et s'accorder à l'environnement! On voit surgir, en Röhm, à l'occasion, un homme nouveau qui est la négation même de tout qu'il a été jusqu'alors. Trois personnages comptent. Il y a tout d'abord le loyal compagnon de Hitler. Pour commencer, il n'a pas cherché à intervenir dans les négociations sur le désarmement où se jouait peut-être le sort de la SA. Son discours du 7 décembre était d'une parfaite orthodoxie. À une, voire deux reprises, il a refusé de rencontrer André François-Poncet. Cédant à l'insistance de Bassewitz, il se prête à une conversation et, sur le point crucial, il ne dit mot. C'est en février que les Meldeamt dressent les listes des volontaires à incorporer dans la Wehrmacht, au 1er avril. Il n'a pas tenté de faire saboter cette opération qui connut un succès extraordinaire. Et puis, il y a côté de ce premier personnage, le baroudeur, entouré, à Friedrichroda, de ses compagnons de lutte. Il retrouve les accents de l'officier de troupe pour fustiger les brevetés d'état-major qui font la guerre devant les cartes, du Freikorpsführer, qui a lutté contre les bolchevicks pendant que d'autres, en soldats avisés, ne se compromettaient pas et préparaient une brillante carrière. Et comment ne pas hurler en voyant ces généraux qui ont certes condamné la République, mais en baissant le ton, se pavaner aujourd'hui et faire état de leurs mérites et de leurs qualifications? L'œuvre n'est pas achevée. Le marxisme a été éliminé. La «réaction»? L'Allemagne ne sera défendue que le jour où le levain révolutionnaire que porte en elle la SA, aura pénétré la nation. Et puis, plus secret, il y a l'homme désabusé, revenu de tout après l'ivresse de l'action qui, par mépris, dégoût devant les moyens, finit par en oublier le but et se retire sous sa tente.

L'accord du 27 février

Au lendemain de la réunion du 2-3 février, les chefs militaires sesont employés, avec beaucoup d'habileté, à circonvenir Hitler pendant que les négociations entre les représentants du ministère et de la OSAF se poursuivaient. Quant à Röhm, il semble qu'il ait laissé les choses aller à vau-l'eau. Les rapports affluèrent vers le Bendlerblock. Certains étaient de peu de poids. Quelques rixes ne signifiaient rien. D'autres auraient été inquiétants s'ils avaient été fondés. Plusieurs étaient consacrés aux gardes d'état-major (Stabswache). Les Obergruppe et Gruppe avaient constitué des unités chargées de la garde des bâtiments. C'était en fait avant tout des troupes de parade à l'imitation des compagnies d'honneur de la Reichswehr. Les effectifs de chaque compagnie ne dépassaient guère quelques dizaines d'hommes. Cela représentait sans doute moins de 3000 hommes dans toute l'Allemagne. Pour des raisons de commodité, les Stabswache étaient souvent cantonnées dans les Hilfswerklager[1]. Ceux-ci abritaient, entre avril et octobre 1934, de 7226 à 10757 hommes. De plus, Röhm avait interdit par circulaire, en date du 8 janvier 1934, que les Stabswache parussent armées, en public. Des informations toutes différentes parvinrent au ministère. Röhm aurait donné l'ordre de constituer des «gardes» dans tous les Obergruppe et Gruppe. Ces unités auraient été de véritables régiments. Chacune d'entre elles aurait eu une compagnie de mitrailleuses. Les hommes souscrivaient des engagements de dix-huit mois. La formation de ces Stabswache aurait été en cours au mois de février. Dans la VIe région militaire, certaines brigades suivaient déjà cet exemple. De 6000 à 8000 hommes y étaient équipés de fusils et de mitrailleuses. Le 2 mars, Blomberg apprit qu'une garde armée était mise sur pied à Höchst, dans la zone démilitarisée, en violation flagrante des dispositions du traité de Versailles. Ces renseignements furent transmis au Führer. C'était une manœuvre de désinformation, car les rapports étaient tendancieux, voire mensongers. À Höchst, il y avait deux Hilfswerklager qui abritaient environ 600 hommes. Ils ne furent pas supprimés après le 30 juin. La VIe région militaire correspondait aux Obergruppe VI (Hanovre) et X (Dortmund). Le premier était dirigé par Lutze qui succèda à Röhm, le second par Schepmann à l'égard duquel une procédure disciplinaire fut ouverte en 1935. Elle l'acquitta de tous les chefs d'accusation. Comment imaginer qu'on ne lui aurait pas fait grief, à ce moment, d'avoir rassemblé et équipé de 6000 à 8000 hommes? On est surpris de... la légèreté avec laquelle les services du Ministeramt et l'Abwehr ont travaillé. On ne saurait dire qu'ils aient péché par excès d'esprit critique. Il s'agissait de persuader le Führer que Röhm poursuivait une ambitieuse politique personnelle de réarmement.

Röhm avait arraché au Führer la promesse de soumettre à Hindenburg ses plans militaires, nous a dit Tschirschky; il l'aurait fait... Le président en

1. Camps d'assistance où étaient regroupés les SA sans ressources.

fut, selon toute vraisemblance, informé par une voie ou une autre. Le moment était très mal choisi. Le 26 et le 27 janvier, la célébration de l'anniversaire de l'« empereur » Guillaume II par les monarchistes avait été perturbée, dans toute l'Allemagne par des SA ou des membres d'organisations nazies. Le gouvernement et le parti avaient agi avec une hypocrisie remarquable. La commémoration du passé était tolérée. Mais la propagande en faveur de la monarchie était illicite. Où était la limite ? Certains incidents avaient été d'une extrême violence. Hindenburg en avait été profondément irrité. À deux reprises, le 28 ou le 29 janvier, puis le 9 février, il avait chargé le secrétaire d'État Meissner d'intervenir auprès de la chancellerie. Le dîner, que le maréchal offrait chaque année au corps diplomatique, réunit le 7 février Hitler, Papen, les ministres et de nombreux dignitaires nazis. Le président, lorsque ceux-ci s'agglutinaient autour de lui, pour l'« encadrer », s'en allait ostensiblement et passait dans une autre salle. Tschirschky nota ce geste de réprobation. André François-Poncet n'en dit rien. Il est vrai que l'ambassadeur français avait, au lendemain du 6 février, d'autres préoccupations.

Une autre alerte, beaucoup plus sérieuse, se produisit entre le 7 et le 12 février. Röhm n'avait pas beaucoup d'alliés. Krüger avait fait défection. Göring allait l'imiter. Le ministre-président de Prusse n'était pas, comme on le dit souvent, l'adversaire de Röhm, par principe. Il avait été le premier chef de la SA. Lorsqu'il s'était installé au ministère de l'Intérieur de Prusse, c'est à elle qu'il avait fait appel pour constituer la police auxiliaire, redoutable instrument contre l'opposition de gauche. La Hilfspolizei avait été dissoute, le 15 août, afin de libérer, pour d'autres tâches, les hommes dont la Reichswehr avait besoin, mais des SA-Führer demeuraient préfets de police dans de nombreuses villes, parmi les plus importantes : Breslau, Cassel, Dortmund, Duisbourg-Hamborn, Erfurt, Hanovre, Kiel, Nuremberg, Potsdam, etc. Cela comptait peu cependant. Göring était resté passionné d'aviation. Il rêvait d'une puissante Luftwaffe. Pour cela, il avait besoin de l'appui de la Reichswehr. Forces aériennes et armée de terre avaient donc des intérêts convergents. Il ne fallait pas que la conférence du désarmement aboutit à reconnaître à l'Allemagne le droit de posséder une milice nombreuse et faiblement armée en échange d'une renonciation aux matériels les plus modernes. En février, les championnats d'Allemagne de ski eurent lieu à Berchtesgaden. Göring y assistait ainsi que von Blomberg. C'est là que le ministre-président de Prusse fit les premières avances, il suggéra au ministre de la Défense de se montrer plus ferme à l'égard de Röhm. Blomberg est-il intervenu auprès du Führer ? Nous n'en savons rien. Mais son attitude s'est durcie au cours du mois de février. Il aurait offert sa démission au chancelier. D'ailleurs, il sut menacer et flatter. Le 17 février, la Wehrmacht adoptait les emblêmes du NSDAP et le 28, le « paragraphe aryen » devint applicable aux personnels de l'armée. La décision de régler définitivement les relations entre SA et Reichswehr a été prise dans les derniers jours de février. Elle était acquise le 26. Ce jour-là, von Reichenau déclarait en effet à Renondeau : « Le

Führer peut faire ce qu'il veut de ses SA. Il leur a déjà imposé des mesures qui leur ont été désagréables... ».

Pour des raisons de sécurité, l'arrangement fut baptisé «projet» ou «proposition». Ce ne fut tout à fait ni un Diktat ni un «accord». Les principes furent définis par le ministère de la Défense, sanctionnés et imposés par Hitler. Les modalités furent négociées entre les partenaires habituels de la OSAF et du Truppenamt : von Krausser, Jüttner, von der Schulenburg, Beck et Stapf. Pour les amateurs d'histoire sociologique, nous ferons remarquer que la «vieille noblesse allemande» représentait les intérêts de la SA, la «bourgeoisie», ceux de l'armée. La convention porte la date du 27 février 1934. Elle fut signée par Blomberg, Röhm et Göring, dans le bureau de Stapf. Les chefs des grandes unités avaient été convoqués à Berlin. Le 27, Fritsch leur exposa «l'heureux» dénouement de la crise. Le lendemain, Blomberg, Reichenau, Röhm, Göring, généraux, Obergruppenführer et Gruppenführer se rassemblèrent dans la grande salle du Bendlerblock. C'est probablement à ce moment que fut paraphé le texte établi la veille. Le Führer vint en personne, en quelque sorte pour consacrer, par sa présence, la solennité des engagements souscrits, et il prononça un discours, selon Stapf, «un discours remarquable, fondé sur une solide connaissance de l'histoire militaire». Le texte n'en a pas été conservé, mais nous pouvons le reconstituer à partir des notes de Maximilian von Weichs. Le peuple allemand allait au devant d'une effroyable misère. Certes, le NSDAP avait lutté efficacement contre le chômage, mais dans huit ans environ, il n'y aurait plus à compter sur les commandes de l'État et un revers économique était à craindre. Pour le prévenir, il n'y avait qu'un remède, créer de l'espace vital pour l'excédent de population. À l'ouest, l'Allemagne se heurterait peut-être à l'opposition de la France et de la Grande-Bretagne. Le Reich devrait alors porter au plus vite quelques coups décisifs. Puis, il se tournerait vers l'Est. Une milice, comme Röhm l'avait proposée, n'était une arme efficace que pour défendre de petits pays. Hitler fit alors un véritable cours qui n'aurait pas été «indigne d'une académie militaire». Il invoqua même ses expériences personnelles. En 1914, il appartenait à la division dont les volontaires, après une instruction sommaire, étaient montés à l'assaut, à Langemark, en chantant le Deutschlandlied. Cet épisode, légendaire en Allemagne, et d'ailleurs controversé, est le pendant de la non moins fameuse charge de Saint-Cyriens en kasoar et en gants blancs. Les volontaires avaient été décimés. La guerre n'est pas remportée par l'enthousiasme, l'esprit révolutionnaire seuls. Aussi, était-il résolu à construire l'armée du peuple, dont la cellule-mère serait la Reichswehr. Elle serait soumise à une instruction approfondie et dotée des armes les plus modernes. Il rejeta aussi la constitution d'une milice sur le modèle des milices fascistes. Les tâches de la SA étaient politiques. Elle devait s'en tenir là. Pour une période transitoire, il agréait la «proposition» du ministère de la Défense. La SA serait associée au Grenzschutz et assumerait la préparation militaire. Il attendait d'elle qu'elle accomplit ces missions en toute loyauté. Mais, pour conclure, la Wehrmacht seule était l'armée de la nation. Selon un autre témoin, Hitler aurait terminé ce développement par des propos comminatoires : «Il n'aurait pas hésité à substituer à la Reichswehr quelque chose d'entièrement neuf s'il avait eu l'impression qu'elle n'était pas à la hauteur des tâches qu'elle aurait à assumer. En revanche, «j'écraserai la SA, aurait-il dit, si jamais elle entreprenait de faire un tour de valse seule et mettait ainsi en danger la sécurité de l'Allemagne».

Que contenait le Vorschlag? Il posait des principes, définissait des objectifs et fixait les modalités d'exécution. À proprement parler, il n'apportait rien de neuf. Tout avait déjà été ressassé depuis le mois d'octobre 1933. La nouveauté était dans la solennité de la déclaration et des engagements réciproques. On relevait néanmoins des nuances, un accent plus insistant sur tel passage ou une rectification, de portée limitée, pour pallier les inconvénients qui étaient apparus au fil du temps.

«Le ministre de la Défense du Reich était seul responsable des préparatifs de la défense du Reich». Tâches de la Wehrmacht : préparation en temps de paix, mobilisation et conduite des opérations en temps de guerre. Tâches de la SA : formation (préparation militaire de 18 à 26 ans et périodes de réserve pour les soldats libérés de leurs obligations de service), soutien du Grenzschutz et participation, personnelle et matérielle, aux opérations de mobilisation. La subordination totale de la SA était fortement affirmée. L'instruction aurait lieu selon les directives du ministère et sous le contrôle des commandants de région, de subdivision ou de secteur du Grenzschutz. Dans les régions frontalières, l'organisation territoriale de la SA serait calquée sur le dispositif de protection militaire afin de faciliter l'incorporation des hommes. La SA avait obligation de mettre ses hommes à la disposition de la Wehrmacht dès que celle-ci le demandait et pour le temps que celle-ci fixait. L'armée avait le droit de recruter parmi les SA et SA-Führer, les hommes dont elle avait besoin. Ceux qu'elle aurait choisis devaient être disponibles de façon permanente pour le service de la Reichswehr. Röhm avait néanmoins arraché une série de concessions, souvent assorties de clauses restrictives. Le ministère n'avait pas obtenu que cette subordination fût institutionnalisée. Il n'était plus question de désigner un officier comme chef d'état-major de Krüger. Le 19 mars, Röhm confirma par lettre qu'une réorganisation et une coordination plus étroite de la coopération avec l'armée ne lui paraissaient pas nécessaires. Les volontaires recrutés par la Wehrmacht devraient posséder le SA-Sportabzeichen. Le texte ajoutait, il est vrai, «en général». Cette disposition ne valait pas en revanche pour le Grenzschutz, qui était autorisé à employer des hommes dont les sympathies pour le nazisme n'étaient rien moins que démontrées. Le maintien des pelotons d'instruction spéciaux était confirmé. Ils étaient ouverts aux SA et SA-Führer âgés au moins de vingt-quatre ans accomplis au 1er avril 1934 et donnaient aux postulants la possibilité, après avoir reçu un complément de formation dans l'armée, d'accéder à un grade de sous-officier ou d'officier. La SA était habilitée à acquérir des matériels de guerre en bon état. En cas de mobilisation, les hommes d'une unité de la SA seraient incorporés dans la même unité opérationnelle (Verband) de la Wehrmacht, c'est-à-dire dans le même bataillon ou régiment. Mais deux conditions étaient posées. Cela aurait lieu « dans la mesure du possible » et pour autant que les SA avaient une qualification militaire suffisante (point 12). La SA avait le droit de proposer des SA-Führer comme officiers de réserve lorsqu'ils possédaient la qualification requise. La Wehrmacht se réservait la décision finale. Les SA-Führer pourraient exercer un commandement dans le Grenzschutz dès le temps de paix. Tous les grades leur étaient ouverts jusqu'à celui de colonel inclus, sous réserve de leur qualification. Ces SA-Führer devaient en outre entrer dans le corps des L-Offizier. La dernière partie du texte définissait le rôle des inspecteurs de la SA et établissait des correspondances précises entre les différents échelons responsables des deux hiérarchies.

Le texte ne satisfaisait pas pleinement le ministère de la Défense. Certes, une stricte application de la convention rendait impossible le retour d'incidents comme celui de Feldafing. La liberté d'appréciation laissée, dans certains cas, de manière unilatérale, à la Wehrmacht, l'imprécision de certaines formulations contenaient matière à conflits. Il n'était plus à craindre que la SA sabotât le recrutement des volontaires au 1er avril et au 1er octobre 1934. L'excès d'enthousiasme des postulants garantissait d'ailleurs un plein succès. Quelles seraient les réactions des « recalés » ? Ne seraient-elles pas particulièrement vives lorsque les officiers du Grenzschutz leur préféreraient, sous le prétexte de compétence militaire, des « réactionnaires » avérés ? Il était admis que, *dans la mesure du possible*, des unités de la SA seraient intégrées aux bataillons et régiments de la Wehrmacht. La « proposition » ne disait rien des modalités d'intégration. Le texte se prêtait à deux interprétations. Les hommes d'un même Trupp, équivalent de la section d'infanterie, ou d'un même Sturm, une compagnie, étaient répartis proportionnellement dans toutes les unités subalternes du bataillon ou du régiment et se fondaient dans la masse. C'était l'exégèse de l'armée. Ce n'était pas celle de la OSAF. Elle lisait dans le texte que le Trupp ou le Sturm ne devaient pas être disloqués, mais intégrés comme élément homogène, de préférence sous le commandement de ses chefs, au Verband auxquels ils étaient affectés. La désignation de SA-Führer comme L-Offizier prêtait également à contestation. Nous savons par les déclarations du chef de la Heeresleitung que la qualité de SA-Führer et celle de L-Offizier étaient considérées par l'armée comme incompatibles. Le texte ne le disait pas expressément. Fallait-il comprendre qu'à compétences égales, un adversaire du régime devait être choisi de préférence à un homme qui voulait demeurer fidèle à la SA ? Enfin, les procédures d'achat des matériels de guerre n'avaient pas été fixées.

*

* *

Au cours des mois suivants, les points obscurs de l'« accord » ont été discutés entre OSAF et Heeresleitung. Mais un phénomène nouveau se produisit. Jusqu'alors, le ministre et son cabinet avaient plaidé, malgré tout, pour une collaboration avec la SA, dût-elle imposer quelques sacrifices alors que le commandement de l'armée de terre avait été plus réticent. On ne saurait dire que les rôles fussent désormais inversés. Les uns et les autres s'accordaient sur le point essentiel que seule la Wehrmacht devait avoir la responsabilité de la défense du pays. Mais alors que Fritsch et Beck, bien qu'ils eussent souhaité la destitution de certains SA-Führer, traitaient les conflits comme des questions techniques et s'efforçaient de neutraliser les réactions personnelles, le Ministeramt avait de plus en plus tendance à en faire un problème politique. L'attitude de Röhm justifiait-elle un tel procès d'intention ? Seule une étude méticuleuse de l'application de la convention du 27 février permet de répondre à cette interrogation.

Chapitre 3

L'APPLICATION DU «VORSCHLAG» (1er MARS - 7 JUIN)

Durant les mois qui suivirent, le «projet» reçut un début d'application. Il semblerait que la question fût, pour un historien, d'une simplicité biblique. La SA a-t-elle saboté la coopération avec la Reichswehr, telle qu'elle avait été définie, le 27 février? Le sabotage, au cas où il aurait été constaté, avait-il pris des proportions si inquiétantes que le ministre de la Défense nationale et le commandant de l'armée de terre fussent en droit de craindre pour la sécurité extérieure de l'Allemagne, voire pour la paix intérieure? La réponse à ces interrogations est donnée par une série de constatations simples. L'instruction prémilitaire et les cours spéciaux avaient-ils lieu dans de bonnes conditions? Le recrutement des hommes et des cadres de réserve s'est-il heurté à des obstacles? La SA a-t-elle participé au Grenzschutz? Au lieu de dresser un tableau ou un bilan, ce qui devenait plus aisé à partir du moment où les archives allemandes furent restituées par les États-Unis à la RFA, les historiens préférèrent sonder les reins et les cœurs.

*

*   *

Le 3 mars, la Heeresleitung transmit une copie du texte aux commandants des sept divisions d'infanterie et des trois divisions de cavalerie. Le 12 mars, Röhm signa une directive destinée aux quatre inspections de la SA. Elle rappelait que les ordres des chefs de région et de subdivision ainsi que de secteur du Grenzschutz devaient être obéis impérativement par les SA-Führer, en tout ce qui concernait la défense nationale. Les inspecteurs veilleraient à l'application de la directive. À partir du mois d'avril, Röhm commença d'inspecter systématiquement les Obergruppe et Gruppe. Accompagné de quatre ou cinq collaborateurs qui changeaient, il procédait à la revue de quelque brigade ou Standarte, visitait une école ou un Hilfswerklager. Dans la soirée, il réunissait tous les Führer des brigades et des Standarte du Groupe. Il était souhaité qu'un nombre aussi grand que possible de commandants des Sturmbann (bataillons) et des Sturm (compagnies) prît part à ces réunions. Le programme pour le mois de juin a été conservé. Il était prévu que Röhm se rendrait en Prusse orientale (Obergruppe I) du 2 au 4, du 9 au 11 en Thuringe, du 16 au 18 dans le groupe Centre, du 23 au 25 en Bavière (Gruppe Hochland). L'aide de camp de Himmler, Karl Friedrich Otto Wolff a prétendu que les conciliabules n'avaient d'autre but que de préparer le soulèvement contre Hitler. Himmler aurait été obligé de suivre le Stabschef à la trace, à travers toute l'Allemagne, pour combattre son influence néfaste et réparer ce qui pouvait l'être. Le témoin est plus que suspect. Comment ne pas être surpris que pas un seul participant de ce cercle étendu de confidents n'ait, après la guerre, apporté de révélations sur ce qui aurait bel et bien constitué une trahison? Pour Röhm, il fallait reprendre en main la SA et la préparer à l'« accord » avec la Reichswehr.

La documentation est assez abondante pour que nous puissions reconstituer en détail comment le Vorschlag fut compris et appliqué dans la subdivision de Munich. La première tâche était la diffusion de l'information. La Heeresleitung s'en inquiéta vers la mi-avril. Les Führer du Obergruppe, des brigades et Standarte avaient-ils eu connaissance du Vorschlag? Des difficultés d'interprétation avaient-elles surgi? La réponse était claire. Les Standartenführer avaient été informés verbalement par le Gruppenführer Schmid. En revanche dans le Gruppe Franken, le texte en aurait encore été ignoré, le 16 mai, de certaines Standarte. En tout cas, cette carence fut bientôt corrigée. À Munich, le général Tscherning constatait qu'il était certes trop tôt pour porter un jugement définitif, d'autant plus que les points « les plus délicats » de l'« accord » n'avaient pas encore été traités, mais que, dans sa subdivision, l'incorporation des volontaires au 1er avril s'était déroulée de manière satisfaisante et que le Gruppe avait promis de participer activement à la formation prémilitaire (Ausbildung ausserhalb des Heeres), qu'une grande partie des unités SA avait remis dans les délais voulus, les listes des hommes aptes au service en vue des incorporations de volontaires à l'automne. Certaines unités avaient fait preuve de négligence et tiraient l'affaire en longueur, apparemment à la suite d'instructions reçues, mais il n'y avait pas eu de « résistance ouverte » de la part de la SA.

C'est au début de juin que fut préparée l'incorporation de la deuxième tranche de volontaires. Dans tous les cas, la Wehrmacht imposa l'interprétation la plus restrictive du texte du 27 février. Le 19 juin deux Brigadeführer, Hermann et Hauert, le lieutenant-colonel von der Tann, les majors Rupp et Thoma se réunirent dans les bureaux du Gruppe Hochland. Le groupe devait désigner, pour chaque bataillon de la Reichswehr, de 15 à 20 SA-Führer. Après formation, ils constitueraient l'encadrement subalterne de réserve. Hauert objecta qu'il en résulterait des inconvénients sérieux pour la SA, car la ponction serait importante et, une fois intégrés aux cadres de réserve, ces hommes, les meilleurs sans doute, seraient, de manière permanente, à la disposition de l'armée, qui les rappellerait en cas de crise, privant ainsi la SA d'une partie de ses chefs au moment où elle serait associée aux opérations de mobilisation. Hauert et Hermann tentèrent d'obtenir des concessions. La SA, dirent-ils, n'avait pas l'ambition de mettre sur pied des unités opérationnelles, mais ne serait-il pas souhaitable que des Trupp ou des Sturm homogènes fussent intégrés, comme sections ou compagnies, aux bataillons de la Reichswehr? Tout au moins ne pouvait-on concevoir que l'armée n'accueillît dans ces cours et ne formât en surnombre des SA-Führer. Ainsi, les Standartenführer eussent eu, en cas de mobilisation, la liberté de désigner ceux de leurs subordonnés qui seraient mis à la disposition de la Wehrmacht. Les officiers rejetèrent toutes ces propositions à l'exception d'une seule. Les cours seraient ouverts à des hommes en excédent des besoins de l'armée. Pour le reste, ils éludèrent ou refusèrent. L'intégration d'unités homogènes n'était pas de leur compétence. Le ministère déciderait. Il était «inacceptable» (untragbar), expression très forte, que le choix des cadres de réserve fût mis à la discrétion des SA-Führer, car les services mobilisateurs devaient connaître, dès le temps de paix, les tableaux d'effectifs. Derrière tous ces beaux arguments techniques, d'un côté, la volonté d'«écrémer» la SA de ses meilleurs éléments sans tenir compte des obligations de celle-ci. Chez les deux SA-Führer, on distingue la volonté — mais combien timide ! — de s'opposer à cet écrémage. Hermann et Hauert promirent d'en référer au Gruppenführer Schmid. Le jour même, dans l'après-midi, la subdivision fut informée que le groupe acceptait toutes les propositions faites par les trois officiers.

Le second volet concernait le recrutement des volontaires devant être incorporés en surnombre au 1er novembre. Les procédures avaient été rodées durant le premier semestre. Le recensement d'une première tranche avait été terminé en février; la sélection avait eu lieu dans les semaines suivantes et les appelés avaient rejoint les corps de troupe au 1er avril. Bien que toutes ces opérations eussent été menées alors que la crise entre OSAF et ministère de la Défense culminait, tout s'était déroulé parfaitement. La Wehrmacht procéda néanmoins à un certain nombre de corrections.

L'importance de Meldeamt chargés des travaux statistiques et de la tenue des rôles de mobilisation était renforcée. Des SA-Führer on attendait qu'ils fissent une propagande active auprès de leurs hommes en faveur des engagements volontaires dans la Wehrmacht. Ils dressaient les listes de ceux qui étaient disposés à servir dans l'armée, les transmettaient au Meldeamt qui établissait les fiches individuelles. Listes et fiches étaient remises aux chefs de corps. Ceux-ci procédaient à une première sélection sur dossier et convoquaient les hommes qui leur paraissaient aptes. «Il faut que le principe soit strictement respecté : chaque SA se présente personnellement, en produisant ses papiers, au corps de troupe dans lequel il souhaite s'engager, de telle sorte que les compétences et responsabilités dévolues aux chefs de corps en ce qui concerne les engagements ne soient en rien diminuées.» Après la visite médicale et différents examens, les hommes retenus recevaient un contrat provisoire. À ce moment, le Standartenführer dont ils dépendaient était informé.

Le SA-Gruppe accepta sans difficulté cette procédure discriminatoire et promit son concours. La SA était subordonnée à l'armée et devait faire passer ses propres intérêts après les exigences de la défense nationale. Le responsable d'un Meldeamt écrivait avec une indignation non dissimulée, le 16 mai, que le Führer de la Standarte 6 (Amberg) considérait «*pour le moment, comme sa tâche la plus urgente*» (souligné dans le texte) d'inculquer à ses hommes les principes du national-socialisme et d'écarter les éléments douteux et que, «à côté» de cette mission, il était prêt à apporter son concours au Meldeamt.

Le point le plus délicat était le Grenzschutz. La Wehrmacht n'avait rien concédé. Il serait dirigé par les L-Offizier. Les SA-Führer, à supposer qu'ils eussent la qualification exigée, pouvaient entrer dans ce cadre en démissionnant de la SA. La Wehrmacht avait en outre imposé que l'organisation territoriale de la SA fût, dans les régions frontalières, calquée sur celle du Grenzschutz. Il aurait donc été logique d'incorporer des unités homogènes de la SA dans le dispositif de protection des frontières. La demande était embarrassante pour le commandant militaire. Lorsqu'il s'agissait de la formation de réserves, il était facile d'éluder une réponse. On y réfléchirait. La question ne se poserait qu'en cas de mobilisation. D'ici là... Les unités de protection des frontières, elles, existaient sur le terrain. On ne pouvait remettre à plus tard la réorganisation du dispositif. À Amberg, les SA refusèrent de servir sous les ordres de deux gradés du 704e régiment du Grenzschutz, le chef de compagnie Deglmann et le chef de bataillon, Freiherr von Hirschberg. C'est probablement pour des raisons analogues que la SA (4e Standarte de Rosenheim?) menaça de boycotter des manœuvres organisées dans la région de Brannenbourg. Nous ne savons comment ces conflits locaux furent réglés. Les archives militaires contiennent apparemment peu de documents sur le Grenzschutz. Il semble bien qu'il faille chercher les raisons de ces conflits, sur le terrain, dans des antipathies personnelles dont la responsabilité était très largement partagée. En tout cas, F. von Krausser, qui dirigeait le Führungsamt, intervint personnellement auprès du Ic (officier de renseignement) de la 7e division, pour que la SA participât à l'exercice de Brannenbourg.

Le bilan de la collaboration entre SA et Reichswehr était, dans une large mesure, satisfaisant. Des difficultés avaient surgi au début du mois de décembre dans le Wehrgau Munich. Elles avaient eu quelque chose de courtelinesque. Les opérations de recrutement avaient été, en avril, un succès, grâce à l'enthousiasme des hommes de la SA. Seules les clauses de l'«accord» concernant le Grenzschutz provoquèrent quelques tiraillements. Ils étaient de peu d'importance, car lorsque le commandement de l'armée de terre demanda, vers la fin du mois de juin, et en tout cas après le 21, au commandant de la 7e division d'apprécier la situation, le général Adam, profondément «réactionnaire», fit répondre que «les relations (avec la SA) s'étaient détendues». Il aurait certainement employé d'autres termes s'il avait jugé que le Obergruppenführer sabotait systématiquement, sur les injonctions de Röhm, la défense nationale. Voilà pour la VIIe région! Mais les autres? L'enquête déjà citée du commandement de l'armée de terre constatait que dans quatre autres (Ire, IIe, Ve et VIe) les relations avec la SA étaient bonnes, voire meilleures qu'avec la SS ou qu'il n'y avait rien de particulier à signaler.

Restent deux régions : la IIIe et la IVe. Les documents d'archives sont, à la suite des destructions, d'une grande rareté et peu significatifs. Pour le Wehrkreis III, nous disposons des mémoires de Manstein et du témoignage de quelques officiers : Böckmann, Gaertner, von Mellenthin, Stapf, von Weichs, Holtzendorff, etc., recueillis par l'Institut für Zeitgeschichte. Pour le Wehrkreis IV, les sources sont encore moins abondantes et se réduisent à quelques indications dispersées. C'est à partir de ces maigres témoignages que nous devons tenter de comprendre les événements en tenant compte de la personnalité des témoins, des circonstances dans lesquelles ils ont témoigné, au lendemain de la défaite, et des intentions qui ont guidé leur plume.

Le général qui commandait la 3e division avait également compétence sur les éléments de la 1re et 2e division de cavalerie, stationnés dans le Wehrkreis. La 1re division avait son état-major à Francfort-sur-Oder, la 2e à Breslau. Le recrutement était confié à quatre subdivisions : Berlin, Silésie, Francfort et Potsdam. Cinq des secteurs du Grenzschutz : Küstrin, Glogau, Breslau, Schweidnitz et Oppeln, parmi les plus importants de la frontière orientale, étaient rattachés également à la IIIe région militaire. Les hommes qui exerçaient des commandements étaient presque tous des personnalités marquantes. À la tête du Wehrkreis, von Witzleben qui, en 1940, commandait la 1re armée et se couvrit de gloire pendant la campagne de France. Il était assisté par von Manstein, une des meilleures têtes de la Wehrmacht, sinon la meilleure. À Breslau, Ewald von Kleist, brillant cavalier, virtuose de l'arme blindée, qui réussit la percée de Sedan en 1940 ! À Potsdam, Wilhelm Keitel, le futur chef du Oberkommando de la Wehrmacht ! Le général Schaumburg et le colonel Haase qui dirigeaient respectivement la Wehrgauleitung de Berlin et de Francfort-sur-Oder, sans être des personnalités de premier ordre, étaient des hommes compétents. La tradition prussienne, la situation stratégique et la qualité des chefs faisaient véritablement de ce Wehrkreis le centre vital de la Wehrmacht.

Jusqu'au mois de mai 1934, le SA-Obergruppe III correspondait approximativement au Wehrkreis III. Il était dirigé par E. Heines, installé à Breslau, et comprenait deux groupes : Silésie et Berlin-Brandebourg. Le 11 mai, il fut scindé en deux. Un des groupes devint le Obergruppe III Berlin-Brandebourg qui comptait environ 220 000 hommes. Il était dirigé, de la capitale, par Karl Ernst. L'ancien Gruppe Schlesien devint le Obergruppe VIII et resta sous la direction de E. Heines, dont l'état-major était établi dans la préfecture de police de Breslau. La subdivision de Francfort-sur-Oder (IIIe RM) avait pour partenaire le SA-Obergruppe II (Stettin).

Que pouvaient faire les SA-Führer ? Saboter les tâches qu'ils devaient assumer : formation prémilitaire, recrutement des réserves et participation au Grenzschutz en empêchant leurs hommes de prendre part aux travaux militaires! L'ont-ils fait? Les réponses ne sont pas les mêmes selon les régions et les domaines du réarmement clandestin. En Silésie, le Chef AW avait trois écoles de cadres et douze centres de formation. Dans ces derniers, l'effectif, renouvelé tous les 28 jours, variait entre 200 et 800 hommes. Le responsable régional était le SA-Standartenführer von Winterfeld, un ancien officier de carrière. Son chef d'état-major Franz von Gaertner, qui lui aussi avait appartenu à l'armée, était un ami de Reichenau et avait des opinions très conservatrices. Le chef du personnel avait la confiance de la Wehrmacht. Un officier d'active, détaché, était adjoint à chaque directeur d'école ou de centre. Les instructeurs étaient d'anciens officiers a.D. qui avaient accepté de reprendre du service avec un grade équivalent à celui de sous-lieutenant ou de lieutenant. Ils touchaient une solde de 200 RM mensuels, qui s'ajoutait à leur pension. Le lieutenant Mertz von Quirnheim était l'officier de liaison entre le Obergruppe et le Wehrgau. F. von Gaertner travaillait pour le compte de l'Abwehr et transmettait au Ic, l'officier de renseignement de la 2e division de cavalerie, le capitaine Schniewind, les informations confidentielles qu'il recueillait. L'instruction prémilitaire était donc solidement corsetée par la Wehrmacht. Les SA-Führer du Obergruppe n'avaient qu'un moyen de paralyser l'appareil : interdire à leurs hommes de suivre les programmes du Chef AW. Ils ne l'ont pas fait. Cela résulte du témoignage même de F. von Gaertner. Il n'y avait pas carence d'effectifs. Au sein de l'organisation, il existait, semble-t-il, une bonne entente entre SA-Führer et officiers du cadre de réserve. Le 30 juin, l'ordre fut donné, apparemment par le SD de Breslau, d'abattre sans jugement et de manière discrète le SA-Obersturmführer Enders qui dirigeait l'École de sport automobile de la SA à Croischwitz, auprès de Schweidnitz. Selon tous les témoins, ce fut une surprise générale. Enders passait pour un homme calme, accommodant et raisonnable, et personne n'imaginait, à en juger par sa conduite, qu'il se fût rendu coupable de complicité dans un complot contre le Führer et l'armée, ou même qu'il en fût capable. En revanche, entre les collaborateurs du Chef AW qui provenaient de la Reichswehr et l'entourage du Obergruppenführer Heines, les jalousies étaient ouvertes et aiguës. Gaertner se plaignit que, à plusieurs reprises, durant les mois d'avril, de mai et de juin, Heines eût réuni les SA-Führer du Obergruppe, à Breslau, mais que les responsables des services d'instruction du Chef AW n'y eussent été associés «qu'en marge». Ce qui était en débat, c'était l'application de l'«accord» du 27 février. Il eût été logique d'y faire participer les responsables de l'instruction. Pourtant l'attitude des SA-Führer ne signifie pas qu'ils voulaient forger, dans le plus grand secret, une vaste conjuration contre le régime. L'explication est plus banale. Le moindre des instructeurs touchait 200 RM par mois. La plupart étaient des officiers de carrière qui bénéficiaient en outre d'une pension. Certains n'étaient entrés dans les SA que pour se procurer un camouflage. Dans la SA, tous les Brigadeführer ne touchaient pas une solde régulière. Pour les Standartenführer et les grades inférieurs, le bénévolat était la règle. La plupart de ces cadres luttaient depuis des années pour la victoire du mouvement. Ils étaient des Alte

Kämpfer. Les promotions, les avantages allaient aux ouvriers de la onzième heure. Comment les anciens n'auraient-ils pas saisi l'occasion de faire un affront, à ces demi-soldes arrogants, qui ignoraient le vieil esprit de la SA? Rien de plus! En ce printemps de 1934, saison de doute et de tous les soupçons, des froissements d'amour-propre devenaient une affaire d'État.

Les témoignages ne nous disent rien du recrutement. Ce silence est sans doute significatif. Il n'a probablement pas donné lieu à des difficultés particulières. Un incident nous paraît révélateur de la bonne entente qui régnait, dans la province, aux échelons intermédiaires, entre SA-Führer et officiers, souvent issus du même milieu. Le 28 juin, les officiers de la Kommandantur de Schweidnitz furent avertis que la SA s'apprêtait à attaquer la Wehrmacht. Les commandants Metz et Szelinski furent indignés de cette «trahison». Rencontrant deux SA-Führer avec lesquels ils étaient en relation, von Grolmann et le comte Pückler, ils les sommèrent de s'expliquer sur leur félonie. Ce n'est pas ainsi que l'on s'adresse à des êtres dont on n'attend rien, sinon le mal.

En revanche, il n'est pas douteux que la collaboration de la SA au Genzschutz fût émaillée d'incidents. Les causes étaient les mêmes que celles déjà constatées en Bavière : refus de servir sous les ordres d'officiers «réactionnaires» et souhait d'«intégrer» les unités homogènes de la SA dans le dispositif militaire. Le moyen de pression nous est bien connu. Certains SA-Führer interdirent à leurs hommes de participer à des cours de formation. Les militaires en conclurent que le plan de mobilisation et le dispositif du Grenzschutz étaient compromis. Le colonel von Rabenau intervint auprès de Heines : s'il n'était pas porté, dans les meilleurs délais, remède à la situation, il serait contraint d'avertir le ministère. Heines promit de faire le nécessaire. Il ne fit rien. Malgré de nouvelles représentations, les abus continuèrent. Rabenau dut se tourner vers Reichenau. Le témoignage est muet sur des points importants. Il ne nous dit pas quand les difficultés ont surgi. Le 2 février, le général von Blomberg y avait fait allusion devant les commandants des grandes unités. F. von Gaertner se tait également sur l'évolution de la crise. Les incidents se sont-ils multipliés ou ont-ils diminué? Deux indications intéressantes dans le texte. Le témoin reconnaît que Heines a péché plus par faiblesse que par ferme résolution. Il est par conséquent peu probable qu'il y ait eu un sabotage systématique. Gaertner élude également la question des responsabilités. Une phrase de son témoignage est particulièrement significative. «Il lui (Gaertner) apparaissait absurde de rechercher le moindre compromis avec la SA tant que des décisions capitales seraient prises par ce corps de Führer.»

À Heines, on faisait grief d'avoir toléré que des SA-Führer fissent sécession sur l'Aventin. C'est un excès de zèle qui fit soupçonner Karl Ernst. Les unités se multipliaient dans le Obergruppe Berlin-Brandebourg. Le Gruppenführer prit de nombreux contacts avec les services de la Reichswehr. La participation de la SA au réarmement encore clandestin absorbait toutes ses forces. «Un grand nombre d'hommes se considéraient d'abord comme des soldats...» Ernst fit même plusieurs visites au général Keitel. Il rencontra également le général von Witzleben et l'assurait, en toute occasion, de son dévouement. Formation et recrutement furent poursuivis, semble-t-il, de manière active. Au mois d'avril, le 2e Bureau signala que 800 SA suivaient un cours d'artillerie de trois mois à Döberitz. Keitel n'a pas mentionné de difficultés spécifiques avec la SA. Il est vrai que ses Mémoires sont datés du 8 septembre 1946 alors qu'il était détenu à Nuremberg. Il avait de bonnes raisons de ne pas évoquer ouvertement le réarmement clandestin du Reich. Mais Manstein qui écrivait, dix ou douze ans plus tard, a été aussi imprécis sur ce point. Le seul qui ait formulé un grief caractérisé a été von Böckmann de l'état-major de la 3e division. Karl Ernst aurait saboté le Grenzschutz. Comme nous connaissons très mal l'organisation du Grenzschutz, notamment dans cette région, l'importance de la participation du Obergruppe demeure incertaine. Des frictions se sont sûrement produites. Karl Ernst l'a quasiment reconnu. Au mois d'avril, dans un entretien avec le général Renondeau, il se laissa aller aux confidences : «Nous avons promis beaucoup et c'est terriblement difficile à tenir. Il y a bien des impatients et des exigeants qu'il faut calmer; j'ai commencé par pourvoir les vieux camarades qui ont mené le combat avec moi. Ceux-là sont casés, tous. Mais il y a les autres... qui ne me rendent pas toujours la tâche facile.» Il n'y avait pas, selon les apparences, chez lui, une volonté de sabotage systématique. Pour le reste, l'argumentation de Keitel et de Manstein se rejoignent. À défaut de griefs précis, on était en droit, dans le climat de l'époque, de soupçonner Karl Ernst d'avoir ordonné d'acheter des armes, en secret (?), afin de préparer un mauvais coup contre la Wehrmacht, vers la fin du mois de juin.

La SA-Gruppe Ostmark tenait une place considérable dans le dispositif du Grenzschutz. Cela résultait de la géographie. Selon Böckmann, le Gruppenführer Siegfried Kasche aurait également «saboté» le système de protection des frontières. Vertueux à Stettin, Kasche aurait trahi à Francfort-sur-Oder ! Il fut certes inquiété le 30 juin, mais parvint à se justifier et on lui confia la direction du Gruppe Hansa (Hambourg). Ses «crimes» devaient être de peu de poids.

Les témoignages véridiques sont encore plus rares sur le Obergruppe IV (Dresde) qui ne correspondait que partiellement à la IVe région militaire. Il comprenait trois Groupes : Saxe, Thuringe et Centre, portant respectivement les numéros (5), (6) et (7). L'épuration a frappé surtout le Groupe de Saxe. Les relations de Hans Hayn et des états-majors locaux de la Wehrmacht étaient détestables. N'avait-il pas proclamé publiquement que l'armée, c'était de la «merde»? L'intégration de la SA dans le Grenzschutz ne s'est sans doute pas fait sans heurts. Mais les témoignages que nous possédons manquent de sérieux.

En conclusion, l'«accord» du 27 février a bel et bien été respecté, pour l'essentiel, par la SA. C'est ce qui ressort d'un examen sans passion des documents que nous possédons. Le programme était ambitieux : instruction, constitution de réserves, plans de mobilisation, renforcement du Grenzschutz. Dans quatre régions militaires sur sept, la mise en application de ces vastes projets s'est fait sans grands heurts. Dans trois autres, des conflits ont éclaté. Leur caractère local et circonstanciel ne saurait être nié.

Une réflexion de bons sens aurait dû dissuader les historiens de surestimer la gravité de ces accrocs. Un homme comme Fritsch aurait-il toléré que Röhm sabotât délibérément le réarmement du Reich? Le Stabschef ou ses lieutenants! Mieux que tout autre, il était en mesure d'apprécier la situation. Il avait la compétence militaire et possédait les rapports des chefs de corps. Tout indique qu'il espérait et souhaitait un accord avec la SA. En bon technicien, il avait jugé irréaliste le calendrier établi en vue du rétablissement de la conscription. Finalement, la deuxième tranche d'incorporation avait été repoussée. De juillet, elle avait été reculée non pas même au 1er octobre, mais au 1er novembre. Le délai serait mis à profit pour ne pas faire un travail trop hâtif, bâclé. En revanche, ces retards prolongeaient la période transitoire pendant laquelle la Wehrmacht aurait besoin de la SA. Le général aurait souhaité que certains SA-Führer, moins Röhm que quelques-uns de ses lieutenants, fussent relevés de leurs fonctions. La collaboration entre Reichswehr et SA en aurait été facilitée. Hitler se dérobait et refusait de sévir. Il fallait s'accommoder de cette situation. Il s'imposait donc de trouver un *modus vivendi* avec le partenaire. C'est à quoi le chef de la Heeresleitung s'est employé. Du 5 au 7 mai 1934, il a réuni les commandants des grandes unités à Bad Nauheim, au bord du Taunus. Il parla des relations entre Wehrmacht et SA. Le moment était bien choisi. Fritsch possédait les réponses à sa demande d'information du 17 avril. De son exposé, les historiens n'ont retenu qu'une formule et ils ont, semble-t-il, négligé l'économie générale du développement. Fritsch demandait que tout incident fût signalé. Les officiers n'avaient pas à craindre de conséquences désagréables, même si l'attitude des hommes de troupe et des gradés impliqués n'avait «pas été tout à fait correcte». Ils seraient couverts. En revanche, il fallait éviter que ne s'imposât un Holzkomment. Le Komment, c'est l'étiquette, ici une étiquette en bois, raide comme une massue. Le général affirmait, nous semble-t-il, un certain nombre de principes, d'où découlaient des conséquences évidentes. L'«accord» du 27 février avait établi que la défense nationale incombait à la seule Wehrmacht. Cette prérogative devait être affirmée en toute circonstance. Aucune concession ne devait être faite à la SA, même lorsque les militaires n'avaient pas agi de manière tout à fait «correcte». Mais la collaboration avec la SA était nécessaire, elle était possible. Aussi devait-on se garder de tout geste qui la compromît inutilement. Fritsch n'en avait pas fini. La suite de son exposé doit être rattachée au premier développement. C'était un avertissement voilé au corps des officiers, et notamment aux cadres supérieurs et généraux. Des hommes de troupe, des sous-officiers, voire des officiers subalternes avaient écrit au Führer pour se plaindre de l'esprit de caste qui continuait à régner dans la nouvelle Wehrmacht. Le commandant de l'armée de terre rassura aussitôt son auditoire. Il allait de soi que de telles correspondances ne parvenaient pas au Führer. Les auteurs de ces lettres de doléance seraient exclus de l'armée. Mais... la leçon nous paraît claire. À bon entendeur salut!

À la suite de cette conférence d'état-major, le général von Fritsch assista, du 9 au 11 mai, aux «Trois jours du Harz», organisés, sous le patronage de l'Automobile-club d'Allemagne, par le SA-Obergruppenführer Hühnlein qui dirigeait le NSKK (corps automobile national-socialiste), une des branches de la SA. De nombreux militaires assistaient à l'épreuve : Blomberg, Reichenau, le général Lutz, inspecteur des troupes motorisées, et, à côté d'eux, Röhm, Eltz-Rübenach, ministre des Transports du Reich. C'est sans doute à la suite du rallye que se place l'invitation adressée par Fritsch à Röhm. Le commandant de l'armée de terre avait prié le Stabschef de prendre part à un exercice d'état-major. Röhm n'était pas venu, mais avait envoyé un aide de camp. Il était arrivé le dernier jour, à Bad Liebenstein, pour assister à la discussion finale et au banquet qui clôturait cet exercice. Fritsch avait porté un toast en l'honneur du chef des milices brunes. Il s'était adressé à lui en ces termes : «Très honoré Stabschef...». La formule ne plut pas à tous les officiers. Les plus conservateurs furent choqués. Fritsch l'aurait-il employée s'il avait eu la conviction que Röhm sabotait systématiquement le réarmement? Röhm rendit la politesse à Fritsch et le reçut dans sa villa de Berlin. C'était le 19 mai. De part et d'autre, les échanges d'impertinences ne manquèrent pas. Désignant Fritsch, un SA-Führer demanda à Horst von Mellenthin, l'aide de camp du commandant de l'armée de terre : «Quel est ce général?» En revanche, c'est avec un délice qui transparaît encore à travers les témoignages tardifs que les officiers écoutaient les doléances de leurs hôtes. Achim von Arnim portait le nom d'une famille qui avait donné à la Prusse un de ses grands poètes romantiques, ami de Kleist, sans compter d'innombrables soldats et administrateurs. À Fürstenwalde, les gradés de la Reichswehr l'ignoraient.
«L'armée a de grandes prétentions, dit-il, pour ce qui est de l'étiquette.
— C'est nous qui faisons notre propre étiquette.»
Une troisième rencontre mondaine eut lieu dans les appartements de Fritsch. Il avait invité quelques SA-Führer : le comte von der Schulenburg, Karl Ernst... Mellenthin était assis à côté d'un Hohenzollern, celui que l'on appelait familièrement le Prince Auwi (August Wilhelm). Il était SA-Gruppenführer et laissa libre cours à son amertume. Lorsqu'il montait à cheval à Potsdam les officiers détournaient la tête pour ne pas le saluer. C'était déplorable. Mellenthin compatit à son crève-cœur.

«Quel malheur que cela vous arrive, à vous!»

Et non sans une certaine perfidie, il ajouta :

«Et à Potsdam!»

Il faut tout ignorer de l'importance qu'un soldat attache aux formes pour sourire de ces questions d'étiquette. Le salut était obligatoire entre Wehrmacht et «associations patriotiques», depuis le 15 mai 1933. Blomberg et Fritsch y étaient revenus à plusieurs reprises devant les commandants des grandes unités. La SA saluait la première. Cela allait de soi, à grade égal. Mais un Gruppenführer devait-il saluer un capitaine? Ce fut l'origine de nombreux incidents et la source de querelles de préséance qui n'ont pas trouvé leur Saint-Simon.

Une question est soulevée par ces témoignages auxquels nous n'avons cessé de nous référer. Sauf à admettre que tous ces anciens officiers de la Wehrmacht aient été de cyniques menteurs, comment expliquer qu'ils aient cru à une tentative de putsch? Puisque leur «conviction intime» n'était pas le reflet exact d'une situation donnée, qu'elle ne reposait ni sur l'observation ni sur un jugement motivé, quelle circonstance a favorisé en eux la naissance de ces sentiments de crainte et d'appréhension à la fois chimériques et agissant pourtant comme un facteur historique?

Un homme en colère

Il est aisé de comprendre comment Röhm inspira tant de craintes infondées et provoqua tant de haines aveugles. L'attitude du Stabschef dans les semaines et les mois qui suivirent la signature de la convention apparaît tissée d'inconséquences, de contradictions. Elle est faite à la fois de soumission dans les faits et de provocations verbales renouvelées. Il veillait à l'application du Vorschlag tout en clamant que ce chiffon de papier n'avait aucune valeur. Röhm n'attendit pas longtemps pour déverser sa bile. Le 28 février, à peine ses hôtes du ministère de la Défense avaient-ils quitté la villa de la Standartenstrasse, qu'il laissa éclater, en une colère impuissante, un ressentiment jusqu'alors contenu. Une nouvelle fois, dans sa vie aventureuse, il se sentait bafoué par tous ces beaux militaires. Que seraient-ils devenus sans des enfants perdus comme lui? Les serviteurs trop dociles d'une démocratie parlementaire! Il n'était pas jusqu'à leur déférente politesse qui ne blessât le vieux troupier plus qu'une impertinence. Mais il n'avait pas seulement été «roulé» par les généraux. Adolf l'avait trahi. Il avait donné raison aux soldats de métier contre son fidèle Ernst. Röhm n'était plus maître de lui. Les «ganaches» de la Reichswehr furent sa première cible, mais il ne s'arrêta pas en si bon chemin. Ne reculant devant aucun sacrilège, il s'en prit à la personne du Führer. Celui-ci était pourtant au-dessus de toute critique. C'était un dogme. «Ce que le ridicule caporal a raconté ne vaut pas pour nous. Il lui faudra revoir sa copie. Nous accomplirons la tâche qui est la nôtre. Avec ou sans Hitler!» Quelques SA-Führer se délectaient de ces propos iconoclastes. Beaucoup se taisaient. D'autres, plus rares, étaient sincèrement révoltés, déchirés entre leur respect pour Röhm et la fidélité au Führer. Lutze était de ceux-là. Il rapporta les paroles de Röhm à Hitler. Que pouvait-il faire d'autre? Le système excluait toute critique directe du Stabschef. Cela aurait été contraire au Führerprinzip. Se taire? C'est ce que firent les plus conformistes. Restait une sorte de délation. Lutze s'adressa d'abord à Hess. Le Stellvertreter refusa d'intervenir comme intermédiaire. Le crédit de Röhm auprès de Hitler était encore trop grand pour qu'une telle intervention ne comportât pas quelque risque. Lutze parvint enfin à être reçu par Hitler en personne. L'entretien eut lieu, «entre quatre yeux», sur le Obersalzberg, très vraisemblablement vers le 19 mars. Hitler écouta avec attention le Obergruppenführer et déclara pour finir : «Il faut laisser mûrir l'affaire.»

Ce n'avait pas été un simple accès de colère fugitif chez le Stabschef. Au cours des tournées d'inspection, à l'occasion des conférences de cadres, Röhm ne laissait pas de critiquer le Vorschlag. Sans doute avait-il mis une sourdine à ses ressentiments contre Hitler, mais il présentait la convention comme un arrangement provisoire. La logique de l'histoire, disait-il, imposerait une seconde révolution, une révolution socialiste qui balayerait la «réaction» et notamment tous ces «militaires arriérés». Ce jour-là, le Führer confierait la défense nationale à une armée véritablement populaire et nationale-socialiste, à la SA. Les SA-Führer recueillaient pieusement ce commentaire et le propageaient avec zèle. C'était le nouvel évangile qui leur rendait l'espoir de satisfaire, dans un temps peut-être pas trop éloigné, toutes leurs ambitions. On imagine ce que devenait, colporté de bouche en bouche, le propos original. Le 22 mars, Hitler avait réuni à la chancellerie les Gauleiter. Il s'agissait pour l'essentiel de définir les compétences respectives des Gauleiter et de l'administration civile. Vers la fin de la réunion, Sauckel, Gauleiter de Thuringe, évoqua l'attitude de la SA qui propageait la nécessité d'une seconde révolution. Non seulement les organes de l'État, mais les responsables de l'organisation politique du NSDAP devaient, disaient les SA-Führer, être soumis à une formation idéologique qui leur faisait défaut. De plus, «tous ceux qui "n'en avaient pas" (*sic*), devaient être éliminés». À Weimar, le Gruppenführer Lasch était pourtant un modéré qui, après le 30 juin, ne fut guère inquiété. Il entretenait de bonnes relations avec le général Maximilian von Weichs qui commandait la 3e division de cavalerie (Weimar). Sans doute le soldat était-il partagé entre l'inquiétude et l'ironie en écoutant certaines déclarations de Lasch. À la fin d'un défilé, à Iéna, le SA-Führer n'avait-il pas déclaré : «La révolution du NSDAP n'est pas terminée. Elle n'aura trouvé son terme que le jour où l'État-SA aura été constitué.» En revanche, avec Sauckel, c'était la guerre ouverte. Le Gauleiter avait fait arrêter, par la police, un SA-Brigadeführer ivre qui causait du scandale en public. Sauckel était SA-führer à titre honorifique. Son exclusion de la SA avait été demandée par un tribunal d'honneur. Le 1er mai, la SA de Thuringe avait refusé de défiler devant le Gauleiter. Une affaire d'État? Tout au plus un fait divers et une querelle de courtisans!

Les deux témoignages n'en sont pas moins précieux par la date, le contenu et la perspective politique. Dès le mois de mars, Röhm a propagé la «seconde révolution». C'était le mot magique qui contenait toutes les espérances et apaisait les attentes les plus impatientes. L'imprécision du terme et la variété des interprétations qui lui ont été données par les SA nous prouvent que Röhm n'avait pas le dessein, véritablement révolutionnaire, de substituer une milice populaire à la Reichswehr. Pourquoi Röhm a-t-il multiplié les incartades verbales? C'était sans doute pour une bonne part la rancune qui s'exprimait dans ces invectives. Mais la tactique n'en était pas absente. Le Stabschef devait faire face à une fronde des cadres moyens et subalternes.

Pour les Obergruppenführer, Gruppenführer, voire Brigadeführer, la question était de prestige. Dans l'exercice de leurs fonctions, ils disposaient d'un appareil administratif important. Ils se seraient contentés d'un peu de considération de la part des officiers de la Reichswehr. Le général Tscherning la mesurait chichement au Gruppenführer Schmid. C'était en décembre 1933. On imagine ce qu'il advint après la signature du Vorschlag. Mais plus bas dans la hiérarchie, la situation était appréciée de manière toute différente. La «prise du pouvoir» n'avait pas apporté les revanches si longtemps caressées. Le gain matériel avait été maigre : quelques dizaines de préfectures de police, des missions auprès des administrations civiles. C'était peu, l'intégration de la SA dans le système de la défense nationale avait fait naître des espérances démesurées. Combien de SA-Führer se voyaient déjà promus! Il fallait en rabattre. Tel qui s'imaginait à la tête d'un bataillon comprenait que pour commander une escouade, il lui faudrait démissionner de la SA. La déception était d'autant plus vive chez beaucoup que, pour remplir les tâches militaires qui lui étaient confiées, la SA avait recruté nombre d'anciens sous-officiers et d'officiers de réserve, séduits par la perspective d'améliorer leur pension. Les Alte Kämpfer demandaient des comptes à Röhm et à ses lieutenants. Pour amuser toutes ces ambitions et ces convoitises, Röhm n'hésita pas à agiter ce hochet : la seconde révolution. Cela ne lui paraissait pas malhabile. Avec ce bruit, il s'imaginait apaiser les récriminations de ses hommes tout en se servant d'elles comme d'un argument dans les négociations avec le gouvernement. Mais le jeu n'était pas sans risque. Il ne devait jamais échapper au contrôle du Stabschef. Pour cette partie, il eût fallu un joueur cynique et pleinement maître de lui. Röhm était trop passionné pour mener la partie. Rancunier, avec une pointe de vanité, il commit deux erreurs. Pour des satisfactions d'amour-propre, il s'attira l'inimitié de deux redoutables adversaires : Göring et Himmler.

Göring n'avait sans doute pas de sympathies particulières pour Röhm. Les deux hommes ne s'opposaient pas moins par leurs ressemblances que par leurs dissemblances. Bavarois, coléreux, violents et autoritaires, il n'étaient pas des êtres de compromis et d'arrangement. Le ministre-président voulait restaurer l'autorité de l'État. Il avait dû mettre au pas certains SA-Führer. Infiniment plus intelligent et subtil que le Stabschef, il éprouvait sans doute quelque dédain pour celui-ci. L'homosexualité lui répugnait. Enfin, il avait choisi son camp. Pas de Luftwaffe puissante sans une Wehrmacht commandée par des hommes de métier! Le 28 février, il avait revêtu, pour assister à la signature du Vorschlag, dans la Bendlerstrasse, le grand uniforme de General der Infanterie (général de corps d'armée). Röhm en avait été profondément ulcéré. Mais ce geste de circonstance imposait-il de prendre une revanche publique? Göring n'était pas l'ennemi de Röhm. Lui aussi avait été soldat et s'était battu bravement à la tête de l'escadrille von Richthofen. Il avait lutté contre la subversion révolutionnaire. Il aimait rappeler qu'il avait commandé la SA. Des accommodements n'étaient pas inconcevables. Le Stabschef prit un malin plaisir à blesser l'amour-propre de ce gros vaniteux de Göring.

Le 19 mars 1920, 21 combattants qui appartenaient soit à la police, soit à une Einwohnerwehr (garde civique) avaient été massacrés par l'« armée Rouge », au château d'eau de Essen, après une lutte désespérée. Leur sacrifice devait être commémoré en grande pompe au mois de mars 1934. Le 17, on attendait Röhm. À 14 h 11, il arriva et descendit à l'hôtel Kaiserhof. Dans l'après-midi, il passa en revue, à deux reprises, des formations de la SA : sur le terrain d'aviation de Essen-Mühlheim, puis dans la Huyssen-Allee. Pour clôturer cette journée, la « vieille garde » se réunit pour une soirée amicale, qui dans le Saalbau, qui dans la Maison des associations et qui enfin dans le restaurant Hardegen im Segeroth. Röhm prit la parole dans les trois endroits. Le dimanche 18, Göring arriva à 8 heures. Le programme était minuté avec précision : 9 heures double allocution du ministre président et du Stabschef aux SA-Führer, 10 h 30 dépôt en commun de couronnes au cimetière de Essen-Ouest, puis le cortège officiel traverserait la ville jusqu'au château d'eau, Göring célébrerait la mémoire des victimes du 19 mars 1920 pendant que Röhm honorerait les morts de la SA au cimetière de Kray, enfin banquet sous la présidence commune de Göring et de Röhm qui, à partir de 14 h 30, assisteraient à un meeting aérien. Les deux ministres quitteraient Essen vers minuit. Cette belle ordonnance fut troublée par un caprice du Stabschef.

Le 16, déjà, il avait réuni à Duisbourg les cadres du SA-Gruppe Niederrhein (Basse-Rhénanie). L'allocution qu'il avait prononcée avait un caractère tactique : la situation diplomatique de l'Allemagne était délicate, elle avait contraint le Führer à faire passer, provisoirement, la SA au second plan; cette manœuvre avait inspiré à la Reichswehr, à la Landespolizei et à la bureaucratie une entreprise ridicule; militaires, policiers et fonctionnaires s'installaient de nouveau dans les positions dont la révolution de 1933 les avait chassés; mais l'heure était proche où le Führer donnerait l'ordre de reprendre la marche en avant et d'envoyer au diable cette bande de « pourris ». Le lendemain, les propos de Röhm, à Essen, devant les SA-Führer, furent encore plus violents : les agissements de l'armée et de la police étaient contraires à la loi, car ce n'était pas à elles de jouer les premiers rôles dans l'État; le Führer saurait y parer en dressant des échafauds sur les places publiques; les guillotines n'étaient pas encore montées, mais personne ne pouvait se bercer d'illusions; cela viendrait aussi sûrement que pendant la Révolution française.

Le dimanche, Röhm s'autorisa quelques bravades gratuites et tout à fait absurdes. Au cimetière de Essen-Ouest, les deux ministres devaient se séparer après le dépôt des couronnes. Le Stabschef mit dans son départ une brusquerie ostentatoire. À peine le ministre-président eut-il posé sa couronne que Röhm, sans un salut, sans même un regard, tourna les talons et partit vers Kray. Les SA-Führer l'imitèrent et lui emboîtèrent le pas, laissant médusés le ministre-président et les officiers de police. Le journaliste de la *National-Zeitung*, fort embarrassé, se tira d'affaire en écrivant que, pressé par son emploi du temps, Röhm « se hâta » de quitter les lieux. Ce premier affront fut bientôt suivi d'un second. Röhm n'assista ni au banquet ni au meeting aérien.

Des obligations impérieuses le rappelaient à Berlin. À la fin du repas, les SA-Führer invités se levèrent de table, firent le salut hitlérien et sans un mot de remerciement pour leur hôte sortirent de la salle. Pendant une bonne demi-heure, ils se promenèrent dans le hall de l'hôtel, se gaussant de Göring et de sa police. Ils étaient fiers d'avoir donné «une bonne leçon», à ce «renégat» qui trahissait le Führer au profit de la «réaction». Pendant des semaines, on en fit des gorges chaudes. Göring avait été atteint en deux points particulièrement sensibles par ces affronts : à la fois comme chef de la police de Prusse et comme commandant de la future Luftwaffe. Aussi rêvait-il de tirer vengeance de cette offense. Cela le rendit plus accessible aux sollicitations de Himmler. Pour une mince satisfaction d'amour-propre, Röhm allait payer un prix disproportionné.

Le Reichsführer SS avait des vues sur la police politique de Prusse. De la Bavière, il avait fait la conquête méthodique des services dans tous les Länder. Seule la Prusse lui échappait encore. Par son étendue, sa population, son importance économique et politique, la Prusse constituait le cœur et le corps même du Reich. Himmler entendait bien faire main basse sur le Gestapa. L'homme était certes d'intelligence médiocre. En toute sincérité, il croyait que l'on forme les âmes et les esprits comme l'on crée de nouvelles races de poulets, mais il ne manquait pas de bon sens, il était, comme beaucoup de dignitaires nazis, un remarquable organisateur. Sa force véritable se cachait sous les apparences bonaces d'un comptable, de quelque commis timoré et méticuleux jusqu'au pédantisme. En fait, il savait jauger un homme, d'un regard, et sa capacité de dissimulation était, selon tous ceux qui ont travaillé avec lui, prodigieuse. Eux-mêmes tâtonnaient quant à ses intentions véritables.

En mars, Himmler rencontra Röhm. Ils avaient été invités tous les deux par Paul von Gontard, qui possédait le domaine de Gross-Wudicke, près de Rathenow, dans le Brandebourg. Directeur général d'usines d'armement, leur hôte cumulait en outre les mandats d'administrateur dans la métallurgie et les mines. Röhm était accompagné de Reiner, qui dirigeait le Ministeramt, et de deux aides de camp, le comte Spreti et Robert Bergmann. Himmler n'avait à ses côtés que son ordonnance Karl Wolff. Röhm fit de vifs reproches au Reichsführer. La SS était trop conservatrice, trop proche de la Reichswehr. Himmler joua les timides et laissa Wolff répondre à sa place. Peu après, Röhm et Himmler se retrouvèrent face à face. Les rôles étaient inversés. Ce fut Himmler qui fit la leçon à Röhm. La nomination de SA-Führer à des postes de responsabilité et, d'une manière générale, leur avancement étaient dictés par le pire des «copinages». Pour réussir dans la SA, il fallait être «homo». Ce n'était plus du népotisme, mais de la dépravation. De telles pratiques devenaient inadmissibles. Elles étaient désormais un danger pour l'État. Il fallait y remédier rapidement, car, de jour en jour, la menace d'une guerre civile se dessinait avec plus de netteté. Röhm devait chasser de la SA les Heines, Ernst, Koch et leur clique. Le Stabschef aurait versé des larmes de reconnaissance pour ces précieux conseils et promis de les suivre à la lettre. Le soir même, au cours d'une orgie avec ses mignons, il aurait fait des gorges chaudes du professeur de morale. Himmler l'apprit. Il se résigna à abandonner son vieil ami Röhm. Tel est le récit de Karl Wolff.

Pour le détail, il est sans doute véridique ; mais Himmler a-t-il été le bon Samaritain que l'on nous dépeint ? Ne s'est-il résigné que la mort dans l'âme, à abandonner le pécheur invétéré ? La leçon de morale n'avait-elle pas un tout autre sens ? Par son échec, elle fournissait au Reichsführer une bonne raison de rompre avec son vieil ami et de se ranger du côté de Göring. Le reniement se drapait dans la vertu. Il n'était ni désintéressé ni gratuit. Depuis le mois de janvier 1934, SS et SD menaient une guerre sourde contre le Gestapa et son chef Diels, un protégé de Göring. Les moindres « bavures » étaient montées en épingle. Konrad Nussbaum, qui dirigeait le service renseignement de la section 3 fut compromis par l'arrestation, en janvier, d'un indicateur. Tout en apportant, à plusieurs reprises, la preuve d'une prétendue incapacité de Diels, Himmler faisait néanmoins des concessions à Göring. Le 14 mars 1934, Hans Kobelinski, chef du SD à Berlin, fut relevé de ses fonctions, dégradé pour faute professionnelle et remplacé par le Hauptsturmführer Hermann Behrends. Il aurait violé le secret professionnel et était en outre homosexuel. Kobelinski avait été chargé par Heydrich de « déboulonner » Diels. Il était entré plusieurs fois en conflit avec le directeur du Gestapa. Par là, il aurait provoqué, selon Aronson, l'animosité de Göring. La destitution de Kobelinski était un geste de bonne volonté du Reichsführer. En rejoignant les adversaires de Röhm, Himmler achevait de se qualifier comme candidat à la succession de Diels. Dès le début d'avril, elle était ouverte. Le 20 avril, Himmler fut nommé, par Göring, inspecteur de la Gestapo. Il avait donc désormais autorité sur toutes les polices politiques du Reich. Deux jours plus tard, Heydrich devint directeur (Leiter) du Gestapa. Bien que le ministre président conservât le titre de Chef, le véritable responsable était un fidèle d'Himmler. Celui-ci allait progressivement transformer le service berlinois en une direction centrale. Jusqu'en 1933, le Gestapa (Geheimes Staatspolizeiamt ou Office de la police politique secrète d'État) avait été une administration prussienne, chargée, à l'intérieur de la Prusse, de la coordination du renseignement politique. À partir du 30 janvier 1933, l'Office était devenu la direction de la police politique dans toute la Prusse. Il dirigeait les bureaux régionaux (Stapoleitstelle ou service directeur de la police d'État) ou locaux (Stapostelle ou service de la police d'État) et avait, en outre, reçu des compétences judiciaires élargies. C'est lui qui prononçait en Prusse, les décisions de « détention préventive » (Schutzhaft). Pour créer une véritable centrale, Himmler allait étendre les compétences territoriales du Gestapa à l'ensemble du Reich. Le 30 juin, l'unification était accomplie.

*

* *

Depuis le mois de février, la position de Röhm s'était affaiblie. Dans le conflit avec la Reichswehr, il avait eu le dessous. Non content d'avoir subi une défaite politique et morale, il avait, en partie sous la pression de ses lieutenants, multiplié les bravades inutiles. Lui et la SA s'étaient aliéné la sympathie d'un certain nombre de Gauleiter et de responsables de l'Organisation politique (PO). Le Stabschef s'était attiré la haine de Göring par une démonstration d'insolence ridicule. Himmler avait fait le troc d'une vieille amitié encombrante contre une emprise plus forte sur les polices allemandes. Était-ce assez pour provoquer une affaire d'État? Une crise majeure? Rien n'est moins sûr! La SA se serait accomodée de n'être qu'un vivier de recrues pour la Wehrmacht. La seconde révolution? On en parlait depuis des mois. C'était la panacée à toutes les frustrations. Le vrai remède, c'était le temps. Les animosités personnelles? Dans un régime qui avait légitimé la guerre de tous contre tous, elles n'avaient rien d'exceptionnel. Deux manipulations d'opinion auxquelles Hitler n'a pas été étranger allaient donner, contre le gré du Führer, à cette conjonction de conflits mineurs le visage d'une entreprise de subversion, d'un complot, d'une conjuration.

Chapitre 4

UNE «INTOX» ET SES CONSÉQUENCES

Le 26 mars 1934, le Journal officiel de l'Empire (Reichsgesetzblatt) publia le budget pour l'année 1934-1935. Les dépenses militaires étaient en forte augmentation. Et encore, ces prévisions budgétaires officielles ne comprenaient-elles pas les crédits destinés au réarmement clandestin. Ceux-ci ne figuraient que sur des documents secrets. C'étaient les fameux «cahiers bleus» pour l'armée de terre. L'accroissement des crédits militaires provoqua une vive émotion à l'étranger. La Chambre des communes ouvrit, le 9 avril, un débat sur le réarmement allemand. Empêtré dans l'affaire Stavisky, le Parlement français ne trouva pas le temps d'en débattre, mais Doumergue et Barthou en tirèrent argument pour rompre la discussion sur le désarmement et affirmer que la France reprenait sa liberté.

*

* *

Blomberg ou Reichenau imaginèrent comme parade simple, mais efficace, une véritable «intox». On monterait en épingle les rixes de garnison et mieux encore les propos inconsidérés que Röhm et ses lieutenants tenaient, à l'occasion, depuis la signature du Vorschlag, et on les présenterait comme les symptômes d'une lutte pour le «monopole des armes» entre SA et Wehrmacht. Longtemps larvé, le conflit était sur le point d'éclater au grand jour et risquait de se transformer en guerre civile. Les appels à la «seconde révolution» avaient un contenu précis. C'était, pour la SA, disaient les militaires, un moyen, de faire main basse sur la défense nationale. Il n'est d'ailleurs pas impossible que la manœuvre ait été conçue par Hitler lui-même. La difficulté était toute d'exécution. Celle-ci fut confiée au bureau des aides de camp, à quelques officiers du Ministeramt et de l'Abwehr. Peut-être les exécutants ont-ils été de bonne foi et se sont-ils contentés d'obéir à ce que les Allemands appellent une Sprachregelung, une «consigne langagière», sans s'interroger sur le bien-fondé de telles allégations? La manœuvre avait d'autant plus de chances de succès que la conviction des hommes chargés de cette tâche était ferme et sincère. Des perroquets sans doute, mais pénétrés de la «véracité» de leurs propos! L'avantage de la manœuvre était évident. Par cette «intox», la situation de la Reichswehr apparaissait comme ambiguë et précaire. Rien n'aurait été vraiment décidé. Le conflit de doctrine durait. Son issue menaçait non seulement la future Wehrmacht, mais le régime lui-même. Comment suggérer plus habilement qu'il n'y avait, pour les anciens vainqueurs, aucun péril en la demeure et que le temps travaillait pour eux?

Les documents du 2e Bureau donnent une image fidèle du déroulement de cette opération. Jusqu'alors l'attaché militaire français à Berlin avait fait état d'incidents isolés entre SA et Reichswehr, de violations du traité par certaines unités de la SA, désormais il était question de l'imminence d'«un conflit sanglant entre l'armée allemande et les SA». Quelques exemples de ces confidences orientées des officiers du ministère!

Voilà que, le 3 avril, le major R. (Röhricht?) déclarait à l'adjoint du général Renondeau, l'attaché militaire français : «Vers le 12 mars, le chancelier Hitler aurait réuni au ministère de la Reichswehr un certain nombre de hautes personnalités. La séance aurait été longue. Du ton autoritaire qui lui est coutumier, Hitler aurait déclaré que les relations entre l'armée et les SA devaient cesser, que dorénavant les SA ne devraient plus se livrer à des exercices en armes. En conséquence les stages de la SA dans la Reichswehr devaient prendre fin, les cadres de l'armée ne devaient plus prendre part à l'instruction des SA, aucun armement ne devait plus être mis à la disposition de ces derniers.»

Le 20 avril, cet officier avait une autre conversation avec un de ses collègues allemands, affecté au ministère. Les propos n'étaient pas moins incisifs : «Du point de vue qui nous intéresse particulièrement vous et moi, et en dehors de l'inquiétude que peut faire naître la situation économique de l'Allemagne, il est un problème d'une très grande gravité pour nous, celui des SA! Je me place seulement du point de vue intérieur allemand. En face de l'armée, les SA représentent une organisation dont la présence, la composition, le nombre de ses (sic) membres, leur activité et souvent leur attitude à notre égard constituent une source fréquente de difficultés.

«Sans doute depuis quelque temps, depuis assez peu de temps, l'attitude de M. Röhm tend à se modifier. Je pourrais presque dire qu'il y a maintenant en lui deux hommes qui luttent l'un contre l'autre! L'un, le chef des SA qui se sent obligé à leur égard, qui veut les défendre et qui, en même temps, n'ignore pas les dangers que représente ce groupement hétérogène de 2500000 hommes à qui l'on a fait jadis tant de promesses dont ils attendent encore qu'on les satisfasse. Parmi eux, beaucoup sont déçus, ce sont surtout les vieux combattants du national-socialisme; d'autres sont seulement des ralliés, anciens marxistes, anciens communistes. Il y a donc dans les SA une fermentation qui peut un jour devenir dangereuse.

«Parmi les assurances données jadis aux SA, l'une touchait certainement à leur instruction militaire. Celle-ci leur a été promise. Et c'est pourquoi, après la prise du pouvoir, la Reichswehr a dû consentir à certaines mesures que nous regrettons. Au vrai, nous avons retiré certains avantages de cet état de choses! Voici comment : vous n'ignorez pas que certains jeunes officiers, que certains sous-officiers étaient autrefois attirés par la conception philosophique (Weltanschauung) hitlérienne? Eh bien, il a suffi des contacts renouvelés de ces jeunes éléments avec les SA, dont ils étaient les instructeurs militaires, pour les dégoûter à jamais de la mystique nazie : que de fois en effet n'ont-ils pas dû subir les reproches injustes adressés par les SA à l'armée en général, qui, d'après eux, n'a eu aucune part dans le relèvement national de l'Allemagne, adressés aussi aux officiers qui ont fait la guerre, et auxquels on reproche maintenant de l'avoir perdue... Aussi bien, on peut affirmer aujourd'hui que ces contacts ont purifié la Reichswehr et lui ont redonné sa cohésion spirituelle traditionnelle! Aucun instructeur de l'armée n'est plus maintenant détaché dans les SA!...

« Voyez-vous, je suis intimement convaincu qu'un conflit sanglant est inévitable et peut-être nécessaire entre l'armée allemande et les SA! Ce qui ne pourra être imposé à ces derniers par le seul moyen de la persuasion devra l'être sans doute par la force! »

Le 23 avril, le général Renondeau recueillait de nouveaux renseignements, d'ailleurs concordants. « Le commandant D. dit savoir de façon absolument certaine que le conflit qui divise Reichswehr et SA est entré ces derniers temps dans une phase assez critique. Des divergences de vue profondes séparent maintenant Röhm et le général von Reichenau. Les discussions qui auraient eu lieu il y a quelques semaines entre ces deux personnalités auraient été très orageuses, et auraient provoqué, entre le chef des SA et le chef du Wehrmachtamt une mésentente complète. On ne parle plus que de leur brouille.

« La colère de Röhm aurait d'ailleurs éclaté récemment contre Hitler lui-même qui cède trop, à son avis, à l'influence des militaires allemands. S'il faut en croire en effet les bruits qui circulent, dans son exaspération de voir le chancelier prendre parti pour la Reichswehr au détriment des SA, Röhm aurait un jour déclaré parlant du chancelier : "Ah! Si seulement nous étions débarrassés de cette chiffe!" »

Ces citations reproduisent de manière sincère et authentique les propos tenus par les officiers du ministère de la Reichswehr, à leurs interlocuteurs français, au printemps de l'année 1934. Leur similitude est frappante. Un éditeur de manuscrits anciens les considérerait comme les différentes variantes d'une source unique. Après la prise du pouvoir, disaient les auteurs de confidences, la Reichswehr avait été contrainte de faire quelques concessions à la SA. Elle avait détaché des instructeurs afin de donner une formation militaire à certains éléments des milices brunes. Depuis, avec l'approbation du chancelier, elle avait rompu, retiré tous ses instructeurs et retrouvé sa « cohésion spirituelle traditionnelle ». Röhm et la SA ne s'étaient pas accommodés de cette évolution de la politique militaire du Reich. « Un conflit sanglant » était inévitable.

Le général Renondeau s'interrogea sur les intentions de ses collègues allemands. «Je dois dire que les termes de cet entretien (du 3 avril) me laissent perplexe. Je tiens le major R. pour un officier d'esprit mûr, pesant ses paroles. En outre, il a laissé penser qu'il se réjouissait de ce coup porté aux prétentions militaires des SA qui lui sont antipathiques; enfin il m'est difficile de supposer qu'il ait imaginé lui-même une histoire destinée à nous influencer. Aurait-il été chargé de prendre à son compte une machination de son ancien chef, le général von Reichenau? Cette supposition serait à la rigueur plus acceptable, car je me méfie beaucoup de ce dernier.» Mais ces Allemands disant ce que l'on voulait entendre, on finit par les croire. Les historiens n'eurent pas les hésitations de Renondeau. Ils ne doutèrent ni de la bonne foi ni du jugement des témoins et prirent à la lettre les confidences les plus calculées. Mieux encore, ils ne se référèrent que rarement aux rapports de l'attaché militaire français, rédigés sur le moment même. Ils utilisèrent avant tout les déclarations faites après l'effondrement de 1945, par les officiers allemands, qui étaient affectés, en 1934, au ministère. Quelle est la valeur de ces témoignages tardifs? L'inéluctable travail de mémoire déforme les perspectives. De plus, la situation particulière des témoins, menacés de poursuites pénales à l'initiative des vainqueurs ou des nouvelles autorités allemandes, pour un mot malheureux, ne facilitait guère la recherche de la vérité. Sommes-nous autorisés à déduire de ces propos, comme tant de chercheurs l'ont fait, que le conflit entre Reichswehr et SA était entré, au mois d'avril, dans un stade aigu? Cela apparaît insoutenable. Les auteurs des confidences obéissaient non pas à un accès spontané de sincérité, mais à l'intention qu'il est facile de déceler rétrospectivement, d'orienter l'esprit de leurs interlocuteurs français vers de fausses pistes et de les bercer dans l'illusion que le réarmement allemand serait retardé par les tiraillements entre armée et milices brunes. À supposer que la rivalité ne se transformât pas en une crise politique majeure! Les officiers allemands ne pouvaient ignorer en effet que la Reichswehr avait sollicité le concours de la SA, que la collaboration de ces deux corps n'avait pas pris fin, mais qu'elle avait été réglée dans les détails par le Vorschlag, qu'au 1er avril plusieurs dizaines de milliers de SA volontaires avaient été incorporés dans la Wehrmacht, qu'une deuxième tranche d'incorporation serait levée dans les semaines suivantes et appelée au début de l'été ou de l'automne. Quant à l'application du Vorschlag, le bilan n'en fut établi par les commandants de régions militaires que dans la seconde moitié du mois d'avril. Sur quoi auraient été fondées des allégations d'une telle gravité? Sur les propos de table du Stabschef? Quelle légèreté!

Nous avons d'ailleurs un témoin de choix, Hitler lui-même, qui a vendu la mèche, et dont les dires ont paru dans ses *Propos de Table*, un ouvrage tiré à des centaines de milliers d'exemplaires. Lorsque le Führer avait commencé à réarmer l'Allemagne, les puissances occidentales pouvaient, disait-il, prendre des mesures de rétorsion. C'était un risque dont il devait tenir compte dans ses calculs. Une circonstance lui avait été d'un grand secours : les racontars qui circulaient au sujet de prétendues divergences d'opinion entre

Reichswehr et SA. André François-Poncet savait démêler les situations les plus embrouillées avec une lucidité d'esprit admirable. Rien ne parvenait à le tromper. Mais dès qu'on lui servait de ces bavardages, il perdait toute clairvoyance et, en bon Français qu'il était, il y prêtait l'oreille avec complaisance. Plus on en «remettait» et plus il insistait, dans ses rapports au Quai d'Orsay, sur l'inutilité d'une intervention militaire française en Allemagne. Entre la SA et la Reichswehr, c'était un combat à la vie et à la mort.

*

* *

Il n'y avait donc pas, à la fin du mois de mars et au mois d'avril, de crise qui constituât une menace pour l'État : dans deux ou trois régions militaires, des difficultés locales, de la part de Röhm et quelques-uns de ses lieutenants, qui, fort mal avisés, lançaient, à l'occasion, dans un fracas de mauvaise humeur, des menaces de «seconde révolution»! Ils ont fourni à Reichenau et à son entourage, sans le vouloir, le thème d'une «intox». La manœuvre fut menée de main de maître. Elle était à usage externe. Il s'agissait d'aveugler les attachés militaires étrangers et notamment les représentants de la France sur l'ampleur, le rythme et les moyens du réarmement allemand. Pour ce qui est de Paris, ce fut un franc succès. Doumergue et Barthou trouvèrent dans ces «racontars» une double justification. Ils se sentirent en droit de rompre avec la conférence du désarmement et de reprendre leur liberté. Par là, ils donnaient satisfaction à l'état-major de l'armée de terre dont l'influence politique était considérable. De plus cette satisfaction ne leur coûtait rien. Elle était sans risque puisque l'Allemagne était, pensaient-ils, à la veille d'une guerre civile. La vieille propension gauloise à croire ce qui détourne de l'effort reprenait le dessus. Hitler comprit qu'il pouvait poursuivre le réarmement impunément. La France était tranquillisée par une poignée d'illusions. Pourtant, l'opération conçue par Reichenau et le Wehrmachtamt, présentait un point faible. Ce remède inoffensif aussi longtemps qu'il était appliqué à l'extérieur du grand corps de l'Allemagne, devenait dangereux dès qu'il pénétrait à l'intérieur de l'organisme social. Les bruits de «seconde révolution» propagés par certains SA-Führer n'auraient peut-être pas été pris trop au sérieux. Mais voilà que les gens bien informés colportaient que des officiers du ministère, des collaborateurs de Reichenau, un général dont les sympathies «nazies» étaient, à ce que l'on savait, bien établies, reconnaissaient qu'un «affrontement sanglant» était inévitable, souhaitable même. La révolution était imminente.

Chapitre 5

L'OPINION PUBLIQUE ET L'ACTION CONTRE LES «CRITICAILLEURS»

La rumeur aurait pu rester stérile. Elle tomba sur un sol fécond. Dans les dernières semaines du printemps 1934, l'Allemagne était de nouveau hantée par de sourdes terreurs. L'ombre d'une seconde révolution pesait sur les villes et les campagnes. Ce chapitre étudie l'évolution de l'opinion en Allemagne durant les huit semaines qui ont précédé le 30 juin et tente d'expliquer comment s'est formée, à partir d'observations réelles, mais dans le champ de l'imaginaire, la conviction qu'une seconde révolution était sur le point d'éclater. Ainsi, apparaît la fonction réelle, dans la crise du 30 juin, de ce que nous appellerons d'un vieux mot, l'esprit public.

Mars 1934 ou le désenchantement

En 1934, vers la fin de l'hiver, un certain désenchantement avait à demi rompu les sortilèges par lesquels le grand maléficateur tenait captif le peuple allemand. Ce réveil avait des causes multiples, économiques, sociales et même politiques. La plupart d'entre elles étaient spécifiques à un groupe défini. Elles ne laissaient pas de concourir toutes à la ruine des illusions entretenues pendant des mois. Les agriculteurs étaient mécontents. La sécheresse avait gâché les semailles d'hiver et de printemps. Les rongeurs s'étaient multipliés et s'attaquaient aux pousses qui avaient levé. Toute une série de mesures gouvernementales, sans doute nécessaires pour réorganiser l'économie allemande, bouleversaient des habitudes bien ancrées et n'étaient pas comprises. On supportait mal que l'État intervînt pour régler le marché. La taxation des œufs, la distinction entre les diverses catégories, la dévalorisation des œufs salis (Schmutzeier) faisaient l'objet de récriminations générales dont tous les Regierungspräsident se sont fait l'écho. La législation sur la transmission héréditaire du patrimoine agricole (Erbhofgesetz) avait été célébrée comme l'assise inébranlable d'une paysannerie régénérée. On en découvrait les inconvénients. Inaliénables, les exploitations agricoles ne pouvaient être ni cédées ni hypothéquées. C'était un obstacle à la modernisation, car les banques se refusaient à accorder des prêts sur un gage non vénal. Les exploitants les plus entreprenants se trouvaient bridés. Il leur était refusé de vendre une ferme installée sur des terres médiocres pour s'installer sur de meilleurs terroirs. Enfin, les successions étaient accompagnées de drames humains auxquels les auteurs de la loi n'avaient pas songé. L'aîné prenait la place du père, mais la vente ou le partage du bien étant interdits, cadets et filles étaient souvent médiocrement dédommagés, parfois même dépossédés.

Les milieux économiques avaient été agréablement surpris par une relance inespérée de l'économie. Elle n'avait pas été induite, comme on le dit souvent, par le réarmement. En juin 1934, l'importance des fabrications militaires demeurait secondaire. Le besoin d'uniformes qui avait stimulé le textile et les industries qui en dépendent, était un phénomène politique. Les succès économiques avaient été la conséquence de tout un faisceau de mesures souvent ponctuelles, appliquées avec volonté et détermination. Pourtant, au début de 1934, de nouvelles inquiétudes se manifestaient. Certaines étaient inspirées par des considérations proprement techniques. Les stocks de matières premières s'épuisaient. Les réserves de devises étaient presque taries. Les exportations stagnaient ou reculaient. Le gouvernement allemand était, pour une part, responsable de ce recul. Au boycott des entreprises juives installées en Allemagne, on avait répondu, à l'étranger, par le boycott des produits allemands. L'issue paraissait inévitable à beaucoup. Faudrait-il choisir entre la faillite sans phrases ou une nouvelle récession qui, cette fois-ci, pousserait le peuple sur les barricades, au côté des communistes ? Dans l'immédiat, les chefs d'entreprise étaient impatients des multiples interventions de l'État dans l'économie. Elles étaient particulièrement mal supportées dans un domaine. Plus souvent qu'on ne l'a dit, les infractions caractérisées à la législation du travail ou, selon la formule consacrée, le « manque d'esprit social » chez les Wirtschaftsführer ont provoqué des interventions de la police politique qui sanctionnait parfois le délit par une mesure de « détention préventive », c'est-à-dire par l'internement du chef d'entreprise dans un camp de concentration, pour une durée plus ou moins longue. Pour un patronat qui n'avait que trop tendance à se croire institué par Dieu en personne, ces choses étaient rudes.

C'est peut-être la classe ouvrière qui, en 1934, était le plus franchement ralliée au nouveau régime. Pourtant, elle supportait le plus lourd du fardeau et des sacrifices. En dix-huit mois, plus de deux millions d'emplois nouveaux avaient été créés. Mais les salariés avaient dû consentir à des réductions de la durée du travail avec réduction de salaire. Ils avaient prêté les épaules à la charge avec une générosité admirable. C'est qu'ils se sentaient arrachés à la morne désespérance des années de crise. C'est aussi qu'ils avaient retrouvé la fierté d'être Allemand. Pourtant, au mois d'avril, les rapports sur l'état de l'opinion notent de manière unanime une réelle inquiétude. Une légère reprise de l'inflation, notamment sur les produits de première nécessité, avait été constatée. Dans ce pays encore hanté par le souvenir de la banqueroute de 1923, des vaguelettes faisaient craindre la tempête. Les efforts et les privations supportées avec une sorte d'allégresse étonnée depuis le mois de janvier 1933 devaient-ils être vains comme tout ce qui avait été tenté depuis 1918?

Existait-il un mécontentement politique? Sauer a construit une «conjonction des oppositions». La formule est deux fois erronée. La «conjonction» est une vue de l'esprit qui ne tient compte ni du calendrier ni des circonstances ni de la nature des forces en présence. Ces «oppositions» enfin résultaient de désaccords bien définis sur des questions précises et n'exprimaient pas un refus radical du nazisme.

La lecture des témoignages : documents officiels, journaux intimes, souvenirs rédigés après coup, laisse une impression confuse et ambiguë. La plupart des Allemands auraient été mécontents du nouveau régime. Comment concilier le tableau de cette population désabusée, critique avec les images des foules enthousiastes qui déferlaient, extatiques, vers la tribune où se tenait le Führer. Il est aisé de lever la contradiction. Le Parti et ses organisations annexes s'étaient arrogé, à tous les échelons des hiérarchies administratives, un droit de regard, de contrôle et d'intervention. La SA par exemple avait créé les SA-Bevollmächtigte, des représentants qui assistaient les Oberpräsident, les Regierungspräsident, les Landrat, voire les maires des grandes villes. Ils devaient veiller à ce que les intérêts de la SA fussent préservés. Les textes réglementaires étaient si vagues que les pouvoirs réels de ces chargés de mission dépendaient moins de leurs compétences que de leurs ambitions ainsi que, il est vrai, de la fermeté de leurs partenaires. Tout tenait aux hommes et aux relations personnelles entre eux. Ici, le SA-Bevollmächtigte n'était rien d'autre qu'un chef de service dans une administration dirigée d'une main de fer par l'autorité légitime. Ailleurs, une véritable guerre quotidienne était menée entre le représentant de la SA et le maire, le préfet, le préfet de région et donnait lieu à des dénonciations, des plaintes, des récriminations continuelles. La SA n'était pas seule. Il y avait aussi la PO (Organisation du Parti), le DAF (Front allemand du travail), etc. Le dessein était clair. Le Mouvement prétendait embrasser dans une étreinte ferme tout l'appareil de l'État. Le résultat était le désordre et le chaos. Les fonctionnaires de l'État n'étaient pas les seuls à en souffrir. Les administrés en pâtissaient tout autant. Il était fâcheux de se trouver pris entre un Landrat et un Kreisleiter qui passaient leur temps à défaire ce que l'autre avait fait. Un Allemand pouvait bien condamner l'arbitraire, souhaiter la restauration de l'autorité de l'État, demander le rétablissement des règles de droit. Cette attitude très répandue n'en faisait pas pour autant un adversaire du régime, un antinazi déclaré. Sinon, le ministre de l'Intérieur du Reich, W. Frick, aurait été, lui aussi, antinazi. Désabusé, il a noté en bas d'un rapport destiné à la chancellerie : «Si les choses continuent à suivre ce cours, c'en sera bientôt fini de ce qui subsiste encore de l'autorité de l'État.» Comme l'écrivait le Freiherr Lüninck : «L'opinion n'(était) pas hostile à l'État, elle (était) critique.»

Un autre facteur contribuait au malaise de l'opinion publique : le contrôle de l'information. Le désarroi était très réel. Pour remplir sa fonction, l'information doit être contradictoire. C'est à ce prix seulement que le citoyen peut se faire un jugement quelque peu sûr, sur lequel il fonde ses convictions. Bien avant la « Nuit des longs couteaux », la « normalisation » (Gleichschaltung) de la presse et de la radio, loin d'être l'instrument d'une unanimité idéologique, entretenait le scepticisme dans l'esprit de la population. De nombreux fonctionnaires d'autorité, notamment le Freiherr von Lüninck ont mis en garde, à de nombreuses reprises, contre cet état de fait.

Mais les oppositions partisanes, de gauche comme de droite? La répression politique en 1933 avait surtout frappé à gauche. L'épuration, pour brutale qu'elle fût, a été moins importante qu'on ne l'imagine généralement. Selon les estimations de M. Broszat que personne n'a jamais soupçonné de complaisance envers le nazisme, 100000 mises en « détention préventive » avaient été prononcées entre le 30 janvier et la fin du mois d'octobre 1933, pour une durée plus ou moins longue et de 500 à 600 détenus avaient été « exécutés ». Enfin, 20000 émigrés politiques avaient quitté l'Allemagne. Une circonstance a favorisé la passivité des Allemands. On ne la mentionne presque jamais. Les mesures répressives touchaient tout d'abord des permanents salariés. Ils avaient fait la force du mouvement ouvrier allemand. Ses organisations avaient une puissance sans égale à l'étranger. Elles en étaient redevables pour une bonne part aux Funktionär, administrateurs compétents et zélés. C'était aussi la faiblesse de ces partis et de ces syndicats. On meurt pour un idéal. On ne meurt pas pour un fondé de pouvoir qui a fait faillite.

À droite, la situation était différente. Certes les partis avaient été dissous, à l'exception du NSDAP. Mais une large fraction du personnel politique s'était ralliée au nouveau régime. Le gouvernement comptait sept ministres conservateurs. L'électorat? À peu près unanimement, il plébiscitait Hitler. Il est vrai que les personnalités les plus représentatives, celles qui avaient quelque audience à l'étranger, s'étaient, à l'exception de Papen et de Schacht, effacées ou avaient été éclipsées. Même le ministre des Affaires étrangères, K. von Neurath, un homme du sérail, ancien ambassadeur à Londres, n'était guère connu. Des hommes comme Brüning ou Schleicher avaient fait retraite et considéraient la politique en spectateurs. Le premier acquit assez vite la conviction que le Führer était solidement installé et, au mois de mai 1934, il quitta une Allemagne où il n'avait plus rien à faire, dans l'immédiat. Le second restait tout aussi chimérique que par le passé. Le 29 mars, il rencontra André François-Poncet, à l'occasion d'un dîner chez le ministre de Roumanie, Comnène. Il brossa un tableau des difficultés économiques et financières de l'Allemagne. De plus, la Reichswehr, disait-il, ne pardonnait pas au général von Blomberg d'avoir introduit la politique raciale dans l'armée. Même le général von Reichenau se détournait du ministre. Il était probable que Schacht abandonnât le navire dans les prochains mois; le naufrage lui semblait inévitable. L'ancien chancelier suggérait à l'ambassadeur que l'Angleterre, la France et l'Italie, après avoir défini une politique commune, ne fissent aucune concession à Hitler sur le désarmement, mais que «dans sa lutte contre le régime national-socialiste, la France ne rend[ît] pas impossible... l'avènement entre les deux pays, d'un *modus vivendi...*».

Nous avons longuement rapporté cet épisode, en apparence insignifiant, car il ne resta pas sans conséquences. Le gouvernement français recevait de multiples informations confidentielles sur la situation dans le Reich. Quelques émigrés avaient leurs entrées au Quay d'Orsay. Il est assez vraisemblable que le Büro Papen fournissait, par des canaux obscurs, des rapports sur l'évolution de la politique allemande. La dépêche de l'ambassadeur confirmait les renseignements reçus et confortait Doumergue et Barthou dans leur volonté de rompre les négociations sur le «désarmement». Ils le firent le 17 avril. Dans une séance secrète de la commission des Affaires Étrangères de la Chambre, le 9 mai, ils citèrent le télégramme de l'ambassadeur français. Il fut connu le jour même du Tout-Paris politicien et aurait même été communiqué aux chancelleries des États neutres ou hostiles au Reich hitlérien. Ces manœuvres gênèrent beaucoup l'Allemagne dont elles affaiblissaient le crédit. L'exemple de von Schleicher démontre que les hommes politiques de Weimar n'étaient pas totalement résignés à l'impuissance. Et ils gardaient une certaine audience occulte. Mais une influence réelle? C'étaient tout au plus des généraux sans troupe. Ils dissertaient fort savamment des stratégies concevables, mais ils auraient été bien embarrassés de rassembler une escouade.

Pourtant, plusieurs séries de conflits, parfois violents, éclatèrent au cours des premiers mois de l'année 1934, dans le Reich et opposèrent le Parti et certaines organisations constituées. Ces luttes ont eu un incontestable caractère «partisan». Nous distinguons trois principaux adversaires du Parti : les sociétés monarchistes, le Stahlhelm et les Églises, notamment à propos des associations catholiques de jeunesse. Ce n'est pas le lieu d'en décrire la chronique. Nous nous contenterons de souligner les points essentiels. Le 27 janvier, les monarchistes voulurent célébrer l'anniversaire de Guillaume II. À Berlin, la fête fut perturbée par une foule qui aurait donné libre cours à son «indignation spontanée». Cela se produisit en d'autres endroits. En Silésie, les SA qui avaient pris part à ces cérémonies furent exclus des milices brunes. Le comte Rüdiger von der Goltz qui présidait le Reichsverband Deutscher Offiziere intervint auprès du ministre de l'Intérieur du Reich. Dans une lettre où il exposait ses doléances, il déplorait d'autant plus vivement les mesures prises à l'encontre des monarchistes que «parmi les anciens officiers, 90% font, en toute confiance et sans restriction, acte d'allégeance envers l'État de Adolf Hitler». La Gleichschaltung (normalisation) du Stahlhelm avait été souhaitée par la Reichswehr. Cette intégration dans la SA avait été plus ou moins bien acceptée. Des difficultés avaient surgi en Poméranie, la Grenzmark, le Brandebourg, en Silésie, en Saxe et en Thuringe. Les causes étaient complexes, en partie militaires, en partie générales. Les officiers du Grenzschutz appartenaient pour la plupart au Stahlhelm qui fournissait une couverture à leurs activités clandestines. Ils acceptaient leur incorporation dans la SA puisqu'elle leur était ordonnée par leurs supérieurs hiérarchiques de la Reichswehr. Mais ils ne toléraient pas que ce fût l'occasion ou le prétexte d'une véritable destitution qui les aurait privés de leurs tâches d'instruction et de commandement au profit de SA-Führer, plus jeunes et moins expérimentés. La hiérarchie militaire prit d'ailleurs leur parti. Seule la compétence devait être le critère décisif dans l'attribution de fonctions proprement militaires. À côté de cela, la « normalisation » entraînait la disparition du « Casque d'acier » en tant qu'organisation distincte dans sa hiérarchie, ses dignitaires. Comme les individus, les organisations tendent à persévérer dans leur être. Cette tendance se manifesta avec force. Pour autant, cela ne signifiait pas que le Stahlhelm combattait le régime. Il était tout prêt à le servir, mais à sa manière.

Les luttes confessionnelles doivent être comprises de la même manière. Chez les protestants, le conflit entre Deutsche Christen et le Pfarrernotbund du pasteur Niemöller a eu pour point de départ la volonté de donner une organisation hiérarchique à une foi toute faite de liberté intérieure. Avec l'Église catholique, les conséquences apparurent plus nettement. Le concordat du 20 juillet 1933 n'avait pas tout réglé. Il était reconnu aux diverses associations, notamment de jeunesse, le droit d'existence, mais les modalités et la nature des activités donnèrent lieu, de la part des nazis, à des exégèses véritablement talmudiques. Traverser une rue en uniforme et en portant un fanion ne constituait-il pas une violation du concordat ? N'était-ce pas un acte de prosélytisme, de propagande ? Prosélytisme et propagande publique n'étaient pas reconnus comme activités légitimes par le traité. Les incidents furent nombreux notamment avec la Deutsche Jugendkraft et le Bund Neudeutschland. L'une et l'autre de ces organisations étaient conservatrices, nationalistes même. La première a, semble-t-il, poursuivi, en contravention avec la lettre du concordat, la pratique du « sport militaire » jusqu'en 1934. Mais il ne fait pas de doute que la volonté totalitaire de rassembler toute la jeunesse allemande dans la HJ a été la cause profonde du conflit. On ne saurait contester non plus que la foi catholique, dans sa réalité ecclésiale, ait inspiré, à cette date, une des résistances les plus tenaces au nazisme. En ce sens, le catholicisme était un adversaire redoutable du régime. Les fidèles n'en étaient pas pour autant des opposants à l'État nouveau. Ils entendaient seulement le servir à leur façon. Ce n'était pas, écrivait le Freiherr von Lüninck, un « renouveau du Zentrum qui était à craindre, [mais] l'animosité de la masse des fidèles alors que, quelques mois auparavant, elles étaient disposées à se rallier, par patriotisme, au nouveau régime ».

Au printemps 1934, le Reich est travaillé par de multiples insatisfactions, bien réelles. Elles ont pour la plupart des causes économiques ; quelques-unes sont sans doute, en un sens très large, politiques. Elles ne constituaient ni des oppositions organisées et encore moins une « conjonction des oppositions ». Quoi qu'il en soit, le chancelier devait tenter de sortir de ces embarras. L'incertitude affadissait la magie de sa parole.

La campagne contre le dénigrement

Dès le mois de mars, Hitler ordonna de préparer une vaste campagne de propagande. En prélude, la presse allemande essaya, au mois d'avril, quelques motifs. Ils furent repris par le Führer, le 1er mai, dans un discours qui célébrait la «communauté du peuple» et mettait en garde contre les égoïsmes et les particularismes. Mais la campagne ne fut ouverte officiellement que le 3 mai, par Goebbels. Elle devait durer jusqu'au 30 juin. Le thème en était simple. L'ennemi du redressement national n'était ni une catégorie, ni un groupe, ni un parti. C'était l'esprit de critique et de dénigrement. Bref, l'opération avait pour cible «la rogne et la grogne». Ce ne semblait pas maladroit au premier regard. Ces accusations imprécises, lancées en quelque sorte à la cantonade intimideraient tous les mécontents. On l'espérait. C'était un des buts que l'on s'était fixé. Du même coup, on mobiliserait tous les hommes de bonne volonté contre un ennemi anonyme et multiforme. Il est impossible de dresser un tableau complet de cette opération. Des centaines, peut-être des milliers de réunions furent tenues dans toute l'Allemagne, dans la capitale, les grandes villes, les bourgs et les villages sans parler de ces vastes rassemblements en des sites privilégiés, chargés d'histoire, qui offraient un cadre exceptionnel aux liturgies du IIIe Reich. Des milliers de discours furent prononcés pendant ces huit semaines. Les grands dignitaires du Reich : Goebbels, Göring, Hess, le Dr Ley, etc. s'y associèrent. Le ministre de la Propagande, à lui seul, parla à Deux-Ponts, Könisberg, Dresde, Gleiwitz, Brême, Berlin, Duisbourg, Essen, Kiel et s'apprêtait à déployer son éloquence devant les habitants de Cologne le 29 juin. Les Reichsstatthalter, Gauleiter, etc., jusqu'aux moindres personnages de la hiérarchie nazie participèrent à cette lutte contre le dénigrement.

Le résultat déjoua les calculs. Il aurait fallu informer. On avait choisi de soumettre la population à un véritable «matraquage» idéologique. L'opinion grossit les difficultés réelles, s'imagina que l'on tentait de détourner son attention, pour lui cacher des embarras plus graves. Enfin comme l'ennemi n'était pas nommément désigné, beaucoup d'Allemands se crurent l'objet de ces attaques. À gauche certes, et dans la population ouvrière, peu de craintes directes! Sinon celles de nouveaux désordres! Mais à droite?... Des inquiétudes paraissaient d'autant plus justifiées que les orateurs eux-mêmes, déroutés par cet adversaire sans visage, contre lequel ils étaient lancés, n'hésitaient pas, à l'occasion, à lui prêter les traits, plus familiers, de telle ou telle catégorie d'opposants, qui n'avait pas encore totalement disparu dans leur district. Ainsi, Adolf Wagner, Gauleiter et ministre de l'Intérieur de Bavière, qui joua un rôle non négligeable, à Munich, le 30 juin, tenait, le 17 juin, à Ingolstadt, des propos outranciers qui semblaient annoncer une nouvelle révolution. «Lorsque de l'autre côté de la frontière, M. Dollfuss entreprend de rebâtir l'Autriche sur une base catholique, nous savons ce que cela veut dire : nous reconnaissons l'ancienne politique des chrétiens-sociaux en Autriche, du parti populiste en Bavière, du centre dans le Reich. Tout cela n'a rien à voir avec le Bon Dieu. Aussi lorsque certaines personnes, en Bavière, commencent à dire plus ou moins ouvertement que cette Autriche est l'État idéal... je leur dis : "Vous avez oublié de mourir, vous êtes les survivants d'un monde disparu."» Les observateurs les plus lucides constataient, dès le début de juin, que l'« action contre le dénigrement» était une faillite. Le Freiherr von Lüninck écrivait, le 12 juin, au ministre de l'Intérieur : «Je n'attends pas un succès décisif de la campagne contre le dénigrement. Les "criticailleurs", par manque de caractère ou par malignité, sont peu nombreux. D'ailleurs l'arme de l'agitation est trop grossière pour que l'on puisse atteindre les ramifications de cette propagande [par la rumeur]. L'action du Dr Goebbels n'a eu trop souvent qu'un seul résultat : on donne l'impression que [le régime] doit jeter un voile sur des faits, des courants et des mouvements d'opinion politiques. Cela ne fait qu'accroître le scepticisme.»

Dans de telles dispositions, le peuple allemand était prêt à faire le succès d'un véritable petit roman politique dont nous indiquerons très rapidement l'argument et la genèse. La complexité de l'état du Reich avec tous ses facteurs économiques, financiers, moraux, etc., fut réduite à une intrigue parlementaire simple, soutenue par des figures familières, mue par de vieux ressorts. Le cabinet était, disait-on, partagé entre deux tendances, les conservateurs : Papen, Schacht, Schwerin von Krosigk, Schmitt, et les révolutionnaires, notamment Goebbels qui était épaulé par «les éléments les plus anciens et les plus sûrs des milices brunes». Le président Hindenburg et la Reichswehr soutenaient les premiers. Le Führer inclinait, selon les uns, vers le parti de la révolution; il se tenait encore, selon les autres, plus nombreux, dans l'expectative. En l'absence de tout mécanisme institutionnel pour trancher le désaccord, l'issue ne pouvait être qu'un conflit violent. À la fin du mois de mars, le général von Schleicher avait pronostiqué qu'une crise éclaterait à l'automne. Son diagnostic reposait entièrement sur l'étude de la situation économique. Six ou sept semaines plus tard, la menace d'un affrontement à l'intérieur du cabinet, dont l'enjeu aurait été la nature de la société, était évoquée à mi-voix dans certains milieux berlinois. Ce n'était guère plus qu'une construction de l'esprit. Elle avait été élaborée avec des matériaux divers : des observations parfois exactes, beaucoup de ragots recueillis dans les milieux que l'on dit bien informés, tout cela lié par des déductions hasardeuses.

Ce roman politique avait été ébauché à Berlin, «capitale nerveuse [dont] les habitants n'ont jamais fait preuve d'un sens particulier de la mesure». La matrice en avait été quelques salons politiques d'où coulait sans cesse «un flot d'informations plus ou moins confidentielles et sensationnelles». La rumeur était assez forte et consistante pour qu'André François-Poncet lui consacrât, le 24 mai, un très long développement dans une dépêche sur la situation intérieure et extérieure du Reich. L'ambassadeur ajoutait d'ailleurs, en conclusion, avec beaucoup de clairvoyance : «J'ai toujours conseillé de ne pas compter sur la fin du régime comme sur une certitude; c'est encore le conseil que je donne aujourd'hui.» De fait, en étudiant les témoignages contemporains, on constate qu'il existait, en mai, un divorce entre la capitale, déjà en proie à de véritables hallucinations politiques, et la province où l'écho des cancans colportés avec délice dans les villas de Grunewald n'était pas encore parvenu. Cela ne tarda pas à changer. La rumeur fut recueillie par les correspondants des feuilles étrangères. Leurs articles alimentèrent, hors d'Allemagne, maintes spéculations, encouragées, en France, par le Quai d'Orsay. Les journaux les plus sérieux les reprirent. C'est donc par la presse internationale, mais surtout par les émissions de radio étrangères, en langue allemande, que la masse des Allemands apprit l'imminence d'une seconde révolution, au cours de laquelle les révolutionnaires, conduits peut-être par Hitler, balayeraient les «réactionnaires» soutenus par un Göring. Interrogé par la Gestapo, le 10 juillet 1934, le Stabsführer de la 76e SA-Brigade, le Dr Kloeppel, déclara pour sa défense : «La rivalité entre Röhm et Göring était un fait, mais nous n'imaginions pas que le Führer avait Göring pour allié et Röhm pour ennemi. Nous le pouvions d'autant moins que pour nous faire une opinion, nous n'avions pas d'autre source d'information que la presse française et d'autres feuilles étrangères. Il va de soi que l'on ne pouvait considérer les quotidiens allemands comme un moyen de se former une opinion, car dans tout régime totalitaire, de telles questions ne sont et ne peuvent être discutées dans la presse.»

La diplomatie allemande attira l'attention de Hitler sur ces bavardages. Ils nuisaient en effet au crédit de l'Allemagne à l'étranger. Mais ils signifiaient peut-être autre chose. Un nombre croissant d'informations laissait apercevoir que l'opinion publique internationale était influencée de manière systématique. C'était la vieille question. Où se cachait le fameux chef d'orchestre clandestin? Jusqu'au 21 juin, et même au-delà, Hitler n'a certainement pas soupçonné Röhm, mais les conservateurs et particulièrement Papen. Ce n'était pas tout à fait faux. Il commettait néanmoins une erreur d'appréciation, il attribuait à un homme ce qui était le produit d'une évolution complexe dont la responsabilité lui incombait à lui Hitler, de manière directe, pour une très large part. Après tout, c'était lui qui avait ordonné cette campagne contre le dénigrement destinée à faire taire les mécontents. Il n'avait réussi qu'à réveiller le vieux fantasme du coup d'État, compagnon inséparable des premières et des dernières années de la république de Weimar.

*

*   *

Les bravades de Röhm, les confidences calculées des officiers du Reichswehrministerium, l'annonce d'une seconde révolution, d'un imminent «affrontement sanglant» entre armée et milices brunes avaient été répercutés, grâce à la campagne contre les «criticailleurs», par une extraordinaire caisse de résonance. Déjà, les salons berlinois, avaient forgé une intrigue politique.

Ce n'était plus un conflit entre deux corps. La crise avait saisi tout l'État. Fondée ou non, la rumeur qui s'était emparée du peuple tout entier constituait un facteur politique dont il fallait tenir compte. La première réaction fut de porter à un paroxysme de violence la campagne contre le dénigrement. Le succès était facile à prévoir.

Chapitre 6

LE JOLI MOIS DE MAI DE LA SA

« À partir du mois de mai, il n'y avait plus de doute. Le Stabschef Röhm avait d'ambitieux projets dont le résultat n'aurait pu être qu'une subversion générale. » Le témoignage est d'importance. C'est celui de Hitler lui-même. C'est donc en mai que la crise s'est nouée. Dans ce chapitre, nous étudierons par quel concours de circonstances, sous quelles influences, cette conviction s'est formée dans l'esprit de Hitler.

*
* *

Les milices brunes furent largement associées à la campagne contre les « criticailleurs ». Elles assuraient le service d'ordre des manifestations. Elles fournissaient la masse de manœuvre des grandes liturgies du régime. Un collaborateur de Goebbels, Friedrich-Christian, prince zu Schaumburg-Lippe a décrit de manière plastique la parade du 28 mai, à Dresde. « Sur seize rangs, débouchant du pont, la SA s'avance. La première fanfare, précédée d'un magnifique chapeau chinois, fait un quart de tour juste devant nous. Le tambour, un colosse, est l'image même de la discipline militaire. Les corps de musique saxons sont célèbres depuis toujours. Et maintenant la 1re Standarte arrive déjà, en avant, les Führer, détachés, qui saluent. Une forêt de drapeaux rouges, ornés de rameaux de chênes... et puis, comme un roulement de tonnerre, au pas de parade, jugulaire au menton, regardant droit devant eux et levant une main pour saluer le Führer... l'Armée brune ! » Ces lignes ont été écrites d'un premier jet, sur le moment. Elles reflètent la fascination trouble exercée sur tant d'hommes par les grandes parades du IIIe Reich. Sans doute, elles semblaient exprimer avec une démesure sans grandiloquence, presque sobre, serait-on tenté de dire, toute la violence de la nouvelle Allemagne, domptée par une discipline de fer, au service de la volonté d'un seul homme. Quel spectacle certes ! Mais rien qu'un spectacle. La SA « marchait » contre les «criticailleurs» comme elle aurait «marché» pour les «criticailleurs». Elle n'était qu'un instrument, un accessoire d'une grandiose mise en scène. Elle n'incarnait pas la volonté du Führer, elle la représentait. Rien de plus! Le Marschieren donnait un sens à la vie de centaines de milliers, de millions de SA. Il n'indiquait aucun but précis.

Il est donc erroné de faire de l'activité de la SA en mai et en juin 1934, la conséquence d'un renforcement spontané des tendances révolutionnaires à l'intérieur de l'organisation. L'armée brune était mobilisée pour appuyer une opération de propagande ordonnée par le Führer. Röhm n'en avait pas décidé. Il n'a probablement pas été consulté sur l'opportunité d'intimider les «criticailleurs». Ses troupes ne se sont pas dérobées à la tâche. Tous les comptes rendus de presse indiquent que leur participation a été d'importance et sans réserve, à l'exception de quelques incidents sur lesquels nous reviendrons. Ils avaient quelque mérite à le faire, car ils étaient sollicités de toute part et déjà largement mis à contribution par la Reichswehr. La décision de Hitler ne pouvait, il est vrai, manquer de flatter les aspirations obscures d'innombrables hommes de la SA. Les «criticailleurs»? Mais bien sûr tous ces hommes d'ancien régime, ces conservateurs qui profitaient de la révolution de janvier 1933 tout en dénigrant le gouvernement. Le Führer les désignait du doigt. L'ennemi, selon un mot célèbre, était à droite! La plupart des SA n'ont sans doute guère philosophé sur les nouvelles orientations de la politique allemande. Ils se sont contentés d'obéir. Parmi ceux qui ne furent pas simplement des exécutants passifs, il ne semble pas qu'il y ait eu intention délibérée de détourner, contre le gré du Führer, et à leur profit, la campagne de propagande. La manœuvre n'aurait pas été inconcevable. Hitler appelait à une radicalisation du mouvement contre un ennemi multiforme et anonyme. Pourquoi ne pas lui prêter les traits des généraux de la Reichswehr et rêver d'un poste de ministre de la Défense ou de commandant en chef de l'armée de terre pour Röhm? L'interprétation est séduisante. Elle n'a qu'un défaut. Les documents authentiques dont nous disposons ne nous offrent aucun exemple d'un tel détournement de la volonté du Führer. Le phénomène a été plus complexe et plus simple à la fois. Nous avons déjà cité la déposition du Dr. Kloeppel d'Aix-la-Chapelle. Les responsables de la SA-Brigade se sont interrogés, comme d'innombrables Allemands, sur la signification d'une opération de propagande, dont l'ampleur était disproportionnée à l'objectif désigné. Pour s'informer, ils disposaient des journaux et des émissions de radio belges et français. Tout devenait clair... L'ennemi n'était pas l'obscur petit bourgeois qui colportait en tremblant des ragots sur les personnalités nazies de la Basse-Rhénanie. Une lutte était engagée entre révolutionnaires et conservateurs, dans toute l'Allemagne et jusqu'au sein du gouvernement. D'un côté Hindenburg, les généraux, Papen, les ministres bourgeois, Göring... De l'autre, Hitler, Röhm, Goebbels, etc. De l'issue de ce gigantesque affrontement dépendrait le succès ou la faillite du national-socialisme. Dans l'esprit des responsables de la Brigade, un véritable effet de contamination se produisait. C'était le Führer lui-même qui ordonnait de dresser des «guillotines» pour exterminer les «criticailleurs». Ainsi, le Dr Kloeppel était persuadé que Röhm, parlant au nom de Hitler, n'avait été, en mars, que le fidèle interprète du chancelier. Le Dr Kloeppel n'avait d'ailleurs pas de grandes visées. À lire le procès-verbal de son interrogatoire par la Gestapo, on constate qu'il fixait, à la seconde révolution, des objectifs modestes : la destitution de quelques fonctionnaires locaux et la transformation des petites unités de la SA en formations militaires. Ailleurs, le souffle de la propagande raviva l'espoir de quelque «grand soir». Les trois officiers qui avaient tenté, en 1929, de créer une «cellule nazie», clandestine, dans le 5e régiment d'artillerie d'Ulm, après avoir été condamnés à des peines de forteresse, avaient eu des destins divergents. Ludin était devenu Gruppenführer et dirigeait le groupe Sud-Ouest. Wendt avait adhéré au Schwarze Front d'Otto Strasser et avait, semble-t-il, déjà quitté l'Allemagne, en 1934. Scheringer enfin, déçu par le cours «légaliste» pratiqué par Hitler après les élections du 14 septembre 1930, avait adhéré au parti communiste. De nouveau condamné, il avait été libéré à la fin de 1933, sur l'intervention de Reichenau, qui aurait souhaité le ramener au sein de l'armée. Mais fidèle à sa nouvelle foi, il avait repoussé les avances du général et vivait retiré, à la campagne, près de Ingolstadt. Au printemps, Ludin renoua avec lui et tenta de le persuader que Hitler n'avait joué la légalité que par tactique. Le Führer était demeuré fidèle au vieil idéal socialiste et il avait besoin, pour mener à bien la tâche, de tous les «nationaux-bolchevik». Les deux camarades devaient se retrouver le 30 juin, à l'occasion d'une parade sur le Wasen, à Stuttgart.

Sur la SA, la campagne contre les «criticailleurs» agit de deux manières, d'ailleurs contradictoires. Elle resserrait les liens entre le Führer et «sa» SA puisque Hitler paraissait exprimer toutes les frustrations ressenties par les hommes de Röhm. Pour autant, elle n'apaisait pas les mécontents. Elle conférait au contraire un semblant de légitimité à leurs revendications et par là, faisait sauter toutes les inhibitions. La violence, une fois débridée, se fortifiait de son propre élan, s'enflait. Encore contenue au début de mai, elle s'exprima en actes de violence, en voies de fait, en manifestations qui tournaient au tumulte, vers la fin du mois. Vers la mi-juin, un paroxysme fut atteint. Des incidents éclataient un peu partout en Allemagne dont les victimes étaient les hommes politiques de l'ancien régime, notamment les conservateurs, voire les représentants modérés du nouveau régime, les catholiques, les Stahlhelmer, etc. Le «peuple» rossait ses adversaires désignés, puis la police politique intervenait et plaçait les victimes en «détention préventive» pour «trouble de l'ordre public». Nous ne prétendons pas avoir dressé un inventaire exhaustif de ces faits-divers politiques. Nous n'en retiendrons que quelques cas typiques, échelonnés sur plusieurs semaines.

Dans la nuit du 18 au 19 mai, près de Traunstein, une sorte de très gros pétard explosa devant la maison de Kahr, l'homme qui avait refusé de soutenir la folle entreprise de Hitler, le 8 novembre 1923. Kahr était «en voyage». Ses filles avaient quitté elles aussi Unterwössen. L'explosion ne fit que des dégâts matériels, quoique fort importants. Le 20, jour de la Pentecôte,

Brüning eut la visite d'un inconnu qui lui demanda s'il se souvenait de Roeselare et de Tongres. L'ancien chancelier se souvenait fort bien de ces deux localités belges où il s'était battu comme tireur d'élite, sous les ordres du major Walter Buch. Ce dernier était devenu le «juge» du Parti. Brüning devait quitter l'Allemagne au plus vite. Sa sécurité ne pouvait plus être garantie. Brüning s'exila dans la dernière semaine de mai. Un ami, Hermann Muckermann, lui fit franchir la frontière sans grandes difficultés, près de Emmerich. Au mois de juin, le journal conservateur de Ratisbonne, le *Regensburger Anzeiger* fut suspendu. Il appartenait à l'ancien ministre-président de Bavière, Held, et à la famille Habbel. L'interdiction déclencha une campagne d'intimidation systématique. La feuille nazie, la *Ostwacht*, publia deux articles virulents, sous le titre : «Les ennemis de l'État doivent rendre des comptes!» Le 14 juin, une manifestation populaire, «spontanée», cela va sans dire, eut lieu devant l'immeuble du journal. Des pierres furent lancées contre les fenêtres de Held et de Habbel. Le 15, à 7 heures du matin, ce dernier fut placé en «détention préventive» pour avoir troublé l'ordre public.

Dès le mois de mai, les incidents se multiplièrent avec le Stahlhelm qui refusait la Gleichschaltung (normalisation). Le 14 mai, Röhm publia un ordre du jour dans lequel il interdisait formellement d'exercer, à la suite d'initiatives individuelles, des violences contre les récalcitrants. Une telle attitude, disait-il, blesserait gratuitement tous ceux qui s'étaient ralliés de bon cœur à la SA. Les rebelles seraient exclus, à vie, de la SA. En Poméranie, le Stahlhelm était franchement «réactionnaire». «Le Gestapa se vit contraint, pour le maintien de la paix publique, de l'ordre et de la sécurité, pour calmer les esprits dans la SA et pour la poursuite d'une incorporation sans heurt d'anciens membres du Stahlhelm, de prononcer la mise en "détention préventive" des Führer responsables du NSDFB : von Bothmer (Rügen), Buchholtz, Degelow, Rohleder...» Il arrivait bien sûr que les acteurs de ce scénario, de cette «commedia dell'arte» politique fussent entraînés à des improvisations malencontreuses. Le 10 juin, Seldte, ministre du Travail, avait présidé une réunion du Stahlhelm. En traversant Schönebeck, une petite ville aux environs de Magdebourg, «sa voiture fut assaillie à coups de pierres par une bande de jeunes hitlériens en uniforme qui, montant sur les marchepieds de l'automobile, couvrirent de menaces et d'injures le chef des "Casques d'Acier"». Le ministre s'en tira relativement à bon compte. Il ne fut victime d'aucune voie de fait. Des SA auraient participé à cet attentat dont la responsabilité retombait, de l'avis des observateurs contemporains, sur les «instigateurs de [la] campagne [contre les criticailleurs] et sur le Dr Goebbels en particulier».

Pour clore cette série d'anecdotes politiques, nous évoquerons un fait divers sans véritable importance par lui-même, mais dont Hitler se servit comme prétexte pour convoquer les SA-Führer à Bad Wiessee. La «Vieille Garde» de la SA de Hambourg accomplissait une marche, de la cité hanséatique, à Berlin. Cette épreuve ne constituait pas seulement un bon entraînement militaire, elle était présentée comme un hommage au Führer, qui devait recevoir, au terme du parcours, ses fidèles compagnons. Le 27 juin, en traversant Nauen, ils aperçurent, une voiture dans laquelle un homme au faciès «juif» était assis à côté d'une jeune dame. Rassenschande! Le cas de «honte raciale» était clair! Le malheureux fut arrêté, extrait du véhicule, sévèrement «tabassé». Il perdit plusieurs molaires. La «colère du peuple» avait bien mal choisi sa cible. La victime était le consul général du Portugal, un fidèle de Salazar, un partisan des régimes autoritaires et «un grand ami du national-socialisme».

Le récit de ces incidents locaux nous en apprend beaucoup plus sur les mécanismes et la signification réelle de la campagne contre les «criticailleurs» que toutes les théories. Elle voulait entre autres canaliser la violence naturelle qui existait dans le mouvement, et tout particulièrement dans la SA. Il s'agissait moins d'en affaiblir l'énergie que d'en changer la nature. Non plus une explosion spontanée, plutôt une déflagration ambiguë! Ce qui n'aurait été qu'une rixe de bistrot, un tapage nocturne provoqué par une bande d'ivrognes, devenait une opération ayant sa place dans une politique générale. C'est de là que la violence tirait tout son sens. Sans doute était-elle à l'origine pour une très large part spontanée. Elle n'était pas non plus, comme on aurait pu le croire, programmée jusque dans le détail. Sinon comment des «bavures» auraient-elles pu se produire? Elle était tolérée, orientée. On laissait agir, en fermant les yeux. Après coup, on calculait les profits et pertes avant de faire payer les pots cassés, en général par les victimes, sauf dans les cas trop criants comme l'incident de Nauen. De plus, il mérite d'être souligné qu'à notre connaissance, aucun document contemporain ne mentionne, pour cette période de mai et de juin, de heurts entre soldats de la Reichswehr et soldats des milices brunes. L'affirmation d'une volonté révolutionnaire par les SA-Führer et leurs hommes, au printemps de l'année 1934, ne saurait donc être niée, mais nous devons ajouter aussitôt que le texte leur était dicté par le Führer et le ministre de la Propagande. Sans eux, l'inspiration se serait bientôt essoufflée. De plus, cet élan ne se manifestait pas seulement dans la SA. La SS et surtout la Jeunesse hitlérienne rivalisaient d'outrances avec les bataillons bruns. La HJ notamment dépassait toute mesure dans sa lutte contre les associations confessionnelles, protestantes et encore plus, catholiques ainsi que les corporations d'étudiants. Röhm ne menait pas une politique personnelle dirigée d'abord contre la Reichswehr et, s'il le fallait, contre le Führer. Il mettait à la disposition de Hitler la SA.

Pourtant, c'est véritablement au mois de mai que s'ouvrit la traque contre Röhm. Elle fut poussée avec énergie. Le Stabschef fut dénoncé à Hitler comme l'auteur d'une véritable escroquerie morale. Il aurait tenté de détourner les énergies révolutionnaires de la SA, à son profit, afin de s'emparer de la défense nationale. Les «accusations» se multiplièrent. Étayées par des «rapports écrits», elles ne pouvaient «plus être contestées». Les adversaires de la SA étaient légion. Entre l'Organisation politique (PO) et la SA, les rivalités n'étaient pas rares. Il arrivait que des Gruppenführer ne fussent pas disposés à se plier aux instructions des Gauleiter. Il en résultait des conflits de compétences interminables. C'était le cas en Saxe avec Mutschmann, en Thuringe avec Sauckel, en Westphalie-Sud avec Josef Wagner. Ce n'était pas la règle. Il en allait tout autrement en Prusse orientale, en Poméranie dont le Gauleiter Karpenstein fut destitué à la suite du 30 juin, à Hambourg où Kaufmann prit la défense de la SA, en Mecklembourg où F. Hildebrandt «couvrit» Fust, pour ne citer que les exemples les plus marquants. La même observation vaut pour les administrations civiles. Bourgmestres, Landrat, Regierungspräsident ou Oberpräsident, bref tous les fonctionnaires d'autorité quels que fussent leurs titres dans les différents Länder, n'avaient pas toujours à se féliciter qu'on leur eût adjoint des SA-Sonderbevollmächtigte. Les interventions intempestives des chargés de mission, les abus de pouvoir des petits chefs, des SA-Führer, à tous les échelons de la hiérarchie, compliquaient leur tâche. Les rapports mensuels ou bimensuels des Regierungspräsident de Bavière sont remplis de doléances. Nous savons ce qu'en pensait le ministre de l'Intérieur lui-même. On a généralisé, mais bien à tort. La SA n'était pas seule à s'arroger abusivement des prérogatives en matière d'administration. Et en revanche, le Freiherr von Lüninck, peu suspect de complaisance envers les auteurs d'excès, écrivait même, le 7 février : «L'esprit de camaraderie exemplaire qui règne dans la SA, base d'une éducation dépourvue de tout éclectisme intellectuel, est la meilleure propagande en faveur du recrutement.» Quatre mois plus tard, le Oberpräsident n'avait pas changé d'avis. «La collaboration entre les organes de l'État, la SA, la SS et le Service du travail est, à quelques exceptions près, très bonne et confiante.»

À ces plaignants, il faut ajouter les services du Chef AW, le SD, la Gestapo, l'Abwehr, le 2e Bureau allemand, et le Wehrmachtamt, le cabinet politique de la défense nationale. Les plaintes et les doléances ont été centralisées et examinées, nous dit Hitler, par «quelques services du Parti». Ce ne pouvaient être que la Uschla, la commission de discipline, et le SD, le service de renseignement du Parti. Le sort de Röhm reposait dans les mains de deux hommes, Walter Buch et Reinhard Heydrich qui n'avaient aucune sympathie pour lui. Derrière Heydrich, il y avait bien sûr Himmler, l'ami ou l'allié du général von Reichenau.

Les doléances peuvent être classées en quatre catégories : la gestion interne de la SA; les relations avec les autres organisations du NSDAP; les relations avec certaines institutions de l'État; la dépravation des mœurs. Pour qui s'est familiarisé avec la vie quotidienne de la SA en lisant la presse et les documents d'archives, le tableau esquissé par Hitler est sans doute trop systématique, mais il est composé de détails vrais qu'il est parfois facile de dater et de situer. Nous examinerons successivement les quatre rubriques.

Il était incontestable que la SA n'était plus administrée depuis dix-huit mois comme elle l'avait été par le passé. Les effectifs s'étaient accrus de manière démesurée. Le formation idéologique était négligée malgré les efforts de la direction. Röhm et de nombreux SA-Führer s'en étaient plaint. Les critères de l'avancement avaient changé. Jadis, l'aptitude à diriger un Trupp ou un Sturm composés de militants chevronnés avait été décisive. Depuis lors, le niveau d'études, les compétences militaires passaient avant la fermeté des convictions politiques et l'autorité naturelle sur les hommes. Pis ! Une sorte de népotisme occulte, fondé sur des liens homosexuels s'était instauré. Les premières allégations du Führer étaient fondées, mais elles caractérisaient un état de fait qui était, pour une très large part, la conséquence directe de la collaboration entre SA et Reichswehr. Le 1er mai 1933, le NSDAP avait pris une mesure suspendant les nouvelles adhésions. La SA en avait fait autant le 10 juillet. Pourtant l'effectif n'avait cessé de croître vertigineusement. Sabotage ? C'était la simple conséquence de l'intégration du Stahlhelm et des autres Wehrverband qui avait été décidée en commun avec le commandement militaire. La formation idéologique ? L'incorporation massive d'éléments étrangers avait diminué l'homogénéité morale de la SA. Les SA-Führer eux-mêmes le déploraient très souvent, mais, absorbés par de nouvelles tâches, militaires, et soumis par le calendrier du réarmement, à un rythme de travail trop rapide, ils ne trouvaient guère le temps d'y remédier. Enfin, c'était le ministère de la Défense lui-même qui avait commencé à fausser les règles d'avancement dans la SA en demandant que les sous-officiers ou officiers dégagés des cadres et employés comme instructeurs dans la SA eussent des rémunérations équivalentes à celles qu'ils avaient dans l'armée ou dans les administrations civiles qui leur offraient des postes réservés. C'était également la Reichswehr qui avait posé comme condition de recrutement des futurs cadres de réserve la compétence militaire à l'exclusion de toute autre considération. Par contre, certaines promotions « au minois » constituaient des abus caractérisés. Elles étaient peu nombreuses.

Les relations avec l'Organisation du Parti (PO), le Front du travail (DAF) et le Service du travail (RAD) étaient souvent mauvaises. Les prétextes différaient. La raison était en fait la même. C'étaient des querelles de préséance. Très souvent, elles avaient une longue préhistoire. Une manifestation était-elle dirigée par le responsable de la PO auquel le SA-Führer local aurait été subordonné, ou bien les responsabilités étaient-elles assumées conjointement par le Organisationsleiter et le SA-Führer ? En droit, le premier l'emportait. Sur le terrain, le second prenait sa revanche. Arrivé devant la tribune officielle, certains SA-Führer ont ordonné à leurs hommes qui avaient jusqu'alors défilé au pas de parade : « Pas de route ! », et la troupe s'ébrouait sur les yeux furibonds du potentat local. Querelles de préséance aussi avec le DAF qui prétendait représenter « le peuple », et avec le Service du travail qui assumait, disaient ses chefs, la véritable préparation militaire.

Quant aux mœurs, le doute n'était pas permis. La conduite d'un certain nombre de SA-Führer n'avait rien d'exemplaire : dépenses somptuaires, malversations financières, ivrognerie, adultère, débauche, homosexualité, voies de fait, scandale sur la voie publique... Tout cela était patent, et le chercheur qui parcourt les dossiers administratifs est parfois égayé, dans son austère travail, par mainte histoire croustillante... Caractéristique est la mésaventure de ce SA-Führer arrêté, sur l'ordre de Sauckel, alors qu'ivre-mort, il troublait l'ordre de cette paisible cité qu'est Weimar. Nous ne possédons pas de statistiques. Il serait donc hasardeux d'extrapoler. La masse des SA-Führer était sans doute composée de braves pères de famille auquel on n'avait pas grand chose à reprocher, mais les brebis galeuses ne manquaient pas. Elles suffisaient à compromettre le mouvement. Il est vrai que la SA n'en était pas restée, de manière unanime, à la simplicité des mœurs spartiates, qui était, par la force des choses, la règle avant 1933. Les chefs aimaient représenter. Ils en avaient les moyens. La villa de Röhm à Berlin débordait d'un luxe de parvenu. Les chemises de soie de Karl Ernst étaient proverbiales. Pendant ce temps, les hommes logés dans les Hilfswerklager n'avaient qu'un gîte sans confort et une maigre pitance quotidienne. Les responsables avaient soudain à gérer des sommes d'argent plus importantes. Ils n'y étaient pas préparés. Que des individus n'aient pas su distinguer entre leurs besoins personnels et ceux de leur unité ne surprendra personne. Les vices les plus répandus étaient en fait l'ivrognerie et la violence. Les Allemands aiment boire en quantité. Montaigne le constatait déjà avec un étonnement peu admiratif. Les SA ne dérogeaient pas. La colère est fille de l'ivresse. Des bagarres éclataient ici et là, dans une auberge de campagne ou un bistrot de grande ville. Ce sont les plaisirs du samedi soir. Pourtant Hitler a évoqué des « débordements de violence inadmissibles » ? À l'exception des actes commis pendant la campagne contre les « criticailleurs », plus ou moins inspirés par le Parti, l'expression ne saurait guère s'appliquer qu'à la « révolte » des SA autrichiens cantonnés à Wöllershof, dans un asile d'aliénés désaffecté. Ces hommes étaient de véritables réfugiés qui, poursuivis pour quelque délit politique par les autorités autrichiennes, s'étaient mis à l'abri en franchissant la frontière. Regroupés en unités autonomes, ils appartenaient au SA-Obergruppe VIII (Vienne). Ils avaient d'abord été stationnés à Lechfeld, puis répartis le long de la frontière dans l'attente d'une invasion de l'Autriche. Cet espoir reculait de jour en jour comme un mirage. Les incidents se multipliaient. Déçus, difficilement tolérés par la population bavaroise qui craignait pour ses filles et ses poules, ils s'ennuyaient ferme. La ville la plus proche était Weiden, à dix kilomètres. Le 29 mars, une bagarre banale éclata dans un café de Weiden entre civils et SA autrichiens. Ceux-ci eurent-ils le dessous ? Ils promirent de revenir à la tête de 1500 hommes. Le bourgmestre eut peur d'être débordé. Les autorités militaires furent alertées. Elles craignaient que les SA de Wöllershof ne fussent tentés non seulement de saccager Weiden, mais de pénétrer de force dans leur pays dont la frontière n'était pas trop éloignée. Rakobrandt, qui commandait le SA-Gruppe Ostmark, donna des instructions pour que les rebelles fussent arrêtés avant Weiden et empêchés de franchir la frontière entre le Reich et l'Autriche. Tout rentra dans l'ordre après quelques palabres. « L'incident n'était rien d'autre qu'une insignifiante bagarre de la SA. » C'était la conclusion de l'officier de semaine à la Kommandantur de Ratisbonne. Pourtant, le commandant de la VIIe région militaire, le général Adam adressa deux rapports sur les « événements » de Wöllershof, au ministère de la Reichswehr. Un historien, K.-J. Müller, bon spécialiste des questions militaires, s'appuie sur ce fait divers, sans distinguer entre SA allemands et autrichiens, pour établir que les chefs militaires craignaient, avec raison, «durant la période de transition, un affrontement avec la SA, étant donné la supériorité numérique de celle-ci».

Reste l'homosexualité! Selon Bennecke, le reproche était justifié à l'encontre de cinq Gruppenführer et de quelques Brigadeführer. C'était la rumeur publique à propos de Heines, Ernst, Koch... Il n'était pas contestable que ces hommes favorisaient ceux qui partageaient leurs goûts et leurs penchants et qu'ils aimaient s'entourer de toute une cour d'éphèbes dont l'«élégance et [la] beauté» avaient frappé André François-Poncet lors de sa dernière rencontre avec Röhm, le 24 mai, chez le banquier Regendanz, dans la villa où celui-ci vivait à Dahlem. Le bureau des aides de camp du Stabschef en était à peu près exclusivement composé. Contrairement à une légende abondamment colportée par une certaine presse et par un cinéma plus soucieux d'effets que de vérité, la secte ne comptait donc, dans la SA, qu'un petit nombre d'adeptes. Mais le nombre n'est pas tout. Cette influence était nuisible dans le service, car elle plaçait des chefs dans la dépendance d'infâmes gitons. Lutze a été, dans son journal, d'une sévérité sans nuance pour Karl Ernst. Edmund Heines aurait été, en revanche, selon lui, un brave garçon, un officier compétent, un bon organisateur en plus, mais autour de lui, il y avait Werner Engels, un Sturmbannführer (commandant) de trente-trois ans et Hans-Walter Schmidt, un Obersturmbannführer (lieutenant-colonel) de vingt-deux ans. Hitler a mentionné le cas «bien connu» de ce dernier, dans son discours du 13 juillet. On l'appelait par dérision, dans la SA même, «Mademoiselle Schmidt». Hans Walter Schmidt aurait été une sorte de diva capricieuse et futile dont l'homosexualité n'aurait pas été, selon von Gaertner, tout à fait désintéressée. Il se serait fait payer ses complaisances en exerçant une véritable tyrannie sur le Obergruppenführer. Il se servait de lui tout d'abord pour prendre une revanche sur les «honnêtes gens» qui lui faisaient sentir un peu trop ouvertement leur mépris. Dans l'hôtel Metropol, le premier palace de Breslau, Heines et ses compagnons se seraient livrés à de tumultueuses orgies. Ivres-morts, ils auraient tiré des coups de pistolet dans les lustres, ouvert les fenêtres et bombardé les chauffeurs qui attendaient leurs maîtres, à coup de bouteilles de champagne. Schmidt aurait, à Bad Kudowa, une station thermale des monts de Bohême, poignardé un garçon de café dont la mine ne lui agréait point. Heines aurait étouffé les poursuites. Au printemps 1934, Schmidt fut néanmoins muté en Rhénanie (Gruppe Westmark, Coblence).

Tous ces débordements n'auraient été, disaient les adversaires de Röhm, que des symptômes, le signe extérieur d'une gangrène plus profonde. Des réunions de cadres supérieurs de la SA avaient eu lieu. Röhm avait, en effet, commencé à inspecter les différents groupes à partir du mois de mai afin de veiller à l'application du Vorschlag. Dans ces conciliabules, on aurait tenu des discours subversifs que Hitler qualifie curieusement de «graves inconvenances» (grobe Ungehörigkeit). On aurait incité à la haine et à la révolte (verhetzende Reden). Que disait-on vraiment? Une seconde révolution était nécessaire ! Les ministres conservateurs, à commencer par Papen, seraient exclus du cabinet et Röhm devait devenir ministre de la Défense nationale. Au besoin, on forcerait la main du Führer. La police en « rajoutait ». Au mois de juillet, la SA serait en congé. À ce moment, elle employerait la tactique utilisée, sans succès d'ailleurs, après les élections du 31 juillet 1932, pour contraindre Hindenburg à désigner Hitler comme chancelier. De petits groupes anonymes, issus des fameuses Stabswache, mèneraient sur tout le territoire, des actions terroristes. Police et armée seraient impuissantes. Hitler devrait alors faire appel à Röhm pour rétablir l'ordre. Le Stabschef poserait ses conditions et accorderait à ses hommes de mettre à sac l'Allemagne, pendant quarante-huit heures. Ce serait la tant attendue « Nuit des longs couteaux ». Cela ne manquait pas d'une certaine logique. Ébranlé, le Führer se refusa cependant à accorder foi à cet habile montage, « il ne se résignait pas à croire, dit-il, qu'une amitié dont la sincérité lui semblait inébranlable, ne fût que mensonge ».

La Reichswehr attaque

Himmler avait reçu l'ordre de Hitler, en mars, sans doute peu après les révélations de Lutze, de procéder à une enquête sur la SA. Elle a dû être confiée normalement au SD et à la Gestapo. Himmler aurait essayé de sauver Röhm en lui demandant de se séparer des Gruppenführer les plus compromis. Les réactions du Stabschef auraient levé les derniers scrupules du Reichsführer. Il aurait alors donné des instructions pour que son « ami » Röhm fut espionné avec vigilance. Restait à « ficeler » le dossier. Il le fut avec une certaine habileté et beaucoup de mauvaise foi. Il y avait tentative de haute trahison. Peut-être déjà intelligences avec l'étranger ? La conclusion était aventureuse. Elle était encore plus téméraire. Röhm n'était pas un mince personnage. Il tutoyait le Führer. Himmler était trop prudent et trop retors pour s'aventurer seul, sur un terrain aussi accidenté, sans une solide couverture. Göring ? Il ne le semble pas. En tout cas, en une circonstance, il prendra, en mai, le parti de la SA contre l'Abwehr. L'armée alors ? Le général von Fritsch était alors fort aimable envers le « très honoré Stabschef ». L'attaque contre Röhm a été menée, dès ce moment, par le ministère, moins par Blomberg d'ailleurs que par Reichenau et le Ministeramt, indirectement, par le truchement de Himmler, mais aussi de manière directe.

Les achats d'armes

Les achats d'armes de la SA jouèrent un grand rôle dans cette cabale. Röhm et ses collaborateurs auraient ordonné en secret d'acquérir, à l'étranger, des matériels en quantité suffisante pour équiper les milices brunes. Ces transactions auraient été faites à l'insu de toutes les autorités légales : ministère de l'Intérieur, des Finances, de la Défense. Preuve que le Stabschef avait de ténébreux desseins ! L'Abwehr, avec une sagacité remarquable, aurait eu vent de ces importations clandestines et en aurait fait la démonstration. Hitler, informé, se serait contenté d'éluder toute décision. Cette fable invraisemblable a trouvé crédit chez tous les historiens sans exception. Un peu de bon sens aurait dû en faire douter. Il est tout à fait concevable que l'on parvienne à faire franchir illégalement une frontière à un camion chargé de fusils et de mitrailleuses. On n'importe pas clandestinement, dans un pays quel qu'il soit, l'équipement nécessaire à une armée... à moins que les frontières ne soient gardées par la douane et la police de la Belle au bois dormant ! La lecture critique des témoignages dont nous disposons conduit d'ailleurs à de tout autres conclusions.

Le paragraphe 11c du Vorschlag prévoyait que la SA procéderait à des « acquisitions de matériels de guerre en bon état selon les indications du ministère de la Défense ». Blomberg a déclaré, au mois de juillet, que la goutte d'eau qui avait fait déborder le vase avait été « un ordre de Röhm daté du 23 mai prescrivant à la SA de procéder à des achats d'armes systématiques ». Le ministre n'a sans doute pas été tenu informé dans les moindres détails des transactions. Il ne pouvait ignorer que ces achats avaient été prévus par la convention du 27 février.

Responsables étaient pour la SA, les Obergruppenführer von Krausser et Max Jüttner ainsi que le Gruppenführer comte von der Schulenburg, pour la Reichswehr le chef du Truppenamt, Ludwig Beck, le chef de T2 (section « organisation »), le lieutenant-colonel Georg von Sodenstern, qui avait succédé à Keitel en octobre 1933 et son adjoint, Stapf. D'après Jüttner, les premiers achats auraient été effectués par la SA, sur « le marché noir » en Allemagne et hors d'Allemagne. La Reichswehr avait-elle été consultée? Informée? En tout cas, elle n'en ignorait rien et n'en prenait pas ombrage. Dans un rapport du 30 mars 1934, le commandant de la VIIe région militaire, le général Adam, distinguait entre les armes qui étaient en possession de la Légion autrichienne « avant le début des livraisons de l'étranger » et celles qui avaient été « achetées hors d'Allemagne ». Pourtant, très vite des difficultés surgirent. Ces opérations étaient contraires à la loi allemande et aux dispositions du traité de Versailles. Elles étaient donc couvertes par le secret. Dans un souci de discrétion excessive, tous les ministères compétents ne furent pas informés. Le 9 mars, le ministre de l'Intérieur du Reich, Frick, télégraphiait aux ministres des Länder : « Observé importants transports d'armes, en partie camouflés, déclarés comme provenant de l'étranger, importés le plus souvent par ports de mer. Sur l'ordre du Führer demande confiscation immédiate et remise à la Reichswehr en accord avec commandement région militaire compétent. » Dès ce moment, la Wehrmacht ne pouvait plus prétendre de ne pas avoir eu connaissance de ces importations « clandestines ». Le dossier est muet sur la suite donnée à cette affaire. Les autorités militaires se sont sans doute employées à calmer les inquiétudes des services de police. Un certain nombre de transports, peu nombreux, furent considérés comme des opérations illégales par le ministère des Finances. La SA avait fait l'acquisition d'un lot d'armes en Suisse par l'intermédiaire de la Karlsruher Waffenfabrik. Elles auraient été destinées à trois groupes : Berlin-Brandebourg, Bavière et Ouest. Le ministère des Finances l'apprit. Les conditions du règlement financier constituaient le délit d'exportation illégale de devises. Des poursuites étaient à craindre. Le conseiller juridique de la SA, Luetgebrune, demanda au chef de l'Abwehr, le capitaine de vaisseau Patzig, d'intervenir auprès du secrétaire d'État aux Finances Reinhardt. Un accord a été, selon toute vraisemblance, conclu entre Reichwehr, SA et les Finances pour éviter à l'avenir de tels accidents. Malgré la confiance manifestée en cette occasion par la SA, le Ministeramt demanda à Frick en mai, d'ouvrir une enquête au sujet d'une mystérieuse expédition. Le ministre de l'Intérieur du Reich, en homme averti par sa mésaventure du mois de mars, ne répondit pas à ces sollicitations. Les militaires eurent recours à un scénario qui avait été expérimenté pendant la révolution de novembre pour faire la preuve que les bolcheviks russes apportaient un concours effectif aux révolutionnaires allemands. Des «policiers» déguisés en cheminots déchargèrent l'envoi. Avec une maladresse calculée, ils laissèrent tomber une caisse. Sous le choc, les planches éclatèrent et des mitrailleuses démontées se répandirent sur le pavé. Les armes furent, dans un premier temps, confisquées. Göring intervint. La Reichswehr, dit-il, avait des «visions». Ces équipements étaient destinés à la Légion autrichienne.

Pour le commandement de l'armée de terre, le véritable problème était technique. La SA ne disposait pas d'un nombre suffisant d'acheteurs compétents. Un lot d'armes fut soumis au professeur Becker, du Heereswaffenamt, Office d'armement de l'armée de terre, un véritable état-major technique. Nombre d'armes étaient inutilisables, c'étaient des «rossignols». De plus les lots achetés par la SA n'étaient pas homogènes. En cas de conflit, l'approvisionnement en munitions en aurait été compliqué à l'extrême. Enfin le prix payé était souvent trop élevé. La Reichswehr proposa de centraliser les demandes des unités de la SA. Les achats seraient opérés soit par les services de la Wehrmacht, soit sous son contrôle. Röhm accepta cet arrangement. Par une instruction en date du 23 mai, dont tous les groupes reçurent copie, il interdisait toute transaction directe. Les demandes seraient adressées aux quatres inspections qui les transmettraient au Führungsamt (Krausser et Jüttner). Le Führungsamt avait «conclu des arrangements avec les services idoines (*sic*) et était en mesure de garantir un approvisionnement rapide, de bonne qualité». Le paragraphe 3 était encore plus clair. «Les inspecteurs [devaient] s'assurer une vue d'ensemble du nombre et de l'état des stocks d'armes existant dans leur district afin que [la OSAF] fût en mesure de défendre les intérêts de la SA auprès des services de la Reichswehr et d'obtenir que des unités homogènes de la SA fussent engagées [dans les opérations] sous le commandement de SA-Führer.»

Impatient d'écarter Röhm, Reichenau s'est employé, tout au long de ces semaines, à porter à la connaissance du Führer les incidents qui s'étaient produits et il n'hésitait pas à recourir à une présentation tendancieuse. Le ministre et le Ministeramt avaient des responsabilités politiques. Service militaire obligatoire ? Certes ! Mais pas à n'importe quel prix, non par la création de milices populaires qui ne seraient plus soutenues par un véritable corps de bataille de troupes de métier ! Or, le Reich était agité par la campagne contre les « criticailleurs ». Tous les observateurs s'accordaient à y voir une lutte entre « réaction » et « révolution ». Blomberg et Reichenau ont craint qu'un coup de barre à gauche n'épargnât pas la défense nationale. Que Hitler se rangeât aux côtés des « révolutionnaires », aurait-il encore la volonté de refuser à la SA le droit reconnu d'être l'armée du peuple ? Röhm, von Krausser, Jüttner n'allaient-ils pas entrer, par la grande porte, dans la Bendlerstrasse ? Les Obergruppenführer et les Gruppenführer s'installeraient à la tête des divisions et des subdivisions ! Reichenau plus que Blomberg imagina une parade simple : discréditer Röhm dans l'esprit du Führer en le présentant comme un risque pour le réarmement de l'Allemagne. On n'innovait pas. C'était la méthode qui avait été employée depuis le début de l'année 1934, non sans succès. Que pouvait-on en espérer dans l'immédiat ? En tout cas, cette politique fut sans succès. Mieux que personne, Hitler savait que le « monopole des armes » qu'il avait reconnu à la Wehrmacht n'était pas menacé. Les autres pouvaient bien craindre un revirement de sa part. Lui demeurait fidèle aux thèses qu'il avait exposées dans *Mein Kampf*, à la doctrine qu'il avait présentée à « ses » généraux, le 2 février 1933. Pas de milice, mais un service national ! Et un corps de bataille composé de soldats de métier !

L'affaire autrichienne

Hitler avait jusqu'alors temporisé. Une affaire le fit sortir de sa réserve. Röhm n'était soupçonné de rien moins que de saboter la politique autrichienne du gouvernement, de contrecarrer la diplomatie du Reich, voire de compromettre le réarmement.

L'affaire autrichienne a été d'une complexité extrême. Le 4 mars 1933, le Conseil national, le Parlement autrichien, s'était en fait sabordé. Le 15 mars, les partisans d'un système parlementaire tentèrent de sauver la situation. Le gouvernement s'y opposa. Le chancelier Dolffuss était résolu à instaurer un régime autoritaire, seul moyen de salut, à ses yeux, pour un pays auxquels les vainqueurs de la guerre avaient refusé toute chance de survie. La crise économique avait porté le coup de grâce à la malheureuse Autriche. La tâche de Dolffuss était au-dessus des forces humaines. Pour être couronnée de succès, il lui aurait fallu mûrir sous le sourire des dieux. Dollfuss fut un homme sans fortune. Les Autrichiens ? Un peuple qui se complaisait dans son malheur et ne sortait de sa délectation morose que pour s'abandonner à des accès de fureur insensée ! Le chancelier Dollfuss dut compter avec les oppositions clandestines ou ouvertes des communistes, des sociaux-démocrates, des modérés restés fidèles à la République, des monarchistes et même de ses associés au gouvernement. C'était la guerre de tous contre tous. Sans oublier les nazis ! Avec eux, Dollfuss fit alterner la menace et les promesses. Le 20 juin 1933, à la suite de quelques attentats, le NSDAP fut interdit, la SA et la SS dissoutes. Cela n'empêchait pas de mener des tractations en sous-main. Mais le pistolet sur la table ! Le gouvernement menaçait de durcir la répression et d'envoyer de nouveaux nationaux-socialistes dans les camps de détention (Anhaltelager). En réponse, le mouvement, désormais clandestin, à en croire la lettre de la loi, faisait courir la rumeur qu'une nouvelle vague d'attentats terroristes, destinée à « déstabiliser » Dollfuss, était imminente. Le 12 février 1934, à la suite d'une véritable provocation gouvernementale, le prolétariat se souleva à Linz et dans la capitale. Après plusieurs jours de combats violents dans lesquels l'artillerie dut intervenir, l'armée et la police écrasèrent les insurgés. Vienne la Rouge avait vécu. Pendant un temps, la paix civile revint dans le pays. Après la victoire de Dollfuss sur les « marxistes », Hitler avait donné l'ordre à ses partisans de s'abstenir de toute provocation contre le gouvernement Dollfuss. Champion de la lutte contre le marxisme, il se serait désavoué en prenant à revers celui qui en avait anéanti les plus puissants bastions en Autriche. Le retour au calme ne fut qu'un intermède. Dollfuss n'était pas prêt aux concessions majeures que les nazis exigeaient de lui. Ceux-ci s'impatientaient. Les militants prétendaient rentrer dans la vie publique par la grande porte. La masse des sympathisants ne comprenait pas les atermoiements.

Pour sortir de cette impasse, une campagne d'attentats terroristes fut décidée, au mois d'avril. Elle débuta dans les premiers jours de mai et dura, en fait, jusqu'au 25 juillet 1934, jusqu'au putsch contre le Ballhausplatz et l'assassinat de Dollfuss par les SS Planetta, Holzweber et leurs complices. L'échec de la tentative de coup d'État y mit pratiquement fin. Elle avait été marquée par deux pauses ; la première, du 13 au 24 juin, coïncidait avec la rencontre du Führer et du Duce à Venise. La seconde, dans les premiers jours de juillet, avait été imposée par l'affaire Röhm. L'opération présentait de multiples aspects. La propagande n'avait pas été négligée. L'émetteur de Munich diffusait des informations. Le Landesleiter Habicht, le Gauleiter Frauenfeld, y prononcèrent des discours adressés à leurs compatriotes « sous le joug de Dollfuss ». Des lâchers de tracts eurent lieu de ballons, ou d'avions « inconnus » qui survolaient le territoire autrichien après avoir décollé soit d'Allemagne, soit même d'un aérodrome autrichien. La rumeur était relayée de bouche à oreille. L'essentiel était constitué par les attentats à l'explosif. Tous les procédés qui nous sont devenus bien connus et ne représentent que le perfectionnement des vieilles méthodes de l'anarchisme militant, ont été employés. Les premières cibles étaient des bâtiments publics. Mais des bombes furent déposées dans les consignes de gare afin de répandre une terreur aveugle parmi la population. Par bonheur, celles-ci n'explosèrent pas. Le 19 mai, ce furent les voies ferrées qui furent visées afin de paralyser le trafic à la veille de la Pentecôte. Des usines d'électricité, des barrages, des canalisations furent plus ou moins gravement endommagés. Du 10 au 12 juin, d'innombrables poteaux électriques ou télégraphiques furent coupés en Basse-Autriche. Dans la seconde moitié de juin, l'activité terroriste se déplaça vers le sud et l'ouest : Carinthie, Carniole, Tyrol et Vorarlberg. Quelques meurtres ou tentatives d'assassinat furent enregistrés. Personne n'a dressé un bilan exhaustif de cette campagne. Beaucoup de ces actes, criminels tout au moins dans l'intention, n'étaient guère plus que de mauvaises plaisanteries. L'explosion d'un pétard qui faisait voler en éclats quelques vitres était, pris isolément, un geste insignifiant, mais le nombre leur donnait de l'importance. Quant aux destructions considérables, mentionnées par la presse autrichienne, on les comptait par dizaines.

La campagne avait été inspirée. Cela ne faisait pas de doute. Elle était dirigée, contrôlée. Cela était évident. Son rythme le prouvait. Par qui l'était-elle ? Nous ne le savons pas trop. Pour le chercheur, la tentation est grande de tout attribuer à un « chef d'orchestre » clandestin, cette figure mythique de toute histoire souterraine. Les choses ne sont jamais aussi simples. Pour une part, cette vague d'attentats révélait un mouvement spontané et profond d'opposition au gouvernement Dollfuss, dans une très large fraction de la population autrichienne. Des terroristes isolés n'auraient pu se livrer qu'à des opérations ponctuelles et ils n'auraient peut-être pas tardé à être arrêtés s'ils n'avaient été protégés par la complicité au moins tacite de ceux au milieu desquels ils évoluaient. Les sentiments auxquels les Autrichiens obéissaient étaient extrêmement mêlés. Chez les nazis, il y avait tout d'abord l'espoir, grandissant à chaque coup de main, que le moment n'était plus loin où ce gouvernement honni allait s'effondrer et où l'étendard à croix gammée flotterait sur la Hofburg. Les adversaires de Dollfuss se réjouissaient en secret de voir « Millimetternich » (le chancelier autrichien était de petite taille) aux prises avec l'adversité. Joie aveugle ! Propos imprudents ! Mais la masse du peuple n'aimait ni les uns ni les autres. On rêvait d'un peu de paix, de bien-être. Tout valait mieux que cette lente déchéance, cet enlisement dans un état transitoire qui était comme les limbes de l'histoire. Dollfuss n'était pas capable de maintenir l'ordre. Pourquoi pas Hitler ? Fût-ce au prix d'une lutte brève et sanglante. Un peuple vacillait, prêt à s'abandonner à un tourbillon de violence. C'était une proie facile pour tous les agitateurs.

Du côté du NSDAP autrichien, l'autorité était émiettée. L'interdiction du 20 juin 1933 avait introduit une dualité entre l'appareil clandestin demeuré en Autriche et la représentation officielle qui s'était installée en Allemagne, en Bavière et particulièrement à Munich. La discorde était fréquente entre « clandestins » et émigrés. Sur le terrain, elle se manifestait de manière permanente par un refus de considérer comme « contraignants » les ordres reçus de Munich. Leur application demeurait subordonnée, en dernière instance, à leur approbation par la « base ». La direction de Munich n'avait aucun moyen de coercition. Le relâchement de la subordination aurait eu des conséquences moins néfastes si la clandestinité n'avait introduit une sorte de sélection négative. Pour échapper à la police de Dollfuss, les responsables se réfugiaient en Allemagne. Progressivement, les meilleurs éléments avaient été éliminés. Pour les remplacer, on avait dû choisir parmi les «seconds couteaux».

La direction extérieure n'était pas non plus véritablement centralisée. À la tête de la Landesleitung (Direction du Land), installée à Munich, au 30 Arcisstrasse, un personnage sans envergure, Theo Habicht, né à Wiesbaden, et qui parvint à se faire nommer en 1939, sous-secrétaire d'État. Il avait déjà bien du mal à se faire obéir par ses représentants en exil. À Passau, Andreas Bolek avait le titre de Gauleiter pour la Haute-Autriche, et à Freilassing, Franz Hofer était Gauleiter du Tyrol et du Vorarlberg. L'un et l'autre disposaient d'un appareil administratif et militaire relativement important. SA et SS s'étaient en revanche à peu près totalement émancipés de la tutelle de Habicht. La SA autrichienne formait le SA-Obergruppe XI (au mois de juin 1934, antérieurement VIII) dont le siège était, nominalement, à Linz, mais en fait à Munich. Il ne comptait alors qu'un seul groupe (Gruppe Oesterreich) et était commandé par le Obergruppenführer Hermann Reschny. Depuis des mois les démêlés entre Reschny et Habicht étaient la fable publique. La SS était elle aussi devenue autonome. Le Oberabschnitt Danube (Vienne) se divisait en deux Abschnitt : VIII (Vienne) avec deux Standarte 37 et 52, et l'Abschnitt XXXI qui couvrait le reste de l'Autriche et comptait également deux Sandarte (11 et 89). Le commandement était exercé par le SS-Brigadeführer Alfred Rodenbücher.

L'originalité de la SA et de la SS autrichiennes était qu'elles possédaient, dans le Reich, une troupe d'intervention, totalement militarisée, armée et encasernée, forte de 6000 hommes, la Légion autrichienne. Elle était composée de réfugiés politiques qui avaient été invités à s'engager comme volontaires dans cette formation. Elle avait pour mission d'intervenir en Autriche, après la prise du pouvoir, afin de «rétablir l'ordre public». Elle était répartie en trois détachements principaux : 2000 SA à Cobourg, 2500 SA à Wöllerhof, près de Weiden i.d. Oberpfalz et 700 SS à Dachau, sous le commandement direct de Rodenbücher, mais affectés à la garde du camp et, à ce titre, subordonnés au commandant du KZ, le SS-Brigadeführer Theodor Eicke. Environ 250 hommes avaient été détachés, par moitié, auprès des Gauleitung de Passau et de Freilassing et formaient une sorte de Stabswache auprès des Gauleiter Bolek et Hofer. C'étaient ces derniers qui donnaient les ordres aux Stabswache. Enfin, treize détachement frontaliers (Grenzkommando) assuraient un «service de surveillance de la frontière», depuis le mois de février. Ils étaient armés et portaient l'uniforme de la SA et de la SS. Du début de février à la mi-mai, trente et un incidents graves avaient été enregistrés sur la frontière.

Pour achever d'embrouiller les fils de cet écheveau si touffu, il existait, auprès de Röhm, un chargé de mission pour l'Autriche (Oesterreichischer SA-Sonderbeauftragter), le Oberführer Langer, aux fonctions mal définies. Il dirigeait en quelque sorte le bureau des Affaires autrichiennes de la OSAF.

Le gouvernement du Reich était fort ennuyé et divisé. Quoi qu'il fît, il se compromettait. Mettre l'embargo, moral et matériel, sur la révolution, aurait démoralisé ses partisans en Autriche, consolidé le régime Dollfuss et diminué le prestige, du chancelier à l'étranger. L'ermite de Berchtesgaden aurait reculé devant « Millimetternich » ! Apporter un soutien afin de canaliser le mouvement, de se garder de l'irrémédiable, c'était donner la preuve que le gouvernement allemand avait une responsabilité directe dans la campagne de terrorisme. À l'ambassadeur allemand qui soulignait la modération des propos de Habicht, les diplomates italiens répondaient, non sans bon sens, qu'il aurait été encore plus simple de lui interdire d'utiliser l'émetteur de Munich. Goebbels était un des rares partisans de la manière forte. Göring et Hess prêchaient la modération. Le ministre des Affaires étrangères, von Neurath, considérait l'affaire autrichienne comme secondaire. La grande affaire du moment était de contrecarrer les efforts de Barthou en vue de la conclusion d'un pacte oriental. Ce n'était pas l'heure d'annoncer des visées sur l'Autriche. Mussolini en prendrait ombrage. Tout cela n'aurait fait que favoriser indirectement la diplomatie française. Neurath était appuyé par Frick, le ministre de l'Intérieur, qui jugeait intolérable la situation à la frontière bavaroise. Blomberg avait une appréciation plus nuancée bien que la Reichswehr fût gravement compromise par les agissements des nazis autrichiens. L'existence de la Légion autrichienne ruinait la thèse selon laquelle la SA aurait été une organisation civile, à la fois politique et sportive, dépourvue de tout caractère militaire.

Pourtant, la Reichswehr ne s'alignait pas sur le ministère des Affaires étrangères. Moins soucieux du quotidien, les militaires replaçaient la question dans des perspectives à la fois plus resserrées et ouvertes sur des horizons plus lointains. Leur préoccupation première était de calculer les incidences des événements d'Autriche sur le réarmement du Reich. Une bonne entente avec l'Italie, qui pour une part neutralisait l'Angleterre et la France était, à leurs yeux, souhaitable. Une restauration monarchique en Autriche constituait en revanche un danger sérieux. Un succès de cette entreprise aurait conduit soit à la constitution d'un bloc hostile à l'Allemagne dans le bassin danubien, soit à la guerre de tous contre tous dans le Sud-Est de l'Europe. Dollfuss étant selon toute apparence condamné à terme, trois politiques étaient concevables : poursuite de la guerre de position, coup de force ou enfin arrangement avec l'Italie. La première solution présentait trois inconvénients. L'effondrement du gouvernement Dollfuss, qui n'avait pas encore épuisé toutes ses ressources, n'était pas imminent. La crise autrichienne grevait moralement la politique allemande. L'Anschluss d'une Autriche ruinée imposerait à l'économie du Reich une lourde charge, au détriment du réarmement. Le coup de force comportait de grands risques. Les forces insurrectionnelles étaient difficiles à mobiliser. L'issue du combat était fort incertaine. Les conséquences diplomatiques étaient « incalculables ». De plus, si l'affaire devait tourner au profit de Dollfuss, le Reich ne serait-il pas contraint d'intervenir directement ? C'est à la troisième éventualité qu'allaient les préférences de l'attaché militaire, le général Muff. À la suite d'un arrangement entre le Reich, l'Italie et la Hongrie, le gouvernement Dollfuss s'effacerait progressivement devant les représentants du «mouvement national». Les nazis auraient ainsi pris, pas à pas, afin de ne pas effrayer les autres voisins de l'Autriche et les adversaires de l'Anschluss, le contrôle total du pays, tout en préservant la fiction de l'indépendance nationale. Muff jugeait que le moment était venu de mettre fin à cette guerre de position et de chercher un accord avec l'Italie.

Et que pensait le Führer? Il a aussitôt épousé les vues du commandement militaire. En mai, le général Muff jugea qu'il y avait péril en la demeure et fit «un voyage précipité à Berlin» pour renseigner le chef de la Heeresleitung. Nous connaissons la teneur de l'entretien qui eut lieu le 22 mai, d'après la minute établie par le lieutenant von Papenheim. Plus nettement que dans un rapport du 5 juin, Muff affirmait que la «guerre de position» ne menait à rien, que l'influence italienne grandissait ainsi que celle des Habsbourg. «À l'étranger, disait-il, on attend que le Führer se sépare de quelques-uns de ses lieutenants. Cette séparation serait considérée comme une preuve de puissance. Le chef de la Heeresleitung prie le général Muff de bien vouloir faire part à M. le ministre de cette conception.» L'attaché fut entendu par Blomberg, puis par le chancelier lui-même. Le lendemain (24 mai), Neurath rédigea une note à l'attention du ministre de l'Intérieur. Le Ministeramt en reçut copie. La OSAF fut informée par Frick. Au début de juin, Hüffer, conseiller au Auswärtiges Amt, eut un entretien avec le SA-Sonderbeauftragter Langer. Celui-ci se montra extrêmement conciliant. Il avait déjà ordonné que les Grenzkommandos, dont la mission était de contrôler sur la frontière les éléments autrichiens suspects, ne fussent plus autorisés a assurer leur service en uniforme. Ils devraient porter un costume civil sans armes apparentes. Il proposait que la Légion fut éloignée de la frontière autrichienne et suggérait que l'on en fît de même pour les deux Gauleitung de Freilassing et de Passau. Cobourg serait un lieu tout à fait adéquat. Röhm avait déjà quitté Berlin, mais en réponse à la lettre envoyée par le ministre de l'Intérieur, le cabinet de Röhm informa le Auswärtiges Amt. Le Stabschef considérait que «la situation à la frontière austro-allemande était intolérable même pour la SA allemande [qu']il s'informerait personnellement avec plus de précision dans le Sud de la Bavière pendant le congé qu'il avait pris (à partir du 7 juin), mais que, sans plus attendre, il avait déjà décidé de retirer la SA autrichienne de la frontière».

Vers la mi-juin, une seule décision avait été prise. La campagne d'attentats terroristes serait interrompue pendant la rencontre du Führer et du Duce à Venise. Les instructions furent obéies. La responsabilité de la terreur incombait donc bel et bien à une autorité allemande. À *une* autorité? Là est la difficulté. Röhm et la OSAF? Langer s'est montré conciliant, mais on ne saurait exclure une attitude de duplicité. Il a fort bien pu promettre avec l'intention de ne pas tenir. L'épineuse question de la fourniture des armes et des explosifs a été éludée. La réponse est donnée, nous semble-t-il, par un examen des rapports entre OSAF et Légion autrichienne. La subordination n'était pas rigoureuse. Röhm n'a pas imposé sa volonté. L'aurait-il pu? Le nœud véritable de toute la question est constitué par l'organisation même du mouvement autrichien. Sur le terrain une révolte spontanée appuyée par une direction extérieure dépourvue de véritable unité. Seul le Führer pouvait trancher. Dans l'immédiat, il ne l'a pas fait sur le fond. Il aurait été imprudent d'en décider avant la rencontre de Venise. Pourquoi démobiliser ses troupes avant de savoir si Mussolini serait un allié ?

Röhm en diplomate ?

Röhm n'avait pas encore renoncé à toute activité diplomatique, il prononça un discours devant le corps diplomatique et la presse étrangère, à Berlin. Le public avait été convié au ministère de la Propagande, Wilhelmplatz. Goebbels assuma son rôle d'hôte. Le texte, imprimé par Müller & Sohn, sous forme de brochure, fut largement diffusé. Quelques semaines plus tard, sans doute à la demande de Röhm, le banquier Regendanz invita, dans sa villa de Dahlem, le Stabschef et quelques-uns de ses proches collaborateurs : von Detten, von Falkenhausen et le comte Spreti, ainsi qu'André François-Poncet. Le déjeuner eut lieu le 24 mai. Beaucoup en ont conclu que Röhm n'avait pas renoncé à ses projets de milice.

Jamais discours n'a été plus explicite que celui du Stabschef. Il se déploie avec une rectitude admirable. La révolution nationale-socialiste n'était pas une simple péripétie politique, la confiscation du pouvoir, au moyen de la violence, par un parti. Elle marquait un de ces tournants, une de ces « révolutions » qui ont jalonné l'histoire de l'humanité : la naissance du christianisme, les invasions barbares, l'invention de l'imprimerie, de la poudre, la découverte de l'Amérique, la Réforme, la Révolution de 1789. Née sur les champs de bataille de la Première Guerre mondiale, conséquence inéluctable de la fin d'un monde sur lequel avait régné le libéralisme, le capitalisme, le marxisme et la démocratie, elle annonçait l'avènement du « soldatisme », nous dirions aujourd'hui du totalitarisme, de la subordination totale de l'individu à l'État sous des formes empruntées à l'organisation militaire. Après avoir justifié « quelques épiphénomènes » de la révolution allemande : les camps de concentration, la censure dans la littérature et l'art, l'introduction d'un *numerus clausus* à l'égard de la population juive dans certaines branches d'activité, l'épuration de la presse, la suppression des partis, la révocation « de quelques milliers d'intellectuels juifs », l'exil de « quelques milliers d'individus peu recommandables », et l'assassinat de « quelques douzaines de terroristes » qui avaient tenté de s'enfuir des camps de concentration, l'orateur distinguait entre la conquête du pouvoir qui était désormais tenu d'une main ferme et la victoire de l'esprit national-socialiste, de la Weltanschauung.

Il entreprenait alors de retracer brièvement l'histoire de la SA depuis les débuts obscurs. L'historique était d'une parfaite orthodoxie. Il rappelait les principes posés par Hitler. « Contrairement à plus d'un Wehrverband, Adolf Hitler refusa de se donner l'illusion de pouvoir servir son mouvement et l'Allemagne en jouant au petit soldat dans des organisations secrètes... Ce n'est pas d'une poignée de conjurés téméraires, mais d'une armée de fidèles et de confesseurs dont il avait besoin...» Il avait créé le «soldat politique» pour conquérir l'Allemagne. La SA était une «troupe idéologique» (Weltanschauungstruppe) dont la seule loi était : «Obéissance jusqu'à la mort envers le chef suprême de la SA, Adolf Hitler.»

Mais, pouvait-on dire : «Qu'avez-vous encore besoin de la SA?» [...] «Vous avez obtenu ce pour quoi vous avez lutté pendant la moitié d'une vie d'homme. Vous avez le pouvoir politique. Vous avez la confiance du peuple plus qu'aucun chef d'État au monde, à l'exception du chef de l'État fasciste en Italie. Les peuples sont disposés à prêter l'oreille à votre revendication de sécurité et d'égalité des droits, prêts à vous accorder une armée de 300000 hommes servant à court terme, équipée des armes défensives qui vous sont encore interdites.» La réponse était double, militaire et politique. La SA n'avait certes pas de fonction militaire, elle ne pouvait être utilisée dans une guerre d'agression, mais «toute violation des frontières du Reich ne se heurtera[it] pas simplement à la Reichswehr, mais à la résistance violente et fanatique du peuple tout entier jusqu'au dernier homme... La SA garanti[ssai]t la paix au centre de l'Europe». Mais la SA avait en outre une fonction proprement politique. Elle devait gagner jusqu'au dernier Allemand, en faire un véritable national-socialiste et, d'abord, poursuivre l'œuvre de rénovation nationale en luttant contre les derniers vestiges du marxisme et surtout, en déclarant une guerre ouverte à la «réaction».

On s'est beaucoup interrogé sur ce discours. André François-Poncet écrivait : «On n'a pas été sans se demander à Berlin quel était le véritable sens de ces déclarations... ne s'adressait-il (Röhm) pas tout autant au public allemand qu'aux diplomates...?» C'est vers cette hypothèse qu'inclinait l'ambassadeur français. Au premier regard, les propos du Stabschef n'avaient d'ailleurs rien d'hérétique. Il tenait sa partie dans le prélude à la campagne contre les «criticailleurs». Mais il était difficile de ne pas entendre un accent revendicateur. C'est à la SA que revenait le mérite de la victoire du national-socialisme en Allemagne. Personne ne devait l'oublier. Surtout pas la «réaction»!

Röhm esquissait en même temps une manœuvre diplomatique. Il s'exprimait en termes à peine voilés. «Je voudrais commencer par le... point [suivant] : par cette conception selon laquelle la SA serait donc à proprement parler superflue ou tout au moins ne serait pas indispensable à partir du moment où l'on accorde à la nouvelle Allemagne une augmentation minime de son armée-miniature (Miniaturarmee).» C'était, sans équivoque, une réplique aux arguments de François-Poncet. Elle contrariait la manœuvre de Reichenau envers le général Renondeau.

Le 24 mai, le dîner chez Regendanz fut préparé et servi par le personnel de Horcher, le restaurant «le plus indiscret de Berlin». C'était bien connu. Les serveurs travaillaient pour la Gestapo. Après le repas, pendant que von Falkenhausen, le comte Spreti et le fils adoptif du maître de maison, bavardaient dans la pièce voisine, Röhm, Regendanz, von Detten et André François-Poncet restèrent en tête-à-tête. Que s'est-il dit entre ces quatre hommes? Nous ne possédons que le témoignage de l'ambassadeur : « L'entretien [aurait été] d'un caractère tout à fait général; il [aurait] porté sur les relations franco-allemandes, depuis le traité de Versailles. [François-Poncet se serait] efforcé d'y expliquer à [ses] interlocuteurs l'état d'esprit et les raisons de l'attitude de la France. Ils [l'avaient] écouté, sans exprimer, de leur côté, d'opinions dignes de remarque... Röhm paraissait absorbé, souffrant. Il s'était plaint, d'ailleurs, d'une névrite qui l'obligeait à un traitement fatigant. Le lendemain, [l'ambassadeur] fit part à [ses] collaborateurs de [son] entrevue avec Röhm. [Il] leur di[t] qu'elle n'avait eu aucun intérêt. La meilleure preuve en [était] qu'[il] n'y trouv[a] pas la matière d'un compte rendu au Département. » Nous savons aussi que von Detten adressa à la chancellerie un rapport sur cet entretien. Il n'eut probablement rien de subversif. Hitler lui-même n'était pas très convaincu du caractère criminel des propos tenus. Röhm aurait cependant fait part à l'ambassadeur, par l'intermédiaire de Regendanz, du souhait de le rencontrer à nouveau.

De ces démarches, certains historiens ont conclu que Röhm n'avait pas renoncé à ses plans de milice. Rien dans le discours ni dans l'entretien chez Regendanz ne l'indique. Pour essayer de démêler les intentions de Röhm, il faut tenter d'imaginer comment il envisageait la situation. Il était persuadé qu'une menace pesait sur la SA. Röhm s'en tenait à la première conversation qu'il avait eue avec l'ambassadeur français. Le diplomate lui avait suggéré une diminution des effectifs et une véritable démilitarisation de la SA afin de débloquer la négociation sur le désarmement. Lorsque Hitler avait reçu Eden, au mois de février, il avait laissé entrevoir qu'il était prêt à en discuter. La rumeur enfin colportait la nouvelle d'une fin prochaine des milices brunes. « La Reichswehr exigeait de Hitler qu'il fût prêt à sacrifier la SA en échange d'une armée de 300000 hommes. Cette adaptation au militarisme moderne était un triomphe de la Wehrmacht, qui de cette manière faisait la conquête de Hitler alors que celui-ci n'était pas parvenu à conquérir la Reichswehr. Le Stabschef Röhm était contraint à la défensive (discours devant les diplomates : *Warum SA*?) Göring s'était rangé du côté de Hitler et sapait la position de Röhm... » Les initiatives diplomatiques de ce dernier n'étaient rien d'autres que des combats de retardement. Le Stabschef tentait de faire la part du feu.

Offensive ou défensive?

Bien loin de préparer quelque coup d'État, le Stabschef et ses lieutenants étaient, en ce joli mois de mai, acculés. Ils ont fait maintes concessions, tenté quelques démarches pour parer au plus pressé. Les « actes d'hostilité contre la SA» se multipliaient. Dès le 16 mai, Röhm avait donné des instructions précises. Pour commencer, il recommandait la prudence. Il n'était pas toujours possible, ni même opportun de répondre sur le champ. Une riposte qui échouait était pire que l'absence de riposte. Mais il convenait, dans chaque cas, d'ouvrir un dossier : exposé des faits, lieu, indication précise de temps, nom des plaignants, des témoins et des accusés ou références des documents écrits. « Le temps viendrait peut-être où ces constatations seraient utiles. » Les dossiers seraient transmis par les Standarte et les Brigade aux Gruppe où une copie serait conservée. Cette mesure provoqua une véritable avalanche de rapports. Le 14 juin, le Zentralamt de la OSAF, diffusait, sous forme de circulaire, une première synthèse. Dans cet abrégé, les difficultés avec la Wehrmacht n'ont pas été mentionnées pour des raisons de sécurité. Le document est composé de deux parties. La première, très brève, traite des incidents qui s'étaient produits en Allemagne. Ils étaient imputés à des provocateurs dans les rangs de la SA et, comme nous l'avons vu, à la PO, au Stahlhelm, aux fonctionnaires de l'administration civile, de la police et de la justice et enfin aux hiérarchies ecclésiastiques. La seconde partie, beaucoup plus développée, dressait un tableau des attaques de la presse étrangères, hostile au régime. Elles se laissaient toutes assez facilement ranger dans le schéma « marxiste » de l'évolution du Reich. Révolutionnaires et « réactionnaires » s'affrontaient. La SA s'était rangée sous la bannière de la révolution. Le Führer hésitait selon les uns, avait déjà pris parti pour les conservateurs, selon les autres. Certains journalistes n'hésitaient pas à prétendre que Röhm lui-même n'osait armer la SA qu'il jugeait peu sûre. Sur cette crise sociale se greffait un conflit dont l'enjeu était la conception même de la défense nationale. Hitler penchait pour la Reichswehr bien qu'une alliance se dessinât entre les chefs de l'armée, les conservateurs et même certains nazis comme Göring. Divergence doctrinale, mais aussi tactique, car la SA était l'obstacle à un accord sur le désarmement, souhaité par Hitler. On ne s'arrêterait pas à ces billevesées si Röhm n'avait estimé que la campagne de la presse étrangère était « alimenté sans aucun doute possible par les ennemis intérieurs, de tout poil ». Mais le Stabschef s'est longtemps mépris sur ses véritables adversaires. Pour lui, tout venait de la « réaction ». La circulaire du 14 juin reproduit une information sensationnelle. Le chef du Ministeramt recevrait prochainement une autre affectation. Cette disgrâce avait pour cause les trop étroites relations entre Reichenau et le SA-Ministeramt, dirigé par Reiner. Le colonel Balder succéderait à Reichenau. Les yeux de Röhm ne commencèrent à se dessiller sur ce point qu'au moment de son entrevue avec Hitler.

Le dernier entretien du Führer et de Röhm

Le mercredi 6 juin, Hitler convoqua Röhm à la chancellerie. Les deux hommes ne devaient se revoir, après cela, que le 30 juin lorsque le Führer procéda, en personne, à l'arrestation du Stabschef, le 30 juin, dans la pension Hanselbauer, à Wiessee. En ce début de juin, le Führer n'était pas un homme malheureux. Son optimisme tranchait sur les préoccupations des principaux ministres du gouvernement. Blomberg et Neurath s'inquiétaient des manœuvres de la diplomatie frannçaise. Frick se joignait à eux pour déplorer les imprudences des SA autrichiens dont l'inconsciente témérité ruinait le crédit du Reich. Hitler voyait les choses différemment. À la reprise des travaux de la conférence du désarmement à Genève, Barthou n'avait pas saisi l'occasion de dénoncer, une nouvelle fois, le réarmement à peine clandestin du Reich, et de se procurer enfin «un titre moral pour intervenir en Allemagne». Dépourvue de la légitimation par les puissances, la France se tiendrait coi. C'était la conviction de Hitler. Il voyait juste. Neurath et Blomberg, fidèle, en bon disciple de Seeckt, à l'alliance germano-russe, redoutaient les conséquences d'un pacte oriental. Hitler s'en réjouissait. Barthou s'était définitivement «compromis». Il apparaissait désormais comme un étroit nationaliste qui, pour quelques satisfactions de prestige, n'hésitait pas à placer l'Europe orientale sous l'influence russe et, à ouvrir, à celle-ci, la voie de l'Europe centrale. Cela ne se ferait pas. Restaient l'Autriche... et l'Italie. La démarche conjointe des généraux von Fritsch et Muff avait porté. Le chancelier comprenait fort bien que tout dépendait en fait de l'attitude de Mussolini. Et la campagne d'attentats terroristes était un malencontreux prélude à la rencontre de Venise, dont les Allemands, depuis la seconde moitié de mai, pressaient les Italiens de fixer la date, dans un délai aussi bref que possible. Au cours des semaines, les adversaires du Stabschef avaient multiplié les doléances. À lire ces dossiers, Hitler s'était dit jusque-là qu'il n'y avait pas péril en la demeure. Désormais, la SA gênait l'action diplomatique du chancelier. Un coup de semonce s'imposait.

L'entretien débuta vers 18 h 30. Il se prolongea, pendant cinq bonnes heures, jusque vers minuit. Le ton fut animé, vif même, le Führer vida son sac, étala les dossiers, cita ses sources, Röhm comprit vite d'où venait le coup. Les instigateurs n'étaient pas seulement la «réaction» et les généraux «réactionnaires». La main de von Reichenau était aussi dans le jeu. La déception fut d'autant plus amère que la première initiative d'une politique de collaboration entre Reichswehr et SA était venue du général, ce qui avait valu à ce dernier la réputation de «nazi», Röhm tint tête, répliqua. Malheureusement, il n'y avait pas de Tschirschky dans l'antichambre, pour noter les éclats de voix. Nous ne disposons que d'un témoignage, celui de Hitler qui, dans le discours du 13 juillet, a consacré un assez long développement à cette rencontre. Il nous paraît plus fécond d'interroger le texte, l'oreille critique et l'esprit en éveil, que de substituer aux affirmations de Hitler, comme tant de gens l'ont fait, des hypothèses sans le moindre fondement.

Bien qu'à ce moment, le Führer, sous l'influence des détracteurs de Röhm, eût commencé à s'interroger sur la loyauté du Stabschef, il ne parvenait pas à se persuader que son vieux compagnon fût à la tête d'une fronde dirigée contre le pouvoir civil et l'armée. Il ne confondait pas Röhm et certains «éléments sans foi ni loi» de la SA et il «conjura» le premier «d'user de toute son autorité» pour ramener dans le droit chemin ces mauvais sujets? Hitler avait-il d'ailleurs intérêt à décapiter la SA? Il savait très bien qu'en agissant ainsi il aurait affaibli les milices brunes à un moment où il s'efforçait d'obtenir, par l'intimidation, le silence, sinon le ralliement, contraint et forcé, de la «réaction». Mais le radicalisme de la SA, arme efficace dans cette campagne, se retournait contre sa propre autorité lorsqu'il fournissait des arguments aux puissances neutres et aux «modérés». Hitler avait donc choisi une voie moyenne. C'était à Röhm de rétablir l'ordre de la SA, un parti pris qui s'accordait fort bien avec les sentiments que le Führer continuait d'éprouver pour le compagnon de la première heure.

Les griefs? L'acte d'accusation comprenait trois chapitres. Le premier ne contenait rien qui ne nous soit déjà familier. «Les excès les plus incroyables se multipliaient de telle façon qu'une poignée d'individus méprisables déshonoraient la SA, les camarades du Parti par millions et les combattants de la première heure par centaines de milliers.» Nous savons ce qu'il faut penser des abus de pouvoir et de la corruption de la SA. L'argument n'aurait pas convaincu Hitler en d'autres circonstances.

Le deuxième développement est plus intéressant. «Des nombreuses déclarations et affirmations faites par de vieux et loyaux camarades du Parti ainsi que par des SA-Führer, [Hitler avait] «retiré l'impression que des éléments sans foi ni loi préparaient une action nationale-bolchevique qui plongerait l'Allemagne dans un malheur indicible.»

Restait un troisième grief majeur. La SA sabotait la collaboration avec la Wehrmacht. Certains SA-Führer, incapables de renoncer à d'ambitieux projets, rêvaient de devenir les chefs de l'armée.

Le Stabschef contesta... Des incidents minimes et sans portée véritable avaient été grossis. Nous en connaissons plus d'un exemple. D'autres allégations étaient purement mensongères. Blomberg avait affirmé que dans la VIe région militaire, 6000/8000 SA étaient encasernés et armés, de manière permanente. L'information était fausse. À son tour, Röhm accusait. La presse étrangère était pleine de rumeurs. Il serait tombé en disgrâce. L'armée aurait obtenu de Hitler que la SA fût dissoute. Les hommes partiraient en congé le 1er juillet. Ce n'était pas la SA qui avait propagé l'information, mais les ennemis des bataillons bruns. Et, comme on le sait, il n'y a jamais de fumée sans feu. Le 1er août, la SA n'existerait plus. Le Führer avait été gagné par les adversaires de milices brunes, par les conservateurs, les militaires de carrière. Pour apaiser ces ennemis du national-socialisme, lui, Hitler était résolu à frapper la SA.

Le Führer répondit vivement : «Ceux qui affirmaient que la SA serait dissoute mentaient de manière infâme. Quant au mensonge d'après lequel [il] voul[ait] lui-même prendre des sanctions contre la SA, [il n'avait] rien à dire à ce sujet. Mais à l'instant même, [il s'] opposer[ait], en personne, à toute tentative de plonger l'Allemagne dans le chaos. Tous ceux qui attaqueraient l'État (c'est-à-dire la Wehrmacht), devaient savoir qu'ils [l'] auraient, (lui Hitler), pour ennemi.» Le texte était clair. La limite à ne pas franchir était nettement dessinée. La SA devait se soumettre aux instructions du commandement de l'armée et elle devait s'abstenir de toute initiative en politique étrangère et militaire. On se quitta sur un mauvais accommodement. Röhm promit de s'employer à faire la part du vrai et à mettre fin aux abus.

Malgré quelques bonnes paroles reçues en consolation, Röhm avait essuyé une nouvelle défaite, plus grave que le 28 février, où du moins les apparences avaient été sauves. Cette fois-ci, il avait reconnu l'adversaire. C'était le général von Reichenau, la tête politique de la Défense ainsi que Himmler et Göring. Le Stabschef était plus que jamais un homme en colère. Son irritation était compréhensible. Hitler avait fait siennes toutes les doléances des militaires. Röhm avait eu beau, depuis des semaines, multiplier les gestes de bonne volonté. Rien n'y faisait. Tout lui était imputé à crime. La moindre erreur de ses subordonnés était montée en épingle. C'était, disait-on, le Stabschef qui l'avait inspirée. Que voulait-on de lui? Il tâtonnait à l'aveuglette. Comme il l'avait fait tant de fois, il obéit et chercha à remédier aux abus incontestables, mais, tout en agissant avec bonne volonté, il en gâcha le mérite par des rodomontades de bravache, des menaces lancées à la cantonade.

Avant de quitter Berlin, le 7, il chargea le service de presse de la OSAF de publier le communiqué suivant : «Le Stabschef de la SA, le ministre du Reich Ernst Röhm, s'est mis en congé de maladie pour plusieurs semaines. Ce congé a été prescrit au Stabschef par ses médecins en vue d'une cure rendue nécessaire par son état de santé.

«Pour couper court à toutes les interprétations tendancieuses auxquelles cette mesure pourrait prêter, le Stabschef déclare qu'il assumera sa fonction, dans toute l'étendue de ses conséquences, dès que sa santé sera rétablie.

«De même la SA, après avoir pris, au mois de juillet, un congé bien mérité, continuera de remplir, avec des forces nouvelles et sans aucune modification, les grandes tâches qui lui ont été confiées, au service du Führer et du mouvement.»

Le lendemain, de Munich, il fit proclamer un ordre du jour : «Je me suis résolu à suivre le conseil de mes médecins et à rétablir pleinement, par une cure, mes forces sérieusement diminuées, au cours des dernières semaines, par une douloureuse affection des nerfs. L'intérim sera assuré par le chef du Führungsamt, le Obergruppenführer von Krausser!

«L'année 1934 exigera toutes les forces de tous les combattants de la SA. Aussi, je recommande à tous les SA-Führer d'établir, dès le mois de juin, un calendrier des permissions. En particulier, tous les SA-Führer et les hommes qui devront assurer un service de permanence en juillet, prendront leur congé en juin.

«Ainsi, le mois de juin sera, pour une partie limitée des hommes et des cadres, le mois de juillet, pour la masse de la SA, une période de détente et de repos.

«J'attends que la SA soit présente à l'appel, le 1er août, fraîche et dispose, afin de remplir les tâches glorieuses que le peuple et la patrie sont en droit d'exiger d'elle. Si les ennemis de la SA se bercent de l'espoir que la SA ne reprendra plus de service, ou que seule une fraction le fera, après ce congé, nous ne voulons pas les priver de ce bref rayon d'espoir. Le moment venu, et dans les formes jugées nécessaires, ils recevront la réponse qui convient.

«La SA est et demeure le destin de l'Allemagne.

«Le Stabschef Röhm»

L'avertissement passa inaperçu de la plupart. Le ministre français à Berlin ne jugea pas nécessaire de signaler au département la mise en congé du Stabschef. Il savait que Röhm n'était pas atteint d'une maladie diplomatique, mais souffrait bien d'une néphrite. Le congé de la SA n'était pas une mesure improvisée qui aurait été dictée par Hitler comme une sanction. Le congé de la SA avait été décidé au mois d'avril et annoncé, à ce moment, par la presse. Le *National-Zeitung* de Essen, par exemple, en fit état dans son édition du 20 avril. Quant aux phrases vengeresses des deux communiqués, elles se distinguaient à peine des imprécations quotidiennes contre les «criticailleurs». Seuls quelques initiés savaient qu'elles étaient une réponse à leur adresse. Ils avaient obtenu du Führer qu'il mît en garde le Stabschef. Celui-ci proclamait qu'il était sorti en vainqueur de la chancellerie, mais il sentait bien qu'il n'avait pas gagné. Le sentiment de son impuissance nourrissait sa colère. De Munich, Röhm était retourné à Berlin pour prendre toutes les dispositions nécessaires au congé de la SA, car il avait quitté la capitale, le 7, comme un homme traqué. Le dernier séjour berlinois aurait duré jusqu'au 15 juin au moins. Dans la soirée du 10 juin, une fête bruyante, fut célébrée dans la villa de la Standartenstrasse. Elle comportait une représentation de cabaret. Ernst Hanfstaengl, chef du service de la presse étrangère de Hitler, voulut faire une visite d'adieu à Röhm, avant son départ pour les États-Unis. Il se fit annoncer. «La porte s'ouvrit brutalement. Röhm sortit de la salle le pas lourd. Ses joues étaient en feu. Il tenait un gros cigare à la main et il était visible qu'il avait déjà bu plus que de raison. C'est à peine s'il... salua, il se mit à proférer les injures les plus ordurières que [Hanfstaengl eût] jamais entendues. Il jurait, hurlait, menaçait et, pour autant que l'on parvenait à comprendre ce qu'il disait, il faisait retomber sa colère tout d'abord sur le général von Reichenau. “Je vous prie de bien vouloir transmettre à votre ami que c'est un saligaud!” Tel était à peu près le sens de cette cascade de paroles. Il a mis Hitler de son côté et ne fait rien d'autre que d'intriguer contre moi et la SA.»

*

* *

Après l'entretien du 6 juin, une crise aiguë, un conflit, bref le drame étaient-ils inévitables? Nous en doutons. Il ne restait plus que trois semaines avant que la SA fût mise en congé effectif. Le 30 juin, la campagne contre les «criticailleurs» allait prendre fin. Lorsque la vie politique se ranimerait, à Berlin, au début du mois d'août, on pouvait espérer que les esprits seraient apaisés par cette trêve, la «seconde révolution», le lointain souvenir d'une fantasmagorie à laquelle on rougirait d'avoir cru ! La situation diplomatique ? Le calme serait enfin revenu en Autriche. D'une manière ou d'une autre ! Le pacte oriental ? Barthou aurait peut-être rencontré de nouvelles difficultés. Deux événements rendirent vaines de telles spéculations sur l'avenir. Le premier, la rencontre de Venise entre le Duce et le Führer fut bénéfique pour Röhm. Le second, le discours de Papen à Marbourg, fut le véritable ressort de l'action et conduisit les adversaires de Röhm à jouer un incroyable coup de poker. L'enjeu en fut l'avenir, la vie même du Stabschef.

DEUXIÈME PARTIE

L'INTERMÈDE VÉNITIEN

Chapitre 7

L'ENTREVUE DE VENISE

Cette entrevue a provoqué de nombreuses spéculations. Sur le moment, et plus tard ! Les contemporains onrt fabulé à qui mieux. Charlie Chaplin en a tiré un épisode savoureux, et fort réussi, de son film *Le Dictateur*. La science historique lui a emboîté le pas et les conclusions des historiens rejoignent bien souvent la pantalonnade du grand acteur. Ce furent, nous disent les uns, les signes avant-coureurs du putsch qui contraignirent le Führer à franchir les Alpes à la hâte. Nullement, rétorquent les autres ! Ce fut Mussolini qui montra clairement à Hitler, par ses actes et ses paroles, qu'il n'y aurait pas d'accord entre l'Allemagne et l'Italie tant que Röhm n'aurait pas été destitué. Accusé d'être incapable de se faire obéir de « sa » SA, humilié par les attitudes protectrices du Duce, craignant une intervention militaire italienne en Autriche, Hitler se serait résolu, de manière définitive, dès ce moment, à se débarrasser de l'encombrant Stabschef. Faut-il ajouter que tout cela ne sont que fariboles ? Au centre des conversations, l'Autriche ! Hitler, en descendant de l'avion, se proposait de parvenir à un arrangement avec le Duce : Dollfuss serait écarté, un gouvernement de coalition nationale dans lequel les nationaux-socialistes autrichiens auraient une très forte représentation, serait constitué. En revanche, le Reich promettrait de se désintéresser de l'Anschluss. Au moins provisoirement ! C'était la solution ébauchée par le général Muff. Mussolini ne pouvait sacrifier, par un accord en bonne et due forme, son « ami » Dollfuss. L'époque n'avait pas encore perdu toute vergogne. Elle aurait été révoltée par un troc aussi cynique. Mussolini ne voulait pas s'engager sur les Alpes pour défendre un régime condamné. Il aurait eu les mains liées pendant que les rivaux de l'Italie en Méditerranée et en Afrique, auraient savouré les marrons retirés du feu par lui. Les positions des deux hommes d'État étaient-elles inconciliables ? Toute *combinazione* inconcevable ? Il n'existe pas de minute des entretiens de Venise. Ce chapitre est composé de deux parties. La première retrace le déroulement de la rencontre. Les témoignages authentiques abondent et nous informent avec précision de l'attitude et des réactions des deux hommes. La seconde s'efforce, à partir des documents diplomatiques, de reconstituer le déroulement des entretiens.

Le projet remontait à Pâques. Papen avait décidé de faire un séjour à Sorrente. Pendant la semaine sainte, il s'était arrêté à Rome. Le mercredi 28 mars, il assista à une représentation de l'opéra. C'était un gala. Mussolini y était venu. On lui présenta Papen avec lequel il échangea quelques brefs propos pendant les entractes. Le lendemain, le vice-chancelier fut reçu en audience officielle. Au cours de l'entretien, il fit des ouvertures. Ne serait-il pas souhaitable que les deux hommes d'État eussent l'occasion de se rencontrer? Mussolini s'empressa de saisir la perche qui lui était tendue. Sur le champ, on fixa le lieu de la date approximative. Le Duce aurait souhaité recevoir Hitler à Rome, à la fin du mois d'avril. Papen fit remarquer que la capitale ne serait pas un cadre approprié pour une première entrevue. Les fastes et la gloire de la cité confèreraient tant de solennité à la visite que les deux hommes n'auraient pas vraiment le loisir de se découvrir mutuellement. À Venise au contraire, ils pourraient s'entretenir quasiment dans l'intimité. Mussolini se rendit aux arguments du vice-chancelier. Il semble bien que Papen se fût lancé, une fois de plus, en hussard, dans une entreprise qui n'avait pas été concertée, du moins dans le détail. Berlin adopta tout d'abord une attitude dilatoire. Puis ce fut le tour des Italiens. Le 22 mai enfin, la date définitive était fixée. Hitler arriverait à Venise, le 14 juin. Il y passerait deux jours et non trois comme Mussolini en avait exprimé le désir. Le 25 mai, la confirmation allemande parvint à Rome. Ainsi, la préparation de la visite a été l'objet de tractations, parfois délicates, qui ont duré près de deux mois. Elle n'eut rien d'un coup de poker hasardé à la dernière minute par un Hitler que l'affaire Röhm eût mis aux abois.

Le 11 juin, la presse allemande annonça qu'une rencontre entre Hitler et Mussolini aurait lieu prochainement. Le 13 juin, à 14 h 30, Hitler et von Neurath quittèrent Berlin, par avion, pour Munich où ils passèrent la nuit. Le lendemain, à 8 h 20, le Immelmann D 2600, piloté comme d'ordinaire par le capitaine Baur, s'éleva de la piste. Par un temps splendide, il survola les Alpes et l'Autriche avant de plonger vers l'Adriatique, escorté par une patrouille italienne. Soudain, « une grande citerne », pleine d'éclats de lumière et de couleurs, sur laquelle flottait une poussière d'or, s'ouvrit sous les ailes de l'avion. C'était la lagune. On distinguait la barre du Lido qui séparait les eaux mortes et chatoyantes de la mer aux teintes plus franches, les îles Torcello, Burano, San Michele et, aux flancs de la cité, San Giorgio, la Giudecca, enfin Venise elle-même divisée par le « S » renversé du Grand Canal. Émerveillé, Hitler voyait se dessiner sur ce plan en relief, pendant que l'appareil perdait de l'altitude, les édifices qui font la gloire de Venise, le Campanile dominant orgueilleusement la basilique Saint-Marc, la Salute dressée comme une proue vers le large, puis l'agitation des Zattere. Le regard se reportait ensuite jusqu'aux lointains brumeux et aux glaciers des Alpes. Déjà le spectacle s'évanouissait. Le terrain montait vers les roues. L'appareil s'immobilisa.

Dans ce décor pathétique, la comédie s'installait. Hitler apparut dans la porte de l'avion. Le soleil l'éblouit et il ferma les yeux. Vraiment, il ne payait pas de mine avec son feutre mou, sa gabardine claire, son teint blême et ses allures de bohème égaré dans la politique. Devant lui, Mussolini dans l'uniforme noir des milices fascistes, botté, sanglé. Un quinquagénaire puissant, entraîné, l'image de la virilité avec son masque d'*imperatore*, suivi par un cortège de dignitaires. Le baron Aloisi observait la scène avec un détachement de grand seigneur. Patriote, il admirait Mussolini, seul capable de tirer son pays de l'enlisement, mais il était sans illusions sur les hommes, à commencer par ses compatriotes. Diplomate, il était chargé de préparer le plébiscite de la Sarre, pourtant il n'avait jamais rencontré Hitler. Le Führer avait, au premier abord, «un aspect très boche». Dans le regard, l'Italien distingua cependant une nuance indéfinissable qui trahissait «la profondeur de la pensée». Le cérémonial se déroula sans accrocs. Le chancelier envoya un télégramme chaleureux au roi Victor-Emmanuel II. «En posant le pied sur le sol italien, j'envoie à Votre Majesté l'expression de mon respect en espérant que la rencontre avec le chef de Votre gouvernement contribuera à la prospérité de deux pays unis par des liens d'amitié ainsi qu'à la paix du monde, désirée ardemment par tous les peuples. Le chancelier du Reich Adolf Hitler.» Les deux dictateurs s'embarquèrent sur une vedette, traversèrent la lagune et parcoururent, sur toute sa longueur, le Grand Canal jusqu'à la Piazzale Romano.

Hitler vivait des instants incomparables d'éblouissement. Depuis 1918, il n'avait plus franchi les frontières du Reich, sauf pour de brèves visites en Autriche. Un cercle maléfique était brisé et une liberté inespérée lui était octroyée par le destin, à une heure où pourtant les signes ne lui étaient pas favorables. En Allemagne, l'autorité du mouvement était contestée. À l'extérieur, sous l'impulsion de la France, une coalition naissante ébauchait le cauchemar d'un nouvel encerclement. À cet instant, il était reçu en grande pompe par un homme d'État étranger. Et ce n'était pas un de ces professionnels bourgeois de la politique, en redingote, coiffés d'un ridicule melon ou d'un haut-de-forme. C'était le chef qui lui avait montré la voie. Celui dont il se réclamait encore comme son maître. Le Duce avait su arracher l'Italie au marxisme, réprimer l'anarchie, douce aux voleurs et aux marginaux de tout poil, créer un État puissant et respecté. Mais cette rencontre ne lui apportait pas seulement un gain d'autorité ou une simple satisfaction d'amour-propre. Le prestige et la puissance n'étaient peut-être pas l'essentiel. Tout ce qu'il y avait d'artiste en lui était comblé par cette floraison d'églises et de palais, surgie et comme née de la lagune. Le rêve de tout Allemand cultivé : découvrir le Sud, l'Italie et la Méditerranée, s'accomplissait dans des circonstances exceptionnelles. Dürer et Goethe s'étaient aventurés au-delà des Alpes par des routes qui n'étaient guère plus que des sentiers de montagne bordés de précipices. Leur maigre bagage, le jeune peintre, le poète, fils d'un notable de Francfort, l'avaient confié à quelque mulet, à quelque chariot rustique. Ils abordèrent aux rivages latins ou byzantins, noyés dans le flot anonyme des visiteurs venus d'outre-monts. Pour accueillir Hitler, Venise s'était mise en fête et le saluait avec une exubérance toute méridionale. Lorsque la vedette passa devant l'élégante construction dont Mauro Coducci avait jeté les fondations et qui fut achevée en 1509 par Lombardo, le palais Vandramin-Calergi où Richard Wagner ferma les yeux pour toujours, le 13 février 1883, comment le Führer aurait-il pu ne pas songer à son musicien préféré ? Un demi-siècle s'était écoulé. Le rêve de l'artiste, le mariage du Nord et du Sud, du soleil et des brumes semblait sur le point de s'accomplir. C'était lui, le soldat anonyme du front, l'Allemand du peuple qui scellerait la réconciliation du rêve et du réel. Cet accord miraculeux qui s'était établi dès le début de la visite ne se démentit pas au cours de ces deux journées. On a fait mention d'états d'âme désenchantés. Hitler se serait senti incompris, voire méprisé et il aurait eu grand mal à contenir la colère et les ressentiments qui montaient en lui. Ce ne sont que des bruits de couloirs, ragots de salles de rédaction, colportés avec zèle par ceux qui auraient souhaité que Venise fût un échec. Rien dans la documentation que nous possédons, ne confirme une interprétation aussi excessive !

Le programme était très riche et ne laissa guère de liberté au chancelier. De la Piazzale Romano, la vedette se dirigea à travers la lagune vers Fusina, puis, par le canal de la Brenta, vers Stra. Tout le long du chemin avait été jalonné par des affiches géantes. Certaines avaient cinq mètres de haut. Elles offraient le masque de Mussolini ou même ces simples mots : Duce ! Duce ! Duce ! De part et d'autre du canal, des Ballilas, jeunesses fascistes, formaient des festons secoués par une exaltation frénétique. À Stra, le chef du gouvernement italien avait élu domicile dans l'admirable villa Pisani. Hasard ? Souci des convenances ? Duroselle prétend que l'incommodité des lieux était telle que l'on avait renoncé à y loger le Führer, qui avait été installé dans un palace, le Grand Hôtel. S'il en a bien été ainsi, Mussolini aurait accepté de subir l'inconfort par une double attention envers l'hôte étranger, car la villa Pisani rappelle de manière illustre combien ont été parfois fructueux les échanges entre l'Allemagne et l'Italie ? La villa du XVIIIe siècle est ornée de fresques et de grisailles dont l'auteur, Giovanni Battista Tiepolo, a décoré aussi le palais de l'évêché à Wurzbourg. On visita rapidement les lieux. Aloisi nota sobrement : « Les fresques et les grisailles sont admirables. » Comme un miroir, Venise semblait renvoyer aux deux dictateurs l'image des rencontres et des affrontements innombrables entre les deux nations. Masquées en cet instant les ombres, les luttes entre Guelfes et Gibelins, la dure domination autrichienne, les combats sur l'Isonzo. Les couleurs claires du Tiepolo oblitéraient ce que le passé avait eu de ténébreux.

La visite avait commencé à midi et demi. À 13 heures, on prit place pour le repas offert par le chef du gouvernement italien au chancelier. Hitler était assis à côté de Mussolini, Aloisi à côté de Neurath. À 14 heures, un premier entretien politique eut lieu dans le parc. Il dura deux heures. Hitler et Mussolini étaient seuls. Le Duce parlait allemand. Pis ! il croyait posséder la langue, aussi avait-il refusé tout interprète. Par les confidences concordantes des deux hommes d'État à leur entourage respectif, nous devinons la teneur de l'entretien. Tout d'abord, se produisit ce que l'Italien redoutait. En bon Allemand, frotté de philosophie, Hitler se lança dans une longue démonstration idéologique. Le fascisme et l'hitlérisme avaient la même Weltanschauung. L'alliance des deux peuples était nécessaire. Avec son bon sens de paysan romagnol, Mussolini était dérouté par de telles acrobaties intellectuelles. Puis, Hitler en vint au fait. Il ne fut plus question que de l'Autriche. Pour débuter, Führer et Duce se heurtèrent. Mussolini parvint à faire admettre à son interlocuteur qu'il fallait s'accorder sur cinq points avant de conclure un arrangement. Hitler promit de les mettre par écrit et de les soumettre, le lendemain, à son interlocuteur. Les deux hommes se séparèrent satisfaits. « Le Duce après l'entrevue, note Aloisi, était de bonne humeur. » Malgré ses réticences, il avait été impressionné par la force de conviction de son interlocuteur chez lequel il devinait un sincère désir d'entente.

Le reste de l'après-midi et la soirée furent purement protocolaires. De Stra, le cortège retourna à Venise. À Rome, on n'ignorait pas les rêves d'artiste de Hitler. Une visite de la Biennale était prévue. Quelles furent les pensées du chancelier devant certaines toiles qui n'auraient pu être exposées en Allemagne, où l'art « décadent » était officiellement condamné ? Hitler demanda à être conduit devant le monument du Colleoni, condottiere de la République immortalisé par Verrochio. Puis il rentra au Grand Hôtel.

La journée se termina par un concert donné au palais des Doges. Décor admirable ! Les lustres de cristal étincelaient, sans parvenir à chasser tout à fait les ombres des fantômes, oubliés par les siècles dans l'orgueilleuse demeure. Mais dès que le spectateur abaissait son regard à hauteur d'homme, c'était une indescriptible cohue. On se bousculait, on s'invectivait, on se pressait et l'on cherchait à tourner le service d'ordre pour s'asseoir plus près des grands hommes. Avec une concision plus britannique qu'italienne, Aloisi nota : « Organisation médiocre ! » Lui qui connaissait bien la Sarre, il avait eu l'occasion d'observer l'ordre et l'efficacité des Allemands et regrettait sans doute un peu que quelques gouttes de sang prussien ne fussent mêlées à l'enthousiasme des Italiens pour le dominer et le maîtriser. L'orchestre était dirigé par Giuseppe del Campo. Le programme était consacré pour moitié à la musique italienne, pour moitié à Wagner. Après les hymnes nationaux, on entendit d'abord la suite symphonique de *L'Échelle de soie*, puis la romance et le duo du second acte du *Bal masqué*, la cavatine du *Barbier de Séville* et le trio des *Lombards*. À la reprise, l'orchestre joua le prélude de *Lohengrin*. Maria Zamboni et Aureliano Pertile chantèrent le duo du troisième acte de cet opéra. La partie musicale s'acheva avec la suite symphonique des *Maîtres chanteurs* et les hymnes nationaux. Les mélomanes n'avaient guère eu l'occasion de s'abandonner à la pure jouissance de la musique. Indifférent aux harmonies, le public ne cessait d'éclater en applaudissements et acclamations frénétiques. « *Viva Mussolini* » et le fameux « *Eja! Eja! alata!* » Malgré tout son scepticisme, Aloisi crut devoir constater : « La popularité du Duce est immense. »

Cette première journée laissait une étrange impression au diplomate. Mis à part le désordre dans le palais des Doges, aucune anicroche n'avait troublé le protocole. Malgré une connaissance un peu courte de l'allemand chez Mussolini, les deux hommes d'État s'étaient apparemment fort bien entendus. Hitler était fasciné par Venise et l'Italie, par leur passé glorieux, leur force et leur exaltation juvéniles, renouvelées grâce au fascisme. Il était plein d'admiration pour le Duce. Les Italiens s'étaient surpassés dans l'art de séduire. Pourtant sur les impressions brillantes d'un éclat que rien n'avait encore flétri, il glissait comme l'ombre d'un nuage. Au fond de son cœur, Aloisi doutait-il de son peuple ? Craignait-il la métamorphose du Führer sous le soleil de l'Italie ? Celui-ci paraissait tout disposé à aimer sincèrement cette seconde patrie, mais de quel amour redoutable ! Dans le kaléidoscope de la mémoire, une seule image brillait d'un feu inaltérable : celle de la comtesse Morosini. Aloisi l'avait revue et il avait dû s'avouer : « Elle a soixante-douze ans et elle est toujours belle. »

Le lendemain, « la journée débuta par une revue de la jeunesse fasciste place Saint-Marc. Pas très au point ! » Puis, Mussolini offrit un grand déjeuner au golf des Alberoni sur le Lido. À la différence de la veille, à Stra, ce fut une grande manifestation mondaine, avec « la crème de la société vénitienne », pourtant « sans aucune raideur ». Le protocole avait eu quelques problèmes à résoudre pour dresser le plan de table. Le chancelier était célibataire. Mais madame Mussolini ne « représentait » pas, ce qui arrangeait les choses. Hitler avait, à sa droite, madame Cerruti, la femme de l'ambassadeur à Berlin, et, à sa gauche, la comtesse Volpi. Mussolini avait pour voisine de table, madame von Hassel. Hitler était souriant, plein d'amabilités, de prévenances. Il pria Suvich de bien vouloir lui servir d'interprète et, devant Mussolini, se tournant vers le baron Aloisi, il félicita ce dernier pour l'intelligence de son action dans l'affaire sarroise. il tenait à lui exprimer la gratitude du gouvernement et du peuple allemand à son égard. Le baron, bien qu'il fût un observateur d'une redoutable perspicacité, en fut néanmoins flatté. Le chancelier avait quitté le Grand Hôtel à 13 heures ; à 14 h 45 les deux hommes d'État se retirèrent dans le parc afin de poursuivre, en tête-à-tête, leur conversation de la veille. Tout d'abord, ils se promenèrent dans les allées. On les suivait à distance, en observant leurs mimiques. L'allure de la conversation était soutenue, parfois vive. Le Führer s'abandonnait à son naturel. Il s'arrêtait, gesticulait, pliait légèrement les genoux tout en gardant le buste droit. D'un poing, il frappait dans la paume de l'autre main, largement ouverte. Mussolini était plus mesuré. Puis les deux hommes s'assirent sur un banc. Ils parlaient calmement, se souriaient, détendus. Visiblement, le Duce commençait à subir l'ascendant du Führer et à ressentir les premières atteintes de ce mélange de charme et de volonté inflexible.

À 17 heures, la municipalité de Venise offrit une réception dans les salles napoléoniennes du palais des Doges. Ensuite, le Duce prit la parole devant la foule qui se pressait sur la place Saint-Marc « pleine comme un œuf ». On comptait bien 70000 personnes. Perdue dans cette foule, madame Maria

Lombardo fut tout d'abord déçue. Elle était d'origine allemande. Née à Gotha, elle avait épousé, trente ans plus tôt, un Italien. Elle aimait sa patrie d'adoption, mais souffrait d'une incompréhension. Comment expliquer à ces Italiens ce qu'était l'Allemagne? Au fond, ils avaient déjà tous les préjugés dont Visconti tira, plus tard, ses images d'Épinal. L'Allemagne pourtant, ce n'était pas un mélange de forges infernales et d'infinie forêt hercynienne, peuplée par des barbares mal dégrossis. Il n'était pas jusqu'à l'admiration des Italiens qui ne la choquait. Ce qu'ils aimaient dans l'Allemagne, c'était au fond une animalité puissante et ils ne rêvaient qu'à la soumettre aux raffinements latins. Trévise est à 28 km de Venise. Maria Lombardo avait fait le chemin pour voir Hitler, le chancelier qui était parvenu à ce que les Italiens parlassent, de nouveau, avec respect du Reich. Elle attendait. À 18 heures, Mussolini parut à une fenêtre de la Fabbrica nuova. À sa gauche, il apercevait les vieilles Procuraties et la tour de l'Horloge, à sa droite les nouvelles Procuraties et le Palazzo Reale. Devant lui, se dressaient le Campanile et San Marco. Il était seul! Une clameur formidable avait salué son apparition. Le Duce commença à parler. Maria Lombardo s'interrogeait. Où était le Führer? Se serait-elle déplacée en vain? Elle le découvrit enfin, vêtu d'un complet bleu marine, installé sur un balcon du Palazzo Reale, ignoré de tous. Mussolini parlait. Spectacle «grandiose et fantastique»! L'enthousiasme populaire n'avait rien d'artificiel. Il portait l'orateur, le soumettait à une sorte d'emprise quasiment physique contre laquelle Mussolini se redressait, se rebiffait, se cabrait. Par la parole, il lui fallait dompter cette force aveugle qui bouillonnait à ses pieds comme une mer tumultueuse; aux aguets, il devait la contraindre, par la surprise d'un mouvement d'éloquence, le choc d'une formule, pour se jeter sur elle dans cet instant de désarroi, de quasi-paralysie, la lancer dans une direction, la reprendre, lui transmettre sa propre vibration et la soumettre à son rythme triomphant. Sa volonté avait désormais prise sur elle. Il pressentait déjà les acclamations qui allaient monter vers lui en une vaste houle qu'il brisait d'un geste afin de relancer plus fort ce mouvement jusqu'à l'apothéose délirante. Sous le tonnerre des applaudissements, il se tut «livide d'émotion». Toute son énergie nerveuse s'était dépensée dans ce contact avec le peuple. Un aristocrate comme Aloisi était fasciné. Mais qui en cet instant mesurait mieux que Hitler le tour de force du Duce? Il se souvenait d'un moment extraordinaire. Mussolini avait désigné d'un large mouvement du bras le balcon où le Führer se morfondait et avait lancé ces mots : «*Ora salutare il Cancelliere Hitler!* (Je vous prie de saluer le chancelier Hitler).» La curiosité avait figé l'enthousiasme et des milliers de visages, taches blêmes dans la foule bariolée, s'étaient tournés vers le balcon. Cela avait été comme une mer houleuse prise de travers par une saute de vent, qui jette un réseau de frémissements sur de longues vagues. Puis la tempête avait repris. C'était vers Hitler que montaient désormais, pour quelques instants, la ferveur et l'enthousiasme de ces Italiens. Étonné, incrédule, le Führer acceptait l'hommage des «*Viva Hitler, Hitler, Hitler!*» et les «*Eja! Eja! Eja! Alata!*» Lorsque les dernières mesures de *Giovinezza*, du *Deutschland über alles* et du *Horst-Wessel-Lied* eurent retenti, l'exaltation des fascistes ne connut plus de mesure. Ils enfoncèrent les portes du palais pour «aller embrasser le Duce». Le service d'ordre tapait à bras raccourcis et eut grand peine à contenir les exaltés. Les sentiments d'Aloisi étaient ambigus. «Bagarres répugnantes. Ces jeunes gens [étaient] de vrais voyous.» Dans ce décor, les passions s'étaient donné libre cours au fil de l'histoire. Des flots de sang avaient coulé. Mais, derrière «l'effrayante impressionnabilité des foules», Aloisi percevait une voix nouvelle. Celle de la violence moderne, sans nom ni visage, irresponsable, qui, dans le paroxysme, cherchait à oublier le désespoir et le néant.

Le reste de la journée ne pouvait se maintenir à cette altitude. Hitler reçut des personnalités italiennes au Grand Hôtel où il donna un banquet. À 20 h 30, on se mit à table. Le cérémonial reprenait ses droits. Cela fut froid et compassé. À 22 heures, Mussolini se leva. Le chancelier allemand l'imita. Le Duce offrait un grand bal, à l'hôtel Excelsior, au Lido. «La fleur de la société vénitienne y était réunie.» Des toilettes splendides, des bijoux étincelants faisaient briller aux feux des lustres cette fête vénitienne. Peaux mates, épaules satinées, langueurs et grâces dans le parfum des fleurs qui se mouraient ! Mais sous la splendeur, on devinait «la pauvreté physique et morale». Hitler fit une brève apparition. Les deux dictateurs eurent un dernier entretien dans les jardins de l'hôtel. À minuit, Hitler était de retour au Grand Hôtel.

Le 16 juin, à 8 h 15, Mussolini, sur le terrain d'aviation du Lido, serra longuement la main à Hitler. L'avion décolla. En survolant la frontière italienne Hitler envoya quelques télégrammes. Le premier était adressé au roi d'Italie. «Au-dessus des Alpes 16 juin 1934. À Sa Majesté le Roi d'Italie. En quittant ce beau pays d'Italie, j'adresse à Votre Majesté l'expression de ma gratitude la plus dévouée pour l'accueil chaleureux et mes salutations les plus respectueuses. Adolf Hitler.» Le second était destiné au Duce. «À son Excellence Benito Mussolini, Venise. En renouvelant encore une fois à Votre Excellence mes remerciements les plus sincères pour la très aimable hospitalité et pour l'accueil extrêmement cordial que vous m'avez réservés, je vous envoie en quittant l'Italie mes salutations les plus cordiales. Adolf Hitler.» Le préfet de Venise ne fut pas oublié. Il s'appelait Beer.

Les lampions éteints, Aloisi médite sur ces deux jours. C'est un observateur attentif. Il connaît les hommes. Il n'ignore rien des rouages de l'État et de la diplomatie. Quand il songe aux enjeux — la paix de l'Europe —, il ne peut s'empêcher de frémir, car cette machine compliquée et fragile est mue par les ressorts les plus incertains. La société vénitienne n'a été que trop sensible aux petits plaisirs de vanité, aux honneurs, aux distinctions, aux hochets. Combien de frémissements troubles aussi, de frissons équivoques devant ceux qui sont apparus comme les Barbares venus du nord ! Et quelle violence des masses, sans exemple dans l'histoire, n'a-t-elle pas éclaté entre ces murs qui avaient déjà vu tant de crimes et de sang ! «Jamais, écrit-il, je n'ai touché comme aujourd'hui la misère humaine.» Mais Venise déjà délivrée des diplomates, des journalistes et des policiers «reprend sa figure et son charme dans le silence».

Bilan de l'entrevue

Nous nous sommes longuement attardés au bord de la lagune comme un voyageur qui craint, au passage des Alpes, les atteintes d'un climat plus rude. Pourquoi s'être laissé captiver aussi longuement par les sortilèges de Venise? Le déroulement extérieur de la rencontre nous fournit un certain nombre d'indications précieuses. Les deux dictateurs étaient sous les regards d'un trop grand nombre de curieux pour qu'ils aient pu dissimuler, à tous, leurs sentiments, leurs émotions, leurs arrière-pensées. Nous ne parvenons pas à découvrir, à la lecture des témoignages, le signe d'une mésentente, d'une brouille. Ces échanges de vue ont été dépourvus de toute acrimonie. Il ne semble pas que les susceptibilités réciproques aient été durablement froissées. Cette reconstitution était d'autant plus nécessaire que, nous dit-on, nous ne possédons aucun témoignage authentique sur la teneur des conversations, en tête-à-tête, entre Hitler et Mussolini. Après cet aveu d'ignorance, certains n'hésitent pas d'ailleurs à affirmer parfois que la rencontre fut un échec total. C'est la thèse généralement admise. Mussolini aurait été choqué par la bêtise et la brutalité de Hitler. «*Come è brutto!* (C'est une bête)», aurait déclaré le Duce. Le Führer aurait été ulcéré d'être morigéné par son maître comme un mauvais élève par quelque pion. Mussolini, comprenant mal l'allemand, n'aurait rien entendu aux propos de son hôte et la diplomatie italienne se serait trouvée dans l'obligation de masquer d'innombrables contresens sous des commentaires spécieux. Selon d'autres, Mussolini aurait posé un véritable ultimatum. L'Italie ne tolérerait pas que l'on portât atteinte à l'indépendance autrichienne. Ce ne sont que légendes.

La documentation est loin d'être aussi pauvre qu'on a bien voulu le dire. Le journal du baron Aloisi fournit des indications inestimables sur les réactions de Mussoloni. Celui de Rosenberg nous révèle la pensée de Hitler. L'interprétation «authentique» d'une conversation diplomatique est d'ailleurs contenue dans les papiers sur lesquels les diplomates se sont accordés. Un texte commun n'a pas été rédigé, mais Hitler et Mussolini se sont confiés l'un à Neurath, l'autre à Suvich. Il ne semble pas que l'un ou l'autre se soit mépris sur les propos de l'interlocuteur. Les deux hommes parlèrent avec la plus grande liberté dans le choix des termes et des sujets. Le 14, «le premier débat a été très mouvementé à propos de l'Autriche». Hitler fit un aveu extraordinaire. Il ne parvenait pas à contrôler la campagne de terrorisme qui avait été déclenchée en mai. Pour le Duce, cet aveu d'impuissance ne pouvait être qu'un gage de bonne foi. D'ailleurs ancien militant socialiste, il savait trop bien que l'on peut exploiter, à des fins particulières, un mécontentement populaire, mais qu'on ne parvient pas à le créer artificiellement. Dans la confiance naissante, Mussolini n'hésita pas à interroger Hitler sur la politique du NSDAP envers les catholiques et les juifs. Il se peut qu'à certains moments «M. Hitler n'[ait] pas été satisfait du langage que lui [tint] M. Mussolini [qui] au gré des Allemands l'aurait pris de trop haut et aurait fait au Führer la leçon sur un ton qui aurait froissé» celui-ci. En tout cas, «le lendemain, Hitler était visiblement en amitié avec le Duce».

De nombreuses questions furent abordées : le désarmement, le retour de l'Allemagne à Genève, l'admission de l'URSS à la SDN, la politique des pactes, la politique de la Grande-Bretagne, les relations franco-italiennes, les problèmes du Danube, les relations économiques germano-italiennes, le rapprochement franco-russe, l'Autriche, les questions intérieures allemandes. Des convergences réelles se dessinèrent sur certains points. L'admission de l'URSS à la SDN et les avances que ce pays faisait à la France n'auraient, à ce que jugeaient les deux hommes, d'autre conséquence que de donner à l'URSS un moyen d'intervenir dans les affaires de l'Europe occidentale. Leur anticommunisme y voyait un danger pour l'avenir. La politique des pactes ne leur semblait pas moins néfaste. Mussolini visait la Petite Entente et le Pacte balkanique. Comme le Reich, l'Italie souhaitait avoir un libre accès au bassin danubien.

Sur le désarmement, Hitler obtint d'importantes concessions sans contrepartie. Les deux dictateurs «avaient confronté leurs points de vue... et les avaient trouvés conformes aux conclusions du mémorandum italien» du mois de janvier 1934. L'Allemagne aurait été autorisée à un réarmement limité dans le cadre d'un accord général sur le contrôle des armements. «M. Mussolini [demanda] en outre au chancelier s'il restait intransigeant sur le chiffre de 300000 hommes ou s'il admettait que l'on pût en discuter. Le Führer lui [répondit] qu'il ne pouvait faire aucune concession sur ce point.» En échange de la reconnaissance de l'égalité des droits, Mussolini aurait souhaité que le Reich reprît sa place au sein de la SDN. C'était la condition d'un règlement général du problème de la sécurité en Europe sans lequel la guerre apparaissait inévitable au Duce. Aloisi revint à la charge auprès de von Hassel, le 19 juillet. «Je lui ai ensuite manifesté à titre amical, mon sentiment... qu'il convenait à l'Allemagne de ne pas laisser échapper l'occasion d'atteindre pratiquement à l'égalité des droits.» L'attitude de Hitler fut simple. L'égalité des droits? C'était ce qu'il demandait. Réintégrer la SDN? C'était une éventualité à ne pas exclure pour l'avenir dès que la question des parités aurait été réglée définitivement. Il orientait la discussion sur les effectifs en jetant sur le tapis un chiffre qui ne serait pas atteint avant mars 1935. Comme l'assentiment des Français était improbable, il garderait les mains libres. Il fait d'ailleurs une nouvelle fois preuve d'une franchise ambiguë. Il laissa tomber que «dans sept ou huit mois la question ne se poser[ait] plus pour lui». Il le savait, à ce moment, il comptait bien proclamer le rétablissement du service militaire obligatoire. Mussolini n'avait obtenu que des promesses en échange d'une approbation conditionnelle de la politique allemande de réarmement. Sa position était délicate. Révisionnisme italien et révisionnisme allemand s'accordaient à ne pas considérer l'œuvre de Versailles comme intangible. Dans l'entourage du Duce, le besoin de sécurité des Français, sans cesse brandi pour s'opposer à toute révision du traité, provoquait un certain agacement. La menace allemande semblait lointaine.

À s'en tenir à ces questions, le bilan pour le Reich était loin d'être médiocre. La Grande-Bretagne refusait de s'engager dans un Locarno oriental; l'Italie condamnait l'admission de l'URSS à la SDN ainsi que la «pactomanie» de Barthou. Le Reich bénéficierait d'une certaine tolérance de la part de l'Angleterre et de l'Italie tant que la Reichswehr ne dépasserait pas le chiffre de 300000 hommes. Après Venise, c'était en fait la France qui était isolée.

Mais l'Autriche? Vienne était la clé du bassin danubien. L'Allemagne comme l'Italie avaient des visées sur le Sud-Est européen. Ils s'y heurtaient à la Grande-Bretagne et à la France dont les intérêts économiques et financiers étaient considérables dans cette région. Aussi, pour que Mussolini acceptât de faire le gendarme du Brenner à Tarvis, il aurait fallu qu'on lui accordât quelques compensations sur le Danube, en Méditerranée ou en Afrique. Ni Londres ni Paris n'y songeaient. En soutenant Dollfuss, il faisait donc un marché de dupe. Il aurait lié des forces allemandes au sud afin que Français et Anglais eussent les mains plus libres sur le Rhin. Que pouvait-il attendre des conversations avec Hitler?

À Berlin, «on redoutait notamment... que M. Mussolini ne tînt à M. Hitler un langage des plus sévères... Le Duce aurait pu dire par exemple... : «Vous accordez votre confiance à M. Habicht. Je vous demande de la lui retirer. Je désire que cesse cette propagande constante par la radio, qui empoisonne les rapports austro-allemands. Vous avez une Légion autrichienne en Bavière. J'en demande la dissolution. Enfin, les attentats incessants qui se produisent en Autriche sont l'œuvre des nationaux-socialistes de Munich. Les bons rapports entre l'Allemagne et l'Italie exigent que vous y mettiez fin.» Dès le premier jour, à Stra, la question autrichienne fut au cœur des débats. Au premier abord, les positions respectives étaient si fort opposées qu'aucune transaction ne paraissait possible. Dans le courant de la conversation, le chancelier fit une série de propositions : 1) pas d'Anschluss; 2) Dollfuss remplacé par une personnalité neutre; 3) élections libres; 4) participation des nationaux-socialistes au prochain gouvernement proportionnellement au résultat des élections; 5) règlement direct des questions économiques touchant des intérêts allemands ou italiens par le Reich et l'Italie.

Des élections libres auraient donné une très forte représentation au NSDAP, qui aurait eu une position dominante dans le gouvernement. Néanmoins, Mussolini demanda à son interlocuteur de mettre les propositions par écrit. Le sujet fut repris le lendemain au Lido. Les deux hommes d'État ne purent parvenir à un accord. La négociation achoppait sur deux points : le retrait de Dollfuss et le terrorisme. Comment Mussolini aurait-il imposé à son ami et protégé, une démission forcée? Hitler pouvait tout aussi peu désavouer les actes de violence commis par ses partisans en son nom, sinon sur ses ordres. Était-ce un échec? Mussolini avait obtenu implicitement une garantie précieuse. «L'Anschluss n'était pas d'actualité (nicht akut).» Ainsi, il n'aurait pas à s'engager en Autriche pour soutenir Dollfuss. Le chancelier n'était pas moins satisfait. «Hitler considér[ait] ceci comme un grand succès; pour le moins, il n'y aurait pas de conflit avec l'Italie à propos de l'Autriche.» Seules, les apparences devaient être sauvées. Pas d'Anschluss! Pour le reste,

Mussolini s'en remettait au destin et il ne se faisait guère d'illusions sur la capacité de résistance de Dollfuss. Le Duce a d'ailleurs agi en conséquence. Le 26 juillet, alors que le monde entier était sous le coup de l'assassinat du chancelier autrichien par les nazis, Mussolini qui attendait Dollfuss à Riccione, n'ordonna qu'une mobilisation symbolique sur la frontière des Alpes. Moins d'une division ! Il fit des confidences à Aloisi. Une mobilisation ne devait pas en entraîner une autre. «Le putsch (de Vienne) [avait] été un moyen de mettre fin du côté allemand à cette campagne... Car, dit-il, d'une façon ou de l'autre [les Allemands] devaient sortir de cette aventure.»

Les aspects moraux de l'entrevue n'étaient pas moins favorables au Reich. Pierre Arnal le constata dès le 18 juin : «Aux yeux du public, le prestige du chancelier sort à coup sûr grandi de la rencontre. Les acclamations enthousiastes dont il a été l'objet à son retour, à Munich, puis à Gera, en sont, de l'avis de tous, le témoignage.» Succès personnel sans aucun doute, mais aussi succès de la diplomatie allemande, confirmé par l'accueil chaleureux accordé, au même moment, à Goebbels en Pologne. L'Allemagne ne se sentait plus isolée. Elle commençait à bénéficier du respect, de l'estime, voire de l'amitié des nations voisines. Le même Pierre Arnal le notait encore. «Le sentiment dominant est celui d'une profonde satisfaction. L'amour-propre de l'Allemagne hitlérienne est flatté de l'accueil réservé par M. Mussolini à son chef.» Pour la première fois depuis 1918, un homme d'État allemand était reçu à l'étranger par un pair qui ne s'était pas contenté de rendre hommage à la fonction. Il avait demandé à son peuple d'acclamer le visiteur étranger et il avait été obéi. Pour les Allemands, c'était plus qu'une satisfaction superficielle d'amour-propre. Les acclamations de la place Saint-Marc couvraient les invectives dont l'Allemagne avait été accablée depuis 1914. C'était une réparation. Et l'on se prend à rêver. Que serait-il arrivé si Briand ou Poincaré avaient su dire au peuple de Paris, sur la place de la Concorde : «Je vous demande de saluer le chancelier Stresemann»? Et si les mêmes vivats étaient montés vers le visiteur allemand...?

*

* *

Dans l'avion qui le ramenait à Munich, Hitler avait de bonnes raisons d'être comblé. Les inquiétudes de ses généraux étaient sans fondement. L'attaché militaire Muff avait fait un déplacement inutile. Mussolini n'assumerait pas les risques d'un conflit diplomatique ou militaire pour sauver son ami Dollfuss. Il n'exigeait même pas un désaveu de la SA autrichienne. Il voulait simplement garder la face. Les événements suivraient leur cours. Jusqu'à la chute de «Millimetternich» ! Sans Anschluss !

TROISIÈME PARTIE

LE DISCOURS DE MARBOURG

Chapitre 8

PAPEN OU LE DISCOURS DE MARBOURG

Le cours des choses s'acheminait vers un dénouement paisible. Tout fut troublé par un brouillon. Le 17 juin, à Marbourg, vieille cité de Hesse, illustrée par deux figures exemplaires du passé allemand, sainte Élisabeth, dont la tombe est abritée par une admirable église gothique, et le Landgrave Philippe, fondateur de l'université, ami de Luther, de Zwingli et de Melanchton, le vice-chancelier von Papen prononça un discours solennel dans lequel étaient rappelés, à la face de l'Allemagne entière, les grands principes de la vie publique selon la tradition occidentale. C'était comme un coup de tonnerre dans un ciel d'orage. Un éclair déchirant avait jeté une lueur brève et cruelle sur le paysage. Les grondements s'étaient tus. Le silence retombé mesurait la surprise, l'effroi ou l'espérance de tous ceux qui avaient perçu le signe.

*

* *

L'homme

Franz von Papen avait tous les défauts que les Allemands prêtent si généreusement aux Français : léger, superficiel, versatile, hâbleur, vaniteux sans mesure, dépourvu de toute rigueur intellectuelle ou morale. Il a intitulé ses Mémoires *Une voie pour la vérité*. Un de ses anciens collaborateurs nous dit un jour, non sans rire : quand on lit son livre, ce n'est pas d'une voie dont il aurait eu besoin; il lui aurait fallu une autoroute. Au moral, il ne valait guère mieux. Sa carrière est jalonnée d'amitiés brisées, de compagnons trahis, d'engagements reniés. Le pire, c'était un mariage étroit, solide, inébranlable entre un égoïsme redoutable et une inconscience ingénue. Cette dernière se présentait avec tant de naïveté qu'il était bien difficile de ne pas lui faire crédit de quelque sincérité.

Dans ses Mémoires, avec l'amertume d'un homme qui avait risqué sa vie pour une cause, sans être soutenu par son chef, F.-G. von Tschirchsky constatait comme il est malaisé de rendre justice à l'homme. Il distinguait quatre personnages : l'officier d'état-major, le diplomate, le gentilhomme de la vieille école et le catholique fervent. Chacun de ces types incarnait, dans sa perfection, des vertus solides. Papen s'entendait à merveille à en représenter l'apparence. Mais quelque mauvaise fée avait dû présider, à son berceau, à la répartition des vertus et des vices. Elle ne s'était pas opposée à ce que l'enfant fût comblé de dons, mais elle avait su retenir à elle tout ce qui en faisait la force pour ne lui abandonner que les côtés les plus faibles. De l'officier du Grand État-Major général prussien, il n'avait ni la rigueur ni l'orgueilleuse modestie, mais un penchant très polytechnicien pour les certitudes hermétiques à l'expérience. Diplomate, il confondait habileté et intrigue et s'imaginait qu'une formule heureuse ou équivoque escamotait, de manière durable, un problème. Représentant de la vieille et authentique noblesse allemande, il s'en autorisait pour ne pas comprendre son siècle. Devant le désastre de 1918, il rêvera... d'une restauration de la chrétienté médiévale. Enfin, la foi, chez lui, n'était jamais très loin de l'entêtement. Il n'incarnait plus une tradition, mais des rôles multiples et souvent incompatibles. D'ailleurs, il n'hésitait pas à sauter de l'un à l'autre et l'on ne savait jamais très bien à qui on avait à faire. Spontané, il n'en était pas moins plein de ruses et de détours. Secret, habile à user sous le manteau de toutes ses ressources pour satisfaire de petites ambitions, il lui a manqué, pour être un politique digne des premiers rôles, la capacité de concevoir un grand dessein.

Le portrait n'est-il pas poussé un peu trop au noir? Franz von Papen avait du charme. Il savait séduire. Il a séduit un être aussi hérissé que Hindenburg. Il lui arriva de se faire écouter de Hitler. Ces succès incontestables ne tenaient pas à quelques misérables petites recettes de salon. Elles auraient été sans effet avec Hitler comme avec Hindenburg. Mais ce personnage léger, superficiel, versatile accolait à toute sa duplicité, une faculté de spontanéité à laquelle il était difficile de ne pas succomber. Devant elle, on baissait sa garde ou l'on rendait les armes. Tschirschky l'a noté. Papen était incapable de faire le mal avec préméditation. De temps à autre, il commettait bien quelque vilenie. Ce n'était pas son cœur qui l'entraînait. Ses nerfs prenaient le dessus. La colère ne grondait pas en lui. La vanité lui murmurait à l'oreille de mauvais conseils. Et comment méconnaître une force étonnante qui ne tient ni à la supériorité intellectuelle ni à la fermeté du caractère, ni à la puissance des convictions. Une seule de ses mésaventures aurait brisé un autre homme. Comment reparaître le front haut après le fiasco de l'espionnage allemand aux États-Unis entre 1914 et 1917? Comment faire bon visage après avoir trahi son parti pour soutenir Hindenburg en 1925? Comment ne pas s'ensevelir dans le silence et l'oubli après avoir remis Hitler en selle dans les premières semaines de l'année 1933? Après chacun de ces coups désastreux, nous retrouvons Franz von Papen aussi charmant, aussi disert, aussi sûr de lui et de son bon droit, aussi capable de soutenir contre l'évidence n'importe quelle contre-vérité, mais avec tant de conviction, tout de premier mouvement, que l'on se prenait à douter des certitudes les mieux établies. Jusqu'au bout, il garda une sorte de confiance innocente en lui-même. C'est seulement au soir de sa vie qu'un peu d'amère perplexité le troubla au fond de lui-même. Ni les Alliés ni la jeune démocratie allemande ne se laissaient circonvenir. Pourtant, sa bonne volonté demeurait aussi grande qu'au premier jour. Une telle vigueur et une telle élasticité sortent du commun. Comment douter enfin que si l'étroitesse d'esprit, l'aveuglement moral et un féroce vouloir vivre se justifiaient devant l'histoire, il ne fallût ranger Franz von Papen parmi les saints innocents?

La carrière

Papen était né le 29 octobre 1879 à Werl, une petite ville de 5000 habitants au cœur de la Westphalie. Heureusement située entre Dortmund et Paderborn, le long du Hellweg, voie centrale de la Ruhr d'est en ouest, Werl était cernée de vastes prairies, dans une région d'élevage où le cheval était roi. La famille appartenait à la vieille noblesse, au Uradel dont la continuité est attestée sans faille à travers les siècles, mais dont l'origine se perd dans la nuit des temps. Sa carrière était toute tracée : cadet à Bensberg, puis à Lichterfelde, page de Sa Majesté, sous-lieutenant au 5e Uhlans, un régiment à la fois renommé et agréable puisqu'il était stationné à Düsseldorf. La métropole rhénane offrait incomparablement plus d'attraits que les garnisons de la Uckermark ou de Poméranie. Brillant cavalier, il fut détaché à l'école de Hanovre et prit part, avec succès, à de nombreux concours hippiques. Ce fut peut-être la période la plus heureuse, sinon la plus éclatante de sa vie. Il paraissait alors en plein accord avec sa nature profonde.

En 1913, une distinction donna à son existence une orientation dont il n'eut pas à se féliciter. Il fut nommé attaché militaire à Washington et à Mexico. Sans doute, le poste n'avait-il pas une importance exceptionnelle. La promotion n'en demeurait pas moins flatteuse. Le jeune officier n'avait que trente-quatre ans. D'entrée de jeu, Papen eut la main malheureuse et parut déjà poursuivi par la malfortune qui l'accompagnera au long de sa vie publique. En 1914, il imagina de faire sauter les ponts entre les États-Unis et le Canada. Ses agents furent arrêtés. Un de ses collaborateurs se fit dérober dans le métro de New-York une serviette bourrée de documents qui feront les gros titres de la presse américaine. Le code allemand avait été déchiffré par les services anglais. Les agents du Reich tombaient comme des mouches. Le 17 janvier 1917, le secrétaire d'État A. Zimmermann envoya à Papen un télégramme devenu fameux. Zimmermann demandait à l'attaché de préparer une coopération militaire entre l'Allemagne, le Mexique et le Japon. Elle aurait été dirigée contre les États-Unis et serait devenue effective dès l'entrée en guerre de l'Amérique. Les services britanniques interceptèrent le télégramme, réussirent à le décoder et le communiquèrent au gouvernement américain. La presse fit une large publicité au message. L'infortuné Papen, dont la responsabilité en cette affaire paraît avoir été minime, fut déclaré *persona non grata*. Il regagna l'Allemagne. Affecté en Asie Mineure, il termina la guerre comme chef d'état-major de la 4e armée turque avec le grade de lieutenant-colonel.

Avant la guerre, Papen avait épousé Martha von Boch-Galhau, la fille du Geheimrat René von Boch, un industriel de la Sarre qui vivait à Mettlach, Haus Saareck. Après celui-ci, le Dr Roger von Boch-Gahlau et son frère Luitwin, les deux beaux-frères de Papen, dirigèrent l'importante entreprise familiale qui comptait, vers 1930, onze usines et une trentaine de succursales en Allemagne ou à l'étranger. Associés aux Villeroy (Villeroy & Boch), ils étaient tournés vers la France à laquelle des liens multiples les unissaient. En 1917, après la mort de son frère, Luitwin était devenu directeur général. Hobereau westphalien, apparenté à une dynastie capitaliste de la Sarre, Papen avait partie liée avec la grande bourgeoisie de l'industrie et des affaires. Au lendemain de la guerre, il en adopta sans peine les convictions et les préjugés. La révolution spartakiste avait fait peur. L'anticommunisme était un article de foi. La social-démocratie était confondue avec le communisme sous la dénomination commode de «marxisme». La République n'était qu'un pis-aller provisoire. Elle était d'ailleurs, disait-on, responsable d'une véritable dégénérescence des valeurs. La guerre, la défaite, l'inflation et la misère ont été accompagnées par un cortège de vices et de dépravations. Parallèlement, dans le Berlin des années 1920, toutes les extravagances triomphaient. La République n'en pouvait mais. Les conservateurs se disaient volontiers monarchistes. Rares étaient pourtant ceux qui, à l'exemple des gentilhommes du Perche, du Maine et de l'Anjou, étaient prêts à mourir, sans calcul ni profit, pour leur souverain. Rare était une vénération sans phrase... pour les Hohenzollern. En fait, les conservateurs demeuraient attachés à un système social qui leur avait garanti des privilèges exorbitants. Ils se refusaient à tous les accommodements, même mineurs, comme l'introduction de la journée de huit heures. Mais les vertus sans lesquelles un tel système ne pouvait fonctionner, leur étaient devenues étrangères. Depuis longtemps le monarque n'était plus l'autorité suprême, pas même un symbole, tout juste une raison sociale. À défaut d'empereur, un président comme Hindenburg fit l'affaire, à partir de 1925.

Au lendemain de la défaite, Papen avait quitté l'armée et choisi la politique. De 1920 à 1928 et de 1930 à 1932, il a été député au Landtag, la Diète régionale, de Prusse. Il avait adhéré au Zentrum, le parti catholique où il siégeait à droite, avec quelques monarchistes déclarés. C'était déjà un homme considérable. En 1923, il avait racheté un gros paquet d'actions de la Germania. Ainsi, il était devenu le principal actionnaire du journal du parti, qui paraissait à Berlin deux fois par jour depuis 1871. Jusqu'en 1925, Papen ne s'était guère signalé. Le 20 février de cette année, W. Marx, chancelier d'Empire, qui deux jours plus tôt avait été contraint d'assumer, simultanément, les responsabilités du gouvernement de Prusse et du Reich, affrontait un scrutin particulièrement difficile. Il fut battu avec 218 voix contre 221. W. Marx appartenait au Zentrum comme Papen. Au mépris de la discipline de vote, ce dernier s'était abstenu volontairement. Ce n'était pas un accroc. Papen s'était donné pour objectif «de détacher le Zentrum des socialistes».

Il ne tarda pas à récidiver. Quelques jours après le vote, Friedrich Ebert, premier président du Reich, mourait. Le choix d'un successeur s'avéra épineux. Le 29 mars, après un premier tour, aucun des candidats n'avait atteint la majorité. Le second tour fut précédé de longues négociations entre les partis. Zentrum, sociaux-démocrates et démocrates s'accordèrent pour soutenir conjointement le candidat Marx. Le Reichsblock ou «bloc des droites» finit par persuader Hindenburg de défendre la cause du nationalisme et de la tradition. À ce moment, Papen lança un appel en faveur du maréchal. L'écho en fut considérable. Cette prise de position lui valut une reconnaissance durable de la part du président.

Papen et la grande politique : 1932

C'est en mai 1932 que Papen fit vraiment son entrée dans la grande politique. Groener en essayant d'interdire la SA avait provoqué la chute de Brüning, en mai 1932, et la constitution d'un nouveau gouvernement dirigé par le chancelier Papen. L'éminence grise en était le général von Schleicher. À l'époque, on s'était étonné des choix de Schleicher. Ce «cabinet de concentration réactionnaire», le fameux «cabinet des barons», était une étrange réponse à la crise. Quant à Papen lui-même, il apparaissait alors, malgré son influence, comme une personnalité de second plan. On connaît la réflexion d'un gros propriétaire terrien de Poméranie, von Knebel-Döberitz, à Schleicher : «Mais ce n'est pas une tête!» On connaît aussi la réponse du général : «Ce n'est pas nécessaire. C'est un chapeau.» Un chapeau sous lequel s'abriterait Schleicher! Le choix de Schleicher n'avait sans doute pas été tout de la propre initiative du général. Le 12 mai, Groener avait abandonné le ministère de l'Intérieur. On savait que les jours de Brüning étient comptés. Le 21, Papen adressa une longue lettre à Schleicher. Pour commencer, il couvrait d'éloges le destinataire. Sa conduite avait été admirable. Puis, le parlementaire analysait la situation et proposait un véritable programme de gouvernement. L'interdiction de la SA affaiblissait la défense nationale. Les négociations sur les réparations et le désarmement traînaient en longueur. La politique économique et sociale n'avait pas porté ses fruits. Brüning apparaissait comme l'homme que le succès fuyait. En politique, la pire des tares! Mais, les échecs ne tenaient pas à l'homme seulement. La crise avait créé une situation entièrement nouvelle. Le parlementarisme et le régime des partis n'étaient plus adaptés ni aux circonstances ni aux exigences profondes de la politique allemande. Une révision des institutions dans un esprit autoritaire s'imposait. Ces offres de service massives furent entendues. Il est bien difficile de prendre à la lettre les propos de Papen lorsqu'il affirme être tombé des nues aux premières ouvertures de Schleicher qui, le 28 mai, lui demanda de constituer le nouveau gouvernement.

En fait, il existait, malgré une apparente unanimité, de profondes divergences entre les deux hommes. Ils s'accordaient à peu près sur la politique militaire et l'action diplomatique. Mais, Schleicher subordonnait entièrement, ou peu s'en faut, la politique intérieure au réarmement. La Reichswehr avait besoin de la SA. Le ministre de la Défense était prêt à composer avec le nazisme. Hitler réclamait des élections générales. Schleicher plaida pour qu'elles eussent lieu. Le 31 juillet, comme l'écrit un historien français, il sortit «du scrutin... un Reichstag plus impossible que jamais». Devant ce résultat inespéré, Hitler réclama la chancellerie. Le général, s'il avait été seul, la lui aurait abandonnée. Un biographe aussi favorable à son personnage que F.-K. von Plehwe le reconnaît. Certes, Schleicher ne laissait pas d'invoquer la fameuse théorie de l'usure. Au pouvoir, Hitler s'userait comme tous ses prédécesseurs. À affronter les difficultés réelles, il finirait par s'assagir. Au plus secret de lui-même, le ministre obéissait à une autre préoccupation. La leçon de l'automne 1918 n'était pas oubliée. Aucune défense nationale efficace ne pouvait être édifiée et conduite dans l'impopularité. Pour être un jour couronnée par la victoire, elle avait besoin de l'adhésion du peuple entier. Les masses acclamaient le Führer. Papen avait une tout autre philosophie. Lorsqu'il arriva au gouvernement, il se proposait de renforcer les droits du président, d'instituer une Chambre haute qui ne dépendrait pas du suffrage universel et de réformer le droit électoral en créant un système pluraliste qui aurait donné plusieurs voix à des catégories définies d'électeurs. Une telle réforme aurait signifié en fait la neutralisation du parlementarisme, afin de soustraire l'État à l'influence des émotions populaires.

Après quelques succès, notamment en juillet à la conférence des réparations qui s'était réunie à Lausanne, ce fut une série d'échecs. Le plus grave fut le scrutin du 31 juillet; le plus cuisant, la séance tumultueuse du Reichstag, le 12 septembre. Au début de novembre, la faillite était patente. Les élections du 6 novembre n'avaient pas donné à Papen de majorité gouvernementale. Les syndicats, la grande industrie et la plupart des milieux économiques s'étaient tournés contre lui ou l'avaient abandonné. Personne ne comprenait qu'il eût favorisé une certaine autarcie agricole du Reich qui avait entraîné la cherté du pain et restreint les débouchés extérieurs, si ce n'est les agrariens qui bien sûr y trouvaient leur compte. Les contemporains ont été sévères. Les historiens ne l'ont pas moins été. Papen a été, nous dit-on, l'homme qui a frayé la voie à l'hitlérisme. Il avait été l'obstacle à la mobilisation de toutes les forces démocratiques contre le fascisme. Par le coup d'État du 20 juillet en Prusse, il avait affaibli les républicains. Par son conservatisme anti-social, il avait rejeté les masses vers Hitler. Mais ne sommes-nous pas victimes d'erreurs de perspective ou d'illusions rétrospectives? Un front démocratique contre Hitler? L'Allemagne possédait les organisations politiques et ouvrières les plus fortement structurées, les mieux pourvues en moyens du monde. Ont-elles représenté, dans ces dernières semaines de l'année 1932, autre chose que des façades fissurées, dissimulant de plus en plus mal la désertion du peuple ? Elles ont été balayées deux mois plus tard sans que les masses s'en fussent émues. Quelle démagogie aurait été en mesure de contrebattre la fascination exercée par le Führer ? Quelle issue alors, sinon une dictature conservatrice s'appuyant sur l'autorité morale du président Hindenburg et la force des baïonnettes de la Reichswehr ? Le calcul était hasardeux. Le succès n'était pas assuré. La guerre civile en aurait été probablement la conséquence. C'était pourtant la seule alternative réelle à Hitler. Imaginons un instant que Papen se soit retiré de la vie publique le 2 décembre 1932, après avoir vainement proposé la constitution d'un « cabinet de combat » ! Il serait entré dans l'histoire comme l'homme qui, à l'heure décisive, avait appelé à tenir tête à Hitler et n'avait pas été écouté. Force est bien de reconnaître, il est vrai, que son hostilité envers le Führer n'était pas inspirée par des motifs sublimes. Vaniteux comme il l'était, il gardait rancune à Göring de lui avoir fait tenir un rôle ridicule devant le Reichstag. Les raisons d'intérêt ne manquaient pas. Le plus personnel lui déconseillait d'abandonner la place à un autre. Le souci d'une cité idéale ne lui faisait pas oublier les revenus agraires. Le mépris poli qu'il affichait pour le « prolétaire » Hitler trahissait un peu trop la suffisance de l'aristocrate. Dans sa présomption, il surestimait beaucoup ses ressources. Aussi n'est-il pas surprenant que sa dernière démarche auprès de Hindenburg soit restée sans succès. La Reichswehr ne voulait pas avoir à réprimer une guerre civile. Les conservateurs les plus lucides dans le cabinet, un von Neurath, un von Schwerin-Krosigk savaient fort bien que leurs électeurs n'hésiteraient pas à les abandonner pour soutenir celui qui apparaissait de plus en plus comme l'homme providentiel. Et engager une partie aussi délicate avec, comme chancelier, un Franz von Papen... ?

Papen et Hitler

Dans les semaines qui suivirent, Papen s'appliqua à gâter ce qui aurait pu être une grandiose sortie. Schleicher ne réussit pas mieux son entrée à la chancellerie. Il se proposait de créer « un front à travers les partis » (Querfront) ou encore, comme on l'a dit, « une dictature militaire avec une base de masse ». Le naufrage fut rapide. Subtile éminence grise, Schleicher était, moins encore que Papen, l'homme des premiers rôles. Ses conceptions inquiétèrent le patronat qui y vit une sorte de socialisme masqué. Elles ne parvinrent à séduire ni le SPD ni les syndicats non communistes. Les tentatives d'associer Hitler au gouvernement échouèrent également. En joueur désespéré qui mise sur une seule carte, le Führer s'entêtait et proposait à la lettre : la chancellerie ou la mort ! On sait en effet qu'il songeait au suicide au cas où le parti eût été défait.

Hitler n'eut pas besoin de recourir au pistolet. Un homme l'a préservé de cette issue fatale et l'a intronisé chancelier d'Empire, Franz von Papen, qui, deux mois plus tôt, se proposait de le combattre inexorablement. Renversement d'alliances paradoxal, mais sans surprise et dépourvu de tout cynisme. Papen et Schleicher se tutoyaient. Ils s'appelaient par leur prénom ou leur diminutif. En ce début de décembre 1932, Fränzchen était fâché, très fâché contre Kürtchen qu'il incriminait en lui imputant son insuccès. Pour mettre un peu de baume sur sa vanité blessée, il devait rendre au nouveau chancelier la monnaie de sa pièce. Cette compensation d'amour-propre rendrait moins cuisant l'affront qu'il venait de subir, détendrait ses nerfs et lui restituerait sa belle insouciance. Les circonstances le gâtèrent. Le 16 décembre, Franz von Papen fit une causerie au Herrenklub, autour duquel maintes légendes ont été tissées. C'était tout d'abord un club sur le modèle anglais, installé dans un édifice cossu de la Friedrich-Ebert-Strasse, en face du Reichstag. Ses membres se recrutaient parmi les propriétaires terriens, les industriels et les financiers. Par sa coloration politique, le Herrenklub était proche des nationaux-allemands, mais il servait aussi de tremplin à des hommes jeunes qui rêvaient d'une carrière politique, et il était largement ouvert aux Jungkonservative, les jeunes conservateurs, bien persuadés qu'une restauration de l'époque wilhelminienne était devenue impossible. Sous le patronage du Herrenklub, paraissait une revue, *Der Ring*, dont le tirage ne dépassait pas mille exemplaires, mais qui était lue très attentivement. Les idées qui y étaient défendues étaient reprises par des organes ayant une clientèle plus étendue, *Deutsche Rundschau*, *Deutsches Volkstum* et, éventuellement, par la grande presse. Le club, bien que le nombre de ses adhérents n'ait jamais dépassé les cinq mille, avait donc une influence considérable. C'était un des foyers de la vie politique berlinoise.

C'est devant ce public que Papen prononça un véritable plaidoyer *pro domo*. À la fin de la séance, un de ses auditeurs s'approcha de lui. Le baron Kurt von Schroeder! Un banquier de profession, d'une vieille famille de banquiers hambourgeois! Lui, il était installé à Cologne, comme associé de la maison J. H. Stein, une firme solide, liée à un réseau de correspondants renommés. Kurt von Schroeder allait avoir 43 ans dans huit jours. Il était rompu aux affaires, pourtant il ne dédaignait pas la politique. On savait qu'il avait sollicité, avec Wilhelm Keppler, certains industriels et fait appel à leur générosité en faveur du mouvement hitlérien. L'ancien chancelier aurait-il été disposé à rencontrer Adolf Hitler? Discrètement, cela s'entend! Papen accepta. À cette première faute, il en ajouta une seconde. Il se garda bien d'en informer Schleicher. À la fin de décembre, l'heure et le lieu de la rencontre furent fixés, mais des fuites se produisirent. Hans Zehrer, le directeur de la *Tägliche Rundschau* en fut averti. Il prévint son ami Schleicher. Lorsque Hitler et Papen se présentèrent au domicile du banquier, 35, Stadtwaldgürtel, à Cologne-Lindenthal, le 4 janvier 1933, deux détectives ou deux journalistes étaient aux aguets. Papen comprit aussitôt que le secret était éventé. Dans la soirée, il envoya une lettre à Schleicher. Le chancelier en prit connaissance le lendemain. La presse du 5 annonçait déjà la rencontre de Cologne. Papen ne se hâta nullement de rentrer à Berlin. Il passa encore quelques jours en Rhénanie et en Westphalie. Le 9 seulement, il aura un entretien avec Schleicher au cours duquel il tenta de se justifier.

La conversation entre Hitler et Papen a donné lieu à bien des spéculations. Nous n'en avons qu'une connaissance indirecte à travers la correspondance de Schroeder et de Ketteler et par les confidences de Papen auxquelles il est souvent difficile d'accorder le moindre crédit. Néanmoins, les intentions des uns et des autres se laissent deviner sans peine. Kurt von Schroeder représentait ces milieux d'affaires persuadés qu'il était urgent de clore les expériences « socialisantes » de Schleicher, et qu'il aurait été déplorable de ne pas mettre au service de la nation toutes les ressources humaines du mouvement nazi. Le Führer, lui, était dans une situation difficile, sinon désespérée. Les caisses du parti étaient vides. On l'a souvent signalé. Ce n'était peut-être pas le pire. Son intransigeance l'avait mené dans une impasse. Sans perdre la face, il se devait de refuser toute combinaison autre qu'un gouvernement Hitler. L'obstacle, il le savait maintenant, ce n'était pas l'armée. Au début du mois d'août, Schleicher avait été sur le point de céder, mais il s'était heurté au refus de Hindenburg dont l'entêtement ne semblait pouvoir être ébranlé. Un seul homme y parviendrait peut-être. C'était Papen. L'ancien chancelier s'embarquait dans une étrange aventure, mais il n'en avait qu'à demi-conscience. Puisque la Reichswehr refusait de combattre, à l'occasion, le NSDAP, que faire d'autre, sinon rechercher un compromis avec les nazis? Papen s'est flatté, bien à tort, d'y mieux réussir que ne l'avait fait Schleicher. Sans doute, les circonstances étaient-elles plus favorables qu'au début du mois de décembre. Les difficultés financières du mouvement, les dissensions internes étaient connues. Mais pas une seule minute, il n'est sans doute venu à l'esprit de l'ancien officier de cavalerie qu'un homme politique se discrédite à mener successivement une politique, puis celle qui lui est opposée. Tout d'abord, Papen crut qu'il serait le chancelier, Hitler n'aurait été que vice-chancelier. Ce dernier avait été requinqué par le résultat des élections de Lippe, le 15 janvier 1933. Le NSDAP avait remporté un net succès. Après le semi-échec du 6 novembre 1932 et la défaillance d'une part importante de son électorat, le parti paraissait avoir réussi à inverser la tendance. Hitler ne voulut rien rabattre de ses prétentions : la chancellerie ou rien... Plutôt que de laisser Kürtchen au pouvoir, Fränzchen se décida et plaida auprès du président la cause du caporal de Bohême. L'intervention de Hammerstein-Equord rendit d'ailleurs à Papen toute sa bonne conscience. L'armée disait : plutôt Hitler que Papen! Le Führer devenait une sorte d'ultime recours. D'ailleurs, dans un cabinet où les nazis seraient minoritaires, Papen serait l'homme fort. Il mettrait le Führer « en cage ». Hitler n'avait aucune expérience des affaires, il en assumerait pourtant, de par sa fonction, toute la responsabilité publique et y userait, sans aucun profit, sa popularité. Il serait bientôt « fini ». À Kleist-Schmenzin, un des rares monarchistes de cœur, sorte de chouan de Poméranie, venu faire part à l'ancien chancelier des inquiétudes que lui inspirait Hitler, Papen répondit : «On va le pousser dans un coin et l'écraser lentement contre le mur jusqu'à ce qu'il pousse des cris de goret.» Il était sans inquiétudes. C'était à lui que Hindenburg accordait sa confiance, et non au nouveau chancelier, solidement «encadré» d'ailleurs, puisque la plupart des ministres n'étaient pas nazis : Franz von Neurath (Affaires étrangères), Werner von Blomberg (Reichswehr), J. Schwerin von Krosigk (Finances), Hugenberg (Économie, Approvisionnement, Agriculture et Osthilfe), F. Seldte (Travail). Seuls Frick (Intérieur) et Göring (commissaire de l'Aviation et commissaire chargé du ministère de l'Intérieur en Prusse) appartenaient au mouvement.

Hitler en cage

La construction était fragile, pour ne pas dire illusoire. Les conservateurs ne constituaient pas, même à l'intérieur du cabinet, une force homogène et encore moins, une opposition systématique. Des jalousies personnelles, corrosives, rongeaient ce bloc. D'autres raisons les empêchaient d'être soudés dans un même refus unanime. Sur bien des points, ils s'accordaient avec le nazisme. Ils condamnaient le parlementarisme, le «marxisme», souhaitaient une restauration de la puissance militaire allemande, condition *sine qua non*, pensaient-ils, de toute révision du traité de Versailles. Chacun d'entre eux s'efforçait d'ailleurs de mener sa propre politique et de tirer le meilleur parti des circonstances, souvent au détriment des autres départements ministériels. Un seul lien retenait cette gerbe mal nouée : la fidélité au président Hindenburg. C'est de lui que découlait toute leur autorité. Tous en avaient pleine conscience. Lors de la constitution du gouvernement, il avait d'ailleurs été expressément stipulé que le président ne recevrait le chancelier qu'en présence du vice-chancelier. Hindenburg avait ainsi la garantie qu'il disposerait d'une information contradictoire. Les ministres conservateurs n'avaient pas à craindre que des relations privilégiées ne s'établissent entre Hitler et Hindenburg. C'était sans compter avec la frivolité de Papen. Le vice-chancelier aurait dû s'astreindre à être toujours disponible lorsque le président donnait audience à Hitler. Bientôt, ce joug lui parut pesant et il s'y déroba. Le chancelier avait beau jeu de faire remarquer qu'il ne souhaitait rien tant que de fournir au maréchal, comme son devoir l'y obligeait, toutes les explications demandées, mais qu'il se sentait tenu par ses engagements et ne savait vraiment pas si, en l'absence du vice-chancelier, il était en droit de se présenter seul devant le président. Le vieillard s'irritait secrètement des intermittences de Papen dans lesquelles il n'inclinait que trop à voir un manque d'égards. Bientôt, le vice-chancelier passa, aux yeux du vieux militaire, pour un écervelé, un chien fou incapable de toute discipline. Ce «caporal de Bohême» était au contraire un modèle de régularité, d'exactitude et de déférence. Quoi que l'on en ait dit, des relations de confiance ne tardèrent pas à s'instaurer entre les deux hommes. Un beau jour, Hindenburg décréta qu'il «souhaitait rencontrer Hitler seul et qu'à l'avenir, le chancelier n'aurait plus besoin de se faire accompagner par Papen». La présidence était ainsi privée d'un instrument de contrôle de la gestion et Papen d'un moyen d'influence. Les liens privilégiés qui devaient unir Hindenburg et les conservateurs dans le cabinet étaient sinon brisés, du moins affaiblis.

Trois mois ne s'étaient pas écoulés que Papen donna un nouvel exemple de son imprévoyance. Le 7 avril 1933, la deuxième loi sur la normalisation des rapports entre les Länder et le Reich fut promulguée. Des vicaires d'Empire (Reichsstatthalter) furent nommés. Ils étaient chargés de veiller à ce qu'un rigoureux parallélisme législatif et administratif entre Reich et Länder fût respecté. Le président les désignerait. Une exception! En Prusse, Hitler s'était réservé cette fonction. Ce n'était pas sans une certaine logique et rappelait la combinaison des fonctions de chancelier d'Empire et de ministre-président de Prusse, inaugurée par Bismarck. Papen qui exerçait le pouvoir en Prusse, depuis le 20 juillet 1932, avec le titre de commissaire d'Empire, démissionna. Le 11 avril, Hitler désigna Göring comme ministre-président de Prusse. Ce dernier prit ses fonctions le 20 avril. La réforme eut des conséquences fâcheuses pour Papen. Elle signifiait un nouvel et sensible affaiblissement de pouvoir. Les Allemands prétendent que le diable se cache dans les détails. Le vice-chancelier n'avait pas prêté attention à un détail. Lorsqu'il avait succédé à Brüning, le palais présidentiel était en cours de rénovation. Hindenburg avait transporté ses pénates du 73 au 77 Wilhelmstrasse et s'était installé à la chancellerie. Pour commencer, Papen trouva un logis de fortune au 74, qui appartenait au Auswärtiges Amt. Après le 20 juillet, il s'était établi plus confortablement au numéro 63, le Staatsministerium, le ministère d'État de Prusse. Après le 30 janvier 1933, il continua d'occuper les locaux. C'est de là qu'il exerçait ses doubles fonctions de commissaire d'État et de vice-chancelier. Il disposait de l'équipement et du personnel. Le 20 avril 1933, il se trouva littéralement à la rue, car Göring réclamait, avec son énergie coutumière, le bâtiment pour lui, en invoquant le droit du légitime propriétaire. Papen était sans logis. Il n'y avait pas songé.

Le Büro Papen

L'affaire était d'importance. Lammers, secrétaire d'État à la chancellerie, proposa de donner une pièce ou deux à Papen, au 77 Wilhelmstrasse. Ainsi, le courrier et les communications téléphoniques du vice-chancelier auraient été contrôlés sans peine par Hitler. C'en aurait été fait de l'indépendance de Papen. Le 21 avril, celui-ci adressa une lettre à Schwerin von Krosigk et à Lammers au sujet de «l'installation d'un service administratif de l'adjoint du chancelier d'Empire». Il demandait que la question fût mise à l'ordre du jour d'une prochaine séance de cabinet. Lammers usa de procédés dilatoires et multiplia les contre-propositions. Il n'est pas sûr que Papen l'eût emporté s'il n'avait été favorisé par les circonstances.

Par chance, il comptait parmi ses collaborateurs, depuis le mois de mars, Fritz Günther von Tschirschky. Né le 4 juillet 1904 entre Breslau et Glatz, celui-ci appartenait à une vieille famille noble de Silésie. Sa mère était une comtesse Limbourg-Stirum. École des cadets, une brève expérience du front, les Freikorps, avant de reprendre une exploitation agricole dans des circonstances difficiles ! F.G. von Tschirschky était conservateur, monarchiste. Il éprouvait un authentique scepticisme envers le NSDAP et la SA dont beaucoup d'éléments étaient particulièrement médiocres en Silésie. Après l'arrivée au pouvoir de Hitler, un de ses amis, Nikolaus comte de Ballestrem-Plawniowitz, gros propriétaire foncier et grand industriel, proche du Zentrum et ami de Brüning, lui conseilla de tenter sa chance à Berlin, dans la politique. Le plan était simple : « encadrer » Papen de jeunes conservateurs, résolus et énergiques, afin de garder quelque influence dans le gouvernement et, au besoin, d'infléchir la marche des affaires. F.G. Tschirschky, muni de recommandations, notamment auprès de Wilhelm von Ketteler qui était lié à Papen, arriva dans la capitale et fit des offres de service. Papen se montra tout d'abord fort réticent. Mais après que von Tschirschky lui eut permis un succès oratoire, à Breslau, le 17 mars, devant un auditoire choisi, le vice-chancelier trouva le jeune homme à son goût et se l'attacha avec le titre de « persönlicher Adjutant », soit en quelque sorte, chef du cabinet privé.

Tschirschky fut d'un grand secours à Papen dans l'affaire du Büro. Son oncle maternel, le comte Freddy Stirum, avait d'excellentes relations avec le ministre des Finances du Reich, le comte Schwerin von Krosigk. Du coup, les plus grandes difficultés furent écartées. Le ministre fit le meilleur accueil au neveu, il accepta le principe d'un budget propre à la chancellerie et chargea un directeur des Finances, Olscher, de régler les détails. Lammers ne s'était pas résigné. On connaît la fameuse boutade. L'Allemagne est gouvernée par deux cents secrétaires d'État ou directeurs de ministères. Ce sont des administrateurs incomparables. Ils n'ont pas leurs pareils pour créér ou aplanir des conflits de compétences. Le choix d'une résidence fut assez aisé. À l'angle de la Wilhelmstrasse (78a) et de la Vosstrasse (1) se dressait le palais Borsig. Construit après 1870 pour l'industriel Borsig, il avait abrité, plus tard, la Preussische Pfandbriefbank. Il appartenait à la Deutsche Zentralbodenkredit-Aktiengesellschaft (Société centrale de crédit immobilier d'Allemagne) qui le mit à la disposition de Papen. Mais, Lammers n'avait pas dit son dernier mot. Le principe de l'autonomie du budget avait été reconnu par Schwerin von Krosigk. Le secrétaire d'État tenta d'imposer une disposition, en apparence anodine : sur le budget de la vice-chancellerie ne figurerait aucun poste de titulaire. Papen aurait dû recruter, à titre contractuel, des collaborateurs plus ou moins expérimentés. Lammers prétendait d'ailleurs s'arroger un droit de regard sur ce recrutement parallèle afin de juger de la compétence des candidats. Dans ces conditions, l'autonomie budgétaire eût été un leurre. Finalement, le vice-chancelier obtint gain de cause. L'utilisation des fonds spéciaux donna lieu également à d'épineuses contestations. Lammers exigeait d'en connaître l'emploi. Papen reconnaissait à la seule Cour des comptes le droit d'exercer un contrôle. Là encore, il finit par l'emporter. Il avait donc pignon sur rue dans la Vosstrasse où se trouvait l'entrée principale du bâtiment et disposait d'un budget relativement modeste.

L'équipe était peu nombreuse. Le directeur administratif du service était un Ministerialrat, le Dr Sabath. Le service de presse et de propagande était dirigé par le Oberregierungsrat (conseiller d'administration de 1re classe) Herbert von Bose. Il était né le 16 mars 1893 à Strasbourg. Aspirant en 1910, il avait servi pendant toute la guerre avec un patriotisme ardent. La défaite fut pour lui une catastrophe morale qui le jeta dans un nationalisme extrême. En 1919, il était capitaine de la Sicherheitspolizei (police encasernée) à Cassel. Dès cette époque, il a travaillé «dans le renseignement». En 1929, il fut appelé à la tête du bureau de presse du gouvernement prussien. Papen le garda comme collaborateur. Il était assisté par le comte Wilhelm von Ketteler et un jeune prodige, Kurt Josten, d'une vieille famille de Neuss. La section sarroise avait été confiée au conseiller d'administration (Regierungsrat) Oskar Wingen. Le service juridique était dirigé par F.G. von Savigny qui n'était pas fonctionnaire de même que Tschirschky et le comte Hans Kageneck, chargé des relations avec les Églises et les universités. Le personnel régulier était complété par une dizaine de fonctionnaires subalternes : secrétaires, plantons, etc. Parmi les collaborateurs occasionnels, Edgar J. Jung occupait une place à part. Cet avocat de quarante ans semblait destiné à une brillante carrière au barreau. La défaite et son patriotisme l'avaient dévoyé. Grièvement blessé, le 9 janvier 1924, lors de l'attentat contre Heinz-Orbis, un séparatiste du Palatinat, il n'avait cessé de militer pour un nationalisme conservateur. Il avait publié un ouvrage *Die Herrschaft der Minderwertigen* (Le règne des médiocres). Le livre avait fait du bruit lors de sa parution en 1929. Dès 1930, une seconde édition, très augmentée, avait suivi. L'époque, disait l'auteur, avait été marquée par le triomphe de la médiocrité et, au sens propre, des êtres, des races «de moindre valeur», sur tout ce qui existait de grand, de noble, de généreux en ce monde. L'individualisme moderne, sous toutes ses formes, y compris la démocratie parlementaire, était à la fois cause et conséquence de ce déclin. On pouvait en observer les manifestations dans tous les domaines. Seule une restauration de l'Empire, du Reich, au sens médiéval, sauverait la civilisation occidentale d'une déchéance progressive.

Cette équipe homogène était, à l'exception de H. Sabath, composée d'hommes qui n'avaient pas dépassé la quarantaine. Ralliés aux Jungkonservative (Jeunes Conservateurs) qui s'étaient séparés des nationaux-allemands, ils partageaient avec Papen, l'attachement à la tradition nationale. Eux aussi, ils étaient victimes de l'illusion que le nazisme ne serait qu'un intermède passager. Ce qui les séparait de leur patron, c'était l'âge, non pas quelque exubérance juvénile, mais l'incompatibilité d'expériences antinomiques. Ce n'est pas une brève carrière de chef d'état-major qui aurait pu ouvrir à Papen les portes du monde moderne; par toutes ses fibres, il appartenait encore à l'Allemagne wilhelminienne. À l'aube de leur vie d'homme, ses collaborateurs avaient traversé la guerre de tranchées, la défaite, la révolution et la lutte inexpiable contre le spartakisme. Bien qu'ils rêvassent de restaurer un Moyen Âge germanique et chrétien, leur style était le radicalisme.

Papen a prétendu que tous les membres du Büro avaient été «soigneusement choisis et n'étaient pas suspects de sympathies pour le national-socialisme». Au moins deux brebis galeuses s'étaient glissées dans la bergerie. Malgré les avertissements de Tschirschky, Bose avait engagé un nommé Bochow qui semble bien avoir été un agent de la Gestapo. Dans le second cas, nous retrouvons cette légèrté et cette inconséquence que Papen répandait autour de lui. Vers la fin du mois d'avril 1934, la section de presse cherchait une personne connaissant parfaitement le français. Un jour, von Bose annonça qu'il avait trouvé son homme. Tschirschky voulut savoir si celui-ci était sûr. La réponse de Bose fut désarmante : «Le jeune homme, nommé Hummelsheim, avait longtemps vécu à Paris et fréquenté la meilleure société, par exemple le maire de Paris, le comte de Castelane (*sic*).» Il s'agissait de Jean de Castellane qui fut à plusieurs reprises vice-président du conseil municipal de Paris — et non maire — et que Tschirschky semble confondre avec son frère, le «beau Boni». Bose était considéré, à la chancellerie, comme un spécialiste du renseignement, il imposa Hummelsheim. Heydrich avait pris d'autres dispositions pour que le Bureau Papen, Bose et Edgar J. Jung fussent étroitement surveillés. Après son installation, le 20 avril 1934, au 8 de la Prinz-Albrecht-Strasse, le nouveau chef de la Gestapo réorganisa la police politique prussienne. Le responsable du Bureau des questions sarroises (Dezernat II FS), Hans Thees fut écarté. Un de ses collaborateurs, Otto Betz, assisté de quatre inspecteurs de police et de deux secrétaires, fut chargé de la surveillance (service III B3). Betz prit ses nouvelles fonctions le 4 mai. Papen étant délégué spécial du gouvernement du Reich pour les questions sarroises, la Sarre fournit à Otto Betz une entrée en matière. Il fit une visite à la vice-chancellerie. Pour mettre von Bose en confiance, l'homme de la Gestapo lui révéla que les communications téléphoniques du Bureau étaient placées sur table d'écoute. Cette confidence conquit Bose qui, après avoir éprouvé quelques réticences, se persuada que son interlocuteur était «du bon côté», et cessa de le soupçonner.

L'action de Büro Papen

Papen était le Stellvertreter du chancelier, c'est-à-dire, qu'à l'occasion, il tenait lieu, représentait, le chef du gouvernement. Sa véritable mission était de veiller au grain afin que les nazis n'étendissent pas leur influence sur l'appareil de l'État. Les jeunes collaborateurs du vice-chancelier se taillèrent des compétences à la mesure de leurs ambitions. Bureau des réclamations du Reich, le palais Borsig aurait dû devenir le centre mobilisateur des mécontentements en vue d'une restauration monarchique dont on se promettait le salut. Seule la monarchie, croyait-on, préserverait de l'anarchie qui avait régné en Allemagne de 1918 à 1933, de l'arbitraire qui avait pris le pouvoir le 30 janvier 1933. Pour parvenir à ce but, ils rêvaient d'une sorte d'embrigadement de toutes les forces institutionnelles, grands corps de l'État, administration, armée et des autorités morales comme les Églises. Sous leur pression, Hitler, dont ils reconnaissaient d'ailleurs le caractère charismatique, se contenterait du titre de vicaire d'Empire et rétablirait le souverain légitime sur le trône. Dans l'immédiat, Papen et ses collaborateurs se fixèrent six tâches : rassembler les informations et centraliser plaintes et requêtes; intervenir dans les cas individuels; nouer un réseau de relations et de solidarités, à travers l'Allemagne, dans tous les milieux d'influence; essayer d'infléchir le cours de la politique officielle; mener une politique de «désinformation» calculée; poursuivre un effort de réflexion théorique sur le monde moderne.

Aujourd'hui encore, il est difficile de porter un jugement équitable sur les activités du Büro. Les principales sources d'information sont les Mémoires de Papen et de Tschirschky et une trentaine de dossiers, conservés par les Archives fédérales à Coblence. La lecture des documents rassemblés est néanmoins édifiante. Nombreux étaient les Allemands persécutés par le régime qui, malgré tout, gardaient confiance en Papen : des monarchistes, des catholiques, des Stahlhelmer, des protestants, etc. Quoi de plus émouvant que cette lettre d'un officier de réserve ayant fait la preuve de sa bravoure et de son patriotisme sur les champs de bataille de la Guerre mondiale, et désespéré de se sentir exclu de la communauté nationale parce que juif, alors que son arrière-grand-père, écrivait-il, s'était battu à Waterloo sous les ordres de Blücher? Le succès des interventions de Papen a été fort inégal. Il se fit «rembarrer» par Hitler, en mars 1933, pour avoir pris la défense de diplomates étrangers que la SA avait molestés à Berlin.

Tschirschky nous a donné une liste impressionnante de personnalités qui auraient été en relation avec le Bureau Papen. Dans la liste, un premier détail saute aux yeux. Il n'y figure aucun des conservateurs membres du cabinet. Ce n'est pas une surprise. Personne, parmi eux, n'aimait Papen et ne lui faisait confiance. Tous veillaient jalousement sur leurs compétences. Au fond, ils savaient fort bien que toute velléité d'opposition mettrait fin à leurs fonctions. À leurs objections si fondées fussent-elles, Hitler avait du reste la réponse : tout devait être subordonné à la défense nationale. Avec un tel argument, il s'assurait l'appui du ministre de la Défense et du président Hindenburg. Les relations de Papen formaient au mieux une franc-maçonnerie hétéroclite, à coup sûr pas une opposition. Rauschning était encore un nazi convaincu. Le prince Schaumburg-Lippe l'est peut-être resté jusqu'à sa mort. Ils étaient capables d'une indiscrétion, pas d'un coup d'État. Les généraux n'étaient pas unanimes sur la personne de Hitler, mais ils le jugeaient indispensable et s'intéressaient d'abord à leurs canons. La hiérarchie catholique condamnait les excès et les violences, mais, jusqu'à la conclusion du concordat, n'aurait rien entrepris qui pût compromettre un succès diplomatique du Vatican et, par la suite, les dignitaires de l'Église distinguèrent soigneusement entre le spirituel et le temporel. Enfin, il était difficile d'imaginer que des sociaux-démocrates comme Braun et Severing eussent été disposés à collaborer avec l'artisan du Preussenschlag (20 juillet 1932).

C'est sans doute dans le domaine de l'information et, plus encore, de la «désinformation» que le Büro Papen obtint les meilleurs résultats. Le vice-chancelier et ses collaborateurs ont veillé, comme il était de leur devoir, à ce que Hindenburg fût tenu au courant des affaires les plus importantes. Les cibles des manipulations étaient triples. Nous employons à dessein le mot «manipulation», car von Tschirschky a reconnu lui-même que von Bose et ses collaborateurs avaient «fabriqué» du matériel. Jusqu'au mois d'avril 1934, ils transmirent à Rudolf Diels, le premier chef de la Gestapo, les nouvelles que leur fournissait un fonctionnaire des Affaires étrangères, Albrecht von Kessel. Tschirschky avait de bonnes relations personnelles avec Horst von Mellenthin, l'aide de camp du général von Fritsch, qu'il approvisionnait en révélations sur l'armement «clandestin» de la SA. Enfin, le Büro «fabriquait» des nouvelles destinées à l'étranger. Le Dr Mariaux a sans doute joué un rôle dans leur diffusion en France. Papen et ses collaborateurs étaient en contact avec les ambassadeurs du Reich à Londres (Hoesch) et à Paris (Koester). Ceux-ci auraient répercuté à Berlin ces informations plus ou moins controuvées, lancées par le Bureau, dès qu'elles avaient reçu l'aval de l'étranger. À Berlin, Bülow-Schwante du Auswärtiges Amt veillait à ce que les rapports des diplomates parvinssent en bonnes mains, c'est-à-dire à Hindenburg. À vrai dire, les dépêches diplomatiques ne paraissent pas confirmer cette version des faits, mais A. Rosenberg n'a cessé, pendant ce printemps, de consigner dans son journal que le Auswärtiges Amt sabotait systématiquement la politique du Führer.

Dans ses Mémoires, Papen constata avec résignation : «Le poste de vice-chancelier s'avéra une institution inefficace.» Le mal ne tenait pas à l'institution, mais à quelques fautes de calcul. Les «Jeunes Turcs» dans l'entourage de Papen avaient choisi, avec beaucoup de hardiesse, une stratégie de rupture qui visait à isoler Hitler du mouvement nazi afin de le contraindre à se soumettre à la volonté des conservateurs. Ils avaient commis quatre erreurs. L'homme qui, en janvier 1933, aurait choisi la mort plutôt que d'assister à la décomposition du mouvement n'accepterait ni la mise en quarantaine ni la soumission. À cela s'ajoutait une deuxième illusion. La mobilisation des élites ne leur permettrait pas de manier les masses. Le véritable pouvoir émanait désormais de celles-ci et il était détenu par celui en qui elles plaçaient leur foi. L'élite morale de l'armée allemande en fit l'expérience le 20 juillet 1944. Enfin, aucun des partenaires auxquels les jeunes collaborateurs de Papen avaient attribué un rôle dans cette manœuvre n'étaient prêts à opérer une «rupture» avec le régime. Ni l'armée, ni les Affaires étrangères, ni les Églises, ni l'industrie ou la banque n'auraient pris le risque d'une guerre civile pour des considérations morales ou politiques. Restaurer le droit et rétablir les Hohenzollern sur le trône ne leur paraissait pas valoir une nouvelle révolution. La plus grave des quatre méprises portait sur la personne de Papen. Personne moins que lui n'était fait pour le rôle de partisan.

Vers Marbourg

Dès le mois d'avril, il était apparu qu'il ne fallait pas trop compter sur le président pour lancer des mots d'ordre mobilisateurs. De plus, une affection de la vessie se déclara chez le vieillard. Le professeur Sauerbruch, le plus célèbre des chirurgiens allemands fut consulté. Le 4 juin le président partit pour Neudeck. Il n'était plus en état de diriger l'Allemagne et de guider ses destins. Pourtant, le malaise s'accroissait, la campagne contre le dénigrement réveillait des angoisses mal assoupies. Au palais Borsig, on se convainquit que le vice-chancelier devait entrer en lice. Par l'intermédiaire d'un auditoire choisi, il s'adresserait à l'opinion allemande et prononcerait les paroles que l'on attendait. L'écho ne laisserait pas d'être considérable. Il serait répercuté, grossi par toutes les insatisfactions. La rumeur franchirait les murs du palais présidentiel, atteindrait le Tirpitz-Ufer et serait perçue même au ministère de la Défense. Hitler ne pourrait pas ne pas tenir compte de toutes les réactions que l'on escomptait. Papen avait tout d'abord envisagé de parler devant les étudiants de Berlin. Les circonstances le dispensèrent de chercher une raison convenue. Le Marburger Universitätsbund (Union universitaire de Marbourg), organisation très conservatrice, célébrait, le 17 juin, le quatorzième anniversaire de sa fondation. Le vice-chancelier accepterait-il de présider les cérémonies ? Ce hasard paraissait providentiel, plein de signes et de figures. Marbourg était un des hauts lieux du christianisme en Allemagne. C'est là qu'était inhumée sainte Élisabeth, épouse du Landgrave de Thuringe, parangon de foi, d'humilité et de charité, dont le destin avait été à la fois romanesque et merveilleux. Elle avait grandi à la cour de la Wartburg, brillante et raffinée, sans que sa piété en souffrît. La croisade lui avait enlevée un mari jeune et chéri qui était mort loin d'elle, à Otrante. Dépouillée de ses biens et chassée par un parent sans scrupule, elle avait vécu dans une hutte misérable au pied du château. Jamais sa confiance en Dieu n'avait vacillé. De son vivant déjà, les miracles s'étaient multipliés autour d'elle. Sa tombe avait été couronnée par un joyau, l'église Sainte-Élisabeth. Les agnostiques eux-mêmes ne demeuraient pas insensibles aux vertus de cette figure exemplaire. Dans *Tannhäuser*, Richard Wagner lui avait dressé un autre monument impérissable. On se complaisait dans ces réminiscences. Mais, le retentissement du discours aurait été sans aucun doute bien plus grand si le vice-chancelier avait prononcé les mêmes paroles dans la capitale du Reich.

Papen et ses collaborateurs ébauchèrent le canevas. On confia la rédaction à Edgar J. Jung qui passait pour un « styliste éblouissant ». Au palais Borsig, on se souciait de la diffusion du discours. Il n'était pas question de se contenter du seul public réuni à Marbourg. Les collaborateurs de Papen étaient confrontés à deux exigences contradictoires. Pour que le discours fût connu, il fallait mobiliser la radio et la presse, faire imprimer le texte en brochure et le distribuer aussi largement que possible. En agissant ainsi, on violait le secret et on s'exposait à une interdiction pure et simple. Pourtant, il n'y avait pas d'autre voie. Le jeu en valait la chandelle. Bose négocia avec

Hanke, secrétaire d'État au ministère de la Propagande et se servit d'une ruse subalterne pour tenter de berner les services de Goebbels. Il demanda que le discours fût retransmis par tous les émetteurs du Reich. Le président Hindenburg souhaitait suivre les cérémonies de Marbourg. Comme Hanke ne manquerait pas de vérifier les déclarations de Tschirschky, un des fonctionnaires de la présidence, von Riedel, fut mis dans la confidence. Il confirmerait, le cas échéant, la véracité des allégations de Tschirshky. Tout parut s'arranger à souhait. Hanke accepta le principe d'une diffusion en différé, après autorisation préalable. Bose tenta de faire valoir que les déclarations du vice-président ne sauraient être soumises à un contrôle administratif. L'argument n'était guère contestable en droit; Hanke finit par acquiescer. Cela ne signifiait pas grand chose. Le ministère demeurait libre de revenir sur sa décision. Des journalistes furent informés.

Pour prévenir une interdiction, le texte fut imprimé plus ou moins clandestinement chez un imprimeur tout acquis à Papen. Le tirage fut limité à mille exemplaires. Dès le 15 et le 16 juin, la brochure fut remise à des correspondants de presse étrangers et à des journalistes allemands dont on était sûr. Elle fut envoyée «par des canaux qui offraient toute sécurité» en Suisse, en France, en Hollande et au Luxembourg. Le reste fut donné de la main à la main. La manœuvre n'était pas malhabile. Mais la Gestapo avait eu vent de ces préparatifs. Bose avait mis la puce à l'oreille de Hanke. Le prince Schaumburg-Lippe constatait, le 16, à son retour de Varsovie, que le climat de la capitale avait changé et que des forces «indifférentes» à l'entreprise de rénovation nationale semblaient être à l'œuvre. Mais que faire? Une interdiction n'aurait rien arrangé. La presse internationale aurait publié un discours qui n'avait pu être prononcé, et elle n'aurait pas manqué de monter en épingle le conflit entre Papen et Goebbels. Le malaise allemand aurait reçu par là une dimension politique. C'était justement ce que les nazis voulaient éviter.

L'impression préalable du texte ne fut pas d'ailleurs une simple précaution à l'égard des nazis. Les collaborateurs du vice-chancelier connaissaient bien leur patron. À mesure que les heures passaient, des scrupules lui venaient. Il finissait par avoir peur du courage qu'on lui prêtait. Tschirschky nous raconte une scène édifiante. Les deux hommes sont assis dans le rapide qui les emporte vers Marbourg. Tschirschky quitte le compartiment pour un instant. Lorsqu'il revient, le vice-chancelier a devant lui le texte dactylographié et, d'un crayon vigoureux, il barre des passages entiers. Il «corrigeait». En apercevant Tschirschky, il se conduit comme un écolier pris en faute.

– «Que faites-vous là, monsieur von Papen?

– Rien que des retouches de détail!»

Son compagnon dut lui rappeler que le texte était déjà imprimé, la brochure diffusée et que des repentirs tardifs ne serviraient de rien. Les nazis ne lui sauraient aucun gré d'avoir atténué les hardiesses. Sa prudence le déconsidérerait auprès de tous les esprits libres. Le vice-chancelier se rendit à ces raisons. Il se résigna à l'inévitable. Il n'en laissa pas moins paraître une irritation qui n'était pas feinte. Ses « Jeunes Turcs » l'entraînaient plus loin qu'il ne voulait aller. Ils le jetaient dans des difficultés inextricables. Mais déjà, en son esprit aussi fertile en ruses que celui d'Ulysse, il songeait à quelque détour imprévu pour se tirer de ce mauvais pas. Il se garda bien d'en souffler mot à von Tschirschky.

Le discours

Le long discours peut être résumé en deux phrases. Le 30 janvier des millions et des millions d'Allemands s'étaient ralliés à la Révolution nationale de tout leur cœur. Mais une « deuxième révolution » risquait fort d'être suivie par une troisième révolution.

Papen s'adressait en fait à un auditeur privilégié, le chancelier. Il lui demandait de renoncer à tout projet de socialisation et de confier aux conservateurs les destins de la Révolution nationale. Pour donner plus de poids à cette exigence formulée publiquement, il s'efforçait de mobiliser tous les mécontentements et les craintes. Fort de l'appui de l'opinion, il ne craignait pas d'exercer un chantage. Le partenaire n'ayant pas respecté les clauses de l'accord conclu en janvier 1933, disait-il, de manière explicite, il faudrait peut-être envisager une dénonciation du contrat de gouvernement. Une troisième vague succéderait à la deuxième. Le succès d'une telle manœuvre, qui n'était pas absurde en soi, reposait sur deux conditions. La diffusion du discours aurait dû atteindre l'ensemble du peuple allemand afin que la mobilisation de l'opinion, des éléments conservateurs de celle-ci, fût complète. Mais la démarche de Papen n'avait de sens que si elle apparaissait comme l'expression d'une volonté politique disposant de moyens d'action. La représentation des conservateurs dans le cabinet ne constituait pas un pouvoir. En dehors du chancelier, seuls le président et le ministre de la Défense qui étaient en droit de donner des ordres à l'armée disposaient d'un pouvoir. L'entourage de Papen avait fait un calcul hasardeux. Le discours serait le détonateur qui déclencherait « une réaction en chaîne ». Hindenburg réagirait. Fritsch, sinon Blomberg, réagirait... C'était mettre toute sa mise sur deux cartes incertaines. Papen en avait conscience.

Pour l'heure, il était un homme heureux. Les auditeurs rassemblés dans le grand amphithéâtre, la Aula de l'université Philippe, le réformateur de la Hesse, avaient eu, au début, comme un sursaut d'incrédulité. Devaient-ils en croire leurs oreilles ? De tels accents, une telle liberté de parole n'étaient-ils pas inconcevables dans l'Allemagne hitlérienne ? Un miracle était en train de se produire. L'auditoire était suspendu aux lèvres de Papen. Au fil des développements, l'attention était transfigurée. À peine le dernier mot eut-il été prononcé que l'enthousiasme grandissant, longtemps contenu pour ne pas rompre l'enchantement, éclata en applaudissements, en bravos et en cris d'approbation, étouffant quelques protestations clairsemées. Papen était un homme heureux.

Le télégramme de Marbourg

Sa prudence pourtant ne le quittait pas. Il était allé très loin. Cette provocation était comme une pointe de cavalerie, à la hussarde, sur un lac gelé. La glace tiendrait-elle? La parade était déjà prête. Le vice-chancelier se garda bien d'en parler à ses collaborateurs qui ont toujours ignoré ce coup fourré. Les historiens le soupçonnèrent tout aussi peu, car le document-témoin fut classé dans le dossier «Italie» de la chancellerie dans lequel ceux qui travaillaient sur l'affaire Röhm n'eurent pas l'idée de jeter un coup d'œil. À 15 h 43, après avoir dénoncé l'arbitraire, l'anarchie qui régnaient en Allemagne et invité le chancelier à épurer impitoyablement les rangs du Parti, le vice-chancelier lui envoya ce message : «Je vous prie d'agréer les félicitations les plus cordiales que je vous adresse à l'occasion du brillant déroulement de la rencontre de Venise qui a montré à quel point l'ensemble du monde politique accorde attention et prête l'oreille à l'Allemagne nouvelle. Dans la vieille cité universitaire je viens de rompre une lance pour que votre Révolution soit poursuivie sans détour et sans falsification jusqu'à son achèvement. Avec toute l'expression de ma vénération et de ma loyauté. Papen.» Le télégramme fut adressé à la Maison Brune à Munich où il parvint à 20 heures. Le responsable de service, après avoir consulté Bormann, le réexpédia à la chancellerie, à Berlin. Hitler en eut connaissance le 18 juin. Le texte du télégramme n'était pas inconciliable avec celui du discours. Il suffisait de s'entendre sur le sens des mots. Mais comme on le sait, c'est le ton qui fait la chanson. Il était bien difficile de ne pas lire dans ce message un désaveu des solennelles exhortations que Papen venait de prodiguer. Étrange contradiction!

Les réactions nazies

Papen fut favorisé par une circonstance. Du 14 au 16 juin Hitler séjournait à Venise où il rencontra Mussolini. Le Führer ne fut de retour à Munich que le samedi 16, vers la fin de la matinée. Le dimanche 17 juin, le D 2600, l'avion personnel du Führer décolla de Munich à 8 h 25, en direction de Leipzig où il arriva vers 10 heures. Hitler partit en voiture, à 10 h 15, pour Gera qui n'est éloigné que d'une cinquantaine de kilomètres. Son passage déchaîna les habituelles manifestations d'enthousiasme. À l'arrivée, il fut accueilli par le Reichsstatthalter de Thuringe, Fritz Sauckel. Il descendit à l'hôtel Viktoria, assiégé par une foule dense et exaltée que SA, SS et policiers avaient peine à contenir. Qui eût dit à ce spectacle que la ferveur des masses s'attiédissait? Selon toute vraisemblance, Hitler eut connaissance, au début de l'après-midi, du discours de Papen. Il eut peu de temps pour prendre ses dispositions. À 13 heures commença le défilé des formations. Un flot ininterrompu de 20000 hommes passa, pendant plusieurs heures devant la tribune officielle dans laquelle se tenaient le Führer, Goebbels, Ley, Sauckel, etc. Uniformes, drapeaux, musiques formaient un spectacle coloré dans la Fürstenstrasse. Vers 17 heures, les hauts-parleurs firent entendre les accents de la *Badonviller Marsch*. C'était le signal. Sur le Schützenplatz, devant une foule attentive, Adolf Hitler prit la parole. Il fut, du premier mouvement, d'une rare violence. Avec une vigueur sans égale, les artisans du dénigrement furent dénoncés une nouvelle fois. Mais les attaques étaient plus précises qu'à l'ordinaire. « Ridicule qu'un de ces vermisseaux prétende combattre la gigantesque œuvre de rénovation nationale ! Ridicule qu'un de ces petits (*sic*) nains s'imagine pouvoir entraver la gigantesque œuvre de rénovation nationale à l'aide de quelques slogans... Mais si un jour ces hommes devaient tenter de passer de la critique à l'acte, au prix d'un parjure, même dans un domaine limité, qu'ils comprennent bien une chose. En face d'eux, ils n'ont plus la bourgeoisie lâche et corrompue de 1918. La nation toute entière est devant eux. Elle a fermé le poing et c'est ce poing qui s'abattra sur eux et les écrasera à la première tentative de sabotage... » L'ennemi était Papen et la « réaction ». Puis, le Führer songea à une riposte proprement politique. Goebbels aussi se trouvait à Gera. Deux séries de mesures s'imposaient : empêcher la diffusion de la diatribe de Papen et riposter comme il convenait. Les premières mesures ne présentaient pas grandes difficultés. La radio reçut l'ordre de ne pas retransmettre le discours. Sur les instructions du ministère de la Propagande, la police saisit les différentes éditions (?) des journaux allemands qui avaient publié des extraits ou des analyses du discours de Marbourg. L'édition de midi (17 juin) du *Frankfurter Zeitung* notamment fut confisquée. Le ministère informa les journalistes que le discours ne devait pas être mentionné. La consigne fut respectée. Par contre, les journaux étrangers : *Neue Zürcher Zeitung*, *Basler Nachrichten*, etc., (éditions datées du 18 juin) s'arrachaient dans les kiosques à journaux. Les autorités réagirent par des confiscations, mais souvent trop tardives et par conséquent inefficaces. Des copies furent fabriquées qui circulèrent sous le manteau. Pierre Arnal, chargé de mission de France à Berlin, qui représentait notre pays en l'absence d'André François-Poncet reçut un exemplaire de la brochure d'« une personnalité allemande appartenant à l'entourage du ministre de la Propagande, mais qui [avait] fait primitivement partie des Casques d'Acier ». Connu, le discours avait « produit un effet de stupeur » à Berlin et dans les grandes villes allemandes. L'interdiction donnait à la mise en garde un caractère illégitime qui en falsifiait le sens. Papen n'était plus celui qui plaidait pour un retour à la légalité, mais menait une vigoureuse opposition contre le régime. Après avoir constaté que le discours n'avait pas été diffusé par la radio comme Hanke s'y était engagé, que la presse n'avait pas été autorisée à le reproduire et que le *Frankfurter Zeitung* avait été confisqué, le vice-chancelier demanda à être reçu par Hitler. L'entrevue eut lieu dans l'après-midi du 18 juin, à la chancellerie. Nous ne connaissons l'entretien que par le récit de Papen. Sa version paraît, il est vrai, confirmée par toutes les rumeurs. Papen rappela les mérites qu'il s'était acquis par son rôle dans la Révolution nationale, sa position particulière dans le cabinet où il était en quelque sorte le délégué personnel de Hindenburg. « Il était absolument inadmissible que le ministre de la Propagande qui rangeait après lui interdise au peuple allemand de prendre connaissance de son discours [à lui, Papen]. » Il ne lui restait plus qu'à offrir sa démission au président. À moins que le chancelier ne rapportât l'interdiction... Hitler fut tout miel. Au fond de lui-même, il donnait entièrement raison à M. von Papen. Il n'eut pas de mots trop durs pour les éléments les plus radicaux du mouvement nazi. Si le vice-chancelier savait quelles difficultés ces gens là lui causaient ! Quant à Goebbels, c'était un brillant journaliste, mais il avait commis une incroyable maladresse politique en décrétant cette interdiction. Sans doute avait-il cru bien faire ! L'opinion publique était inquiète. Il avait craint que le discours n'ajoutât aux inquiétudes légitimes de la partie la plus saine de la nation. D'ailleurs, lui Hitler, il ordonnerait que le texte en fût intégralement publié. Mais, avant que le vice-chancelier prît une décision définitive et rendît publique sa démission, il le priait de patienter. L'affaire devait être soumise au président, qui trancherait. Le chancelier tenait absolument à être accompagné par M. von Papen à Neudeck et à ne pas rencontrer Hindenburg en tête-à-tête. C'est d'ailleurs ce qui avait été convenu en janvier 1933. Certes, il n'était pas possible d'envisager un voyage à Neudeck dans l'immédiat, car il conviendrait d'examiner, lors de cette entrevue, l'ensemble de la politique. Papen se rassérénait à vue d'œil. Le chancelier le traitait d'égal à égal et le faisait en quelque sorte juge des mérites des ministres nazis. Il n'en demandait pas plus. Il accepta de patienter. La tactique dilatoire de Hitler avait porté ses fruits. Il avait gagné du temps. C'était ce dont il avait le plus besoin.

Contrairement à ce que l'on a cru, le manque d'homogénéité des réactions nazies ne tint que d'une façon secondaire aux personnes. Elles marquèrent plutôt des hésitations sur l'attitude à adopter envers Papen. Avait-il parlé simplement en son nom ? Était-il le porte parole du président et de l'armée ? Dans un premier temps, Hitler n'excluait pas la seconde hypothèse. Il fallait en avoir le cœur net. Hitler se convainquit très rapidement que le coup ne venait pas de Neudeck. Alors l'armée ? On ne savait trop. Lorsque le Führer fut persuadé que Papen avait agi seul, sa religion fut vite faite. Le 27 juin, il confia à Rosenberg que « le discours de Papen était d'une insondable stupidité » et que le vice-chancelier « ne jouerait plus très lontemps les intermédiaires ». Pour parvenir à cette conviction, il ne lui avait fallu que quelques jours, marqués par un discours et un voyage, témoignages des incertitudes de pouvoir.

Le discours de Göring devant le Staatsrat

Göring devait parler devant le Staatsrat, le 18 juin, à 11 h 30. Le Staatsrat était une seconde chambre du Land de Prusse, à côté de la Diète, le Landtag. Il était composé des représentants des diètes provinciales (Provinziallandtag) et de l'assemblée communale de Berlin (Stadtverordnetenversammlung). Le

Land Hohenzollern, dont le chef-lieu, Sigmaringen, connut une certaine célébrité, à partir de l'automne 1944, était représenté par les délégués des assemblées communales (Kommunallandtag). L'institution remontait au début du siècle précédent. Elle était destinée à favoriser l'administration directe et la décentralisation. Elle était dotée de compétences dans le domaine administratif et joua un rôle important durant la république de Weimar. La troisième séance du «Conseil d'État» aurait dû avoir lieu le 25 avril. Annoncée le 13 avril, elle avait été annulée le 18 du même mois. C'est seulement le 6 juin qu'une nouvelle invitation fut envoyée aux membres de l'institution. Le Conseil se réunirait le 18 juin, dans le nouveau palais, à Potsdam. Cet édifice d'une architecture médiocre, avait été construite par Joh. G. Büring, sur l'ordre de Frédéric II, pour illustrer la grandeur de la Prusse, après la guerre de Sept-Ans. Les communs étaient l'œuvre de K. von Gontard. L'ensemble était, malgré de nombreux défauts, à la fois grandiose et, grâce aux riches frondaisons du parc, qui contrebalançaient la froideur des façades, non dépourvu d'un certain pittoresque. De futurs souverains s'y étaient plu. Frédéric-Guillaume qui régna trop brièvement sous le nom de Frédéric III (1888) y était né et y mourut. Guillaume II y passa une partie de sa jeunesse. Son épouse Auguste Viktoria, morte à Doorn (1921), reposait non loin de là.

L'occasion et le cadre se prêtaient admirablement à une réplique indirecte aux propos du vice-chancelier. La convocation était datée du 6 juin, elle était donc bien antérieure au discours de Marbourg. Göring ne saurait être soupçonné d'avoir invoqué un prétexte fallacieux. Papen s'était référé à l'esprit de la vieille Prusse. C'est en tant que ministre-président de Prusse que Göring allait lui répondre, de Potsdam, dans un palais édifié par Frédéric II, devant les représentants d'une vieille institution prussienne, héritée de la monarchie. Pouvait-on imaginer un lieu et un décor plus chargés de symboles? L'ordre du jour comprenait deux points : une communication du ministre et un rapport du ministre des Finances. Le discours de Göring avait été rédigé avant que l'on eût connaissance des propos de Papen. Seule la péroraison leur fait écho. La plupart des développements traitaient de questions administratives, notamment des rapports entre le Reich et les Länder.

La Prusse avait rempli sa mission. L'esprit prussien avait pénétré l'Allemagne tout entière. La Prusse pouvait donc disparaître après avoir donné naissance à une certaine conception de l'État. Certes, elle n'avait «peut-être produit qu'un nombre limité d'artistes, mais en revanche elle [avait] produit des hommes d'État qui [avaient] préparé la naissance du IIIe Reich.»

La suite avait un tout autre ton. «De temps à autre, disait Göring, éclate une flambée de mécontentement. Dans quelques cas particuliers, on ne saurait contester son bien-fondé. Il [était] aussi compréhensible que l'enthousiasme ardent des premiers jours n'[ait pu] se maintenir durablement. Pour agir contre ce mécontentement, il [était] nécessaire que les autorités rest[assent] en contact permanent avec le peuple. Par là, il ne fallait pas entendre les réunions de masse. Non! il [était] nécessaire que les chefs de l'administration et du Parti fassent ici et là des inspections à l'improviste pour apprendre à connaître en détail les soucis et les besoins du peuple. Pour ce qui était de la question religieuse... Personne ne pouvait être inquiété pour ses opinions en matière de foi, mais la question se posait : l'Église accepterait-elle de remplir à nouveau sa fonction? Redeviendrait-elle un des piliers de l'État? Ou continuerait-elle d'être un foyer de critique, de mécontentement et de dénigrement?» Le ministre-président avait «le devoir d'adresser un avertissement solennel au clergé. Les querelles internes devaient prendre fin... Certes, ce n'était point l'emploi de méthodes nouvelles, radicales, révolutionnaires qui était susceptible d'apporter une amélioration. Le Führer avait donné l'ordre de mettre un terme à la première révolution. Il était le seul qui fût en droit d'ordonner une seconde révolution. Et il pouvait être sûr que si cela se produisait, ses partisans lui obéiraient avec une foi aussi ardente que dans le passé... On s'interrogeait souvent : que faut-il entendre par national-socialisme authentique? Rien d'autre que ceci : pour préserver l'existence de la communauté dans tous les domaines vitaux, les aptitudes les plus hautes devaient être employées de manière totale, autoritaire. Les souhaits et les désirs individuels avaient à se taire.»

Le discours, largement reproduit par la presse allemande, contre l'habitude de n'accorder que peu de place aux séances du Staatsrat, eut un retentissement considérable dans le Reich, à l'étranger et dans la littérature historique, car la plupart des historiens y lisent une déclaration de guerre ouverte à Röhm. Les propos de Göring rassurèrent. L'un des hommes les plus puissants d'Allemagne, chef des polices prussiennes, commandant de l'aviation militaire, *in statu nascendi*, proclamait qu'il n'y aurait pas de seconde révolution. La déclaration surprenait aussi par une franchise à laquelle on n'était plus accoutumé et que beaucoup jugeaient à la fois nécessaire et impossible. Un des représentants du système totalitaire pratiquait en public l'exercice de la critique et y soumettait le Parti et les formations annexes. Mais nous devons nous poser deux questions : le discours était-il dirigé contre Röhm et était-il concevable que Göring eût agi de sa propre initiative, en solitaire? Sur le premier point, la réponse est aisée. La conviction que l'Allemagne allait subir, sur sa droite, une véritable liquidation des élites semblable à celle qui avait déjà frappé la gauche «marxiste» ou démocratique n'avait pas été engendrée par l'attitude de la SA, mais par la campagne contre le «dénigrement». Pour les contemporains, le chef de cette aile radicale, révolutionnaire du NSDAP, ce n'était pas Röhm, mais Goebbels. L'auteur de l'éditorial du *Neue Zürcher Zeitung* (21.6.1934) écrivait que le ministre de la Propagande à qui incombait «la direction, l'initiative et les préparatifs de la campagne contre les "dénigreurs", les "criticailleurs" et les "réactionnaires" pouvait se sentir à bon droit visé et attaqué» à la fois par Papen et par Göring qui avait repris l'antienne. Le second point est plus délicat. Beaucoup ont cru en effet que le ministre-président rallié aux milieux conservateurs dont il ne se serait d'ailleurs jamais beaucoup éloigné, avait embrassé leur cause publiquement. D'autres observateurs faisaient une analyse plus subtile. «Le ministre-président de Prusse ne considère sûrement pas comme sa tâche propre de prêter sa voix à la détresse et aux inquiétudes de “patriotes désespérés”». Il fait valoir que l'autorité de l'État n'a pas de meilleur soutien que la Prusse. Il est résolu à affirmer l'autorité de l'État prussien dans la période décisive (actuelle). Il oblige ainsi le régime national-socialiste à suivre un cours conservateur. C'est la proclamation d'un programme. Par là, Göring s'oppose, non sans réserves, aux forces révolutionnaires du Parti.» Il se serait agi de couper l'herbe sous le pied de Papen en reprenant son propos et ainsi, de fortifier la propre position de l'intérieur du mouvement.

Il est, à la réflexion, inconcevable que Göring ait agi seul. Et, sauf à croire à une sorte d'harmonie préétablie, l'historien constate que le discours n'est qu'un aspect d'une politique concertée entre Göring, Goebbels et le Führer. Nous observons en outre que la campagne contre le «dénigrement» fut suspendue du 17 au 21 juin. Pourquoi ces trois journées sans diatribes contre la «réaction»? Enfin, ce ton de modération n'était nullement révélateur de la pensée profonde de Göring. Dans la dernière semaine de juin, il s'enrôlera dans le bataillon des orateurs qui tonnaient contre la critique injustifiée. Il sera l'un des plus virulents. Le discours devant le Staatsrat ne fut qu'une manœuvre de diversion. Elle jetait le trouble dans l'esprit des partisans de Papen. Elle préparait la visite que Hitler était bien décidé à rendre, seul, au président du Reich, à Neudeck, pour connaître les dispositions de celui-ci, en avoir le cœur net et prévenir toute tentative du vice-chancelier de circonvenir Hindenburg.

Le voyage à Neudeck

Ce voyage a été, pour maints «témoins» prétexte aux pires fabulations. C'est à Otto Strasser que nous devons la mise en scène la plus théâtrale. Le maréchal aurait été informé par Papen. Il se refusait à recevoir ce «caporal de Bohême». Blomberg et Göring avaient été chargés de prendre les mesures nécessaires et de proclamer l'état d'exception. En quittant Neudeck, Hitler était un homme aux abois. L'écrivain Jean-François broda sur un canevas presque analogue, mais les couleurs sont moins criardes. Hindenburg était malade, il ne consacra que quelques minutes au chancelier, *dans la soirée*, après sa sieste et un examen médical. Blomberg était déjà à Neudeck, «installé auprès du président». «Avec ce calme déférent qui impressionnait Hitler», le ministre de la Reichswehr offrit la succession de Hindenburg en échange de la tête de Röhm... Le maréchal reçu enfin Hitler. «Que signifient toutes ces histoires que me racontent mes amis? Goebbels et d'autres jeunes gens déclarent qu'il va y avoir une deuxième révolution... Il faut de l'ordre en Allemagne. Il faut aussi que l'Allemagne soit respectée. On m'a rapporté des histoires fâcheuses... Ce Röhm...» Pour Strasser, comme pour Jean-François, l'essentiel des conversations aurait porté sur le Stabschef et la SA. Cerné par une coalition des conservateurs et des militaires, placé devant un ultimatum sans appel du président, le chancelier aurait quitté la Prusse orientale en homme traqué... C'est absurde.

Les collaborateurs du vice-chancelier avaient compris dès le 18 juin que leur patron avait capitulé. Pourtant, comme ces jeunes hommes étaient convaincus qu'une intervention du président était le seul moyen d'amortir le choc en retour et peut-être leur seule chance de salut, ils ne cessaient d'insister. Papen s'entêtait. Il voulait faire le mort. Dans la matinée du 20, il déclara à la presse qu'il ne se rendrait pas à Neudeck. Le lendemain l'agence United Press publiait une curieuse dépêche. « Monsieur von Papen est, comme l'apprend UP, parti hier soir pour Neudeck afin d'avoir un entretien avec le président du Reich von Hindenburg. Le vice-chancelier, d'après ce que l'on entend dire, prierait le président du Reich de trancher en ce qui concerne le discours qu'il a prononcé devant l'Union universitaire de Marbourg. » Était-ce une manœuvre du Büro destinée à convaincre le vice-chancelier qu'il devait cesser toutes tergiversations ? Hitler s'aperçut qu'il y avait péril en la demeure. Le 19 juin fut une journée d'expectative. Le 20, les funérailles de Karin Göring eurent lieu dans la Schorfheide, une lande aux environs de Berlin. Le chancelier ne pouvait se dispenser d'y assister. C'est tôt dans la matinée du 21 qu'il s'envola vers la Prusse orientale. Il n'a passé que fort peu de temps auprès du vieillard. Deux heures peut-être ? Il ne pouvait en être autrement. L'état de santé du président s'était aggravé depuis le mois d'avril. Le professeur Sauerbruch avait confié à son assistant, le Dr. H. Krauss, le soin d'accompagner le malade et de veiller sur lui. Hindenburg avait encore deux mois à vivre. Les signes de décrépitude se multipliaient. Le maréchal devenait d'une avarice sordide. Il craignait de manquer du nécessaire à l'avenir et exhortait son entourage à une stricte économie. Des lubies le tourmentaient. Si on venait à lui présenter un décret à signer, il s'y refusait. Il n'était pas convenable que le chef de l'État accomplisse un acte officiel, couché dans son lit. Il fallait en tirer le grabataire, l'habiller tant bien que mal, l'installer dans un fauteuil avant qu'il se décide à prendre la plume. Parfois, les douleurs étaient terribles. Les instants d'absence devenaient de plus en plus rapprochés. Fritsch et son aide de camp, von Mellenthin, virent le président, très probablement le 29 juin. Le commandant de l'armée de terre craignait pour la sécurité de Hindenburg. Il ne parvint pas à se faire entendre. Le vieux soldat vivait dans le passé. Mellenthin écrit que le maréchal n'était plus « à la hauteur des circonstances ». C'était un euphémisme. Fritsch et Mellenthin regagnèrent Berlin, bouleversés. Autour de cet homme visiblement marqué par la mort, sa famille et notamment son fils, le colonel Oskar von Hindenburg, le secrétaire d'État Otto Meissner et son aide de camp, le comte von der Schulenburg ! Voilà celui que Hitler allait rencontrer.

Les entretiens de Venise avec Mussolini fournirent le prétexte de la visite. Pour faire honneur au chancelier, Hindenburg s'était levé. Le temps était beau. L'humeur du maître de la maison était charmante. Jamais, il n'avait fait preuve d'autant d'amabilité envers Hitler. Il l'avait accueilli en lui tapant sur l'épaule. Avec son visiteur, il fit une petite promenade dans un coin du parc. Il se fatiguait vite. Hitler lui proposa son bras. Le vieillard accepta et se tournant vers le chancelier, souriant à demi, lui dit : « Monsieur le chancelier, voilà que vous me soutenez aussi comme cela, maintenant! » Hitler savait présenter clairement les questions les plus compliquées. En ce jour, Hindenburg avait peine à le suivre. Venise montrait qu'il n'y avait rien à craindre de l'Italie et qu'elle n'interviendrait pas pour soutenir Dollfuss. Le président n'avait pas oublié la «trahison» en 1915. «Bien! Bien! Mon cher chancelier, mais ne faites pas trop confiance à ces Italiens! » Selon Meissner, Hindenburg, à qui von Blomberg avait exposé les difficultés de l'armée avec la SA, aurait laissé échapper un soupir : « Ah! Il y a cet affreux Monsieur Röhm... » Le chancelier promit d'y mettre bon ordre. De Papen, il ne semble pas qu'il n'en ait été question. Hindenburg n'ignorait pas l'interdiction de publier le discours de Marbourg? Il en avait été informé, le 18 ou le 19, par le secrétaire d'État Funk, que Hitler, sur une suggestion de Göring, avait envoyé à Neudeck. Le président avait écouté Funk, mais il n'était plus capable de suivre les méandres d'une pensée pleine de détours et d'intentions obscures. Il se hérissait d'ailleurs, sentant obscurément que Papen voulait lui forcer la main. À Funk, il avait simplement répondu : «Si M. von Papen n'est pas capable d'obéir (parieren), il lui faudra sentir le bâton.» Pour lui l'affaire était close. Vers 13 heures, Hitler quitta Neudeck rasséréné. Comme il l'avait flairé dès le début, Papen avait agi en solitaire, poussé par son Büro. C'était une foucade de ses «Jeunes Turcs». Il n'avait pas parlé au nom du président. Était-il le porte-parole de l'armée? C'était peu probable. Jamais, von Blomberg ou von Fritsch n'auraient encouragé le vice-chancelier à prononcer un tel discours sans avoir obtenu, au préalable, l'assentiment du président. Hitler était d'ailleurs disposé à laisser, pour le moment, Papen en paix. Il voulait ménager le président dont la bienveillance constituait, pour lui, le meilleur rempart. D'autant plus, comme le notait Rosenberg, que «le vieux n'en avait plus pour bien longtemps». Papen ne perdrait rien pour attendre. Pour l'instant, Hitler se contenterait de lui faire peur, indirectement. De cette manière, il en obtiendrait tout ce qu'il voudrait.

Peu après 17 heures, l'avion du Führer, le D 2600 que pilotait Baur, se posa à Tempelhof. Le ciel était assiégé d'appareils de toutes sortes. La première journée du Deuschland-flug, un grand rallye aérien se terminait. À partir de 3 heures du matin, les équipes s'étaient succédé au départ. L'itinéraire les avait conduites de Berlin à Stettin, Dantzig, Königsberg, Stolp et Greifswald. Le temps les avait favorisées. Sur les 107 équipages qui s'étaient présentés le matin, 105 étaient revenus à Berlin. L'un d'eux avait abandonné, l'autre avait fait une chute mortelle. À 16 h 32, l'équipe des Hambourgeois était apparue à l'horizon. Dans un ordre parfait, elle fit un tour au-dessus de l'aérodrome, puis attendit. Le chancelier n'avait aucune hâte de quitter l'aérodrome. Le ciel était rempli par le bruit des moteurs. Les nouveaux arrivants exécutaient sous les yeux de Hitler un gigantesque carrousel. Passionné de technique, il était fasciné par ces évolutions dans lesquelles liberté et domination semblaient se conjuguer. Comme un feu de savane, la rumeur s'était progagée. «*Der Führer ist da! Der Führer ist da!* » Oui, le Führer était là. Il se laisait acclamer. Les haut-parleurs déversaient sa marche favorite, la fameuse Badonviller Marsche («La Marche de Badonviller»). C'était une halte dans une oasis de bonheur. Hitler n'était pas un homme traqué. Il s'attardait. Il n'y avait pas péril en la demeure.

Dans le palais de Borsig, on mesurait déjà l'étendue du désastre. Le Führer n'avait pas tenu parole. Il était allé seul à Neudeck. La religion de Hindenburg avait été éclairée de belle manière. Comment faire revenir le vieillard sur sa conviction? Jamais à cours d'expédients, les collaborateurs du vice-chancelier imaginèrent de faire demander par le commandant de l'armée de terre que Papen fût reçu en audience à Neudeck. Ce serait la meilleure des recommandations. Fritsch eut un entretien avec Papen, dans la matinée du 22 juin, au ministère. Aux sollicications de Papen, le général répondit par des compliments ironiques. «Bien sûr, bien sûr, mon cher Papen! Vous avez prononcé un discours magnifique à Marbourg. Quel dommage que ce soit vous qui ayez parlé et non Goebbels!» Pour le reste, la règle d'or de la Reichswehr était de ne pas s'immiscer dans les conflits intérieurs. Quels que fussent, de la part de Fritsch, et son attachement à la cause de la monarchie et ses sympathies pour les conservateurs, il n'était en mesure d'intervenir. Il ne sortirait pas de la stricte neutralité politique qu'il était tenu d'observer. De ce côté non plus, le vice-chancelier n'avait rien à espérer. Il était seul, tragiquement seul avec sa petite équipe de collaborateurs audacieux et fidèles! Hitler l'avait bien compris. Des années plus tard, celui-ci a parfaitement défini la fatalité qui plana toujours sur Papen. «C'était son malheur : il n'y avait rien derrière lui.» Une exception en ces journées. Par ses déclarations, il s'était rallié une partie de l'opinion allemande. Que représentait-elle? Comment se manifestait-elle? Que pouvait-on en espérer ou en craindre?

L'évolution de l'opinion publique dans le Reich du 17 au 29 juin

Les mécontentements et le malaise du printemps avaient pris, sous l'influence de la campagne contre le «dénigrement», une forme particulière. L'Allemagne avait le sentiment de vivre l'avent de l'apocalypse. Les uns s'en réjouissaient, d'autres étaient saisis par la peur. Beaucoup restaient indifférents. Cette lutte entre révolutionnaires et conservateurs, disait-on dès avant le 17 juin, divisait le cabinet. Le discours de Marbourg n'a pas modifié fondamentalement la constellation. L'essentiel était qu'il apportait un cachet d'authenticité à des conjectures, des spéculations ou des élucubrations comme il en fleurit de tout temps dans les arrière-cabinets ministériels ou dans ces bistrots que les journalistes ont élus comme points de rencontre. D'ailleurs, ce phénomène de cristallisation ne se manifestait pas partout avec la même acuité. Particulièrement rapide et net dans la capitale, il pouvait être observé dans quelques grandes villes. Dans le plat pays du Nord et les campagnes du

Sud de l'Allemagne, la rumeur cheminait, plus lente et plus obscure, sans prendre véritablement corps. Il fallait faire exception pour quelques groupes sociaux, déjà en conflit avec le régime, qui se montraient plus réceptifs : les monarchistes, le Stahlhelm et une fraction des catholiques. Ils se sentaient menacés. Le désir était le père de la foi en un salut proche. Bientôt, on serait débarrassé des « Radikalinskis ».

Les salons et les clubs berlinois étaient, depuis le 30 janvier 1933, soumis à un régime de morne austérité. Ils avaient connu leurs heures de gloire en 1932. Ils s'imaginaient alors que leur bourdonnement faisait avancer le coche bringuebalant. Puis ils s'étaient mis en vacances pendant la Révolution nationale. Le printemps 1934 venu, ils s'étaient éveillés de leur torpeur et étaient de nouveau remplis de la plus folle agitation. On se repassait des « tuyaux » sûrs. Papen aurait reçu un télégramme de félicitations de Hindenburg qui s'était déclaré « d'accord avec lui à 100 % ». Le prince Eitel-Friedrich avait provoqué en duel le comte Helldorf, SA-Führer et préfet de police de Potsdam. Sur ce thème, on pouvait broder à l'infini. Le très conservateur Göring avait une garde composée de SA. Elle s'était révoltée contre son chef. La mutinerie avait dû être matée durement. Ces 300 SA avaient été licenciés. Les meneurs auraient été jetés dans un camp de concentration. Un remaniement ministériel était imminent. Les observateurs les plus lucides estimaient certes que « des modifications personnelles appartenaient au domaine du possible ». D'autres n'avaient pas tant de mesure et offraient, parfois au plus généreux, la liste du futur cabinet. Dans la plupart des cas, Hitler demeurait chancelier. Le 18 juin au soir, Pierre Arnal fut pourtant informé de la constitution prochaine d'un cabinet « où le général von Fritsch eût été chancelier, le général von Schleicher, ministre de la Reichswehr, le Dr Brüning, ministre des Affaires étrangères, le banquier Reingardt (sans doute Reinhardt ou Regendanz), ministre des Finances. » Certains envisageaient une restauration prochaine des Hohenzollern. Selon d'autres, le remaniement aurait bénéficié aux révolutionnaires. Martin H. Sommerfeldt déjeunait au Herrenklub en compagnie de von Gleichen (sans doute Heinrich von Gleichen-Russwurn) lorsque Werner von Alvensleben s'approcha de leur table pour donner un commentaire officieux de la situation. Le « Vieux », c'est-à-dire Hindenburg, était très, très malade. Il ne reverrait pas Berlin. Dès qu'il serait mort, les choses sérieuses commenceraient. Gleichen jeta à son interlocuteur : « Vous avez sans doute la liste du prochain cabinet dans la poche. » Alvensleben se pencha vers les deux hommes et, avec des airs de conspirateur, murmura : « Chancelier, Adolf Hitler, vice-chancelier Kurt von Schleicher, Défense, Röhm, Économie, Gregor Strasser... » Sommerfeld interrogea Gleichen : « Quelle part de vérité dans tous ces racontars ? » Gleichen : « Fifty-fifty ! » Personne ne devinait l'arrière-plan véritable du discours de Marbourg. On ne disposait que de l'information officielle. On raisonnait par analogie. Il ne pouvait y avoir de fumée sans feu. Les personnalités les plus sérieuses croyaient que Papen était épaulé par « des cercles influents et étendus ». Les mieux introduits dans le sérail misaient sur une victoire des « révolutionnaires». Hitler inclinait vers eux. La position de Schacht, de Schmitt était ébranlée. Papen serait écarté lui aussi, mais seulement après la mort du président.

La rumeur ne se laissait pas circonscrire à ces cercles berlinois très étroits. Elle s'étendait aux milieux bien informés de la province. Le 24 juin, le derby d'Allemagne à Hambourg-Horn en fut la manifestation éclatante. La course existait depuis 1869. C'était un événement hippique et mondain. De plus, elle coïncidait avec les régates de Kiel (Kieler Woche). Le gouvernement du Reich, le gouvernement de Prusse, la Reichswehr étaient représentés officiellement. Un train spécial venu de Berlin avait déversé tout un chargement de personnages officiels ou de mondains. Le Reichssportführer, von Tschammer und Osten était présent. Les automobiles formaient sur la route une colonne impressionnante. Seul le temps laissait planer quelques doutes sur l'éclat de cette rencontre. Après avoir couru sur un ciel encore bleu, lançant de-ci, de-là des ondées si brèves que l'on avait à peine le temps d'ouvrir son parapluie, s'effaçant déjà devant une averse de rayons de soleil, les nuages s'étaient accumulés en balles toujours plus épaisses. Au fil des heures, un voile gris s'était tissé. Puis un petit crachin s'était mis à tomber vers 14 heures, au désespoir des élégantes de Hambourg. Juste avant la première course, il avait cessé. Ce serait quand même une belle journée.

On dit les Allemands du Nord froids... Papen se sentait tenu de réviser ce jugement. Son arrivée avait été un triomphe. Spontanément une haie s'était formée sur son passage alors qu'il gagnait la tribune. Cela avait commencé par des applaudissements de bonne compagnie, mais, lorsqu'il eut occupé la place d'honneur qui lui était réservée, la foule se rassembla devant la tribune. Le vieil amateur des chevaux, habitué des champs de course, à la fois désorienté, flatté, heureux, n'en croyait ni ses yeux ni ses oreilles. Il avait assisté à tant de derbys... Jamais, il n'aurait cru que l'un d'entre eux pût se transformer en meeting politique. De véritables ovations montaient vers lui dominées par des cris qui ne laissaient aucun doute sur le sens de cette manifestation. «*Heil Marbourg*! *Heil Marbourg*! *Heil Marbourg*!» Ce n'était que le début de la revanche pour l'interdiction du discours.

Dans la matinée, Goebbels avait prononcé un discours contre le «dénigrement» à Essen. Vers 16 heures, son avion avait atterri à Hambourg. Pendant que le ministre gagnait Horn, on l'instruisit rapidement de ce qui s'était produit. Lorsqu'il pénétra sur le champ de courses, les premières épreuves avaient déjà eu lieu. L'arrivée du ministre de la Propagande passa presque inaperçue. Ceux qui le remarquèrent ne lui accordèrent aucune attention particulière. Goebbels sentait la colère monter en lui. Dans la tribune, la meilleure place avait été réservée au vice-chancelier. C'est ce que prescrivait le protocole. Goebbels se plaignit avec vivacité. La foule ne pouvait l'apercevoir. Les organisateurs furent invités à remédier à cela. En attendant, le ministre quitta ostensiblement la tribune, traversa le pesage et se mêla au public de la pelouse. Ce vieux routinier de la propagande savait comment dégeler les foules. Il se jetait au milieu des groupes les plus épais, serrait des mains à droite et à gauche, avait un mot et un sourire pour les femmes, tapotait la joue des enfants. La curiosité l'emportait sur l'intérêt de la course. On voulait voir le « Docteur », l'approcher, le toucher ou recueillir une parole. La foule s'agglutinait. Finalement, quelqu'un eut l'idée de faire grimper le ministre dans la tribune des arbitres. Un drapeau à croix gammée se trouva. On le fixa sur la balustrade. Des applaudissements de commande éclatèrent, se soutinrent un instant avant de retomber. Le cœur n'y était pas. La contagion d'un véritable enthousiasme faisait défaut. Goebbels regagna la tribune. À ce contact avec le peuple il n'avait rien gagné. Son costume était froissé et sa vanité chiffonnée. Au milieu d'un cercle d'officiels, il laissa libre cours à une colère froide. Il y avait là Krogmann, le bourgmestre, c'est-à-dire en fait le ministre du Land, Karl Kaufmann, Gauleiter et Reichstatthalter, qui appartenait au NSDAP depuis 1921, auquel il avait adhéré un an avant le ministre. « Tout cela », disait Goebbels qui avait perdu toute retenue, « ne s'explique que trop bien. Les gens qui dirigent Hambourg ne sont pas des nationaux-socialistes. » Krogmann jouait le sourd. Le Gauleiter n'était pas homme à laisser passer, sans réplique, une telle avanie. « Monsieur le Ministre, dit-il, je me permettrai de vous faire remarquer au cas où vous l'ignoreriez que Hambourg vit de l'exportation. Les discours que vous avez prononcés depuis quelques semaines ne sont pas faits pour favoriser le commerce avec l'étranger. Aussi ne devez-vous pas vous étonner d'être accueilli avec une certaine réserve dans cette ville qui est par ailleurs aussi profondément nationale-socialiste que le reste de l'Allemagne. » Les diplomates étrangers tendaient l'oreille pour essayer de surprendre quelques brides de cet échange de mauvais propos. Ce n'était ni le temps ni le lieu d'ouvrir un débat public. Le ministre se tut.

La journée n'était pas terminée. Papen avait convié à un grand repas qui aurait lieu le soir, dans l'hôtel Atlantic, en bordure du bassin extérieur de l'Alster. C'est une petite rivière d'une cinquantaine de kilomètres, venue tout droit du Holstein; elle forme deux grands lacs, à l'origine naturels, avant de se jeter dans l'Elbe. Le premier est bordé de prairies, de bosquets et de jardins dans lesquels se nichent des villas blanches et cossues, au milieu de grands arbres séculaires. Presque au cœur de la grande cité portuaire, malgré la régularité des gazons, on sent la présence proche de la terre et des eaux sauvages, rebelles à toute domestication. Quelle vue admirable du palace où Papen avait fait réserver une salle ! Goebbels n'était pas invité. Il ne fallait pas trop demander au vice-chancelier, dont le discours avait été frappé d'interdiction, et auquel l'accès auprès du président avait été barré. Le ministre de la Propagande exigea d'assister au repas. On trouva un compromis. Papen renoncerait à être la partie invitante. Il céderait cet honneur au vainqueur du derby. Celui-ci n'avait aucune raison de ne pas déférer aux souhaits d'un ministre du Reich. C'est ainsi que Papen et Goebbels participèrent en commun au banquet. Les apparences étaient sauves.

Mais, Goebbels n'était pas homme à pardonner un tel affront. La presse reçut des instructions. Les journaux allemands se contentèrent de mentionner la présence de Papen. Pas un mot de l'accueil enthousiaste qui lui avait été fait. Par contre, de nombreuses feuilles soulignèrent que le national-socialisme avait « démocratisé » une rencontre hippique, réservée jadis à quelques privilégiés. « Autrefois, l'extravagance était un atout. Le derby était une véritable présentation de mode. La distinction est restée. L'extravagance appartient au passé. Elle a disparu. Les robes sont sobres, simples. À cet égard aussi, les choses ont changé. Lorsque le Dr Goebbels arrive, il est salué par des applaudissements. Il se rend à la pelouse. Les travailleurs manuels, les « travailleurs du poing », l'entourent et le saluent chaleureusement. Ainsi est illustré le fait qu'il règne désormais, entre tous les Allemands, une égalité qu'aucune barrière ne viendra détruire. C'est seulement au départ de la course que le Dr Goebbels regagne sa loge. »

Le discours de Marbourg avait été interprété par le public de Hambourg-Horn comme la traduction publique de mécontentements divers que les politiques s'étaient refusé à prendre en compte. Comme l'avait fait observer Kaufmann, ceux qui vivaient de l'exportation avaient de bonnes raisons de s'inquiéter. La campagne contre le « dénigrement » n'apportait aucun remède à leurs maux. Elle les aggravait. À côté de cela, il existait des îlots d'oppositions diverses, qui méritent le qualificatif d'idéologiques; Elles étaient principalement le fait de trois groupes sociaux : monarchistes, catholiques et Stahlhelmer. Leur répartition géographique n'obéissait pas à des lois rigoureuses et l'intensité de la résistance dépendait pour beaucoup, des personnes et des circonstances locales. La prise de position publique de Papen eut sur elles une double influence. Directement, elle renforçait les tensions. Se croyant soutenus, les opposants se sont raidis dans l'intransigeance. Cependant, sauf dans deux cas singuliers que nous étudierons en détail, elle n'alla jamais jusqu'à la résistance ouverte. Les conséquences indirectes furent les plus importantes. Chaque conflit spécifique, chaque incident local était désormais considéré par les nazis, comme un élément d'une vaste coalition contre le régime, inspirée par Papen.

Quelques exemples ! Le 18 juin, à Gollmütz, près de Schwerin an der Warthe (Neumark), Kurt Elsholz, régisseur d'un grand domaine et responsable local du NSDAP, fut tué de plusieurs coups de couteau par un nommé Meissner. Au départ, une querelle insignifiante. Meissner était fils d'exploitants agricoles. Il était catholique. En 1932, il était entré dans la DJK (Deutsche Jugendkraft). Meissner avait demandé à Elsholz de mettre le terrain de sport à la disposition de son organisation. Le responsable nazi avait refusé. La discussion avait pris un tour violent. Meissner avait frappé. L'algarade était en fait la conséquence de la lutte que la HJ, la SA, le DAF et le Parti menaient depuis des mois contre la DJK. Le groupe catholique avait tenté de retourner contre les nazis les méthodes que ceux-ci étaient les premiers à employer. Lorsque la HJ ordonnait un « appel », la DJK convoquait, au même jour et à la même heure, ses propres adhérents. Lors du procès, le SA-Standartenführer Noatzke prétendit que l'on avait tenté de dresser ses hommes contre leurs gradés. À Prittisch, un jeune homme avait longtemps balancé. Il était entré dans la HJ. Puis, il l'avait abandonnée pour la DJK.

Finalement, il était retourné à la Jeunesse hitlérienne. Après cette apostasie, il fut dénoncé en chaire par le curé Roloff : il avait rompu le serment qu'il avait fait au Christ. Les responsables nazis étaient persuadés que d'anciens adhérents ou sympathisants du Zentrum « avaient systématiquement travaillé contre le NSDAP». Certes, tous ces incidents étaient minimes, mais ils survenaient dans un milieu rural, à l'horizon borné où les rancunes s'aigrissent plus facilement. Des paroles malheureuses avaient été prononcées. « Qu'est-ce que l'on attend, auraient dit certains jeunes gens de la DJK, pour tuer à coups de bâton toute cette racaille ? » Onze personnes furent arrêtées. Au début de juillet, Meissner fut condamné à mort. Le cas des autres accusés fut disjoint.

Le 23 juin, à Quentzin, près de Henkenhagen (Kreis Kolberg, Poméranie), le SA-Sturmführer Moltzahn (ou Molzahn) prononçait, à l'occasion de la fête du solstice d'été, un discours contre le « dénigrement ». Il avait adhéré au NSDAP en 1924. C'était un des plus anciens SA-Führer de Poméranie. Il était connu comme une « grande gueule ». Il avait la menace facile. Le ministre de la Défense, von Blomberg, avait fait une inspection à Stettin. La Reichswehr avait « oublié » d'inviter le Gruppenführer Peter von Heydebreck. En signe de solidarité, le Gauleiter Karpenstein se tint à l'écart des manifestations organisées à cette occasion. Commentant l'incident, Moltzahn ne faisait pas mystère de ses sentiments. C'était un partisan décidé de la « seconde révolution ». Tout ceux qui n'étaient pas ralliés au national-socialisme, du fond du cœur, ne perdraient rien pour attendre. Ils n'attendraient du reste plus bien longtemps. D'ailleurs, il avait reçu, disait-il, l'ordre d'occuper avec la 9e Standarte la caserne du 4e RI à Kolberg et celle du 5e régiment de cavalerie à Belgard. Moltzahn se complaisait dans ce genre de bravades. Ce jour là, il fut interpellé pendant la cérémonie, à plusieurs reprises, par un certain Kumerov (ou Kümerov). C'était un ancien combattant qui n'avait apparemment pas accepté que le Kyffhaüserbund, la Fédération nationale des associations de vétérans, fût « normalisée » et devint le NSFKB, (Fédération nationale-socialiste des combattants du front). À la fin de la cérémonie, Moltzahn alla trouver Kumerov pour lui faire un peu de morale. Ce dernier se saisit d'un gourdin de chêne et commença à en porter des coups à la tête du SA-Führer. Moltzahn tenta de désarmer son agresseur. Les deux hommes s'empoignèrent. Plus rapide, Kumerov parvint à s'emparer du poignard de Moltzahn et lui en porta plusieurs coups. Après une longue agonie, Moltzahn mourut dans la nuit du 9 au 10 juillet.

Le 28 juin, la OSAF publia un long communiqué. Il « était nécessaire de faire la vérité sur le crime de Quentzin et ses dessous... L'enquête menée par la Staatspolizei et le parquet de Poméranie avait abouti aux conclusions suivantes : ... Kumerov avait déjà dénigré la SA et son chef local, le Sturmführer Moltzahn, avant de commettre son crime... Lorsque Moltzahn lui a demandé des explications, il a répondu : « Il n'y a pas pire que toi et ta SA... » Kumerov avait d'ailleurs aggravé son cas en déclarant cyniquement : « Si seulement j'avais pu lui crever les tripes ! » Ainsi, selon ce communiqué, le crime, bien qu'il ait présenté des aspects personnels, ne pouvait être considéré comme le geste d'un individu isolé. «Il n'est pas vrai non plus, poursuivait le communiqué, que le NSFKB se soit comporté, avant ce crime, comme une fraction du mouvement national-socialiste, notamment en Poméranie... Cette organisation a désigné comme responsable, pour la Poméranie, le nommé Rohleder bien qu'il eût été exclu de la SA et interné pendant trois semaines par la Gestapo. Cette désignation a eu lieu dès qu'il fut remis en liberté... La bonne foi de certains membres [du NSFKB] a pu être surprise. Parmi eux, il faut peut-être compter Kumerov. Mais ils ont été incités à agir d'une manière telle que l'un d'entre eux a été conduit à commettre le crime de Quentzin. En cherchant à falsifier les motifs du crime et à en faire un acte individuel... on cherche à se dérober aux conséquences politiques d'une certaine politique. Cette tentative n'est d'ailleurs qu'un maillon dans la chaîne des manquements aux engagements souscrits par le NSFKB lors de sa fondation. On ne peut donc disculter de la responsabilité proprement politique du crime ni son auteur ni ses inspirateurs.»

La riposte nazie

Lorsque le chancelier regagna Berlin, le 21 juin, fort de la certitude que Papen n'avait pas été le porte-parole du président Hindenburg, les préparatifs d'un grand rassemblement dans le stade de Neukölln, un quartier populaire de la capitale, étaient déjà en cours. Les foules commençaient à affluer. Goebbels prononça, ce soir là, un discours d'une violence inouïe, inadmissible si Papen avait exprimé la pensée du président. «Le NSDAP est un parti populaire. Aussi, toutes les petites critiques mesquines et ridicules, dont l'écho nous parvient de toute part, ne sauraient avoir d'influence sur le nouveau régime... À l'intérieur, une œuvre de reconstruction grandiose s'accomplit. Et, à ce moment, dans le pays, un quarteron de «criticailleurs» s'est rassemblé et tente, dans la pénombre propice du café du commerce, de saboter notre travail... Soudain, on s'écrie : le national-socialisme, c'est très bien, mais le cœur n'y est plus, il faut changer ceci ou cela. Voilà des gens qui n'ont pas su nous empêcher de prendre le pouvoir et qui prétendent aujourd'hui nous interdire de l'exercer. Ce sont de ridicules galopins... Au fond d'eux-mêmes, ils se moquent bien que les salaires versés aux travailleurs soient insuffisants, mais ils espèrent détourner, grâce à leurs campagnes de dénigrement, les travailleurs, de l'État national-socialiste. Dieu soit loué! L'intelligence n'est pas assise dans les confortables fauteuils de ces messieurs. Le peuple n'a pas encore oublié l'époque où ces messieurs étaient au pouvoir et gouvernaient. Puisqu'ils ont été trop faibles à cette époque pour garder le pouvoir, comment seraient-ils capables de se l'approprier aujourd'hui? Nous avons conquis le droit de gouverner. Nous l'avons fait parce que personne d'autre ne revendiquait ce droit : pas de Kronprinz, pas de conseiller commercial, pas de grand banquier, pas de cacique parlementaire! Le gouvernement national-socialiste a commis une erreur. Il aurait mieux fait de mettre ces messieurs, sans attendre, sous les verrous.» C'était l'ouverture. La partition fut richement observée. Goebbels fut le 23 et le 24 en Rhénanie et en Westphalie : à Essen, Duisbourg, Oberhaussen et Osnabrück, le 27 à Kiel et le 29 à Cologne. Le «conservateur» Göring prit désormais une part active à la campagne. Le 24, il fut en Franconie, sur le Hesselberg, le 25 à Hambourg, le 27 à Cologne. La grande cité a toujours été considérée comme la capitale religieuse de la vallée rhénane, la fameuse «rue des prêtres». L'attitude du ministre-président de Prusse fut d'autant plus significative. Il arriva à 13 h 30, parcourut la ville, assista à un défilé et reçut les notables, puis se rendit à Godesberg. Le soir, il prononça un grand discours à Cologne. L'Église était invitée fermement à s'abstenir de toute opposition. Elle n'avait pas à prendre position sur des questions politiques si ce n'est pour soutenir le régime. La menace n'était pas voilée et Göring ne laissait aucun doute sur ce qui arriverait, en cas contraire. «C'est précisément parce que j'ai une profonde estime pour tous ceux qui ont à faire (*sic*) à Dieu, parce que j'ai le respect de l'habit sacerdotal que j'ai incliné jusqu'ici à fermer les yeux sur certaines choses. Il ne faudrait pas interpréter cette mansuétude de ma part comme un signe de faiblesse. Si l'on y tient, je peux adopter une tout autre attitude.» En fait, tous les grands orateurs du parti avaient été mobilisés, notamment les plus populaires, les Goebbels, Hess, Ley... La vaste opération de propagande contre les «criticailleurs» devait s'achever en apothéose par un acte de foi en l'unité allemande, sur la marche occidentale du Reich, à quelques mois des élections de Sarre. Crescendo d'une remarquable habileté ! D'un côté le dénigrement ! De l'autre ceux qui luttaient pour l'unité de la nation, pour que «les frères et les sœurs», soumis encore «au joug de l'étranger», retrouvassent une vraie patrie !

Le ton avait été donné par Goebbels. Ni la géographie, ni la chronologie si brève de cette dernière phase de la campagne, ni la personnalité des orateurs n'ont introduit de variations significatives. En tout lieu, à toute heure, dans toutes les bouches, c'est la même violence sans nuance, le même mépris de l'adversaire, la même haine. Le «gauchiste» Goebbels n'est pas plus virulent que le «droitier» Göring. Les opposants sont «des galopins ridicules». «Ils sont lâches et serviles lorsqu'ils ont affaire à des hommes à poigne. Ils sont insolents et pleins de morgue lorsqu'ils ont en face d'eux des faibles.» Dans le même discours, le ministre de la Propagande s'en prit, à travers des allusions transparentes, au discours de Marbourg, à la critique de l'égalitarisme et ou l'asservissement de la presse.

Au fleuret, Göring préférait la massue. Que, par hasard, il aperçoive un de ces «criticailleurs», un jour où il sera de mauvaise humeur et il laissera son poing «retomber lourdement sur l'imprudent». Les cibles sont désignées en bloc : monarchistes, hommes du passé, adversaires de l'antisémitisme. On ne l'a pas assez souligné. Durant ce mois de juin finissant, Göring a été l'un des orateurs qui insistèrent le plus sur la nécessité d'un antisémitisme conséquent. Par là, il se séparait nettement de la droite et des partisans de la monarchie. Certes, les tenants de l'aristocratie avaient été hostiles à une politique d'assimilation qui ébranlait la structure encore féodale de la Prusse et constituait une atteinte au privilège de la naissance. C'était un antisémitisme en quelque sorte « empirique » puisqu'il distinguait entre de bons et de mauvais juifs, les premiers étant intégrés à la société allemande ou méritant de l'être. Et puis, comme l'a dit un humoriste, trop de vieilles familles prussiennes descendaient d'Abraham et de Lévi, par les femmes, pour que l'on fît de la lutte contre Israël, un article du credo politique.

Le discours de Marbourg eut un résultat peu contestable. Il relança, avec l'assentiment du Führer, la campagne contre le « dénigrement ». Tous les dignitaires nazis s'y associèrent. Toutes les formations nazies y participèrent largement : SA, SS, la HJ qui ne fut pas la moins virulente, DAF, et bien sûr la PO. Un homme se tint à l'écart de cette agitation qui visait la « réaction », Ernst Röhm. Depuis le 15 juin, il soignait ses rhumatismes à Bad Wiessee.

Papen et Hitler, l'arrestation du Dr Jung

Hitler était bien résolu à donner un avertissement à Papen tout en sauvegardant les apparences. L'homme qui avait tenu la plume au vice-chancelier avait été rapidement identifié. C'était le Dr Edgar J. Jung. Un petit séjour dans un camp de concentration lui enseignerait le sens de la mesure sans lequel il n'existe pas de grand styliste. Rien ne prouve en effet qu'on ait eu l'intention, à ce moment, de l'exécuter. De fait nous savons fort peu de choses sur son arrestation. Les récits publiés relèvent de la fantaisie. Pas plus que les circonstances, nous n'en connaissons la date exacte. Selon E. Forschbach, elle aurait eu lieu le 25, à la fin de l'après-midi. Le Büro Papen en fut informé, nous dit Tschirschky, par madame Fessmann, la secrétaire de Jung, « dans la soirée du 25 juin ». Jung aurait été arrêté à son domicile. Il occupait un appartement meublé à Berlin, au 79, Paulsborner Strasse, dans le quartier de Halensee. Avant d'être emmené par les policiers, il aurait écrit sur la vitre de l'armoire à pharmacie « Gestapo ». Ce gribouillis se transforma dans l'imagination de certains historiens en taches de sang qui étoilaient le carrelage de la salle de bains. Il est d'ailleurs assez difficilement conciliable avec un autre détail que l'on donne pour authentique. La police aurait établi une souricière dans l'appartement. Qui aurait donc pu inspecter, dans ces conditions, la salle de bain ? Franz Mariaux, correspondant de la maison Ullstein à Paris, vint se jeter, tête baissée, dans le panneau. À son retour de la capitale française, il déposa sa valise chez son ami et fut, à son tour, arrêté, quand il vint la reprendre, puis transféré comme Jung au 8 de la Prinz-Albrecht-Strasse. En tout cas, ce n'est que le 30 juin que la presse internationale fit état de l'information. Le *Neue Zürcher Zeitung* en eut connaissance soit par le Büro Papen, soit par Forschbach.

La nouvelle mit en émoi la vice-chancellerie ainsi que tous ceux avec lesquels Edgar J. Jung était en relation. Après le succès flatteur recueilli sur le champ de course de Hambourg-Horn, Papen s'était « soustrait à toute possibilité d'intervenir de manière active» dans la vie politique. Le 25 juin, il assistait au mariage d'une nièce en Westphalie. Tschirschky le prévint immédiatement. Le 26, il était de retour à Berlin. Il tenta tout d'abord une démarche auprès du chancelier. Hitler était absent de la capitale. Il se trouvait encore sur le Obersalzberg près de Berchtesgaden, d'où il avait observé le Deutschland-Flug. Le vice-chancelier ne parvint pas non plus à le joindre par téléphone. Papen se retourna alors vers Himmler qui lui fit un excellent accueil et promit de libérer le Dr Jung dans les meilleurs délais. Le lendemain, Hitler était revenu à Berlin. Papen essaya d'obtenir une audience. C'était dans la matinée. Le chancelier se promenait dans les jardins, en compagnie de Rosenberg et du lieutenant de vaisseau Obermüller. Il venait d'expliquer à ses hôtes que «toute la réaction, excitée par Papen, voulait passer sur le ventre du mouvement nazi». Le Führer avait été contraint de donner l'ordre d'arrêter le Dr Jung, l'«auteur de cet incroyable discours de Marbourg». À ce moment, on annonça le vice-chancelier. Hitler éclata de rire. «Il vient pour son Dr Jung». Il fit dire au vice-chancelier qu'empêché par des obligations plus importantes, il ne pouvait le recevoir pour l'instant. Puis désignant les fenêtres du palais Borsig qui donnaient sur les jardins, il porta un bref jugement : «Tout vient de là.» Le discours, les applaudissements de Marbourg et du derby, quelques foucades isolées et les bavardages des salonnards, bref tout ce qui donnait, aux yeux des observateurs étrangers, l'impression qu'une crise de régime avait éclaté, n'était qu'une habile mise en scène dont les auteurs se dissimulaient dans l'entourage de la chancellerie. Tant que le président vivrait, ils ne risquaient rien. Hitler voulait épargner au «Vieux» des épreuves qu'il n'était plus en mesure d'affronter, mais après sa mort...

Edgard J. Jung était détenu à deux rues de là dans les caves du Gestapa. Tschirschky l'y aperçut encore au début de l'après-midi du 30 juin. À la vue de l'aide de camp de Papen, le journaliste comprit que tout était perdu. Selon la liste officielle, il fut exécuté le 1er juillet «près de Oranienburg». À en juger par des cas analogues, il aurait été abattu d'une balle dans la nuque, près du camp de concentration, durant la nuit du 30 juin au 1er juillet. Sa mort fut imputée à une tentative de fuite. La répression avait commencé à frapper. Elle n'a pas frappé que le seul Jung. Le discours de Marbourg fit bien d'autres victimes qui n'en moururent point, mais subirent une détention plus ou moins prolongée, pour avoir été trouvé en possession d'un exemplaire imprimé ou d'une copie dactylographiée ou manuscrite. La mésaventure arriva au comte Philipp Westphalen qui avait reproduit et diffusé le texte.

Dernières tentatives

Dans le palais Borsig, les jeunes collaborateurs assistaient, impuissants, à la déroute de tous leurs espoirs. Toutes leurs témérités s'étaient retournées contre eux. Le désastre ne faisait que commencer. L'arrestation de Jung ne suffirait pas à apaiser la colère du Führer. Comme tous les désespérés, ils se raccrochaient à des illusions qui les avaient déjà cent fois trompés. Le président comprendrait désormais. Il décrèterait l'état de siège. Le commandant en chef de l'armée de terre prendrait le pouvoir afin de préparer une restauration monarchique. Fritsch était un ami de Papen. Le petit cercle aurait enfin une chance de se faire entendre. Comme ils auraient été heureux si Hindenburg avait simplement persuadé Hitler de passer l'éponge sur toute cette affaire... Pour cela, il aurait fallu que Papen rencontrât le maréchal. Depuis le 18 juin, ils s'employaient à persuader leur patron qu'il devait entreprendre le voyage de Neudeck. Neuf jours, neuf journées perdues s'étaient écoulées avant qu'il s'y décidât. Le 27 juin, le vice-chancelier dut reconnaître qu'on l'avait mené par le bout du nez dans toute cette affaire. Le chancelier était allé à Neudeck sans même l'en avertir. Himmler l'avait éconduit avec de bonnes paroles. Hitler était inacessible. Bose avait préparé un dossier de presse sur la campagne menée par Goebbels contre la «réaction» et un second sur les premières arrestations. Le vice-chancelier soumettrait cette documentation au président. Appelé au téléphone le 26 juin, Meissner pria Papen de ne pas se déplacer. Oskar von Hindenburg devait se rendre à Berlin, le lendemain. C'était un excellent prétexte pour rester dans la capitale. D'une pierre, le vice-chancelier ferait deux coups. Il exposerait ses griefs à Hindenburg, par personne interposée, il est vrai, alors que dans une telle affaire, rien ne remplace le contact direct. Et, il aurait le temps de faire une démarche auprès de Hitler.

L'entretien avec Oskar von Hindenburg eut lieu, sans témoins, dans le palais Borsig, le 27 juin. Il débuta vers 10 heures et dura près d'une heure. Nous ne le connaissons que par les confidences de Papen à ses collaborateurs. Papen aurait renouvelé ses griefs. On le diffamait, on arrêtait ses collaborateurs. En province, les conservateurs n'étaient plus en sûreté. Le Stahlhelm avait été dissous. Il était devenu nécessaire que le président le reçoive. Oskar von Hindenburg retira de la conversation une impression de futilité. Papen dramatisait parce que la presse allemande n'avait pas publié un de ses discours. C'était une réaction de vanité blessée. Le colonel avait quelques raisons de ne pas attacher grande importance aux propos d'un homme qui demandait au fond une réparation d'amour-propre. Depuis le 21, l'état du maréchal s'était aggravé. Fallait-il troubler une agonie prolongée, par d'aussi médiocres soucis? La suite allait conforter Oskar von Hindenburg dans son intention de ne pas mentionner les inquiétudes du vice-chancelier à Neudeck.

Papen s'était éclipsé pour se rendre chez Hitler. Tschirschky proposa au visiteur, qui voulait aller au ministère de la Défense, de lui faire un bout de compagnie, à travers le Tiergarten. Ce qu'Oskar von Hindenburg entendit aurait paru nébuleux à tout personnage expérimenté et de sens rassis. Tschirschky reprit les griefs déjà exposés par Papen, mais il ne se contentait pas d'une réparation morale. Après avoir entendu Papen, le président aurait convoqué immédiatement les généraux Fritsch et Rundstedt, sans respecter la voie hiérarchique afin de tenir à l'écart le ministre de la Reichswehr, Blomberg. Puis, il aurait proclamé l'état d'exception. Hitler et Göring auraient été appelés à Neudeck où ils auraient été informés des décisions prises par le président : désarmement de la SA, suspension des libertés constitutionnelles, délégation de tous les pouvoirs au président du Reich, formation d'un directoire comprenant : Fritsch, Rundstedt, Papen, Brüning, Goerdeler, Hitler et Göring. Le projet de dictature militaire, ce serpent de mer du conservatisme allemand, surgissait une dernière fois avant de disparaître définitivement. À bout d'arguments, Tschirschky, qui se heurtait à un étonnement grandissant et un scepticisme à peine dissimulé, proposa à Oskar von Hindenburg de prendre Fritsch comme arbitre. Il le supplia de ne pas aller au rendez-vous qu'il avait avec von Blomberg, mais de se rendre tout droit chez le commandant de l'armée de terre. Nous ne savons pas ce que décida le fils du président. De toute façon, le 27 juin, von Fritsch n'était pas à Berlin, mais à Aix-la-Chapelle. Oskar von Hindenburg n'avait donc pas le choix.

Papen était du reste tout prêt à faire la paix sans avoir reçu la moindre compensation. Le 28 juin, au lendemain de sa rencontre avec Oskar von Hindenburg, il prit la parole, dans les Kroll-Festsäle, devant l'assemblée des représentants des chambres de commerce allemandes à l'étranger. Ses propos furent édifiants. «Le peuple allemand s'efforce... de restaurer l'unité politique et morale de l'Allemagne. Est-il surprenant qu'une évolution d'une telle ampleur provoque des divergences d'opinion sur le rythme, les méthodes, les voies les plus commodes et les plus rapides pour atteindre le but? Au cours des dernières semaines, tout particulièrement, on a suivi avec une attention soutenue, à l'étranger, les débats de politique intérieure en Allemagne. On en a tiré des conclusions qui relèvent parfois de la malveillance, le plus souvent de l'ignorance ou de l'incompréhension de la situation réelle... Dans les pays allemands personne n'éprouve le moindre doute. Le chancelier et Führer triomphera et mènera à son terme l'œuvre de renaissance matérielle et morale de la nation. À l'étranger, on spécule sur des querelles allemandes intestines. La conséquence (d'une telle erreur de jugement) risque d'être inévitablement le choix d'une politique erronée en face de l'Allemagne. Ainsi, on ralentirait le processus de régénération de l'Europe.» Sans doute, ne faut-il pas surestimer l'importance d'un discours de circonstance qui doit être compris «en situation». Les représentants des chambres de commerce allemandes à l'étranger ne s'étaient pas réunis à Berlin pour entendre des confidences politiques. Ils étaient venus chercher la confirmation de leur action ou, éventuellement, des instructions nouvelles. Papen ne laissait pas de désavouer son fameux discours de Marbourg et d'abandonner ceux qui avaient misé sur lui.

*

* *

Papen avait-il réussi à renforcer les forces de conservation? Non! Au contraire, devant la tourmente, le mouvement national-socialiste serrait les rangs. Dans la seconde quinzaine de juin, après quelques journées de flottement entre le 18 et le 21, tous les grands chefs : Goebbels, Göring, le Dr Ley, Rosenberg ont fait front contre la « réaction ». Jamais sans doute, l'unité du Parti et de la SA qui paraissait compromise au début de juin ne s'était affirmée avec autant de force et de violence.

QUATRIÈME PARTIE

LE « FUEHRER » EST MANIPULÉ

Chapitre 9

LA CONSPIRATION DE ROEHM EST DÉCOUVERTE (21-25 juin)

Le discours de Marbourg, insignifiant en soi, eut cependant des conséquences incalculables. Au moment où le conflit entre SA et Reichswehr perdait de son acuité, Papen avait adressé au Führer, à la face de l'Allemagne et du monde, une sorte d'ultimatum. Il fallait choisir entre la révolution et l'ordre. Les adversaires de Röhm, Blomberg et Reichenau, Göring et Himmler, pourtant rassérénés par l'issue de l'entretien du 6 juin, en conçurent de nouvelles inquiétudes. Et si Hitler prenait parti pour les «révolutionnaires»....? L'hypothèse n'était pas absurde. Le premier à voir le danger, fut Reichenau, secondé par Himmler. Pour le Reichsführer et Göring la menace était double et ils risquaient de perdre sur les deux tableaux. La faillite de leurs plans était assurée si le Führer donnait l'ordre «de reprendre la marche en avant» et d'instaurer un socialisme en Allemagne. Ils n'avaient pas moins à craindre que la Reichswehr ne prît parti pour les conservateurs. Malgré les services rendus, ils n'avaient sans doute pas grand chose à espérer d'un régime dictatorial qui se serait appuyé sur les autorités naturelles, les corps constitués et les possédants.

Alors commença une des plus extraordinaires machinations de l'histoire contemporaine. Les quatre compères entreprirent de persuader Hitler que les plans de Röhm ne compromettaient pas simplement le réarmement de l'Allemagne. Le Stabschef, ayant compris qu'il ne devait pas compter, de la part du Führer, sur une complicité tacite et encore moins sur une approbation déclarée, avait tout simplement décidé de supprimer Hitler. Ils réussirent non sans mal à placer celui-ci dans une situation qui lui enlevait toute liberté de choix et dans laquelle il devait agir, quelle que fût sa conviction intime, comme le souhaitaient ceux qui tiraient les fils.

Convaincre Hitler qu'il y avait péril en la demeure était une chose. Pour se prémunir d'un «retour de manivelle», Himmler et Göring devaient tenir la balance égale. On décimerait la SA, mais en même temps on décapiterait les oppositions conservatrices. Au cas où les chefs de la Reichswehr auraient eu des arrière-pensées politiques, on les brouillait avec leurs alliés potentiels et on les privait de toute représentation civile. Blomberg et Reichenau ont accepté ce marché. Bien d'autres officiers ne l'ont pas ignoré.

Signes et présages : les funérailles de Carin Göring

Vers la mi-juin, trois obstacles s'étaient dressés devant le chancelier. Le premier était l'attitude présumée de Mussolini en regard de la politique autrichienne du NSDAP. Il avait été pris de manière brillante. À peine de retour dans le Reich, Hitler avait buté sur un second obstacle. Une opposition conservatrice se manifestait par la voix de Papen. Nous savons comment ce barrage plus apparent que réel avait été tourné. Le Führer n'avait pas encore la piste libre. L'affaire de Marbourg était à peine réglée, Hitler s'attardait encore à Tempelhof, le 21 juin, vers 17 heures, que la Reichswehr, avec la complicité du SD et de la Gestapo, s'employait à dresser une haie plus haute encore devant laquelle le coursier broncha. La veille déjà, le 20 juin, signes et présages annonçaient le désastre.

Ce jour là, avaient lieu, dans la Schorfheide, les funérailles grandioses que Hermann Göring offrait en un ultime hommage à Carin, sa première épouse. C'était la fin d'un merveilleux conte de fées moderne, presqu'incongru dans un monde sans pitié ni mystère. Cela avait commencé par un jour de l'hiver 1920, sur l'aérodrome de Stockholm. Eric von Rosen voulait regagner à tout prix son domaine de Rockelstad, près de Sparreholm, sur les rives du lac de Baven. Le jour baissait déjà. Il neigeait. Les risques du vol effarouchaient tous les pilotes. Un seul était prêt à tenter l'aventure, en compagnie du forestier. C'était un jeune Allemand de vingt-sept ans. Après la mort de son chef, il avait commandé la prestigieuse escadrille de Richthofen. Puis, embauché par une compagnie suédoise de transports, il avait quitté l'Allemagne. L'aviation civile à ses débuts n'était pas encore une industrie. Rehaussée par l'éclat de l'arme aérienne, véritable «chevalerie moderne», mal intégrée à la société, elle avait encore quelque chose d'héroïque et d'irrégulier. Sur les terrains d'aviation, où se dressaient des hangars, un bureau et la buvette, on eût dit qu'il soufflait un air plus vif. Une poignée de casse-cou auxquels la guerre avait appris le cynisme y menaient, en marge, une existence libre, dans le risque et l'amitié. Cet emploi avait permis à Hermann Göring de fuir une patrie ingrate qui insultait ceux qui avaient exposé, pour elle, leur vie pendant quatre ans. Par cet après-midi d'hiver, l'aventure le tenta. L'avion se frayait péniblement une route, à travers les rafales de neige, volant aussi bas que possible pour garder la direction, sautant de lac en lac. Enfin Rockelstad apparut. Ils se posèrent sur les eaux gelées. Le jour était mourant. Il était trop tard pour retourner à Stockholm. Eric von Rosen offrit l'hospitalité à son hardi pilote.

Après le froid, le brouillard et le danger, s'ouvrit devant Hermann Göring une de ces demeures suédoises confortables. C'était comme une clairière de clarté et de chaleur dans la nuit hostile. Göring était assis devant la cheminée où les bûches brûlaient d'un feu vif. Il aperçut, descendant le large escalier Carin von Kantzow. Elle avait épousé en premières noces un officier suédois, Nils von Kantzow. À trente-deux ans, elle était l'aînée de Hermann Göring de cinq ans. Tous les témoignages concordent : ce fut un coup de foudre réciproque. Ils se revirent bientôt à Stockholm, puis en Allemagne. Le mariage fut célébré à Munich, le 3 février 1922. La vie du couple fut exemplaire. Malgré un certain désarroi devant quelques-uns des compagnons de son époux, Carin s'est dévouée à lui sans défaillance. L'affection que lui portait son mari était profonde et sûre. Puis, ce fut le drame. Elle était de santé fragile et mourut le 4 octobre 1931, à Stockholm. En 1934, le transfert du corps fut décidé.

À une bonne cinquantaine de kilomètres au nord-ouest de Berlin s'étend la Schorfheide, tout le long du lac de Werbellin. Paysage de la Marche, aux vastes perspectives à peine vallonnées par la houle imperceptible du terrain, il s'enfuirait jusqu'à l'horizon si la contrée n'était coupée de bois sombres. Des lacs ont été abandonnés par le recul des glaciers, ils sont cernés aujourd'hui par des barrières de sapins. Au loin, quelques constructions de brique rouge ou un toit brun mettent une note plus vive dans le paysage. Au-dessus de la terre s'ouvre un ciel immense d'un bleu léger dans lequel des architectures de nuages blancs glissent sans bruit. Au soleil printanier, l'écorce des bouleaux, que le vent fait doucement frémir, scintille. Lorsque l'hiver s'abat sur l'étendue blême aux horizons perdus, seul quelque arbuste se dresse, noir, sur la brume dont il émerge. Une corneille, oiseau de malheur, s'y est posée. Elle ne tarde pas à s'envoler en poussant un cri déchirant. Grande est la solitude ! Eberswald est la première agglomération importante. Elle est distante de vingt kilomètres. Au recensement de 1933, on y comptait 31 310 habitants. Au nord du lac, Joachimsthal, fondée en 1604 par le prince électeur Joachim Friedrich, n'était qu'un bourg. Mais la Schorfheide aux bruyères colorées avait des réserves de gibier considérables sur lesquelles veillait un personnel hautement qualifié. Les Hohenzollern y avaient déjà un modeste pavillon de chasse, le Hubertusstock. Göring, grand chasseur, avait jeté son dévolu sur les chasses de l'État. Pour lui, on ne tarda pas à forger le titre de « Grand Maître des Eaux et Forêts du Reich » (Reichsfortmeister). Il affectionnait particulièrement la Schorfheide, d'ailleurs si proche de la capitale. C'est le cadre qu'il avait choisi pour le repos éternel de Carin von Rosen. Plus tard, il fit édifier une somptueuse résidence, Karinhall. Dans ce paysage d'une âpre solitude, il installa une sorte de Walhalla à la mode d'Hollywood.

L'exhumation eut lieu le 19 juin, au cimetière de Lovoe. Une brève cérémonie se déroula en présence des membres de la famille et de quelques intimes. Ce fut le seul instant de recueillement vrai qui entoura la morte pendant ces deux journées. Puis, le cercueil fut conduit à la gare, placé dans un wagon qui fut rattaché au train régulier. À Stockholm, le wagon fut embarqué sur le Drottning Viktoria. Une foule, Allemands et Suédois fraternellement confondus, s'était rassemblée sur le quai pour saluer la dépouille mortelle de Carin Göring. Dès que le navire entra dans le port de Sassnitz, sur l'île de Rügen, tout changea. Hermann Göring était arrivé de la capitale à 1 h 45. Il était là, sur le quai, debout, massif. Son émotion n'était pas feinte. Avec une extrême lenteur, le wagon, couvert de couronnes et de fleurs, sortit du ferry. Un sourd roulement de tambour déferla. Dans le silence retombé, les manœuvres des cheminots détonnaient, avec un relief incongru. Enfin le convoi s'ébranla. Il traversa le Mecklembourg, puis les vieilles provinces prussiennes, Poméranie, Uckermark. Les villes et les bourgs défilaient : Bergen, Stralsund, Greifswald et Ducherow, Pasewalk et Prenzlau. Combien d'armées et d'invasions étaient passées sur ces terres? Mais qui en cette resplendissante journée du 20 juin 1934 aurait deviné que, moins de onze ans plus tard, elles seraient, pendant un hiver et un début de printemps terribles, le champ d'une lutte sans pitié entre les divisions soviétiques et les débris de la Wehrmacht, appuyés par les SS et les volontaires étrangers qui mouraient, la rage et le désespoir au cœur, pour une cause perdue.

Tout cela était encore dissimulé par les brumes de l'avenir. En ce jour de juin, les habitations étaient presque pimpantes sous les rayons de la lumière argentée. On avait briqué, astiqué, frotté. Le travail était partout suspendu. La rumeur des campagnes s'était tue. Dans le silence, on eût dit que les oiseaux chantaient plus fort. Les petites gares de brique rouge resplendissaient d'une propreté hollandaise. Sur les quais, les formations du NSDAP étaient alignées : la Jeunesse hitlérienne, garçons de la HJ et filles du BDM, les femmes, mères ou futures génitrices, de la NS-Frauenschaft, la SS et bien sûr les uniformes bruns de la SA. Elles témoignaient que la discipline prussienne était toujours bien vivante. Les drapeaux flottaient au vent et jetaient des éclats de couleur. Le rouge vibrait sur la campagne verte. On se recueillait comme par devoir. On s'attristait par vénération pour le ministre-président. On s'attendrissait sur le sort de cette femme belle et encore si jeune. Le convoi atteignit Eberswald à 8 h 30. Hermann Göring descendit de son wagon spécial, accompagné de parents et d'amis : la comtesse Rosen-Willamowitz, madame Martin, son beau-fils von Kantzow, le prince et la princesse zu Wied, le général de la police Wecke. Sur le quai, il fut salué par les personnalités. Le premier à s'avancer fut Wilhelm Kube, Gauleiter de la Marche et Oberpräsident de Brandebourg. Parmi les fidèles qui étaient venus dire leur sympathie et présenter leurs condoléances, le prince August Wilhelm, un des fils de Guillaume II, dans son uniforme de SA-Gruppenführer! Qui se serait douté que dans dix jours certains des invités proposeraient qu'on le supprimât ou tout au moins qu'on l'envoyât méditer dans un camp de concentration sur l'inconvénient qu'il y avait à choisir le parti des vaincus.

La marche funèbre de Beethoven retentit. Dans ce paysage, l'admirable chant héroïque détonnait. Mal accordé à la sensibilité des hommes et des femmes nés de cette terre, il paraissait pompeux. Contre les terreurs de la mort et le déchirement tragique, c'est dans l'humilité du choral luthérien que l'on trouvait ici, depuis des siècles, la certitude, la joie et le salut. Vingt-quatre hommes, huit officiers de police, huit Führer du Luftsportverband (Ligue aéronautique) et huit gardes-chasse s'avancèrent. Huit d'entre eux soulevèrent le cercueil. Les autres devaient les relayer au long du chemin. Des deux côtés de la route, la population silencieuse formait une haie. Hommes et femmes étaient venus. Beaucoup n'avait pas eu le temps de quitter leurs vêtements de travail. C'étaient les plus humbles. Ce n'étaient pas les moins fervents. À la maison forestière de Dollnkrug, la bière fut chargée sur une voiture tirée par six chevaux. Elle était escortée par des cavaliers de la Landespolizei.

Les invités s'étaient rassemblés à Karinhall et attendaient : les ministres, le Stellvertreter du Führer, Rudolf Hess, Schacht, le Statthalter de Bavière, le général Ritter von Epp, Otto Meissner, qui représentait le président du Reich, Hitler enfin, entouré de ses collaborateurs privés, Brückner, le SS-Gruppenführer Joseph Dietrich, le SS-Oberführer Schaub. Contrairement à ses habitudes, le Reichsführer de la SS et inspecteur de la Gestapo, Heinrich Himmler, était arrivé en retard. Il était pâle et paraissait agité.

AAu loin, des cors se firent entendre, annonçant l'approche du cortège. Les conversations s'arrêtèrent; le silence s'appesantit. Au sommet d'une élévation sablonneuse, plantée de pins et de hêtres, on avait taillé dans le bosquet une vaste clairière abritant le caveau. Une enceinte de pierres dressées, symbole des vieux cultes païens, comme on en rencontre dans cette plaine parsemée de blocs erratiques, cernait le mausolée. Entre les troncs, on voyait scintiller un lac, le Wuckersee. La gendarmerie assurait le service d'ordre. Landespolizei, Deutscher Luftsportverband, agents des Eaux et Forêts complétaient la figuration. Le convoi arriva. Le char roula jusqu'au caveau pendant que les musiques jouèrent, douloureuse et pathétique, la marche funèbre du *Crépuscule des dieux*. Le cercueil fut descendu. Un choral de Luther précéda l'oraison funèbre du pasteur, le Dr Wendt. Comment reconnaître en celle-ci la parole du Christ et de l'Église? «Aujourd'hui, Carin Göring! Ce sont la forêt allemande, le lac allemand qui te saluent. Aujourd'hui, ce sont les étoiles de notre terre natale qui brillent sur ta tête. Notre terre natale est devenue pour toi une deuxième patrie. Ton âme ardente l'a désirée de toutes ses forces. Au côté de ton époux, tu as lutté pour elle, tu t'es réjouie avec elle jusqu'à la mort. La terre... allemande t'enveloppe désormais pour l'éternité. Dans la grandiose solitude de ses forêts, elle te dit de sa voix puissante, sa gratitude et te promet le salut et la paix.» L'assistance récita le *Notre-Père*. Le prêtre donna la bénédiction. Tous entonnèrent alors le choral *So nimm denn meine Hände* (Prends mes mains...). Sur l'autre rive du Wuckersee, des fanfares s'élevèrent. Par dessus les futaies, par-delà les eaux du lac, le chant des cors fit entendre l'hallali dont les dernières notes s'éteignirent lentement pendant que l'assemblée se dispersait.

Il convenait de dresser symboliquement ce tombeau à l'orée de ce drame sinistre. L'amour de Hermann Göring était sincère. Son chagrin avait été profond. Trois ans avaient passé sans doute. La disparue n'était pas oubliée. Cet homme en apparence inébranlable avait conscience de l'irrémédiable. Pourtant devant la mort, un sentiment aussi sincère ne parvenait pas à trouver l'expression juste. Tout sonnait faux dans ces grandioses funérailles. Elles n'étaient ni l'image de la foi luthérienne ni quelque résurgence moderne des grands mythes de l'humanité. Ce n'était plus qu'un spectacle, un divertissement destiné à masquer le néant des âmes. Un journaliste, qui assistait à la cérémonie a eu, dans son compte-rendu, ce mot terrible : « L'emplacement a beaucoup de Stimmung et offre une vue magnifique ! » Le monde n'était plus, pour des intelligences déréglées, qu'un décor ou un moyen.

L'attentat de la Schorfheide

La preuve ne tarda pas à en être donnée. Himmler se servit de la cérémonie funèbre comme d'un prélude à la découverte du complot que Röhm aurait ourdi contre la Reichswehr et le Führer. Le Reichsführer était arrivé en retard à Carinhall. Pour ceux qui le connaissaient, c'était assez incongru. De plus, il était « blême et agité d'un tremblement » qu'il ne parvenait pas à réprimer. Sa conduite fut complètement déroutante. Il attira Göring un peu à l'écart, lui parla longuement en faisant de grands gestes. On vit alors le ministre-président s'approcher du chancelier, lui glisser quelques mots à l'oreille. Hitler et Göring rejoignirent Himmler. Devant les invités médusés, les trois hommes conférèrent longuement jusqu'à ce que le son des cors annonçant l'arrivée du convoi final mit fin à leur conciliabule. Que s'était-il passé ? On le sut bientôt. La rumeur circula parmi la foule. Le Reichsführer avait été la cible d'un attentat. Pendant qu'il traversait la Schorfheide à grande vitesse, des inconnus avaient tiré plusieurs coups de feu sur le véhicule. Un projectile avait traversé le pare-brise. Himmler aurait exigé que l'on fusillât sans délai quarante communistes. Selon Gisevius, Daluege se serait proposé, de lui-même, pour instruire l'affaire. Himmler avait accepté de grand cœur. Tous ne furent pas convaincus. Bodenschatz, l'aide de camp de Göring, inspecta lui-même la voiture. Il releva bien un point d'impact, mais il lui sembla qu'il aurait tout aussi bien pu être causé par le choc d'un caillou. L'enquête de Daluege fut rondement menée. Quelques heures plus tard, il faisait des gorges chaudes de l'attentat avec Gisevius. Ce n'était pas un attentat, mais un accident. Une automobile roulant à 100 kilomètres à l'heure avait projeté une pierre contre le pare-brise de la voiture du Reichsführer. Un rapport fut établi et transmis à Himmler, Göring, Frick et Hitler.

L'incident tel qu'il nous a été rapporté, de manière concordante, par Gisevius et Bodenschatz présente en effet bien des aspects troublants. Le chef de la police politique n'ignorait pas que la première précaution à prendre contre les attentats, consiste à ne pas ébruiter les tentatives avortées. Or, il s'est affiché si maladroitement devant une foule nombreuse que ce fut bientôt le secret de polichinelle. Comme si cela ne suffisait pas, une indiscrète publicité fut donnée à l'événement. Pierre Arnal, le chargé d'affaires français à Berlin voulut s'informer aux meilleures sources. Le service de presse officiel tint à satisfaire sa curiosité. « On m'affirme que plusieurs coups de revolver ont été effectivement tirés sur M. Himmler par un homme expulsé des Sections d'Assaut; on ajoute, du reste, que le commandant des SS n'a pas été atteint.» Le 25 juin, la *Neue Zürcher Zeitung* donna des détails. Sept projectiles auraient perforé le véhicule. Étant donné le sérieux du journal, son souci d'une information exacte, le soin avec lequel les renseignements étaient vérifiés, on s'étonne de la précision du chiffre. Tout se passait comme si l'on cherchait à provoquer des «fuites», au bénéfice de l'opinion internationale, car, bien entendu, la presse allemande ne dit mot de l'affaire.

La démarche de Himmler, à son arrivée à Carinhall, n'est pas moins surprenante. Il aurait bien pu aller trouver Hitler, de lui-même, sans attendre, s'il croyait qu'il y avait péril en la demeure. Pourquoi mettre Göring en tiers? Juste en ce jour et à cette heure! L'homme ne méritait-il pas d'être ménagé alors que la cérémonie ne pouvait manquer de réveiller de douloureux souvenirs? Le plus surprenant enfin est le choix de l'homme chargé de l'enquête. Daluege? Il dirigeait l'ensemble des polices en Prusse et, depuis quelques semaines, dans le Reich, à l'exception des services de police politique. Entre lui, bien qu'il fît partie nominalement de la SS et Himmler, les relations n'avaient pas toujours été bonnes. À l'automne, la lutte pour le contrôle du Gestapa les avait opposés directement. Une rivalité de compétences continuait à subsister. N'était-il pas curieux que Himmler acceptât si facilement, s'il ne l'a pas proposé, comme l'affirment Fraenkel et Manvell, que Daluege fût commis à éclaircir cette affaire obscure? En fait, rien d'étonnant dans tout cela! La rivalité du Reichsführer et du ministre-président, c'était désormais pour la galerie. Ils étaient alliés même si le pacte fut conclu, bien avant le 20 juin, dans des circonstances moins mélodramatiques qu'on ne l'a prétendu. Göring aurait promis son concours à Himmler, a-t-on dit, après lui avoir fait jurer que ce dernier n'entreprendrait rien contre lui. Confier l'enquête à un homme de Göring, c'était, semblait-il, une garantie d'objectivité. Pour en douter, il aurait fallu être informé de la complicité des deux hommes. Daluege a bien pu faire des gorges chaudes, en privé, avec son collaborateur Gisevius, de cet «attentat» prétendu; il est douteux qu'il ait remis un rapport en ce sens à son patron. Gisevius, qu'il faut toujours lire la loupe à la main, a dit le vrai, en le masquant, du reste, à moitié. «Il était grand temps que Hitler... comprenne jusqu'où les Karl Ernst, Heines et Röhm poussaient l'audace!» Himmler et Göring, assistés par leurs collaborateurs immédiats, se renvoyaient la balle. On avait voulu attenter à la vie du Reichsführer SS, le 20 juin, dans la Schorfheide. Les services de Göring le confirmaient. Les investigations s'orientèrent bientôt vers la SA. Les auteurs présumés de l'attentat furent identifiés. C'étaient deux SA-Führer, le Standartenführer Karl Belding, qui faisait fonction de commissaire de police à Breslau, et le Standartenführer Bernhard Fischer, qui avait également des fonctions dans la police. Ni l'un ni l'autre n'avaient perpétré le moindre attentat. Ils n'étaient même pas dans la région de Berlin le 20 juin. Le premier fut exécuté le 30 juin. Le second, arrêté à Breslau, le même jour, échappa à la mort et était encore détenu à Lichtenbourg au début du mois d'août, inculpé de tentative de meurtre contre le Reichsführer. Tout cela n'était qu'un prélude.

Le « Sonderbüro Stein » découvre la conspiration de Röhm

Le lendemain, pendant qu'il s'attardait à Tempelhof, fasciné par les évolutions des participants du Deutschland-Flug, fier de son succès à Venise, heureux de l'accueil du président à Neudeck, Hitler ne soupçonnait pas la tourmente qui allait éclater. Il existait à Berlin une officine où l'on n'hésitait pas à confondre information et renseignement. H. Orb la désigne comme Sonderbüro Stein. Le nom a été substitué. C'était en fait une couverture des services secrets. Le Chef Stein était un major mis en disponibilité (Oster?), il travaillait pour l'Abwehr (espionnage et contre-espionnage militaire). Pour adjoint, il avait un SD-Führer, un certain Pospichil (?). Orb laisse entendre que Stein n'ignorait pas l'appartenance de Pospichil au SD (le service de renseignement du Parti), mais il aurait, avec beaucoup de suffisance, méconnu qu'il avait introduit le loup dans la bergerie. Ne disait-on pas de ce Stein qu'il était « l'homme le plus influent de Berlin »? Naïveté réelle ou feinte? Quoi qu'il en fût, le Sonderbüro fit, vers le 20 juin, une découverte sensationnelle, le plan d'un putsch préparé par la SA contre la Reichswehr ET le Führer. L'histoire était rocambolesque, mais ne détonnait pas dans le pandémonium qu'était devenue la capitale du Reich, en ces journées surchauffées de juin. L'information fut authentifiée par les analystes de l'Abwehr et du SD. Reichenau, chef du Ministeramt, et Heydrich, chef du SD et du Gestapa, en informèrent qui de droit. Ils ne faisaient que leur devoir. Formellement, la démarche était inattaquable. Une omission aurait constitué une faute professionnelle. Pourtant, nous savons que l'on a découvert ce que l'on voulait découvrir et que l'on a procédé à un montage, pas très habile, du reste. Selon Orb, Miss St., une Américaine, fille de famille fortunée, qui poursuivait des études à Berlin, tout en s'essayant au journalisme, avait appris la nouvelle d'un ami. Miss St. était lesbienne et s'était liée avec une Baronesse von Biel (?). Celle-ci, bien qu'elle appartînt à une des vieilles familles de la noblesse allemande, travaillait pour le SD qui l'avait introduite dans le Sonderbüro. La Baronesse von Biel informa ses chefs de la conjuration. Ni Stein ni Pospichil n'éprouvèrent de doutes. Ils transmirent le premier au capitaine de vaisseau Patzig qui dirigeait l'Abwehr et le second au SS-Sturmbannführer Hermann Behrends qui était à la tête du SD-Oberabschnitt Berlin. Reichenau et Heydrich en eurent connaissance. Le 21 juin, ils donnèrent le feu vert.

Le plan de révolte aurait été l'œuvre d'une poignée de SA-Führer ambitieux, appuyés par Röhm. L'objectif était la prise du pouvoir afin de mener à bien la seconde révolution socialisante et de substituer à la Reichswehr, une armée révolutionnaire dont les cadres et les effectifs auraient été fournis par la SA. Les opérations débuteraient par une attaque du quartier des ministères à Berlin et son occupation. Les conjurés prétendraient agir au nom du Führer, mais celui-ci serait mis en état d'arrestation, prétendûment pour 24 ou 48 heures. Pour apaiser les scrupules des SA fidèles à Hitler, on leur dirait que le chancelier souhaitait qu'il en fût ainsi afin d'être déchargé, devant les puissances étrangères, de la responsabilité de cette action. En fait, son assassinat était prévu. Le meurtrier était déjà désigné. L'Allemagne serait le théâtre d'une cruelle guerre civile. Noblesse, bourgeoisie, Églises subiraient une sanglante terreur. L'armée de métier serait décimée. Des listes de proscription avaient déjà été dressées.

Ce plan est une forgerie. Jamais Röhm ni aucun SA-Führer n'a préparé l'assaut des ministères. Miss St. n'a certainement pas transmis des informations aussi élaborées. À partir des indications reçues, le Sonderbüro a reconstitué la trame de la conspiration. Sans grande débauche d'imagination! À l'origine, le souvenir du putsch de Kapp et de Lüttwitz. Certains éléments sont familiers à tous ceux qui connaissent la vie politique allemande entre 1930 et 1933. L'occupation des ministères par des putschistes était un cas de figure envisagé, tout au long de l'année 1932, chaque fois qu'un conflit aigu perturbait la vie politique du Reich. De telles rumeurs avaient circulé à Berlin peu avant les élections du 5 mars 1933. Le matériau était banal, mais l'élaboration calculée. L'imminence de l'attentat découvert bloquait toute investigation sérieuse. Le Führer devait réagir sans délai.

Il est impossible d'ignorer deux interrogations. Toutes ces fables n'ont-elles pas été composées, après le 30 juin, pour justifier la répression? L'auteur n'en a-t-il pas été Hitler lui-même? La réponse à la première est simple. Le fameux plan de putsch révélé par Miss St. n'a jamais existé, mais... tout s'est déroulé comme si les principaux acteurs y avaient cru. Nous n'en voulons pour preuve qu'un mince détail, mais très significatif. Le document est irréfutable. C'est le rapport du gradé de la Leibstandarte, qui était de service, le 21 juin. L'original est conservé au Bundesarchiv de Coblence. À Lichterfelde, dans l'ancienne caserne des cadets, le SS-Obertruppführer (adjudant-chef) Zechmeister faisait fonction d'officier de jour. Sa tâche était d'assurer, jusqu'au lendemain, le contrôle de la garde à Lichterfelde, à Tempelhof, au Gestapa, Prinz-Albrecht-Strasse, ainsi qu'au ministère de l'Économie et du Ravitaillement. À 21 heures, le Gestapa téléphona. Un attentat contre l'avion du Führer était projeté. Un renforcement de la surveillance était nécessaire. Zechmeister appela le Obersturmbannführer (lieutenant-colonel) Reich. Les deux gradés se rendirent sur place pour prendre toutes les dispositions utiles. Le 21 juin, avant 21 heures, Himmler et Heydrich avaient donc «appris» ou «découvert» que la SA préparait un coup de torchon. Deux jours plus tôt, deux SA-Führer avaient tenté d'assassiner le Reichsführer SS. Désormais, Adolf Hitler lui-même était visé. Tout s'enchaîna comme si l'on avait cru au péril. Mais Hitler? On n'a pas manqué de faire valoir qu'il avait ordonné la mise en scène pour se procurer un alibi. Comment expliquer alors qu'il ait choisi, dans son discours du 13 juillet, un tout autre masque : celui du Führer charismatique, assumant publiquement jusqu'aux meurtres qu'on ne pouvait lui imputer en raison.

Le mécanisme réel de l'opération était simple. Aux échelons subalternes, les informateurs, la Baronesse Biel, se sont contentés de transmettre des ragots comme il en circulait à Berlin. Les renseignements ont été vérifiés (?), recoupés, élaborés aux échelons supérieurs : Sonderbüro, SD-Abschnitt, Gestapa, Abwehr. De degré en degré, la mosaïque était complétée. Le travail était favorisé par l'attitude des supérieurs qui attendaient de telles révélations dont ils avaient besoin. Behrends, Heydrich et le capitaine de vaisseau Patzig ont-ils été dupes ? Il nous paraît difficile de leur faire crédit d'une telle naïveté. À ce stade, il fallait cependant que le dossier fût authentifié par une autorité politique. Quatre hommes avaient compétence et autorité suffisantes pour le faire : Himmler, Göring, Reichenau et Blomberg. Il serait tentant de faire retomber toute la responsabilité sur Himmler. Le Reichsführer était retors à souhait, mais il était prudent. Aurait-il pris le risque d'engeigner, seul, sans appui ni couverture, des personnages aussi considérables que le ministre-président de Prusse et le ministre de la Défense ? Le concours, la complicité de Göring lui étaient acquis. Cela ne fait pas de doute. L'attitude de Daluege lors de l'« attentat » de la Schorfheide le prouve. Mais le véritable allié de Himmler a été le chef du Ministeramt, le général von Reichenau. C'est ce que Gisevius a laissé entendre. « Le naïf Blomberg et le rusé Reichenau, ces Machiavels en miniature, ont une grande opinion de leur intelligence dans les mois décisifs qui précèdent le 30 juin. Un an plus tard, Reichenau, les bras croisés, le regard plein de sous-entendus, à la fois un Napoléon manqué et un Fouché raté, me fera, avec beaucoup de nonchalance, cette confidence considérable : “Croyez-moi ! Cela n'a vraiment pas été facile de donner aux choses un tour tel que cette journée apparût uniquement comme l'affaire du Parti.” Quant au « naïf Blomberg » ? Nous verrons comme il a conduit l'affaire à la tête de son ministère.

Le SA-Obergruppenführer Victor Lutze à la chancellerie

Avant toute chose, Hitler consulta un SA-Führer dont la loyauté était indubitable. Lutze commandait le Obergruppe VI (Hanovre). Il était en même temps Oberpräsident (préfet régional) de la province de Hanovre qu'il dirigeait sous les ordres directs du ministre de l'Intérieur de Prusse. Ce matin-là, le 22 juin, il avait convoqué les Regierungspräsident (préfets) à Hanovre. Pendant la séance, on vint l'avertir. Le Führer le demandait au téléphone. Il dut se rendre sans délai à Berlin. Pour lui permettre d'arriver plus rapidement dans la capitale, le chancelier avait envoyé son avion personnel. Lutze n'aimait pas Röhm et partageait, à l'égard du Stabschef, bien des préjugés. Hitler a parlé, dans son discours du 13 juillet, « de répulsion et de réprobation ». Mais, contrairement à ce que l'on a dit parfois, Lutze était un être droit. La loyauté envers le Führer passait, bien sûr, avant tout autre attachement. Les invectives et les menaces du Stabschef, après la conclusion de l'accord avec la Reichswehr, l'avaient choqué. Sa fidélité à la SA, à la camaraderie des alte

Kämpfer, les combattants de la première heure, demeurait inentamée. À son arrivée, il fut reçu sans attendre. Hitler s'était souvenu de la visite que le SA-Führer lui avait faite, en mars, dans l'Obersalzberg, et des avertissements qu'il lui avait prodigués. Le Führer doutait-il? N'accordait-il pas tout à fait foi aux révélations de Himmler et de Göring? Qui pourrait éclairer sa religion mieux que «l'honnête Lutze»?

Le Obergruppenführer était seul avec Hitler dans le bureau de la chancellerie. Le Führer se fit solennel. Il se redressa, regarda fixement son visiteur, sans relâcher un seul instant son regard. Il avait à lui apprendre des choses si graves qu'elles ne pouvaient être confiées que sous le sceau du secret absolu. Hitler dicta au SA-Führer la formule d'un serment terrible que celui-ci dut répéter mot par mot. Lutze avança la main. Hitler frappa dans la paume largement ouverte. Un spectateur indifférent eût sans doute jugé que cela tenait de la conjuration d'opérette et du marchandage de maquignons. Lutze était trop bouleversé pour s'attarder à la forme. Quelle part de comédie? Quelle part de sérieux chez Hitler? Il avait jaugé Lutze. Ce Westphalien n'avait rien d'un cardinal romain. Il ne serait jamais entré dans ce crâne carré que l'on peut laisser échapper la vérité, comme par inadvertance, pour mieux égarer ses ennemis. S'il savait quelque chose, il parlerait. Pour cela, il suffirait de faire taire quelques scrupules de loyauté. Cette entrée en matière déclamatoire y pourvoirait. Le Führer ne tenait pas non plus à ce que les révélations qu'il allait faire s'ébruitassent. Ce n'étaient peut-être après tout que des ragots de police.

Des conciliabules, dit-il, avaient été tenus par certains SA-Führer. Ces réunions, plus ou moins clandestines, n'avaient rien d'anodin. Les propos des participants l'indiquaient clairement. La Reichswehr, y avait-on dit, était et demeurait réactionnaire. Elle affichait son attachement au chancelier. Mais c'était une manœuvre destinée à masquer les véritables intentions des généraux. Leur but était de détruire le national-socialisme ou, tout au moins, de l'affadir jusqu'à ce qu'il perdît tout son sel. Dans le Mouvement, ajoutait-on, personne n'avait reconnu le danger. Les organisations du NSDAP étaient aveugles ou s'étaient laissé circonvenir. Il y avait une exception. La SA, suprême phalange du nazisme, avait éventé le piège. Là était la raison de la haine dont les militaires poursuivaient Röhm. Certains SA-Führer propageaient la fable. Selon eux, assurés de l'aveuglement ou de la complicité de quelques responsables nationaux-socialistes, les militaires étaient bien résolus à parachever l'entreprise. Ils ne reculeraient devant rien et n'hésiteraient pas à mettre Hitler en état d'arrestation. Le Führer était informé, il connaissait la situation, mais il était impuissant. En parfaite connivence avec lui, c'était à la SA qu'il incombait de le libérer afin que le triomphe de la révolution nationale-socialiste devînt définitif. Dans ce but, les troupes de Röhm devaient continuer à s'armer et se préparer au dernier combat. La SA devait neutraliser l'armée pour rendre à Hitler la liberté de ses mouvements.

Hitler posa des questions précises. Lutze avait-il participé à ces conciliabules? En avait-il eu connaissance? Le Obergruppenführer ne put que répondre par la négative. Il ajouta que ces plans lui paraissaient si fantastiques qu'il avait peine à y prêter foi. Hitler répliqua que la Gestapo lui avait donné bien d'autres informations, mais qu'il ne voulait pas en dire plus pour le moment. De fait, le journal de Lutze ne mentionne ni l'«attentat» de la Schorfheide ni le projet, éventé à temps, de détruire l'avion personnel du Führer. Désormais, dit Hitler, Lutze n'obéirait plus aux instructions qui lui parviendraient de Munich. Le chancelier s'était d'ailleurs enfin résolu à destituer Röhm pour mettre fin à un conflit permanent.

Puis un voile d'ombre recouvre les activités du chancelier pendant la journée du 22 juin. Des décisions importantes ont été prises. Des unités de la Reichswehr ont été mises en état d'alerte ainsi que la Landespolizei à Berlin. Les polices se sont mises à préparer une vaste opération de répression. Les SS-Oberabschnittsführer ont été informés. Rien de tout cela ne s'est fait, sans que Hitler en ait conféré tout au moins avec Blomberg, Göring, Himmler et Hess. Rien n'a transpiré. On avait choisi le secret afin de ne pas déclencher prématurément, par une stupide provocation, ce qui, disait-on au Führer, était à redouter. Celui-ci avait décidé de ne rien changer à son emploi du temps. Le samedi 23, dans la matinée, il recevrait, comme prévu, une délégation de femmes de la Sarre, puis il quitterait Berlin pour Berchtesgaden. Selon le programme du Deutschland-Flug, les participants du rallye devaient virer au-dessus du Obersalzberg avant d'atteindre le terme de l'étape. Depuis longtemps, on savait que Hitler contemplerait les évolutions des appareils de la Haus Wachenfels. Le calendrier justifiait donc un départ de la capitale qui mettait le chancelier à l'abri d'un coup de main. Il ne fut pas modifié. Hitler partit de Berlin à la fin de la matinée ou dans l'après-midi. Pendant ce temps, les premières mesures de défense contre un putsch commençaient à entrer en application.

Reichswehrministerium : 23-25 juin 1934

Le ministère de la Bendlerstrasse n'était pas désert en cette fin de semaine. Le 24 juin, en l'absence de Reichenau, l'intérim était assuré par le colonel von Vietinghoff, dit Scheel, qui dirigeait la section «L». Comme Foertsch avait accompagné son chef à Braunfels, le major Röhricht était compétent pour la section Intérieur. Le commandant de l'armée de terre, le général d'artillerie Freiherr von Fritsch, avait un appartement de service dans le Bendlerblock.

Quel a été le rôle des généraux von Blomberg et von Fritsch dans cette machination? Comment comprendre leur attitude? Le véritable maître de la maison aurait-il été le général de brigade von Reichenau? On a voulu faire de Blomberg un «Parsifal», une sorte de benêt, plein de naïveté, dépourvu de toute clairvoyance, ayant besoin pour vivre, d'admirer avec un abandon total. Le malheur aurait voulu qu'il admirât Hitler. Aussi serait-il devenu nazi et se serait prêté à toutes les compromissions sans bien comprendre jusqu'à

Organisation du commandement militaire (1934)

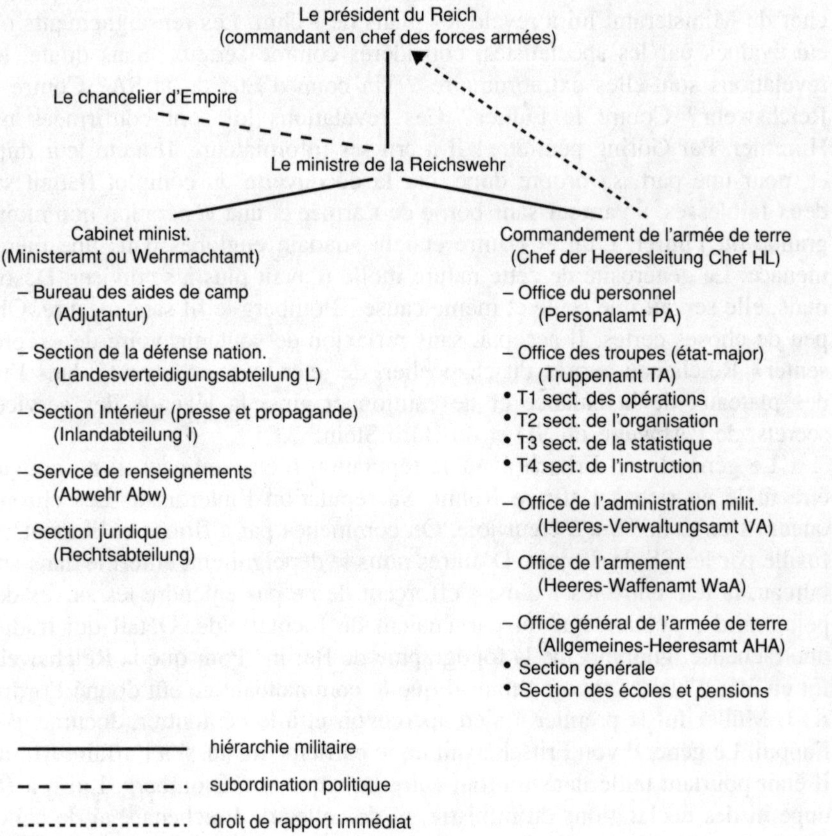

quel degré d'abaissement on voulait l'entraîner. Ce n'est qu'une caricature. Comme Fritsch, il était un pur produit de la tradition militaire. L'armée passait avant tout. Elle était la source même de la légitimité nationale. En Hitler, il avait reconnu, comme bien d'autres à l'époque, l'homme providentiel qui seul était capable de préserver l'Allemagne du chaos. Devant le Führer, il n'aurait été, a-t-on dit, qu'un « lion en baudruche ». En ces jours, il va, épaulé, il est vrai, par von Reichenau, démontrer qu'il n'en fut pas toujours ainsi. Pour le juger avec équité, on a oublié que le rôle d'un ministre de la Défense n'est pas de rechercher le renseignement, de l'analyser, d'en faire la synthèse. Il est là pour apprécier les dossiers qui lui sont soumis, choisir ou proposer des solutions et assumer la responsabilité des décisions. Vers le 20 juin, le chef du Ministeramt lui a révélé les plans de Röhm. Les renseignements ont été évalués par les spécialistes, considérés comme sérieux. Sans doute, les révélations sont-elles extraordinaires ? Un coup d'État de la SA ? Contre la Reichswehr ? Contre le Führer ? Ces révélations lui sont confirmées par Himmler. Par Göring peut-être ! Il a cru ses informateurs. Il a été leur dupe et, pour une part, sa propre dupe, car la découverte du complot flattait ses deux faiblesses, un amour sans borne de l'armée et une vénération non moins grande du Führer. L'un et l'autre étaient soudain englobés dans une même menace. La générosité de cette nature molle n'avait plus à se diviser. Désormais, elle servait une seule et même cause. Blomberg le fit sans mesure. Oh ! peu de choses certes. Il accepta, sans réflexion de soutenir, voire de « représenter » Reichenau auprès du chancelier, de jeter toute sa loyauté dans l'un des plateaux de la balance et de cautionner ainsi la légende des services secrets, de l'Abwehr, du SD et du Büro Stein.

Le général von Fritsch avait la réputation d'être antinazi, il ne pouvait être mêlé en rien à l'affaire Röhm. Sa réputation l'interdisait. Les chroniqueurs s'en donnèrent à cœur joie. On commença par affirmer qu'il avait été fusillé par les SS, le 30 juin. D'autres nous le dépeignirent, enfermé dans son bureau, la tête entre les mains, s'efforçant de ne pas entendre les salves des pelotons d'exécution qui lui parvenaient de Lichterfelde. Détail qui traduit une fâcheuse ignorance de la topographie de Berlin ! Pour que la Reichswehr fût en état d'alerte, encore fallait-il que le commandant en eût donné l'ordre. K.-J. Müller fut le premier à s'en apercevoir et à le démontrer, documents à l'appui. Le général von Fritsch avait donc participé lui aussi à l'affaire Röhm. Il était pourtant taillé dans un tout autre bois que von Blomberg. Lui n'a été dupe ni des déclarations du ministre, ni de celles de Reichenau, ni de celles du chef de l'Abwehr. Très vite, il a reconnu que « Himmler et Reichenau avaient eu l'influence essentielle sur les choses, pour leur donner forme ». Comment comprendre alors la contradiction entre lucidité et participation à une entreprise terroriste ? Ce général exemplaire n'aurait-il pas été aussi intègre qu'on l'avait cru jusqu'alors ? Ou bien était-il, malgré son masque, un faible ? Pour répondre avec pertinence, encore faut-il connaître les termes exacts de la question. C'est là qu'apparaît l'extrême ambiguïté du plan qui menaçait l'armée et le Führer. On ne demanda pas au commandant de l'armée de terre d'écraser dans l'œuf une tentative de putsch. Il avait simplement à prendre les mesures nécessaires pour prévenir et repousser une agression éventuelle contre les forces et les installations militaires. C'était de son devoir. A-t-il deviné, dès le premier moment, que cette mobilisation n'était pas purement préventive, mais qu'elle était destinée à engendrer un climat de tension afin de pousser la SA à des gestes inconsidérés? Il l'a deviné le 29 juin. Il est intervenu auprès de Reichenau. Qu'aurait-il pu faire de plus? Aussi s'est-il résigné à jouer le jeu. Ses instructions étaient ce qu'elles auraient dû être si Röhm avait réellement voulu prendre le pouvoir. Mais tout au long de ces journées, il a veillé à ce que l'armée ne participât pas de manière directe à la répression.

Pour commencer, Fritsch donna toute une série d'instructions. Un bataillon du 5e RI fut concentré à Döberitz, un terrain de manœuvre entre Potsdam et Berlin. Les hommes, consignés dans leur cantonnement, auraient été en mesure, le cas échéant, d'intervenir rapidement contre les putschistes présumés afin de défendre le quartier des ministères. Fritsch ordonna en outre que les consignes à appliquer en cas d'alerte fussent vérifiées dans tous les corps de troupe. Il eut probablement des conversations téléphoniques avec quelques chefs des grandes unités. Fritsch informa personnellement, de cette façon, le général von Kleist qui commandait la 2e division de cavalerie à Breslau. Il lui fit part de la menace d'un putsch de la part de la SA et il lui prescrivit de se préparer à y répondre de manière énergique sans prendre de mesures trop ostensibles. Fritsch demanda aussi que tous les incidents entre Reichswehr et SA, même lorsqu'ils paraissaient mineurs et avaient été réglés à l'échelon local, lui fussent signalés. Enfin, pour son information personnelle, le général fit adresser un questionnaire aux commandants des grandes unités : quelles étaient les relations entre Reichswehr et SA? Le résultat n'était, selon la formule de K.-J. Müller, «en aucune manière particulièrement inquiétant». «Ire RM (Prusse orientale) Relations SA-Reichswehr très bonnes. Moins bonnes avec la SS. IIe RM (Poméranie) Bonnes avec la SA, avec la SS?? Ve RM (Bade-Wurtemberg) Rien à signaler. VIe RM (Westphalie-Hanovre) SA a reçu instructions de son commandement : soulèvement communiste. Ceci code. VIIe RM (Bavière) détente. 21 juin, réunion dans l'appartement de Röhm. 23 juin, Reichenhall (probablement nouvelle réunion de SA-Führer) Tenir secrètes envers armée, mesures de service dans la SA.» Dans deux régions (IIIe et IVe), qui ne sont pas mentionnées dans ce tableau, les relations étaient franchement mauvaises. Tableau nuancé! La situation imposait peut-être des précautions, rien de plus! Mais d'autres ne l'entendaient pas ainsi. Pendant ce temps, le chef du Ministeramt, comme s'il était assuré de la destitution prochaine de Röhm, choisissait le successeur du Stabschef.

L'exercice d'état-major du Generalmajor von Reichenau

Le général von Reichenau n'était pas un homme de bureau. D'un tempérament dynamique, il avait besoin pour son équilibre intérieur, de sentir le réel pliant sous sa prise ou son étreinte. Le sport n'était qu'un dérivatif. Pour rompre la routine administrative, il ordonnait de temps à autre un exercice d'état-major sur le terrain. Les officiers s'entassaient dans quelques voitures et l'on partait, à tombeau ouvert, vers un site choisi à la fois pour son intérêt stratégique et ses agréments naturels? Cartes déployées, on confrontait les relevés topographiques et le relief naturel, on poussait les unités fictives en avant, leur ordonnait de se replier ou d'entreprendre de savantes manœuvres d'enveloppement. L'ennemi était toujours battu. Et puis, selon le temps et la saison, on pratiquait le tennis, la natation, le ski... Durant les pauses, entre ces activités multiples, on se laissait longuement bronzer au soleil avant de retourner à Berlin. Le métier et le divertissement se mêlaient de la manière la plus agréable.

Le 23 juin, le but était Braunfels an der Lahn. C'était à peine une petite ville, plutôt un gros bourg, bien que le siège d'un tribunal de première instance (Amtsgericht) y fût installé. Elle se dresse sur un cône de basalte, au-dessus de la Lahn dont la vallée conduit facilement vers Coblence, distante à peine d'une centaine de kilomètres. Jusqu'à Wetzlar, il n'y a pas plus de quinze kilomètres. En 1934, on était à la limite de la zone démilitarisée sur la rive gauche du Rhin. Avec ses 2000 ou 3000 habitants, l'agglomération, assoupie en hiver, s'éveillait au printemps lorsque les touristes affluaient pour visiter les remarquables collections des comtes Solms-Braunfels, ou, en été, lorsque le Schlosshotel et le Deutsches Haus regorgeaient de «vacanciers». Pourtant, Braunfels avait eu un grand passé. Le château qui appartenait aux Solms-Braunfels, remonte dans ses parties les plus anciennes au Xe siècle. Durant les guerres de religion, Braunfels avait joué un rôle. Le terrible Tilly avait forcé la forteresse. Cent-soixante ans plus tôt, à quelques semaines près, le jeune Goethe avait suivi le cours de la Lahn, encadré par Basedow et Lavater. Les doutes le poignaient. Incertain sur sa carrière et son destin, il finit par s'en remettre à un oracle et lança son couteau dans la rivière. Son sort se jouerait selon que la pointe ou le dos arrondi toucherait l'eau. L'oracle se déroba sous un feuillage opaque. Par dessus les buissons, le jeune poète vit rejaillir l'eau, mais les branches lui cachaient le couteau. Il ne sut pas, en cet instant, ce que les dieux avaient décidé pour lui.

Le général von Reichenau lui, ignorait le doute. Un été resplendissant naissait plein de promesses. Depuis six bons mois, la collaboration avec la SA était devenue pour la Reichswehr, un véritable boulet. L'armée avait besoin d'hommes, mais non de généraux et, à plus forte raison, d'un commandant en chef et d'un second ministre de la Défense. La volonté de Röhm de ne pas se soumettre était comme une hydre à mille têtes. À peine un arrangement était-il conclu que de nouvelles propositions, exigences, prétentions surgissaient. On n'en finirait jamais. Sans doute, le rétablissement du service militaire obligatoire rendrait-il cette collaboration caduque. Mais d'ici là? La rencontre de Venise avait certes montré que Mussolini n'interviendrait pas directement dans les affaires autrichiennes, sauf si l'Allemagne proclamait officiellement l'Anschluss. À l'intérieur du Reich, il existait de fortes tensions. Un affrontement entre conservateurs et nazis paraissait inévitable à de nombreux observateurs. Les premiers seraient vaincus. C'était probable. Quelles seraient les conséquences d'une telle défaite? L'armée parviendrait-elle à demeurer à l'écart du conflit? Une orientation plus socialisante du régime ne fortifierait-elle pas la position de Röhm? Déjà le discours de Marbourg avait soudé plus étroitement l'unité du mouvement. Le moment était venu de régler définitivement le problème de la SA. Par bonheur, le général von Reichenau avait trouvé un allié précieux dans son vieil ami Heinrich Himmler. Les deux hommes étaient persuadés que l'affaire Röhm dépassait, du reste, les frontières du Reich. Il fallait apporter une réponse, quelle qu'elle fût, à la question autrichienne. Les exécutants échappaient, sur le terrain, à tout contrôle. Une direction leur serait imposée. Elle serait confiée à la SS. Les opérations menées plus activement conduiraient à la prise de pouvoir, à Vienne, sans intervention ostensible du gouvernement du Reich ou bien à l'écrasement du mouvement nazi en Autriche et à la consolidation du régime Dollfuss. Étant donné les dispositions des Italiens, le risque était minime. Et c'était la seule manière de ramener la paix sur ce front. «*So oder so!*» Contre Röhm, la manœuvre avait été amorcée, trois jours plus tôt, dans la Schorfheide. Le lendemain, le Büro Stein avait découvert le plan du putsch de Röhm. Le 22, le Führer avait enfin pris au sérieux les informations qui lui avaient été transmises. Dans la capitale, la SS, la Landespolizei et, plus discrètement, l'armée étaient sur le pied de guerre. Il n'était pas maladroit que le meneur de jeu parût se tenir à l'écart de tout ce remue-ménage. Mais l'exercice d'état-major avait un but plus précis. Il fallait songer à l'avenir immédiat.

Le thème de l'exercice était tout indiqué. Des troupes françaises tentaient, après avoir descendu la Moselle et réoccupé Coblence, d'utiliser la vallée de la Lahn pour se frayer un passage vers Kassel. Dans cette zone, la Reichswehr n'avait pas de troupes. Les combats de retardement seraient menés par le Grenzschutz qui, à l'Ouest, était constitué principalement par la SA. Il n'était pas surprenant que quelques SA-Führer fussent invités et participassent à l'exercice. Du reste, les relations étaient mauvaises avec certains SA-Führer, mais non avec la SA. Bref personne n'avait été trop étonné de la présence de Viktor Lutze. L'invitation avait été improvisée. Selon toute vraisemblance, le Obergruppenführer l'avait reçue alors qu'il sortait de l'entretien avec le Führer. Avait-il eu le temps de retourner à Hanovre pour boucler sa valise et dire un mot à sa femme? Un de ses surbordonnés s'en était-il chargé? En tout cas, arraché à une réunion importante qui se tenait à Hanovre dans la matinée du 22 juin, conduit en avion à Berlin pour y être interrogé par le Führer lui-même sur les activités subversives de Röhm, il se retrouvait le lendemain, à 700 ou 800 kilomètres de la capitale, associé à un exercice militaire.

Le général était d'excellente humeur. « Pour nous rafraîchir, Messieurs ! nous allons faire aujourd'hui un petit peu de travail d'état-major. » Lutze était charmant et plein de bonnes dispositions. Comment n'aurait-on pas évoqué les rapports de l'armée et de la SA? Le Obergruppenführer s'était muni de la copie d'une lettre qu'il venait d'adresser au Stabschef « pour le mettre en garde contre tout dessein d'attaquer la Reichswehr ». Foertsch, qui dirigeait la section Intérieur du Ministeramt, eut plusieurs conversations prolongées avec le SA-Führer. Celui-ci reconnaissait sans restriction les priorités de la défense nationale. Jost, un autre officier, eut la même impression. Lutze était « bien ». C'était « un ami de la Wehrmacht ». Alors que Lutze s'était éloigné et ne pouvait l'entendre, Reichenau dit à ses subordonnés : « Lutze est inoffensif. Il sera Stabschef. » Le propos ne surprit pas outre mesure. Personne n'ignorait que les relations avec Röhm étaient détestables et que le ministre s'employait depuis des mois à obtenir confirmation du « monopole des armes », au profit de la Reichswehr. La surprise naquit par rétrospective. Qui aurait imaginé que la prédiction de Reichenau serait accomplie dans moins d'une semaine? À la réflexion, il apparut, après le 30 juin, que le général, à Braunfels, n'avait pas examiné Lutze « à la loupe », pour être capable de faire face à une éventualité encore incertaine. La boutade montrait que dès le 23 juin, il connaissait le dessous des cartes. Combien plus grand encore aurait été l'étonnement si l'on avait su que le général von Reichenau venait de désigner le successeur de Röhm, alors que le Stabschef n'avait pas encore été destitué par le Führer et que celui-ci, bien au contaire, s'efforçait, au même moment, de dénouer la crise de manière honorable pour son vieux compagnon d'armes !

Mise en condition de l'armée

Rien ne garantissait que l'ensemble du corps des officiers goberait la fable comme Blomberg et que, les soupçons éveillés, les sceptiques voudraient n'en rien savoir comme Fritsch. C'est que l'intrigue était fort ambiguë. Les directeurs des sections du Ministeramt, les chefs des différents offices de la Heeresleitung, les commandants des grandes unités accueilleraient-ils la nouvelle sans aucune réaction? Le bon sens ne conseillait-il pas, pour commencer, de s'informer de la nature et de l'étendue du péril, puis de rechercher un arrangement? La paix civile et la poursuite du réarmement allemand ne valaient-ils pas un mauvais compromis? Les auteurs de la machination devaient donc naviguer entre deux écueils. Le nombre des initiés devait être aussi restreint que possible sinon le secret de polichinelle aurait été vite éventé et il aurait été impossible d'influer sur le chancelier. D'autre part, il fallait éviter que des esprits trop critiques ne fussent amenés, en toute bonne foi, à s'interroger et à découvrir que l'empereur était nu. Pour répondre à l'avance à ces curiosités gênantes, il y avait un moyen et un remède : placer les éventuels questionneurs, en quelque sorte devant une situation de flagrant délit. À moins de nier l'évidence et de ne pas en croire leurs propres yeux ils seraient bien obligés de se rendre. Ainsi s'expliquent un certain nombre d'incidents qui se produisirent à Berlin et dans les régions militaires entre le 22 et le 26 juin.

Juste avant le départ pour Braunfels, on sonna, en pleine nuit, chez le chef d'escadron von Wolff. C'était le plus jeune des officiers du Ministeramt et ses camarades le nommaient familièrement Lupus. Il était l'officier d'ordonnance de Reichenau. Il eut la surprise de trouver à sa porte un SA-Brigadeführer qu'il n'avait jamais rencontré et qui ne déclina pas son nom. Le visiteur le pria de le laisser entrer et de bien vouloir l'écouter. Il avait des révélations de la plus haute importance à lui faire. Il y mit tant d'insistance que von Wolff le reçut. Les révélations méritaient en effet que l'on prêtât l'oreille aux propos de ce SA-Führer. La fidélité au Führer et la loyauté envers l'armée qui seule était capable de défendre l'Allemagne faisaient à cet homme un devoir de se confesser. Un conciliabule secret avait eu lieu récemment, auquel il avait participé. Des instructions avaient été données oralement en vue d'un putsch dont la date n'était pas encore fixée. Les troubles éclateraient spontanément, car, dans un premier temps, le Stabschef se tiendrait en réserve.

La seconde affaire est encore plus fantastique. Elle est à mettre au compte de Göring, rallié depuis peu, mais prenant déjà une part active à la conspiration. Le 25 juin, le chef de l'Abwehr, le capitaine de vaisseau Patzig, se présenta devant le colonel von Vietinghoff qui, étant l'officier le plus ancien dans le grade le plus élevé, en l'absence de Reichenau, remplaçait le Chef du Ministeramt. Patzig lui rapporta qu'il avait eu la visite du directeur pour les questions de police au ministère de l'Intérieur du Reich, Kurt Daluege. Ce dernier lui avait transmis des renseignements importants. À Berlin, une réunion de SA-Führer avait eu lieu dans un appartement privé. Les directives en vue d'un règlement sanglant du conflit entra la SA et la Reichswehr avaient été fixées. Le putsch aurait lieu dans les prochains jours. Un SA-Führer, pris de scrupules, avait fait des confidences à la police. Cela concordait avec les révélations faites à Lupus. Le colonel prévint l'état-major de la IIIe région militaire et demanda à Patzig de convoquer Daluege. Le lendemain Daluege renouvela ses déclarations. Le colonel lui fit remarquer qu'il eût été plus normal qu'il informât le ministre de l'Intérieur Frick ou le chancelier. Le visiteur objecta qu'il ne parvenait pas à obtenir une audience. C'était une défaite invraisemblable. Hitler était certes absent de Berlin, mais le général de la Landespolizei et le directeur du département des polices n'aurait pas rencontré de difficultés insurmontables s'il avait sollicité d'être reçu par son ministre. Quoi qu'il en soit, l'affaire concernait l'armée au premier chef. Le colonel von Vietinghoff prit bonne note des révélations de Daluege et les communiqua au général von Reichenau dès que ce dernier revint de Braunfels.

Quelques chefs des grandes unités furent victimes eux aussi de ces manœuvres, qui furent trop systématiques et présentaient trop d'analogies entre elles pour qu'elles n'aient pas été orchestrées par la même tête. À Berlin, l'état-major de la IIIe région militaire fut averti par le colonel von Vietinghoff. Le général von Manstein qui était alors le chef d'état-major de la IIIe région n'a pas gardé souvenir de cet avertissement, mais il avait reçu de nombreuses mises en garde, notamment des services du Chef AW et du préfet de police de Potsdam, le comte Helldorf. Manstein avait appris de l'un de ses nombreux informateurs que la SA était entrée discrètement en possession de l'immeuble qui se dressait, dans la Kurfürtenstrasse, en face des bureaux de la région. Nuitamment, on y avait introduit des mitrailleuses.

À Munster, siège de la VIe région militaire, un SA-Führer s'était présenté à l'état-major et il avait demandé à être reçu par le colonel Halder. Quelle ne fut pas la stupéfaction de ce dernier lorsque le visiteur lui déclara qu'il avait été désigné comme chef d'état-major de la VIe région et souhaitait être mis au courant, par son prédécesseur, de la marche des services. On s'informa. Sans doute auprès de la Gestapo. La SA préparait un putsch et pour dissimuler son rôle dans cette entreprise criminelle, on avait choisi comme code «soulèvement communiste». Le général Fleck qui commandait la VIe région était un conservateur convaincu. On escomptait bien qu'il ne laisserait pas passer une telle démarche sans réagir. De fait, Halder fut envoyé à Berlin, il y rencontra le général von Fritsch et lui rapporta ce qui s'était produit. Le commandant de l'armée de terre lui répondit qu'il n'ignorait pas ce qui se tramait, que des incidents semblables s'étaient produits en d'autres lieux et qu'il avait pris les mesures nécessaires pour faire face à toute éventualité. La manœuvre visait à créer des tensions qui conduiraient à une rupture. Elle n'était pas sans succès. Suffirait-elle à contraindre le chancelier et à déclencher une sérieuse épuration des cadres supérieurs de la SA?

Les polices et leurs missions

Jusqu'à la «prise du pouvoir» (30 janvier 1933), la législation en matière de «défense de l'ordre et de la sécurité publics» était, selon l'article 9 de la constitution, de la compétence du Reich, mais «les» polices étaient placées, sans exception, sous l'autorité des ministres présidents ou, de fait, des ministres de l'Intérieur des Länder. Le ministère de l'Intérieur du Reich exerçait un simple contrôle afin de veiller à l'application uniforme de la législation dans tous les Länder. Dès 1933, les nazis vont chercher à unifier et centraliser les forces de police dans toute l'Allemagne. La procédure employée n'a rien d'original et a été employée bien des fois depuis Bismarck. Elle consista à donner des prérogatives particulières aux responsables de la police en Prusse, le Land le plus important d'Allemagne. Le 30 janvier 1933, Göring avait reçu en charge le ministère de l'Intérieur de Prusse, avec le titre de commissaire. Le 11 avril, il avait succédé à Papen à la tête du gouvernement prussien et il était devenu, en titre, ministre-président de Prusse, tout en gardant le ministère de l'Intérieur et ainsi, la haute main sur toutes les affaires de police. Le département de la police du ministère était dirigé par le Ministerialdirektor Ludwig Grauert. Le 10 avril 1933, celui-ci devint secrétaire d'État et eut pour successeur Kurt Daluege. Le 11 mai 1934, Daluege fut nommé, avec le rang de Ministerialdirektor, directeur du département de la police dans le ministère de l'Intérieur du Reich. L'unité des fonctions était garantie par ce que les Allemands appellent «union personnelle».

Les forces de police, en Prusse et dans le Reich, comprenaient six branches. On distinguait entre police en uniforme et police en civil. La police en uniforme était subdivisée en : a) Schutzpolizei qui assurait l'ordre public et relevait du Land, b) Gendarmerie, c) la Gemeindevollzugspolizei (polices municipales) qui dépendait des communes. La police en civil se répartissait en d) Kriminalpolizei (police judiciaire), e) Geheime Staatspolizei (police secrète d'État), la Gestapo, et f) Verwaltungspolizei (police administrative). La Landespolizei était une police encasernée qui recevait une instruction militaire. Elle avait été constituée par Göring, en plusieurs étapes prudentes. Le 1er avril 1933, les «centuries» (Hundertschaft) encasernées de la Schutzpolizei avaient été subordonnées à des commandements territoriaux (Inspection). Par un décret du 7 septembre, ces «centuries» avaient été soustraites à la Schutzpolizei, regroupées pour constituer un corps autonome qui avait son commandement propre. En Prusse, la Landespolizei était placée directement sous les ordres de Göring. Elle était commandée par un général, le Polizeigeneral Kurt Daluege. Göring avait, à Berlin, deux forces d'appoint. Le colonel de police Walther Wecke avait mis sur pied, en février 1933, à la demande du ministre de l'Intérieur de Prusse, trois «centuries» qui devinrent le Landespolizeigruppe Hermann Göring, parfois désigné comme Regiment Wecke. La troupe, composée d'hommes triés sur le volet, selon leurs aptitudes et la fermeté de leurs convictions, était encasernée dans la Papestrasse, près de l'aérodrome de Tempelhof. Il y avait enfin la gendarmerie de campagne (Feldjäger) de la SA qui avait établi ses quartiers dans la Kleine Alexanderstrasse. Elle occupait l'ancienne caserne du régiment de grenadiers de la garde «empereur Alexandre».

Pour finir, nous ne devons pas oublier un organisme qui a joué un rôle important dans tout le déroulement de l'affaire Röhm, à la limite de la police et de l'espionnage, le Forschungsamt (Office de recherches), un service d'écoutes téléphoniques, rattaché au Commissariat à l'aéronautique. Il était dirigé par un marin, le capitaine de vaisseau Schrimpff et était installé dans la «villa» Göring, Leipzigerplatz IIa.

Himmler était Reichsführer SS et commandait, à ce titre, la SS qui, d'abord subordonnée à Röhm, devint indépendante de fait avant que cette autonomie ne fût reconnue en droit le 20 juillet 1934. Entre le 30 janvier 1933 et le 20 avril 1934, Himmler avait conquis progressivement la police politique dans tous les Länder. À l'origine, celle-ci ne constituait qu'un service (Stelle), à l'intérieur de la police judiciaire. La Prusse était l'exception. Le service spécialisé dans les affaires politiques, qui dépendait encore de la PJ de Berlin, avait acquis des compétences centrales sur l'ensemble des services locaux dans toute la Prusse. Compétences encore limitées avant 1933, elles garantissaient un meilleur échange des renseignements et une plus étroite coordination des actions. Le 26 avril 1933, fut créé un Office de la police secrète d'État (Geheimstaatspolizeiamt ou Gestapa). Il était détaché du Landeskriminalamt (Office de police judiciaire) et placé sous l'autorité directe de Göring. Ses compétences étaient accrues matériellement, administrativement et juridiquement. Son autorité s'étendait à l'ensemble des Stapoleitstelle et Stapostelle (services régionaux ou départementaux de la police politique) de Prusse. C'est sur lui que pour couronner son œuvre, Himmler mit la main en avril 1934... Il fallut ménager la susceptibilité de Göring et sauver les apprences. Himmler portait jusque-là le titre de Kommandeur der politischen Polizei (commandant de la police politique) dans chaque Land. Il ne pouvait devenir commandant de la police politique de tous les Länder allemands puisqu'en Prusse, Göring gardait, nominalement, l'autorité suprême. On trouva un expédient. Himmler devint «Inspecteur» de la police politique. En fait, il en était le maître. Dès 1934 d'ailleurs, le titre de Kommandeur der politischen Polizei aller Länder lui est déjà décerné dans certaines publications privées ou officieuses.

Himmler avait confié la direction du Gestapa à Reinhard Heydrich qui se contenta du titre modeste de Directeur (Leiter) de l'Office de police secrète. Il régnait en fait sur la Gestapo de Königsberg à Coblence et de Flensbourg à Francfort-sur-le-Main. Dès son arrivée, Heydrich avait procédé à d'importants remaniements. Il n'avait laissé subsister que trois divisions : 1re, Administration; organisation et personnel; 2e, Police politique et 3e, Contre-espionnage. Heydrich avait mis fin à des détachements et procédé à de nouvelles nominations. La division 2 (action) avait été dirigée, jusqu'en août 1934, par Arthur Nebe. Bien qu'il fût un policier remarquable, Nebe, suspect d'être une créature de Diels, le premier chef du Gestapa, avait été remis à la disposition du Landeskriminalpolizeiamt (Office de police judiciaire) de Prusse. La division 2 travaillait sous l'autorité directe de Heydrich qui s'appuyait pour cela sur quelques hommes de confiance qui l'avaient suivi à Berlin : Müller, Huber, Meisinger et Flesch. Heinrich Müller est devenu pour l'histoire le «Gestapo-Müller». Il est inutile de traduire. C'était un véritable Bavarois qui avait gravi, à la force du poignet, tous les échelons de la hiérarchie. Plutôt petit, trapu, avec une nuque de taureau, avare de mots, ignorant les confidences et les épanchements, il vous fixait pendant que ses paupières ne cessaient de battre. Cela avait presque quelque chose d'obscène et causait une sorte de malaise auquel bien peu savaient se soustraire. L'homme ne paraissait pas très intelligent, il était, en dehors de son métier, d'une remarquable inculture. En fait, il avait un esprit souple, délié et en même temps solide. C'est lui qui créa l'organisation qui non seulement contrôla la population allemande comme elle ne l'avait jamais été, mais tint en échec les mouvements de résistance dans toute l'Europe.

Himmler disposait enfin du SD (Sicherheitsdienst ou Service de sûreté), le service de renseignement du Parti. C'est Heydrich qui l'avait organisé et le dirigeait. La centrale était installée à Munich. À partir du mois de mai 1934, elle fut transférée de fait à Berlin puisque Heydrich s'était installé Prinz-Albrecht-Strasse. À la fin du mois de juin, la situation était imprécise et il est souvent difficile d'établir si tel acteur agit sur ordre du Gestapa ou du SD. C'est après le 30 juin que le Hauptamt s'établit dans le Prinz-Albrecht-Palais, au numéro 112 de la Wilhelmstrasse. Comme les jardins joignaient ceux du Gestapa, la liaison entre les deux services était facile. L'organisation territoriale comprenait des Oberabschnitt et des Abschnitt qui correspondaient, administrativement et hiérarchiquement, aux divisions de la SS, ou aux Obergruppe et Gruppe de la SA, bien que les limites de ces divisions territoriales aient été loin de toujours coïncider. De toute façon, cette organisation régionale était encore embryonnaire. Déjà solide dans certaines provinces, elle demeurait rudimentaire dans d'autres. En Silésie, par exemple, on avait désigné, en mai, pour créer une antenne provinciale, un ancien de l'Abwehr. En revanche, le SD-Oberabschnitt Ost (Est) dont les bureaux se trouvaient au numéro 2 de la Eichenallee (Berlin-Westend) était déjà, sous la direction de Hermann Behrends, un instrument très efficace.

Seule une partie de ces forces fut activement mobilisée dès le 22 juin. La Gestapo et le SD, bien sûr! Dès le 22 ou le 23, Göring ordonna la mise en état d'alerte de la Landespolizei à Berlin. Il faut ajouter que le Forschungsamt avait reçu des instructions du ministre-président et procéda à des écoutes systématiques qui furent, paraît-il, fort précieuses.

Bien que la SS ne fût encore, en droit, qu'une milice de parti, nous joindrons son cas à celui des polices. Himmler convoqua dans la capitale, séparément, les chefs des dix Oberabschnitt, au cours des journées du 24 et du 25 juin. Il les informa que la SA préparait une révolte contre l'armée et le Führer; elle éclaterait «prochainement ou plus tard». La SS devait se tenir prête à intervenir dès qu'elle en recevrait l'ordre. Les préparatifs devaient être discrets pour ne pas donner l'éveil. La Reichswehr était du côté de la SS. La première tâche était donc d'entamer une sorte de mobilisation passive, donner des consignes aux commandants d'unité, fixer des points de rassemblement, prévoir les moyens de réunir rapidement les hommes et les armer et équiper. Une unité de la SS avait été mise sans délai sur le pied de guerre. Dès la soirée du 22 juin, la Leibstandarte avait été placée, à 20 h 30, en état d'alerte renforcée. Enfin, les Oberabschnittsführer devaient être en mesure de procéder immédiatement à des mesures de police et, tout au moins dans un certain nombre de cas, ils furent invités à les préparer.

La mise en place du dispositif avait en effet un objet qui n'était pas le moins important : la préparation de l'épuration. Au plus tard le 24 juin, elle fut soigneusement élaborée par un certain nombre de services. Selon une vision simple, pour ne pas dire simpliste, le Führer aurait désigné les coupables. Police et SS se seraient contentés de les arrêter et tantôt de les exécuter, tantôt de les jeter dans quelque camp de concentration. Faut-il ajouter que cela est faux? En fait, le 23 juin, à son départ de Berlin, Hitler n'avait rien décidé. Il ne croyait pas encore tout à fait à cette sombre histoire de coup de main contre le quartier des ministères. Il n'avait ni désigné les coupables ni prescrit de sanctions. Ce serait selon la tournure des événements. L'établissement de véritables listes de proscriptions fut l'œuvre de deux ou trois hommes. Il y avait tout d'abord Göring, assisté par les secrétaires d'État Körner et Milch et par Daluege dont le rôle a été beaucoup plus important que Gisevius ne l'a laissé entendre. Körner assurait les liaisons avec le ministère de la Défense. Daluege commandait la Landespolizei, mais c'était un homme de confiance. Il avait mené la manœuvre d'« intoxe » destinée à créer un sentiment d'insécurité au ministère de la Défense. En outre, il connaissait bien la SA berlinoise avec laquelle il avait de vieux comptes à régler. Le 29 juin, Göring s'était enfin assuré du concours de Artur Nebe, directeur adjoint de l'Office de police judiciaire de Prusse. Il ne fait guère de doute que Göring s'est réservé le gros gibier politique qui devait être traqué dans la capitale. Selon Patzig, il aurait demandé à Blomberg, en utilisant peut-être une formule équivoque, la tête de Schleicher. En revanche, c'est à Himmler qu'il incomba de s'occuper du menu fretin. Pour ce qui est de la « réaction », les différents services de la Gestapo furent invités à proposer des listes de suspects. C'était facile. Il n'y avait qu'à puiser dans les dossiers. Heydrich s'est d'ailleurs réservé un droit de contrôle. Dans quelques cas, Heydrich ne pouvait faire appel aux responsables des antennes régionales ou locales. À Breslau, Beuthen, Oppeln, etc., les chefs de poste étaient des SA. Il eut recours alors à des SS-Führer, auxquels les compétences policières faisaient défaut. D'où des « bavures » éclatantes !

Mais les SA-Führer? Il est curieux que les témoignages recueillis au lendemain de la guerre, notamment lors des procès « silésiens », n'évoquent pas leur cas. Sans aucun doute, l'affaire a été négociée entre Göring, Himmler et Reichenau. Après le retour de Braunfels, le général s'est rendu plusieurs fois au siège du Gestapa. Était-ce uniquement pour discuter de l'armement de la SS? Göring détestait quelques SA-Führer. Il était bien décidé à le leur faire payer. Himmler considérait que la pureté des mœurs devait être rétablie dans les bataillons bruns. Mais personne n'était mieux placé que les militaires pour dénoncer les SA-Führer qui sabotaient la collaboration avec la Reichswehr. Tout au long de ces derniers mois, ils les avaient signalés au ministère.

Dans cette construction, les maîtres du jeu semblaient être Göring et Reichenau. Mais Himmler contrôlant les exécutants, c'est lui qui dirigeait vraiment la partie.

Une pluie de roses sur le Obersalzberg

Dimanche matin, Hitler était sur la terrasse de la Haus Wachenfels, au-dessus de Berchtesgaden. Le ciel rayonnant éblouissait le paysage de montagne. Sans peine, l'œil averti balisait ce décor admirable. La vallée de la Ache dessinait une courbe au pied du Salzberg. Sur l'autre rive, le Lockstein, couronné d'un «café-restaurant» (*sic*) était comme une bouée dans l'immensité. C'est autour d'elle que vireraient les concurrents du Deutschland-Flug. L'étape était longue : Berlin - Gera - Bayreuth - Ratisbonne - Ainring - Berchtesgaden - Bad Reichenhall - Prien - Munich - Bamberg - Berlin. On avait craint un vent violent et, pour éviter tout accident, les vols de front avaient été interdits et l'altitude prescrite de manière impérative : 300 m à l'aller et, après le virage autour du Lockstein, 700 m au retour. Cette précaution était d'ailleurs superflue. La brise était faible. Tout promettait de faire de cette journée une fête pour les yeux, l'esprit et le corps. Le Führer verrait les appareils arriver de Ainring, entamer une large boucle autour du Lockstein pour prendre de la hauteur et s'éloigner vers Reichenhall, en remontant la vallée de la Ache. Il les verrait se détacher sur les prairies, les forêts et les sommets du Hochkalter et de la Reiter Alpe, comme suspendus dans la vallée. Son aide de camp, le Obergruppenführer Brückner, et le «chef des services de presse du Reich», en fait son attaché de presse, le Dr Dietrich qui l'avaient accompagné, étaient à ses côtés ainsi que le capitaine Bieber, délégué du Deutscher Luftsportverband (Ligue aérienne allemande). Vers 9 h 30, la première escadrille apparut dans la vallée. C'étaient deux machines du sous-groupe 1 Berlin A II. Comme il avait été ordonné, elles ne volaient pas de front, mais se suivaient à un large intervalle. Elles tournèrent autour du Lockstein, décrivirent une courbe autour du Haus Wachenfels, saluèrent d'un battement d'ailes. À 9 h 35, les deux machines se posèrent à Prien. Elles avaient ouvert la journée. Hitler suivait avec une attention passionnée les évolutions des avions. Il ne se lassait pas bien que le temps s'écoulât. Midi avait sonné dans la vallée. Les appareils continuaient d'arriver et, après avoir saluer le Führer, prenaient la direction de Reichenhall et Prien. Le bruit s'en était répandu. Le Führer était là. Les curieux, les fidèles, avaient afflué vers le chalet, ils s'étaient agglutinés en une foule compacte, tenue à distance par un service d'ordre bon enfant, mais vigilant. Comme une ligne téléphonique directe avait été installée spécialement pour que le chancelier restât en liaison constante avec la direction du rallye, Hitler apprit que les derniers envols seraient retardés afin de donner aux organisateurs le temps nécessaire pour dégager, à Prien, le terrain d'aviation que les spectateurs, trop nombreux, menaçaient d'envahir. Le Führer profita de cette pause pour saluer la foule. Elle comptait maintenant plusieurs centaines d'hommes et de femmes. Une ovation spontanée l'accueillit. Puis, en sachant comment exprimer tout ce qu'ils ressentaient, en ce moment, de sentiments obscurs où se mêlaient joie, gratitude et, plus souterrainement, revanche, ces Allemands entonnèrent le Deutschland über alles et le Horst Wessel-Lied. Hitler retourna sur la terrasse. Les derniers appareils passèrent au début de l'après-midi. Vers 15 heures, le capitaine Ritter von Gruny qui commandait le 2ᵉ sous-groupe arriva, avec son état-major, à la Haus Wachenfels. Il tenait un énorme bouquet noué d'un ruban bleu et rouge qui portait, avec la croix gammée et l'insigne des pilotes, cette inscription : «En signe de gratitude et de vénération, les participants du Deutschland-Flug 1934 au Führer. Deutscher Luftsportverband». Chaque pilote, dit le Ritter von Gruny, avait porté durant son vol une de ces quatre-vingt-dix roses rouges ou jaunes. C'était pour les équipages, le symbole de l'attachement par lequel ils se sentaient, à chaque instant, étroitement liés au Führer. Ils l'étaient doublement. Ils l'étaient comme Allemands, car c'était lui Adolf Hitler, qui avait sauvé le Reich du chaos et leur avait rendu leur dignité. Ils l'étaient aussi comme aviateurs, car ce rallye montrait que l'aviation allemande était en train de renaître. Tous les pilotes allemands en éprouvaient une fierté profonde et ils sauraient se montrer dignes de leurs aînés. Le chancelier remercia. Il était près de 16 heures.

Depuis le début de la matinée, Hitler était sur la terrasse de la Haus Wachenfels, exposé à tous les regards. Aucun observateur n'a noté chez lui, de signes d'impatience, de nervosité. Il s'abandonnait vraiment à la joie, un peu naïve, que lui causaient toujours les innovations techniques. Tout d'ailleurs, le temps, le paysage invitaient à cet abandon au bonheur de vivre. Hitler ne croit toujours pas tout à fait à une révolte de Röhm et de la SA contre son autorité. Il a écouté Himmler, Göring, Lutze et, à travers eux, les représentants de l'armée. Son devoir lui incombait de faire face à toute éventualité. Il a donné son approbation aux mesures qu'on lui proposait. Ces dispositions ordonnées, qui le mettaient à l'abri d'un coup de surprise, il se sentait tranquille. Il ne se passerait rien. Lui, le Führer, bien qu'il sût tous les reproches que Röhm méritait, il refusait de s'abandonner à la panique. Et puis, il songeait à faire un geste et une offre pour rallier le Stabschef et démontrer à tous l'inanité des appréhensions et des accusations.

Le discours de Hess

Le 23 juin débuta le congrès régional (Gauparteitag) du NSDAP, dans le Gau Essen, qui se termina le lendemain. Le personnage principal était évidemment le Gauleiter Joseph Terboven. À ses côtés, on remarqua beaucoup le responsable de la Jeunesse hitlérienne (HJ-Gebietsführer), dans la région Basse-Rhénanie - Ruhr, Heinz Deinert. Mais les hôtes les plus marquants venaient de Berlin. Il y avait là Gertrud Scholtz-Klink, la Reichsfrauenführerin, le Dr Ley du DAF, Goebbels et Rudolf Hess. Le centre des manifestations était les halls du Grugapark, mais le congrès rayonna sur toute la région. Le Dr Ley prononça un discours à Oberhaussen, Goebbels, après une visite du port, en fit autant, à Duisbourg, avant d'assister à la fête du solstice. Cette mobilisation d'orateurs prestigieux pour un rassemblement régional avait d'excellentes raisons. La campagne contre le dénigrement continuait. La «Ruhr», c'est-à-dire les distincts industriels de Basse-Rhénanie et de Westphalie constituaient un enjeu capital pour le national-socialisme. Ils demeuraient le principal centre industriel de l'Allemagne. C'est là que seraient forgées les armes de la nouvelle Allemagne. Les nazis devaient gagner l'adhésion populaire pour que l'œuvre entreprise fût soutenue par l'enthousiasme des masses ouvrières. La tâche était difficile, car la population s'était, entre 1918 et 1933, partagée en marxistes et catholiques. L'influence du marxisme avait été presque gommée en dix-huit mois. Celle du catholicisme social s'avérait singulièrement plus vivace. Aussi, n'était-il pas étonnant d'entendre les orateurs tonner contre l'injustice. Ley : «Le national-socialisme veillera à ce que tous les sacrifices inévitables soient répartis entre tous. Il ne tolérera pas que quelques hyènes du champ de bataille tirent profit du malheur des autres. Que personne ne croie qu'il pourra continuer à faire bouillir sa petite marmite comme hier... Celui qui s'imagine qu'il trouvera refuge sur l'île des bienheureux du libéralisme commet une lourde erreur...» À Duisbourg, Goebbels s'en prit de nouveau au Miesmacher.

La seconde journée s'ouvrit tristement. Le temps, si rayonnant sur les Alpes et Berchtesgaden, était exécrable dans la Ruhr. Pourtant, le ciel bas, le vent humide et pénétrant, les averses violentes ne parvenaient pas à refroidir l'enthousiasme des cadres de la HJ. Le programme était double. À Mühlheim, les HJ-Führer du Gau avaient été réunis. R. Hess, accompagné de Terboven, était présent. Les deux hommes avaient parcouru le trajet dans une voiture découverte, salués par la foule du dimanche. Les photos de presse nous montrent le représentant du Führer détendu, souriant. Des fanfares signalèrent leur arrivée et ils prirent place, sous les ovations rituelles. Dans les formes militaires, Deinert, le HJ-Gebietsführer, présenta l'effectif à Hess. La HJ était forte, dans le Gau, de 200000 garçons. Salué par des applaudissements frénétiques, Deinert annonça que la HJ allait mener, à partir du 25 juin, une action contre l'esprit de classe et les préjugés sociaux. Les lycéens et les lycéennes allemandes portaient alors une casquette uniforme. Le ruban en était de couleur, rouge, vert, blanc, selon le cycle, et il était agrémenté de galons qui indiquaient l'année d'études. Les élèves du primaire n'avaient rien de semblable. Ils ressentaient la casquette comme une offense. Ils se considéraient disqualifiés intellectuellement et socialement, car le recrutement des lycées était alors, comme en France d'ailleurs, à peu près exclusivement réservé aux enfants de la bourgeoisie. La HJ, dit Deinert, allait s'attaquer à cet emblème de classe. Les adhérents brûleraient publiquement leur couvre-chef et inviteraient leurs camarades à en faire autant. On savait ce que valaient les promesses de sacrifices volontaires. À l'exemple et à la parole, la HJ n'hésitait pas, comme elle l'avait montré maintes fois, à joindre des arguments plus musclés. Rudolf Hess répondit à Deinert sans balancement. L'enthousiasme juvénile était une fort belle chose, mais, comme toutes les choses humaines, il avait ses limites. «Il faut qu'une discipline stricte, inspirée par l'amour du Führer s'impose à la jeunesse. Il n'y a pas de discipline si l'on n'est pas capable de se taire. Les bavardages inconsidérés ont causé, dans le passé, des dommages incalculables à notre peuple. Il faut apprendre à se taire quand on est jeune. Il est trop tard pour commencer quand l'âge est venu. Nous devons naturellement exiger que les âmes soient aussi disciplinées que les corps. Pour que l'âme du peuple à venir soit pure, il faut que l'âme des générations qui montent soit pure.» Hess et Terboven quittèrent Mülheim. Le ministre s'arrêta brièvement au Kaiserhof où il était descendu. Il en reparti vers 10 heures.

La séance solennelle de ce congrès eut lieu dans le hall 5 du Grugapark. À 10 h 15, Terboven prononça une allocution, puis le Dr Ley prit la parole et Goebbels clôtura la matinée. Ley distingua entre violence (Gewalt) et puissance (Macht). « La violence est l'*ultima ratio* dont un peuple doit avoir la libre disposition, mais à l'intérieur, elle ne doit pas s'exercer contre la population. Jamais la puissance n'est aussi grande que lorsqu'un peuple ne se sent soumis à aucune violence contraignante. » Goebbels reprit ses thèmes habituels contre le dénigrement, mais il insista, avec de savants balancements, sur la nécessité d'une critique interne au Parti. Personne ne devait s'imaginer que le Parti ou le Reich seraient épargnés par les crises à l'avenir. « Il s'agit de mobiliser les forces propres à faire face aux circonstances. » La nécessité d'une critique ne devait pas conduire au pessimisme. « Jusqu'ici, le cours de la révolution [avait] gâté non seulement [le Parti], mais le peuple tout entier. » Des difficultés existaient, mais il n'y aurait ni inflation ni déclin économique ni guerre civile. Il convenait de « garder la juste mesure des embarras qui n'étaient que passagers ». Le public fut surpris par ce ton nouveau. Le prince zu Schaumburg-Lippe le notait. « Il suffit de regarder les camarades pour voir que ce genre de critique les laisse bouche bée. » À 13 heures, le ministre de la Propagande prit congé de Terboven sur l'aérodrome de Mühlheim. « Votre Gau est en ordre. » Puis il s'envola vers Hambourg où il devait assister au Derby.

On a voulu entendre dans les discours de Essen comme l'un des premiers accords annonciateurs de la tragédie. Cela aurait été un avertissement à Röhm. Ou une provocation afin de le pousser à quelque imprudence. C'est selon les historiens ! Les orateurs, il est vrai, ne s'adressaient pas au « peuple », mais aux cadres du parti. Le NSDAP et les organisations annexes n'étaient pas exempts de tout reproche. On s'était habitué aux abus de pouvoir. L'arbitraire et l'autoritarisme s'étaient substitué à l'effort de persuasion. L'arrivisme éclipsait le dévouement à la cause. Il était bon de le rappeler. En Rhénanie notamment, la HJ avait provoqué, par son radicalisme, quelques conflits inutiles. L'avant-veille, le 22 juin, le Gauleiter Grohé du Gau voisin (Cologne) avait été obligé d'intervenir pour apaiser les différends entre HJ et organisations étudiantes à Bonn. Quelques secondes s'imposaient. C'était d'ailleurs à la HJ qu'elles furent d'abord adressées.

Essen avait été une sorte de prélude ; il fit ressortir de manière tout à fait spectaculaire un geste de Hess, qui ne se laisse, en aucune manière, fondre dans la grisaille de cette lutte contre les « criticailleurs ». Le congrès à peine achevé, nous perdons la trace de Hess. A-t-il passé la nuit et la matinée du lendemain à Essen ? Est-il rentré à Berlin ? C'est seulement le lundi 25 juin qu'il réapparut en pleine lumière. Vers 17 heures, son avion se posa sur l'aérodrome de Butzweilerhof près de Cologne. La visite était tout à fait imprévue. Pourtant l'organisation fonctionna et le cérémonial fut respecté. Une compagnie d'honneur de la SA était au garde à vous sur le terrain d'aviation lorsque Hess descendit de l'appareil. Le Gauleiter Grohé, ses principaux collaborateurs, le SA-Brigadeführer Walter Hövel attendaient le «lieutenant» du Führer. La presse ne mentionna pas de représentants des autorités civiles. Les salutations furent brèves. Le cortège se dirigea à vive allure vers la maison de la radio. Depuis le 1er avril, la station, installée 38 Dagobertstrasse, avait pour raison sociale Reichssender Köln. Le directeur, le Dr Glasmeier avait été prévenu. Il tint à dire quelques mots au personnage de marque qui honorait de sa présence l'émetteur. Toutes ces politesses prirent du temps avant que Hess n'en arrivât au fait. Il était venu à Cologne pour rattraper une omission involontaire. Il aurait dû, dit-on officiellement, prononcer dimanche après-midi, un grand discours qui aurait clôturé le Gauparteitag de Essen. La pluie l'avait empêché de parler. Il est vrai qu'il tombait des cordes, la veille, dans l'après-midi. Mais pour réparer ce contretemps on avait fait bonne mesure. Le discours serait diffusé par tous les émetteurs du Reich. Quand Hess prit la parole, il devait bien être six heures et demie ou sept heures. C'était, compte tenu des habitudes allemandes, une excellente heure d'écoute. Il est exceptionnel qu'une manifestation politique régionale reçoive une telle publicité. C'est même incroyable. Aussi nous paraît-il évident que le prétexte avancé était fallacieux. D'ailleurs, l'écart entre les propos tenus, par le même homme, le 24 d'une part et le 25 juin d'autre part, était tel qu'il exige une explication. Elle nous paraît simple. À Cologne, ce n'était pas Rudolf Hess qui parlait, il n'était plus qu'un porte-parole du Führer. L'initiative a été prise peu auparavant. Au plus tôt dans la soirée du dimanche, au plus tard dans la matinée du lundi! L'affaire a-t-elle été réglée par téléphone? Hitler a-t-il envoyé un messager à Hess? Celui-ci a-t-il fait un bref voyage à Berchtesgaden? De toute façon, quelle qu'ait été la voie, Hitler a fait parvenir des instructions à Rudolf Hess qui, dans les circonstances, n'aurait pas hasardé une démarche aussi hardie sans être certain de l'assentiment du Führer.

Le discours occupe toute une page du «Völkischer Beobachter» et se laisse résumer en deux phrases. Tout pouvait être pardonné y compris l'homosexualité, désignée par le terme équivoque de Eigenart. Une seule faute était inexcusable : la révolte contre le Führer, car «le Führer [était] au-dessus de toute critique». Hess termina par une brève péroraison exaltant la camaraderie du front. Puis, il partit en avion pour Berlin.

*

* *

Les adversaires de Röhm avaient perdu la première partie. Leur machination n'était pas sans une certaine habileté. L'intrigue nous paraît certes aujourd'hui d'une invraisemblance criante. Nous oublions que, dans les journées fiévreuses, qui suivirent le discours de Marbourg, les chefs des missions diplomatiques à Berlin se tenaient pour obligés de signaler à leurs gouvernements respectifs les rumeurs de remaniement ministériel, de crise de régime, voire de coup d'État, qui circulaient dans la capitale du Reich. Tous les efforts avaient été vains. Hitler n'avait pas tranché. Il offrait même une sortie honorable au Stabschef. Röhm et la SA ne bougeaient pas. Une nouvelle semaine s'ouvrait sur un été rayonnant. Dans moins de six jours, la SA serait en congé.

Chapitre 10

L'ABWEHR DÉCOUVRE LES ORDRES SECRETS DE ROEHM (26-27 JUIN)

Le discours de Hess ne fut guère entendu de la SA. Rien de surprenant à cela ! Ni Röhm ni les SA-Führer ne songeaient à entreprendre une seconde révolution, contre la volonté de Hitler ! Le discours ne fut même pas remarqué de manière particulière par les observateurs politiques bien que, par quelques passages et l'économie générale, il tranchât sur les exercices oratoires que la campagne contre le dénigrement avait mis à la mode. Les adversaires du Stabschef, fort embarrassés, étaient comme le Greatauk d'Anatole France. Ils « avaient des soupçons, et même des certitudes ». Les preuves faisaient défaut. On en trouva. La justice l'exigeait. Une série de provocations se produisit à partir du 26 juin. La SA devait commettre quelque imprudence qui la compromettrait aux yeux du Führer.

*

* *

De quelques coups fourrés et des réactions de la SA

Röhm passait des jours paisibles en Bavière. Le 21, il avait réuni quelques SA-Führer dans son appartement. Il s'était sans doute rendu à Bad Reichenhall, le 23 juin. N'avait-il pas promis au Führer de rappeler à l'ordre les unités qui créaient du désordre à la frontière autrichienne ? Pour le reste, il était installé à Bad Wiesse, dans la pension Hanselbauer, entouré de quelques compagnons dont son médecin personnel. Il faisait de longues promenades dans la campagne, passait les soirées à jouer au Skat, la belote allemande, recevait des amis, des fidèles. Il était surveillé. Il ne l'ignorait pas. Ses ennemis choisirent de ne pas frapper directement le centre, mais les cercles concentriques qui l'entouraient de plus ou moins loin. Un certain nombre de provocations sont bien connues. Nous en citerons deux ou trois... Il est cependant tout à fait vraisemblable que le nombre en a été plus élevé.

Le SA-Obergruppenführer Fritz von Krausser dirigeait le Führungsamt, les services administratifs de la OSAF. De vieille noblesse franconienne, il était né le 29 avril 1888 à Nuremberg. Sa vie paraissait toute tracée : il servirait dans l'armée comme tant de ses ancêtres. Il fit une guerre brillante. La défaite le jeta hors des voies régulières. Jamais, il n'avait accepté le traité de Versailles. Repris dans la Reichswehr, il dut, en raison de son attitude politique, abandonner l'uniforme, après le 9 novembre 1923. Il avait trouvé un asile politique dans la Altreichsflagge. Mais Hitler ne tarda pas à lui apparaître comme le seul homme capable de rendre à l'Allemagne sa pleine souveraineté militaire. Chez Krausser d'ailleurs, aucun illuminisme ! Il jugeait autant qu'il croyait. Il était très attaché à Röhm qu'il a servi fidèlement. Avec joie, il avait appris que le Führer était résolu à rétablir le service militaire obligatoire. Il s'était efforcé d'aplanir les difficultés auxquelles se heurtait la collaboration entre Reichswehr et SA. C'était à lui que Röhm avait délégué ses pouvoirs avant de se mettre en congé de maladie. Sa conduite, en ces journées, nous semble tout à fait révélatrice et exemplaire des dispositions du corps des SA-Führer.

Gertrud von Krausser avait été gravement malade au début du printemps. Pour hâter sa convalescence, elle avait fait un séjour à Bad Reichenhall, en compagnie de ses parents. Peu après le 15 juin, tous les trois, ils étaient revenus à Munich où le Stabsführer de Röhm et sa femme occupaient un appartement de trois pièces, coquet, mais modeste, auprès du Prinz-Regent-Theater, à Bogenhausen. M. et Mme Roth, de Deux-Ponts, y avaient passé une semaine, avec leurs enfants. Le dimanche 24 juin avait été « le dernier qu'ils aient vécu ensemble ». Le lundi 25, Fritz von Krausser et sa femme conduisirent les parents de celle-ci au train de midi. En sortant de la gare, Gertrud von Krausser un peu assombrie par la mélancolie de la séparation, s'accrocha au bras de son mari et lui dit : « Heureusement, toi, tu es là et je n'ai pas besoin de rentrer triste et seule à la maison. » Ils décidèrent de passer ensemble le reste de l'après-midi. Puis ils s'en allèrent à Schwabing où ils avaient un petit jardin de banlieusards, avec une hutte en planches. Dans les rapports de la Gestapo, Fritz von Krausser fut accusé d'avoir fait l'acquisition, à Schwabing, quartier chic de la capitale bavaroise, d'une villa avec parc. Le « parc » était dans un état déplorable, depuis des semaines, il avait été laissé à l'abandon. Pendant des heures, le SA-Führer et sa femme sarclèrent. Le soir venu, ils s'en allèrent tous les deux dans un café-restaurant « Zum grossen Wirt », dont ils connaissaient le patron puis revinrent à Bogenhausen. Au-dessous d'eux, ils entendaient les Schmid. Wilhelm Schmid était Gruppenführer. Il dirigeait à la fois le service du personnel dans la OSAF et le Groupe Hochland. C'était une de ces belles journées harmonieuses dont on garde toujours le souvenir. F. von Krausser avait pris un livre, *Dörchläuchting* de Fritz Reuter, un romancier du siècle précédent qui avait écrit en bas-allemand. Il lisait à haute voix, lentement. Sa femme vint le relayer. Il se faisait tard. Ils étaient fatigués. Ils allèrent se coucher. « C'était, écrivit plus tard G. von Krausser, le dernier jour heureux de notre vie commune. » Ils s'étaient mariés au mois d'août 1923.

Le mardi 26 juin, le Stabsführer avait repris son service. À midi, il rentra chez lui pour déjeuner. F. von Krausser ne manifestait aucune inquiétude particulière. La sonnerie du téléphone retentit. Celui qui appelait demanda si le Stabsführer pouvait le recevoir sur-le-champ, il avait une importante nouvelle à lui communiquer. Il préférait le faire de vive voix. Nous ignorons qui il était. Krausser le connaissait sans doute et lui faisait confiance puisqu'il acquiesça. À peine avait-il repris place à table que l'on sonna à sa porte. Krausser ouvrit lui-même, reçut le visiteur dans son bureau, le reconduisit à la porte lui-même. Il venait d'apprendre que l'on projetait d'assassiner Röhm. Le meurtrier était déjà à Munich. C'était évidemment une forgerie. Elle était lancée par quelque service. SD? Gestapo? Abwehr? Ou, sur ordre, par quelque officine? Nous n'en saurons jamais rien. Le visiteur était peut-être de bonne foi. En tout cas, les auteurs avaient réussi à « infiltrer » la SA puisqu'ils étaient en mesure de faire parvenir à Krausser, par un canal que celui-ci considérait comme sûr, des renseignements entièrement controuvés. La réaction du Stabsführer mérite d'être relevée. Il dit simplement à sa femme que Röhm avait convoqué les principaux responsables de la OSAF à Wiessee. Il serait de retour pour le dîner. Il ne rentra qu'à minuit. Il est à noter qu'il a considéré, en lui-même, comme vraisemblable un projet d'attentat contre Röhm. Comme tous les Allemands, il percevait la crise, devinait de sourdes oppositions. Le 23 juin, un SA-Führer avait été assassiné à Quentzin, en Poméranie. De nombreux Stahlhelmer entretenaient une agitation contre la SA. L'armée mettait beaucoup de mauvaise grâce à aplanir la voie d'une collaboration sans heurt. Krausser souhaitait que les SA prissent part aux manœuvres du génie à Brannenbourg. Une demande écrite destinée au ministère de la Défense avait été remise au Ic de la 7e division, au capitaine Körbitz. Jamais, on ne put savoir si elle avait bien été transmise. Enfin, il avait fait des observations inquiétantes. Toutes les personnes étrangères au service qui pénétraient dans les locaux de la OSAF étaient tenues de s'inscrire dans un registre, chez le portier, et d'y noter leur nom et leur adresse. Des contrôles avaient été opérés. Par routine? À la suite de l'entrevue du 6 au 7 juin, entre Röhm et Hitler? Ils avaient révélé que les indications données par certains visiteurs inconnus étaient fausses. Pourquoi pas un assassinat?

Le Stabschef avait éclaté de rire lorsqu'on lui avait raconté cette histoire rocambolesque. Il avait refusé que sa garde personnelle, comme le proposait von Krausser, fût amenée à Wiessee. Finalement, on décida que le Stabsführer irait à Berlin avant que le chancelier n'allât à Essen pour assister au mariage du Gauleiter Terboven et qu'il informerait Hitler. Avant de partir, von Kraussen mit sa femme dans la confidence.

Le 26 ou le 27 juin, c'est-à-dire au même moment, le Gruppenführer Karl Ernst déjà désigné pour commander le nouvel SA-Obergruppe III s'inquiéta. Était-ce le discours de Hess qui lui avait mis la puce à l'oreille? À l'occasion du voyage de Fritz von Krausser à Berlin, avait-il été alerté? Ou bien fut-il tout simplement troublé par les rumeurs qui circulaient à Berlin? Quelle que fût la circonstance qui le détermina à faire une démarche officielle, elle devait cependant lui paraître assez solide pour justifier un geste curieux dont Gisevius s'est gaussé abondamment. Karl Ernst sollicita une audience, auprès de Frick, le ministre de l'Intérieur du Reich. Le SA-Führer tenait à l'assurer de son entière loyauté et il voulait lui donner sa parole, d'homme à homme, que la SA de Berlin et du Brandebourg ne projetait pas de coup d'État. Karl Ernst choisit comme intermédiaire Kurt Daluege. C'était un camarade. N'appartenait-il pas à la SS? Karl Ernst fut accueilli très cordialement par l'homme qui, quelques jours auparavant, deux ou trois peut-être, avait dénoncé au colonel von Vietinghoff, l'entreprise subversive de la SA. Daluege demanda à Gisevius de s'informer. Le ministre de l'Intérieur pouvait-il recevoir le SA-Gruppenführer? Toujours selon Gisevius, Frick aurait bien reçu Karl Ernst. Il a fallu que l'entrevue fût accordée très vite, presque sans délai, car le 28 juin, Karl Ernst était à Essen et le 29 à Brême. Ce fut, comme l'écrivit Gisevius, «un entretien original». Un SA-Gruppenführer affirmait solennellement au ministre de l'Intérieur qu'«il n'avait pas l'intention de "putscher".»

Abwehr, Patzig et les ordres de Röhm

À ce moment l'armée intervint de manière directe. L'homme qui occupait le premier pupitre était le chef de l'Abwehr. Conrad Patzig était né le 24 mai 1888, à Marienbourg, le siège de l'ordre teutonique (Prusse orientale). Homme de l'Est, il devait peut-être à son ascendance cette placidité, souvent confondue, à tort, avec de la lenteur d'esprit. Il s'était destiné au métier des armes et avait fait, malgré les bouleversements politiques, une carrière toute unie. En 1907, il était entré dans la marine impériale, avait terminé la guerre avec le grade de lieutenant de vaisseau et avait été admis sans difficulté dans la Reichsmarine. Ses qualités l'avaient fait distinguer. Il avait été affecté à l'Inspection des services d'instruction. Au mois d'octobre 1929, il avait été versé dans l'Abwehr. L'affectation n'avait rien de surprenant. Le renseignement était le domaine de la marine. En juin 1932, il avait été appelé à diriger le service. Il n'était donc en rien redevable aux nazis. Lors de la nomination, von Schleicher était ministre de la Défense. Le 30 janvier 1933, Patzig était resté en place. Ce n'était peut-être pas un grand marin, c'était un soldat dans l'âme. Au physique, trapu, comme taillé à la hâche dans quelque vieux chêne de la forêt germanique, il ne faisait pas figure, avec sa face de vieux loup de mer, de chef des services secrets. Ceux qui le connaissaient mieux ne se fiaient pas à cette apparente droiture sans détour, à cette simplicité joviale et presque naïve. Elle recouvrait une extrême finesse qui avait été aiguisée par un long séjour dans le sérail dont il connaissait tous les détours. Ce qui trompait le plus, c'était une absence de vanité ou de cynisme. Il était de ces hommes qui préfèrent passer pour dupes plutôt que d'être dupes de leur propre vanité.

Patzig a cherché, après la guerre, à minimiser le rôle qu'il a joué dans toute cette affaire. C'est assez compréhensible. Il y a réussi pour une bonne part. Un historien aussi avisé que Sauer n'a pas hésité à écrire que l'officier bien qu'il eût dû «être une des pièces maîtresses de ce jeu, n'était apparemment pas initié, ce qui, du reste, étant donné l'intégrité de l'homme, était assez compréhensible». Selon le témoignage de l'amiral, recueilli par les chercheurs de l'Institut d'histoire contemporaine de Munich, sa défense était simple. Il avait tout ignoré. Ce n'était pas lui qui avait introduit Daluege auprès de von Vietinghoff, mais celui-ci qui avait consulté l'Abwehr. Le colonel avait été reçu par Fleischer, un des collaborateurs de Patzig, car, à ce moment, ce dernier était en route pour Hambourg où il aurait passé trois jours avec l'attaché militaire hongrois. Il serait revenu à Berlin le 29 juin et aurait été surpris par les mesures ordonnées pour la défense du Bendlerblock. Cette visite, somme toute protocolaire, de l'attaché militaire hongrois n'a laissé aucune trace à Hambourg. Les journaux n'en ont pas fait mention. Aucune réception n'a été organisée en l'honneur du visiteur. Seules les déclarations de Patzig en témoignent. Bref, le chef du renseignement militaire en Allemagne n'aurait su rien de plus que ce qui était la fable publique. Et encore! Il ignorait que l'opposition conservatrice eût recherché des contacts avec l'armée. Il ne croyait pas que Reichenau eût conspiré avec des services du Parti. Dans cette mer d'ignorance, ce marin n'avait qu'un point de repère. Lui qui ne savait rien, était persuadé, contrairement à une opinion répandue à l'époque où le témoignage a été recueilli, que toute l'affaire n'avait rien à voir avec le testament de Hindenburg. Bref au moment où le commandant de l'armée de terre demandait aux régions militaires de l'informer des moindres incidents, un homme se serait totalement désintéressé de ce que faisaient Röhm et ses lieutenants : le chef de l'Abwehr. C'est, avouons le, plutôt difficile à croire.

Patzig a néanmoins reconnu avoir, comme involontairement, participé à cette triste affaire. Le 26 juin, en prenant son service, dans son bureau de la Bendlerstrasse, il trouva, «par hasard» (*sic*), sur sa table de travail, «une instruction de la OSAF prescrivant de prendre toutes les mesures nécessaires afin d'accélérer l'armement de la SA». Il transmit le document à Reichenau. C'est tout. Il s'agissait de la circulaire du 23 mai 1934, que nous avons déjà analysée. L'introduction et les deux premiers paragraphes avaient été rédigé par Max Jüttner. Les unités de la SA recevaient l'ordre de ne plus acheter d'armes que par l'intermédiaire des services du ministère de la Défense. Le dernier paragraphe, œuvre de Röhm, comportait une équivoque et pouvait être facilement détourné de son sens. «Les inspecteurs dresseront un état d'ensemble, quantitatif et qualitatif, des armes disponibles dans leur district afin que nous puissions soutenir avec succès les demandes de la SA, auprès des services de la Reichswehr, et imposer que des unités homogènes, sous le commandement de SA-Führer, soient...» On pouvait comprendre la suite de deux manières différentes. Le mot «Einsatz» signifiait que ces unités seraient incorporées au système de protection des frontières afin d'être engagées éventuellement contre un ennemi extérieur. C'était, sans aucun doute possible, la bonne interprétation. «Einsatz» se prêtait, il est vrai, à une autre interprétation. Avec quelque subtilité et une pincée de mauvaise foi, il n'était pas interdit de comprendre que la SA devait être armée afin d'être engagée contre un ennemi qui n'était pas désigné de manière précise. Ceux qui connaissaient le plan de putsch devaient être tentés, malgré les difficultés, d'identifier cet ennemi à la Reichswehr. L'attitude de Patzig fut étonnante de la part d'un officier de renseignement. Il ne se serait pas soucié le moins du monde de l'origine du document. Rien n'excluait pourtant que ce ne fût ce que les Allemands appellent du «Spielmaterial», un faux adressé à l'Abwehr par des canaux obscurs pour provoquer une manœuvre inopportune de la part de la Reichswehr. Le capitaine de vaisseau ne prit pas cette élémentaire précaution. Il aurait tout aussi peu songé à faire analyser le document. Selon son témoignage, il se serait rendu sur le champ auprès de Reichenau auquel il aurait remis, en personne, le document. Le chef du Ministeramt était rentré de Berlin dans la journée du 25 ou du 26 juin. «Bronzé, plein d'énergie», il venait de retrouver son bureau dont les fenêtres donnaient sur le Tirpitzufer. Il avait tout de suite aperçu le parti que l'on pouvait tirer de la circulaire en la détournant de son sens. Après avoir écouté Patzig, il dit simplement : «Il est hautement temps!»

Le 27 juin à la chancellerie

Adolf Hitler a regagné Berlin, selon toute vraisemblance, tard dans la journée du 26 juin. Un poids lui avait été enlevé de la poitrine. Le coup de main contre le quartier des ministères que Göring et Himmler considéraient comme imminent, à la fin de la semaine écoulée, ne s'était pas produit. Les journées passées sur le Obersalzberg avaient été merveilleuses. Röhm n'avait pas répondu au discours de Hess. Mais que signifiait ce silence? La journée n'était pas particulièrement chargée. Alfred Rosenberg s'était fait annoncer. Il était accompagné par le lieutemant de vaisseau Obermüller, un ancien commandant de sous-marin. Comme il faisait beau, l'entretien eut lieu dans les jardins de la chancellerie. Le Führer aimait ces conversations avec ses compagnons de lutte. Pas de cérémonial! Une familiarité qui n'existait pas entre lui et les hauts fonctionnaires des ministères. Ceux-ci se retranchaient, avec une morgue soigneusement rentrée, mais d'autant plus blessante, derrière leur compétence. Avec un Rosenberg, la question à traiter était un point de départ; bientôt, on parlerait, à bâtons rompus, de tout et de rien. On referait le monde, on ne déciderait de rien. Hitler semblait alors s'abandonner à ses penchants de bohème. L'interlocuteur n'y prenait pas garde. Dans ces instants, le chancelier ne rêvait pas, il travaillait intensément. Enfermé dans un univers officiel où l'étiquette lui masquait le réel, c'est à travers le laisser-aller de son interlocuteur qu'il devinait tout ce qu'on voulait lui cacher.

Alfred Rosenberg, qui dirigeait l'Office de politique étrangère du NSDAP (Aussenpolitisches Amt des NSDAP), ambitionnait de rivaliser avec les diplomates de carrière. Un négociant de Hambourg, Heye, après s'être assuré de l'appui de Daitz, responsable de la section économique de l'Office, et d'un grand industriel, Thyssen, avait ouvert des négociations avec le gouvernement de Pou-Yi, le nouvel empereur de Mandchourie, une créature des Japonais. L'Allemagne achèterait une partie importante de la récolte de soja. La reconnaissance diplomatique du nouveau régime était envisagée. En échange, la Mandchourie s'ouvrirait aux capitaux allemands. Une coopération militaire entre le Reich et le Japon était proposée. Considérée isolément, l'affaire n'était peut-être pas désavantageuse, mais, comme le fit aussitôt remarquer le Auswärtiges Amt, toutes les conséquences n'en avaient pas été calculées. Les producteurs allemands de soja étaient loin d'être satisfaits. Les importations massives accroîtraient la dépendance de l'Allemagne envers le marché international et allaient à l'encontre de la politique d'autarcie. Le plus grave était les réactions prévisibles de la Grande-Bretagne. Elle avait manifesté une grande compréhension devant les revendications militaires allemandes, avait pris ses distances à l'égard du gouvernement français dont l'intransigeance lui paraissait injustifiée. Était-il bien opportun d'étaler, en ce moment, des ambitions militaires dans le Pacifique ? L'affaire tourna très vite au conflit interne. Daitz envoya une lettre au ministère des Affaires étrangères. Le ton en déplut à von Neurath. Il fit répondre par le Dr Ritter, un directeur ministériel. C'était une fin de non-recevoir. Rosenberg s'animait. L'Auswärtiges Amt rompait les relations diplomatiques avec lui. Huit mois de travail et 200000 RM étaient gâchés en vain. Mais l'affaire était plus grave. L'Office avait reçu cette mission du Führer lui-même. L'attitude du Auswärtiges Amt ne s'expliquait pas entièrement par une rivalité de services. Ce n'était pas un cas isolé. Depuis trois mois, le APA enquêtait sur le sabotage de la politique étrangère du Führer par le Auswärtiges Amt. L'autorité du chancelier était délibérément bafouée. « C'était la réaction toute entière qui, enflammée par Papen, cherchait à passer sur le corps du nazisme. » Hitler se montra indigné. Rosenberg devait aller trouver, sur le champ, le ministre de la Justice, l'informer que, sur ordre du Führer, il devait ouvrir, sans plus attendre, une enquête sur le sabotage des instructions du Führer par les Affaires étrangères. Hitler convoquerait von Neurath dans les huit jours. Blomberg et Schmitt, le ministre de l'Économie, devaient également avoir connaissance de toute l'affaire. Rosenberg écrirait à von Neurath qu'il avait fait une communication au chancelier à ce sujet. L'indignation de Hitler n'était pas feinte, mais elle avait des raisons complexes. Tout d'abord, il voulait apaiser son visiteur dont il connaissait l'obstination. Il n'était pas fâché non plus d'avoir enfin l'occasion de se débonder. Sans doute, il aimait jouer un service contre un autre afin que ces petites rivalités, ces mesquines jalousies tinssent en haleine ses serviteurs. Mais en ce jour, il s'agissait bien de cela. Il soupçonnait la «réaction» de monter en épingle les moindres faux-pas de Röhm, de pousser le Stabschef non pas à la désobéissance à proprement parler, mais à bouder les ordres, à démonétiser l'autorité du Führer en tirant gloire des irrévérences et forfanteries de ses lieutenants. On soufflait sur la braise pour mieux crier au feu, jouer les pompiers et se faire chèrement payer le service rendu. Rosenberg lui avait fourni un prétexte. Déblatérer le soulageait.

Hitler en revint à ce qui lui tenait vraiment à cœur. Il raconta à ses visiteurs qu'il avait ordonné l'arrestation du Dr Jung. C'était l'auteur de cet «incroyable discours» que Papen avait prononcé à Marbourg. Un séjour dans les locaux de la Gestapo donnerait à ce journaliste une plus saine appréciation de la réalité. À ce moment, un aide de camp s'approcha du Führer et lui demanda s'il pouvait recevoir sur l'heure Monsieur le vice-chancelier. Hitler éclata de rire et se tournant vers Rosenberg : «Il vient me voir pour son Dr Jung.» Hitler fit répondre qu'il était trop occupé. Les trois hommes continuaient à se promener dans le jardin. Rosenberg avait sur lui le numéro du 26 juin du *Neue Illustrierte Zeitung* où l'on plaisantait, avec prudence, le créateur du mythe du XXe siècle. C'était le point faible de Rosenberg. Personne ne prenait très au sérieux ses tentatives de ressusciter une religion païenne. Lui considérait cette tâche comme l'œuvre de sa vie. Interprétant avec une subtilité rabbinique l'article teinté d'ironie, il démontra au Führer que certaines indiscrétions n'avaient pu être commises que par le Büro Papen. Au fond du jardin, on apercevait la façade nord du palais Borsig, qui faisait presque un angle droit avec la chancellerie. C'était un mur gris et sans visage, mais c'était derrière lui que les Bose, Tschirschky, Ketteler et consorts tissaient leurs trames. Hitler étendit le bras. «Oui, je sais bien, tout vient de là. Un de ces jours, j'ordonnerai de débusquer toutes ces taupes.» Mais pour le moment, il n'avait pas l'intention d'entreprendre quoi que ce soit contre la réaction. Il voulait éviter tout chagrin à Hindenburg. Il se mit à raconter la dernière visite à Neudeck. Jamais le Alter Herr (mot à mot : le vieux monsieur) n'avait été aussi amical. Le chancelier lui avait raconté en détail l'entrevue de Venise. Le vieillard avait quelque peine à marcher. Il s'était appuyé sur le bras de Hitler. Il n'avait plus longtemps à vivre. Pourquoi troubler ses dernières heures par les affres d'une crise intérieure? Rosenberg admirait la bonté du Führer. Les égards dont il faisait preuve envers le grand vieillard n'avaient-ils pas quelque chose de touchant? En fait, Hitler faisait un calcul qui n'avait rien de désintéressé. Aussi longtemps que Hindenburg conserverait des dispositions amicales envers le chancelier, celui-ci n'avait pas grand chose à craindre de la «réaction». Elle était désarmée. C'étaient des états-majors sans troupes. La Reichswehr n'interviendrait pas dans la politique intérieure sans un ordre exprès de Hindenburg. Les plans du Büro Papen demeureraient de vaines spéculations! C'était le bon sens d'éviter toute crise.

Tout cela, ajouta Hitler, devait rester entre eux. Rosenberg protesta de sa discrétion. Les bavardages étaient une plaie, les salons politiques de Berlin une calamité et ces «lionnes» qui, entre deux tasses de thé, croyaient régler les destins de l'Allemagne et le sort du monde, un véritable fléau. Rosenberg et le lieutenant de vaisseau Obermüller prirent congé du chancelier. Il devait être onze heures bien sonnées.

Les visiteurs suivants étaient le Obergruppenführer von Krausser et un SA-Oberführer, le comte Friedrich von der Schulenburg. Selon K. Schreyer, la rencontre avait été convenue entre le Führer et le chef d'état-major de Röhm, la veille au soir. Il était déjà tard. Le Führer retint les deux hommes à déjeuner, puis ils se promenèrent encore longuement dans les jardins de la chancellerie. Le plan d'attentat n'avait été qu'un point de départ. Hitler s'était montré sceptique. Krausser avait alors fait dévier la conversation et il avait dit tout ce qu'il avait sur le cœur. Il n'était pas vrai que la SA préparât une «seconde révolution». Il n'était pas vrai qu'elle eût des ambitions militaires. Il reconnaissait qu'un malaise existait. Le flux des adhésions avait été si impétueux que des éléments douteux s'étaient glissés dans les rangs de la SA. Les vieux compagnons de lutte, les éléments les plus sûrs et les plus méritants n'avaient pas toujours su tirer leur épingle du jeu. D'autres dans la PO, le FAD avaient recueilli les fruits abondants d'un zèle souvent tardif. Beaucoup de SA de la première heure vivaient encore dans les camps tout simplement parce qu'ils n'avaient pas retrouvé de travail. De plus, une véritable campagne de dénigrement était dirigée contre les bataillons bruns. Le Stahlhelm, la justice et la police qui étaient loin d'être «normalisées», les prêtres des deux confessions glorifiaient à qui mieux le Führer afin de rabaisser plus durement ses «satellites», et notamment sa farouche SA. Cette campagne était relayée par l'étranger. Hitler devait choisir, disait-on, entre des bataillons bruns contaminés par le bolchevisme et les forces vives de la nation : l'armée, l'industrie, les agrariens... Il avait choisi, croyait-on. Ces rumeurs portées par les ondes, transmises de bouche à oreille, affaiblissaient la cohésion de la SA. Et Röhm? Krausser ne put s'empêcher de s'épancher. Des plans de révolte? Un projet de complot? On était loin du compte. Depuis des semaines, le Stabschef, sérieusement souffrant, il est vrai, paraissait se désintéresser des affaires. C'était lui, Krausser, qui devait trancher le plus souvent, surtout dans les cas difficiles, bien que sa fonction ne lui conférât pas l'autorité nécessaire pour imposer des mesures impopulaires. Ces propos répondaient trop bien à ceux que Hitler venait d'échanger avec Rosenberg et il y avait tant de sincérité dans l'accent de F. von Krausser que ce connaisseur d'hommes se laissa quelque peu ébranler. Il reconnut qu'il avait trop négligé la SA. Il était inadmissible que les emplois nouveaux n'aient pas été réservés en priorité aux ouvriers de la première heure. Une part de ces désaccords pouvaient bien reposer sur des malentendus, il n'en restait pas moins que la situation n'était pas satisfaisante. La SA n'était plus ce qu'elle avait été et n'aurait jamais dû cessser d'être : l'armée du parti, la garde idéologique du Führer. «Krausser, dit-il en guise de conclusion, agissez de telle sorte que la SA redevienne ma SA.» C'était passer par dessus la tête du Stabschef. Krausser le fit remarquer au chancelier. «N'avez-vous plus confiance en Röhm?» Hitler biaisa. Il ne songeait pas à destituer Röhm, pas plus qu'il n'avait songé à dissoudre la SA. « J'ai confiance en Röhm, dit-il, aussi longtemps qu'il m'obéit, mais maintenant j'ai le sentiment qu'il ne m'obéit plus. » Les calomnies avaient déjà instillé leur venin en lui. Cependant, l'entrevue avait plutôt rassuré Hitler. À supposer que Röhm, lassé d'une vie de lutte, se complût désormais dans un rôle de satrape, passant à ses mignons tous leurs caprices, il n'avait guère d'appuis parmi ses troupes puisque son chef d'état-major condamnait une telle entreprise. Krausser, lui aussi, était assez satisfait : le Führer était informé.

Blomberg et Reichenau sont reçus à la chancellerie

Alors que von Krausser allait à ses affaires, von Blomberg et von Reichenau se faisaient annoncer. Le général von Reichenau avait, à son retour dans la capitale, recueilli un certain nombre d'informations. Le document que Patzig lui avait remis complétait de manière décisive cette mosaïque. Il était facile, avec un peu de complaisance, d'y lire un projet de coup d'État. Depuis des semaines, Röhm se préparait, au besoin par la violence et au moyen de la force des armes, à imposer sa volonté. Le plan de putsch était la conclusion logique d'une évolution qui aurait dû être brisée dans l'œuf, dès la fin de l'année passée ou, au plus tard, durant l'hiver. Il y avait péril en la demeure. Le chef du Ministeramt demanda à être reçu par le ministre de la Défense. Il sut lui faire partager ses convictions, qu'il exposa avec beaucoup de persuasion. Le coup de main qui aurait dû se produire dans la capitale à la fin de la semaine précédente n'avait pas eu lieu. Il avait été reporté. Rien ne prouvait que ce n'était pas reculer pour mieux sauter. Il était intolérable que l'armée demeurât exposée plus longtemps à une agression, à la merci de quelque mauvais coup de la part de la SA. Les mesures qui avaient été ordonnées jusqu'ici étaient inadaptées. Elles eussent tout juste suffi à défendre le périmètre dans lequel les ministères étaient regroupés. Mais si la révolte éclatait sur tout le territoire du Reich... ? Les troupes des garnisons seraient surprises et désarmées avant d'avoir eu le temps d'esquisser une résistance. Quand bien même elles parviendraient à se regrouper, elles devraient aussitôt disperser leurs efforts pour faire face à une rébellion multiforme. C'est l'ensemble de la Reichswehr qui devait être placée en état d'alerte afin de dissuader un agresseur par une démonstration de force et, en tout cas, afin d'être en mesure de riposter à toute attaque. Le général von Blomberg se rendit à ces raisons. Il fut décidé qu'il ferait une démarche auprès du chancelier pour l'instruire de la nécessité dans laquelle il se trouvait de prendre des mesures préventives. Le 26 juin étant donné l'imminence de ce danger supposé, Blomberg aurait été en droit, après avoir informé le président du Reich, d'ordonner l'état d'alerte. Il n'en fit rien. Il fut décidé d'attendre le retour du chancelier de Berchtesgaden.

Le 27 juin, rien ne presse d'ailleurs. Ce n'est qu'au début de l'après-midi qu'eut lieu l'entrevue entre Hitler, von Blomberg et von Reichenau.

Et le commandant de l'armée de terre, von Fritsch? Du 23 juin au 1er juillet, une grande manifestation hippique se déroulait à Aix-la-Chapelle. Les points marquants en étaient les journées du 27, avec une réception dans la salle impériale de l'hôtel de ville, du 28, avec le «tournoi des nations», et le 30 juin. Le commandant de l'armée de terre avait fondé un prix et devait le remettre en personne au vainqueur. Le général von Fritsch a quitté Berlin dans la journée du 26 juin. L'équipe polonaise fut présentée au général par le major Freiherr von Waldenfels. Il salua très chaleureusement les cavaliers polonais. La presse annonçait que le chef de la Heeresleitung «honorera[it] de sa présence», les épreuves de la journée du 28 juin. Rappelé à Berlin, vraisemblablement dans la soirée du 27 juin, il quitta immédiatement Aix-la-Chapelle et était dans la capitale dans les premières heures de la matinée du 28. Une certitude! Il était donc absent de Berlin lorsque Blomberg et Reichenau entreprirent leur démarche auprès du chancelier. A-t-il été consulté avant son départ? Aucun document ne permet de l'affirmer ou de le nier de manière certaine. Cela ne nous paraît guère vraisemblable. Au moment où le ministre et le chef du Ministeramt se rendaient à la chancellerie, le commandant de l'armée de terre, cavalier passionné, s'abandonnait à son amour pour le cheval.

L'entrevue avec le chancelier n'eut, semble-t-il, rien de dramatique. Nous connaissons la teneur de la conversation par quelques phrases de Reichenau, rapportées par Fromm, lorsqu'il dicta aux officiers du AHA, le 28 juin, les instructions destinées aux régions militaires. Ce raccourci condense la version que le chef du Ministeramt donnait de l'entretien. Blomberg expliqua que la situation avait évolué de manière inquiétante. Il était nécessaire que la Reichswehr fût en mesure de se défendre. Le ministre assura le chancelier que l'armée n'avait pas d'ambitions politiques, elle avait des devoirs envers l'État. Reichswehr et gouvernement étaient d'ailleurs également exposés aux coups du même ennemi. Le chancelier n'avait qu'une faible marge de manœuvre. Au fond de lui-même, il doutait de toutes ces histoires de putsch, de révolte... Que pouvait-il faire? Répondre par une fin de non-recevoir à la demande de Blomberg? Le refus aurait pu être interprété comme une prise de position indirecte en faveur de Röhm. C'était creuser une faille, si légère fût-elle, entre le commandement militaire et le pouvoir politique. Peut-être pousser l'armée vers les conservateurs? Hitler choisit rapidement une ligne de conduite. Il lui fallait continuer à temporiser. Dans trois jours, la SA serait en congé, les hommes, dispersés dans la nature, insaisissables. Tout en approuvant la démarche de Blomberg, il prodigua les assurances et les conseils de modération. Il était «persuadé de la loyauté de l'armée». Mais, il se demandait si tout cela ne reposait pas sur un malentendu. Reichswehr et SA se prêtaient mutuellement de mauvaises intentions et soupçonnaient l'autre, dans lequel elles auraient dû, au contraire, apercevoir un partenaire et un allié naturel, «de vouloir porter le premier coup». Il reconnaissait bien volontiers que certains éléments de la SA étaient hélas ! corrompus, dépourvus de tout sens de l'État. Un jour ou l'autre, il faudrait les éliminer. Mais un coup d'État ? Ces SA-Führer n'avaient pas « l'énergie nécessaire » à une telle entreprise. Tout en déclarant qu'il était du devoir des chefs de l'armée de prémunir la Reichswehr contre toute surprise, il souhaitait que le commandement militaire évitât toute « mesure agressive ». La Landespolizei avait été, la semaine précédente, d'une insigne maladresse. Elle s'était « barricadée dans ses casernes » comme si l'ennemi était aux portes de la ville. C'était une véritable provocation. Que l'on voulût bien s'abstenir de toute « mesure mesquine ».

Selon la lettre de la constitution (art. 46 et 50), l'armée pouvait être mise en état d'alerte sur l'ordre du président du Reich, avec le contreseing du ministre de la Défense. Ce contreseing avait été conçu comme une limitation, puisque le ministre était soumis à la solidarité ministérielle. La pratique avait institué des usages assez différents. Aussi longtemps que Seeckt avait commandé l'armée de terre, il avait été exclu que le président Ebert exerçât le commandement des forces armées et les ministres de la Défense n'avaient été que des paravents. Seeckt écarté, l'autorité réelle sur l'armée avait été détenue par les ministres Groener et Schleicher qui étaient « couverts » par le président Hindenburg. Le 27 juin, von Blomberg ne se tourne pas vers Neudeck. Non seulement il informe le chancelier, mais il n'agit pas sans avoir obtenu son approbation. Ce n'est pas l'état de santé de Hindenburg qui justifie l'attitude de Blomberg. Pour créer la Wehrmacht, Hitler a sans doute besoin des soldats de métier, mais les soldats ont eux aussi besoin de Hitler. Ils veulent mettre fin au conflit avec la SA, mais sans ouvrir une crise politique. Ils n'y parviendront qu'à une condition. Leur action doit apparaître comme accordée à la politique du gouvernement, comme l'expression même de la volonté du Führer.

L'entrevue et son résultat montre que Hitler n'a pas « poussé à la roue » comme l'affirment Sauer et K.-J. Müller. Gisevius a proposé une interprétation plus subtile. Le Führer aurait été bien décidé à liquider Röhm, mais pour ne pas se salir les mains, il aurait joué les grandes coquettes et aurait attendu avec impatience, malgré toutes ses dénégations, qu'on lui fît une délicieuse violence. La thèse ne résiste pas à l'examen. Pourquoi tout ce luxe d'échappatoires puisqu'il a revendiqué publiquement, le 13 juillet, toute la responsabilité de la répression ? En fait, il a tout fait pour écarter de lui ce calice qu'il boira jusqu'à la lie.

Reichenau quitta la chancellerie « plein de confiance ». Pourtant, il avait misé très gros. Le jeu consistait à faire planer sur la tête du Führer une menace imaginaire afin de l'amener à se séparer de Röhm et à épurer la SA. Jusqu'au 27 juin, la Reichswehr s'était tenue en retrait et ne s'était pas découverte. Le Büro Stein ? Une officine dirigée conjointement par le SD et l'Abwehr ! Le plan de conjuration révélé par Miss ST. et la baronnesse von Biel ? Que l'armée ait été informée du danger, le 22 juin, n'avait rien que de très naturel ! Les chefs militaires auraient manqué à tous leurs devoirs s'ils n'avaient pas pris quelques précautions. Que la supercherie fût percé à jour, et la honte n'aurait pas éclaboussé la Reichswehr ! À partir du 27 juin, tout est changé. Le ministre de la Défense est intervenu personnellement auprès de Hitler. Il a porté des accusations précises. Il a présenté au moins un document original. Röhm a désormais l'occasion de se défendre et la possibilité de se justifier. Une telle explication risquait d'avoir des suites désastreuses pour l'armée. Pour le moins, elle se couvrirait de ridicule. Que penser de généraux qui avaient ordonné l'état d'alerte dans l'ensemble du Reich sur l'ombre d'un soupçon ? Pis ! Les soupçons pouvaient fort bien se retourner contre eux. À son tour, le chef du Ministeramt était, avec ses associés ou complices, Himmler et Göring, pris dans un engrenage. Hitler devait condamner Röhm avant que celui-ci ait eu le temps de faire preuve de son innocence. Mais le temps était limité. Le 1er juillet, le péril dépeint avec de si noires couleurs se serait évanoui. Les traces des accusations subsisteraient.

La Reichswehr en état d'alerte

À peine l'entrevue terminée, Blomberg et Reichenau regagnèrent le ministère. Le jour même, le ministère fut transformé en une forteresse assiégée. Le « commandant du Bendlerblock », c'est-à-dire l'officier de garde, le chef d'escadron Dr Grobholz, rédigea une note de service. Les officiers étaient « priés » de bien vouloir garder constamment leurs armes, à portée de la main, dans leurs bureaux. La compagnie de garde fut installée dans les locaux de la Bendlerstrasse. Dans la cour intérieure, des chevaux de frise furent entreposés afin de barrer éventuellement tous les accès. Les toits formaient un dédale difficile à surveiller. Des patrouilles reçurent la mission de les inspecter régulièrement. Une véritable fièvre obsidionale s'insinuait dans cet organisme qui jusqu'alors avait eu de saines réactions. Le général Keitel se souvint à Nuremberg que les gradés étaient « armés jusqu'aux dents » dans les bureaux. Madame von Sodenstern, dont le mari était lieutenant-colonel et dirigeait la section « Organisation » du Truppenamt (T2) a dit qu'il dormait alors avec son pistolet sur la table de nuit. Le capitaine Horst von Mellenthin qui avait accompagné le général von Fritsch à Aix-la-Chapelle et ne se doutait de rien eut un mouvement de recul en franchissant le portail du Bendlerblock, dans la matinée du 28 juin. À quelle guerre se préparait-on ? Il ne put s'empêcher de demander à ses camarades : « Mes enfants, êtes-vous devenus fous ? »

Dès la soirée du 27 juin, le ministère était en état de résister à un coup de main jugé imminent. Il fallut attendre le lendemain pour que des instructions parvinssent, avec vingt-quatre heures de retard, aux régions militaires. Le général von Fritsch, rappelé d'urgence à Berlin, de nouveau installé dans son bureau de la Bendlerstrasse, avait repris les rênes. Une réunion eut lieu dans la matinée. Elle rassemblait le ministre, le chef du Ministeramt, le commandant de l'armée de terre et les responsables des différents offices.

Blomberg et Reichenau exposèrent la situation. Puis les chefs des offices rapportèrent à leurs subordonnés ce qu'ils venaient d'apprendre. Nous connaissons le contenu des propos du colonel Fromm (AHA) d'après les notes prises par le lieutenant-colonel Heinrici, qui dirigeait la section générale du Allgemeines Heeresamt. D'après les renseignements recueillis, il n'apparaissait pas exclu qu'un putsch de la SA se produisît. Un certain nombre de personnalités dans le commandement de la SA n'étaient pas normales. La SA voulait constituer une armée. Il n'était pas permis d'écarter l'éventualité d'une action de sa part, « dans l'immédiat, ou en automne ». Les chefs de corps seraient informés, mais on leur dirait simplement que, selon des rumeurs, SA ou communistes étaient susceptibles de frapper. Il y aurait toujours un officier présent dans les casernes. Un officier de service assurerait une permanence à l'état-major des grandes unités. Les chefs de corps vérifieraient la garde des casernes, des dépôts de munitions et des stocks d'armes. Si les troupes régulières n'étaient pas en mesure d'assurer la surveillance, on ferait appel à la SS. La SS était du côté de l'armée. La troupe devait être en mesure d'intervenir à tout moment, massivement et brutalement. Il fallait éviter de la disperser en lui confiant des tâches de protection et de gardiennage. La Landespolizei était en état d'alerte en Prusse. Si SS et police ne restaient pas maîtresses de la situation, il faudrait les appuyer. On satisferait leurs demandes sans les solliciter. La SS serait armée si elle le souhaitait, mais elle devrait rendre les armes qui lui seraient confiées. On utiliserait celles du Grenzschutz ce qui, par la même occasion, désarmerait la SA. Provisoirement le 5e RI resterait à Döberitz. Raison sociale : exercices bataillonnaires et régimentaires. La compagnie de garde 7/20 serait installée dans le ministère. Pour autant que ce soit possible, on éviterait que ces mesures ne fussent perçues à l'extérieur, car on n'avait à faire qu'à une poignée de desperados et non à la majorité des SA. On devait éviter d'indisposer de manière durable la SA, mais si des heurts se produisaient, la troupe ne devait pas adopter une attitude purement défensive. Le colonel Fromm passa alors en revue la situation telle qu'elle se présentait. Le chancelier avait déclaré que chacune des parties soupçonnait l'autre de vouloir porter le premier coup, mais qu'il n'y avait pas assez d'énergie dans la SA. Les mesures agressives devaient être évitées. On ne prendrait pas de dispositions mesquines. Les cours d'instruction destinées à la SA se dérouleraient comme il était prévu sans changement. Nous avons transcrit sans modification les notes de Heinrici en nous contentant d'ajouter quelques verbes. Il restait à informer les deux corps d'armée (Gruppenkommando), les sept régions militaires et les trois divisions de cavalerie. C'est selon toute vraisemblance le Allgemeines Heeresamt qui en fut chargé. Nous ne savons pas combien cela prit de temps. La VIIe région militaire ne reçut le message que dans l'après-midi entre 16 h 30 et 17 heures.

Wehrkreis VII : Munich

Nous possédons une documentation de tout premier ordre, publiée et remarquablement commentée par K.-J. Müller : les notes sténographiées du major Rupp, officier d'état-major qui dirigeait la section des opérations (I a) auprès du général Tscherning. Ces notes contiennent les instructions communiquées par le Wehrkreis et une sorte de journal concernant leur application si bien que nous pouvons suivre comme une eau qui court dans un lit déjà tracé, les ordres transmis par le chef de la Heeresleitung et leur traduction dans la réalité.

La VIIe région militaire était commandée par le Generalleutnant Adam. Le Generalleutnant avait une double fonction. Il commandait la 7e division, mais il avait en outre, comme Wehrkreisbefehlshaber (commandant de la région militaire), une compétence territoriale, dans toutes les affaires militaires. Ses services étaient installés dans les locaux de l'ancien ministère de la Guerre, estimable architecture, œuvre de Klenze et vestige d'une splendeur et d'une indépendance disparues. La VIIe région militaire comprenait trois subdivisions territoriales : Munich sous les ordres du Generalmajor Tscherning, Nuremberg sous les ordres du Generalmajor Stephanus et Ratisbonne sous les ordres du Generalmajor, Wäger. À ces échelons subalternes, on retrouvait la même dualité de fonction. Tscherning était Artillerieführer, c'est-à-dire qu'il commandait l'artillerie de la 7e division, mais il avait en même temps compétence dans toutes les affaires militaires générales à l'intérieur du Wehrgau où il représentait le Wehrkreisbefehshaber. Son Wehrgau s'étendait de Lindau à Augsbourg et de là, jusqu'à la frontière autrichienne, par une ligne droite qui courait approximativement d'ouest en est et passait au nord de Munich. Administrativement, elle correspondait à peu près aux deux Regierungsbezirk (départements) de Haute-Bavière et de Souabe-Neubourg. La Gauleitung (état-major de subdivision) était installée dans la Lothstrasse. C'était un quartier peuplé de casernes, au nord-ouest de Munich, en bordure d'un vaste terrain de manœuvres, le Oberwiesenfeld.

La communication reçue par le major Rupp provenait du Wehrkreis qui avait donc été informé peu avant 16 h 30. Elle comprenait deux parties distinctes : d'une part un tableau de la situation et d'autre part les instructions proprement dites. La première partie reproduisait, avec quelques ajouts et quelques omissions, l'exposé du général Fromm. Ces variantes sont extrêmement révélatrices. Le caractère ambigu, pour ne pas dire équivoque de l'opération, y est affirmé plus nettement. En prenant un tel luxe de précautions, la Reichswehr s'exposait au reproche de pusillanimité ou, plus grave encore, au soupçon de félonie. «L'armée n'a pas le droit de se laisser surprendre, mais elle doit éviter tout ce qui pourrait susciter des désordres. On ne laissera paraître aucun signe d'inquiétude à l'extérieur. Les mesures préventives doivent être discrètes, sinon on pourrait y voir une marque de faiblesse et elles seraient tournées en ridicule si, pour finir, il ne se produisait rien. L'armée doit se cantonner dans la défensive, sinon elle donnerait prise à la partie adverse qui ne manquerait pas d'affirmer que l'armée prépare un putsch. »

À partir de 17 h 30, le major Rupp commença à informer les chefs de corps. Ô surprise ! Il n'y mit aucune hâte. Dans la soirée du 28 juin, alors qu'il quitta son bureau, il n'avait pas terminé. Il reprit la tâche le lendemain, lorsque dûment reposé, il arriva dans la Lothstrasse. Au cours de la matinée, il informa le major Schrader (7e échelon des troupes motorisées, Munich) le major Karl Wintergerst (2e bataillon du 7e régiment d'artillerie, Lechfeld), le lieutenant-colonel Krampf (2e bataillon du 19e régiment d'infanterie, Augsbourg). Le 7e échelon de transmissions en manœuvre dans la région de Schongau, au sud de Munich, n'avait pas été rappelé. Le 29 juin, à 13 heures, le major Rupp en avait fini. Les corps de troupe du Wehrgau étaient alertés. Il y avait près de quarante-huit heures que Blomberg avait exposé au chancelier combien il était urgent que la Reichswehr fût mise en état de répondre à toute attaque.

Les chefs de corps n'avaient eu connaissance que d'une version abrégée de la conjuration. Selon certains indices, des éléments communistes, à l'intérieur ou à l'extérieur de la SA feraient probablement, leur dit-on, des tentatives de putsch, dans un délai rapproché ou plus tard, par exemple en automne. Les préparatifs de défense seraient aussi peu apparents que possible. Les officiers devaient cependant comprendre qu'ils auraient éventuellement à agir de leur propre initiative pour faire face à la menace et qu'en cas d'attaque il leur faudrait riposter avec la plus grande énergie.

Au milieu de tout cela, un redoutable écueil ! L'armée employait de nombreux employés civils. Certains n'étaient que des administrateurs. D'autres travaillaient dans des services dont le caractère militaire était incontestable, armurerie, dépôts de munitions ou de ravitaillement, etc. Figuraient enfin sous cette rubrique des cadres ou des hommes qui étaient de véritables soldats de métier. C'était le cas notamment des L-Offizier et des instructeurs du Grenzschutz. Dans ces différentes catégories, il n'était pas rare que des « employés civils » fussent tout simplement des SA qui, sous cette raison sociale innocente, collaboraient à la défense nationale. Il fut ordonné de ne modifier, en rien, les relations de service ou les rapports personnels avec eux. Même les cours d'instruction seraient poursuivis. La décision nous apparaît fort surprenante. On prétendait qu'une attaque par surprise de la SA était imminente. On se préparait à y répondre, sans le laisser paraître du reste. Et malgré cela on laissait les SA aller et venir dans les casernes, les camps, les dépôts d'armes, de munitions, comme si de rien n'était. S'ils avaient été animés de mauvaises intentions et avaient eu un plan, comment n'auraient-ils pas fait quelque rapprochement entre leurs desseins et les mesures préventives de la Reichswehr ? Comment Röhm n'aurait-il pas cherché à tirer parti de ce qu'ils constituaient, introduits le plus légalement du monde, un véritable cheval de Troie au cœur du dispositif défensif de la Reichswehr ?

Selon toute vraisemblance, toutes les régions militaires reçurent des instructions identiques dans les grandes lignes. Cela n'exclut pas que, sur ce canevas général, des variantes régionales n'aient été brodées. Nous savons que les bureaux de la IIIe région militaire, à Berlin, dans la Kurfüstenstrasse, furent, comme le Bendlerblock, transformés en une véritable citadelle. Le 29 juin, le colonel Haase qui commandait le Wehrgau Francfort-sur-Oder, vint dans la capitale. Il fit au commandant de la IIIe région, le Generalmajor von Witzleben, et à son chef d'état-major, le colonel von Manstein, une description dramatique de la situation dans la Neumark. Les tensions avaient atteint un point critique. Il souhaitait que l'ordre fut donné d'arrêter, à titre préventif, quelques SA-Führer. Par contre le Generalleutnant Liebmann qui commandait à Stuttgart (Wehrkreis V) parut surpris d'avoir à mettre la région sur le pied de guerre. Il n'en voyait guère la nécessité. Pour tracer avec précision la carte météorologique du conflit latent entre l'armée et la SA, il aurait fallu disposer de documents comme les notes du major Rupp. Il semble que les dossiers des autres Wehrkreis aient été détruits pendant la guerre.

Lorsque le général von Blomberg s'était présenté devant le chancelier, dans l'après-midi du 27 juin, il croyait peut-être à la réalité de la menace. Devant l'inquiétude non feinte du ministre de la Défense, il serait difficile au Führer, atteint à son tour par la contagion de l'anxiété, de se dérober une nouvelle fois. Comment tolérer que l'armée fût contrainte de s'armer contre un ennemi intérieur? Quelle autre issue à ce conflit que la destitution de Röhm et de quelques SA-Führer? Mais le général von Reichenau, lui, ne pouvait en revanche croire à la matérialité du danger. De cette «intox» qu'il avait imaginée, presque de toutes pièces, avec ses complices Himmler et Göring, il attendait deux résultats. Par la force des choses, Hitler se ralliait à la Reichswehr. En outre, la mise en état d'alerte des troupes promettait un second bénéfice. Elle allait, par ricochet, faire la preuve que les allégations des chefs militaires étaient fondées. La mobilisation de la Reichswehr si discrète fût-elle, n'échapperait pas à la vigilance des SA. Personne n'ignorait qu'une mobilisation en appelle une autre. Craignant à son tour quelque mauvais coup de la part du commandement de la Wehrmacht, celui de la SA ordonnerait des mesures préventives afin de se mettre à l'abri d'une surprise. Les tensions prendraient une acuité encore inconnue. On avait vécu dans la mésentente. On se préparerait à la guerre. Les risques étaient insignifiants. Devant la Reichswehr, troupe d'élite, les bataillons bruns n'auraient pas tenu vingt-quatre heures.

Action psychologique

Parallèlement, une vaste action psychologique se développait. Il est vrai que l'esprit de corps et le respect de la hiérarchie aiguillonnent de manière insidieuse l'imagination. On apprend à croire en la parole du chef. Et l'on voit ce que l'on doit croire. Le respect de soi l'exige. Le ministre de la Défense, le chef de la Heeresleitung avaient annoncé l'imminence d'un putsch de la SA. Ils devaient bien le savoir. Pourtant, tous ces officiers d'état-major qui peuplaient les couloirs du Bendlerblock avaient été formés à la rigueur intellectuelle. Beaucoup d'entre eux avaient, au cours des années écoulées, travaillé, légalement ou illégalement, avec la SA ou avec les hommes qui constituaient désormais la hiérarchie de l'armée brune. Certains officiers continuaient à collaborer *ex officio* avec les SA-Führer. Ils ne manquaient pas d'amis parmi eux. Pour ceux qui avaient enfin quelque expérience de la clandestinité, le tour d'horizon du général von Blomberg ne manquait pas de sel. On ne prépare pas un putsch «pour les jours à venir, ou éventuellement, pour l'automne». Les sceptiques ne manquaient pas. Pour les faire taire, on eut recours à un vieux procédé. Les listes des personnes que la SA devait assassiner furent opportunément découvertes et commencèrent à circuler. Y figuraient tous les officiers qui occupaient des positions importantes dans le ministère : Fritsch, Beck, Fromm et bien sûr, celui à qui l'on présentait le document. Seul, Reichenau n'était jamais mentionné. N'aurait-il pas inquiété la SA? À vrai dire, un officier se souvenait d'avoir vu une de ces listes *avant le 30 juin.* Le SS-Gruppenführer Joseph Dietrich avait mis sous les yeux du lieutenant-colonel von Sodenstern un de ces catalogues. Le chef de la section «Organisation» (T2) du Truppeat était parmi les hommes à abattre. Il prévint le général von Fritsch. La mémoire des autres témoins était plus incertaine. Manstein ne savait plus si la liste était dans les mains des militaires avant ou après le 30 juin. Kuntzen ne l'a pas vue. Comme beaucoup d'autres, il avait entendu dire que la SA en avait dressé une ou plusieurs. Des civils y figuraient. Rosenberg en fit mention après le 30 juin. Un de ces faux fut présenté à Baldur von Schirach dans les premiers jours de juillet. Le Reichsjugendführer devait être abattu. Ce n'est que plusieurs mois après la tragédie que Heinrich Himmler communiqua ces documents à Kragelmann. Entre-temps, la fonction de ces faux avait changé. Il s'agissait de faire taire les scrupules de ceux qui désapprouvaient la brutalité aveugle de la répression. La situation, leur disait-on, n'offrait qu'une alternative. Le Führer agissait sans attendre ou bien il vous laissait abattre sans jugement, par quelque séide de Röhm. Nous ne pouvons cependant nous garder, devant la multiplication de ces témoignages postérieurs du 30 juin, d'un certain scepticisme. Mais, il ne fait pas de doute que la rumeur a circulé dans les couloirs du ministère et dans les états-majors des grandes unités avant le 30 juin. L'effet demeurait limité à un cercle restreint à l'intérieur du sérail.

Alors, par une double action publique, Reichenau et Blomberg définirent les fronts. La Reichswehr était contrainte à un choix. Elle n'avait pas à choisir pour ou contre le national-socialisme comme Papen avait voulu l'y contraindre. Un des comparses, bien placé pour observer les acteurs principaux, le major Röhricht a jugé que le discours de Marbourg était absurde. Elle avait à choisir entre la paix civile et la poursuite du réarmement, ou bien l'aventure.

Le 28 juin à la demande du Generalmajor von Reichenau, le Deutscher Offizierbund (Union allemande des officiers) exclut de ses rangs le capitaine Röhm. C'était une décision officielle. Mais elle ne fut pas communiquée à la presse avant le 30 juin. Elle avait un caractère infamant. Röhm était jugé indigne de faire partie du corps des officiers. Les raisons qui motivaient cette décision ne manquaient pas. Les mœurs particulières du Stabschef, son attitude envers l'armée, ses propos violents et complaisamment colportés justifiaient suffisamment son exclusion. En tout cas, il était évident pour tous, désormais, que la Reichswehr avait rompu avec Röhm.

Cette rupture fut accompagnée le lendemain d'un extraordinaire acte d'allégeance envers Hitler. Pour la première fois, le *Völkischer Beobachter* publia un article du ministre de la Défense. Le choix de l'organe de presse fut remarqué. Il soulignait l'étroite union entre l'armée et le Parti. L'article avait été rédigé par le major Röhricht. Blomberg l'avait signé. Il était intitulé «La Wehrmacht et l'État national-socialiste». En voici les principaux passages : «Le rôle de la Wehrmacht est clair et précis. Elle sert cet État qu'elle approuve avec la conviction la plus profonde. Elle est fermement attachée aux hommes qui sont à la tête de cet État. Ce sont eux qui lui ont rendu le droit le plus éminent. Non seulement, elle est le bras armé de la Nation, mais ce faisant, elle jouit de la confiance illimitée du peuple et de l'État[...] Aujourd'hui, le peuple allemand tout entier et ses chefs sont pénétrés de l'esprit militaire[...] la Wehrmacht se contentait d'être un instrument efficace et se réservait pour l'avenir. Pour cela, il était nécessaire qu'elle demeurât au-dessus des partis. Mais ces circonstances, symptômes d'une époque de corruption, n'existent plus. Aujourd'hui, par un engagement lucide, le soldat est au cœur de la vie publique, avec le peuple tout entier, désormais fondu en une unité indissoluble. En lui définissant clairement sa tâche, le Führer assigna à la Wehrmacht la part qui lui revient dans l'édification de la nouvelle Allemagne. Servir l'armée signifie de nouveau servir l'honneur du peuple allemand [...]

«Étroitement unie au peuple tout entier, la Wehrmacht qui porte avec fierté le symbole de la renaissance allemande, sur le casque et l'uniforme, obéit, avec discipline, avec loyauté à ceux qui dirigent l'État, le feldmaréchal de la Grande Guerre, le président du Reich, Hindenburg, son commandant en chef, et le Führer du Reich qui est autrefois sorti des rangs de l'armée et restera, à jamais, l'un des nôtres.»

Bien que les métaphores fussent encore plus chaotiques que ne le laisserait supposer la traduction, l'article était habile. À la première lecture, il contenait, pour employer une expression très prosaïque, une offre de service. En ce moment critique, le ministre de la Défense proposait au chancelier, l'aide et le soutien de l'armée. Après avoir établi cette proposition : soutenir le Führer, car c'est le devoir du soldat, l'argumentation recourait aux moyens de la polémique, très voilée, il est vrai, et de la sophistique. Devant le chancelier, par un raisonnement *a contrario*, Blomberg disqualifiait la SA sans jamais la désigner nommément. La vertu de la Wehrmacht résidait dans sa discipline exemplaire. Elle avait fait ses preuves «dans la période la plus sombre de l'histoire allemande». Elle avait servi loyalement des gouvernements envers lesquels elle ne se sentait pas liée. Ce n'était pas en ce jour qu'elle se départirait de la loyauté alors qu'elle s'identifiait à l'État. Or l'obéissance fait non seulement la force des armées, mais aussi la puissance et la grandeur de l'État. Qui mieux que la Wehrmacht saurait servir sans jamais faillir ?

Acte d'allégeance au Führer ? Sans aucun doute ! Adhésion au nazisme ? En aucune façon ! Comme l'a fort bien dit Foertsch, la Wehrmacht « revendiquait le chef de parti Hitler ». L'article du *Völkischer Beobachter* ne parut que le 29 juin. Le « papier » était rédigé depuis plusieurs jours. Il était resté au marbre jusqu'à ce que le major rappelât à la rédaction qu'il n'était pas permis de « laisser traîner » le texte d'un ministre.

Et la SA?

Jusqu'au 27 juin, le comportement de la SA n'a pas trahi la moindre volonté subversive. Aucun témoignage sérieux, contemporain ou postérieur, n'a signalé le moindre préparatif qui eût mérité le qualificatif de révolutionnaire. C'est seulement à partir du 28 juin que certaines unités de la SA prirent des dispositions dont le caractère défensif n'était guère contestable. C'étaient des réactions à la mise en état d'alerte de la Reichswehr. Les SA-Führer qui les ont ordonnées n'ont pas obéi à une consigne générale, car la diversité régionale, ou même locale, était extrêmement grande. Des cas isolés sont attestés, notamment en Silésie. Aucun doute ne subsiste sur leur véritable nature. Lorsque E. Heines découvrit que le général von Kleist le soupçonnait de préparer un putsch, il se rendit auprès du commandant de la 2e division de cavalerie pour lui affirmer son entière loyauté. En Rhénanie, il semblerait que certaines dispositions du système du Grenzschutz aient été détournées de leur fin, dans l'intention de renforcer la protection de l'état-major de la 76e SA-Brigade. Rien de précis pour les autres régions militaires (I, II, IV, V, VII)!

*
* *

Au soir du 27 juin, Reichenau avait obtenu un succès. Le Führer n'avait pas protesté lorsque Blomberg lui avait annoncé qu'il se sentait tenu de mettre en état d'alerte la Wehrmacht. Le succès était ambigu. L'avantage était certes revenu au commandement militaire. La victoire n'était pas encore acquise. Dans trois jours, la SA serait en congé. La menace du putsch n'existerait plus. La tactique dilatoire de Hitler l'aurait emporté. Les maigres réactions des bataillons bruns fournirent prétexte à de nouvelles révélations.

Chapitre 11

LE CONGÉ DE LA SA EST SUSPENDU (28 JUIN)

Dans ce chapitre, nous suivrons, pas à pas, le chancelier tout au cours de la journée du 28 juin. Dans la soirée, le Führer s'est décidé à prendre des sanctions envers Röhm et certains SA-Führer. Tout ce que nous savons de certain, c'est le concours de circonstances par lesquelles Hitler a été amené ou contraint à agir comme il l'a fait. Le 28, l'entourage n'est plus le même. Les premières révélations appartenaient à Himmler dont l'influence est considérable dans les journées initiales. Le 27 est la journée de Reichenau. La figure massive de Göring domine celle du 28 juin.

Hermann Göring avant le 28 juin

Jusqu'alors la direction effective de la manœuvre avait été assumée par Himmler. En effet, entre le 22 et le 26 juin, Reichenau avait été absent de Berlin. Göring avait quitté la capitale, le dimanche 24 juin, dans la matinée, pour prononcer, au cours de l'après-midi, un discours extrêmement violent, sur le Hesselberg en Franconie. Le 25, le ministre-président parla à Hambourg, dans le zoo, qui n'abritait pas seulement des bêtes sauvages, mais accueillait aussi des hommes politiques ou des manifestations imposantes. L'une d'entre elles eut lieu dans la soirée. Le ministre-président avait certes passé une partie de la journée dans la capitale. À Hambourg, il descendit à l'hôtel Atlantic, comme Papen, la veille. Il demeura jusqu'au lendemain, dans le grand port. Il ne quitta le palace qu'après midi. Jusqu'à l'aérodrome de Fuhlsbüttel, il y a une dizaine de kilomètres. Les avions des lignes commerciales avaient besoin de deux heures pour parcourir la distance entre Hambourg et Berlin. Tout le cérémonial absorbe beaucoup de temps, mais au plus tard à 16 heures, Göring était de retour dans la villa de la Leipziger Platz. Les portes se refermèrent sur lui. Le 27, vers 11 heures, il reparut en public.

Un trimoteur Junker, peint en rouge, l'emporta vers Cologne. L'avion atterrit à 13 h 20. Jusqu'à son départ de Cologne, Göring ne s'appartint plus. La Schutzpolizei et un SA-Sturm présentèrent les armes aux accents du Präsentiermarsch. Pour le saluer étaient réunis, le Regierungspräsident, Dr Diels, le premier chef du Gestapa, que Himmler avait réussi à éliminer, le Landeshauptmann, directeur de l'administration provinciale autonome, Haake, le bourgmestre Dr Rieser, le Gauleiter Grohé, les Gruppenführer Weitzel de la SS et Knickmann de la SA. Le programme était chargé. La ville sur laquelle pesait la lourde chaleur étouffante de la Basse-Rhénanie, avait un air de fête frénétique. Le service d'ordre parvenait à grand peine à contenir les masses humaines. Les cordons de solides gaillards de la police, de la SA et de la SS qui se tenaient bras dessus, bras dessous, tout le long des rues où le cortège devait passer, pliaient sous le poids de la foule. Ils avaient beau s'arc-bouter, bander les reins, le cordon, sans jamais céder vraiment, flottait, oscillait jusqu'aux voitures officielles vers lesquelles les visages, les bras, les mains se tendaient, mettant comme une écume blanche au bord de ces flots bigarrés. Tout d'abord, Göring se rendit au « gouvernement » (Regierung) dans la Zeughausstrasse. Une unité de Feldjägerkorps avait pris position. Le ministre-président fut accueilli par le Dr R. Diels. Il remercia chaleureusement et défendit l'ancien directeur du Gestapa. Sa nomination à Cologne était un honneur, non une disgrâce. Du « gouvernement » à l'hôtel de ville, il y a peut-être un kilomètre. Le cortège se frayait difficilement passage. Partout des drapeaux, des drapeaux à la croix gammée, qui battaient doucement dans le vent ! Devant l'édifice qui datait pour l'essentiel du XIVe et du XVe siècle, enrichi par les remaniements de la Renaissance et glorieux malgré la restauration de 1870, le Dr Rieser attendait le visiteur. Il conduisit Göring dans le Muschelsaal (la salle des coquilles), un joyau de l'art rocaille. Les notables y étaient rassemblés pour un déjeuner froid. On connaissait la passion du ministre-président pour l'archéologie germanique. On lui décerna le titre de citoyen d'honneur de la cité et on lui offrit une épée de bronze, vieille de trois mille ans. C'était un glaive celte, mais peu importait, son antiquité se prêtait aux métaphores. Il était le symbole, déclara le Dr Rieser, de la volonté des Rhénans. Comme cet airain, elle était inaltérable. Cologne abritait fidèlement l'esprit allemand et le meilleur esprit de la Prusse qui se mariait sur les rives du Rhin, en ce lieu consacré par la tradition, à la joie et l'art de vivre des Rhénans. Göring remercia. Le cadeau lui causait un visible plaisir et il examinait l'arme celte avec un intérêt qui n'était pas feint lorsque son entourage lui rappela ses obligations. Il signa le livre d'or de la ville et se prépara au grand défilé qu'il contemplerait de la tribune officielle. Le défilé commença dès que Göring eut occupé la place d'honneur. Il dura des heures selon un cérémonial presque identique du nord au sud et de l'est à l'ouest du Reich. Ils étaient là : PO, SA, SS, DAF, FAD, HJ, BDM, NS-Frauenschaft, et tous les autres, avec leurs uniformes, leurs drapeaux, leurs chants et leurs musiques, avec tout cet appareil, cet ordre militaire et barbare qui les grisait et dont ils tiraient une ferveur et une fierté soulevées par d'obscures lames de fond.

La journée du ministre-président n'était pas terminée. À 16 heures, en compagnie de Grohé, une entrevue avec Mgr Schulte, l'archevêque de Cologne, eut lieu. Dans cette vieille ville épiscopale, dont les prélats, en tant que princes électeurs, avaient exercé jusqu'en 1794, la double autorité spirituelle et temporelle, le prêtre devait être salué, même par le païen. Toute autre attitude aurait été jugée inconvenante. Après une brève conversation pleine d'arrière-pensées de part et d'autres, Göring prit la route. Aux portes de Bonn, le bourgmestre Pg Rickert lui offrit l'hommage de sa cité. L'université fut visitée au pas de charge. Le cortège traversa le Rhin, par le pont de Beuel et parcourut des localités dont les noms sont devenus familiers après 1949, mais qui n'étaient encore que des lieux de résidence pour les retraités prussiens aisés ou des buts de promenade pour les étudiants de Bonn : Ramersdorf, Oberkassel, Niederdollendorf et Oberdollendorf, Königswinter. Il traversa Rhöndorf. À Godesberg, des jeunes filles de l'école d'horticulture et d'arboriculture présentèrent à Göring les produits les plus marquants de la flore rhénane. Dans la chaleur lourde, ces bouquets de fleurs et ces corbeilles de fruits exhalaient leur senteur végétale. On fit enfin une halte à l'hôtel Dreesen pour une collation dans le parc, au-dessus du Rhin. L'après-midi touchait à sa fin. Le grand fleuve, symbole par excellence de l'Allemagne éternelle, coulait inexorablement vers la mer. De l'eau, il montait une fraîcheur. Göring avait quelques minutes pour souffler. Il fallut reprendre la route. Le ministre-président devait parler dans le hall du centre d'expositions qui se dressait sur l'autre rive, à Cologne-Deutz. Discours mesuré somme toute, beaucoup plus mesuré qu'à Hambourg, l'avant-veille. Göring évita les attaques directes, mais sans esquiver les vraies questions. Un conflit entre le nazisme et l'église catholique ? Il est vrai que *des* prêtres voulaient continuer une politique différente de la politique du gouvernement. Il est vrai que les journalistes étrangers fabulaient et tissaient la légende d'un nouveau Kulturkampf. La réponse leur avait été donnée, en ce jour, par les catholiques de Cologne, qui s'étaient pressés, innombrables, enthousiastes pour l'accueillir. Sur cette marche frontière, on était conscient du prix de l'unité nationale. Le discours terminé, Göring partit pour l'aérodrome et s'envola vers Berlin. Il est impossible qu'il ait été de retour dans la capitale avant minuit.

Nous avons raconté ces deux journées du ministre-président avec un luxe de détails, glanés dans divers journaux. Grâce à ce récit, nous avons la certitude qu'entre le milieu de l'après-midi du lundi 25 juin et les premières heures du jeudi 28 juin, Göring a passé, dans la capitale, tout au plus dix-huit heures dont nous devons déduire le temps de sommeil. Il était à Hambourg quand R. Hess a prononcé son discours de Cologne. Il était absent quand von Krausser a été reçu par le Führer. Il était absent enfin quand les généraux von Blomberg et von Reichenau furent reçus à la chancellerie. Sans doute était-il entouré d'aides de camp, de collaborateurs de toute sorte qui, alors que lui était en représentation, enregistraient les communications téléphoniques, l'en informaient aussi brièvement que discrètement, le conseillaient et transmettaient ses réponses. Il tenait d'ailleurs en main un des éléments du jeu puisque c'était lui qui avait le contrôle des écoutes téléphoniques. Ainsi, il disposait d'un instrument au moyen duquel il surveillait aussi bien alliés qu'adversaires. C'était un auxiliaire précieux ! Le 28 juin, son rôle fut décisif.

28 juin : Noces de sang à Essen

C'est le 28 juin que se produisit le renversement de situation. Pourtant, à consulter le calendrier du chancelier, il ne semblait pas que les trois dernières journées de juin, remplies surtout d'obligations protocolaires, dussent être particulièrement dramatiques. Le 28, le Führer serait à Essen. Il assisterait au mariage du Gauleiter Terboven. Il serait le témoin de la future épouse, Ilse Stahl. Puis, avant le repas de noces, il visiterait les aciéries Krupp, et au début de la soirée, il inspecterait l'école des cadres du Service du travail, à Buddenburg, près de Lünen. Le lendemain, ce serait le tour des camps du RAD en Rhénanie. Le 30 juin, il devait se rendre à Wilhelmshaven, en compagnie du général von Blomberg pour inspecter les installations du port et quelques bâtiments. Nous ne savons pas s'il était prévu qu'entre le 28 et le 30 juin, le chancelier retournât à Berlin. Les adversaires de Röhm en décidèrent autrement.

C'est vers 11 heures que l'avion transportant Hitler et Hermann Göring atterrit à Essen-Mühlheim. Le chancelier n'avait pas utilisé son habituel Junker D-2600. Après le retour de Bavière, on avait procédé à une vérification générale. Des défauts étaient apparus dans le fonctionnement du moteur. Les réparations avaient été aussitôt entreprises à Staaken. Elles n'étaient pas terminées le jeudi matin. Les mécaniciens travaillèrent encore toute la journée. À 16 heures, quand ils quittèrent le hangar, un détachement de la Leibstandarte arrivait : six hommes sous le commandement d'un adjudant. Le Truppführer Streipart avait distribué les tours de garde jusqu'à sept heures du matin : Gross et Mross, Disselbrede et Zarnewski, et pour finir la nuit, Meyer et Leboterf. Hitler avait voyagé avec une autre machine gouvernementale : le Generalfeldmarschall von Hindenburg dont Göring se servait habituellement. La suite se composait de l'aide de camp Brückner, du chef des services de presse du Reich, Dr Dietrich et de l'Oberführer Schaub. Göring était accompagné par Karl Bodenschatz. Le chancelier n'avait pas fait de concession à la toilette. Il avait son habituel manteau de cuir, des bottes et sa casquette qu'il tenait à la main en sortant de l'appareil à la fois de peur de s'accrocher dans la porte basse et pour saluer ceux qui étaient venus l'accueillir. Sous le manteau, il portait son uniforme : une veste qui rappelait la vareuse d'officier ou de SA, une culotte de cheval, ceinture et baudrier, le brassard à croix gammée au bras gauche. La chemise était blanche, la cravate brune. Göring s'enveloppait dans une vaste cape sous laquelle on devinait l'uniforme de General der Infanterie. On se moquait déjà de la coquetterie presque féminine du ministre-président qui changeait souvent d'uniforme. On ne devinait pas, à l'exception de quelques domestiques et de son tailleur, quelle misère se dissimulait sous cette apparence. Göring avait pratiquement attaché à sa personne, Stechbart, un grand personnage à Berlin. C'était *le* tailleur d'uniformes. Göring en avait fait comme un second valet de chambre. De temps à autre, il disait à Robert, son domestique : « Il faut faire venir Stechbart. » Stechbart accourait. C'est que le ministre souffrait de troubles profonds du métabolisme. Il faisait de la rétention d'eau. En quelques jours, il perdait ou reprenait quatre ou cinq kilos. Une bonne hygiène lui aurait peut-être épargné des secousses aussi violentes. Ni les obligations politiques ni son caractère ne s'y prêtaient. Depuis qu'il dirigeait la Prusse d'une main de fer et préparait la renaissance de l'aviation militaire, il menait une vie trop sédentaire et grossissait. Pour corriger cela, il intercalait dans son programme des fins de semaines dans la Schorfheide. Il faisait de longues séances de cross qui le laissaient sans souffle, ruisselant de sueur. Après cela, il avait un appétit féroce qu'il tentait d'apaiser avec les mets bavarois dont il faisait ses délices, les nouilles, les Klösse, des boulettes de fécule de pomme de terre, les Nockerln, des boulettes de farine et de gruau, accompagnant d'abondants plats de viandes en sauce. Pour couronner ces agapes, il aimait engloutir les crèmes fouettées, les chocolats ou tout simplement, des bonbons. Il était rare que ses vêtements fussent à la bonne mesure. Comme Stechbart ne pouvait l'accompagner sans cesse, Göring préférait, pour pallier ces inconvénients, les lignes amples et généreuses aux coupes ajustées.

Sur la Ruhr, la pluie tombait du ciel, le 28, à flots. Jusqu'au dernier moment, l'arrivée du Führer avait été tenue secrète, mais la nouvelle avait transpiré. Derrière le cordon de SA qui bordait la route, les curieux se massaient déjà. On roulait très vite, craignait-on un attentat ? On apercevait les vestiges du défilé aux flambeaux qui avait parcouru la vieille ville, la veille au soir, avant de déboucher dans la Huyssenallee et de se disloquer sur la Adolf-Hitler-Platz. On voyait encore les arcs de triomphe ornés de sapins, de fleurs navrées par cette eau qui tombait. L'un d'eux se dressait dans la Lindenallee devant le Parkhotel, un autre dans la Huyssenallee, devant la salle municipale, le Saalbau. Ah, cela avait été une bien belle fête, favorisée par le ciel ! Le cortège était parti de la place du 21 mars. Pendant plus d'une heure, on avait défilé. Il y avait bien là 20000 personnes : les organisations ouvrières, les cellules d'entreprise, les mineurs de fond, les Knappen avec le costume de jadis que l'on conservait par tradition, mais que l'on ne mettait plus que les jours de fêtes. On les avait follement applaudis, ces mineurs, avec leurs tabliers et leurs bonnets cylindriques. Ils étaient la racine même de cette ville du charbon et de l'acier où tous connaissaient les dangers du fond. Il y avait aussi la PO, la HJ, la SA avec les Standarte 60, 218, 219 et la Motor-SA, la SS-Standarte 58, les Feldjäger, le NSKK, le Fliegersturm d'où sortiraient tant de pilotes de la Luftwaffe. Tous étaient passés devant l'estrade officielle où avaient pris place Terboven et sa future épouse, l'adjoint du Gauleiter, Unger, le bourgmestre, le Dr Reismann-Grone, le Kreisleiter Freitag, le préfet de police Karl Zech qui, avec le grade de Oberführer, commandait aussi le SS-Abschnitt 5 (Essen). Ils étaient passés devant la tribune et avaient salué les deux jeunes gens, Josef Terboven et Ilse Stahl, dans sa robe à fleur, souriante, jolie. Oui, cela avait été une belle fête. Aujourd'hui, le temps était lugubre. Ce n'était pas un de ces légendaires Führer-Wetter (le temps du Führer). La formule avait été forgée sur Kaiser-Wetter, héritage d'une époque où l'on croyait que l'empereur faisait la pluie et le beau temps. Il suffisait, disait-on, qu'il assistât à des manœuvres pour que le soleil brillât et que les conscrits eussent les pieds secs. Pour le 28 juin, il n'était question ni de Kaiser-Wetter ni de Führer-Wetter. Il pleuvait des cordes.

Hitler quitta le Kaiserhof pour se rendre à l'hôtel de ville. Le Dr Reismann-Grone, le Oberbürgermeister, accueillit le couple de promis. Il était midi. Ilse Stahl portait, sous un manteau sombre, une robe de couleur et un petit chapeau rond, blanc, au bord relevé. Josef Terboven avait l'uniforme du parti. À la droite d'Ilse Stahl, le Führer, à la gauche du Gauleiter, Hermann Göring. Seuls quelques parents, des dignitaires du parti, des compagnons de lutte et des amis avaient été admis dans la petite salle. Derrière la grande table, faite d'un épais plateau de chêne, sur laquelle étaient posés le registre d'état-civil et le livre d'or de la ville de Essen, le Dr Reismann-Grone, qui avait revêtu sa chemise brune de PG! Pour rien au monde, il n'aurait laissé à un autre le soin de célébrer ce mariage. Il tint à déployer toute son éloquence devant le Führer. Aux formules consacrées et aux exhortations habituelles, il ajouta un petit morceau de son cru. « C'est un étrange bonheur qui est répandu sur Essen en ce jour. Dans le tronc antique du chêne que l'on a pu voir exposé, au cours des dernières semaines, dans notre musée, on a gravé un arbre généalogique. C'est celui des Dar Boven. Il est profondément enraciné dans la lourde terre de la vieille abbaye d'Essen. » En ce jour, Josef Terboven conclut une union pour la vie. Il est le chef politique de la région rhénane du nord-ouest. Pour ceux qui ont déjà toute une vie derrière eux, cette union a une signification symbolique, car Josef Terboven épouse une des filles de l'Est allemand, le plus éloigné. Les ancêtres d'Ilse Stahl ont été durs comme de l'acier (Stahl en allemand). Quel nom prédestiné dans cette cité ! Cette « tendre fleur » (*sic*) est une étrangère et pourtant, elle n'est pas étrangère parmi la population d'Essen. Elle est une camarade du Parti. Elle a tant d'amis en ces lieux qu'ils deviendront vite une deuxième patrie pour elle. Ce jour enfin marque un événement de portée historique et politique. Dans Assindi (Essen) aux origines millénaires, Charlemagne, Otton le Grand, le dernier des Hohenzollern avaient trouvé un loyal donjon et une auberge accueillante. « Aujourd'hui, Essen, la grande cité de la métallurgie reçoit mon Führer et le ministre-président de Prusse. » La toute nouvelle madame Terboven était visiblement nerveuse et se crispait pour dominer son trouble. Le Dr Reismann-Grone se tut. Applaudissements discrets ! Les époux signèrent ainsi que les témoins. On tendit le livre d'or à Hitler. Camarade du Parti certes, mais avant tout bon fonctionnaire allemand, le Dr Reismann-Grone craignit que le Führer ne s'immortalisât pas à la place voulue et trahît ainsi son ignorance des usages. La table était si large que le bourgmestre était gêné. Pour diriger les gestes du chef du gouvernement, il s'était presque couché sur le plateau. Un coude sur la table, le menton dans la main, il se soutenait de l'autre paume. Il surveillait le moindre des gestes du chancelier. La plume au-dessus du registre, le petit doigt écarté d'une manière précieuse, Hitler hésitait. Les scrupules bureaucratiques de l'un, l'embarras littéraire de l'autre avaient quelque chose de comique qui n'échappait pas à Ilse Terboven. Un sourire lui monta aux lèvres et la rendit à son naturel.

Il avait été prévu que le couple sortirait par la porte latérale qui donnait dans le Zweiter Hagen. La foule y était déjà massée. Les mariés apparurent en premier, puis Hitler, la casquette à la main, Göring et les autres invités. C'étaient des « Heil Hitler! » sans fin auquel se mêlaient quelques « Heil Göring! »

Le chancelier et le ministre-président retournèrent au Kaiserhof. Himmler venait d'arriver de Berlin et les y attendait. Il apportait des nouvelles graves. Rien ne filtra de leur conversation. Il fut décidé que Hitler visiterait, comme prévu, les usines Krupp. C'était un devoir de politesse envers le « roi des canons ». Cet intermède avait été prévu pour meubler le vide entre le mariage civil et la cérémonie qui débuterait à 16 heures. Pour le chancelier, il n'était guère possible de bouleverser ce programme. Göring ne l'accompagnerait pas. Il est très probablement resté au Kaiserhof ou s'est posté près de quelque téléphone dont la ligne n'était pas surveillée. Himmler retournerait sur le champ à Berlin. Ainsi comprenons-nous que les journaux n'aient pas mentionné le passage de ce dernier. Seul le témoignage de Körner l'atteste ainsi qu'une photo de presse. Il était près de 14 heures. Hitler sortait du Kaiserhof, entouré, à droite par Bodenschatz, à gauche par Göring. Derrière eux Himmler entre Schaub et, croyons-nous, Schreck ou, peut-être Karl Wolff. Le cliché est flou. À l'arrière-plan, un homme qui pourrait bien être Paul Körner. Le secrétaire d'État est rentré lui aussi dans la capitale. A-t-il fait le voyage avec Himmler? Sa déposition au procès de Munich a été, sur son emploi du temps le 28 juin, d'une remarquable imprécision. C'était un juriste. Il savait nier en affirmant.

Nous ignorons ce qui s'est dit entre les trois hommes. Selon toute vraisemblance, le Reichsführer SS était venu apporter la nouvelle que certaines unités de la SA avaient été mises en état d'alerte. C'était le cas en Silésie. Les SA-Führer avaient-ils obéi à une consigne générale? Était-ce une simple réaction préventive à la mobilisation de la Wehrmacht? En tout cas, rien n'a été décidé. Hitler demeurait dans l'expectative. Il demandait des informations complémentaires, mais visiblement à partir de ce moment il était aux aguets. Pendant quelques heures, il sera d'ailleurs absorbé par des tâches de représentation. Göring a su se ménager deux heures de liberté incontrôlée. Par Körner il était en liaison directe avec Berlin. Les maîtres du jeu, c'étaient Reichenau qui ne paraissait pas, Himmler avec Heydrich, et Göring qui influençait le Führer. C'est donc dans la matinée du 28 juin que l'on a décidé, à Berlin, de pousser l'affaire en avant.

La visite des usines Krupp a donné lieu à bien des légendes. Un auteur, William Manchester, nous dépeint, après bien d'autres, comment M. et

Mme Krupp von Bohlen und Halbach avaient refusé de recevoir Hitler, ce parvenu, dans la villa Hügel. Le patronat allemand était mécontent du chancelier et tenait à le lui faire savoir. W. Manchester connaissait même la raison occasionnelle d'un tel refus. Au début de juin, le SA-Führer Georg von Detten avait fait arrêter une chaîne de montage. Il avait harangué les ouvriers, les exhortant à la révolution socialiste. La dialectique marxiste était une science infaillible, on avait déduit qu'il existait un conflit entre le patronat et les éléments révolutionnaires du NSDAP et que Krupp, pour bien signifier à Hitler que le capital ne l'avait pas porté au pouvoir afin qu'il se livrât à des extravagances socialisantes, lui avait montré visage de bois. La légende fut présentée comme une vérité historique par d'éminents spécialistes. Ah! que n'ont-ils pris garde aux détails? Différents journaux, par exemple le *Rheinisch-Westfälischer Anzeiger*, du 29 juin, ont décrit la visite, dans des articles agrémentés de photos. Citons : « À cette occasion [le mariage de Terboven], le Führer a rendu une visite à notre entreprise. Il est arrivé en compagnie de son aide de camp, le Obergruppenführer Brückner, du chef des services de presse du Reich, Dr Dietrich et du Oberführer Schaub vers 14 heures. Il a été accueilli dans le hall d'honneur du bâtiment principal de l'administration par M. et Mme Krupp von Bohlen und Halbach et ces messieurs du Conseil de direction (direktorium). » La visite fut dirigée par M. Krupp von Bohlen und Halbach et le professeur Goerens qui, sous les ordres de Gustav Krupp bien sûr, était, pour employer un terme moderne, le P.-D.G. de l'entreprise. On visita une forge, un laminoir, des ateliers, la fabrique de camions. Les journaux affirment que « le personnel [avait] partout salué le Führer avec un enthousiasme tumultueux ». Il est probable que les ovations ont été chaleureuses, mais ce qui frappe sur les photos de presse, c'est que le cortège se déplace dans un espace vide. En tête, le Führer, avec à sa gauche Krupp et à sa droite Goerens. Gustav Krupp en manteau droit, le cou pris dans un col dur à coins cassés d'où pend une mince cravate, coiffé d'un melon! Pas très grand, un visage à la fois chafouin et autoritaire. Il sait qu'il est M. Krupp. Cela ne se discute pas. Pour le reste, il était un ingénieur, un stratège du management industriel, capable à la fois de comprendre les avantages d'une innovation technique et son avenir commercial. Ce qui dominait en lui, c'était sans doute le dur instinct d'économie, le goût de la possession qu'il avait hérité des premiers Krupp. Derrière eux, toute une foule d'officiels et d'officieux! Une figure émerge. C'est celle de Brückner, dans son uniforme de SA-Gruppenführer. Les Kumpel, les ouvriers? Il faut les chercher sur les bords des photos. Ils sont comme tenus à l'écart ainsi que les employés. Il semble bien que l'on ait veillé à ce que le chancelier évitât le contact avec un public incontrôlé et incontrôlable. C'était pourtant une évasion pour lui. Le professeur Goerens abondait en explications techniques. Hitler l'écoutait avec attention, posait des questions pertinentes, enregistrait les réponses dans sa phénoménale mémoire. À sa curiosité naturelle, il s'ajoutait, en ce jour, un besoin de détourner ses pensées d'une question obsédante : la communication du Reichsführer SS? La visite fut rapide puisqu'elle s'est terminée peu après

15 heures. Hitler retourna au Kaiserhof assiégé par les curieux et les fidèles. Göring le rejoignit. Puis les deux hommes partirent en voiture pour le Munster où l'office religieux devait être célébré.

Ilse Terboven portait une robe de satin blanc. Le voile de tulle se terminait en une traîne que portaient un petit garçon et une petite fille de quatre ou cinq ans, affublés respectivement de l'uniforme de la HJ et du BDM. Il y avait en elle tant de joie et de triomphe qu'elle en était transfigurée. En bon fils de la terre rouge de Westphalie, le marié ne laissait guère percer autre chose qu'un contentement paisible. La foule s'était massée sur la place, devant l'édifice, et dans les rues avoisinantes. Le Munster était un des plus vieux monuments de la Germanie chrétienne. L'office fut célébré par deux vicaires, les Kaplan Plog et Zimmermann. Le Kaplan Sudbrack, un camarade d'école de Terboven, prononça le *Notre-Père* qui fut repris en commun par tous les fidèles. Ah ! il y avait du beau monde ! Le chancelier, le ministre-président de Prusse, le SA-Gruppenführer August Wilhelm de Prusse, Prinz Auwi, comme disaient ses familiers, un des fils de Guillaume II, le SA-Gruppenführer Karl Ernst, un camarade de combat de Terboven et bien sûr tout ce que la société comptait de notables dans la région... Ce n'était pas mal pour le mariage de celui qui, il y a dix ans, n'était encore qu'un petit employé de banque. Dans le silence et les « chuchotis » de la liturgie, les « hurras » de la foule, de la SA, SS, etc. parvenaient comme le bruit d'un ressac infatigable. Hitler était assis derrière la mariée. De son éducation autrichienne, il avait une bonne connaissance du rite catholique, mais, à ce moment, il était loin de là. Rivé à sa chaise par les convenances, condamné à se taire, il s'évadait et poursuivait une songerie morose. Il s'était assis de travers, avait les yeux baissés, le regard mi-clos. La Reichswehr était en état d'alerte. Que ferait Röhm ? Que faisait le Stabschef ? Le conditionnel n'était plus de mise. Himmler avait regagné la capitale. Il n'avait pas encore donné de réponse. Le Führer avait eu un bref aparté avec V. Lutze qui assistait au mariage et lui avait glissé à l'oreille : « L'affaire se corse. » Le Obergruppenführer était resté perplexe. Un putsch ? La SA avait déjà réduit son service et tous, à l'exception des services de permanence et de sécurité, seraient en congé dans quarante-huit heures. Röhm était à Wiessee. On ne dirige pas un coup d'État d'une villégiature, dans les Alpes bavaroises... La bénédiction nuptiale donnée aux époux, tous les invités se dirigèrent vers la Huyssenallee.

C'est là qu'eut lieu le repas de noces : c'était un banquet de notables allemands. Il était 17 heures. Des inquiétudes ? Une contrainte pesante ? À cette heure, les SS-Oberabschnittsführer et les Abschnittsführer avaient été informés ainsi que les responsables régionaux de la Gestapo. La Landespolizei et la Reichswehr se mettaient en état d'alerte. Pourtant, les invités à la cérémonie étaient tous absorbés par la fête. La plupart d'entre eux n'ont rien pressenti. En tout cas, les réactions de Terboven qui se montra furieux que l'on eût jeté sur son mariage l'ombre d'une connivence avec les assassins de Röhm, seraient incompréhensibles si le Gauleiter avait su qu'un drame se nouait. Zech avait prononcé une allocution. Göring ajouta quelques mots. Au nom du Parti, il félicita le jeune couple, dit les mérites de Ilse Terboven, ancienne nationale-socialiste, et il conclut par un Sieg Heil adressé au Führer et aux nouveaux époux.

Le Führer était assis auprès de Ilse Terboven. On vint lui murmurer à l'oreille qu'il devait retourner d'urgence au Kaiserhof. Le manège n'avait pas échappé à Viktor Lutze. Le SA-Führer se dit à lui-même qu'on aurait pu « ficher la paix à Hitler le temps d'une soirée pour fêter les épousailles d'un vieux camarade de combat ». Le chancelier prit congé discrètement des mariés et dit à Göring de venir le rejoindre au Kaiserhof en compagnie de Lutze. Lorsque le ministre-président et son compagnon arrivèrent dans la suite de Hitler, le téléphone sonnait sans arrêt. Entre deux communications, le chancelier, très nerveux, allait et venait. Il avait fait décommander la visite à l'école des cadres du RAD. Tout en marchant, il laissait échapper des réflexions. Cela ne pouvait plus durer. Lutze comprit que Hitler avait décidé d'agir. Le secrétaire d'État Körner, revenu de Berlin, arriva, porteur de documents. C'était la preuve que Röhm, malgré toutes les dénégations, avait décidé de passer outre. Il avait donné l'ordre de suspendre le congé de la SA afin de disposer de forces suffisantes pour agir dans les premiers jours de juillet. Le chancelier prit connaissance des documents et, se tournant vers Göring, Lutze, Körner, dit avec colère : « C'en est trop. Je vais faire un exemple ! » Selon Rosenberg, le Dr Ley aurait été consulté. Ce que Hitler avait craint, la veille, en recevant les généraux, s'était produit. La mise en état d'alerte de la Reichswehr avait été ressentie par le Stabschef comme une provocation ; il répondait à une menace par une autre. Mais pouvait-on encore soutenir que sa loyauté envers le Führer demeurait intacte ? La décision risquait d'avoir des conséquences incalculables. Avant d'ordonner, n'aurait-il pas dû consulter Hitler, qui était toujours le chef suprême de la SA (Oberster SA-Führer) ? Ce n'était plus de l'autocratisme. C'était de la félonie. Hitler trancha. Il destituerait Röhm, le mettrait aux arrêts. Quant aux SA-Führer, dont les manquements et les délits s'étalaient aux yeux de tous, ils seraient purement et simplement arrêtés. Comment procéder ? Convoquer Röhm à Berlin et le faire garder à vue dans la villa de la Matthäikirchstrasse ? Ce serait la solution la plus simple et la plus élégante, mais un rebelle flairerait le piège. Au lieu de se précipiter à Berlin, il ne ferait que forcer l'allure et pousser les préparatifs de la révolte. Quant aux autres oiseaux, ils éventeraient la manœuvre et s'égailleraient dans toutes les directions. Le Führer se saisit d'un prétexte. La veille, le mercredi 27, la « vieille garde » de la SA de Hambourg avait rossé, auprès de Nauen, le consul général du Portugal, un partisan de Salazar. C'était intolérable. On dirait à Röhm qu'il fallait convoquer à Bad Wiesse tous les responsables des Obergruppe et des Gruppe ainsi que ceux des principaux offices de la SA ou des services centraux. Cela représentait une centaine d'hommes. Pour ne pas troubler la cure de son Stabschef, Hitler se rendrait en personne à Wiessee. Mais il fallait faire vite, car le 1er juillet, tous seraient dispersés à tous les vents. Il fallait cependant laisser à Röhm le temps d'envoyer les convocations. La réunion aurait lieu le samedi 30 juin et s'ouvrirait à 11 heures. Hitler appela Röhm au téléphone, lui raconta l'incident de Nauen et lui demanda de réunir les SA-Führer à Wiessee. Il était environ 20 heures. Le Stabschef avait de la visite. Ritter von Epp, le prince zu Ysenburg et quelques autres avaient passé la soirée avec lui. Il donna des instructions à son aide de camp, Robert Bergmann, SS-Standartenführer, qui informa sur-le-champ la OSAF dans la Barer Strasse 11. À Munich, le central téléphonique se mit à bourdonner. On appelait les SA-Führer. Röhm avait annoncé la nouvelle à ses hôtes. C'était une bonne chose. Il était heureux d'avoir enfin l'occasion de dire au Führer, devant témoins, tout ce qu'il avait sur le cœur. Hitler serait bien obligé de convenir que la SA lui demeurait fidèle, mais qu'elle éprouvait une légitime amertume.

À Essen, Hitler et Göring conférèrent encore longuement. Puis Göring, en compagnie de Körner et de Bodenschatz, partit pour Berlin. Selon Körner, il aurait fait le voyage de retour en wagon-lit.

Conséquences militaires et policières

Hitler avait décidé de destituer le Stabschef et de faire arrêter quelques SA-Führer. La décision eut des conséquences doubles : militaires et policières.

Le dispositif d'alerte de la Reichswehr, de la Landespolizei et de la SS fut renforcé. L'ordre en fut donné par les autorités responsables dans la nuit du 28 au 29 juin et transmis dans les premières heures de la matinée. Aucun document ne mentionne d'entretien à ce sujet entre Blomberg, Reichenau et Fritsch. L'ordre suppose pourtant que la décision du Führer a été connue du ministère de la Défense et, communiquée par le Ministeramt, au commandant de l'armée de terre qui adressa les instructions nécessaires aux chefs des grandes unités. Elles entrèrent en application, le 29 juin.

À Munich, en ce matin du 29 juin, l'air était encore frais bien que la journée s'annonçât rayonnante. Les corps de troupe étaient déjà en état d'alerte, de manière discrète, il est vrai. Entre 7 h 00 et 8 heures, le téléphone sonna dans les bureaux de la Wehrgauleitung. Le lieutenant-colonel Ludwig Kübler, chef de l'état-major de la VIIe région militaire, informa l'officier de service, dans la Lothstrasse, le major Thoma, que le congé de la SA était reporté *sine die*. Il était ordonné de mettre les troupes en état d'alerte renforcée. Le major Thoma téléphona sans tarder au général Tscherning qui arriva à la Wehrgauleitung, vers 8 h 15. Alors la routine reprit le dessus. Quelques officiers communiquèrent par téléphone les nouvelles instructions aux chefs de corps. Parfois, un incident rompait la monotonie de la tâche. À 13 heures, le lieutenant-colonel Heinrich Krampf qui commandait le IIe bataillon du 19e RI à Augsbourg, demanda des instructions complémentaires. Le SS-Standartenführer von Homann était venu le trouver et l'avait interrogé. Connaissait-il les nouveaux développements de l'affaire? Étant donné l'aggravation de la menace, la SS avait besoin de munitions. Le lieutenant-colonel s'inquiétait. Il ignorait encore la tournure prise récemment par les événements. Que devait-il faire? On le rassura. Le 7e échelon de transmission, en manœuvre près de Schongau, fut immédiatement rappelé. Au début de l'après-midi, on était satisfait à la Wehrgauleitung. La mission était accomplie, toutes les unités avaient été prévenues. De 14 h 30 à 16 heures, une conférence d'état-major réunit, dans les bureaux du Wehrkreis, à l'angle de la Ludwigstrasse et de la Schönfeldstrasse, le général Adam, le général Tscherning et quelques officiers. On dressa un bilan des mesures prises pour répondre à une attaque de la SA.

Nous pouvons suivre, dans un cas précis, l'application de ces nouvelles instructions. Le 7e échelon divisionnaire motorisé comprenait trois compagnies. L'état-major, la 1re et la 3e compagnie étaient stationnés à Munich. Le 29 juin, à 11 heures du matin, la première mouture des instructions concernant l'état d'alerte fut remise aux officiers. Le capitaine Schanze, qui commandait la première compagnie, leur demanda la plus grande discrétion. À 13 h 45, tout changeait. Le capitaine venait de recevoir les nouvelles consignes au sujet de l'état d'alerte renforcée. On leur apprit qu'un putsch était sur le point d'éclater. Pour les hommes de troupe, la version officielle était qu'une inspection du général von Fritsch allait avoir lieu. Sous ce prétexte, la caserne fut mise en état de défense et devint rapidement une véritable forteresse. Des mitrailleuses légères furent montées sur quatorze véhicules automobiles et pourvues de munition de combat (1000 coups par pièce). Trois groupes de mitrailleuses étaient constamment en état d'alerte. De 20 heures à 6 heures du matin, la garde serait renforcée. Elle recevrait un renfort de six hommes afin que les sentinelles fussent doublées. Un des groupes de mitrailleuses lui serait adjoint. Les deux autres, installés dans le réfectoire, devaient être capables d'intervenir à tout moment. Le dépôt du train avait mis à la disposition de la compagnie trois véhicules blindés, armés de mitrailleuses lourdes. Ils furent placés dans la cour. L'officier commandant le détachement ainsi que ses hommes furent logés, assez peu confortablement, dans les lavabos. Les soldats avaient reçu des munitions de combat (60 coups par tête) et ils avaient l'ordre d'avoir constamment leur fusil, à portée de la main, même dans les chambrées. Pendant que l'on s'affairait ainsi, les hommes disponibles étaient employés à garnir de munitions des bandes de mitrailleuses. Le soir, la compagnie disposait d'une réserve de 28000 coups. Les rapports ne disent rien des employés civils. Il est assez vraisemblable que le capitaine Schanze les avait renvoyés chez eux, en arguant de cet exercice qui perturbait la vie régulière de l'unité. Repliée sur elle-même, barricadée dans son cantonnement, armée jusqu'aux dents, la 7. Kraftfahrabteilung était sur le pied de guerre. Elle attendait l'ennemi.

La Landespolizei agit de même. La SS fut alertée et commença de s'aboucher avec les commandants des unités locales de la Wehrmacht afin d'obtenir des armes, des munitions et des cantonnements. À Augsbourg, le SS-Standartenführer Homann était entré en contact avec le lieutenant-colonel Krampf. Mais cela se produisit en bien des régions. À Landeshut (Silésie), le Obersturmbannführer Skarabis qui commandait un bataillon de SS (III/8) reçut l'ordre de se rendre immédiatement à Hirschberg où était stationné le 2e bataillon (chasseurs) du 7e RI. Dans la caserne des chasseurs, l'accueil témoigna qu'une nouvelle fraternité d'armes était en train de naître. Un armement important fut remis à Skarabis : 2 mitrailleuses lourdes, 2 mitrailleuses légères, 400 fusils et la dotation en munition correspondante. C'était considérable. Les armes furent transportées à Landeshut et entreposées dans la Maison du Parti. Ailleurs, il fut convenu que la SS se regrouperait dans les cantonnements de la Reichswehr. Cela résultait de l'accord passé entre von Woyrsch et von Kleist, car ce dernier était heureux d'un tel renfort inespéré pour défendre des casernements parfois dégarnis de troupes. À Hirschberg, la 8e Standarte se rassembla dans la caserne Waldersee; à Schweidnitz, des éléments de la 43e Standarte se regroupèrent dans la caserne Moltke. La Reichswehr tira même parfois un bénéfice direct de cette collaboration. À Gurkau, distant de trois kilomètres environ de Glogau, le dépôt de munitions fut confié à la garde de la SS. Il nous paraît inutile de multiplier les exemples.

Mais la conséquence la plus importante touchait aux tâches de la police. C'est à ce moment seulement que l'on put présenter à Hitler les listes de SA-Führer à écarter. Elles avaient été dressées par le Gestapa. Himmler et Heydrich n'ont pas agi de leur seule initiative. En ces journées, Reichenau fit plusieurs visites à Himmler au 8 de la Prinz-Albrecht-Strasse. Ainsi, la démarche passait inaperçue des officiers de la Bendlerstrasse. Au cours de ces conversations, on s'est accordé sur les SA-Führer qui étaient devenus « insupportables ». Certaines de ces listes auraient été soumises au Führer. Cela ne put avoir lieu que dans la soirée du 28 ou le lendemain. Hitler n'eut guère le temps d'en discuter.

*

*   *

La journée du 28 juin a marqué un tournant décisif de la crise. Entouré, enveloppé, surveillé par Göring, à Essen, le Führer s'est résigné plus qu'il ne s'est résolu, au cours de la soirée, à prendre des sanctions. Le prétexte était fallacieux. Röhm n'a jamais ordonné de suspendre la mise en congé de la SA. C'est pour arracher à Hitler la condamnation de Röhm que cette fausse information fut construite à partir de quelques éléments isolés. Reichenau semblait avoir gagné. Pouvait-on rêver victoire plus complète ? Röhm relevé de ses fonctions ! Karl Ernst, Edmund Heines et consorts jetés en prison ! Pourtant ni le chef du Ministeramt ni Himmler ni Göring n'étaient pleinement satisfaits ! Les sanctions seraient prononcées à Bad Wiessee, devant l'assemblée des SA-Führer. L'accusation n'allait-elle pas s'effondrer piteusement ? Röhm n'aurait aucune peine à démontrer qu'il n'avait pas ordonné la prolongation du service de la SA. Ses détracteurs allaient se trouver dans une situation embarrassante. Il fallait empêcher le Führer d'aller à Wiessee sans qu'il revînt pourtant sur sa décision.

Chapitre 12

LA SA DESCEND DANS LA RUE (29 JUIN)

Le 29 juin, à Munich, au cours de l'après-midi, la SA se rassembla à ses points de ralliement habituels et, au début de la soirée, descendit dans la rue pour manifester contre la Reichswehr et, disent certains, contre le Führer. Des cris séditieux furent poussés. Des unités s'étaient regroupées en bordure du Oberwiesenfeld. C'était le quartier des casernes. La troupe était, comme nous l'avons vu, sur le pied de guerre, dans ses cantonnements. L'avenir du Reich était à la merci d'un incident. Une sentinelle un peu trop nerveuse qui aurait appuyé sur la gâchette !... Une riposte de la SA. C'était la guerre civile. Hitler n'avait plus à délibérer, à peser les torts des uns et des autres, il devait écarter ce danger réel. Voilà la réalité de cette journée ! Elle est simple.

Pourtant, à l'étude de la documentation, on reçoit une impression d'extrême confusion. Il semblerait que tous les fils d'une trame complexe fussent soudain brutalement mêlés et confondus. C'est cette pelote embrouillée qu'il nous faut dénouer en distinguant les différents brins. Nous en comptons trois principaux. Il y a d'abord, chez les adversaires de Röhm, le dessein bien arrêté d'empêcher la réunion de Bad Wiessee. Le Stabschef doit être destitué, mais une explication d'homme à homme risquerait de compromettre le résultat. On s'est employé, au cours de ces heures, à dissuader le Führer de se rendre en Bavière. Des policiers seraient chargés de l'arrestation de Röhm. Pendant que cette nouvelle intrigue se développait, les machinations des journées précédentes continuaient à produire, d'elles-mêmes, leurs effets. Les services préparaient la réunion dont on ne voulait plus. Curieuse situation ! On avait mis en scène *La Conjuration de Fiesque*. Tout à coup, le régisseur, craignant pour le succès, avait demandé que l'on montât *Le Voyage de M. Perrichon*. Le changement de programme avait été si brusque que l'on n'avait eu le temps ni de remplacer le décor ni de distribuer d'autres costumes et accessoires, ni même d'informer les figurants que l'on jouait une autre pièce. Cela ne contribuait pas à la compréhension du sujet. Pourtant, il s'enrichissait de nuances nouvelles et les interférences entre les deux textes ne laissaient pas de dévoyer les esprits dans des directions imprévues. Enfin, il fut décidé officiellement, au cours de ces heures, que l'action serait menée simultanément contre la SA et la « réaction ».

Dernier jour de liberté pour Röhm

Dans la matinée, Röhm remit à son secrétaire, May, le texte de l'allocution qu'il voulait prononcer le lendemain devant Adolf Hitler. Il y rappelait que c'était le Führer lui-même qui avait imposé en 1931, à la SA de collaborer avec l'armée. Puis, il énumérait tous les griefs des vieux SA-Führer. Ils avaient été les principaux artisans de la conquête du pouvoir. Ils étaient devenus les demi-soldes de la victoire. Les postes importants dans l'État et dans l'administration étaient allés à d'autres. Que leur offrait-on ? Des grades subalternes dans la Reichswehr, après une sélection sévère, et à des conditions humiliantes, comme si on leur faisait une grâce imméritée ! Pour finir, Röhm n'en proclamait pas moins que lui, le Stabschef, et la SA toute entière gardaient au Führer une fidélité indéfectible. Röhm proposa à son secrétaire de rester à Wiessee. Le 29 juin, Mme May célébrait son anniversaire. Son mari demanda à Röhm de l'autoriser à retourner à Munich. Il reviendrait le lendemain avant 11 heures. Ce fut heureux pour lui. Puis le Stabschef fit sa promenade habituelle à travers la campagne bavaroise. Sa dernière promenade ! C'est peut-être au cours de celle-ci qu'il aperçut l'ancien 2e Bundesführer du Stahlhelm, Duesterberg, qui prenait des vacances à Kreuth. Duesterberg avait été écarté lorsqu'on avait découvert qu'il avait une grand-mère juive. Il n'avait pas pardonné non plus la « normalisation » du Stahlhelm. Dès qu'il vit, de loin, le Stabschef, pour n'avoir pas à le croiser, il prit une traverse. La veille, Röhm avait, après la conversation téléphonique avec Hitler, ordonné à la OSAF de convoquer à Wiessee, le 30 juin, à 11 heures, pour une importante réunion, les Obergruppenführer, les Gruppenführer et un certain nombre de responsables. L'ordre parvint aux intéressés dès la journée du 29. Les premiers commencèrent à arriver dans la soirée du 29 juin. On bavarda fort avant dans la nuit, à la pension Hanselbauer. La veille, Karl Ernst avait assisté au mariage de Terboven. Lui-même, s'était marié quelques mois plus tôt. Avec sa jeune épouse, il était convenu que le voyage de noces serait repoussé jusqu'au congé de la SA. Cette fois-ci, le SA-Führer décida de se faire représenter par son chef d'état-major Wilhelm Sander. Le 29, Karl Ernst s'arrêta à Lunebourg. Le lendemain, il s'embarquerait à Brême sur un bananier à destination de Madère.

Edmund Heines était arrivé à Wiessee dans la soirée. Les nouvelles qu'il avait apportés étaient ambiguës. Elles prouvaient que l'on tramait quelque machination contre la SA. C'étaient néanmoins de bonnes nouvelles, car elles ruinaient les accusations portées contre Röhm et ses lieutenants. Que pourrait objecter « Adolf » au témoignage d'un Generalleutnant ? Le général Ewald von Kleist commandait la 2e division de cavalerie. L'état-major de la division était installé à Breslau. Le bâtiment du Generalkommando se dressait à l'extrémité est du Schlossplatz, près de l'ancien fossé de la ville, le Stadtgraben. Dans cette région, les relations avec le commandant de la SA étaient loin d'être faciles. Le SA-Obergruppenführer Heines était une personnalité contestée. Dès le 24 juin, le général von Kleist avait été averti de l'évolution de la situation par Fritsch. Dans les journées qui suivirent, de très nombreux avertissements parvinrent à von Kleist, un peu de toute part. Les chefs de corps, d'anciens Stahlhelmer, des SS, des civils, des responsables d'administrations, voire des SA lui adressaient le résultat de leurs observations ou le fruit de leurs méditations. Des dispositions préventives avaient été prises. Il semble bien qu'elles aient été plus importantes que dans d'autres régions du Reich. Les rumeurs accroissaient les tensions. le 27 juin, un incident se produisit. Les majors Metz et Szelinski, qui étaient affectés à la Kommandantur de Schweidnitz, une petite ville à une cinquantaine de kilomètres au sud-ouest de Breslau, demandèrent raison de l'attitude de la SA à deux SA-Führer, avec lesquels ils entretenaient de bonnes relations, le SA-Brigadeführer Wilhelm von Grolmann et le comte Pückler. Pourquoi préparer un putsch contre l'armée ? Est-ce que la collaboration entre SA et Reichswehr n'avait pas été confiante et fructueuse ? N'était-ce pas trahir l'idéal national que les uns et les autres prétendaient servir ? Le comte Pückler et von Grolmann tombaient des nues. Ils n'avaient jamais entendu parler de ce putsch. À plus forte raison n'y avaient-ils aucune part. Les uns prévinrent le SA-Obergruppenführer Heines, les autres le général von Kleist. Le 28 juin, celui-ci convoqua Heines, à moins que ce ne soit le SA-Führer qui se soit rendu de lui-même, auprès du commandant de la 2e DC. Heines donna sa parole d'honneur que la SA n'avait pas ébauché le moindre préparatif de putsch. Il ajouta même qu'elle n'y avait jamais songé. Mais il savait, d'après les observations faites en Silésie, que la Reichswehr mettait en place un important dispositif militaire. Était-il défensif ? Offensif ? Aux signes extérieurs, il était difficile de juger des intentions, mais le commandement de la SA aurait manqué à tous ses devoirs s'il n'avait pris quelques précautions. C'était tout. Le SA-Führer avait un tel accent de sincérité que le général se laissa convaincre. À son tour, il protesta de sa bonne foi. Il n'avait aucune mauvaise intention à l'égard de la SA. Lui aussi avait cru devoir se prémunir contre une surprise... de la part de son interlocuteur. L'affaire paraissait réglée. Dans la nuit du 28 au 29 juin, Heines téléphona au général. Tout était changé. C'est dans le Reich tout entier et non seulement en Silésie, que la Reichswehr se mobilisait. Quelque chose « clochait » dans toute cette histoire. Un SA-Obergruppenführer multipliant les déclarations de loyauté ! Le commandant de l'armée de terre croyant à l'imminence d'un putsch de la SA contre l'armée ! Il n'était pas jusqu'au peu d'importance des mesures défensives prises par la SA en Silésie qui ne s'accordât pas à l'ensemble du tableau tel qu'on semblait le voir de Berlin. N'y avait-il pas un malentendu ? Les deux hommes convinrent de démarches parallèles. Heines informerait Röhm à Bad Wiessee et le général rendrait compte au commandant de l'armée de terre à Berlin.

Heinrich Bennecke avait déjà quitté Berlin lorsque l'ordre de Röhm parvint au SA-Hochschulamt. Avec sa femme, il avait l'intention de passer quelques semaines à Oberstdorf, dans l'Allgäu. Son train s'arrêtait à Nuremberg. Le télégramme fut réexpédié au SA-Gruppe Franken. Une ordonnance du groupe réussit à joindre le Gruppenführer pendant l'arrêt. Bennecke fut d'abord irrité de ce contretemps. Puis, il décida d'accompagner tout d'abord sa femme à Oberstdorf. Il prendrait le train de nuit Lindau-Munich et arriverait juste à temps. Un grand nombre de SA-Führer avaient fait de même. Ils voyageraient de nuit et seraient avant 11 heures à Wiessee. Le Gauleiter Kube, convoqué lui aussi par Hitler à cette réunion, emprunta un train composé de wagons-lits et voyagea en compagnie de Fritz von Krausser et d'une «douzaine de SA-Führer et de conspirateurs», entre Berlin et Munich. Pour se laver de tout soupçon de complicité, il n'en fut du reste que plus sévère, par la suite, envers ses compagnons de voyage. Rien dans l'attitude de ces hommes n'indique la moindre volonté de se rebeller contre l'autorité légitime. Tout démontre en revanche une absence de concertation entre les «conjurés», proprement inconcevable s'il y avait eu conspiration. Karl Ernst file son bonheur d'amour et se fait représenter. Krausser, Sander, Detten, etc., et nombre de ceux qui seront exécutés arrivent à la dernière minute, ce qui leur enlève toute occasion d'ajuster leurs plans aux circonstances nouvelles.

La Reichswehr dans l'expectative?

Le 27 juin, le ministre de la Défense avait ordonné une alerte générale. Le lendemain, on avait découvert que le congé de la SA aurait été suspendu. Des mesures renforcées avaient été décrétées. La troupe était barricadée dans ses cantonnements pendant qu'une collaboration avec la SS s'instaurait. L'armée n'avait plus qu'à attendre la tournure des événements. Elle n'est pourtant pas restée inactive. Le commandement militaire, tout en s'en tenant, du moins apparemment, à la décision prise par le Führer, à Essen, dans la soirée du 28, n'a cessé de «corriger la fortune».

Jusqu'à la dernière minute, l'Abwehr a fourni des renseignements sur la SA. Ils étaient transmis au chef du Ministeramt et au ministre qui, à leur tour, informaient et les autorités civiles et le commandant de l'armée de terre. Nous pouvons, grâce à un témoignage précis, l'affirmer en toute certitude. Le 29 juin, à la fin de la matinée, vers 11 heures, un officier d'état-major, le capitaine Doerr, de service dans les bureaux de la région militaire, rencontra l'officier de renseignement (Ic) de la 7e division, le major Körbitz. Ce dernier partait pour Berlin en avion. Des «informations très inquiétantes» lui étaient parvenues. Nous ne savons rien de leur nature et nous en sommes réduits aux conjectures. Ces informations devaient être de la plus haute importance et d'une grande actualité. On n'a pas voulu les communiquer par téléphone ni les confier à un subordonné, et pour qu'elles parvinssent au ministère dans les meilleurs délais, on n'a pas hésité, malgré les circonstances, à priver la division de son spécialiste du renseignement. Körbitz en effet ne fut de retour à Munich que dans la soirée. Quel secret d'État avait découvert le Ic ? Peut-être faut-il rapprocher de ce voyage, un passage du discours prononcé par Hitler le 13 juillet ? « Au cours de la journée du 29 juin, je reçus des nouvelles [...] menaçantes au sujet des derniers préparatifs de l'action [...] [ordonnée par Röhm]. À Munich, on avait ordonné la mise en état d'alerte de la SA à partir de 9 heures du soir. » C'est un cas sans doute exemplaire. Aurait-il été unique ?

Dans un autre, Reichenau intervint en personne pour sauver la thèse du putsch de la SA. Dans la matinée, Ewald von Kleist s'envola de Breslau pour Berlin afin de tenter, comme il l'avait promis à Edmund Heines, de dissiper le « malentendu » entre Wehrmacht et SA. Bendlerstrasse, il fut immédiatement reçu par le Generaloberst von Fritsch et le chef du Truppenamt. Il rapporta en détail les circonstances qui avaient conduit à l'entrevue avec Heines, ainsi que le contenu de la conversation avec le SA-Führer. Il avait longuement réfléchi à cette rocambolesque histoire. La nuit lui avait porté conseil. En une phrase, il résuma ses réflexions. « J'ai l'impression qu'un tiers s'efforce de dresser l'une contre l'autre, Reichswehr et SA, et que c'est de ce tiers que proviennent un grand nombre des renseignements dont nous disposons. » Il songeait, nous dit-il, à Himmler. Fritsch fit demander à Reichenau de bien vouloir passer dans son bureau. Le général von Kleist répéta ce qu'il venait d'exposer. Le chef du Ministeramt réfléchit. La veille au soir, le Führer s'était décidé. Il avait pris parti pour la Reichswehr. Röhm serait destitué, les SA-Führer, qui avaient créé des difficultés aux militaires, arrêtés et, sans doute, jetés dans quelque camp de concentration. Juste retour des choses ! Revenir en arrière ? Il n'y fallait pas songer. Tout serait à reprendre. Qui sait d'ailleurs si les fils pourraient être renoués ? Le plateau de la balance qui commençait à incliner d'un côté n'allait-il pas, après une brève secousse, être entraîné brutalement en sens inverse ? Ce brave général de cavalerie venait de montrer quel danger menaçait toute l'entreprise. Ce Heines n'allait-il pas se défendre ? Il dirait qu'il avait rencontré le commandant de la 2e division de cavalerie, à la demande de celui-ci, qu'il l'avait assuré de sa parfaite loyauté et s'était justifié d'avoir ordonné quelques mesures préventives, que dans la nuit, sur sa suggestion, le général et lui étaient convenus d'entreprendre des démarches parallèles afin d'élucider cette affaire ténébreuse. Le général Ewald von Kleist pourrait en témoigner. Qui sait si l'on ne chercherait pas à remonter jusqu'à la source ? Il fallait empêcher, à tout prix, qu'une confrontation générale eut lieu. L'intelligence de Reichenau était souple et rapide. Très vite, il laissa tomber : « C'est bien possible [...] mais il est trop tard. »

Le général von Fritsch songea à la sécurité du président Hindenburg, isolé à Neudeck. Ne devait-on pas craindre quelque mauvais coup de la SA ou d'autres ? Dans l'après-midi, il s'envola pour Neudeck, accompagné seulement par son aide de camp, le capitaine Horst von Mellenthin. C'était un véritable naufrage. Le maréchal ne comprenait plus ce qui se passait autour de lui. Fritsch tenta de lui faire un tableau de la situation et de lui expliquer qu'il était nécessaire de prendre quelques précautions. Le vieillard était hors de toutes ces atteintes, il s'était retiré dans le passé et fabulait des campagnes de jadis contre l'Autriche, la France, il évoquait les rois de Prusse. Consterné, Fritsch se tourna vers l'aide de camp du président, le comte von der Schulenburg. Lui, Fritsch, avait donné des instructions au commandant de garnison de Deutsch-Eylau (état-major régimentaire et II/3e RI); le colonel interviendrait si cela était nécessaire. Le comte von der Schulenburg n'aurait qu'à se tenir en liaison constante avec lui. Il fournirait toute l'aide nécessaire. Le 30 juin, un détachement fut envoyé à Neudeck, encercla la résidence du président et en garda les accès. La précaution n'aurait pas été injutifiée si la crise n'avait été imaginaire; elle accréditait la réalité du péril.

Göring et ses polices

Göring avait établi son quartier-général au 11a de la Leipziger Platz, la villa Göring, où était installé le Forschungsamt. Il était assisté de Körner, Daluege et Nebe. Daluege avait fait mettre la Landespolizei en état d'alerte et, en raison de ses doubles fonctions, contrôlait l'ensemble des polices en Prusse et dans le Reich. À ce moment de la crise, elles étaient encore tenues dans l'ignorance, à l'exception de la Landespolizei. Nebe, ancien collaborateur de Diels, ex-directeur du service extérieur de la police politique et, depuis le 1er mai 1934, directeur-adjoint de l'Office de police judiciaire de Prusse, avait été convoqué sous un prétexte futile. On avait découvert un projet d'attentat contre le ministre-président. Le policier devait veiller sur la sécurité de Göring. Gisevius et Nebe en faisaient des gorges chaudes. Un conseiller de police judiciaire (Kriminalrat), ce qui correspond au commissaire divisionnaire, n'a pas pour mission de remplir ces tâches de terrain qu'il aurait été plus judicieux de confier à un ou deux inspecteurs. En fait, Nebe faisait la liaison avec le Gestapa. Le 29 encore, Göring se soucia moins de la mise en place du dispositif de répression que de la décision politique. Pour Hitler, la question était tranchée. Le 30, après une explication, il destituerait Röhm et enverrait quelques SA-Führer dans un camp de concentration. C'était cette explication publique qu'il fallait empêcher. Göring s'y employa. Dans l'après-midi, il était à Godesberg, aux côtés du Führer et n'en revint que tard dans la soirée.

Himmler et Heydrich

Depuis le 22, la Leibstandarte était en état d'alerte. La Allgemeine SS avait été informée vers le 24. À partir du 28 juin, la SS entra en contact avec les autorités militaires et prépara, en commun, la logistique de la répression.

Pendant ce temps, le Gestapa accomplissait un travail considérable. C'est là que furent établies, de manière définitive, les listes de suspects à arrêter et, éventuellement, à exécuter. Les services locaux et régionaux de la police politique transmirent des états qui étaient des propositions. Himmler, Heydrich et leur état-major tranchèrent. Les décisions définitives furent retournées aux exécutants dans la journée du 30 juin. Tout était prêt. Ou presque, car, dans certaines régions, des retards se produisirent. Ce fut le cas en Silésie. Sauf à Liegnitz, les services de la police politique étaient dirigés par des SA. On ne pouvait guère leur demander de préparer une opération contre eux-mêmes ! La tâche fut confiée à la SS dont les chefs locaux firent preuve d'un zèle brouillon et d'une notable incompétence. De nombreuses initiatives locales échappèrent au contrôle de Himmler. C'étaient des exceptions. En règle générale, SS et police politique n'attendaient plus qu'un signal pour passer à l'action.

Heydrich inventa, pour cela une procédure fort compliquée qui est connue, dans ses moindres détails. Il intercala, entre le Gestapa et le SS-Oberabschnitt, un relais : le service territorialement compétent du SD. Le 29 juin, le SD-Führer compétent reçut des mains de Heydrich, une enveloppe scellée qu'il fut invité, le 30 juin, à remettre personnellement au SS-Oberabschnittführer. Le fait est attesté dans deux cas : à Dresde où le SD-Führer Beutel (Dresde) alla trouver le 30 juin, le Freiherr Friedrich Karl von Eberstein qui dirigeait le SS-Oberabschnitt Centre, dont le siège était encore à Weimar. Il en alla de même en Silésie. La transmission des ordres était compliquée par l'intervention de cet échelon intermédiaire. Mais, Heydrich ne se contenta pas de cela, il entoura, en l'occurence, la remise des consignes d'un luxe extraordinaire de précautions.

Le SD-Abschnitt Breslau était dirigé par un personnage hors du commun, Müller-Altenau. Le 29 juin, il fut convoqué Prinz-Albrecht-Strasse. Une agitation fébrile régnait dans la centrale de la Gestapo. On prenait les dernière dispositions. Müller-Altenau attendit des heures. Vers midi, un SD-Führer lui demanda s'il connaissait, à Breslau, une personne de confiance qui habiterait un peu en dehors de la ville et aurait le téléphone. Müller-Altenau nomma le comte York von Wartenburg. Il avait un pied-à-terre à Breslau-Zimpel. Müller et York von Wartenburg se connaissaient bien. Ils avaient milité ensemble dans le BdO (Bund deutscher Osten - Ligue de l'Est allemand). Müller-Altenau pouvait disposer de l'appartement à sa guise. Müller attendit encore. À 18 heures, Heydrich le convoqua, lui remit une enveloppe scellée. Le chef du SD lui dit que l'existence de ce message devait rester secrète. Il ne fit aucune allusion au contenu. Les instructions qu'elle contenait étaient datées du 30 juin. Elles étaient les suivantes :

1) Le Stabschef de la SA a conçu le plan d'un putsch. L'intervention du Führer a évité le pire. L'état d'exception est déclaré. Le Führer a remis à Göring le pouvoir exécutif en Prusse.
2) En Silésie, le pouvoir exécutif est confié au Gruppenführer von Woyrsch.
3) Les SA-Führer suivants sont à éliminer. De 9 à 11 noms figuraient sur le document : Edmund et Oskar Heines, Ramshorn, Freiherr von Wechmar, Bel-

ding, Nixdorf, Engels, etc. Comme l'original a disparu et que le texte a été reconstitué de mémoire par Müller-Altenau et von Woyrsch, une certaine imprécision subsiste.
4) L'effectif du Hilfswerklager et de la Stabswache doit être interné.
5) On occupera sans plus tarder la préfecture de police de Breslau et on se mettra en liaison avec le commandant de l'inspection sud-est de la Landespolizei, le général Niehoff.
6) Une péniche transportant des armes pour la SA qui se trouve entre Krossen et Glogau sera placée sous bonne garde.

Müller-Altenau retournerait immédiatement à Breslau et attendrait les ordres de Heydrich, dans l'appartement de York von Wartenburg. Le chef du SD l'appelerait au téléphone, lui demanderait : «Me reconnaissez-vous?» Müller-Altenau répondrait : «C!». Cela signifiait Chef. On lui dirait alors ce qu'il devait faire de l'enveloppe. Un avion privé de Göring l'attendait. Il serait ainsi plus vite de retour à Breslau. Deux compagnons, que Müller-Altenau soutint ne pas avoir identifiés, sans doute deux inspecteurs du SD ou de la Gestapo, l'accompagnèrent jusqu'à l'aérodrome, montèrent dans l'avion avec lui, le suivirent à Breslau-Zimpel et s'installèrent aussi commodément que possible dans une des pièces, pour y passer la nuit. Le lendemain matin, le téléphone sonna vers 7 heures. C'était Heydrich.

La SS comptait 10 Oberabschnitt : Dresde, Berlin, Altona, Königsberg, Hanovre, Düsseldorf, Coblence, Munich, Brieg et Stuttgart. À Dresde et Brieg, la SS fut alertée, le 30 juin, par le SD-Führer. À Königsberg, E. von dem Bach-Zelewski, chef de la Leitpolizeistelle et du SS-Oberabschnitt, reçut des instructions téléphoniques de Heydrich, dans les premières heures du 30 juin. À quelques exceptions près, la procédure employée dans la plupart des Oberabschnitt a sans doute été la même qu'à Königsberg : Heydrich → Gestapo → SS. Mais le choix de la méthode employée à Breslau où la Staatspolizeistelle était dirigée par un SA-Führer et où la discrétion n'était pas garantie, est fort révélateur. Le 29 juin, avant 18 heures, Heydrich a établi une liste de 11 SA-Führer qui doivent être passés par les armes. Or, nous savons que les condamnations n'ont été prononcées par Hitler que dans l'après-midi du 30 juin, après de longues délibérations auxquelles participèrent Hess, Buch, Lutze, Goebbels, etc. Comment Heydrich pouvait-il savoir vingt heures plus tôt ce qui serait décidé à Munich? En fait, il écrivait un scénario assez différent que celui-ci qui avait été conçu, le 28 juin, par le Führer. Aussi Heydrich devait-il prendre quelques précautions. Pour le cas où l'histoire n'aurait pas suivi le cours dans lequel on voulait l'engager, il aurait fallut faire disparaître toute trace de ces anticipations. Par le procédé retors qu'il avait imaginé, Heydrich était garanti de toute mauvaise surprise. Il lui aurait suffi de demander à Müller-Altenau de remettre l'enveloppe aux deux civils qui avaient accompagné le SD-Führer à Breslau. La preuve supprimée, que restait-il? Un récit confus d'un obscur collaborateur du SD!

Le Führer inspecte les camps du RAD

Et le Führer? Avait-il changé d'avis? Sur la Westphalie et la Rhénanie inférieure, en cette matinée du 29 juin, la pluie tombait dense et inlassable. «Pour donner l'impression qu'[il] n'éprouv[ait] pas la moindre inquiétude, ce qui aurait pu mettre la puce à l'oreille aux traîtres», le chancelier avait ordonné que le programme du 29 juin ne fût en rien modifié. La veille, il n'avait pu se rendre à Lünen, comme il était prévu. Il commencerait par là, puis il inspecterait les camps du Service du travail (RAD) : Olfen, Wulfen et Kevelaer. Il visiterait les chantiers qui venaient d'être ouverts dans la vallée de la Niers, un petit affluent de la Meuse hollandaise, près de Weeze, paysage de molles ondulations, de prairies plantureuses, d'arbres aux frondaisons opulentes et toujours frissonnantes, à l'abri desquelles les fermes vivaient paisiblement depuis que les armées napoléoniennes avaient reflué vers Paris. C'est presque la Hollande avec des maisons de brique rouge, des fenêtres blanches et des volets verts. Personne ne devinait que dans dix ans, ces campagnes au pittoresque discret, où des taupinières portent fièrement le nom de «montagne» seraient le théâtre de furieux combats contre la 1re armée canadienne, durant tout un hiver, et que des divisions allemandes, SS, parachutistes, déjà décimées, s'accrocheraient avec désespoir aux «monts» entre Rhin et Meuse!

La tournée aurait continué par Wetten, Hüls, Krefeld, Neuss, Cologne. Le chancelier serait-il retourné à Essen? Aurait-il regagné Berlin avant de s'envoler vers Bad Wiessee? Il paraît impossible de l'établir aujourd'hui avec certitude. C'était une journée d'attente avant la confrontation entre lui et Röhm sur les bords du Tegernsee. C'était aussi, semblait-il, un intermède sans conséquence, un instant de relâchement pour les nerfs surmenés du Führer.

C'est vers 9 h 30 qu'il sortit du Kaiserhof. Malgré la pluie, la foule était là, impassible, soutenue par la curiosité et une espèce de sentiment religieux. On verrait le Führer. À peine apparut-il que sa voiture fut entourée. Les bras se tendaient vers lui. Il distribua des poignées de main. Puis il s'installa dans sa torpédo, accompagné d'une escorte restreinte : Brückner, Schaub, le Dr Dietrich, Hierl et, au volant, Schreck.

Pendant des siècles, Lünen avait été un gros bourg sur la rive sud de la Lippe, dans une région rurale foncièrement conservatrice, une Vendée allemande. Le château de Cappenberg où s'était retiré, dans sa vieillesse, M. le baron de Stein, un homme que Napoléon n'aimait guère, se dressait à quelques kilomètres de la cité. L'industrialisation avait changé tout cela. Lünen était devenue «Lünen la rouge». Juste devant la ville se dressait, au milieu d'un parc immense dont les larges allées se déployaient entre des arbres séculaires, le château Buddenburg. Le bâtiment n'avait pas grande valeur architecturale. C'était un rectangle massif, flanqué aux angles de tours carrées, trop lourdes pour l'ensemble. Un pavillon central, sommé d'un fronton triangulaire, animait, avec son vaste escalier conduisant à une triple arcade, la façade principale. L'édifice était couronné par une lanterne octogonale, ouverte. Schloss Buddenburg abritait l'école régionale (Bezirksschule) des cadres du RAD. Elle formait le personnel permanent de trois districts (Arbeitsgau) : Westphalie-Nord, Westphalie-Sud et Basse-Rhénanie. On avait annoncé, le 28 juin, que le Führer ferait une visite à Buddenburg, vers la fin de l'après-midi. À la hâte, on avait rameuté les cadres des camps de la région afin de les présenter au Führer. Ils avaient attendu, attendu pendant que Hitler conférait avec Göring et Lutze au Kaiserhof, à Essen, sur les décisions à prendre envers Röhm. Puis la nouvelle était arrivée. La visite était reportée au lendemain.

Le vendredi, ils étaient là, alignés dans les allées du parc, les cadres du RAD dont certains avaient passé la nuit dans un campement de fortune, vite dressé la veille au soir dans les couloirs et le hall du bâtiment. Ils étaient là, dès 7 heures du matin, avec la SA, la SS, le Fliegersturm (Organisation de sport aérien). Dans les intervalles, la HJ s'était glissée, avec les plus jeunes, les Pimpf. La haie était formée, sur une bonne distance, par les jeunes filles du BDM. Elles étaient venues de leur camp qui se trouvait non loin de là. Elles y recevaient une formation de cadres du Service du travail féminin. Ils étaient là, sous la pluie. L'eau coulait dans les cols, imbibait les chemises, pénétrait insidieusement les uniformes bruns, bistres, verts... Il pleuvait. Ils étaient là, stoïques, impassibles, mais ils étaient jeunes et pleins d'enthousiasme. Les responsables jetaient des regards inquiets vers le ciel. Ce n'était pas un temps de l'empereur ni un temps du Führer. Ni Kaiserwetter! Ni Führerwetter! Ce n'est pas cela qui donnerait de l'éclat à la revue des soldats du travail! La pluie semblait faiblir... mais une averse furieuse vint anéantir l'espoir naissant. C'était un déluge. Soudain, le ciel parut s'élever, les nuages se déchirèrent, laissant passer un rayon de soleil. Un coin de ciel bleu apparut. Les pelouses étaient plus vertes. Des gouttes d'eau se balançaient aux feuilles. Quel joli spectacle!... Comment ne pas y voir une nouvelle intervention de la providence dans la vie de cet homme providentiel?

Vers 10 heures, on annonça que le Führer arrivait. Les Gauleiter de Westphalie-Nord et de Westphalie-Sud, le Dr Alfred Meyer (Münster) et Joseph Wagner (Bochum) l'avaient rejoint ainsi que le Dr Ley. Dans la cour du château, le Führer fut salué par W. Schepmann qui commandait le SA-Obergruppe X, Giesler (SA-Gruppe Westphalie), le Oberführer Schlessmann (SS-Abschnitt XXV, Bochum). Le Dr Decker, inspecteur des services d'instruction du FAD, et les Gauarbeitsführer Krischbaum (Westphalie-Sud) et Zimmerman (Westphalie-Nord) représentaient le Service du travail. La garde rendit les honneurs en présentant les armes : la bêche. Hitler parcourut le front des soldats du Travail, l'avant-bras droit relevé, la paume ouverte. Dans la main gauche, il tenait sa casquette. Dans cette situation, les personnages officiels se sentent toujours tenus d'afficher un air grave comme s'ils s'apprêtaient à dire aux troupes : «Je dois vous envoyer à la mort.» Le sérieux de Hitler n'était pas feint. Il avait été contraint de prendre une décision à laquelle il répugnait. La SA ne lui inspirait pas de véritables inquiétudes. Ce n'était pas la première fois qu'elle avait fait preuve d'indiscipline. Les SA-Führer Stennes et Stegmann s'étaient révoltés. Il les avait mis à la raison ou les avait chassés ignominieusement. Il viendrait à bout des Karl Ernst, des Heines et consorts. Il lui en coûtait de se séparer de Röhm. Le Stabschef n'était plus à la mesure de ses fonctions. Il était né pour commander un régiment ou une brigade. Il était à la tête d'une armée. Les craintes qui assaillaient le chancelier venaient d'ailleurs. Lui serait-il possible de circonscrire l'opération? Ce moment de faiblesse ne serait-il pas exploité par d'autres : politiques, militaires? De toute façon, il traverserait une zone d'orages alors que la puissance et la cohérence du mouvement seraient ébranlées. D'un autre côté, il fallait en finir.

Il visita les lieux. On lui montra les bureaux, les chambrées, les salles de réunion. Dans le grand escalier du château, une surprise l'attendait, dont les responsables étaient très fiers. Un groupe de jeunes gens avaient pris position dans le hall et le Führer fut invité à écouter un chœur parlé de leur composition. Puis le Dr Decker prit la parole et expliqua longuement le sens du Arbeitsdienst. Le Führer écoutait, impénétrable, mais sans impatience. Il répondit brièvement : la condition première du succès, c'était l'esprit de suite et un zèle infatigable. Il lui arrivait d'esquisser un sourire. Cette visite était réconfortante. Il se tourna vers Hierl : « C'est votre œuvre. C'est votre mérite. » Il n'oublia pas de s'inscrire dans le livre d'or de l'école. Sur le perron, il s'arrêta pour observer la gymnastique collective qu'un groupe de jeunes gens, le torse nu, effectua de manière remarquable. Il admirait en connaisseur. Ces garçons feraient d'excellents soldats, dans un an, lorsque le service militaire serait rétabli. Il traversa le parc pour gagner les baraques dans lesquelles l'enseignement était donné. Il se détendait. À un moment, il s'arrêta pour raconter, à sa manière, une épisode de sa visite à Venise, devant un public amusé et respectueux de SS, SA, et de cadres du travail. Tous ces bons Allemands souriaient, un peu serviles, affichant peut-être un peu trop leur satisfaction pour masquer quelque manque d'assurance. Ah! il la leur avait baillée belle, leur Führer, à tous ces « Itacken », à ces « Katzelmacher »! On aura deviné que ce sont des équivalents des « macaronis ». Un jeune SS laissait éclater un étonnement presque enfantin. Comme ce grand homme savait être simple. Le temps passait. Le programme de la journée ne serait pas respecté à la minute. Il y avait bien lontemps que le Führer aurait dû prendre congé. Il n'avait pas de hâte. Avant de partir, il résuma sa doctrine. Le Service du travail avait fait ses preuves. Il ne devait ni devenir un facteur économique, ni faire concurrence au marché du travail. Il ne devait pas non plus devenir un hochet pour le divertissement de quelques-uns. Il devait être la rude école de la nation, école morale d'abord, car il contribuerait à faire disparaître les préjugés sociaux. Le travail manuel n'était pas moins noble que le travail intellectuel. L'ouvrier n'était pas inférieur au hobereau ou au bourgeois. École physique ensuite qui forgerait des corps solides. Le jeune homme prendrait conscience des tâches qui l'attendaient. Il apprendrait à les assumer pleinement.

La colonne de voiture s'éloigna. La traversée de Lünen fut éprouvante. Les écoles catholiques avaient congé. La plupart des écoles protestantes avaient fait de même et fermé leurs portes pour que les élèves, par classes entières, sous la conduite des maîtres, eussent l'occasion d'acclamer le Führer. Les travailleurs étaient venus. Au centre de la ville, un délire semblait s'être emparé de tous ces Westphaliens dont la placidité est proverbiale en Allemagne. Schreck avait renoncé à avancer. La voiture était prise dans un conglomérat humain. Le Führer était debout. Il saluait. Les mains se tendaient vers lui. On lui offrait des bouquets. Il se penchait de tous côtés, serrait les mains. Puis, ce fut un étrange spectacle. Avec l'aide de Brückner et de ses compagnons, il se mit à entasser les fleurs dans la voiture. Heureuse de voir que son hommage était accepté, la foule s'entrouvit pour laisser passer la suite. Les drapeaux, les curieux aux fenêtres, les acclamations, tout cela, dont Hitler aurait dû être blasé, prenait, en ce jour et en ces circonstances, une signification pathétique. Comment tolérer qu'une telle unanimité fût détruite par quelques ambitieux médiocres? Alt-Lünen, Bork et Selm! Il devait bien être 13 heures lorsque Hitler arriva au camp de Olfen. De Essen, il y avait moins de 100 kilomètres, mais la visite de Buddenburg avait été longue et la traversée de Lünen avait pris beaucoup de temps.

La surprise de Olfen

Enfin, Hitler était à Olfen où le Gruppe 200 (Westphalie-Nord) avait deux camps. 1500 hommes y avaient été rassemblés. Le cérémonial ne différa pas de ce que nous connaissons déjà. Accueil par le Arbeitsgauführer Zimmermann et le Stabsleiter Gesenberg! Hitler passa en revue le front des troupes : soldats du travail, stagiaires de la Gauführerschule PO (École régionale des cadres de l'Organisation politique), un Sturm de la SA et les poussins de la HJ, les Pimpf, sur lesquels le regard du chancelier s'arrêta avec un sourire, terrassiers des chantiers voisins. Puis, le cortège pénétra dans le camp. Le Führer ne semblait ni plus ni moins soucieux qu'il ne l'avait été durant la matinée. Il visita longuement les installations, se fit montrer quelques chambrées, les lavabos, les salles communes. Il était attentif aux détails et ne manifestait aucune hâte. Puis le responsable du détachement lui fit un exposé sur la tâche à laquelle les jeunes gens étaient employés. Avec des équipes de professionnels qui avaient été d'ailleurs, eux aussi, à l'honneur, ils travaillaient à la deuxième tranche de terrassement du canal Dortmund-Ems. Celui-ci devait relier la grande cité industrielle à l'Ems, près de Lingen, là où le fleuve devient navigable. Avec ses 267 km, ce serait la plus longue voie d'eau artificielle. Hitler se passionnait pour cette entreprise. On apporta les cartes, les plans, les croquis. Le Führer demandait des explications techniques. Il oubliait une fois de plus l'horaire.

Pendant qu'il contemplait les ébauches d'un projet comme il voulait en mener à bien dix, vingt, trente, cent, dans toute l'Allemagne, on l'avertit qu'on le demandait au téléphone. Quand il revint, le Führer était changé. La visite du camp se termina rapidement. Le programme était modifié. Hitler ne poursuivrait pas la tournée d'inspection, mais irait, par la voie la plus directe de Wesel à Godesberg.

Ce coup de téléphone eut une importance considérable puisqu'il a contraint le chancelier à bouleverser le programme de la journée. Nous écarterons la trop facile explication d'une mise en scène calculée. Les contemporains n'ont guère eu connaissance de cette conversation téléphonique. La plupart des historiens n'en n'ont pas tenu compte. Quel était l'interlocuteur? C'était, selon toute vraisemblance, Göring. Ce n'est pas une certitude. Quel en était l'objet? Nous en sommes réduits à des supputations. Pour autant qu'il soit licite de remonter de l'effet à la cause, Göring aurait annoncé qu'il envoyait à Godesberg le secrétaire d'État Körner, porteur de nouvelles graves. A-t-il évoqué la mobilisation de la SA à Berlin et à Munich? Il n'est guère plausible que de longues explications aient été données à ce moment, dans une conversation téléphonique, au Führer. D'ailleurs pour l'amener à ne pas aller à Bad Wiessee, on avait intérêt à graduer la pression psychologique et à lui transmettre, peu à peu, des nouvelles de plus en plus inquiétantes au lieu de lâcher, d'un coup, tout un stock de révélations inédites. Peut-être dit-on à Hitler que sa sécurité, sa vie étaient en danger à Wiessee? Le bruit courut qu'un Stahlhelmer ou un SA déguisé sous l'uniforme du Stahlhelm, avait été stipendié pour l'assassiner. De fait, c'était à ce moment là, entre 13 et 14 heures, que la décision fut prise de convoquer à Godesberg, Sepp Dietrich, le chef de la garde personnelle du Führer, la Leibstandarte.

Hitler voulait que les apparences fussent sauves. Hierl poursuivrait seul la tournée d'inspection : Wulfen, Wesel, Geldern, Kevelaer, Weeze, Wetten, Hüls, Krefeld, Neuss, Cologne et il rejoindrait le Führer à Godesberg. Hitler se rendrait par la voie la plus directe à l'hôtel Dreesen. Comme la journée était consacrée au Service du travail, il fut convenu qu'une garde du RAD saluerait le Führer à son arrivée. Dans la soirée, une grande manifestation improvisée aiderait à donner le change. Les circonstances se prêtèrent admirablement à ce camouflage. Lorsque Hitler fut informé à Olfen, il y avait bien quatre heures ou plus qu'il avait quitté le Kaiserhof. À ce moment, les formation du NSDAP avaient été déjà instruites, en Basse-Rhénanie, du passage ou de la visite du Führer. Joseph van Bebber, qui faisait partie du SA-Sturm de Clèves, fut convoqué vers midi. La colonne sortit un peu de la ville dans la direction de Bedburg-Goch, et prit position dans un petit bois, le Sternbusch. Les hommes formaient un cordon le long du côté droit de la route, dans le sens Clèves-Goch. Ils supputaient le trajet et l'heure. Le Führer viendrait sans doute de Xanten, Kalkar et Moyland. Ils attendaient. Les heures passaient. La foule s'agglutinait sur les talus. Le Kreisleiter Friedrich Neven attendait aussi, plein d'impatience et d'espoir. Après deux ou trois heures à piétiner, les hommes furent informés que le Führer ne viendrait pas. Il était depuis longtemps à Bad Godesberg. Les plus fervents furent les plus incrédules. Contre toute raison, ils s'obstinèrent et passèrent la nuit à guetter l'arrivée de celui qui s'était envolé vers la Bavière. Fatigués et penauds, ils allèrent se coucher alors que le jour était levé. Leurs voisins qui avaient dormi tranquillement dans leur lit les saluaient avec cet accent de la Rhénanie inférieure à la fois légèrement chantant et «pointu» comme s'il avait été aiguisé par des siècles de bon sens et d'ironie : «*Habt ihr schön den Führer gesehen?*» (Avez-vous bien vu le Führer?) L'épisode se reproduisit un peu partout entre Olfen, la frontière hollandaise et Cologne. Tout au long des routes, des foules ferventes déçues dans leur attente! La presse s'en fit l'écho. «C'était comme un feu de poudre. La nouvelle courait les rues et les places. «Le Führer vient! Le Führer vient!» En quelques minutes, des milliers et des milliers de personnes jalonnaient la route que le Führer suivrait. Des drapeaux et des oriflammes apparaissaient soudain à toutes les fenêtres. Certes, en plus d'un endroit, par exemple chez nous à Cologne, nos compatriotes que cet espoir remplissait de joie ont été déçus. Le Führer ne pouvait suivre qu'une route. La prochaine fois, il passera peut-être là où il n'est pas passé.»

Il était environ 14 heures lorsque Hitler quitta Olfen. La route la plus directe vers Godesberg comptait quelque 150 kilomètres. C'est sans aucun doute celle que suivit Hitler. Aucun article de presse ne signala, à notre connaissance, le passage de la voiture du Führer après le départ de Olfen. Il a en quelque sorte voyagé incognito pour ne pas perdre de temps à chauffer l'enthousiasme populaire. Quand les passants reconnaissaient Adolf Hitler, la lourde torpédo était déjà loin. En dehors des agglomérations, sur des routes qui n'étaient pas encore encombrées par le trafic, Schreck accélerait. Pendant que le Führer roulait, la population de Godesberg ne perdait pas son temps. C'était une «visite inattendue». En un clin d'œil, les rues furent submergées par une mer de drapeaux. La foule se portait vers le Rheinhotel Dreesen. Le téléphone fonctionnait sans arrêt. Les responsables du Parti et des organisations locales se prévenaient mutuellement. «Le Führer vient à Godesberg.» On accourait, parfois de fort loin, pour faire hommage-lige au chancelier. Les badauds se criaient les noms des personnalités qui affluaient, applaudissaient et saluaient avec plus ou moins de feu.

Un des premiers arrivés fut Goebbels. À vrai dire, il était arrivé avant le Führer. À 15 h 45, il pénétra dans l'hôtel. On a voulu voir en lui le mystérieux messager dont la venue aurait interrompu la tournée d'inspection du chancelier. Nous le savons, il devait prononcer un grand discours, à Cologne, pour clôturer la campagne contre le dénigrement. Il n'y avait donc rien de surprenant à ce qu'il fût là. Son avion s'était posé à Bonn-Hangelar après midi. Le Gauleiter Grohé, le Landesstellenleiter (directeur régional de la propagande et de l'information) Toni Winkelkempner, les Kreisleiter Hoffstätter et Rickert étaient venus l'accueillir. Lorsqu'il apprit que le chancelier était attendu à Godesberg, il se rendit au Dreesen pour le saluer. Et sans doute aussi pour s'informer!

Peu avant 16 heures, la torpédo du Führer s'arrêta devant l'hôtel. Dans les derniers kilomètres, Schreck avait été contraint de rouler plus lentement, car de chaque côté des rues se pressait, en masses épaisses, compactes et pourtant traversées par des secousses sismiques, la foule des grands jours. Le chancelier dût passer en revue un détachement d'honneur, subir le concert d'une fanfare du RAD, puis recevoir les autorités sur la terrasse pendant que les serveurs s'affairaient et que les policiers en civil s'efforçaient d'un coup d'œil professionnel, de traquer les indésirables, les curieux. La suite était là : Brückner, Schaub, Schreck, le Dr Dietrich. Il y avait aussi Goebbels, le Dr Ley, les Gauleiter de Cologne, Grohé, et de Coblence-Trèves, Gustav Simon, avec leurs principaux collaborateurs. Hitler se fit présenter les plus importants d'entre eux ainsi que les Kreisleiter du Gau Cologne - Aix-la-Chapelle. Les SA-Führer et SS-Führer étaient nombreux. Il y avait Viktor Lutze, Schepmann (Obergruppe X), Knickmann (Gruppe Niederrhein). Hierl avait eu beau se hâter, parcourir au pas de gymnastique le chantier de la Niers et le camp de Hüls, installé dans une usine désaffectée, il s'était trouvé à la merci du moindre incident ridicule. Avant Kevelaer, la colonne avait dû stopper à plusieurs reprises. Des processions de pèlerins hollandais qui s'en allaient vénérer la Madone bienfaisante et miraculeuse, chantée par Heine, barraient la route. Il avait fallu attendre que les Hollandais eussent dégagé la voie. Ces catholiques venus de l'autre côté de la frontière avaient considéré avec une curiosité effrontée, mais sans hostilité, les grands personnages qui passaient à côté d'eux. Hierl était trop impatient pour savourer le contraste piquant entre les notes rouges et blanches des tuniques et des surplis qui volaient joyeusement au vent et le drap brun comme la terre des champs de bataille des uniformes raides et ternes. Hierl ne parvint que tard dans l'après-midi à Godesberg.

Hitler était arrivé en tempête à Godesberg. Göring lui avait envoyé comme messager Paul Körner. Ce dernier, d'après sa déposition au procès de Munich, remit une lettre de Göring au Führer. Celui-ci la décacheta, la lut devant Körner auquel il demanda d'attendre. « Plus tard », il revint, donna des instructions au secrétaire d'État qui partit sur le champ pour Berlin, par avion. Quelles informations contenait la lettre que le messager venait de remettre à Hitler ? Körner a déclaré qu'il l'ignorait. Le discours du 13 juillet indique que des « informations menaçantes » avaient contraint Hitler à interrompre sa tournée d'inspection et que, à 1 heure du matin, le 30, deux dépêches urgentes lui parvinrent, l'une de Berlin et l'autre de Munich. La SA se révoltait ! À Berlin, des véhicules et notamment des camions auraient été réquisitionnés afin de transporter les groupes d'assaut. Sous un prétexte fallacieux, des SA-Führer se seraient fait remettre quatre blindés légers par les forces de police. Karl Ernst devait diriger les opérations dans la capitale. À cette fin, il avait annulé son voyage de noces à Madère. L'action débuterait le 30 juin, à 5 heures (du matin), par l'occupation, de force, des ministères. En Silésie et en Saxe, Heines et Hayn avaient demandé aux officiers de police de choisir entre l'armée et la SA. Les renseignements les plus inquiétants provenaient de Bavière. Les formations de la SA n'avaient pas été « mises en congé (nach Hause entlassen) », mais regroupées à leurs « points de rassemblement (Alarmquartiere) ». L'état d'alerte devait prendre effet à 9 heures, soit le 29 juin, à 21 heures. Cette dernière information n'a pu parvenir à Hitler, après 21 heures, sinon la formulation du discours aurait été différente. Les accusations étaient, bien sûr, mensongères, mais — on n'y a pas suffisamment prêté attention — elles contenaient toutes un grain de vérité, quelque détail insignifiant autour duquel on brodait très librement. Göring, Himmler et Heydrich étaient bridés par la nécessité de « se couvrir ». En cas de revirement, ils auraient été en mesure d'exciper de leur bonne foi. À partir d'une observation exacte, ils avaient, auraient-ils dit, commis une erreur d'interprétation. C'est ce que l'on appelle, dans le langage des magistrats et des policiers, « ficeler un dossier ». Mais, auraient-ils ajouté, pouvait-on leur reprocher leur zèle envers le Führer ?

L'intention, en revanche, apparaît avec une parfaite clarté : Reichenau, Göring, Himmler ne voulaient pas du « parlement » de Wiessee. Un putsch était iminent dans la capitale. Dans quelques heures, Munich serait tenue par les insurgés. Vouloir les affronter, même à la tête de la Leibstandarte, c'était se jeter dans la gueule du loup. Quelle serait encore l'autorité de Göring lorsque Hitler serait prisonnier d'une clique monstrueuse de SA-Führer et que Röhm prétendrait parler au nom du Führer ? Où était la place du chancelier ? Ne devait-il pas laisser à d'autres le soin de s'emparer du Stabschef et de ses complices ? Le succès de la manœuvre fut mitigé. Hitler ne voulut pas s'écarter de son dessin premier. C'est lui qui, à Wiessee, demain à 11 heures, procéderait à l'arrestation des coupables, mais il envisageait désormais de confier à Göring la répression en Prusse. Il attendait le ministre-président à Godesberg.

Joseph Dietrich et la Leibstandarte

De Olfen, Hitler avait ordonné que Josef Dietrich vint le rejoindre à Godesberg. C'est à 15 heures que le commandant de la Leibstandarte fut convoqué, par téléphone, au ministère de la Défense. Dietrich rencontra le lieutenant-colonel von Sodenstern (T2) du Truppenamt. Le Führer avait convoqué le Gruppenführer à Bad Godesberg. La Reichswehr mettait un avion à sa disposition.

Pendant ce temps, le ministère de la Défense préparait le transport de deux compagnies de la Leibstandarte à Bad Wiessee. Elles devaient y arriver le 30 juin, un peu avant 11 heures. Simple mesure de sécurité qui complétait le premier plan, celui du 28 juin ! Une troupe sûre devait être présente dans la pension Hanselbauer pour prévenir un geste de désespoir des conjurés. Le ministère ne lésina pas sur les moyens. L'officier des transports prépara le convoi et le plan de circulation, avec le concours de la Reichsbahn, les Chemins de fer allemands, de Berlin à Lager Lechfeld, une station qui desservait un terrain de manœuvre proche de Landsberg. De là, il y avait moins de 100 kilomètres jusqu'à Wiessee. Les hommes y seraient transportés par des camions de l'armée. Pour des raisons de sécurité sans doute, deux colonnes furent formées, l'une appartenant à la 5e Fahrabteilung et l'autre à la 7e. Toute l'affaire fut entourée d'un profond mystère, ce qui provoqua un incident ridicule mais révélateur. Le capitaine Doerr, officier de transport de la

7e division, accomplissait son travail, comme si de rien n'était, dans l'ancien ministère de la Guerre, à Munich. À 16 heures, il reçut un coup de téléphone du responsable des transports militaires, par le rail, à Augsbourg. Un convoi « M» était annoncé en provenance de Berlin, à destination de Lager Lechfeld, dans la nuit du 29 au 30 juin. À Treuchtlingen, il franchirait la limite de la direction d'Augsbourg et la responsabilité en incomberait à la direction de Munich qui devrait le prendre en charge. C'est tout ce que savait le responsable d'Augsbourg. Par routine, Doerr téléphona à Nuremberg. On ne savait rien. Il téléphona à Berlin. L'officier de transport lui répondit qu'il n'avait jamais entendu parler de ce convoi. Doerr commença à s'inquiéter. Quel était ce convoi fantôme ? Il existait puisqu'il était annoncé à Augsbourg. Mais comment était-il possible que ni Nuremberg ni Berlin n'en eussent connaissance ? L'officier prévint le chef, le colonel Kübler. À 17 h 30, nouveau coup de téléphone, de Berlin cette fois. L'officier qui, une heure plus tôt, bien qu'il eût traité cette affaire, avait éludé toute réponse, parce que l'ordre devait être tenu secret, fit savoir à Doerr que le convoi, un rapide, transporterait la Leibstandarte et arriverait à Lechfeld à 5 h 30. Sur-le-champ Doerr avertit le colonel Kübler. « Vous ne pouvez pas vous imaginer l'importance de cette nouvelle pour nous. Vous nous délivrez d'un cauchemar. Puisque la Leibstandarte va utiliser un convoi militaire, c'est que le Führer s'est rangé du côté de la Reichswehr et qu'il a abandonné Röhm. »

L'affaire était pourtant engagée depuis plusieurs heures. Dans un premier temps, il avait été envisagé que la protection du Führer fût assurée par la garde du KZ de Dachau et la Légion autrichienne. Vers 13 heures, le lieutenant-colonel Kübler avait ordonné à l'officier qui commandait le 7e échelon divisionnaire de troupes motorisées (Munich) de constituer une colonne de transport à destination de Dachau. La destination serait tenue secrète. L'ordre fut transmis aux capitaines Schanze (1re compagnie) et Yblagger (3e compagnie). Ils mirent à contribution le génie (Pi 7), le bataillon d'infanterie (I/19) et les transmissions (N 7). L'après-midi fut rempli par de longues tractations avec les différentes unités. Les troupes des transmissions étaient en manœuvre dans la région de Schongau. Les autres se faisaient tirer l'oreille pour prêter des véhicules. À 16 heures, le capitaine Yblagger était arrivé à Dachau. Il avait informé le SS-Obersturmbannführer Lippert, qui commandait la garde du camp, qu'il était chargé de rassembler et de conduire des véhicules à Dachau. Lippert lui répondit qu'il ignorait tout de cette affaire. Il s'informerait. Vers 19 h 30, 19 camions ou autocars étaient rassemblés dans le camp. Des rumeurs commençaient à circuler. C'était une affaire intérieure au parti. D'autres affirmaient qu'il s'agissait d'une « action en Autriche ». Ce n'était pas très surprenant. Les hommes de la Légion autrichienne rêvaient d'Anschluss.

Dans la soirée, les véhicules destinés au transport des SS furent détournés de leur mission première. À 21 heures, arriva un lieutenant du génie Scherber. Il avait reçu l'ordre de diriger l'opération. Le capitaine Yblagger se trouvait de ce fait sous le commandement d'un lieutenant. Celui-ci lui ordonna tout d'abord de quitter Dachau et de conduire la colonne vers le sud, en direction du Ammersee, un des lacs bavarois. Elle s'arrêta entre la sortie de Pasing qui n'était pas encore un quartier de Munich, mais une bourgade pittoresque, et le passage routier sous la voie ferrée. Malgré les nuages et la pluie menaçante, la nuit n'était pas désagréable. Yblagger attendait. Scherber ne tarda pas à arriver. Il préleva 7 véhicules et partit avec ce convoi vers Lager Lechfeld. Yblagger était retourné à Munich pour demander de nouvelles instructions. La région militaire lui ordonna de rejoindre le lieutenant Scherber avec les 12 camions qui se trouvaient encore près de Pasing. À 4 heures du matin, le second convoi arriva à Lechfeld. Yblagger mit son détachement aux ordres du lieutenant Scherber et revint à Munich.

Dans la soirée du 29, le ministère avait en outre donné l'ordre, à la Ve région militaire, d'envoyer une colonne de transport à Lager Lechfeld. Le général Liebmann transmit les instructions nécessaires. La mission fut confiée au 5e échelon du train, stationné à Landsberg sur Lech. Ce fut cette unité qui effectua le transport de la Leibstandarte.

Il fallut attendre fort avant dans la soirée pour que les deux compagnies de la Leibstandarte fussent alertées. Ce n'est qu'à 23 heures qu'un nouvel appel téléphonique du ministère de la Défense parvint à Lichterfelde où était cantonnée la Leibstandarte, nouvelle désignation de l'ancienne SS-Verfügungstruppe. La garde personnelle du Führer devait former deux compagnies de tirailleurs, sans équipages ni cuisines roulantes. Le Obersturmbannführer Reich prit le commandement de l'une, le Sturmbannführer Jürgen Wagner commandait l'autre. À minuit dix, les camions passaient le portail de la caserne, ils traversèrent la moitié de Berlin. Les hommes s'installèrent dans les wagons de la Reichsbahn. À minuit cinquante, le convoi s'ébranla.

Nous avons raconté cet épisode avec une minutie que plus d'un aura sans doute jugée superflue. C'est un épisode authentique. En soi, il est certes de peu d'importance, car la Leibstandarte fera ce long périple pour rien ou presque. Elle aura fourni un peloton d'exécution de 7 officiers. Pourtant, l'aventure est significative. Elle révèle des hésitations, et par là l'existence de plusieurs plans. Au départ tout est simple ! Le 28, Heydrich a ordonné que la protection du Führer à Wiessee fût assurée par les SS de Dachau. Le 29, à la demande de Hitler, aux SS commandés par Eicke, Lippert et Rodenbücher, sont substitués 200 hommes de la Leibstandarte. Le transport sera assuré par la Reichswehr. Le premier détachement est devenu comme un organe sans fonction.

Un après-midi à Godesberg

En Rhénanie, à l'averse, avait succédé, au cours de la matinée, un temps chaud d'été. Bientôt l'orage éclata. Hitler s'était retiré dans une des salles qui donnent sur les jardins de l'hôtel. Avec lui, il n'y avait plus que Goebbels et Göring, qui venait d'arriver de Berlin et dont l'appareil s'était posé juste avant l'orage. La conversation eut un témoin involontaire. Un jeune et brillant juriste de 24 ans, déjà acquis au nazisme, mais soucieux de sa carrière. Walter Schellenberg s'était laissé recruter par le SD. Son tuteur lui avait déclaré qu'il devait faire, à titre formel, acte d'adhésion à la SS. Un stage probatoire était nécessaire. Et voilà pourquoi celui qui dirigea un jour la section « Étranger » du SD, se rencognait dans l'embrasure d'une fenêtre pour échapper aux gifles de la pluie. Il était dans l'ombre. La salle était éclairée. Schellenberg était fasciné. Jamais, il n'avait été aussi près d'aussi grands personnages. Il n'entendait pas un mot, mais les mimiques étaient assez expressives. Goebbels et Göring s'efforçaient de convaincre le Führer. Le premier était tout en souplesse, avec des gestes de mains qui dessinaient des courbes sur un horizon imaginaire. Malgré cette finesse on le sentait plein d'une énergie d'acier. L'autre, massif, assénant les arguments comme s'il voulait assommer son interlocuteur.

Cet entretien, si animé, est attesté par Schellenberg. Le témoin oculaire n'a rien compris de ce qui se disait. Il a fait une seule constatation. Entre Hitler d'une part, Goebbels et Göring d'autre part, il existait un vif désaccord. La conversation pouvait porter sur deux points essentiels : la réalité de la conspiration et les mesures à prendre. Jusqu'au bout le Führer s'est refusé à croire que Röhm ait préparé, avec le concours de Schleicher, un putsch afin de le renverser et de se substituer à lui. Goebbels et Göring se sont dépensés à dépeindre le danger qu'il y aurait à se jeter dans la gueule du loup en se rendant à Wiessee. Le Führer devait laisser à ses fidèles lieutenants le soin de réprimer la révolte. Il garderait les mains pures de sang pour apparaître, sur le champ de carnage, comme le prince de la paix. Il fallait aussi discuter de la répression, désigner les victimes, approuver les sanctions. Avant le dîner, tout n'était pas encore décidé.

Josef Dietrich n'avait pas décollé de Berlin avant la fin de l'après-midi. C'est entre 19 h 30 et 20 h 30 qu'il arriva à l'Hôtel Dreesen. Peu après, on servit le dîner. À la table prirent place Hitler, Göring, Goebbels, Paul Körner qui était donc revenu à Godesberg, Brückner, Schaub, Josef Dietrich. Les témoins ne mentionnent pas le Dr Otto Dietrich, Viktor Lutze, le Dr Ley, Hierl... Il nous paraît pourtant probable qu'ils ont dîné à la table du Führer. C'était un « festin de pierre ». Les convives échangèrent à peine quelques paroles. À son habitude, le Führer avait chargé son assiette d'une montagne de légumes. Il y touchait à peine, ne disait mot, semblait avoir tout oublié. Il était loin, très loin. Göring ne se laissait pas ébranler. Le repas fini, on se leva. Des groupes se formèrent qui parlaient bas. Walter Schellenberg observait cette suite de scènes avec une attention qui ne faiblissait pas malgré l'inconfort de la situation. La pluie avait cessé. L'orage s'éloignait et le ciel se dégageait. Soudain, le Führer fit un geste et dit sans doute quelques mots. Tous se tournèrent vers lui. Il donna séparément des instructions à tous ceux qui devaient jouer un rôle dans la tragédie.

Göring dirigerait la répression en Prusse et appliquerait des « mesures analogues » à celles que le chancelier comptait prendre à Munich. Les historiens n'ont pas suffisamment prêté attention au texte du discours qui est extrêmement curieux. Hitler s'est contredit publiquement ! Dès le 28 juin, il était résolu de frapper. Cette fois, il serait sans faiblesses. Le 29, il avait tout décidé, tout ordonné. Et il ajoutait, dans le même texte, que les ordres remis à Göring seraient appliqués « au cas où une action d'épuration aurait lieu (im Falle einer Aktion der Reinigung). » Les opérations de police en Prusse restaient donc subordonnées à une condition.

Josef Dietrich partirait, par avion, sans délai à Munich. De là, il téléphonerait au Führer qui lui donnerait d'autres instructions. C'était assez curieux. La mission du SS-Gruppenführer n'était-elle pas de veiller que la Leibstandarte fût acheminée à Wiessee, dans les délais voulus afin d'assurer la protection du Führer pendant le « parlement » de la SA? La place de Dietrich n'était-elle pas auprès de ses hommes ? Il aurait eu le temps de les rejoindre avant que le convoi ne quittât Berlin. Il s'en allait à Munich pour donner un coup de téléphone. En fait, l'image de la situation avait évolué au cours de la soirée. Jusqu'alors, les adversaires de Röhm avaient fait état de plans, de projets, de menaces futures. À la fin de l'après-midi, la SA avait bien commencé à se rassembler dans la capitale bavaroise et, dans la soirée, elle manifestait dans la rue. Cela dépassait l'imagination, mais, l'information étant vérifiée, il n'y aurait plus place pour le doute. Il y aurait eu péril en la demeure. Hitler balançait encore. Il avait une confiance entière dans le SS-Gruppenführer. Comment n'aurait-il pas songé à lui prescrire d'observer la situation, sur le terrain, et de lui faire part de ses observations ? Mais, objectera-t-on, Dietrich n'en a rien dit, au cours du procès de Munich ! Faut-il s'étonner qu'un inculpé n'ait pas, par souci de la vérité historique, accru d'une unité la liste des chefs d'accusations qui avaient été retenus contre lui ou aggravé les charges qui pesaient sur sa tête ? En tout cas, la chronologie montre qu'il y a eu concomittance entre l'appel téléphonique de Josef Dietrich à Munich et le départ précipité du Führer pour la capitale bavaroise.

Göring et le Gruppenführer partis, la journée de Hitler n'était pas terminée. Elle trouverait son couronnement à minuit dans une grandiose manifestation du RAD. Ce n'était que vers 6 heures du matin que le chancelier devait s'envoler vers Munich. Il aurait donc quelques heures de sommeil. En attendant la célébration promise par Hierl, il s'était, selon un témoin, retiré dans la suite qui lui avait été réservée. Afin de prendre quelque repos ? De continuer à discuter avec la poignée de fidèles, qui s'étaient regroupés autour de lui, Goebbels, Viktor Lutze, le Dr Otto Dietrich ? Rosenberg a noté dans son journal que le ministre de la Propagande aurait supplié Hitler : « Mon Führer, laissez-moi vous accompagner ! Mon Führer, emmenez-moi ! » « C'est ainsi, conclut avec aigreur Rosenberg, qu'il fut autorisé à participer à cette action virile ! »

La révolte de la SA de Bavière

L'événement est remarquable par ses conséquences, sa singularité et son mystère. Il n'est pas contestable. Des unités bavaroises sont bien «descendues dans la rue». De multiples témoins les ont vues et entendues... Ce fut cette démonstration de force qui déclencha une riposte subite de Hitler et rendit impossible le «parlement» de Wiessee. Entre l'effet et la cause, la disproportion était flagrante, car la «révolte» de la SA était circonscrite à une aire géographique bien limitée : Munich et les environs immédiats. C'est à tort que l'on assimile les précautions prises en Silésie, en Rhénanie, ou ailleurs, par certains SA-Führer, afin de parer à un mauvais coup de la Reichswehr à la manifestation de Munich. Dans les premiers cas, les SA croyaient agir au nom du Führer. À Munich, des cris séditieux auraient été prononcés à l'encontre du Führer. Mais, peut-on parler de révolte? Les hommes ont obéi à des ordres, en apparence réguliers. C'est là le mystère de toute l'affaire.

Le 29 juin à Munich! Röhm est à Wiessee, F. von Krausser à Berlin. Le Obergruppe VII et le Gruppe Hochland sont eux aussi mal contrôlés. Dans l'après-midi, Schmid était absent. Il avait rendu visite à un ami malade. De retour à son domicile à Bogenhausen, il s'arrêta à peine, prévint sa femme qu'une fête était organisée à la préfecture de police en l'honneur de Schneidhuber et qu'il devait y assister. Il rentrerait tard dans la nuit. Au cours de la soirée, Schneidhuber conduisit Schmid dans son bureau, lui montra le fauteuil et lui dit : «C'est là que tu t'assoiras désormais.» Le Gruppenführer n'en croyait pas ses oreilles. Ainsi, au moment décisif, le responsable du Gruppe était hors de Munich, celui du Obergruppe, absorbé par les préparatifs d'une réunion amicale.

Dans l'après-midi, Vollmer, le chauffeur de Krausser, vint chercher Mme von Krausser et sa fille Grete pour les conduire dans le petit jardin de Schwabing. «Nous devions tous partir en permission, dit-il, mais c'est annulé. Je ne sais pas pourquoi. Nous sommes en état d'alerte.» Vollmer dépendait de la OSAF. Il obéissait à des instructions qu'il considérait comme régulières. Une partie du Gruppe Hochland, les unités stationnées à Munich et dans les environs, ont reçu des ordres analogues. Les SA y ont répondu sans réticences. Des précisions sur le sens de cette mobilisation leur ont été données. La menace venait de la Reichswehr. Aucun témoignage ne mentionne que le Führer ait été mis en cause par les gradés qui dirigèrent la concentration des troupes.

Dans le cours de l'après-midi, le SA-Obersturmbannführer Barth qui commandait le 1er régiment de tirailleurs 1 (1re Standarte Schützen ou S1) réunit ses chefs de bataillon et de compagnie. L'armée et la police, leur dit-il, étaient contre la SA; les armes devaient être défendues jusqu'au dernier homme. Les chefs convoqueraient leurs hommes aux points de rassemblement ordinaires, les fameux Sturmlokal (mot à mot : local de la compagnie), c'est-à-dire dans un local désaffecté, un hangar ou quelque salle de réunion dans une brasserie. Les SA se muniraient de leur sac à dos, avec du linge et du ravitaillement, de la musette et du bidon. À partir de 17 h 30, la compagnie commandée par le Obertruppführer Mayr (24/S1) se rassembla. Elle faisait partie du 3e Sturmbann dirigé par le Sturmhauptführer Ellwanger. Avec les Standarte L et R 16, le 1er régiment de tirailleurs constituait la 86e SA-Brigade sous les ordres du Brigadeführer Weckerle. Les hommes de Mayr avaient de la chance. Leur «Lokal» était installé dans le foyer de la SA. Les armes et les munitions entreposées dans l'armurerie furent préparées. Pour les fusils, il n'y avait que de vieilles munitions qui dataient de la guerre, avec des douilles en fer; en revanche, les hommes eurent la surprise de constater que la première mitrailleuse du Sturm était approvisionnée de munitions neuves avec des douilles en laiton. Les hommes arrivaient peu à peu. Ils étaient presque au complet. Mayr refit le compte. Tous ses hommes auraient des armes. En quelques minutes, ils seraient équipés. Il referma la porte de l'armurerie et mit la clé dans une des poches de son uniforme. On attendit. Entre 22 et 23 heures, Barth, accompagné d'un Sturmbannführer, Hofweber, inspecta le Sturm. Il remercia les SA d'avoir répondu si nombreux à l'appel. Le Sturmführer les informerait des raisons de l'alerte. Avant de partir, il avertit Mayr. Un des hommes, Weinzierl, travaillait au Meldeamt (Bureau de recrutement et de mobilisation) de Munich-ville, sous les ordres du colonel von Lutz. Après le départ de Barth, Mayr déclara : «Je suis chargé de vous dire, au nom du Standartenführer, que la situation est très grave pour la SA. Les organisations parallèles et paramilitaires du Parti sont contre nous.» Mayr ne mentionna pas la Reichswehr, mais les hommes s'interrogeaient. Certains se voulaient bien renseignés ou ils l'étaient réellement. La Reichswehr et la police aussi étaient dans l'autre camp. Un ancien sous-officier de carrière n'était pas d'accord. Il murmura à ses voisins : «Si tous cela est dirigé contre l'armée, je prends la tête de mes hommes jusqu'à la caserne du 1er bataillon du 19e RI et je demande que nous soyons internés.» Le 30 juin, à 1 heure du matin, l'alerte fut levée et les hommes renvoyés chez eux sans aucune explication.

Le 25e Sturm reçut l'ordre de rassemblement vers 19 heures. Les instructions provenaient de la Standarte. Les hommes se réunirent dans l'Institut régional d'éducation physique (Landesturnanstalt). Les fusils et des munitions d'exercice furent distribués. Deux mitrailleuses et des munitions de guerre furent préparées. Sur les 300 hommes qui comptait le Sturm, la moitié peut-être étaient présents. Les opérations ont été ordonnées et dirigées par Barth. Il avait désigné un certain nombre d'agents de liaison. Au PC, des armes furent révisées et transportées vers des destinations inconnues. Des SA de cette unité ont été maintenus en état d'alerte jusqu'à 2 h 30, le 30 juin. Un Sturm 13 dont le numéro de Standarte n'est pas indiqué fut convoqué à 19 h 30 dans son «Lokal», le restaurant Gärtnerplatz, dans la Klenzestrasse.

Le secteur Munich-ville comptait deux autres Standarte L et R 16. Elles aussi ont été mises en état d'alerte, au moins partiellement. Deux Sturmführer en ont témoigné, à Munich, au procès de Dietrich et Lippert et leurs indications sont confirmées par les notes prises, au fil des heures, par le major

Thoma. Winderl reçut l'ordre du bataillon de rassembler ses hommes (Sturm Munich-Harlaching) et d'attendre de nouvelles instructions. Vers 23 h 30, l'alerte fut levée. Il ajouta qu'à partir de ce moment, les hommes étaient en congé. Le Sturmführer Kiessling avait reçu des instructions téléphoniques du Sturmbann vers 16 h 30. Le lieu de rassemblement fixé était un terrain de sport. Entre 23 et 24 heures l'ordre de dislocation lui parvint de la Standarte L, commandée par le Standartenführer König. La R 16 participa de même à cette mobilisation. Le Sturm 2/16 devait se regrouper, vers 3 heures du matin sur le Oberwiesenfeld. Vinzenz Müller, major à l'état-major de la 7e division, qui devait être un des brillants généraux de Hitler avant de devenir, avec le titre de chef d'état-major, le créateur de l'armée populaire de la République démocratique allemande, vit en effet, dans la soirée du 29 juin deux détachements de la SA pénétrer, en armes, sur le Oberwiesenfeld.

Des unités de la 85e Brigade (Haute-Bavière) ont été alertées et ont participé aux mouvements qui ont eu lieu à Munich. Le major Doerr a vu, au début de la soirée, vers 20 heures, trois Sturm qui sortaient de la gare de Starnberg. Ils s'étaient formés en colonnes et défilaient dans la ville en chantant. S'ils venaient bien de Starnberg, ils appartenaient au 2e Sturmbann de la 1re Standarte. En revanche, la J 1 ne semble pas avoir été impliquée dans cette mobilisation. Le Standartenführer Höflmayer avait anticipé le congé de la SA.

Quelques unités ne se sont pas simplement rassemblées dans l'attente d'instructions ultérieures. Elles sont passées à l'action. Vers minuit, le lieutenant-colonel Kübler, le chef d'état-major de la 7e division, fut informé que des colonnes de SA se dirigeaient vers le Oberwiesenfeld. C'était le quartier des casernes. Un risque d'affrontement ne pouvait être exclu. Kübler ordonna au major Doerr de s'habiller en civil et de parcourir Munich dans la voiture privée du lieutenant-colonel. Ainsi, il passerait inaperçu. Doerr repéra trois colonnes en ville. Elles étaient peu nombreuses et comptaient sans doute moins d'une centaine d'hommes chacune. Puis il partit vers le Oberwiesenfeld. Le terrain de manœuvre était désert. Doerr attendit un bon quart d'heure sur le Simplplatz. Dans l'ombre, les bâtiments de la casarne du 19e RI se dressaient muets et hostiles. On aurait dit que Munich dormait d'un profond sommeil. Mais derrière ces murs, l'officier savait que les fantassins étaient aux aguets, prêts à riposter à toute attaque. Singulier contraste que ce silence d'une grande ville assoupie, traversé par quelques chats vagabondant ou des chiens en maraude, et le spectacle auquel le major venait d'assister. Ces colonnes de SA n'avaient rien des soldats de parade qu'ils aimaient présenter dans les grands défilés. C'était une armée de guerre civile. Malgré l'habitude, la discipline se relâchait. Les rangs flottaient. La troupe poussait des cris séditieux. On se serait cru ramené quelques années en arrière, avant la prise du pouvoir, lorsque la SA n'avait guère le souci de la légalité. Mais quels cris ? Certains ont cru entendre : « La Reichswehr est contre nous. Le Führer est contre nous. La SA est et demeure le destin de l'Allemagne. » Höhne a privilégié les formules fracassantes, mais il est parcimonieux dans l'indication des sources. Doerr est imprécis. Goebbels qui ne cherchait qu'à accabler les responsables de la SA en Bavière a soigneusement évité, dans son discours du 1er juillet, de donner la moindre indication précise. «Des éléments de la SA, trompés par des mots d'ordre falsifiés (falsch) et mensongers sont descendus dans la rue.» Il y avait néanmoins dans ce mouvement de protestation, quelque chose qui allait au-delà d'une manœuvre ordonnée par le commandement.

Doerr reprit sa route. Il suivit la Brienner Strasse, passa les Propylées, édifiés par Klenze à l'imitation du monument athénien; ils devaient immortaliser la lutte de la Grèce pour son indépendance. Sur le Königsplatz qui n'avait pas encore été défiguré par Troost, 200 à 300 SA étaient rassemblés. Un Obergruppenführer les haranguait : «Et maintenant vous allez rentrer chez vous, vous y attendrez la décision du Führer; quoiqu'il arrive, que Adolf Hitler mette la SA en congé, qu'il interdise ou autorise le port de l'uniforme, nous sommes et nous demeurerons ses fidèles soldats». Les hommes commencèrent à se disperser. À 4 heures du matin, alors que l'aube pointait, la SA avait à peu près disparu des rues de la capitale bavaroise. Voilà les faits!

Convoqués par Schmid, les SA se sont réunis dans l'après-midi du 29 juin. L'effectif complet n'a jamais été rassemblé. Dans la nuit, trois colonnes se sont formées et ont parcouru Munich en poussant des cris séditieux. Peut-être contre le Führer? L'émotion collective a été calmée par Schneidhuber et Schmid qui avaient soudain pris conscience de la gravité de la situation. La version officielle fut sans nuance. Schneidhuber avait ordonné à la SA du Obergruppe de «descendre dans la rue» afin d'entraîner SA, SS, police et armée dans un conflit qui aurait paralysé le pouvoir politique. À Wiessee, le Führer aurait été mis en état d'arrestation, puis supprimé. L'assassin était déjà désigné. C'était le Standartenführer Uhl. Puis ayant conquis la Bavière, Röhm aurait marché sur Berlin, favorisé par le désordre généralisé qui aurait contraint les forces régulières à éparpiller leurs efforts. Le plan ne témoignait pas d'un grand effort d'imagination. C'était en fait celui que Hitler s'était proposé de mettre en œuvre le 9 novembre 1923. On l'avait simplement agrémenté de quelques festons et fioritures qui enserraient déjà d'une arabesque mortelle Karl Ernst et Edmund Heines. Ce n'était qu'un tissu de mensonges. Un seul point exact : des ordres écrits, signés par Schmid avaient été distribués.

C'est là le point aveugle de toute l'affaire. À Munich la SA a bel et bien été mise en état d'alerte par Schmid. Il l'a fait sur la foi de documents qui ont disparu. Quels étaient ces documents? Des ordres de Röhm? Avant 1933, les responsables du NSDAP, souvent poursuivis en justice et toujours menacés de quelque inculpation nouvelle, avaient accoutumé de confier des blancs-seings à leurs avocats afin que les défenseurs puissent agir sans délai, selon la nécessité, au nom de leurs mandants. Ernst von Salomon aurait eu en main des feuilles de papier vierges qui portaient la signature de Hitler. Pour des commodités de service, l'habitude fut conservée, après le 30 janvier 1933, tout au moins à certains échelons de la hiérarchie. La seule difficulté était d'introduire le document dans l'appareil administratif. Elle était minime, en l'absence des chefs. L'auteur de l'acte assumait une mince responsabilité. Il avait agi, aurait-il dit, par excès de zèle. Un second point obscur! Conformément aux instructions de Schmid, les unités se sont rassemblées dans leurs locaux. Certaines d'entre elles ont manifesté. Spontanément? À l'initiative de quelques SA-Führer? Ceux-ci n'ont-ils pas obéi à des ordres émanant des adversaires de Röhm? Le destin d'un certain nombre de SA-Führer ne laisse pas de troubler l'observateur attentif. Le Obersturmbannführer Barth a joué un rôle actif dans cette mobilisation. Peut-être de bonne foi! Mais que valait l'argument de la bonne foi auprès de la Gestapo, le 30 juin? La police ne songea pas à l'arrêter. Bien loin de là! À Augsbourg, le Oberführer Stubenrauch, qui commandait la 87e SA-Brigade, refusa, le 30 juin, de remettre les armes en possession de la SA, à la Landespolizei. Pour l'amener à résipiscence, ce fut Barth qui fut envoyé sur place. De toute façon, même si l'identité des manipulateurs demeure incertaine, le mécanisme et le sens de la manœuvre ne présentent aucune obscurité. La mobilisation de la SA à Munich créait un danger d'affrontement armé avec la Reichswehr. Hitler pouvait-il encore s'obstiner à réunir les SA-Führer à Wiessee?

22 heures : intermède berlinois

À Berlin, l'opéra d'État donnait une représentation des *Pêcheurs de perles*. Mademoiselle von Blomberg y assistait dans la loge réservée au ministre de la Reichswehr. Le major Röhricht était assis derrière elle. Il travaillait à la section «Intérieur» du Ministeramt. C'était lui qui avait prêté sa plume au ministre pour l'article, si remarqué, qui était paru, le jour même, dans le *Völkischer Beobachter*. La chaleur était insupportable. L'officier ne s'intéressait guère à la représentation. C'est à peine s'il se laissait bercer par la musique. Il était inquiet, tourmenté. Par sa fonction, il occupait un poste d'observation exceptionnel. Les services de presse de l'armée fonctionnaient remarquablement. Celui du ministère était excellent. Or, personne ne fera une bonne politique de presse sans connaître les grandes lignes de la politique tout court. Röhricht était orienté. Très orienté! Aux consignes et instructions officielles s'ajoutaient tout ce qu'il pouvait glaner entre le ministère et les salles de rédaction. Il comprenait fort bien quel était l'enjeu de cette partie : le ralliement du chancelier. Il paraissait acquis depuis vingt-quatre heures. Les initiés agissaient comme si c'était chose faite. Röhricht doutait. Certes, on ne lui disait pas tout et depuis le matin, Reichenau déployait une activité qui ne se relâchait pas. Sorti du théâtre, Röhricht fut accueilli, Unter den Linden, comme par une bouffée de fraîcheur. Ce ne fut qu'un soulagement passager. L'officier ne tarda pas à replonger dans la touffeur d'une nuit d'été sans un souffle. Il était 22 heures passées. Il téléphona à Foertsch. Rien de nouveau! Il était toujours prévu que le chancelier se rendît en Bavière, dans la matinée du 30 juin. Il présiderait la réunion des SA-Führer convoqués à Bad Wiessee. Que se passerait-il? Ici, nous donnons la parole à Röhricht lui-même. « Demain, la vie se contentera peut-être de suivre les voies déjà frayées. Les nuées qui avaient amoncelé les menaces se dissiperaient et l'orage purificateur n'éclaterait pas. »

Minuit à Godesberg

« L'orage purificateur » n'allait plus tarder. Pour couronner la journée, Hierl avait imaginé un final grandiose. Vers minuit, le Führer, entouré de la poignée de compagnons qui étaient restés à Godesberg, passa sur la terrasse qui domine le Rhin. Le ciel était nettoyé. Le Petersberg et le Drachenfels étaient comme mouchetés de lueurs électriques. Une fanfare, composée des musiciens de divers corps du RAD, avait pris place devant l'hôtel. Elle comptait bien 150 hommes. Soudain, sur les pentes de l'autre rive, des flambeaux s'allumèrent. Des milliers de soldats du travail dessinaient, avec leurs torches, une gigantesque croix gammée de feu. Elle brillait dans la nuit comme la promesse d'une aube nouvelle. La fanfare joua la « grande retraite » de Prusse. La « retraite » était le signal qui faisait interdiction aux soldats de quitter les cantonnements sans autorisation spéciale. L'usage voulait qu'il fût joué parfois par tous les corps de musique d'une garnison. Il devenait alors la « grande retraite ». La plus populaire des variantes était celle des armées prussiennes, avec les caisses claires des tambours, les fifres aigus dont les notes montaient, en cette soirée, dans le ciel de Rhénanie. Le Führer remercia les chefs des fanfares et sollicita, comme une faveur, « son » morceau préféré, la *Badonviller Marsch*, composée en 1914 par le Obermusikmeister Georg Fürst. Cette musique facile passa d'une rive à l'autre, reprise par des fanfares de plus en plus éloignées. Par une modulation habile, les exécutants enchaînèrent sur la vieille chanson des mineurs qui débute par le salut traditionnel « *Glück auf, Glück auf*! » Le Führer suivait l'air et les paroles, lourdes de symboles, lui revenaient en mémoire : « *Glück auf, Glück auf*! Le mineur vient / Il a déjà sa lumière brillante dans la nuit [...]. Et si je ne remonte pas du puit sombre / Alors adieu, alors bonne nuit... »

Les troupes du RAD, armées de flambeaux, défilèrent devant l'hôtel. Le Führer fut appelé à l'intérieur et il suivit, d'un balcon qui donnait sur le Rhin, la fin du défilé. Sur l'autre rive, un bateau de passagers était ancré. Il transportait des Sarrois qui demandèrent la permission d'offrir au Führer l'hommage d'une sérénade nocturne. Hitler encadré de porteurs de torches apparut face à ce grandiose paysage. Alors le chant grave, soutenu, retentit : « *Deutsch ist die Saar / Deutsch immerdar...* »

« Allemande est la Sarre, / Allemande éternellement... » N'était-ce pas un signe ? Hitler salua, le bras levé. Des acclamations lui répondirent. Le chœur reprit, répercuté par mille voix, les hymnes nationaux, le *Deutschlandlied* et le *Horst-Wessel-Lied*. Le chancelier s'était déjà retiré dans son appartement. J. Dietrich l'avait appelé de Munich. Il était entre minuit et une heure du matin. Dietrich téléphonait de la Maison Brune (Braunes Haus), le siège du parti, à deux pas de la Königsplatz vers laquelle convergeaient les trois colonnes de SA observées par Doerr. Les SA poussaient des cris hostiles à la Reichswehr. J. Dietrich n'a pas pu ne pas rencontrer les manifestants. Il n'a pas pu ne pas les voir, ne pas les entendre. Le Führer lui donna l'ordre de se rendre à Lager Lechfeld, d'y prendre le commandement des deux compagnies de la Leibstandarte qui, au même moment, étaient en train de s'embarquer à la gare d'Anhalt, à Berlin, et de les conduire au plus vite à Wiessee. C'est du moins ce que Dietrich a déclaré devant la cour d'assises de Munich. Comment imaginer cependant que Hitler ne l'ait pas interrogé sur la situation à Munich ? Que pouvait répondre le Gruppenführer ? La révolution ne régnait pas encore à Munich. Le désordre était installé dans la rue.

La décision du Führer

À l'instant, les images à la fois solennelles et familières qui avaient diverti l'esprit de Hitler s'effacèrent. Göring avait dit vrai. La SA n'obéissait plus. Röhm ne contrôlait plus les hommes dont il avait le commandement. L'armée brune avait montré plus d'énergie que lui, Hitler, ne lui en avait supposé. Désormais, le sort de l'Allemagne était à la merci d'un fait divers de l'histoire. Si les Sturm qui occupaient la Königsplatz marchaient sur les casernes, la Reichswehr tirerait. La détermination de Blomberg et de Reichenau était certaine. Le chancelier le savait depuis l'entrevue du 27 juin. Ce n'était pas le général von Fritsch qui exercerait une influence modératrice si la troupe était attaquée. Hitler avait déjà connu cette situation. Le 9 novembre 1923, le Mouvement s'était heurté aux forces de l'ordre. Elles avaient tiré. Le putsch avait été brisé. Il le serait encore une fois. Cette fois-ci, les conséquences seraient infiniment plus graves. En 1923, c'était la police qui avait tiré. En ce jour, la Reichswehr riposterait à la SA. Elle gagnerait sur le terrain, mais se souillerait du meilleur sang allemand. La Wehrmacht ne serait plus le symbole et le garant de l'unité nationale. Le cauchemar qui avait hanté les nuits de Seeckt deviendrait réalité. La Wehrmacht apparaîtrait comme une armée de guerre civile, au service de la réaction. Conséquences intérieures et extérieures incalculables ! Ses généraux lui étaient fidèles. Ils n'avaient pas la tête politique et méprisaient naturellement les parlementaires qui se prenaient pour des hommes d'État. Il n'en restait pas moins qu'après un tel affrontement, les Papen, les Treviranus, les Brüning allaient avoir le vent en poupe. Ils allaient faire le siège du président, lui représenter que ce Hitler était sans doute un bon garçon, mais qu'il était mal entouré. Lui faudrait-il devenir le porte-coton d'un Papen ? Prendre ses ordres dans la Vossstrasse ? Et les Français avec leur haine héréditaire de « l'Allemand » ? Croyait-on qu'ils allaient laisser passer l'occasion d'intervenir ? Ils laisseraient tout d'abord les Allemands s'entre-déchirer, puis réclameraient des « garanties », des « gages ». Les effectifs de la Reichswehr seraient ramenés à 100000 hommes. « *Deutsch ist die Saar...* » Combien de temps la Sarre «gémirait-elle» encore, après ce coup, sous «le joug français»? Toute l'œuvre gigantesque qu'il rêvait de mener à bien en quelques années était compromise. C'était la fin du rêve d'un grand Reich dans lequel tout le peuple allemand serait rassemblé.

L'esprit de Hitler s'affolait d'images et de fausses analogies. C'était une mutinerie, des troupes rebelles! «En tout temps, les divisions qui se mutinent ont été décimées pour être ramenées à raison.» En 1917, après l'échec de l'attaque sur le Chemin des Dames dont l'absurdité et l'impréparation étaient un déshonneur pour l'État-Major français, des unités avaient mis la crosse en l'air. Le gouvernement français avait confié au général Pétain la tâche de reprendre les troupes en main. Il l'avait fait rudement en faisant fusiller, pour l'exemple, coupables et innocents. Et le front avait tenu. «Un État n'avait pas recouru à la loi martiale.» Les matelots de Kiel s'étaient révoltés et l'on avait envoyé des sociaux-démocrates parlementer avec eux. Une semaine plus tard, l'Empire s'effondrait et l'Allemagne capitulait. Hitler revivait encore les instants de honte aveugle qu'il avait traversés dans l'hôpital de Pasewalk. En vain ces quatre années de luttes? En vain sacrifiées toutes ces jeunes vies dont les yeux s'étaient fermés pour toujours? Et les humiliations? Les Allemands, un peuple de mercenaires et de barbares? «En cette heure, se disait Hitler, le destin de la nation allemande repose dans mes mains. Je suis le juge suprême du peuple allemand.» Le jeune Reich ne connaîtrait pas le destin de l'Empire de jadis. Lui, il ne serait pas un nouveau Guillaume II. La colère lui brouillait le regard. Il se sentait traqué par le destin, pris à un piège dans lequel, malgré tous ses efforts, il était tombé. Il rejetait sur d'autres le malheur. La veille encore, il était disposé envers Röhm à une indulgence qui était comme une menace suspendue sur la tête des Reichenau, Himmler et Göring. Désormais, il avait besoin de toute son énergie. Il sentait comme la violence et la colère le galvanisaient. Il briserait la mutinerie selon «les lois d'airain, toujours semblables dans l'éternité». Les mots se pressaient dans sa tête : «fusiller», «brûler jusqu'à la chair vive», «briser toute résistance par les armes».

Devant ces images de force triomphante, son esprit se rassérénait. Rien d'irréparable ne s'était produit. En descendant de l'avion, il s'avancerait au devant des mutins, le front haut, le visage hardi et impérieux. Du regard, il les défierait. Oseraient-ils résister à leur Führer? L'épreuve ne l'effrayait pas. Il l'avait déjà affrontée avec Stennes et Stegmann. Une fois encore, il en sortirait vainqueur. Sans doute, les circonstances n'étaient plus les mêmes. Jusqu'au 30 janvier 1933, le «système» avait imposé certaines limites à ses excès et aux excès de ses lieutenants. Stennes pouvait bien se révolter, refuser de reconnaître l'autorité du Stabschef. On savait qu'il n'aurait pas abattu le Führer de sa main pour ne pas avoir à répondre du crime devant les tribunaux réguliers. Cet État de Weimar si décrié avait été un rempart et un abri. Désormais l'État, c'était lui, Hitler. En attaquant le chef du Parti, la SA attaquait l'État tout entier. Se soumettrait-elle au frein après cet accès de liberté sauvage? Hitler assumerait le risque, seul, avec une poignée de compagnons.

Une erreur et une seule aurait été irrémédiable : demander aide et secours à l'armée. Il serait devenu son protégé et sa créature. Il aurait aliéné sa liberté. Personne ne pouvait ni ne devait se substituer à lui. C'en aurait été fait de son prestige personnel. Il se fierait entièrement à l'autorité de sa personne, à son énergie. Il leur montrerait, à tous ceux qui depuis huit jours déploraient son irrésolution, comme il était capable d'agir, et avec quelle force, lorsque les circonstances l'imposaient. Et puis son âme après avoir été bandée, des jours et des jours durant, dans l'expectative incertaine d'un coup d'État, éprouvait en affrontant la réalité comme une détente et un vertige trouble. Le destin le provoquait. Il ne se déroberait pas. Himmler lui avait révélé la menace d'un attentat. Depuis deux jours, il avait marché, sans protection réelle, au devant des foules qui dissimulaient peut-être le meurtrier. Rien ne s'était produit. Une dernière fois, il s'offrait et jouait tout son avenir sur un coup de dés. Ou bien les mutins l'attendraient sur le Oberwiesenfeld, l'arrêteraient et l'abattraient d'une balle dans la nuque dans quelque SA-Bunker. C'en serait fini. Il échapperait irrévocablement à cette déchirante incertitude. Ou bien il sortirait vainqueur de l'épreuve, confirmé dans sa mission par la Providence. En cet instant, il décida de partir sur le champ pour Munich.

Il conféra brièvement avec les quelques fidèles qui restaient autour de lui : Goebbels, Lutze, Brückner, le Dr Otto Dietrich, Schaub. Puis il donna quelques ordres brefs. On était à la première heure du 30 juin 1934. Brückner dit à Schaub de faire les valises. Le commandement de la 7e division, à Munich, fut averti que le Führer arriverait dans deux heures environ. On se répartit dans quelques voitures qui roulèrent à vive allure vers Hangelar. À 2 heures du matin, le trimoteur Junker décollait. Il y avait un peu de brume dans la vallée du Rhin. En prenant de la hauteur, l'avion atteignit une zone sans nuages. Il prit la direction du sud-est.

L'appareil était piloté par le capitaine Baur. À côté de lui, le Führer. Derrière, moins d'une dizaine de personnes. Seul le tableau de bord était éclairé. Autour de l'avion, la nuit rayonnante d'étoiles et de lune, parfois estompées par un banc de brouillard. Tout en bas la terre allemande obscure, avec des éclaboussures de lumière. Au début, ils n'avaient pas perdu de vue le Rhin qui brillait au détour d'une de ses boucles. Les villes piquaient des taches scintillantes : Wiesbaden, au pied du Taunus, à l'est la vaste flaque de Francfort, Darmstadt. On apercevait Mannheim, Ludwigshafen. Puis, ce furent les campagnes souabes et la Bavière. Hitler se taisait. Le 30 juin, Goebbels aurait dû parler à Cologne, Lutze régler des problèmes de simple police à Hanovre. Dans quelques heures, ils seraient peut-être morts, abattus sans jugement dans quelque coin du Oberwiesenfeld. Ils n'arrivaient pas à y croire. Goebbels brodait déjà toute une légende sur cette aventure incroyable. Il se reprochait de ne pas avoir été assez dur envers la «réaction» qui avait sans doute la main dans tout cela. Ce qui le soutenait plus que tout, c'était son admiration pour Hitler. Le Führer demeurait impassible, impénétrable. Pourtant, le ministre était trop fin, trop artiste pour ne pas deviner quel déchirement représentait pour lui la «trahison» de Röhm. Un étrange dédoublement s'emparait de lui. Il se regardait vivre une grande entreprise héroïque. Avec son Führer, il s'apprêtait à affronter la SA mutinée. Il était au cœur de l'action. Il en oubliait la peur et les autres affections humaines. Et déjà les mots s'agençaient, les phrases se déroulaient dans sa tête. Il prononçait mentalement un discours devant un public imaginaire. Parfois, sa rêverie était brusquement interrompue. Hitler demandait un renseignement, posait une question, sollicitait un avis. Puis le silence retombait. Les hommes et les femmes qui se préparaient à une nouvelle journée de travail dormaient encore. D'autres veillaient. À Berlin, dans la Bendlerstrasse, dans la Prinz-Albrecht-Strasse, sur la Leipziger Platz, des lampes brûlaient toujours dans des bureaux qui d'ordinaire étaient désertés à cette heure. Le général von Reichenau, Himmler, Heydrich, Göring et le Kriminalrat Nebe, Daluege et Gisevius veillaient. On veillait aussi dans les bureaux de la 7e division à Munich ainsi que dans le palais des Wittelsbach où était installée la Gestapo. Le ministre de l'Intérieur de Bavière avait déjà donné les trois coups pour le prologue. Entre Berlin et Augsbourg, un rapide roulait à 100 km à l'heure. Les hommes de la Leibstandarte s'étaient allongés tant bien que mal et somnolaient. Le temps passait. À l'Est, Hitler apercevait déjà une lueur blafarde. Bientôt les premières lueurs de l'aube déchirèrent la nuit. Hitler regardait. Le refrain du vieux chant de soldats s'imposa à sa mémoire : «*Heute rot und morgen tot* (Aujourd'hui rouge, demain mort).» L'avion décrivait déjà une boucle pour se poser sur l'aérodrome. Il était près de 4 h 30.

*

* *

Au premier regard, le résultat de cette analyse est stupéfiant. Hitler n'a ni su ni compris ce qui se déroulait autour de lui en ce 29 juin 1934. Pourtant, à la réflexion, le raisonnement est sans paradoxe et la conclusion, inéluctable. Dans le foisonnement d'événements qui marque cette journée, conséquences de décisions prises tantôt le 22, tantôt le 27 juin, tantôt la veille, ou initiatives du jour même, nous distinguons quelques points fixes, des repères incontestables : l'interruption de la tournée d'inspection des camps à Olfen, l'arrivée à Godesberg de Körner, puis de Göring et de Sepp Dietrich, le départ impromptu de Hitler, au milieu de la nuit, pour Munich ainsi que l'énigmatique mobilisation de la SA, dans la capitale bavaroise, à partir de 16 heures environ. Toutes ces constatations sont assurées, attestées et ne sauraient être attaquées. Pourquoi Hitler aurait-il inventé ce scénario si compliqué s'il avait été résolu à liquider Röhm et à procéder à une épuration radicale de la SA? Pour se disculper en invoquant le cas de force majeure? L'argument ne vaut rien. Le 13 juillet, Hitler n'a pas cherché d'excuse à son action, il a assumé publiquement la responsabilité de tous les crimes commis, y compris de ceux qui ont été commis notoirement à son insu. Une seule explication a la logique pour elle. Le 29 juin, le Führer, le «Guide» a été manipulé et dupe des Reichenau, Göring et Himmler.

CINQUIÈME PARTIE

LA RÉPRESSION

Chapitre 13

MUNICH - BERLIN : (30 JUIN - 1er JUILLET)

On ne trouvera pas dans ce chapitre un portrait de deux villes. Nous avons renoncé à un pittoresque, trop souvent factice. Dans la nuit du 29 au 30 juin, le Führer avait décidé de sévir plus vite et plus brutalement qu'il n'en avait eu tout d'abord l'intention. Cela ne réglait pas tout. Il n'était pas vrai, comme on l'a affirmé trop souvent, qu'il ne restait plus qu'à appliquer un plan établi longtemps à l'avance. Le récit minutieux de ces deux journées montre qu'elles ont été remplies de palabres, de tractations et de marchandages entre les grands dignitaires du régime. Tout n'était pas définitivement arrêté. C'est cette lutte d'influences, aspect proprement politique de la crise, que nous avons essayé d'isoler en le dissociant — non sans quelque artifice — de la répression.

La rivalité entre les deux capitales est une vieille affaire. Une étude attentive de la chronologie montre que Berlin n'avait pas tout à fait cessé d'être le centre du Reich même pendant les heures que le chancelier a passées aux bords de l'Isar. Cela signifie que Hitler n'a pas tenu tous les fils en main.

MUNICH

L'arrivée du Führer

À Munich, la journée avait commencé par un de ces pieds de nez du destin que l'on passerait définitivement à un romancier. À la Wehrgauleitung, on veillait. Des officiers étaient prêts à « aller chercher le paquet » dès que l'avion atterrirait. Un télégramme de la Lufthansa annonça qu'une machine gouvernementale, transportant une personnalité, se poserait sur le Oberwiesenfeld, vers 2 heures du matin. Le lieutenant-colonel Goeritz et le major Nebauer se hâtèrent pour accueillir le chancelier. Le terrain était désert. Il n'y avait là que quelques pasteurs. De l'avion descendit Ludwig Müller, un prélat de l'Église évangélique, le père spirituel des chrétiens allemands (Deutsche Christen). Aumonier militaire, évêque du Land de Prusse, conseiller du chancelier pour les affaires religieuses évangéliques, il avait été nommé, en 1934, Reichsbischof. Sa mission était de faire accepter aux protestants une autorité religieuse nationale afin de mieux les mettre au service de l'État. C'était ce personnage, du reste assez peu sympathique, que Goeritz et Nebauer aperçurent. Ils attendaient un chancelier. Ce n'était qu'un évêque d'Empire. Au lieu du sceptre, la mître ! Désappointés, ils retournèrent à l'état-major du Artillerieführer.

Vers 4 heures, nouvelle alerte ! Cette fois, Nebauer fut adjoint au lieutenant-colonel Sintzenich. Le jour se levait avec une grande lueur rouge qui virait à l'orangé dans l'est. Ce n'était pas encore la lumière, mais les ombres devenaient transparentes. Le Junker se posa sur le Oberwiesenfeld. Le terrain était gardé par la Reichswehr. Des véhicules blindés étaient placés en bordure. Des troupes d'infanterie avaient pris position, en armes. Plusieurs groupes attendaient. Le premier entourait Adolf Wagner, Gauleiter et ministre de l'Intérieur de Bavière. Près de lui, Christian Weber, qui était un des plus anciens membres du Parti et avait accumulé dans ses mains de multiples fonctions. Il siégeait notamment dans l'assemblée municipale de Munich, avec le titre de Ratsherr. Bon vivant à l'aspect gargantuesque, faune rustique aux allures de maquignon, il se délectait de sa terrifiante réputation, car on le disait capable, pour un rien, « de vous envoyer à Dachau ». Le bourgmestre (OB), Karl Fiehler, avait tenu à accueillir en personne le Führer. Weber et Fiehler avaient revêtu la tenue de la SS. On apercevait encore quelques uniformes noirs. On a dit qu'un groupe de SA-Führer était venu aussi, objet de la curiosité de tous. Des inspecteurs de police, dirigés par le commissaire Schmidbauer, faisaient partie de l'escorte du Gauleiter. Les deux officiers se tenaient un peu en retrait. À la stupéfaction de tous les nazis rassemblés dans le petit matin, ce fut tout d'abord vers le lieutenant-colonel et le major que se dirigea Hitler. Il les salua avec plus de solennité que de chaleur, les tira à l'écart et les interrogea sur la situation. Sintzenich exposa que dans la soirée du 9 juin, la SA était « descendue dans la rue », qu'elle avait poussé des cris séditieux, qu'« un millier d'hommes » s'étaient regroupés sur le Königsplatz. Les derniers s'étaient dispersés peu après 3 heures. La Reichswehr avait pris toutes les dispositions nécessaires pour assurer la sécurité des installations militaires et garantir la personne du Führer contre tout attentat. Hitler fit alors une véritable profession de foi aux deux officiers. Il pria Sintzenich de bien vouloir dire au général Adam que c'était le jour le plus sombre de sa vie ; il n'avait, en ces heures, qu'une seule consolation, c'était d'avoir rencontré dans le général von Blomberg un homme chevaleresque et plein de noblesse ; il savait que le ministre de la Défense était à ses côtés et qu'il pouvait avoir une entière confiance en lui. Il allait se rendre immédiatement à Wiessee.

Goeritz pouvait assurer le général Adam qu'un «tribunal de sang» jugerait les conjurés avec une rigueur exemplaire. À son retour, il informerait le commandant de la 7e division. Par contre, le chancelier demandait, avec la plus grande insistance, que la Reichswehr n'intervînt pas. La révolte de Röhm était une affaire interne au Parti. L'armée devait se garder de s'y mêler.

L'accueil du Führer par les deux officiers fut beaucoup plus qu'un geste de simple courtoisie. Hitler n'excluait pas que l'armée eût quelque dessein politique, tout au moins quelques arrière-pensées. Par cette prise de parti en faveur de la Wehrmacht, ostentatoire sans doute, mais à huis clos, il désarmait le commandement militaire. Il agirait comme l'armée l'entendait, mais il agirait de lui-même. Il ne se départira plus de cette ligne.

Hitler avait fait une centaine de pas avec les deux officiers et s'était écarté. Il revint vers le groupe des dignitaires du Parti. Le Führer ne les avait pas salués. Pas un mot! Pas une question! Le chancelier avait le visage des mauvais jours, sombre, dur, comme une lave de colère pétrifiée. Quelques propos : «Les traîtres m'ont fourni les dernières preuves. La SA a été mise en état d'alerte cette nuit, à 2 heures du matin. Elle s'est rassemblée en armes devant la Feldherrnhalle. Je n'attendrai pas que sonnent 11 heures.» On s'engouffra dans les voitures qui étaient là et la colonne se dirigea vers le ministère de l'Intérieur et des Cultes, dans la Salvatorstrasse.

Au ministère de l'Intérieur

La situation à Munich et en Bavière n'était pas simple. Le ministre président était Ludwig Siebert, dont le rôle a été insignifiant dans cette affaire. Il était flanqué d'un Reichsstatthalter ou représentant permanent du gouvernement du Reich. En Bavière, la fonction avait été confiée à un personnage important. Le chevalier ou Ritter von Epp avait commandé l'infanterie de la 7e division, avec le titre de Infanterieführer, de 1920 à décembre 1923. Son attitude n'avait pas été équivoque lors du putsch de Munich. Ses sympathies allaient à Hitler. Seeckt l'avait mis d'office à la retraite. Dès 1928, il avait été élu au Reichstag sur une liste du NSDAP. Il dirigeait le Wehrpolitisches Amt (Office de politique militaire) du NSDAP, devint le 9 mars 1933 commissaire d'Empire en Bavière, puis le 10 avril Reichsstatthalter. Par un paradoxe bavarois, il était peut-être plus particulariste que Siebert et Adolf Wagner. On le soupçonnait en outre d'avoir beaucoup de sympathies pour Röhm. Dans les journées qui ont précédé le 30 juin, on le vit à plusieurs reprises chez le Hanselbauer. Il y était à coup sûr dans la soirée du 28 juin, peut-être aussi le lendemain. Cela expliquerait qu'il ait été écarté de l'affaire et même laissé sans informations pendant de longues heures. Le 29 juin, le général Adam avait tenté, à plusieurs reprises, d'entrer en contact avec Ritter von Epp. Il n'y était pas parvenu. Le Reichsstatthalter était peut-être à Wiessee. Dans le climat de suspicion qui régnait, le commandant de la VIIe région militaire interpréta l'absence de réponse comme une dérobade calculée. Ritter von Epp se réservait par prudence ou, pis, il prenait secrètement parti pour Röhm. Les nouvelles circulaient vite. Le Reichsstatthalter, qui n'avait pas été informé que le Führer arriverait à l'auble, l'apprit, peu après 5 heures du matin, au terme de cette nuit folle. Il tenta de joindre le général Adam. Celui-ci joua les grandes coquettes. Il ignorait tout. Epp voulut le rencontrer. Il se rendrait au Kommando. Adam opposa un refus. Le Reichsstatthalter s'inquiétait dans son palais, au 9 de la Prinzregenten-Strasse. Il envoya un émissaire dans la Schönfeldstrasse : Hans Georg Hofmann que l'on surnommait, à cause de sa barbiche, Trotsky. Né en 1873 à Hof, en Bavière, Hofmann était l'aîné de quatre ans du général Adam; Bavarois comme lui et bien qu'il eût été contraint après le 9 novembre 1923 de quitter l'armée, avec le grade de lieutenant-colonel, il appartenait au sérail. Il avait commandé la garnison d'Ingolstadt et connaissait bien Röhm. C'était par raccroc qu'il avait fait carrière dans le nazisme. Ce qui le qualifiait plus que tout pour cette mission était qu'il connaissait personnellement Adam. Vers 6 h 30 il arriva au Kommando et demanda, de la part du Reichsstatthalter Ritter von Epp, à être introduit auprès du commandant de la 7e division. Malgré leurs excellentes relations, le général le laissa «mijoter» une bonne demi-heure. Puis, il reçut son vieux camarade, fort cordialement d'ailleurs — entre soldats —, il ne lui cacha rien. Enfin presque rien! Cette franchise ne risquait plus d'être coûteuse. Il était plus de 7 heures. Le Stabschef venait d'être arrêté à Wiessee. Epp ne préviendrait pas son ami Röhm. Ritter von Epp, lui aussi, était hors jeu, pour le moment.

Le personnage important était Adolf Wagner. Gauleiter, il représentait le Parti en Haute-Bavière. Ministre de l'Intérieur, il était responsable de l'ordre. Il était le chef de la police en uniforme et de la police judiciaire. En droit, il l'emportait sur Heinrich Himmler. À cette date, il est vrai, le Reichsführer SS était déjà devenu un personnage beaucoup plus considérable que le ministre de l'Intérieur d'un Land comme la Bavière. Cependant, la position d'Adolf Wagner était renforcée par un concours de circonstances. Himmler était retenu à Berlin ainsi que son adjoint Heydrich. La BPoPo avait été, du reste, écrémée de ses meilleurs éléments. Le Wittelsbacher Palais abritait la centrale du SD qui ne s'installera au 102 de la Wilhelmstrasse, à Berlin, qu'à partir du mois de novembre. Heydrich en avait abandonné de fait la direction en s'installant dans la capitale du Reich. Ses principaux collaborateurs : Leffler (Stabsleiter), Werner Best (organisation et questions juridiques), major a.D. Plaichinger (questions économiques), Walter Ilges (juifs et francs-maçons), Wilhelm Patin (catholicisme), etc. n'étaient pas tous restés à Munich. Parmi ceux-ci, le Dr Best a joué un rôle certain.

Adolf Wagner, responsable de l'ordre public en Bavière, avait réagi dès le milieu de la nuit. Éprouvait-il quelque jalousie envers Röhm? On l'a dit. Sans manquer à ses devoirs de fonction, le ministre de l'Intérieur du Land ne pouvait ignorer une manifestation aussi importante. Il s'est couvert. A-t-il harangué les SA pour leur prêcher le calme? Doerr l'a affirmé. En tout cas, il a convoqué en pleine nuit Schneidhuber et Schmid. Schmid, lui, avait passé l'après-midi hors de Munich. Il avait rendu visite au Brigadeführer von dem Osten à Schlechting. Il s'y était rencontré avec le Brigadeführer Kraft qui commandait la brigade 84 à Traunstein. De retour dans la capitale bavaroise, il avait... célébré Schneidhuber à la préfecture de police, puis avait décidé de rentrer chez lui. En cours de route, il avait rencontré le Obersturmbannführer Barth qui commandait la Standarte S 1. Il avait appris de celui-ci que la SA s'apprêtait à faire des bêtises. Il s'inquiéta. Les ordres de mettre la SA en état d'alerte avaient été transmis par ses services. Il se rendit dans la Barer-Strasse où se trouvaient les bureaux du groupe. On lui remit deux exemplaires des ordres. Ils le disculpaient. Le groupe n'avait fait qu'exécuter les instructions reçues. Il retourna à son domicile et se coucha. Il devait être plus de minuit. À 2 heures du matin, le téléphone sonna. Schmid était convoqué au ministère de l'Intérieur. A. Wagner, lui demandait des explications. Schmid se justifia sans peine et présenta les deux ordres qu'il avait mis dans son portefeuille. La discussion fut vive. Avant de se recoucher, il dit à sa femme : « J'ai rudement bien fait de me procurer les documents qui expliquent *pourquoi j'ai mis la SA en état d'alerte* (souligné par nous). » Le rôle de Wagner fut très équivoque. Au cours de l'entrevue, orageuse, il avait profité de l'agitation de Schmid pour subtiliser les deux documents. En rentrant chez lui, le Gruppenführer ne les avait plus, mais il ne s'aperçut pas sur le champ qu'il les avait oubliés dans la Salvatorstrasse.

Vers 5 heures du matin, le téléphone sonna de nouveau chez Schmid. Arrivé au ministère de l'Intérieur, le Führer s'était interrogé. Que voulait la SA? A. Wagner répondit qu'elle n'en savait probablement rien elle-même. Cette manifestation armée était une protestation contre le projet, prêté à la Wehrmacht, de dissoudre la SA. D'autres SA avaient certainement cru qu'ils devaient protéger le Führer lui-même, car l'armée se préparait, disait-on, à le mettre en état d'arrestation. Hitler s'étonna. Mais où étaient donc le Obergruppenführer Schneidhuber et le Gruppenführer Schmid? Wagner répondit, conformément à une part de la vérité, qu'ils étaient rentrés à la maison après que les groupes de manifestants se furent dispersés. Il proposa de les citer à comparaître devant le Führer. Hitler répliqua, avec une ironie amère. Comparaître? Schneidhuber et Schmid? Mais il y avait longtemps qu'ils avaient pris le large. À cette heure, ils avaient mis la frontière entre eux et Munich. Ils s'étaient sûrement réfugiés en Autriche. On les envoya néanmoins chercher. Schneidhuber arriva le premier. Le Obergruppenführer n'était pas encore tout à fait réveillé. Il voulut saluer militairement le Führer qui le couvrit d'insultes. C'était un traître, un félon, un mutin. Avant que Schneidhuber ait eu le temps de rassembler ses idées et d'ouvrir la bouche, ses épaulettes et son brassard lui furent arrachés brutalement. « Vous êtes en état d'arrestation, vous serez fusillé. Emmenez-le ! » Le SA-Führer se laissa emmener sans esquisser la moindre résistance. Sans doute, la SA a-t-elle, dans les heures qui ont précédé, failli, dans la capitale bavaroise, à la discipline. Schneidhuber n'était pas coupable, mais il n'était pas pour autant exempt de tout reproche. Il ne fait pas de doute qu'il n'a pas su tenir ses hommes, que des négligences, des actes d'indiscipline ont été commis. Il existait cependant une telle disproportion entre la faute et le châtiment que l'on s'attendait à un sursaut, une révolte... Si même Schneidhuber a cru en cet instant que le Führer avait changé de camp et que, comme le premier parlementaire venu, en mal de maroquin, il n'avait pas hésité à renier ses convictions, à trahir ses fidèles pour rallier les gros bataillons de la Wehrmacht, on attendrait de lui qu'il clamât sa déception, la ruine de ses illusions, son désespoir. Rien ! Il se tait. L'ascendant de Hitler sur ces hommes était tel qu'ils ont jusqu'au dernier moment douté d'eux-mêmes plutôt que de croire à la faillibilité de leur idole et se sont pliés à des décrets, incompréhensibles pour leur esprit, mais auquel ils prêtaient sans doute quelque sagesse.

Et le Führer ? Sa colère n'était pas simulée. Il doutait de connaître toute la vérité. Il soupçonnait son entourage de le trahir. Arrivé à Oberwiesenfeld, que fit-il ? Interroger Wagner ? Non ! Il attira à l'écart deux officiers supérieurs, sans doute inconnus de lui, et c'est à eux qu'il demanda de faire un tableau véridique de la situation. Il appartenait à ces générations qui croyaient encore qu'il y aurait « dans l'honneur militaire un môle qui ne cédait pas aux égarements ». Dès lors, il avait une certitude. « À Munich, la SA, en armes, s'était formée en carré sur le Königsplatz ; la Reichswehr, de son côté, avait pris position, avec mitrailleuses et blindés, sur le Oberwiesenfeld. Il s'en était fallu de peu. Ce qui avait pu être évité pendant dix ans serait devenu réalité : l'armée grise et l'armée brune se seraient mitraillées réciproquement. » Ce n'était pas tout à fait inexact. Le risque même, s'il avait été démesurément grossi, avait été suspendu, pendant quelques heures, sur la paix civile. Hitler apercevrait bien une sorte de hiatus dans les responsabilités. Comment une telle situation avait-elle pu naître ? Quelle était la part assumée par chacun dans sa gestation ? Sa police lui avait bien fourni une explication. Mais ce Obergruppenführer, encore ivre de sommeil, lourd d'avoir trop fêté on ne sait quelle promotion, n'offrait guère l'image du conspirateur dont on lui avait fait le portrait. Les éléments du puzzle ne se raccordaient pas du tout. Cela accroissait la colère d'un homme qui achevait sa deuxième nuit blanche. Dictatorialement, il faisait taire les doutes, les hésitations, mettait fin aux tergiversations intérieures. Au milieu de la tourmente, il n'avait pas à supputer les mérites et les démérites de l'équipage, il fallait parer au plus pressé : empêcher que ne se renouvelassent les désordres de la nuit. Il punirait ceux qui étaient désormais, pour lui, sinon pour l'histoire, des mutins.

Pendant que cette scène se déroulait dans la Salvatorstrasse, une limousine noire s'était arrêtée, près du Prinzregenten-Theater, devant la maison de Schmid. « Le Obergruppenführer (*sic*) doit venir au ministère de l'Intérieur. Le Führer vient d'arriver. » Le SA-Führer avait compris qu'on lui demanderait des comptes pour les incidents de la veille. Il chercha fiévreusement les deux documents. « Mais qu'est-ce que j'ai fait de ces papiers qui sont ma justification ? Je les aurai sûrement oubliés au ministère de l'Intérieur. » Schmid partit irrité et désemparé d'avoir commis une telle négligence. Sa femme était sortie sur le balcon. En voyant la grande voiture noire s'éloigner,

elle eut le pressentiment qu'elle ne reverrait jamais son mari. Au ministère, la scène précédente fut rejouée avec une variante. Avant que Schmid n'ait ouvert la bouche, Hitler lui présenta un ordre. « C'est vous qui avez rédigé cela ?
– Non !
– C'est bien votre signature ?
– Oui ! »
Il venait de prononcer sa condamnation à mort. Nerveux, maladroit, agité de décharges nerveuses, Hitler procéda au même cérémonial. Il arracha les épaulettes et le brassard du SA-Führer et lui annonça qu'il était condamné à mort. Schmid fut emmené à Stadelheim comme Schneidhuber.

Les dispositions pratiques furent prises. Hitler ordonna de faire bloquer la ligne téléphonique entre Munich et Wiessee afin que personne ne pût avertir Röhm. Il craignait une réaction de défense et voulait garder tout l'avantage de la surprise. La liste des SA-Führer qui devaient être arrêtés fut dictée à Wagner. Depuis le 28 juin, elle avait fait l'objet de discussions. Elle comprenait, selon les indications de Lutze, les noms des délégués de différents Gruppe et Obergruppe. Elle a été complétée, au fil des heures, et un certain nombre de SA-Führer domiciliés à Munich y ont été adjoints. Trente-trois SA furent incarcérés, au cours de la journée, à Stadelheim. Le chiffre n'a pas une valeur absolue. Certains SA-Führer auraient été détenus dans les locaux du Wittelsbacher Palais où la BPoPo était installée. En tout cas, le nombre total des SA arrêtés le 30 juin à Munich n'a pas dû dépasser la cinquantaine.

Pour procéder aux arrestations, il y avait la SS. Le chef du SS-Amt, office central de la SS, Curt Wittje, avait ses bureaux à Munich, au 31 de la Gabelsberger-Strasse. Le SS-Oberabschnitt-Süd était commandé par le Obergruppenführer Ernst-Heinrich Schmauser. Le Gruppe 1 (Haute-Bavière) comptait trois Standarte 1, 29 et 34. Elles étaient composées de volontaires, ayant une activité professionnelle, qui accomplissaient le service SS durant leurs heures de loisirs. En outre, à Dachau, étaient stationnées trois formations distinctes : la garde du camp ou Wachtruppe, cellule initiale des Totenkopfverbände (unités à la tête de mort), une troupe d'intervention ou Verfügungstruppe, encasernée hors du camp et organisée sur un modèle militaire, et enfin la Oesterreichische Legion commandée par Rodenbücher. Dans la nuit du 29 au 30 juin, Heydrich avait transmis à ce dernier le mot de code. Verfügungstruppe et Legion avaient été placées en état d'alerte. Selon Bennecke, la Allgemeine SS ne fut alarmée que vers 10 heures du matin. Il y eut beaucoup d'improvisation, à Munich, dans la journée du 30 juin. Les arrestations furent opérées par des commandos de quatre à dix hommes, des SS, placés sous la conduite d'un policier. Aux premières heures de la matinée, on fit feu de tout bois afin de mettre la main sur les SA qui descendaient des trains de nuit, et de faire la tournée des hôtels. Des policiers et des hommes « en uniforme de SS » furent affectés à ces besognes. À la gare centrale, par exemple, le filtrage des SA-Führer fut dirigé par le chef du cabinet de Goebbels, Karl Hanke, qui, pour l'occasion, avait revêtu son uniforme. Il était membre de la SS à titre honorifique. Bennecke l'a vu et reconnu. Dans la journée, les choses prirent un cours plus régulier. Les prisonniers furent conduits directement à Stadelheim, ou au Wittelsbacher Palais, voire à la préfecture de police.

Ces questions une fois réglées, Hitler choisit quelques compagnons sûrs qui l'accompagneraient à Wiessee : Goebbels, Lutze, Brückner, Schaub, Schreck, le commissaire Schmidbauer et quelques inspecteurs. Hess aurait été présent à Wiessee. Avant de partir, Hitler tint un petit discours à ses compagnons. Nous en connaissons la teneur par la déposition de Schaub. Nous la croyons sincère. Quant aux propos de Hitler, ils reflétaient son intime conviction à ce moment. Comment imaginer qu'il ait simulé une ignorance et proféré délibérément des allégations fausses qui n'allaient pas tarder à être démenties par les événements. À Wiessee, dit-il, Röhm avait rassemblé sa Stabswache afin de faire arrêter le Führer pendant la réunion qui devait s'ouvrir à 11 heures. L'affaire était menée par une poignée de mutins. Pour assurer le succès de l'entreprise, on avait décidé de dire aux SA-Führer qui demeuraient loyaux, que cette arrestation n'était qu'un simulacre. Hitler aurait été de connivence avec Röhm, mais il ne pouvait le manifester ouvertement et devait paraître s'en défendre afin de ménager les puissances étrangères. Ainsi, par ce coup de Jarnac, Röhm se serait emparé du pouvoir et aurait éliminé la Reichswehr à laquelle il aurait substitué la SA. Heureusement, lui, Hitler, avait été averti à temps. Jamais, il ne tolérerait chose pareille. Il avait donné sa parole à Hindenburg. La Reichswehr était intouchable. Il allait balayer cette révolte, mais l'action était périlleuse. Röhm était prêt à tout. Autour de lui, il avait regroupé des fanatiques. Tous devaient s'attendre à une lutte dure. On se répartit dans trois limousines noires.

À Wiessee

Ce chapitre de l'affaire Röhm a fourni la matière à un tissu de légendes extravagantes. L'imagination des auteurs n'a reculé devant aucune absurdité. On nous a dépeint Röhm et ses amis dans des positions (c'est le mot) dont le nombre reste somme toute très limité, avec des frissons de concupiscence, l'orgie dont la très bourgeoise pension Hanselbauer aurait retenti. Enfin, la mort étendait son aile sur ce spectacle. On tuait, on massacrait, on fusillait dans les chambres, dans la cave ou derrière l'hôtel, à la face du ciel. Le plus drôle de l'affaire, c'est que ces auteurs, antifascistes proclamés, ne font que broder sur une stylisation mise au point dans le «récit d'un témoin oculaire» et le discours du 1er juillet, par un Goebbels qui ne rêvait pas d'avoir, un jour de tels disciples.

Domarus a prétendu que Lutze avait précédé le convoi pour ouvrir la route et qu'il devait téléphoner de Wiessee s'il n'y avait pas de danger. Dans la première voiture, les places avaient été réparties de la manière suivante, devant : Schreck et Hitler; derrière le chauffeur, Hess, au milieu Goebbels avec son imperméable de gabardine claire, puis Brückner. Deux personnages que nous ne parvenons pas à identifier (l'un était sans doute Schaub) occupaient les strapontins. Il était presque 6 heures. On partit. Il faisait jour. Il avait plu dans la nuit. Le ciel encore brouillé hésitait. Schreck roulait à vive allure. Le Führer n'avait pas le casque de cuir qu'il portait habituellement. L'action lui rendait et son énergie et la confiance en soi. À Munich, le foyer de révolte était plus que circonscrit, presque étouffé. Les traîtres qui croyaient le prendre au piège allaient tomber dans leurs propres trappes. La Providence après avoir à demi détourné son visage posait à nouveau son regard sur lui. Il se sentait confirmé dans sa mission. Il goûtait d'ailleurs la singularité de sa situation. Dans quelques minutes, il affronterait Röhm, à armes à peine égales. Personne n'avait su lui dire combien le Stabschef avait d'hommes autour de lui, à Wiessee. On croyait que la Stabswache (garde d'état-major) y était déjà cantonnée. Lui, n'avait qu'une poignée de fidèles et quelques gardes du corps. C'était la conséquence d'une défaillance de la dramaturgie. À Munich, le Führer était attendu vers 6 heures du matin et la réunion de Wiessee devait s'ouvrir vers 11 heures. Il avait paru superflu d'alerter la Allgemeine SS. Seules, Wachtruppe, Verfügungstruppe et Légion autrichienne avaient été mobilisées à Dachau dès le 29 juin. Durant l'après-midi, la 7e KfA avait tardé à mettre à la disposition de la SS, les véhicules réclamés par Lippert. Ce dernier était cependant parvenu à obtenir des moyens de transport de la Reichspost. Dans la soirée du 29 juin, une colonne avait été constituée. Dans la nuit, Lippert avait reçu de la BPoPo l'ordre de se porter vers Wiessee. Le détachement attendait des instructions, à huit kilomètres de la station thermale, un peu avant Kaltenbrunn, à l'embranchement vers Bad Tölz. Personne n'a songé, semble-t-il, à prévenir Lippert de l'arrivée du Führer. Et celui-ci ignorait que, devant Wiessee; quelques centaines de SS étaient prêts à intervenir. Mais Hitler était trop artiste ou trop comédien pour ne pas savourer, malgré ses inquiétudes et ses craintes, bien réelles, un tel concours de circonstances exceptionnelles qui l'obligeaient à se hausser au-dessus de lui-même.

Les passants étaient encore rares. Certains s'arrêtaient, stupéfaits. Le Führer! Machinalement, ils saluaient le bras tendu, puis se hâtaient d'aller raconter qu'ils venaient de voir passer Adolf Hitler. La Hanselbauer ou, selon l'usage local qui décline au féminin les noms propres, la Hanselbäurin savait qu'une réunion de SA-Führer aurait lieu à l'hôtel et que Hitler y assisterait. Mais sortir de la maison, vers 7 heures du matin, pour un premier tour de propriétaire et se trouver, comme cela, cloué au seuil, par la surprise, nez-à-nez avec... le Führer! Elle en avait des choses à lui dire. Hitler fut bref. La réunion n'aurait pas lieu. Il demanda le numéro de la chambre de Röhm. Le 21! Le chancelier suivi d'un policier monta rapidement à l'étage. Ce dernier frappa à la porte et demanda à Röhm d'ouvrir. Il avait un message urgent à lui remettre. Le Stabschef prit le temps d'enfiler un pantalon. Puis, il poussa le battant. D'un coup d'épaule, le policier le rabattit brutalement. Comme après toutes les scènes violentes les témoignages sont contradictoires. Hitler était là, un pistolet à la main. C'était ridicule devant un adversaire, pieds nus

dans des pantoufles, encore tout gonflé de sommeil. Pour se donner une contenance, il insulta le Stabschef de la SA. C'était un traître, un félon. Röhm contesta avec la plus grande énergie. Il fallait en finir, le Führer ordonna : « Habille-toi ! Tu es arrêté. » Puis, il se tourna vers le 31, juste en face. La chambre donnait sur le lac et abritait Heines ainsi qu'un compagnon. On frappa. La porte s'ouvrit. La scène inspira Hitler et Goebbels. La « déclaration des services de presse du NSDAP», qui a sans doute été rédigée par Hitler, nous montre « des images si déplorables moralement que toute trace de pitié devait être effacée. Quelques SA-Führer s'étaient fait accompagner par leurs mignons. L'un d'entre eux fut comme frappé d'effroi lorsqu'il fut surpris dans la situation la plus répugnante. Le Führer donna l'ordre de curer impitoyablement cet abcès empoisonné. Il ne tolérera plus (*sic*), à l'avenir, que des millions d'hommes respectables soient compromis et déshonorés par quelques individus aux dispositions morbides. » Goebbels ne resta pas en reste. À deux reprises, il a retracé l'arrestation de Heines : « Un tableau d'impudent dévergondage s'offrait aux yeux. Au côté de Heines se trouvait un adolescent. On ne saurait décrire la scène qui se déroula pendant l'arrestation de Heines et de son compagnon. » Il y revint dans le discours du 1er juillet avec des détails inédits. « Que l'on m'épargne de décrire ces scènes répugnantes qui se sont déroulées sous nos yeux. Elles donnent envie de vomir. » C'est un simple homme de troupe de la SS qui a trouvé les mots justes pour exprimer ce que la situation avait de révoltant au-delà de toute mesure. « Je souhaiterais, a-t-il dit, que ces murs tombent afin que le peuple allemand tout entier soit témoin de cette scène... » Rosenberg surpassa, dans son journal privé, le ministre de la Propagande. Heines fut surpris « en pleine activité homosexuelle ». Devant le Führer, il se mit à sangloter. De grosses larmes coulaient sur ses joues. Il répétait d'une voix suppliante : « Mais mon Führer, je vous jure que je n'ai rien fait à ce garçon ! » Privé de raison par la peur et encore plein de reconnaissance pour les caresses échangées pendant la nuit, le giton se serait penché sur Heines, aurait essuyé les larmes qui coulaient et l'aurait embrassé sur la joue. Le Führer aurait senti le dégoût monter en lui, perdant tout contrôle, il aurait contre son habitude, porté la main sur un homme. D'un poing ferme, il aurait saisi l'adolescent et l'aurait lancé contre la cloison. Sortant de la chambre à grands pas, il se serait heurté à une créature étrange, maigre et décharnée, les joues outrageusement fardées de rouge.
« Qui êtes-vous ?
– Le valet de chambre du Stabschef ! »

C'était Hans Holtsch-Riederer, un domestique de trente et un ans. Le Führer, pris d'une envie de vomir, aurait alors ordonné de jeter dans la cave tous ces mignons et de les fusiller sur le champ.

La scène a été moins haute en couleur. Lorsque la porte fut violemment ouverte, Heines voulut se défendre. Pour échapper au piège, il se serait lancé dans l'escalier et aurait tenté de gagner l'étage supérieur. Ce fut d'ailleurs le seul SA-Führer à esquisser une résistance. Brückner, qui était fort comme un ours, en eut vite raison. Pendant ce temps, Lutze avait visité les tiroirs à la recherche des armes. Sous la lumière crue du jour, la situation était louche, mais sans équivoque. Heines, dont les mœurs étaient notoires, avait passé la nuit dans la même chambre qu'un de ses compagnons, vraisemblablement Erich Schieweck, un jeune Obertruppführer. Selon l'habitude allemande, ils avaient dormi dans des lits jumeaux. Rien dans tout cela qui blessât vraiment les yeux. Ramené dans sa chambre, Heines fit preuve, il est vrai, d'un déplorable manque de tenue. Tout en s'habillant, il affirmait son innocence et pleurnichait. Il suppliait Lutze d'intervenir en sa faveur : «Je n'ai rien fait. Lutze, aidez-moi!» Le nouveau Stabschef considérait les homosexuels avec dégoût. De telles jérémiades l'agaçaient prodigieusement. Il répondit avec une certaine brutalité : «Je ne peux rien pour vous, sinon vous donner un conseil. Ne vous conduisez pas comme une chiffe et taisez-vous!» Des inspecteurs de police entrèrent dans la chambre et conduisirent les deux hommes dans la cave.

Les autres arrestations se déroulèrent sans le moindre incident, paisiblement en quelque sorte. Bergmann, un SS-Standartenführer, aide de camp de Röhm, fut arrêté par Schreck. Il se laissa docilement mener dans la cave. Ce furent néanmoins les inspecteurs de police qui assumèrent la plus grande part du travail, sous la direction de Lutze. Celui-ci avait, en arrivant, consulté le registre de l'hôtel et dressé rapidement la liste des SA-Führer à appréhender. Combien étaient-ils? À coup sûr Röhm, Heines, Schieweck, Bergmann, un certain nombre d'officiers ou de sous-officiers d'ordonnance qui appartenaient au bureau des aides de camp. Une dizaine de personnes peut-être? Parmi eux, il y avait le Brigadeführer Hans Koch qui commandait, à Coblence, le Gruppe West. Lutze le connaissait de longue date. Avant la prise du pouvoir, Koch exerçait en Silésie. Il avait été nommé en Rhénanie et avait pris une part importante à la création du Grenzschutz West. Les militaires ne s'étaient jamais plaints de lui. Bien au contraire! Lutze intervint auprès de Hitler. Le Führer réféchit un instant, puis il fit rendre son ceinturon et son revolver à Koch. Le SA-Führer se croyait sauvé.

L'hôtel avait vécu à mi-voix cette succession de scènes. À 7 heures, en arrivant, Hitler avait trouvé des clients qui déjà allaient et venaient. Ceux-ci avaient été invités à sortir de l'hôtel ou à rentrer dans leurs chambres. Quand une porte s'entrouvrait et qu'une tête passait, on priait le curieux de bien vouloir rester chez lui. La tradition orale affirmait que quelques touristes dont le sommeil était béni des Dieux ne se réveillèrent qu'après le départ de Hitler. Ils n'avaient rien entendu. Les prisonniers étaient dans la cave. Röhm, surveillé par deux inspecteurs de police, avait été autorisé à s'installer dans le hall de l'hôtel. Le Führer était resté un moment devant lui, à aller et venir, la tête baissée, tournant brusquement sur les talons, sans dire un mot. Röhm aussi avait le visage des mauvais jours et s'enfermait dans un mutisme têtu. L'escorte de Hitler et les SA-Führer innocentés se rassemblaient dans le salon de la pension. On ne parlait pas. Il y avait sans doute fort peu d'acteurs qui savaient de quoi il retournait vraiment. Le Führer s'était retiré dans l'appartement du Hanselbauer. Il but une tasse de café. Frau Hanselbauer qui aimait bien Röhm, un grand personnage pas fier, vrai Bavarois et un bon client, demanda la permission d'en porter une tasse au prisonnier. Hitler acquiesça d'un signe de tête. Le geste, et le breuvage chaud, firent plaisir au Stabsführer déchu. Il ne se sentait pas bien. Son rhume le travaillait.

Un événement, petit par lui-même, grand par les conséquences, était passé inaperçu. Quelqu'un avait donné un coup de téléphone soit directement à Berlin soit à Munich, mais dans ce cas la communication aurait été retransmise dans la capitale du Reich. Röhm était arrêté. C'était un signe important. Hitler n'a pas téléphoné. Cela ne s'est pas fait à son instigation, sinon Lutze ou Goebbels l'auraient mentionné. Qui alors?

Vers 8 heures, Schaub était devant l'hôtel, il vit arriver un camion, chargé d'une vingtaine d'hommes armés de pistolets mitrailleurs. C'était la Stabswache de Röhm. Cette arrivée avait une signification équivoque. Venaient-ils pour présenter les honneurs aux SA-Führer qui se réuniraient dans la matinée? Prévenus de l'arrestation de Röhm, voulaient-ils le libérer de force? Schaub se précipita pour alerter Hitler. Le Führer, que l'on nous dit hésitant, incertain, fit en réalité preuve d'un courage et d'une détermination exemplaires. Accompagné de Schaub, il s'avança vers la garde, la harangua. Röhm avait préparé un complot contre sa personne. Aussi avait-il été contraint de l'arrêter et de prendre directement le commandement de la SA. « Retournez à Munich et attendez des ordres! Je compte sur vous! » Les SA lui répondirent par un triple « Heil Hitler ». Ils remontèrent dans le camion qui fit demi-tour et partit vers la capitale bavaroise. Pendant ce temps, des dispositions avaient été prises, un autocar affrété à Bad Wiessee pour le transport des prisonniers, l'itinéraire fixé. Hitler et son escorte feraient le tour du lac et passeraient par Rottach-Eggern, Tergernsee et Sankt-Quirin. Pendant ce temps, Lutze resterait à la pension Hanselbauer. Les versions divergent. Selon Lutze, il serait demeuré à Wiessee jusqu'à 10 heures. À ce moment, Hitler était déjà arrivé à Munich. Bennecke croyait se souvenir de l'avoir aperçu, assis derrière Hitler, dans la première automobile, vers 9 h 30. De toute façon, le sens de la manœuvre était clair. Lutze, chez le Hanselbauer, dirigerait vers Munich les SA-Führer qui arriveraient, du nord, pendant que le Führer ferait le tour par la rive orientale. Ainsi, personne ne pourrait passer à travers les mailles du filet, afin de chercher refuge en Autriche.

La voiture du Führer prit la tête du convoi. Elle était suivie par plusieurs limousines. Röhm était monté dans l'une d'elle alors que les autres prisonniers avaient été placés sous bonne escorte dans l'autocar. On roula lentement. Le détachement de SS commandé par Lippert attendait toujours près du Gmund. Il reçut l'ordre de se joindre au convoi. En avant-garde, il y avait quelques SS. Dès qu'ils apercevaient des SA-Führer, ils leur intimaient de stopper. Le Führer leur faisait signe d'approcher. Nous avons quelques témoignages. Deux voitures furent arrêtées près de Munich, vers 9 h 30. La première transportait von Jagow et Ludin qui commandaient respectivement le Obergruppe V (Francfort-sur-le-Main) et le Gruppe Süd-West (Stuttgart), la seconde Heinrich Bennecke et le responsable du SA-Hochschulamt (Office universitaire de la SA) à Munich. Ils furent invités à se présenter au Führer. Ils s'avancèrent jusqu'à la limousine, Hitler les écouta et leur dit : « Le Stabschef est démis de ses fonctions et il est en état d'arrestation. Son successeur est Lutze. » Hess ajouta qu'une réunion des SA-Führer aurait lieu à la Maison Brune à 11 h 30. Effarés, ils retournèrent vers leurs véhicules, firent demi-tour et se joignirent à la colonne. Karl Schreyer, qui dirigeait l'Office du personnel de la OSAF, avait été retardé par son compagnon qui s'était réveillé une heure trop tard. Il aurait rencontré non pas Hitler mais Lutze et le Dr Ketterer, le médecin personnel de Röhm à la sortie de Munich. Lutze lui apprit ce qui venait de se passer et l'invita à se rendre à la Maison Brune, salle des sénateurs, à 11 h 30. D'autres furent moins heureux et furent invités à monter dans l'autocar qui les conduisit à Stadelheim.

Munich de 6 à 11 heures du matin

Des zones d'ombre bornent notre connaissance des événements en Bavière. Elles sont considérables. À partir de quelques témoignages véridiques isolés, nous devons tenter de reconstituer l'ensemble du tableau. Vers 7 heures du matin, Heinrich Bennecke arriva dans la capitale bavaroise. Il savait que le responsable du Hochschulamt l'attendait à la gare, avec la voiture de service pour le conduire à Wiessee. Un SS-Hauptsturmführer l'arrêta. C'était Karl Hanke, aide de camp et chef de cabinet de Goebbels. Il tenait à la main un exemplaire de la liste qui avait été dictée par Hitler au ministère de l'Intérieur et il était accompagné de deux inspecteurs en civil. S'adressant à Bennecke : « Votre nom et vos papiers ! » Le SA portait sa tenue de Gruppenführer. Il protesta contre cette inquisition tout en prenant son portefeuille. Un des policiers, trop nerveux, le soupçonna de vouloir s'emparer d'une arme pour se défendre et lui saisit brutalement le poignet. Ce que Bennecke présenta n'était qu'un portefeuille. Son nom ne figurait pas sur la liste. On s'excusa vaguement, Bennecke s'éloigna.

Fritz von Krausser avait pris le train de nuit pour rentrer de Berlin à Munich. Son chauffeur l'attendait à la gare. Il devait arriver entre 6 et 7 heures. Les minutes s'écoulaient. À 7 h 15 sa femme, qui était déjà debout dans le petit appartement de Bogenhausen, commença à s'inquiéter. Fritz von Krausser avait été arrêté à la descente du train. Friedrich Vollmer, son chauffeur, qui s'avançait, avait été « embarqué » par la même occasion. Ni l'un ni l'autre n'avaient esquissé un geste de résistance. Dans leur esprit, ce ne pouvait être qu'un malentendu. La plupart des prisonniers furent conduits à Stadelheim. Le directeur de la prison, le Oberregierungsrat Dr Koch, se souvenait que la police politique lui avait remis « un certain nombre de SA-Führer », peu après 7 heures du matin. À 11 heures, le Dr Koch fut invité à fournir une liste des SA-Führer qui étaient détenus à Stadelheim. On voulait dresser un premier bilan.

Pendant ce temps, les SA-Führer qui avaient été laissés en liberté s'étaient retrouvés comme s'ils s'étaient donné le mot, dans un hôtel de la Schützenstrasse, près de la gare. Le Schottenhamel était une maison cossue et confortable, sans être de premier ordre. Les chambres y coûtaient moitié moins que dans les palaces comme le Continental. C'étaient pour la plupart des Gruppenführer. Ils attendaient onze heures pour se rendre à la Maison Brune, à cinq cents mètres de là. Aucun d'eux ne comprenait ce qui s'était passé. Pourquoi cette convocation à Wiessee ? Pourquoi la destitution de Röhm ? La nomination de Lutze ? Personne ne devinait que la convocation lancée le 28 juin avait fonctionné comme un piège. Bennecke constata avec surprise que son chef, le Obergruppenführer Krüger était absent. Aurait-il été arrêté ? Dans des circonstances si confuses, la moindre information susceptible de vous éviter un faux pas mortel avait une valeur irremplaçable. Le directeur du Hochschulamt téléphona aux services du Chef AW. Non, Krüger n'était pas allé à Munich, il était à Berlin. Non, on n'en savait pas plus long que le Gruppenführer. On ignorait tout de ce qui se passait. Pourtant, on manifesta une curiosité, apparemment immotivée. Mais qui donc représentait le SA-Gruppe Berlin-Brandebourg à Munich ? Bennecke répondit que l'on avait délégué le chef d'état-major du Groupe, le Oberführer Wilhelm Sander. Il attendait avec les autres dans le Schottenhamel. Dans tout le Reich, on recherchait vainement Karl Ernst. Le Gruppenführer avait quitté Berlin. Il n'était pas arrivé à Munich. S'était-il fait remplacer ? Sander dont le nom ne figurait pas sur les listes de suspects le matin, fut arrêté dans la soirée. Pour Bennecke, cela lui « montra de manière décisive ce qui devait être considéré comme l'arrière plan de [sa] conversation de la matinée ». Cette phrase alambiquée doit signifier que les services du Chef AW signalèrent aussitôt au ministère de la Défense ou au Gestapa que Sander avait été choisi par Ernst comme homme de confiance. Il fut arrêté le 30 et exécuté dans la nuit du 1er au 2 juillet.

Wehrmacht

Les différentes phases du processus de mobilisation de l'armée nous sont bien connues. À 4 h 45, après la dispersion des manifestants et l'atterrissage du chancelier, l'ordre qui faisait obligation aux officiers de se trouver dans les casernes fut partiellement rapporté puisque désormais la présence d'un seul gradé était nécessaire. À 5 h 10, la troupe fut consignée dans ses cantonnements. À 8 heures, le lieutenant-colonel Kübler, qui commandait l'état-major de la 7e division, distribua des instructions détaillées.

Les chefs de corps, convoqués par Kübler, furent informés de la situation. Le chancelier était arrivé à Munich. Un certain nombre de SA-Führer avaient préparé une seconde révolution. Une réunion des SA-Führer aurait dû avoir lieu à Bad Wiessee à 11 heures. Hitler était décidé à sévir de manière exemplaire et à prendre les mesures radicales qui s'imposaient. Schneidhuber et Schmid étaient déjà sous les verrous. Une vague d'arrestations était en cours. La Reichswehr coopérait avec la SS. La collaboration avec la police était très satisfaisante. Le ministre président et le Reichsstatthalter devaient être tenus à l'écart de cette affaire. Rien de tout cela ne se faisait sans l'assentiment du Führer. À la troupe, on se contenterait de dire que la SS était l'alliée de l'armée et que l'opération n'était dirigée que contre quelques SA-Führer. Les instructions énuméraient sept points particuliers :

1 – Le 3e bataillon du 7e régiment d'artillerie resterait à Grafenwöhr.
2 – Le 7e échelon motorisé, envoyé inutilement à Lager Lechfeld, retournerait à Munich à marches forcées.
3 – Le 7e échelon de transmission, en manœuvre, avait reçu l'ordre de regagner sa garnison.
4 – Le 1er bataillon du 19e régiment d'infanterie devait être en état d'intervenir, à tout moment, pour rétablir l'ordre sur une ligne Tölz - Tegernsee - Schliersee, soit à pied soit par transport mécanisé.
5 – Le 7e bataillon du génie se préparerait également à intervenir.
6 – Le 3e bataillon du 19e régiment d'infanterie ferait de même et réunirait les moyens de transport dont le 1er bataillon aurait éventuellement besoin.
7 – La Kommandantur prévoirait le cantonnement des unités qui faisaient mouvement vers Munich : un bataillon et un détachement (deux compagnies).
8 – Une longue colonne de SS, transportés par le 5e échelon du train, traverserait la ville. Il ne devait pas y avoir de malentendus.

À 8 h 50, tous les officiers furent rappelés dans les casernes. À 10 h 15, la garde des cantonnements fut renforcée. Ces instructions furent transmises à toutes les garnisons du Wehrgau : Augsbourg, Kempten, Lindau, Landsberg, etc.

SS et Landespolizei

La SS fut, semble-t-il, alertée au cours de la matinée. Selon Bennecke, les unités SS n'auraient pas été informées avant 10 heures. Il semble bien que certaines d'entre elles se soient rassemblées plus tôt. À 7 h 15, le major Grüner, officier d'armement du Artillerie-Führer, fit remettre à la SS 12000 cartouches prélevées sur le dépôt de Neufreimann. La demande venait du ministère de l'Intérieur et avait été transmise par V. Müller. À 7 h 20, un officier du Landesschutz réclama au capitaine Blumentritt, Ib de la division, c'est-à-dire officier chargé des questions d'organisation, cent fusils pour la SS. Mais, ce n'est pas avant le début de l'après-midi que la plupart des unités furent équipées. À Landsberg, la SS fut alertée vers 12 h 30, à Augsbourg, vers 13 heures.

La Landespolizei fut placée en état d'alerte, elle aussi, au cours de la matinée. Elle assurait un certain nombre de gardes. À partir de 8 heures, elles furent renforcées, mais ce n'est qu'en fin de matinée qu'elle reçut des instructions spécifiques. En coopération avec la SS, elle assurerait le désarmement de la SA.

Hitler à Munich

Hitler fut de retour à Munich entre 9 heures et 10 heures. Son premier soin fut de se rendre chez le Reichstatthalter. Il informa le Ritter von Epp des événements des dix derniers jours. Röhm avait forgé le plan de s'emparer de sa personne afin d'avoir les mains libres et de pouvoir plus aisément substituer la SA à la Reichswehr. Lui, il avait généreusement offert le pardon à son vieux compagnon. Röhm avait méprisé cet acte de générosité et avait ordonné de hâter les préparatifs. Durant la nuit, le destin du Reich n'avait tenu qu'à un fil. Armée brune et armée grise étaient sur le point de s'affronter ouvertement lorsqu'il avait fondu du ciel sur les mutins. Désormais, il serait impitoyable. Ritter von Epp était passé en quelques heures par toutes les nuances de l'inquiétude. Il avait subi les blessures de l'amour-propre, l'aiguillon de la peur. Dans ces dispositions, il était, plus que d'autres, capable de faire preuve d'esprit critique. Sans chercher à détromper son interlocuteur qu'il connaissait bien et de longue date, il suggéra que les coupables fussent traduits en conseil de guerre et que l'on ne prît pas de décisions hâtives. Hitler ne voulut rien entendre, mais le coup avait porté. Pour en atténuer l'effet, le chancelier eut recours à une recette qui lui était familière. Il se mit en fureur. En le regardant partir, Ritter von Epp, à demi tourné vers le prince zu Ysenburg, son aide de camp, proféra ce blasphème : «Cette fois-ci, il est devenu complètement fou!»

La seconde étape fut le ministère de l'Intérieur. Il était environ 10 heures. Pour commencer, Hitler se fit mettre en liaison téléphonique avec Göring, qui attendait le signal dans sa «villa» de la Leipziger Platz. Le Führer lui transmit le mot de code «Colibri». Cela signifiait que les opérations pouvaient commencer en Prusse et dans le Reich tout entier. Puis on dressa un bilan de la situation. On compara les listes de suspects et la liste des SA-Führer arrêtés. Il en manquait un. C'était un très gros poisson : Karl Ernst, le Gruppenführer, l'«enfant chéri» de la IIIe région militaire. Des instructions furent immédiatement données. Il fallait le retrouver à tout prix. On le cherchait à Munich. À 10 h 15, la major Rupp, instruit sans doute par la 7e division, inscrivait sur son papier «Ernst»! La police politique en Bavière, à Berlin était en émoi. Mais que faisait donc ce fameux Ernst? Dans la ville, Göring, Daluege, Gisevius et Nebe s'amusaient, avec beaucoup de discrétion d'ailleurs, de cette magnifique bévue de la «concurrence».

Hitler voulut rencontrer une nouvelle fois les deux officiers qui l'avaient accueilli sur l'aérodrome. On téléphona au général Adam. Celui-ci promit que le lieutenant-colonel Sintzenich et le major Nebauer allaient se rendre, sans tarder, au ministère de l'Intérieur. Le temps passait. Hitler prévit qu'il n'en aurait pas fini avant 11 h 30. Il ne voulut pas laisser les SA-Führer jugés fidèles se morfondre dans une attente morose et se forger peut-être nombre d'idées fausses. Viktor Luze était là. Il venait, nous dit-il, d'arriver de Wiessee dans le bâtiment qui bourdonnait comme une ruche. Le Führer lui ordonna de se rendre à la Maison Brune et de fournir une première information aux SA-Führer rassemblés. Puis, il reçut Sintzenich. Il avait une bonne nouvelle à lui annoncer. Tous les suspects étaient sous les verrous à l'exception du Gruppenführer Ernst. Certes, il connaissait depuis bien longtemps la « faiblesse » de Röhm, mais il avait cru jusqu'alors qu'il parviendrait à ramener les choses dans le droit chemin. Pour lui, c'était une affaire définitivement réglée. Personne ne saurait imaginer ce qu'il lui en avait coûté de se séparer de camarades avec lesquels il avait combattu pendant des années, mais ces hommes auraient ruiné moralement la SA. Il avait été nécessaire de tirer un trait sur ce chapitre. Les scènes qui s'étaient déroulées pendant les arrestations à Wiessee étaient incroyables. Elles témoignaient d'une scandaleuse impudeur. Il avait vu beaucoup de choses dans sa vie. Il n'aurait jamais imaginé que de telles turpitudes fussent concevables. Désormais, une ligne de conduite avait été clairement définie. L'armée, das Heer, aurait le « monopole des armes ». À l'avenir, elle disposerait à son gré de tout homme qu'il soit SA ou autre. Tout Allemand qu'elle désignerait lui appartiendrait. La péroraison ne détonnait pas. « J'ai toujours eu une confiance entière dans la Werhrmacht et le ministre de la Défense. Soyez profondément convaincus que je désire régler cette affaire de manière définitive et que je vais mettre de l'ordre dans la SA une fois pour toute. » Hitler prit congé des officiers après avoir prononcé cette incroyable *captatio benevolentiae*. Pourquoi un tel geste, en ce jour, en ces circonstances ? Un incident n'allait pas tarder à le révéler.

La Reichswehr assiège la Maison Brune

Un coup de téléphone de Lutze fut comme un coup de bâton dans une fourmilière. Des troupes de la Reichswehr prenaient position sur la Königsplatz. Elles encerclaient la Maison Brune et ne laissaient personne entrer ni sortir. L'importance de l'effectif a été l'objet d'estimations diverses : une section, une compagnie ou plus. D'autres aperçurent des blindés, des canons de défense aérienne. La nouvelle causa une vive émotion. Le ministre de l'Intérieur avait pourtant bien insisté auprès de l'officier de liaison, dès le début de la matinée. C'était une affaire interne au Parti. Et il avait interrogé le major : « A-t-on donné l'ordre de consigner la troupe dans les casernes ? » Le malentendu fut rapidement éclarci. Vers 11 h 30, l'état-major de la 7e division avait ordonné au 19e régiment d'infanterie, pour des raisons inconnues, de protéger la Maison Brune contre une « attaque aérienne ». Sans doute, la conséquence du perfectionnisme de quelque officier d'état-major ! Le régiment avait envoyé une section de mitrailleuses lourdes, mais, dans le tourbillon des événements, on avait omis d'en informer l'Intérieur. D'où l'émotion, d'ailleurs fort révélatrice! Lutze fut le seul à confier au papier ses arrière-pensées. Son premier mouvement fut de se dire : c'étaient donc bien Röhm et les adversaires de la Reichswehr qui avaient raison. Désormais, l'ordre était rétabli en Allemagne, les militaires n'avaient plus besoin des nazis et ils allaient les liquider. Le Führer n'allait pas tarder à pénétrer dans la Maison Brune. C'était une souricière. On y entrait, mais on n'en sortait plus. Ses adversaires s'empareraient de sa personne et ainsi, du pouvoir dans toute l'Allemagne. Le SA-Führer s'étonnait des pensées qui lui venaient à l'esprit. Certes, il savait depuis huit jours, depuis le 22 juin, que Röhm avait préparé un coup d'État pour éliminer le commandement de la Reichswehr et le Führer. Il n'en avait guère douté. Ce qu'il avait vécu depuis quarante-huit heures l'avait néanmoins dérouté. Et si les généraux avaient des visées plus ambitieuses?...

Et le Führer? Rassuré par les explications de l'état-major de la région militaire, il partit vers la Maison Brune.

L'odyssée de la Leibstandarte

À Lager Lechfeld, le convoi ferroviaire arriva vers 6 heures du matin. Les moyens de transport automobile rassemblés comprenaient 19 camions et autocars de la 1re et 3e compagnies du 7e échelon divisionnaire de troupes motorisées, sous le commandement du lieutenant Scherber. Un peu avant 6 heures, survint une seconde colonne formée de 35 véhicules du 5e échelon divisionnaire du train, sous le commandement du capitaine Fuchs. J. Dietrich, déjà sur place, attendait ses hommes. Fuchs lui annonça qu'il était chargé de transporter le détachement de la SS. Pendant ce temps, le Dr Werner Best surgit à son tour. Il avait ordre de conduire la colonne à Bad Wiessee. La situation était parfaitement claire. Le SD-Oberabschnittsführer dirigeait l'opération, J. Dietrich était responsable de l'exécution des ordres. La Reichswehr mettait à la disposition de la SS la logistique. Depuis la veille d'ailleurs, le dispositif avait été singulièrement réduit. Auparavant, il avait été prescrit qu'un avion surveillât la marche de la colonne et se tînt en liaison radio de manière permanente avec l'état-major de la 7e division. L'arrivée du Führer avait rendu inutile un tel luxe de précautions. Second contretemps : Scherber et ses hommes étaient plus utiles à Munich, car le volume de transport, excédentaire à Lechfeld, faisait défaut dans la capitale bavaroise. Scherber reçut l'ordre de regagner la caserne à marche forcée. Trois circonstances aggravèrent le décalage entre les ordres primitifs et la nouvelle constellation. Il avait plu dans la nuit, les routes étaient glissantes. Les pneus des véhicules étaient usés. Le convoi dut rouler lentement. Enfin, la provision d'essence baissait. Il fallait faire le plein. On s'arrêta dans la caserne du 7e régiment d'artillerie à Landsberg. Un copieux déjeuner fut servi aux hommes pendant que l'on remplissait les réservoirs. Il devait être 8 heures du matin. On reprit la route un peu plus tard. Cette colonne de la Wehrmacht qui transportait des

SS ne passait pas inaperçue. Le sous-préfet (Amtmann) de Bad Tölz en fut informé. Le major Rotter, un officier du Landesschutz, à Bad Tölz, fut averti. La matinée s'écoulait dans la paix de la campagne. À Munich, on avait enfin songé au détachement de la Leibstandarte. La gendarmerie fut alertée. Le SD envoya deux hommes à la recherche de cette fameuse colonne. Peu avant Bad Tölz, elle fut stoppée par des gendarmes qui lui ordonnèrent de regagner Munich au plus vite. Les deux envoyés du SD arrivèrent à leur tour. J. Dietrich n'y comprenait plus rien. Il avait une âme de soldat et savait fort bien que la discipline militaire exige des exécutants qu'ils renoncent à comprendre ce qui leur est ordonné. Pourtant, depuis la veille, on avait un peu trop sollicité sa faculté d'abêtissement. Il essaya d'entrer en communication avec la Maison Brune. Il n'y parvint pas. La ligne était en dérangement pour des raisons «techniques». Il était bien 11 heures passées. Dietrich ordonna de faire demi-tour et de se diriger vers Munich. Quand il arriva sur la Carolinenplatz, il fut arrêté par un cordon de la Reichswehr qui gardait les abords de la Braunes Haus. Après avoir parlementé, il obtint de franchir, seul, le barrage et d'être conduit par un officier à l'intérieur de la Maison Brune. Averti, Bormann l'annonça au Führer. Celui-ci fit de vifs reproches au SS-Gruppenführer. Pourquoi avait-il tant tardé? Dietrich se justifia. Puis il s'en alla et répartit ses hommes dans les différents cantonnements. Le détachement que commandait Lippert s'était joint aux deux compagnies de la Leibstandarte, et c'étaient maintenant 1300 hommes qui étaient sous les ordres de Dietrich. La Verfügungstruppe (500 hommes?) fut cantonnée dans la caserne du génie, Winzererstrasse, 200 hommes dans la caserne du train, Leonrodtplatz, et deux fois 300 hommes dans les casernements du 19e régiment d'infanterie, à Oberwiesenfeldtal. L'effectif était deux fois supérieur à celui qui était attendu. Cela provoque de nouveaux embarras et retards. Il était 15 h 45 lorsque la Kommandantur fut en mesure d'annoncer au Wehrgau la répartition définitive des SS entre les différents corps de troupe. Dietrich revint à la Maison Brune comme Hitler le lui avait ordonné. Ce n'était pas sans mal qu'il avait réussi à pénétrer dans la caserne, gardée avec rigueur. Il eut autant de mal à en sortir. On lui établit un laissez-passer. Tout cela prit beaucoup de temps. Il était bien entre 15 et 16 heures lorsqu'il fut introduit dans la Braunes Haus. Dietrich fut invité à faire antichambre. C'est seulement à 17 heures qu'il fut reçu par Hitler.

L'après-midi à la Maison Brune

Quelques dizaines de SA-Führer s'étaient retrouvés dans la Braunes Haus. Combien étaient-ils? Cinquante? Moins peut-être? Il y avait là Fuchs, Marx, Jüttner, Schreyer, Koch-Coblence, Schragmüller-Magdebourg, Sander, Bennecke... Lutze avait tenté de leur donner quelques explications. Il leur avait fait un récit des événements en omettant bien des détails et en brodant sur le thème qu'il entendait répéter depuis quarante-huit heures. Il voyait l'étonnement, le désarroi, le doute se peindre sur le visage de ses camarades. Il les comprenait. Il partageait leurs sentiments, mais il ne devait pas le montrer. Enfin le Führer apparut. On se réunit dans la salle des sénateurs. À l'imitation de Mussolini, Hitler envisagea pendant un temps, de créer un Sénat composé de dignitaires nazis. Il était toujours accompagné par Brückner, Schaub et le Dr Otto Dietrich, qui le suivaient depuis Essen, par Goebbels et Hanke qui l'accompagnaient depuis Godesberg. Sa suite s'était enflée. Il y avait Walter Buch, qui présidait le « tribunal du Parti » — à l'origine une simple commission d'arbitrage et de discipline —, Franz Xaver Schwarz, le trésorier du Parti, Wilhelm Grimm, qui présidait la deuxième « chambre » du tribunal du Parti, Rudolf Hess. Il y avait aussi un certain nombre de Gauleiter : Kaufmann, de Hambourg, Kube, de Berlin, etc.

Il était midi. Hitler fit irruption dans la salle comme un damné que poursuivent les Furies. Bennecke, qui a visiblement ménagé « son » Führer, a néanmoins reconnu que les propos de celui-ci étaient « pleins de tempérament ». Selon Schreyer, la voix tremblait, grimpait à l'aigu et se cassait. L'orateur était comme pris de spasmes qui le privaient de la parole. Il devait saliver abondamment sous la puissance de l'émotion. Soudain, nous dit le témoin, une balle d'écume se forma devant ses lèvres. Nous ne savons pas si le phénomène décrit n'est pas inconcevable du point de vue de la physiologie. Une telle anecdote figure déjà dans la plus mauvaise propagande antinazie publiée avant 1933. Il n'est pas douteux, en tout cas, que Hitler avait du mal à se maîtriser. La fatigue, les surprises, la peur, la colère l'avaient rudement éprouvé depuis plus de deux jours.

Le discours comprenait trois parties. Dans la première, le chancelier décrivait des agissements du Stabschef. Il n'incarnait plus l'idéal spartiate du soldat politique. Les dépenses somptuaires n'avaient cessé de croître. La villa Röhm dans la Matthäikirch-Strasse était la demeure d'un grand bourgeois de l'époque wilhelminienne, non celle d'un national-socialiste. Ce n'étaient que banquets, voyages officiels, séjours dans les palaces, déplacements dans de puissantes voitures. Ces prodigalités corrompaient. Le luxe devenait une habitude amollisante à laquelle on ne parvenait plus à s'arracher. Alors tous les moyens devenaient bons pour se procurer l'argent dont on avait besoin : le chantage, l'extorsion de fonds, la vénalité. Röhm avait détourné douze millions de marks. Il avait reçu des subsides d'André François-Poncet, car le Stabschef avait aussi des ambitions militaires et voulait substituer la SA à la Wehrmacht.

Le Führer en traita dans une seconde partie, plus brève. Les compétences entre la SA et la Reichswehr devaient être nettement délimitées. Toutes les tâches militaires incombaient à l'armée. Elle était seule à en décider et il convenait que tous les Allemands, sans exception, ni restriction, fussent prêts à la servir quand elle l'exigeait. L'avenir du Reich en dépendait. La SA ne saurait prétendre à des privilèges exorbitants. Elle était et restait l'armée politique du Führer. Lui, il avait toujours eu confiance dans sa SA. Il demeurait persuadé de sa profonde loyauté si l'on mettait à part quelques brebis galeuses.

La troisième partie constituait une pathétique péroraison. L'histoire de l'humanité n'offrait pas d'exemple d'une plus grande félonie. Röhm, en qui il avait toujours mis sa confiance, Röhm qu'il avait défendu, protégé et aux côtés duquel il s'était toujours rangé dans toutes les traverses, dans toutes les vicissitudes, Röhm, circonvenu et suborné par ses mignons, s'était rendu coupable de haute trahison et d'intelligence avec l'étranger. Röhm avait conçu le plan de l'arrêter et, jour affreux ! de le tuer lui, le Führer, afin d'avoir les mains libres et de livrer, sans que personne osât s'y opposer, l'Allemagne à ses ennemis. Il vibrait, tremblait. Soudain, comme refermé sur lui-même, après avoir laissé entrevoir son drame intérieur, il déclara qu'il ferait un exemple et que le châtiment serait exemplaire. Lutze avait été désigné, avec le titre de Stabschef, comme successeur de Röhm.

Le discours avait duré une heure. Les auditeurs l'avaient écouté débout. Les mines étaient impassibles. Il n'aurait pas fait bon de laisser transparaître des sentiments individuels. De temps à autre, une indignation de commande animait les masques. Le Führer le disait. Cela devait être vrai. Pourtant ! Lutze avait des doutes, Jüttner avait des doutes, Bennecke avait des doutes. Tous les trois ont fait de brillantes carrières. Quant à ceux qui ne se sont pas confiés ? Combien étaient-ils à surprendre en eux des réticences ? Le nouveau Stabsführer invita ses camarades à rentrer chez eux. Ils veilleraient, à l'avenir, à ce que la discipline fût scrupuleusement respectée en toutes circonstances. À quelques-uns d'entre eux, il prodigua des avertissements particuliers. À Koch-Coblence, Schragmüller-Magdebourg et Sander, il conseilla de passer quelques jours, chez des amis sûrs, au domicile desquels la police n'aurait pas l'idée de les chercher.

Quatre communiqués

Hitler s'était retiré dans son bureau, la Führerzimmer, avec Hess et Lutze. Personne n'a mentionné le Dr Goebbels ni le Dr Otto Dietrich. Il est pourtant assez vraisemblable qu'ils ont assisté le Führer, car son premier travail ne fut pas de juger les mutins, mais de rédiger quatre communiqués : 1) La Verfügung des Führers qui destituait Röhm de ses fonctions, le chassait du Parti et de la SA, désignait Lutze comme nouveau Stabschef et stipulait que toute désobéissance à ses ordres entraînerait l'exclusion, l'arrestation et la condamnation des coupables; 2) une lettre à Lutze dans laquelle le chancelier lui exprimait sa confiance et lui confiait la tâche de faire de la SA « un maillon fidèle et solide du mouvement national-socialiste »; 3) de sa propre main, la « déclaration des services de presse nationaux du NSDAP », qui définissait pour la première fois la version officielle des événements : une petite clique d'ambitieux avait, depuis des mois, cherché à semer la division entre la SA et le Parti, la SA et l'État; Röhm ne s'était pas opposé à ces menées, il les avait, au contraire, favorisées, victime de ses propres dispositions morbides, il était en contact avec le général von Schleicher par l'intermédiaire d'une «obscure personnalité» (Werner von Alvensleben) ainsi qu'avec le représentant d'une puissance étrangère; des incidents, qui avaient été délibérément provoqués, avaient contraint le Führer à interrompre une tournée d'inspection en Rhénanie; il voulait destituer et mettre en état d'arrestation les SA-Führer sur lesquels pesaient les charges les plus lourdes, mais le spectacle qui s'était offert, à lui, à Wiessee, l'avait «contraint à effacer toute trace d'indulgence»; le ministre président Göring avait reçu l'ordre de mener une action parallèle à Berlin, «notamment contre les réactionnaires associés à ce complot». À 12 heures, le Führer avait prononcé devant les SA-Führer rassemblés à Munich, une allocution dans laquelle il soulignait son attachement à la SA et, pour tous ceux qui avaient des responsabilités, la nécessité d'une obéissance et de mœurs exemplaires; il avait jusqu'alors «couvert» le Stabschef, mais il était désormais dans l'obligation «de faire passer le salut du mouvement et de l'État avant ses sentiments personnels»; enfin, «il étoufferait dans le germe et anéantirait toute tentative de propager une nouvelle révolution, dans des conventicules dérisoires, formés d'ambitieux. La déclaration fut complétée par un «Récit d'un témoin oculaire», de la plume de Goebbels. Il contient un certain nombre de détails intéressants sur le déroulement de l'action, rien de plus.

4) Le quatrième document rédigé par Hitler fut l'Ordre du jour au Stabschef Lutze, que l'on désigne aussi comme les douze commandements de la SA (12 Forderungen an die SA). C'était un code de bonne conduite en douze points :

1 – Nécessité d'une obéissance aveugle et d'une discipline inconditionnelle.

2 – Nécessité d'une conduite et de mœurs exemplaires pour les SA-Führer.

3 – Nécessité de châtier et d'exclure de la SA tout SA-Führer qui causerait un scandale public.

4 – Nécessité de mœurs spartiates et interdiction des dîners et réceptions.

[Le quatrième point était longuement développé. Le SA-Führer devait être l'exemple de la simplicité et de la solidarité. Il était inadmissible que des SA-Führer donnassent de somptueux dîners ou y prirent part alors que tant de chômeurs menaient encore une vie misérable. Les économies étaient de rigueur. D'autre part, les SA-Führer ne devaient pas, sauf exception, remplir de tâches de représentation.]

5 – Interdiction aux Führer de la SA et de la PO de posséder ou d'utiliser de coûteux cabriolets ou limousines.

6 – Interdiction aux Führer de la SA et de la PO de s'enivrer en public.

7 – Obligation de ne pas tolérer l'homosexualité.

8 – Obligation de ne pas empiéter sur le domaine propre de la Wehrmacht.

9 – Définition des principes du commandement : a) la discipline doit allier le respect de la hiérarchie et la camaraderie; b) la qualité (formation des hommes) doit passer avant la quantité (recrutement intensif).

10 – Définition des principes de l'avancement : l'ancienneté, les aptitudes pratiques doivent passer avant le savoir théorique.
11 – Nécessité de la formation physique et idéologique.
12 – Rappel des principes fondamentaux de l'esprit de la SA : a) obéissance au Führer; b) respect de la loi; c) loyauté; d) camaraderie.

Il était bien 15 heures lorsque cet exercice de rédaction fut terminé. Hitler l'avait peut-être employé, plus ou moins inconsciemment, pour éluder une décision qui lui répugnait, car il restait à décider du sort des SA-Führer considérés comme coupables.

Le tribunal

Le Führer réunit alors dans son bureau de la Maison Brune un certain nombre de responsables pour délibérer sur le sort des SA-Führer qui avaient été arrêtés. Le fait même de la délibération constitue l'argument le plus fort contre tous ceux qui soutiennent que la décision avait été prise le matin même, ou la veille, ou bien plus tôt encore. Pourquoi ce simulacre de procédure si la sentence était déjà prononcée ? Il y avait là, autour de Hitler, Rudolf Hess et son Stabsleiter, en fait son secrétaire privé, Martin Bormann, Goebbels, etc. Lutze a assisté au moins à une partie de la discussion. Max Amann, qui dirigeait la presse du Parti, était, semble-t-il, présent. La participation à ces débats de Brückner, Schaub, Buch, Grimm, Dietrich et de quelques autres Reichsleiter ou responsables du Parti apparaît vraisemblable. Elle n'est pas attestée. Le dossier était constitué par une pièce unique : la liste fournie à la fin de la matinée par le Dr Koch, directeur de la prison de Stadelheim, sur laquelle figuraient les noms d'une trentaine de SA-Führer, incarcérés au cours de la matinée.

Le débat fut animé. Il était d'ailleurs préjudicié par les événements à Berlin, les assassinats de Bose, Schleicher et Klausener. Ces trois cadavres pesaient lourd dans l'un des plateaux de la balance. L'opinion allemande aurait-elle admis que deux personnalités civiles et un général, ancien chancelier d'Empire, quels que fussent leurs crimes, eussent été abattus, sans jugement, alors que Röhm et ses lieutenants auraient tiré leur épingle du jeu, au prix de quelques mois ou quelques années de « détention préventive » ou pis d'une simple destitution ? Il semble que pour commencer, on ait réservé le cas de Röhm. L'accord se fit rapidement, selon Lutze, sur un certain nombre de noms : Schneidhuber, Schmid, Hans Hayn. Les deux premiers étaient considérés comme responsables des désordres qui avaient éclaté à Munich. Schmid était accusé, de manière plus précise, d'avoir voulu faire arrêter le Führer, à Wiessee, pendant la réunion des SA-Führer. C'était un acte de forfaiture caractérisé. Hayn avait de mauvaises relations avec la Reichswehr. Il avait publiquement insulté l'institution et ses représentants. Cela méritait la mort. Lutze n'a pas mentionné Karl Ernst dans ses mémoires. Il était en conflit avec la Reichswehr. Cela aussi méritait la mort. Par contre, Edmund

Heines fut vivement défendu par le chancelier. Les raisons de cette attitude nous échappent. Hitler a-t-il soupçonné l'armée de vouloir prendre une revanche pour le procès de Stettin, en 1928, au cours duquel le SA-Führer, poursuivi pour le meurtre d'un ouvrier agricole, exécuté selon toute vraisemblance sur l'ordre ou avec l'assentiment de la Reichswehr, n'avait pas hésité à mettre en cause, publiquement, celui qui était alors, avec le grade de colonel, le chef d'état-major de la IIe Région militaire, von Pawelsz? On obtint la tête de Heines. Son homosexualité notoire et ses débordements, sous l'effet de l'alcool, rendaient difficile la tâche de la défense. Quelle était la part de ragots, religieusement colportés par certains contemporains, un Franz von Gaertner par exemple, et repris avec délice par quelques historiens? Quelle était la part de vérité dans tout cela? Nous n'en saurons jamais rien. Heines était devenu un personnage irrémédiablement «suspect» en se rendant auprès du général von Kleist pour dissiper les malentendus. Le témoignage du commandant de la 2e division de cavalerie l'aurait justifié. L'accusation aurait été ébranlée. Visiblement, quelques personnages avaient intérêt à le faire disparaître. Il en allait de même pour Peter von Heydebreck qui dirigeait la SA en Poméranie, et pour Hans von Spreti. L'enquête rapide à laquelle la Heeresleitung avait procédé, peu avant le 27 juin, leur était favorable puisque la IIe région militaire qualifiait de bons les rapports entre armée et SA. Peter von Heydebreck comptait néanmoins de solides inimitiés dans la Reichswehr. Erich von Manstein a commandé le bataillon de chasseurs du 4e RI, stationné à Kolberg, jusqu'au 31 janvier 1934. Il a fait de Heydebreck, un portrait peu flatté. C'était, dit-il, une nature de mercenaire et de soudard, il avait bravement combattu en Silésie où il avait dirigé un Freikorps, mais une fois parvenu au sommet des honneurs, il avait laissé libre cours à sa vraie nature. C'était devenu un despote sans foi ni loi, jouisseur et débauché. Certains cadres de la Reichswehr souhaitaient visiblement la destitution de P. von Heydebreck. Dans la province, les tensions entre la SA et des organisations comme la DJK ou le Stahlhelm perturbaient le climat politique. On avait imaginé d'impliquer von Heydebreck dans la conspiration découverte si providentiellement au mois de juin. Les circonstances s'y prêtaient. Röhm avait fait une tournée d'inspection en Poméranie à la fin du mois de mai. Il était hasardé, mais non illogique d'en déduire que P. von Heydebreck avait trempé dans toutes ces machinations. Le cas du Standartenführer Hans von Spreti présente de grandes analogies. La plupart des auteurs affirment qu'il a été fusillé parce qu'il était homosexuel. L'était-il réellement? L'allégation ne nous paraît pas fondée de manière certaine. Quoi qu'il en soit, nous doutons que l'homosexualité seule ait motivé sa condamnation à mort. Le malheureux avait eu tort de fournir involontairement des «preuves» à l'accusation. Le 25 et 26 juin, il était à Stettin et avait fait une brève tournée en Poméranie. On en avait déduit qu'il avait fait ce voyage pour régler les derniers détails de l'insurrection. Le laisser en vie comportait un risque. Il aurait été capable de se justifier. On demanda sa tête. On l'obtint. Ainsi, il se tairait définitivement.

On ne fut pas toujours aussi heureux. Ni Koch ni Sander ni Schragmüller n'ont été condamnés à mort au cours de ce conseil de guerre improvisé. Bien que Lutze ait allégué le contraire, F. von Krausser parut échapper à son destin. Il fut gracié par le Führer «à cause de sa décoration». De quelle décoration s'agissait-il? Krausser avait un brillant passé militaire. Pendant la guerre, il avait été maintes fois blessé et décoré. Il avait reçu la Croix de fer de IIe et Ire classe, la croix du Mérite de Bavière de 4e classe avec couronne et glaives, la croix de Chevalier de IIe classe de l'Ordre de Frédéric de Wurtemberg, la croix de Chevalier de l'Ordre domestique des Hohenzollern, l'Ordre militaire de Max Joseph de Bavière, la médaille des Blessés, l'insigne des Aviateurs. Mais ce n'est pas ce qui comptait. Krausser était, avec le numéro 5, détenteur de l'ordre du Sang, décerné à ceux qui avaient été blessés, le 9 novembre 1923, aux côtés de Hitler, lors de la marche vers la Feldherrnhalle. Hitler tint bon. Pourtant la décision ne fut pas respectée. Heydrich sut «corriger la fortune».

On en vint enfin à Röhm. Le chancelier consulta ceux qui l'entouraient. Lutze déclara que l'affaire se prêtait à deux «expéditions». Röhm commandait la SA, il était, en tant que chef, responsable des erreurs de ses subordonnés. C'est donc lui qui devait être châtié si l'on voulait prononcer un châtiment. Ou bien si l'on voulait faire un exemple, il fallait fusiller Röhm et les principaux coupables. Pour Lutze, il était en effet, dès ce moment, évident que Röhm n'avait pas donné l'ordre de préparer un putsch. Des ambitions militaires? Sans doute! Un projet politique subversif? Cela paraissait exclu. L'alternative proposée par le nouveau Stabschef n'était pas sans habileté. Il sentait bien que Hitler hésitait à condamner Röhm, à l'assassiner en fait. Pouvait-on le grâcier sans revenir sur les condamnations qui avaient déjà été prononcées? Lutze prétendit qu'il se retira dans son nouveau bureau, celui du Stabschef de la SA, qui était situé de l'autre côté du couloir, en face de celui de Hitler, après avoir donné son avis. Son journal ne nous renseigne pas sur la suite de la discussion. Il nous faut suppléer à cette carence par les rumeurs que Rosenberg recueillit. Le Führer prit la défense de Röhm. Lorsqu'il avait été jugé après l'échec de putsch de 1923, la capitaine Röhm était à ses côtés, sur le banc des accusés, devant la cour de justice populaire. La discussion sombra rapidement dans une bassesse obscène, soulevée par des mouvements de passion hystérique.

Amann : «Le plus gros de ces cochons doit sauter. C'est moi qui supprimerai Röhm de ma main.» Hess (exalté) : «Non, c'est mon devoir à moi, même si l'on doit me fusiller après cela.»

Hitler ne céda pas. Röhm ne serait pas fusillé. Un bref communiqué fut rédigé et aussitôt remis à la presse «*Verlautbarung an die Presse*». «En liaison avec le complot qui a été découvert, les SA-Führer dont les noms suivent ont été fusillés : Obergruppenführer August Schneidhuber (Munich), Obergruppenführer Edmund Heines (Silésie), Gruppenführer Karl Ernst (Berlin), Gruppenführer Wilhelm Schmid (Munich), Gruppenführer Hans Hayn (Saxe), Gruppenführer Hans Peter von Heydebreck (Poméranie), Standartenführer Hans Erwin comte Spreti (Munich).»

La documentation est muette sur un point. Krausser et Röhm étaient grâciés. Ils n'étaient pas pour autant innocentés. Cela devait-il signifier que la peine capitale était commuée en «détention préventive»? Les suspects qui avaient été innocentés comme Koch étaient-ils désormais à l'abri de poursuites judiciaires ou demeuraient-ils inculpés et l'instruction suivait-elle son cours? Il ne semble pas que la question ait été soulevée à Munich. Cette imprécision offrait une prise facile aux professionnels de la police, bien décidés à soumettre à révision un certain nombre d'acquittements prononcés par le Führer, au besoin à son insu.

Vers 17 heures, Dietrich fut appelé dans le bureau du Führer. Bormann tenait dans la main la liste des SA-Führer incarcérés à Stadelheim. C'était l'état dressé par le Dr Koch dans la matinée. Devant six noms : Hayn, Heines, Heydebreck, Schmid, Schneidhuber et Spreti, une croix avait été tracée. Ce papier était à la fois l'expédition du jugement, l'ordre de levée d'écrou et d'exécution. Dietrich fut effrayé par l'aspect de Hitler. Blême, les traits boursouflés, des poches sous les yeux, il avait un air hagard. Les deux dernières heures lui avaient donné le coup de grâce. Plus il luttait pour ressaisir les fils du destin et plus il avait le sentiment que les événements lui échappaient. À Dietrich, il ordonna d'une voix rauque : «Vous irez à la caserne, prendrez six sous-officiers et un officier et vous ferez passer par les armes les six SA-Führer dont les noms sont marqués d'une croix, pour haute trahison et intelligence avec l'étranger.»

Hitler quitte Munich

Il était entre 17 et 18 heures. Le chancelier avait quitté Munich vers 20 heures. Avant que l'avion ne décollât, Hitler eut une conversation avec le Reichsstatthalter qui était venu, en compagnie de son aide de camp, le prince zu Ysenburg, le saluer à l'aérodrome. Ritter von Epp intervint en faveur de Röhm et de F. von Krausser. Le chancelier lui répondit qu'il avait grâcié le premier en raison de ses mérites, le second en raison de son ordre.

Six exécutions à Stadelheim

Muni de la fameuse liste, Josef Dietrich, accompagné du SS-Gruppenführer Josias, Georg, Wilhelm, Adolf Erbprinz zu Waldeck und Pyrmont, se rendit tout d'abord à la caserne du génie, dans la Winzerer Strasse. Il ordonna au Obersturmbannführer Reich de former un peloton d'exécution, composé de tireurs d'élite choisis parmi les officiers et sous-officiers les plus anciens. Reich en prendrait le commandement. Pour arriver à Stadelheim, il leur fallut traverser toute la ville. Le Dr Koch, le directeur de la prison avait vécu une journée agitée. Dans la matinée, on lui avait confié, en dehors de toutes les formes légales, une trentaine de prisonniers, dont quelques-uns, la veille encore, étaient au sommet des honneurs. Puis une centurie de la Landespolizei avait pris position dans la maison d'arrêt pour la protéger contre une attaque de la SA. On avait prétendu, sans la moindre apparence de raison d'ailleurs, que les bataillons bruns se concentraient dans un bois voisin, le Perlacher Forst. Une mitrailleuse avait été mise en batterie dans l'appartement du Dr Koch. Et voilà qu'à 18 heures, on présentait au directeur un papier qu'il reconnaissait bien. C'était la liste des SA incarcérés. Il l'avait dressée lui-même à la fin de la matinée. Devant six noms, un simple trait au crayon. Et sur la présentation de cette liste, ce SS-Gruppenführer prétendait se faire livrer six détenus pour les passer par les armes dans la cour de la prison. Le Dr Koch téléphona au ministère de la Justice. Il obtint le Ministerialrat Döbig, qui dirigeait la section du droit pénal. Döbig avertit aussitôt son supérieur, le Ministerialrat Meukel, qui dirigeait la division. Meukel prévint sur le champ le ministre de la Justice Hans Frank. Celui-ci avait passé une mauvaise journée. Tenu à l'écart, c'est par le Dr Koch qu'il avait eu connaissance des événements. La lecture de la liste des SA-Führer incarcérés avait porté son désarroi au comble. Il annonça au directeur de la prison qu'il venait sur le champ. Koch pensait qu'il parviendrait à faire patienter J. Dietrich jusqu'à l'arrivée du ministre. Le SS-Gruppenführer ne voulut rien entendre. C'était un ordre du Führer. Il devait être exécuté immédiatement. Pourtant, Dietrich comprenait fort bien qu'il ne pourrait pas s'emparer des six condamnés par la force. Il décida de retourner à la Maison Brune. Frank, qui était arrivé à Stadelheim, avait donné à Meukel, l'ordre de se mettre en communication avec la Maison Brune. Il était un peu plus de 19 heures. Hitler et ses compagnons étaient sur le point de partir. Ce fut Hess qui répondit. À la nouvelle que les six hommes n'avaient pas encore été exécutés, il manifesta une vive irritation. Il demanda à Meukel de bien vouloir lire les six noms, confirma leur condamnation à mort, puis suivit Hitler.

Peu après, survint Dietrich. La Maison Brune était désertée. Il n'y restait que A. Wagner qui griffonna quelques mots au bas de la liste : « Sur l'ordre du Führer, les hommes que le Gruppenführer Dietrich désignera nommément doivent lui être remis. Adolf Wagner, ministre d'État. » Puis il intima au commandant de la Leibstandarte de retourner immédiatement à Stadelheim et de faire son devoir.

Dans la prison, les événements avaient pris une tournure dérisoire. Frank, Meukel, Döbig et Koch avaient retrouvé quelque sérénité. Ils étaient « couverts ». Pourtant nourris dans le sérail, ils gardaient de la justice une image trop majestueuse pour ne pas ressentir un malaise à l'idée que ces six condamnés à mort seraient exécutés, sans jugement, sans l'appareil terrifiant des peines capitales, et, en quelque sorte, à la sauvette. Frank imagina de se faire présenter les six SA-Führer individuellement. Il ferait déclaration de la sentence. Le ministre se rendit dans le bâtiment cellulaire et demanda qu'on lui amenât les prisonniers séparément. Le premier fut Schneidhuber. Plein de gravité, à la fois solennel et sévère comme doit l'être un magistrat, Frank lui annonça qu'il avait été condamné à mort par le Führer et qu'il serait passé par les armes. Le déroulement de cette cérémonie judiciaire fut troublée, car le condamné n'eut pas le comportement que l'on attendait de lui. Loin d'être anéanti par la proximité de la mort et de reconnaître la majesté de la Loi par une soumission passive, il protesta. Sa nervosité, son agitation trahissaient sans doute une peur trop compréhensible, mais il se défendait. Il affirmait hautement son innocence. Il exigeait du ministre de la Justice, qui ne pouvait rien, d'être traduit devant un tribunal régulier. Il demandait qu'on le conduisît devant Hitler. Accablé, Frank comprit l'inanité de sa tentative et fit reconduire le prisonnier devant sa cellule.

Au retour de Dietrich, on fixa les modalités des exécutions. Le prince zu Waldeck und Pyrmont avait pendant ce temps trouvé un endroit approprié, une cour attenante au cimetière de la prison. Douze hommes de la Landespolizei furent désignés. Ils encadreraient deux par deux les six condamnés et les conduiraient dans la cour de la chapelle. Puis, on ferait passer ces derniers, un par un, dans l'enclos où ils seraient fusillés. Le peloton d'exécution serait commandé par Reich. On chercha un médecin pour constater le décès des suppliciés. Il n'y en avait pas à Stadelheim. Un SS-Oberscharführer (sergent-chef) dénicha un brigadier-chef de la police qui faisait fonction d'infirmier dans la prison, Dötter, et il lui ordonna de remplacer le médecin. Il n'y avait plus de temps à perdre. Il était déjà 19 heures. Les gardiens transporteraient les corps dans la morgue.

On fit sortir les prisonniers des cellules et on les plaça individuellement entre deux Landespolizist, en armes, baïonnette au canon. Les policiers eurent pitié des condamnés. Ils n'hésitèrent pas à leur tendre un crayon et un carnet afin qu'ils eussent la possibilité de noter leurs dernières volontés. Cela ne servit à rien. La police politique se fit remettre tous ces papiers après l'exécution. Jamais les familles n'eurent un témoignage direct de ceux qui allaient disparaître. À vrai dire, pour autant que l'on puisse faire foi aux témoignages, les SA-Führer ne comprenaient guère ce qui leur arrivait. Rien de moins concevable pour ceux qui avaient été arrêtés par le Führer que l'attitude de Hitler ! En arrivant dans la cour, Schneidhuber reprit espoir. Il venait d'apercevoir Sepp Dietrich. Il le connaissait bien et l'interpella : « Hé ! camarade Sepp, qu'est-ce qui se passe ? Nous sommes innocents. » Dietrich se détourna. Le Dr Koch fit l'appel. L'habitude était plus forte que leur angoisse. Machinalement, ils répondaient : « Présent ! » Puis le directeur de la prison, à la fois solennel et empêtré dans des circonstances aussi exceptionnelles, leur déclara qu'il les remettait entre les mains du SS-Grupenführer J. Dietrich, « sur l'ordre du Führer ». Dietrich s'avança et fut bref : le Führer les avait condamné à mort. Ce furent aussitôt de bruyantes protestations, des cris. Ils voulaient être traduits devant un tribunal régulier. Ils demandaient à être conduits devant le Führer. Ils n'arrivaient pas à se persuader que Hitler les avait condamnés.

Dans ce brouhaha, une confusion se produisit. On appela : « Schneidhuber ». Les deux policiers qui encadraient Heydebreck poussèrent celui-ci en avant et le placèrent devant un mur, face au peloton d'exécution. Dietrich donna à Reich l'ordre de procéder à l'exécution. Le Obersturmbannführer débita d'une voix monocorde : «Le Führer et chancelier d'Empire vous a condamné à mort. La sentence sera immédiatement exécutoire.» Heydebreck s'arrêta de protester pour lancer : «Je meurs pour l'Allemagne : Heil Hitler!» Selon le témoignage d'un gardien-chef, Zink, recueilli par E. von Aretin, le Gruppenführer serait mort sans un mot et c'est Schneidhuber qui aurait été le premier à prononcer la formule, reprise par les quatre dernières victimes. La salve retentit. Dötter constata que le SA-Führer était mort. Pendant que quatre gardiens traînaient le corps à l'intérieur de la morgue, les hommes du peloton d'exécution rechargeaient leurs armes et l'on introduisit Schneidhuber. P. von Heydebreck avait eu la chance de mourir le premier. Les tireurs d'élite de la Leibstandarte, placés à quelques mètres du condamné, avaient visé bas. Le cœur, les poumons et l'abdomen du supplicié avaient été déchiquetés. Des parcelles de chair et d'os mouchetaient le sol, sur lequel une flaque de sang s'était formée. À ce spectacle, Schneidhuber prit une cigarette, l'alluma et aspira goulûment la fumée. Il la jeta pour crier : «Je meurs pour l'Allemagne. Heil Hitler!» Dietrich était resté en arrière avec le prince zu Waldeck und Pyrmont. Il avait fait la guerre. Il savait ce que signifiait mourir. Par son métier, il était habitué au sang, il avait été boucher. Ce Bavarois trapu n'avait rien d'un sentimental. Pourtant, il aurait donné beaucoup pour ne pas être le bourreau de vieux camarades. Il tourna les talons, suivi du prince, et laissa à Reich le soin d'achever ce carnage. Le même cérémonial se répéta. Entre chaque salve, un silence tendu semblait s'abattre sur la prison. Tous les bruits étaient comme suspendus. On devinait tous les prisonniers tenaillés par l'angoisse derrière les barreaux. Ils retenaient leur souffle : un, deux... Comment résister à la terrible interrogation : leur tour viendrait-il? Même les détenus de droit commun étaient taraudés par l'incertitude. Où s'arrêterait l'épuration en cours? On n'entendait que quelques bruits, les pas dans la cour, le claquement des culasses, quelques paroles. Elles prenaient un relief extraordinaire sur le fond de rumeur qui venait de la ville inconsciente. La cour de prison était devenue l'antichambre du néant. Le troisième supplicié fut Wilhelm Schmid. La main des SS avait tremblé. Schmid saignait abondamment, mais il vivait encore. Dötter fit signe à Reich qui s'approcha et acheva le mourant d'une balle dans la tête. On appela ensuite Hans Hayn, le comte von Spreti-Weilbach et Heines. Spreti, le plus jeune de ces six hommes, aurait été fusillé, selon E. von Aretin, juste après von Heydebreck. Il ne cherchait pas à dissimuler son émotion et tenta de contester la légalité de la procédure. Reich, d'une voix rauque, lui ordonna de se taire et de faire preuve d'un peu plus de dignité. Désemparés, les condamnés ont cherché, avant de mourir, quelque certitude à laquelle se raccrocher. Ils avaient fait la guerre, ils ne croyaient plus ni en Dieu ni en l'homme. Ils avaient cru à la Nation, en ce jour elle les trahissait. Leur famille?... La tradition?... Ils avaient tout sacrifié à une cause. Alors montait du fond de ces cœurs endurcis un cri qui exprimait la seule foi dont ils avaient été capables et pour laquelle ils avaient toujours renoncé à tout, une foi qui leur semblait encore, en cette minute ultime, seule capable de donner un sens à leur vie. Leurs lèvres s'ouvraient pour un dernier «Heil Hitler!», fauché par la salve. On a dit que quelques-uns d'entre eux sont morts, sans doute désespérés, avec la conviction que le Führer était prisonnier de la Reichswehr et que leur tort avait été de ne pas déclencher cette seconde révolution qui aurait préservé l'Allemagne d'une telle tragédie. Ils furent enterrés dans le cimetière de Perlach.

La confusion était dans tous les esprits. Reich, qui avait rang de lieutenant-colonel et était instruit des usages militaires, venait de fusiller six hommes accusés de haute trahison et d'intelligence avec l'étranger. Qu'en pensait-il? Son attitude parlait pour lui. Les gardiens venaient de déposer le corps de Heines dans la morgue et s'éloignaient. Reich s'approcha de la porte encore ouverte. On pensait qu'il voulait vérifier que les suppliciés avaient bien cessé de vivre. Soudain, il s'immobilisa, se raidit et rendit les honneurs militaires. Puis, il réunit ses hommes et retourna à la caserne du génie. À 20 heures, une colonne de camions de la Leibstandarte, qui avait été transportée par rail de Berlin à Munich, arriva dans la Winzerer-Strasse. Le 1er juillet, Dietrich surveilla l'embarquement de ses hommes et du matériel à la gare de Munich vers midi. Après le départ du convoi, il s'envola, à 14 heures, vers la capitale du Reich. On avait déplacé de Berlin à Munich deux compagnies et le matériel automobile correspondant pour passer six hommes par les armes.

BERLIN

La répression à Berlin était subordonnée à la décision du Führer, qui se trouvait en Bavière. Personne ne pouvait aller, de manière ouverte, à l'encontre. Mais en Prusse, Hitler avait délégué ses pouvoirs à Göring. La capitale du Reich était donc, jusqu'au retour du chancelier dans la Wilhelmstrasse, un deuxième centre de décision. C'est seulement à partir du 1er juillet que la répression fut dirigée de manière officielle, non seulement pour la Prusse, mais pour l'ensemble du Reich, de Berlin.

Mais la répression avait, à Berlin, un autre aspect, proprement local et qu'il convient de distinguer. Nous l'avons dissocié et nous le traiterons dans le chapitre suivant.

Les instances de commandement

Au premier plan, nous apercevons Hermann Göring. Il s'était installé, dès son retour de Godesberg, durant la nuit du 29 au 30 juin, dans la «villa» de la Leipziger Platz. Il disposait de moyens considérables. Le Forschungsamt assurait les écoutes téléphoniques et le tenait informé. Il avait sous ses ordres la Landespolizei, commandée par le général Daluege, le Landespolizeigruppe General Göring, régiment de police encasernée, commandé par le général de police Walther Wecke. Celui-ci dirigeait en même temps l'Inspection régionale de la Landespolizei (Berlin/Brandebourg) et exerçait donc le contrôle sur la Landespolizei de la province. Les SA-Feldjäger, cantonnés dans la Kleine Alexanderstrasse, sous le commandement d'un SA-Führer, Fritsch, obéissaient aussi à Göring. Les autres forces de police, Kriminalpolizei et Schutzpolizei, n'ont eu, en la circonstance, qu'un rôle subalterne, comme en Bavière.

Himmler a passé la plus grande partie de la journée du 30 juin aux côtés de Göring, dans la « villa » de la Leipziger Platz 11a. Il a donc été contraint de déléguer ses fonctions à Heydrich qui, de la Prinz-Albrecht-Strasse, le siège du Gestapa dont il était le « directeur », a véritablement conduit l'exécution du plan. En titre, il dirigeait la police politique de Prusse et il était, simultanément, responsable, pour l'ensemble du Reich, du SD, le service de police du parti. En fait, ces distinctions semblent de pure forme dès que l'on entre dans le détail du fonctionnement des mécanismes. K. Wolff a déclaré que quelques Bavarois : le Gestapo-Müller, Meisinger, Huber et Flesch qui avaient la confiance de Heydrich avaient tout exécuté. À la lecture des dossiers, on s'aperçoit que de nombreux fonctionnaires, par exemple le Dr Patschkowsky, qui dirigeait la division du contre-espionnage, sont intervenus. Oberg faisait partie du SD ainsi que le major Ilges, ou Behrends, SD-Oberabschnittsleiter à Berlin. Ces hommes ont, durant ces journées décisives, travaillé en liaison directe avec Heydrich.

Le Reichsführer avait également à sa disposition la SS. Le Oberabschnitt Ost était commandé par Josef Dietrich. Il comprenait trois subdivisions : Abschnitt III, Berlin, Standarte 6, 42, 75, Abschnitt XII, Francfort-sur-Oder, Standarte 27, 54, 65, Abschnitt XXIII, Berlin, Standarte 15, 44, 80. Dans la capitale du Reich et le Brandebourg, Himmler pouvait donc recourir à neuf régiments de la SS, sans compter la 3e Motorstandarte et la Leibstandarte, la garde personnelle du Führer. La plupart des historiens, sinon tous, ont attribué aux hommes de la Leibstandarte les meurtres qui ont été commis à Berlin. Rudolf Lehmann, chroniqueur de cette troupe d'élite, s'est élevé contre de telles allégations. La caserne de Lichterfelde aurait été hermétiquement close. Aucun homme de la Leibstandarte n'aurait participé aux opérations de police. De fait, il paraît peu vraisemblable que l'on ait puisé dans ses effectifs pour constituer les fameux Rollkommandos. L'unité constituait la garde personnelle du Führer. Elle était affaiblie par le départ de deux compagnies à Munich. Celles qui étaient disponibles à Berlin représentaient une sorte de réserve suprême. Les affirmations de Lehmann doivent cependant être corrigées sur un point. La caserne de Lichterfelde fut, le 30 juin, un point de rassemblement de la Allgemeine SS. Une partie de ces SS fut, dans l'après-midi, affectée à la garde de l'aéroport de Tempelhof. La 42e Standarte assumait fréquemment des tâches de police. C'est elle qui surveillait les prisonniers de la Prinz-Albrecht-Strasse et du Columbia-Haus. Il n'y aurait rien d'invraisemblable à ce qu'un détachement de cette Standarte ait participé aux opérations de police. À vrai dire, la question ne saurait être tranchée définitivement que si nous possédions les rapports de l'officier de service à Lichterfelde. L'ordre du jour 209, du 30 juin au 2 juillet, et les rapports de mission pour ces dates manquent. Ils ont été détruits sur ordre.

Les services du Chef AW ont, pour le moins, fourni des renseignements au ministère de la Défense, tout au long de la journée.

La Wehrmacht était représentée à Berlin par plusieurs instances : le ministre de la Défense von Blomberg, assisté de son chef de cabinet, von Reichenau, et du Ministeramt auquel l'Abwehr était rattaché, le commandant en chef de l'armée de terre von Fritsch et les services de la Heeresleitung. Le général von Reichenau et l'Abwehr avaient eu une part prépondérante dans la «mise en scène» de l'affaire Röhm. À partir du 27 juin, la Heeresleitung avait ordonné la mise en état d'alerte de la Reichswehr dans toute l'Allemagne. Il n'est guère vraisemblable que les officiers aient été «surpris par les événements». Pourtant, aucun de ces témoins, si bavards sur les journées précédentes, ne nous a décrit en détail ce qu'il fit pendant ces deux jours. Le major Röhricht aurait parcouru, comme un nouveau Fabrice, le terrain, à Berlin, inquiet de savoir si c'était bien une bataille. Comme «tout travail pratique était arrêté (dans le Bendlerblock), je me mis en route vers le ministère de la Propagande». Foertsch ne dit rien de lui-même. En fait, le cabinet du ministre et l'état-major de l'armée de terre étaient sur le pied de guerre. Ils ont veillé à ce que l'armée remplît les tâches qui lui étaient assignées. La Reichswehr devait être prête à intervenir à tout moment si la situation l'exigeait. Elle devait fournir à la SS toute la logistique dont celle-ci pouvait avoir besoin. Elle avait enfin à surveiller le désarmement de la SA et l'arrestation des SA-Führer. Tout en accomplissant ces missions, elle était tenue à la plus grande réserve. Les chefs dégagés des cadres ont fait preuve d'une trop grande modestie lorsqu'ils ont rédigé leurs mémoires après 1945. Une notation révélatrice du chef du service de renseignements! Le 30 juin, le capitaine de vaisseau Patzig, qui dirigeait l'Abwehr, vit entrer, dans son bureau, peu après 7 heures du matin, un Reichenau triomphant. Le chef du Ministeramt venait de recevoir des nouvelles de Wiessee. Il s'écria : «*All Catched*!» (?) Les Röhm, Heines, von Heydebreck, Hayn... avaient été pris au piège.

C'est à Berlin également qu'était installé l'état-major de la IIIe région militaire. Le 27 juin, le général von Witzleben se trouvait à Putlos sur la Baltique. Un vaste terrain de tir y était aménagé. Le commandant de la 3e division, accompagné de son chef d'état-major, le général von Manstein y inspectait le 3e échelon divisionnaire du train. Il fut invité à rentrer d'urgence à Berlin. La IIIe région militaire était mise en état d'alerte. Les dossiers ont été détruits, vraisemblablement au cours des bombardements de la capitale du Reich pendant la guerre. Nous ne pouvons plus reconstituer en détail la mobilisation des unités de l'armée et leur collaboration avec la SS comme en Bavière. Il n'y a aucune raison de douter que la Reichswehr ait équipé les hommes de Himmler à partir du 29 juin, qu'elle leur ait fourni des moyens de transport, des points de rassemblement et qu'elle ait assuré l'intendance. Dans la matinée du 30 juin, Witzleben rassembla les chefs de corps pour coordonner toutes les mesures nécessaires.

Le ministre de l'Intérieur et le ministre de la Justice du Reich n'ont pas été associés aux préparatifs de l'action. Ils ont été informés tardivement au cours de la journée quand l'évolution des événements l'a imposé.

L'occupation de la vice-chancellerie

Fritz Günther von Tschirschky avait passé une fort mauvaise nuit. Il avait été réveillé par le téléphone à 3 h 30. Un Groupe (*sic*) du Stahlhelm voulait savoir si M. Tschirschky et M. Papen étaient à leur domicile. Encore à moitié endormi et de fort mauvaise humeur, il demanda à son interlocuteur s'il n'était pas fou. On n'appelle pas les gens en pleine nuit pour obtenir de tels renseignements. À 5 heures, le téléphone sonna de nouveau. Tschirschky décrocha. Il entendait un brouhaha de conversations et, tranchant sur tout cela, une voix qui criait : «Oui, il est là!» Avant qu'il ait pu dire un mot, la communication fut coupée. La méfiance de Tschirschky fut mise en éveil. Était-ce simplement un mauvais plaisant? Sûrement pas! À 6 heures, troisième appel. Plusieurs services s'intéressaient au collaborateur de Papen. Cette fois-ci, il était en alerte et, sans plus attendre, exigea de savoir ce que tout cela signifiait. Son interlocuteur biaisa, se déroba et finit par raccrocher. Tschirschky réfléchit. Ses soupçons étaient confirmés. Il y avait anguille sous roche. Il était trop tard pour se recoucher et rattraper le sommeil perdu. Il fit sa toilette, s'habilla, déjeuna rapidement et, par précaution, brûla la copie du testament de Hindenburg, qu'il portait sur la poitrine, puis il partit de son domicile. De la Lichtensteinallee, à la bordure sud-ouest du Tiergarten, jusqu'au Palais Borsig, il n'y avait que le parc à traverser. Trois kilomètres! À cette heure matinale, la circulation était rare. On rencontrait surtout des cavaliers qui faisaient leur promenade quotidienne. Tschirschky était trop préoccupé pour remarquer que, parmi les cavaliers, les uniformes de la Reichswehr avaient disparu. À 7 h 15, il téléphona de son bureau à von Bose et le pria de venir immédiatement à la vice-chancellerie. C'était important et il préférait lui dire de vive voix ce qu'il avait à lui dire. Tous vivaient dans la crainte des écoutes téléphoniques. Le Oberregierungsrat connaissait bien von Tschirschky, il comprit que l'affaire était sérieuse. Il habitait 8, Neuchatellerstrasse, à Lichterfelde, près du jardin botanique. Jusqu'à la Vossstrasse, il y avait une bonne dizaine de kilomètres. Il lui fallut quelque temps pour arriver. Herbert von Bose se fit raconter en détail les trois incidents. Il en savait beaucoup plus qu'il n'en disait aux autres fonctionnaires de la vice-chancellerie. Il avait deviné qu'une lutte sourde était engagée dont l'enjeu était la personne du Führer. Le Gestapa ou le SD n'auraient pas agi aussi ouvertement s'ils n'avaient eu le soutien de la Reichswehr. Bose avait fait la guerre, participé aux luttes des Freikorps. Néanmoins, il pâlit et murmura comme pour lui-même : «Tout est perdu.» F.-G. von Tschirschky ne comprenait pas son abattement. On devait se renseigner, aller aux nouvelles... Pour commencer téléphoner à F. von Papen. Il était 7 h 45. Le vice-chancelier le prit de haut. Il voulut savoir pourquoi on le dérangeait. Ce n'était pas une heure décente. Tschirschky tint bon. Qu'il vienne! On le lui dira! À la villa Göring, le service des écoutes téléphoniques enregistrait et transmettait. Le ministre président se réjouissait. Ses adversaires lui facilitaient la tâche. Ils se regroupaient dans le Palais Borsig. On les prendrait tous d'un coup de filet. Il faudrait simplement veiller à écarter Papen lui-même afin que la SS n'ait pas à porter la main sur un ministre d'Empire et représentant du chancelier. Papen habitait dans la Lennestrasse. De son domicile à son bureau, il y avait cinq cents mètres. On lui accorda le temps de les parcourir même à pied. À 8 heures, le Staatsministerium appela. Le ministre président priait monsieur von Papen de bien vouloir venir le voir immédiatement.

C'était sans compter avec l'intéressé. Cet être pusillanime était trop mâtiné de Westphalien pour ne pas posséder au suprême degré une absence d'imagination et un entêtement qui donnent l'apparence du courage le plus inébranlable. Il était irrité. Le déranger à cette heure pour une affaire urgente! Il prendrait son temps. On verrait bien... À 8 h 30, nouveau coup de téléphone. Cette fois-ci, c'était Bodenschatz en personne, le chef du cabinet militaire de Göring qui téléphonait. Le ministre président s'impatientait. Il était fort mécontent. L'affaire était urgente. Que faisait monsieur von Papen? Tschirschky ne put que répondre : «J'ai déjà prévenu le vice-chancelier. Il est en chemin.» Pour Göring en effet, la situation devenait fort embarrassante. Il souhaitait avoir le champ libre dans la Vossstrasse lorsque le Führer lui communiquerait le mot de code «Colibri». Röhm était arrêté. Hitler roulait vers Munich. Le temps passait. L'appel pouvait survenir d'un instant à l'autre. Et Papen demeurait invisible. Faudrait-il retarder la révolution parce que monsieur von Papen n'avait pas terminé son copieux petit déjeuner composé de jambon, de charcuteries diverses, d'un œuf à la coque, de fromage, de confiture?... Faudrait-il courir le risque qu'un subalterne maladroit malmenât, par excès de zèle, un ministre d'Empire? Enfin, Papen arriva Vossstrasse, il était 8 h 45. On lui expliqua longuement la situation. Pour commencer, il décida de s'enfermer dans son bureau.

Troisième coup de téléphone. C'était Göring en personne. Il voulait parler à Papen. La conversation fut brève. Papen sortit bientôt de la pièce, pâle, agité. Il demanda à von Tschirschky de l'accompagner jusqu'à la Leipziger Platz. Là, des goupes se formaient dans la rue. Derrière le portail, des hommes de la Landespolizei édifiaient une barricade avec des sacs de sable. D'autres installaient des nids de mitrailleuse. Bodenschatz et le secrétaire d'État Körner attendaient au pied du perron. Ils conduisirent Papen aussitôt dans le bureau de Göring pendant que von Tschirschky restait dans la vaste antichambre qui grouillait de «fidèles» ainsi que les pièces attenantes. L'entrevue entre Göring et Papen n'aurait eu, selon Papen lui-même, qu'un seul témoin, Himmler. Nous en serions réduits au seul récit du vice-chancelier, dans ses mémoires, si nous n'avions un second document, un compte-rendu des événements par Kurt Josten, un collaborateur de la chancellerie. Il avait recueilli les propos tenus par Papen aux principaux membres de son cabinet, à son retour de la villa Göring. Les deux versions diffèrent sur un point important. Göring commença par exposer qu'une révolte de la SA venait d'éclater dans le Sud de l'Allemagne. Le ministre président de Prusse avait été chargé par le chancelier du maintien de l'ordre à Berlin. Hitler lui avait ordonné de veiller tout particulièrement sur la sécurité de monsieur von Papen. Aussi était-il obligé de le prier de ne pas quitter son domicile. Il serait protégé par un détachement de la Landespolizei. Il serait peut-être nécessaire de mettre en état d'arrestation messieurs von Bose et von Tschirschky. On n'avait rien de particulier à leur reprocher, mais le Führer avait été contraint de réprimer une mutinerie de la SA. Il ne voulait pas que cette intervention fût interprétée comme une approbation de la «réaction», au détriment des nationaux-socialistes. Pour prévenir cette déformation des perspectives, il faudrait placer en garde à vue quelques conservateurs, choisis parmi le personnel de tous les ministères. Papen a-t-il gobé cette fable? Il aurait élevé, nous dit-il, une solennelle protestation. Il était légalement le représentant du chancelier. Hitler étant absent de Berlin, lui seul pouvait conférer à Göring les pleins pouvoirs. Ce dernier aurait contesté. Papen demanda que le président Hindenburg fût informé, l'état d'exception proclamé et la Reichswehr chargée du rétablissement de l'ordre public. Göring s'opposa à ce que l'on prévînt le maréchal. L'intervention des forces armées n'était pas nécessaire. Avec la police et la SS, il était maître de la situation. Le texte des mémoires pèche par omission. Aucune mention n'est faite du propos de Göring annonçant l'arrestation de von Bose et de von Tschirschky. Enfin, les mémoires concluent par une phrase non équivoque. «Détenteur de toutes les compétences en matière de police, commandant des troupes aériennes, il [Göring] était incontestablement le plus fort.» Les protestations de Papen ont été sans doute pleines de modération. Quoi qu'il en soit, le ministre président avait tout intérêt à faire durer l'entretien. Pendant la discussion, Hitler avait téléphoné et prononcé le tant attendu «Colibri». Un signe à Himmler! Celui-ci était sorti du bureau pour transmettre les instructions aux exécutants. Il y avait un téléphone dans l'antichambre. Mais on eût dit que le sort s'était complu à contrarier le chef de la SS. Tschirschky était planté auprès de l'appareil. Himmler prit à part Körner et Gritzbach et leur demanda de détourner l'attention du collaborateur Papen. Le manège n'avait pas échappé à celui-ci. Dans leur hâte, Körner et Gritzbach en faisaient trop. Tschirschky mit une sage lenteur à s'éloigner du téléphone. Tourné vers ses deux interlocuteurs, mimant admirablement l'intérêt le plus vif, il ne laissait pas d'écouter ce que Himmler disait dans son dos et il parvint encore à saisir cette phrase : «Vous pouvez y aller!» C'est ainsi que commença la «Nuit des longs couteaux» à Berlin.

Pendant que Göring continuait d'amuser le vice-chancelier, le Palais Borsig fut investi. La vice-chancellerie occupait toute une série de bureaux au rez-de-chaussée et au premier étage du bâtiment. Ils étaient disposés en enfilade, le long d'un couloir, et communiquaient directement entre eux par des portes intérieures. Au rez-de-chaussée, on trouvait le concierge, le central téléphonique et quelques subalternes. Au premier étage étaient installés dans l'ordre : von Papen, von Savigny, von Bose, une vaste antichambre à la suite de laquelle s'ouvraient d'autres pièces. Entre les bureaux des responsables, étaient intercalés ceux des secrétaires. Disposition toute classique ! Ce furent, semble-t-il, des SS accompagnés de quelques policiers en civil qui procédèrent à cette descente de police. Ils arrivèrent entre 10 et 11 heures, contrôlèrent l'entrée du Palais, occupèrent le central téléphonique et bloquèrent la ligne extérieure, mais laissèrent le circuit intérieur fonctionner, puis les SS se déployèrent dans les couloirs sans pénétrer dans les bureaux. Leur attitude était, selon un mot qui connut un grand succès, dans les premiers mois de l'occupation en France, « correcte ». Ils n'avaient pas l'invective à la bouche. Les couloirs ne retentissaient pas de ces « Schwein » que l'on assénait si volontiers aux détenus de Dachau. Pas un seul des survivants ne s'est plaint de sévices subis dans la Vossstrasse. En fait, les SS avaient tendu une véritable souricière. On pouvait pénétrer à l'intérieur du bâtiment, la difficulté était d'en sortir. Un certain nombre de collaborateurs de Papen étaient présents : von Bose, von Savigny, Hummelsheim. Sans attendre, Savigny et Hummelsheim avaient été arrêtés et transférés Prinz-Albrecht-Strasse. Les policiers recherchaient un baron Pereira. Ce devait être quelque grand personnage ou un redoutable agent, car ils insistaient beaucoup pour qu'on leur livrât le suspect. C'était tout simplement un ami de Wilhelm von Ketteler, un monarchiste autrichien, dont le rôle était insignifiant, mais il avait eu le malheur d'attirer l'attention du Chef AW. Par quels canaux obscurs l'information avait-elle circulé avant de faire de ce nobliau l'intermédiaire obligé entre les partisans de Otto de Habsbourg et ceux des Hohenzollern ? Dieu seul le sait. De surcroît, le baron Pereira venait de mourir. Le Gestapa l'ignorait.

Papen avait fini par quitter la villa Göring non sans un éclat quelque peu ridicule. Göring l'avait accompagné jusque dans l'antichambre et, se tournant vers Tschirschky, avait dit : « Veillez à ce que ces messieurs de la vice-chancellerie se réunissent au 9 Lennéstrasse, chez monsieur von Papen. C'est plus rationnel. Je n'ai pas assez de monde pour assurer la protection individuelle de chacun de vous. » Au portail, les SS de garde refusèrent de laisser passer le vice-chancelier et von Tschirschky. Ils avaient reçu des ordres. Personne n'était autorisé à sortir. Tschirschky se précipita dans la villa et revint avec Bodenschatz qui piqua une colère de théâtre. « Qui commandait ici, chez monsieur le ministre président ? Hermann Göring ou la SS ? On allait bien voir. » Les SS s'inclinèrent. Ils avaient appliqué les ordres qu'ils avaient reçus, mais cette manière, déclamatoire, de marquer la distance entre l'État et le Parti était trop appuyée pour être sans arrière-pensée. Le vice-chancelier voulut passer dans la Vossstrasse pour y prévenir ses collaborateurs et prendre quelques dossiers. Il y trouva une curieuse situation. Savigny et Hummelsheim étaient déjà au Gestapa. Dans l'antichambre, au premier étage, Wilhelm von Ketteler et son ami Josten s'efforçaient de comprendre ce qui leur arrivait et supputaient les chances de survivre à un événement aberrant. Dans la pièce attenante, les policiers du Gestapa étaient réunis et se concertaient sans doute sur la meilleure manière de procéder. De l'autre côté, von Bose recevait un visiteur tout en s'efforçant de dissimuler son inquiétude. Le concierge l'avait averti, par le téléphone intérieur, que l'ordre de perquisition était signé Himmler. On disait que H. von Bose avait un «dossier» sur le Reichsführer. Il est bien difficile aujourd'hui de savoir ce qu'il en était. Selon Tschirschky, il existait bien un dossier sur les exactions nazies. Rien qu'un journaliste avisé n'ait pu réunir! Bose s'est-il trop complu dans ce rôle de détenteur de secrets d'État? La rumeur équivalait au fait et ne constituait pas, pour le détenteur, véritable ou supposé, un moindre risque. Mais Bose possédait aussi une copie du projet de restauration monarchique par l'instauration d'une dictature militaire provisoire. Himmler n'en ignorait sans doute pas l'existence. Il aurait été, dans les mains du Reichsführer une arme redoutable. N'était-ce pas la preuve d'une véritable collusion entre conservateurs et généraux ou tout au moins certains d'entre eux. Sans l'utiliser immédiatement, c'était un admirable instrument de chantage. Quel prix ne pouvait-on exiger avec ce moyen de pression?

Après avoir été averti par le portier, von Bose avait prié son visiteur de bien vouloir l'excuser et il était sorti. Dans l'antichambre, il avait expliqué rapidement à von Ketteler et Josten qu'il considérait sa vie en danger et il leur avait remis son portefeuille, une chevalière en or qui portait ses armes et ce qu'il avait d'argent sur lui, puis il retourna vers monsieur Friedrich Minoux, un gros négociant en charbon, qui assurait les contacts entre mineurs, sidérurgistes et politiques. Nous ne saurons jamais quel motif l'avait conduit dans le Palais Borsig. Était-il venu se plaindre de l'arbitraire du Parti et des orientations socialisantes du régime? Ce n'était sans doute pas de cette manière qu'il avait imaginé la restauration de l'ordre légal par le chancelier Hitler. Bientôt, un policier en civil vint prier von Bose de passer dans une pièce voisine. Il traversa l'antichambre, échangea un regard avec W. von Ketteler et Josten. Plusieurs policiers en civil étaient dans le bureau qui faisait suite. Dans le fond, se tenaient des SS armés. La porte se referma sur Herbert von Bose. Ketteler et Josten ne devaient plus le revoir vivant.

C'est à ce moment que Papen, flanqué de Tschirschky, arriva au Palais Borsig. Il fut informé rapidement et se retira dans son bureau, toujours suivi de Tschirschky. La maison vivait comme dans l'attente d'un événement. Ketteler et Josten s'interrogeaient. Que se passait-il derrière la lourde porte? Minoux s'impatientait. Est-ce que le Herr Oberregierungsrat allait enfin daigner l'entendre? En sortant du bureau de Papen, Tschirschky se trouva nez à nez avec un policier. Le gentilhomme était très grand, le commissaire ou l'inspecteur était petit. Il avait le poil blond qui tirait au roux :
«Mais où donc est ce monsieur Tschirschky?
– C'est moi!
– Je vous arrête.

– Je sais!
– Vous ne pouvez pas savoir!
– Si je le sais. Je reviens de chez le président Göring. Il m'a annoncé que pour ma propre sécurité, il devrait me placer en détention préventive.»

C'était beaucoup pour l'entendement d'un simple commissaire. Apprendre que le chef de la police s'était entretenu amicalement avec le suspect et l'avait averti qu'il serait mis en état d'arrestation juste avant que la police ne procédât! Pour se donner une contenance, il devint brutal : «Prenez garde à ce que vous faites! Je ne tolérerai pas de résistance.» Tschrischky ne songeait guère à résister. Puis en bon policier qui ne fait confiance à personne :
«À propos, où se trouve le baron Pereira?
– Je ne connais pas de baron Pereira... Mais attendez, il me semble que nous avons reçu un faire-part de décès à ce nom, il y a une quinzaine de jours.»
Le policier était satisfait. Les autres avaient dit vrai. Il fit signe aux SS d'emmener leur prisonnier.

Le gentilhomme n'était pas au bout de ses peines. Il allait descendre l'escalier lorsque surgit un second policier qui le réclama. Le petit rouquin ne l'entendait pas de cette oreille et il était bien décidé à ne pas lâcher sa proie. Entre les deux hommes la discussion prit une tournure aigre. Le premier brandissait une carte rouge, le second une plaque de métal. «Je l'arrête.» «Non, c'est moi!» Le petit rouquin ordonna aux SS d'armer leurs fusils. Du haut de sa taille, von Tschirschky dominait la querelle. Très grand seigneur, il conseilla aux antagonistes : «Voyons, Messieurs, nous n'allons pas nous étriper pour savoir qui doit m'arrêter. Je vous en prie. Mettez-vous d'accord!» Finalement, le premier eut gain de cause. Tschirschky le regretta un peu. Ce rouquin qui lui était antipathique le conduisit Prinz-Albrecht-Strasse.

Pendant ce temps, von Bose avait été abattu. Il était assis sur une chaise, face aux policiers qui l'interrogeaient. Ceux-ci s'étaient écartés comme pour se concerter dans un coin de la pièce. Les SS qui se tenaient debout derrière le prisonnier avaient tiré sans avertissement. Le scénario avait été mis au point avant que l'on n'introduisît le Oberregierungsrat dans la pièce.

Wilhelm von Ketteler et Josten entendirent distinctement dix coups de feu, suivis d'un onzième, isolé. Ketteler était d'une intrépidité incroyable. Josten n'a jamais rencontré d'homme aussi hardi. Le gentilhomme se précipita sur la porte et tenta de l'ouvrir. Elle était fermée à clé. Il est inutile de chercher à l'enfoncer. C'était une de ces lourdes portes massives comme les aimaient les Gründerjahre. Alors, il tambourina, tambourina... Les coups restèrent sans réponse. On n'entendait plus que des bruits feutrés dans la pièce où avait eu lieu la fusillade, des pas étouffés par les moquettes et des chuchotements. Ketteler et Josten se précipitèrent chez Papen, en traversant le bureau de Bose et celui de Savigny. Minoux eut un air ahuri en les voyant passer. Décidément, il était venu dans une maison de fous. Pour Papen, c'en était trop. Il sortit dans le couloir, interpella le SS qui montait la garde devant sa porte, avec une telle autorité que celui-ci obéit machinalement : «Allez dire à votre chef que je veux parler immédiatement à monsieur von Bose.» Le SS ne revint pas. Un policier arriva et fit conduire Papen à son domicile de la Lennéstrasse.

Il ne restait plus dans la maison que F. Minoux, Ketteler et Josten. L'industriel avait fini par comprendre qu'il était tombé dans un véritable guet-apens. Dès lors, il n'eut qu'un souci : en sortir le plus vite possible. Les deux collaborateurs de Papen l'aperçurent en grande conversation avec un SS. Il parlait, parlait, les mots se précipitaient, se bousculaient de telle sorte qu'il en arrivait à bafouiller. Il déclinait ses titres, ses relations, faisait profession de loyalisme... Le SS lui coupa la parole : «Si vous n'êtes qu'un visiteur, vous devez quitter la maison sur-le-champ.» Il ne se le fit pas dire deux fois. Ketteler et Josten avaient échangé un bref regard et sortirent dans le sillage de monsieur Minoux. La Vossstrasse offrait un aspect inhabituel. Elle était remplie de véhicules de la Landespolizei qui «nettoyaient» les bureaux du SA-Obergruppe III. Les deux jeunes hommes aperçurent Hans, comte von Kageneck, un autre collaborateur de la vice-chancellerie. Autour de lui, des passants s'étaient rassemblés. Ses amis lui firent un signe. Ils se retrouvèrent chez le coiffeur du Kaiserhof. C'était un endroit discret.

La vice-chancellerie était abandonnée à la police politique et aux SS. Les policiers confisquèrent les dossiers. Ceux de l'année 1934 n'ont jamais été retrouvés. Le butin était précieux. Les archives contenaient en effet d'innombrables lettres d'opposants qui avaient eu la naïveté d'écrire à Papen. Désormais, ils seraient fichés par le Gestapa si ce n'était déjà fait. Dix hommes de la SS gardaient le bâtiment sans excès de zèle. Le 1er juillet, Wilhelm von Ketteler revint dans le Palais Borsig. Il expliqua aux SS de service qu'il voulait prendre quelques objets personnels, oubliés dans le tiroir de son bureau. Les SS se montrèrent aimables et le laissèrent pénétrer sans difficulté dans le bâtiment. Celui qui l'accompagnait devint méfiant lorsqu'il entendit le visiteur lui dire qu'il travaillait dans le bureau voisin de celui de Bose. Le SS voulut téléphoner à son supérieur et demander des instructions. La communication ne put être établie. Ketteler dit que ce contretemps n'était pas grave. Il repasserait dans une demi-heure. On le laissa partir. Il n'avait pas récupéré un pistolet auquel il tenait beaucoup, mais il avait vu le cadavre de Bose roulé dans un tapis. Le corps n'avait pas été encore enlevé.

Quel fut le destin du personnel de la vice-chancellerie? Papen avait été assigné à résidence, à son domicile. La maison était gardée par un détachement de la Landespolizei sous le commandement d'un major. La ligne téléphonique était bloquée. Le vice-chancelier était seul avec son fils qui s'était retiré chez son père pour y faire tranquillement des révisions en vue de l'examen de la magistrature. Madame Papen et sa fille étaient en croisière et ne revinrent à Berlin que le 2 juillet. Aucun des visiteurs n'eut la possibilité de rencontrer le prisonnier. La baronne Stotzingen, sa secrétaire privée, fut mise en état d'arrestation lorsqu'elle vint aux nouvelles. Papen était donc complètement isolé. Le seul contact avec le monde était la présence lointaine de quelques fidèles qui se relayaient dans la Lennéstrasse et, au fil des heures, passaient et repassaient sous les fenêtres : Wilhelm von Ketteler, Josten, le professeur Munk, une des sommités médicales de Berlin, parfois M. Dodd, l'ambassadeur des États-Unis à Berlin. Le 2 juillet, le jeune von Papen fut autorisé à quitter la maison pour les épreuves de l'examen. Dans la soirée, le téléphone sonna. La ligne n'était plus bloquée. Papen se fit mettre en communication avec Göring. Celui-ci, débordant de jovialité, s'étonna que son cher ami Papen ait été retenu aussi longtemps, à son domicile. C'était une erreur. Il présenta tous ses regrets au vice-chancelier. On l'avait oublié. Le principal était toutefois qu'il eût traversé toute cette crise sans le moindre dommage. Le détachement de police fut immédiatement rappelé. Papen était libre. Il était 21 heures.

Beaucoup de ceux qui avaient survécu s'efforcèrent de tirer gloire d'un hasard ou de leur insignifiance. Ils allaient partout clamant que leur mort avait été décidée en haut lieu, par Heydrich, par Himmler, Göring, voire par le Führer. Avoir survécu au 30 juin 1934 devint, après 1945, un fait de résistance. Talleyrand, s'il eût été notre contemporain eût fait figure de héros. Encore fallait-il dire à quelles hautes protections on devait d'avoir échappé au massacre. Papen était trop vaniteux pour ne pas sacrifier à cette mode. C'est à Hindenburg qu'il était redevable de son salut. Göring n'avait pas osé brusquer le vieillard en laissant massacrer le vice-chancelier. Peut-être ?

H. von Bose avait été abattu. Le 1er juillet, son corps était encore dans la chancellerie, roulé dans un tapis. Le défunt était marié à la fille d'un général a.D. Il laissait deux enfants. Après sa « libération », Papen intervint auprès des autorités, il réussit à faire rendre la dépouille mortelle à la famille. Le Gestapa avait imposé que l'enterrement se déroulât dans la plus stricte intimité. Il eut lieu, le 17 juillet, au cimetière de Lichterfelde. Madame von Bose n'y assista pas. Il n'y avait que le beau-père, M. et Mme von Papen, F. G. von Tschirschky, qui venait de retrouver sa liberté. Sur la bière, une énorme couronne de roses rouges avec cette inscription « Franz von Papen et ses collaborateurs ». Le prêtre évoqua les voies du seigneur. Elles étaient impénétrables et semées d'épreuves alors les voies de l'homme demeuraient impies même lorsqu'elles semblaient conduire au triomphe. Le vice-chancelier s'avança lorsque l'ecclésiastique eut terminé. Il ne dit que quelques mots, mais, pour une fois, ils sonnaient juste. Il dit la droiture, la conscience et la loyauté de H. von Bose. « Dans la guerre comme dans la paix, sa vie avait été tout entière consacrée à sa patrie. Il l'avait servie jusque dans la mort. » Sans prendre la peine de se dissimuler, l'espion du Gestapa, notait tous les propos.

Edgar J. Jung avait été arrêté le 24 juin, il occupait une des cellules aménagées dans les sous-sols du Gestapa. Dans la nuit du 30 juin au 1er juillet, von Tschirschky le vit une dernière fois. Il traversait le pièce centrale dans laquelle les détenus étaient entassés. Le gentilhomme parvint à lui murmurer quelques encouragements sans que le gardien intervînt. Jung fut transporté dans la région de Oranienburg et abattu « au cours d'une tentative de fuite », le 1er juillet.

Carl-Friedrich von Savigny fut conduit avec Hummelsheim, Prinz-Albrecht-Strasse.

La baronne von Stotzingen fut incarcérée à la prison de femmes de l'Alex, dont la clientèle ordinaire était faite d'ivrognesses, de voleuses à la tire ou de prostituées. Le grand monde rencontrait le demi-monde en prison. Cela n'était pas nouveau. Le 6 juillet, la baronne, Savigny et Hummelsheim furent libérés ainsi que Tschirschky.

Fritz Günther von Tschirschky avait été conduit Prinz-Albrecht-Strasse et placé, au sous-sol, en nombreuse et souvent fort bonne compagnie : des SA-Führer, plusieurs dizaines peut-être, des Stahlhelmer, des civils qu'il n'est pas commun de rencontrer dans les caves de la police. Vicco von Bülow-Schwante, chef de la section «Allemagne» du Auswärtiges Amt, dirigeait le Stahlhelm de Brandebourg. Le comte Roderich von Thun était monarchiste. La surveillance était assez relâchée. Les gardiens étaient trop occupés par les arrivées et les départs de détenus pour avoir le temps de tourmenter les prisonniers. Exception faite de l'exécution de Gregor Strasser! Mais les tortures morales étaient grandes. La première était l'ignorance. La plupart des SA-Führer ne comprenaient pas pourquoi ils avaient été arrêtés. Les conservateurs n'étaient guère plus avancés. Les hommes de Röhm étaient mis hors d'état de nuire, mais comment se faisait-il qu'on les ait appréhendés, eux, qui depuis des mois ne cessaient de dénoncer les méfaits des SA? Que faisait la Reichswehr? Alliée à la SS? Une telle conjonction leur paraissait monstrueuse, à eux qui gardaient, ancrée au fond de leur cœur, la conviction que l'armée avait recueilli les meilleures traditions de la monarchie prussienne. Ils échafaudaient les combinaisons les plus extravagantes. Le général von Fritsch ne tarderait pas à donner l'ordre de les délivrer par la force. Les tergiversations s'expliquaient. Le président Hindenburg ignorait encore tout de l'affaire. Par un scrupule de légalité, les généraux se refusaient à agir d'eux-mêmes. Le président serait-il prévenu avant qu'ils n'aient été passés par les armes? Comme tous les prisonniers, ils lisaient des signes dans un mouvement, un geste, un jeu de physionomie de leurs gardiens et, après avoir été portés au comble de l'espoir, retombaient dans le plus profond abattement. Rares étaient ceux qui étaient capables de garder une égalité d'âme.

Au bout de trois jours, Tschirschky fut transféré dans le KZ de Lichtenbourg (Dachau II), en Saxe. Tout changea. Il fut tondu, affublé de la tenue rayée des détenus de droit commun. Le public n'était pas le même. Certes, il avait retrouvé un homme qu'il connaissait, Werner von Alvensleben, mais les autres prisonniers lui étaient pour la plupart étrangers. Sans parler des SA avec lesquels il se sentait peu d'affinité, il se trouvait au milieu d'adversaires politiques, des «marxistes», qu'il avait durement combattus et qui voyaient avec une délectation évidente, les SS rudoyer ce «réactionnaire». Le pire, c'étaient les criminels. Les camps avaient servi à mettre à l'écart de la société les délinquants les plus dangereux et les plus habiles, les assassins, les spécialistes du vol avec effraction, les faussaires, etc., contre lesquels la justice ne pouvait réunir assez de preuves pour motiver une condamnation. Ils étaient alors placés en «détention préventive». Tschirschky souffrait de cette promiscuité que rien ne venait adoucir. Le travail était exténuant, la nourriture insuffisante, les mauvais traitements multiples et raffinés. Les plus grossiers étaient faits d'insultes. Il n'était plus qu'un «salaud», un des «porcs à Papen». Tschirschky fut soumis à trois interrogatoires. On procédait à un simulacre de procédure, puis il était condamné à mort par ce tribunal improvisé. On lui bandait les yeux. Pendant qu'il attendait, le dos contre le mur, le feu du peloton, un SS arrivait, hors d'haleine, et déclarait que l'exécution devait être remise. Un nouvel interrogatoire était nécessaire. Il aurait lieu plus tard. En attendant, le prisonnier était renvoyé au travail. Le 6 juillet, il s'entendit appeler «monsieur von Tschirschky». Il fut libéré immédiatement. Dans la crainte que ses geôliers ne revinssent sur leur décision, il prit un taxi pour gagner Berlin. On le retrouverait moins facilement qu'à la descente du train. L'accueil de Papen fut distant. Le vice-chancelier ne pardonnait pas à ces «jeunes gens» de l'avoir mis dans une situation aussi angoissante. Tschirschky partit avec sa famille en Silésie, revint dans la capitale pour l'enterrement de Bose. Malgré l'expérience, il suivit Papen à Vienne lorsque celui-ci fut nommé ambassadeur, après le meurtre de Dollfuss. En 1935, il ne se sentit plus en sécurité en Autriche, refusa de rentrer en Allemagne, émigra en Angleterre, occupa, après 1949, différentes fonctions diplomatiques au service de la RFA, avant de se retirer à Aigen auprès de Salzbourg.

À l'extérieur, la répression montrait un tout autre visage. On s'employait à accroître l'incertitude des familles tout en laissant subsister de l'espoir. On entretenait ainsi la conviction qu'il existait, dans un système imparfait, des forces qui voulaient le bien, mais dont les entreprises n'étaient pas, hélas! toujours couronnées de succès. Madame von Tschirschky apprit, dans l'après-midi du 30 juin, de la bouche de W. von Ketteler et de Josten, dans quelles circonstances son mari avait été arrêté. Elle décida tout d'abord de se réfugier chez un parent, l'oncle John, comte de Limbourg-Stirum, ambassadeur des Pays-Bas en Allemagne. Le 1er juillet se passa en démarches. L'«oncle Stirum» connaissait bien Erich Killinger, un ancien officier de marine, qui travaillait pour Göring. Celui-ci lui fit savoir que sur la liste des hommes de la vice-chancellerie à appréhender ou à exécuter, F. G. von Tschirschky figurait en bonne place. Il était le numéro 2 et devait être abattu. Killinger était sincère. Il rapportait simplement ce qu'on lui avait dit. On abusait de sa bonne foi pour plonger la famille dans le désespoir. Le jour même, un second coup de téléphone de Killinger rassura madame von Tschirschky. Son mari n'avait pas été exécuté. Il vivait, mais on ne savait où il se trouvait. Le 2 juillet, elle-même et l'«oncle Stirum» poursuivirent les démarches. Ils s'adressèrent à Bodenschatz. Il ne savait rien. Dans la soirée, le comte Roderich von Thun, qui venait d'être libéré, vint leur apporter des nouvelles. Fritz Günther vivait. Il était détenu dans les caves du Gestapa. Le lendemain, madame von Tschirschky prit une décision extrême. Elle irait Prinz-Albrecht-Strasse et demanderait qu'on lui réponde clairement. Sa résolution ne fut pas un cas singulier. En ces jours, la plupart des hommes ont été médiocres, veules ou cyniques.

D'innombrables Allemandes ont en revanche donné l'exemple d'un courage admirable, faisant passer leur propre sécurité bien après l'attachement qu'elles portaient à un père, un frère, un mari ou un fils. Elles ont su affirmer avec intrépidité leurs convictions et leur dégoût. Le mardi 3 juillet, madame von Tschirschky franchit le seuil du 8, Prinz-Albrecht-Strasse. Dans les couloirs, d'autres femmes attendaient déjà. Attente interminable sur des bancs de bois. À deux reprises, elle fut reçue par des policiers qui portaient l'uniforme de la SS. Ils l'écoutèrent avec attention. Ils étaient polis, prévenants même, consultèrent leurs listes. Non, ils n'avaient jamais entendu parler d'un Fritz Günther von Tschirschky. À ce moment, il était encore dans le sous-sol du second bâtiment que l'on pouvait apercevoir par la fenêtre. Persuadée qu'on lui avait dit la vérité, elle retourna, désespérée, à l'ambassade des Pays-Bas. Le comte Thun s'était-il trompé ? Son mari avait-il été « liquidé » entretemps ? Elle était à peine de retour que le téléphone sonna. Un Gruppenführer lui demanda de bien vouloir venir au Gestapa le lendemain matin. Il lui donna son nom et le numéro de son bureau. Elle passa la nuit à se torturer. Le mercredi, elle commença par essuyer une déception. Le planton de service lui dit que le nom du SA-Führer était inconnu dans la maison. Elle se mit à errer à travers les couloirs, trouva la pièce dont on lui avait indiqué le numéro. Ce fut un SA-Gruppenführer, en uniforme brun qui la reçut. Il était désolé. Le prisonnier avait été transféré, la veille, à Lichtenbourg. Il ne pouvait plus rien faire. Cette parodie d'humanité brisait les âmes bien plus sûrement que la torture physique.

Trois autres collaborateurs de Papen parvinrent à ne pas être inquiétés. Leur itinéraire présente un intérêt qui dépasse l'anecdote. Il illustre quelles illusions les conservateurs mirent dans le président Hindenburg et comment est née la légende d'une connivence secrète entre Reichswehr et « réaction », qui aurait été paralysée par une tortueuse manœuvre des nazis, secondés par le secrétaire d'État Meissner. Après avoir quitté le salon de coiffure du Kaiserhof, Ketteler et Josten prévinrent madame von Tschirschky, puis ils cherchèrent un refuge pour la nuit, c'est-à-dire un toit sous lequel le Gestapa n'aurait pas l'idée d'aller les dénicher. Josten demanda l'hospitalité à Karl Werner von Jordan, à Grunewald. Josten, jeune homme à l'intelligence brillante, à la culture sans frontières, vécut en Allemagne jusqu'en 1938. Il fit de nombreux séjours à l'étranger, notamment en France. Plus tard, il passa en Angleterre et devint le directeur du Ashmolean Museum d'Oxford.

Le 1er juillet, Wilhelm von Ketteler, accompagné du comte Philipp von Westphalen, arriva en Prusse orientale. Les deux hommes avaient l'intention de demander une audience au président Hindenburg afin de l'informer et de le prier d'intervenir. Ils ne réussirent pas à être reçus à Neudeck. Le domaine était protégé, comme l'avait ordonné Fritsch, par un détachement de la Reichswehr. Ils se retournèrent vers un notable, Elard von Oldenburg-Januschau, le « Januschauer », un conservateur rétrograde. Le hobereau téléphona au comte von der Schulenburg, 2e aide de camp du président. L'officier ne tarda pas à venir chez le « Januschauer », il écouta attentivement Ketteler et

Westphalen, promit de rendre compte à Hindenburg. Il affirma, par la suite, l'avoir fait. On était le 2 juillet. C'était de toute façon trop tard. Le président, après avoir consulté Blomberg, avait, avec l'assentiment du ministre de la Défense, envoyé, la veille, un télégramme de félicitations au chancelier. Quelle importance aurait-il pu encore attacher, à supposer qu'il eût été parfaitement lucide, aux allégations de deux jeunes gens ? L'anecdote n'en est pas moins pleine d'intérêt. Elle nous révèle comment est née la légende selon laquelle Neudeck aurait été assiégé par les nazis pendant les heures cruciales afin que, coupé du monde, le président du Reich fût condamné à l'impuissance. Après l'assassinat de Dollfuss (25 juillet), Wilhelm von Ketteler suivit Papen à Vienne. Sa témérité n'avait pas été diminuée par l'épreuve. Il commettait de nombreuses imprudences. Il fut assassiné par la Gestapo en mars 1938, quelques jours après l'entrée des troupes allemandes à Vienne. Hans von Kageneck continua de servir Papen, comme secrétaire privé, sans encombres.

L'occupation de la vice-chancellerie ne constituait qu'un prologue à l'épuration qui allait s'abattre sur Berlin. Nous avons longuement développé cette introduction en débordant très largement le cadre chronologique pour suivre le destin de ceux qui ont reçu, en ce jour, la monnaie du discours de Marbourg. Une simple revanche pour Marbourg ? Göring avait la tête bien trop politique pour cela ! En épargnant Papen pour ménager le président Hindenburg, mais en faisant ou laissant abattre un des collaborateurs du vice-chancelier et arrêter la plupart d'entre eux, il privait les oppositions d'une représentation officielle, au sein du gouvernement. Il ne s'arrêta pas là et ordonna de décimer les « ministrables ». Les conséquences ont été tragiques. Les opposants avaient cru jusqu'alors discerner dans les bonnes paroles que les généraux leur dispensaient en échange de leurs doléances l'intention, encore tacite, de mettre un frein aux excès du nazisme lorsque le président Hindenburg leur en donnerait le signal. Désormais, les « civils » savaient qu'ils avaient été floués. Ces allusions, ces propos couverts n'étaient que monnaie de singe. La déception entraîna un véritable effondrement moral de l'opposition... Et bien des ralliements ! Pendant la guerre, à l'heure des défaites, lorsque les généraux tentèrent de se dresser contre l'obstination délirante du « caporal de Bohème », ils étaient isolés de la nation et ne trouvèrent pour représenter le Reich qu'un Gördeler, homme courageux sans doute, mais personnalité médiocre et à peu près inconnue en dehors de Leipzig. C'était peu.

Neutralisation de la SA

Mais à peine le signal « Colibri » reçu de Munich, d'autres opérations avaient débuté, dirigées les unes contre les SA, les autres contre la « réaction ». À Berlin se trouvait à la fois quelques services centraux de la SA et les postes de commandement du Obergruppe III. Parmi les premiers, il y avait le Ministeramt, cabinet du ministre d'État Röhm, dirigé par le SS-Gruppenführer Rolf Reiner et installé au 63, Wilhelmstrasse, dans le même bâtiment que le Staatsministerium de Göring, le Politisches Amt, sorte de ministère des Affaires étrangères de la SA, à la tête duquel se trouvait la SA-Gruppenführer von Detten, logé à deux pas de la « villa » , Göring, dans le Herrenhaus, au 3 de la Leipziger Strasse. Le bureau des aides de camp se trouvait au 1 de la Vossstrasse, dans le même immeuble que la vice-chancellerie. Le chef du Kraftfahrwesen der SA (NSKK ou corps motorisé) avait ses bureaux au 2 de la Graf-Spee-Strasse, le Chef AW, Kaiserin-Augusta-Ufer, l'un et l'autre, à deux pas du ministère de la Défense. Seul, le SA-Hochschulamt, au 126/127 de la Schillerstrasse, à la limite du Tiergarten et de Charlottenbourg, était un peu plus éloigné. Enfin, Röhm occupait, au sud du Tiergarten, la somptueuse villa de la Standartenstrasse.

Le SA-Obergruppe III était l'un des plus importants. Il comptait, au printemps de l'année 1934, 220000 hommes. Le 11 mai, il avait été constitué en unité indépendante. En juin, il était en pleine réorganisation. Le Gruppe réunissait huit brigades, une brigade de réserve et douze Standarte autonomes : quatre Standarte de cavalerie, six Standarte motorisées, deux Standarte navales ainsi que des organisations annexes. Il avait été institué, en titre, dès novembre 1933, un SA-Führer de la place du Grand-Berlin, à l'imitation de la Kommandantur. La SA de Berlin et du Brandebourg n'avait toujours pas, malgré ses ambitions militaires, renoncé à ses activités de police. La Standarte 208 avait, sous les ordres du Sturmbannführer Schäfer, créé un camp de concentration dans une brasserie désaffectée de Orianenbourg, au nord-ouest de Berlin. Enfin, il existait quatre Hilfswerklager : Tegel, Gütergotz, Kladow, Blankenfelde, sur le pourtour de la capitale. Les effectifs étaient respectivement, en juin 1934, de 305, 13, 75 et 45 hommes.

Le travail des forces de répression fut facilité par le fait que les postes de commandement du Obergruppe, comme les services centraux, étaient concentrés dans le quartier des ministères ou en marge de celui-ci, entre le Tiergarten, la Leipziger Strasse, la Friedrich Strasse et la Spree : le Obergruppe et les brigades 29, 30 et 31 au 18 Vossstrasse, jouxtant la chancellerie du Parti, la SA-Motor-Brigade au 17 de la même rue, la brigade 32, un peu plus au nord, 9 Am Zirkus, la SA-Motor-Brigade, au 7 Königsplatz, juste à côté du ministère de l'Intérieur du Reich (numéro 6). Seules étaient excentrées la brigade 28 (Horst Wessel),au 111 Möllendorffstrasse, à Lichtenberg, dans l'Est berlinois et trois brigades brandebourgeoises : 25 (Brandebourg-sud), 50/51 Handjerystrasse, à Friedenau, 26 (Brandebourg-est), 9 Hafenstrasse, à Erkner, 27 (Brandebourg-ouest) à Brandebourg.

La répression fut particulièrement sévère. Il avait été ordonné que tous les SA-Führer, à partir du grade de Standartenführer, fussent mis en état d'arrestation, même si aucune charge particulière n'avait été retenue contre eux. Pour le reste, les instructions ne s'écartaient pas de ce qui avait été prescrit dans l'ensemble du Reich : investir les locaux de la SA, bureaux, cantonnements, Hilfswerklager; désarmer les hommes et récupérer les armes, interner les Stabswache. La plupart de ces opérations paraissent avoir été menées, à Berlin, par la Landespolizei, le régiment Wecke ou les Feldjäger. Après la guerre, il a été fait état, à de multiples reprises, de l'action des SS. Les témoignages contemporains ne mentionnent que la Landespolizei ou la Reichswehr. La confusion entre ces deux formations était facile puisque les uniformes étaient taillés dans le même drap vert, en revanche elle n'était pas concevable avec la SS dont les tenues étaient noires. Les unités de la Landespolizei avaient pris position dans le Tiergarten après avoir barré le quartier et interdit toute circulation. Des liaisons téléphoniques avaient été établies avec le commandement qui n'était éloigné que de quelques centaines de mètres. Du Tiergarten les policiers essaimaient pour mener à bien leurs missions. Pierre Arnal, un diplomate qui cultivait un style mesuré, vit, non sans surprise, les policiers mettre en batterie des mitrailleuses légères, à quelques pas du consulat de France, avant d'«attaquer» la villa de Röhm. C'est la police encasernée que le correspondant du *Neue Zürcher Zeitung* (2.07.1934) aperçut dans le Tiergarten et sur la Potsdamer Platz, où elle occupait le Kolumbus-Haus, un gratte-ciel dans lequel la SA avait quelques bureaux. Le secrétaire d'État au ministère des Cultes de Prusse, Stuckart, vit aussi les policiers, dans le quartier des ministères, mais confondit les uniformes. Pour lui, c'était la Reichswehr qui passait à l'offensive. La garde des bâtiments publics était assurée par le Polizeigruppe General Göring. Nous ne possédons pas de témoignages sur les opérations menées à Lichtenberg, Friedenau, Exner et à Brandebourg.

Et la SA? Nulle part un geste de résistance ne fut esquissé. Plus surpris que résignés, les SA ouvrirent les portes, remirent leurs armes, se laissèrent jeter en prison sans défense. Cinq cents hommes des Stabswache furent, nous dit-on, internés au Columbia-Haus. Ils furent libérés vers la mi-juillet. Une seule fois, un malentendu faillit avoir de graves conséquences. Dans la nuit du 1er au 2 juillet, le Landrat du Cercle de Niederbarnim fut averti que la Standarte 208 qui gardait le KZ de Oranienburg devait être désarmée par la Landespolizei. Il essaya de temporiser. Vainement! Le capitaine Krumpen qui commandait la centurie de la Lapo envahit le camp. Les SA n'étaient pas informés. Ils faillirent tirer sur les assaillants. Finalement, ils remirent docilement leurs armes. Quels furent les sentiments et les espoirs des détenus lorsqu'ils virent leurs geôliers arrêtés par des forces régulières? Curieusement, la littérature de l'émigration n'en dit rien bien que de nombreuses libérations aient eu lieu, dans le camp, au mois d'août. L'espoir fut de brève durée. Le 4 juillet, la Lapo fut relevée par une unité de la SS, la SS-Standarte 2 Dachau.

Pour compléter ce tableau, il faut signaler que la police surveilla, avec la même profusion de mesures militaires, les aéroports et les installations de radio. La Maison de la radio dans la Masurenallee avait reçu un détachement de protection.

Nous ne possédons aucune indication précise ni sur le nombre de SA-Führer arrêtés à titre préventif ni sur le nombre des armes récupérées. À

Berlin, la Schutzpolizei remit, le 2 juillet, le chargement de plusieurs camions, à la Leibstandarte, dans la caserne de Lichterfelde. Ces chargements étaient composés de fusils et de mitrailleuses, confisqués dans les dépôts de la SA. La plupart des armes étaient inutilisables. Le nombre des arrestations peut être en revanche estimé de manière vraisemblable. La Landespolizei avait reçu l'ordre d'appréhender tous les SA-Führer ayant au moins le grade de Standartenführer (colonel). Après vérification ils seraient définitivement inculpés et mis en état d'arrestation ou relâchés sur le champ. Le Groupe comptait neuf brigades et une cinquantaine de Standarte. Le chiffre des arrestations ne pouvait être inférieur à soixante. Il faut y ajouter les gradés affectés aux états-majors et aux services centraux. Le total dépassait la centaine. Il atteignait peut-être deux cents hommes. Il faut y joindre l'effectif des Stabswache. C'était considérable.

Un meurtre politique : Schleicher

Après H. von Bose assassiné dans un bureau de la vice-chancellerie, la seconde victime a été, selon toute vraisemblance Kurt von Schleicher. Le général avait ressenti son échec, en janvier 1933, avec d'autant plus d'amertume qu'il avait le sentiment d'avoir été trahi par Papen, par Hindenburg, et peut-être même, à de rares exceptions, par ses compagnons de la Reichswehr. Pour se remettre, il s'était imposé une année de retraite. Il avait loué une villa, au 4 de la Griebnitz-Strasse, à Neubabelsberg, près de Potsdam. Il y vivait avec sa femme, qu'il avait épousée le 28 juillet 1931. Elisabeth von Hennings était la fille d'un général. En premières noces, elle s'était mariée avec Bogislav von Schleicher, un cousin de son second mari. Elle avait divorcé et était devenue madame Kurt von Schleicher. La maison comptait, outre les Schleicher, six personnes : Lonny, la fille d'Elisabeth, la mère du général, très âgée, sa sœur, une veuve, madame von Gaudecker, une gouvernante, Marie Güntel, née à Krimitten, en Prusse orientale, qui dirigeait le ménage, assistée d'une femme de chambre, Ottilie, et d'un chauffeur, Lachmann, qui jardinait en entretenait le canot à moteur. L'ancien chancelier n'avait pas pour autant renoncé à recevoir quelques fidèles ainsi que des amis, mais il sut s'imposer, pendant un temps, une réelle abstinence politicienne. Cependant, il aimait trop les jeux de l'intrigue pour résister indéfiniment aux vieux démons. Le major Ott qui, après avoir fait partie du cabinet du chancelier Schleicher, était devenu attaché militaire au Japon, fit un bref séjour dans la capitale du Reich, en février 1934. Invité par son ancien patron, il prit part à un déjeuner auquel Rundstedt assistait également. Ott fut frappé par la liberté de ton des deux généraux. Ils critiquaient impitoyablement Hitler si bien que Ott, effrayé, invita l'ancien chancelier à venir faire un séjour dans l'empire du Soleil Levant. Le 29 mars, André François-Poncet rencontra Schleicher avec lequel il eut un long aparté, chez le ministre de Roumanie à Berlin. L'ancien chancelier prévoyait un échec prochain du national-socialisme. La politique économique avait fait faillite. Il se produirait « des troubles, des révoltes, au sein même du parti nazi ». Dès le lendemain de la mort du vieux maréchal commencerait « la lutte décisive ». Schleicher cherchait à nouer des relations avec l'ambassadeur français. Comme par hasard, ils se retrouvèrent le lundi de Pâques, le 2 avril, dans la maison de campagne du banquier Regendanz. Le lendemain Schleicher eut la visite de Crüwell et de Holtzendorff. La conversation porta sur la politique. Papen? « Bah! Je suis désormais capable de penser à Françounet (Fränzchen) sans prendre mon poignard. » Schleicher triait la documentation dont il se servirait pour écrire ses mémoires, mais il songeait à l'avenir. Sans que personne les reprît à son propre compte, on évoqua des perspectives nouvelles. En toile de fond, il y avait le conflit de la Reichswehr et de la SA. Hindenburg et les chefs de corps devaient contraindre Hitler à juger publiquement Röhm. De nouvelles combinaisons deviendraient concevables. Celles qui furent envisagées étaient toutes plus fantastiques les unes que les autres : chancelier Gregor Strasser, ministre de la Reichswehr, Kurt von Schleicher, ministre des Affaires étrangères, comte von der Schulenburg... Vers cette date, Crüwell rencontra Erich Marcks, autre collaborateur de l'ancien chancelier, qui devint général et fut abattu par des parachutistes américains, près de Coutances, le 12 juin 1944. Marcks se laissa aller aux confidences : à son avis, Schleicher était en train de faire des bêtises.

En mai, vers la Pentecôte, Kurt et Elisabeth von Schleicher accompagnés de madame von Gaudecker firent, avec le chauffeur Lachmann, un grand périple en Allemagne : Lunebourg, Brême, Munster, la vallée du Rhin et le Sud de l'Allemagne. Crüwell avait dit à son ancien patron que l'on ne pouvait rien comprendre à l'économie tant que l'on n'avait pas vu le Ruhr. Pourtant, le voyage fut avant tout d'agrément. Schleicher ne chercha pas à converser avec les industriels du Revier, ce qui n'aurait présenté aucune difficulté. Il fit une visite au comte Kanitz dans son chateau de Cappenberg, rencontra le général Fleck, qui commandait la VIe région militaire et le colonel Theysen. Comme d'ordinaire, il ne mâchait pas ses mots. Il critiquait durement Papen et von Blomberg. C'étaient eux qui avaient ouvert à Hitler les portes du pouvoir. Ce n'était qu'une part de la vérité, mais ayant peine à digérer son échec, l'ancien chancelier ressassait toutes ses rancunes. Comme François-Poncet l'avait déjà fait, Crüwell nota que le nom de Röhm faisait naître chez Schleicher « tous les signes du dégoût ». Le général n'avait pas de plan. Il croyait discerner une évolution, prometteuse d'une rentrée dans la vie politique. Par ses propos, il tentait de l'orienter, de la hâter. Dans sa situation, il ne pouvait plus que parler, mais pour réussir, il parlait trop. Vers la mi-juin, L. Beck, le chef du Truppenamt, demanda à un chef d'escadron dégagé des cadres, Arno Moysischewitz, qui s'était lié d'amitié avec Schleicher pendant la guerre, de le mettre en garde. On disait qu'il s'efforçait d'avoir « sa » politique. Il devait être prudent. On prétendait même qu'il cherchait à s'entendre avec Röhm. Interrogé, Schleicher démentit énergiquement. Le 15 juin, il rencontra, par hasard, Treviranus dans le jardin de Regendanz à

Dalhem. Cordial, il lui proposa de venir prendre le thé, « un de ces jours » à Neubabelsberg. On parlerait, on s'expliquerait. C'était nécessaire, car il fallait songer à l'avenir. Treviranus n'avait pas pardonné à celui qui avait été, alors, le chef du Ministeramt, la trahison envers Brüning et la chute du chancelier. Il déclina l'invitation. Schleicher masqua sa déconvenue par un jovial : « Eh bien, n'en parlons plus ! » Le 25 ou le 26 juin, Dewitz, Foertsch et quatre ou cinq autres officiers étaient ses hôtes. Comme d'habitude, il fut dit beaucoup de mal du régime. Schleicher fit mention des tentatives du Stabschef pour le rencontrer. Il n'avait pas l'intention de se commettre avec cet individu. Le 29, il passa la soirée avec Arno Moysischewitz et Noeldechen. Schleicher apparaissait toujours sûr de lui, il demanda néanmoins à Moysischewitz d'intervenir auprès de Beck afin d'envisager les démarches nécessaires pour mettre fin à la rumeur d'un accord entre lui et Röhm.

L'attitude de Schleicher doit être considérée de trois points de vue différents. Les conversations avec André François-Poncet ont été plus qu'un simple échange de vues entre deux hommes au fait de la politique. L'ancien chancelier s'efforçait de peser sur les décisions du gouvernement français. Il commettait une double erreur de jugement. Le régime nazi était plus solide qu'il ne pensait. Des informations reçues, Doumergue et Barthou allaient tirer des conclusions qui allaient à l'encontre de ce que souhaitait le conseilleur. Cela importe peu. La question essentielle était autre. Dans quelle mesure était-il légitime qu'un particulier tentât, en se servant de ses relations personnelles, de contrecarrer la diplomatie officielle ? Dans une démocratie et en temps de paix, il est difficile de délimiter l'action légitime sur la scène internationale des intelligences avec l'étranger. Le IIIe Reich n'était pas une démocratie. Ce n'était pas encore la guerre. Ce n'était déjà plus la paix. Depuis 1918, triomphait le nationalisme intégral... Le général ne trahissait pas. Son attitude était ambiguë. Ainsi, il assumait des risques énormes, d'autant plus que ses faits et gestes semblaient s'inscrire dans une constellation parfaitement ordonnée. Une fois posée en postulat l'hostilité de principe de la Reichswehr envers le régime, K. von Schleicher représentait une des alternatives à la dictature nazie. Papen et ses collaborateurs, étaient la variante conservatrice. Le général, lui, aurait été capable de diriger un gouvernement social, compréhensif envers le mouvement ouvrier, un socialisme national sans les nazis. Mettre Schleicher en état d'arrestation écartait un risque et brouillait les cartes puisque les partisans d'une telle combinaison auraient été privés de leur tête.

Mais la rumeur permettait d'aller plus loin. Elle faisait état d'une collusion entre Schleicher, Strasser et Röhm. Il ne restait plus au Gestapa qu'à la prendre au mot et à supprimer le général. Présomption de crime valait preuve, par une surestimation démentielle de l'intérêt général et un mépris absolu de l'individu. De toute façon, l'accusé ne serait plus là pour se défendre.

Il était 12 h 30, le 30 juin. Les villas cossues qui bordent le lac de Griebnitz aux eaux grises, éclairées de reflets de ciel, somnolaient sous un soleil d'été. Une automobile marron parcourut lentement la Griebnitz-Strasse jusqu'à l'orée du bois, puis elle fit demi-tour et s'arrêta entre les numéros

3 et 4. Quelques voisins jetèrent un coup d'œil. Ils reconnurent un véhicule que l'on avait vu stationner dans la rue, à plusieurs reprises, depuis huit jours. Cinq hommes en descendirent. Seul le chauffeur resta au volant. Tous étaient habillés en civil. Pas un seul des témoins n'a vu d'uniforme. Deux policiers se dirigèrent vers la porte du jardin. L'un d'eux, vêtu d'un costume gris à carreaux, sonna. Dans la villa, le général était à son bureau et travaillait. Elisabeth von Schleicher s'affairait dans une pièce voisine. Marie Güntel était dans la cuisine où elle préparait le repas. Le chauffeur et la femme de chambre étaient dans la maison. Madame von Gaudecker était absente.

Marie Güntel avait vu les visiteurs arriver. Par la fenêtre ouverte de sa cuisine, elle leur demanda ce qu'ils voulaient. Voir le général von Schleicher ! Elle fit fonctionner le système d'ouverture automatique. À la porte de la villa, les policiers sonnèrent de nouveau. Après avoir renouvelé leur demande, ils prétendirent entrer. Marie Güntel s'y opposa. Son patron était sorti, il était allé se promener. On parlementa un moment. Finalement, l'un des deux hommes présenta une plaque carrée en métal. C'était donc un policier ! Appartenait-il au Gestapa ou à la police judiciaire ? Rien ne permet de trancher, mais les deux hypothèses nous apparaissent également vraisemblables. Il insistait. À la bonne : « Dites la vérité ! Vous risquez gros. » Intimidée, Marie Güntel céda. Elle allait voir si le général était bien à la maison. L'inconnu la suivit. Kurt von Schleicher était assis à son bureau. Il écrivait. Avant que la bonne ait pu l'annoncer l'inconnu qui marchait sur ses talons demandait déjà s'il avait bien affaire au général. Un peu surpris, celui-ci avait tourné la tête et, pour se lever, il repoussait son fauteuil. Oui, c'était bien lui ! Les coups de feu claquèrent. À partir de ce moment, les témoignages deviennent confus. Marie Güntel s'était enfuie à travers la maison en hurlant de terreur. Elisabeth von Schleicher, de la pièce voisine, entendit les détonations, et se précipita. Grièvement blessée, elle décéda, peu après son admission à l'hôpital de Nowawes, sans avoir repris connaissance. Le général était mort. Il était tombé entre le fauteuil et le bureau, allongé sur le dos, un peu tourné de côté, la tête vers la porte, les pieds touchant à la table. Comme tous les morts, il avait les yeux grands ouverts et semblait regarder dans le vide. On a retrouvé cinq douilles en apparence identiques. Un seul homme aurait tiré. Mais les coups de feu se succédaient rapidement et les voisins n'entendirent que trois détonations. Un second policier avait peut-être pris part au meurtre. Nous n'en saurons jamais rien. Il n'y eut ni autopsie ni examen balistique ni même enquête. Marie Güntel chercha refuge dans le jardin. En courant, elle se heurta à l'homme qu'elle avait vu tirer. A-t-il prononcé la phrase que Gisevius lui prêta : « Allons, Mademoiselle, vous, on va vous laisser vivre ! » ? Puis la voiture s'éloigna vers Böttcher Berg, dans la direction de Berlin. Il était un peu plus de 12 h 30. L'affaire avait peut-être duré dix minutes. Dans la rue, on eût dit toute vie suspendue. Dans le vide du silence, il n'y avait que le bruit des détonations et le cri atroce de Marie Güntel. L'automobile à peine disparue, les maisons semblèrent s'éveiller. Les voisins sortirent et vinrent voir. À 12 h 45, la gendarmerie fut prévenue.

Göring a refusé d'assumer la responsabilité de ce double meurtre. Il aurait été commis par «un groupe d'action incontrôlé de la SS». C'est absurde. Les tueurs appartenaient à la police régulière. L'affaire ne s'est pas déroulée comme on l'aurait souhaité. Kurt von Schleicher n'était pas seul à la maison. Un des témoins avait été épargné. La justice est très vite intervenue. Les gendarmes ont alerté le parquet de Potsdam. L'instruction fut confiée à un jeune magistrat, le Dr Grützner. Le procureur Tetzlaff a cependant décidé, en homme prudent, qu'il suivrait l'affaire. Le Dr Grützner à montré, en ce jour, qu'il restait encore en Allemagne, après dix-huit mois de régime nazi, des magistrats intègres et courageux. Le commissaire de police Schwenzner lui suggéra que la mort de Schleicher pouvait être un suicide. Grützner fit comme s'il ne comprenait pas. Le préfet de police, le comte Helldorf, et le Regierungspräsident Fromm étaient venus de Potsdam. Ils examinèrent les lieux, s'informèrent, puis eurent un long conciliabule, à l'écart, pendant que l'on continuait d'interroger les témoins. Le Kriminalrat (commissaire divisionnaire) Werneburg conseilla paternellement au jeune Dr Grützner de ne pas faire de zèle. Pour plus de sûreté, on lui interdit de recueillir par écrit les dépositions des témoins. Entre 14 et 15 heures, Tetzlaff lui demanda de prévenir les services du «parquet central» (Zentralstaatsanwaltschaft), créé par ordonnance du 24 juin 1933 pour connaître des crimes contre l'État. Son chef dépendait directement du ministre de la Justice du Reich. C'était visible. Tetzlaff espérait que le dossier lui serait retiré. Il n'avait pas compté avec le Dr Grützner. Celui-ci obéit à son supérieur mais il le fit avec une maladresse peut-être calculée qui allait déclencher une véritable avalanche. Au téléphone, il dit au fonctionnaire de service : «Prévenez monsieur le Procureur, que l'on a assassiné le général von Schleicher pour des raisons politiques.» «Assassiné!... pour des raisons politiques!» De plus, il avait utilisé la ligne de Schleicher qui était branchée sur la table d'écoutes du Forschungsamt. Göring, Himmler et Heydrich furent immédiatement informés. Ils se sont employés parallèlement à étouffer l'affaire. Les deux derniers se chargèrent de la partie policière, Göring de la partie politique. À 16 heures, le commissaire et SS-Sturmführer Meisinger se présenta au 4 Greibnitz-Strasse. Il invita le Dr Grützner à quitter les lieux. Le magistrat refusa. La puissance du Gestapa avait beau être grande, en droit, la police n'avait pas à donner d'ordre au parquet. L'autorité de la loi était encore si forte sur les esprits que Meisinger se retira bredouille. Nous ignorons quelles pressions furent exercées sur le ministre de la Justice F. Gürtner. Göring lui représenta sans doute quel scandale se serait de poursuivre l'enquête. À 18 heures, le dossier fut retiré au Dr Grützner. L'enquête était close.

Himmler et Heydrich n'étaient pas satisfaits. Ils voulaient, si l'on nous passe l'expression, «la peau» du malheureux magistrat. L'esprit de corps de la magistrature s'est mobilisé pour sauver le Dr Grützner. À 23 h 30 une étrange délégation se présenta à son domicile. Elle était conduite par le secrétaire d'État Freisler, un nazi convaincu qui se fera une sinistre réputation en présidant le Volksgerichtshof (cour de justice populaire), et comprenait en outre le Oberregierungsrat Dohnanyi, secrétaire particulier du ministre de la Justice, un fonctionnaire du ministère, trois policiers du Gestapa et le procureur Tetzlaff. Celui-ci parvint à murmurer à Grützner, dans l'antichambre, pendant que les visiteurs pénétraient dans l'appartement : «Nous allons nous retrouver dans un KZ.» On fit la leçon au substitut. La police politique n'«assassinait» pas. Elle n'obéissait pas à des mobiles «politiques». Elle servait l'intérêt national. Ces impropriétés de langage trahissaient un fâcheux penchant à l'individualisme, pour ne pas dire un manque de loyauté envers l'État. Freisler jugea qu'il était temps d'intervenir. Un meurtre? Sans doute! «Politique?» Le mot était mal choisi, mais monsieur le Substitut et son supérieur avaient cru que Schleicher avait été abattu par des SA en civil qui voulaient se débarrasser d'un témoin de leur trahison. C'est en ce sens que le substitut avait parlé de meurtre politique, il avait péché par ignorance, mais sa loyauté envers l'État ne faisait pas de doute. Tetzlaff acquiesça. Grützner s'inclina. Les policiers lui demandèrent s'il avait parlé de cette affaire à quelqu'un? À sa femme seulement! Ils lui rappelèrent les conséquences qu'entraînerait la divulgation d'un secret d'État. Freisler lui ordonna de rédiger un rapport qui confirmerait ses déclarations. L'honneur était sauf. Le 3 juillet, Gürtner justifia le Dr Grützner devant Göring.

De son côté, Göring n'était pas resté inactif. Il n'était pas possible de soutenir que les époux Schleicher avaient mis fin volontairement à leurs jours. On reconnut qu'ils avaient été abattus par les policiers. Ceux-ci étaient venus arrêter le général qui était soupçonné de trahison. L'officier avait tenté de se soustraire à la justice. Après avoir pris un revolver dans le tiroir de son bureau, il avait fait feu sur les policiers. Ceux-ci avaient été obligés de riposter. Par malheur, madame von Schleicher avait été atteinte d'une balle perdue. C'était regrettable, mais seul son mari était véritablement responsable de cet accident. Cette version des faits était prête à la fin de l'après-midi. Le général von Reichenau insista pour qu'un communiqué fût publié rapidement. Il le rédigea lui-même, le soumit à Blomberg et à Göring qui l'approuvèrent. À 22 heures, la radio diffusa la version officielle des faits. Elle fut reprise le lendemain par la presse. «Au cours des dernières semaines, il a été constaté que l'ancien ministre de la Reichswehr, le général du cadre de réserve von Schleicher a entretenu des rapports subversifs avec les éléments de la SA hostiles à l'État et avec des puissances étrangères. Il a ainsi prouvé qu'il agissait, par ses paroles et ses actes, contre l'État et les hommes qui en assument les responsabilités. Ce fait a rendu nécessaire son arrestation dans le cadre de toutes les opérations d'épuration. Lors de son arrestation par des fonctionnaires de la police judiciaire (*sic*), le général von Schleicher a opposé une résistance, les armes à la main. Au cours de l'échange de coups de feu qui s'en est ensuivi, il a été mortellement blessé ainsi que sa femme qui s'était interposée.» Marie Güntel mit fin à ses jours, l'année suivante. Elle se noya dans le lac de Griebnitz. On a prétendu qu'elle avait été assassinée par la Gestapo mais sans en apporter la moindre preuve.

Autre meurtre politique : Erich Klausener

Entre midi et deux heures, un autre meurtre politique fut commis à Berlin. Erich Klausener fut abattu par le SS-Hauptsturmführer Gildisch. C'était le troisième assassinat, à Berlin, depuis le début de l'action. Du moins, le troisième de ceux dont l'heure nous est connue avec certitude.

Né le 25 janvier 1885 à Dusseldorf, Erich Klausener avait une ascendance westphalienne et se distinguait, disait-on, par une obstination, un entêtement si caractéristiques de la vieille province. Il fit des études de droit. Entré dans l'Administration, il avait mené, à l'Intérieur, une carrière plus solide que brillante. En 1924, il avait reçu un poste à la Santé. Ce fut un bref détour. Landrat (sous-préfet) à Recklinghausen en 1919, il devint, en 1926, chef de la division de la police au ministère de l'Intérieur de Prusse, avec le titre de directeur. Il garda cette fonction jusqu'en 1933, puis fut affecté au ministère des Transports. Il avait donc été, pendant sept années décisives, le prédécesseur de Grauert et de Daluege. Il y avait dans sa nature un trait de jésuitisme qui servait un goût, souvent attesté, des intrigues souterraines. Des témoins modérés le jugeaient peu sympathique. Que dire de ses adversaires? Par les rapports de basse police, il connaissait bien le NSDAP et ses hommes les plus représentatifs. Son conservatisme monolithique en faisait un adversaire du nazisme bien que certains épisodes de sa biographie ne fussent pas exempts d'équivoque. En fait, surestimant sa personne et ses ressources, aveuglé par la vanité jusque dans l'appréciation de la conjoncture, enflé du mépris de l'homme qui a fait des études universitaires, il partageait à un degré extrême les préjugés de la classe politique qui s'imaginait pouvoir rejeter sans peine Hitler, comme un vieux citron pressé, dès qu'il n'y aurait plus rien à en tirer. Les nazis avaient ainsi de solides raisons de détester l'ancien directeur de la police en Prusse plus que de la craindre.

Cependant, il n'en était pas moins redoutable. Ce qu'il y avait de buté, de borné dans sa nature et sa physionomie était sublimé par une foi religieuse inébranlable. Il dirigeait l'Action catholique dans l'évêché de Berlin. Le 24 juin, les catholiques du diocèse de Berlin-Brandebourg-Poméranie avaient célébré leur congrès (Katholikentag). Plus de 50000, peut-être 60000 personnes s'étaient rassemblées sur l'hippodrome de Hoppegarten, le Longchamp berlinois. La cérémonie revêtait une importance exceptionnelle. Le diocèse devait être consacré au «Sacré Cœur de Jésus rédempteur.» Le nonce du Pape, Mgr Orsenigo, Mgr Bares, l'évêque de Berlin, étaient présents ainsi que de nombreuses personnalités : madame von Papen et ses filles, Paul von Eltz-Rübenach, ministre des Transports, etc. Après l'office pontifical, la consécration fut prononcée par Mgr Bares. La formule en avait été rédigée par le Dr Erich Peter Klausener. «Nous hommes et femmes de la capitale du Reich, nous qui venons des villes aux cathédrales antiques, nous jeunes gens et jeunes filles pleins de joie et d'ardeur, nous nous consacrons au Christ. Que Christ règne sur nous.» Et la foule répondit : «Plus tes sacrements seront tournés en dérision, plus nous les recevrons avec respect; plus violentes seront les attaques contre l'Église de la part de ceux qui ne croient plus, plus nous lui serons fidèles.» Le sermon de Mgr Bares contenait une condamnation du naturalisme biologique sur lequel reposait le racisme hitlérien. L'après-midi, après les vêpres, le professeur Dovifat et Erich Klausener prononcèrent deux allocutions. Le Ministerialdirektor marqua avec force tout ce qui séparait le catholicisme du nazisme. «Là-bas, dans la grisaille quotidienne, il est souvent plus difficile de confesser une grande idée qu'ici, entre gens qui partagent les mêmes convictions, mais l'adversaire lui-même respecte plutôt celui qui défend sa cause avec courage que le lâche qui la renie...» Klausener concluait en associant l'esprit de renoncement du chrétien et l'héroïsme des Führer, des chefs de troupe, de la Première Guerre mondiale. C'était un lieu commun du conservatisme après 1918, en Allemagne, et ailleurs du reste.

Les discours prononcés à Hoppegarten étaient d'autant moins tolérables qu'ils ne portaient pas sur un point de désaccord limité, mais sur la doctrine. Sans doute, parmi ces catholiques, beaucoup pensaient qu'il y avait eu trop de juifs dans des positions importantes de la vie publique. Aucun d'entre eux ne croyait à une inégalité naturelle entre les races. Les catholiques réunis le 24 juin à Hoppegarten étaient plus imperméables au racisme biologique que ne l'ont été nombre d'hommes qui avaient des convictions libérales ou marxistes. Le Gestapa ne s'y trompa pas. Ces attaques étaient redoutables. Elles avaient la caution de personnalités : le vice-chancelier qui s'était fait représenter par son épouse, un ministre du Reich, etc. Elles n'étaient pas le fait de quelques nostalgiques de la république de Weimar, voire de l'Empire. Elles avaient enfin un écho profond dans le peuple de Dieu, et même parmi ceux qui reconnaissaient certains mérites au chancelier Adolf Hitler. Ce différend risquait de diviser à nouveau les Allemands. Les nazis disaient : «Nous vous laissons libres de croire ce que vous voulez quant à la destinée de l'individu après la mort pourvu que vous reconnaissiez le Führer comme la plus haute autorité sur terre.» Et les catholiques de répliquer : «Nous respectons Adolf Hitler comme représentant de la puissance temporelle et nous sommes prêts à reconnaître ses mérites et ses succès sur la scène internationale et dans le domaine social, mais il n'est qu'une créature humaine et au-dessus de lui, il y a Jésus et la loi d'Amour.» C'était une atteinte à la puissance de l'État. Les nazis devaient la combattre au moment où ils s'employaient à mobiliser toutes les ressources de la nation, dans une conjoncture difficile. L'assassinat constituerait un avertissement aux conservateurs proches du gouvernement, à la hiérarchie et aux foules inspirées par le militantisme catholique. Que tel ou tel dignitaire nazi — Göring, Himmler ou Heydrich — ait trouvé l'occasion de satisfaire une rancune personnelle n'apparaît pas improbable. Le mobile politique l'emportait.

Ce fut le SS-Hauptsturmführer Gildisch, sous les ordres d'un fonctionnaire de police non identifié, qui fut chargé de l'exécution. Gildisch était affecté en surnombre à la Leibstandarte. Au début de la matinée, il fut convoqué au Gestapa. Il aurait prélevé un détachement de seize à dix-huit SS sur l'effectif. Le point a été formellement contesté par les historiens de la formation SS. Les rapports quotidiens ayant disparu, nous n'avons aucune certitude. Le Hauptsturmführer fit longuement antichambre au 8, Prinz-Albrecht-Strasse ainsi qu'un certain nombre de policiers. Puis, il fut appelé, en même temps qu'un civil, inspecteur ou commissaire de police, dans le bureau de Heydrich. Celui-ci remit au compagnon de Gildisch une liste sur laquelle figuraient «environ seize noms». La formule est curieuse. N'y a-t-il pas une contradiction entre la précision du chiffre et l'approximation de l'adverbe? Les personnes désignées devaient être arrêtées ou abattues. C'était donc le commissaire ou l'inspecteur qui dirigeait. Gildisch n'était qu'un exécutant. Par bonheur pour le policier, il ne fut pas identifié après 1945. Gildisch a toujours juré qu'il ignorait tout de l'identité de son compagnon.

À treize heures, les deux hommes franchirent la porte du ministère des Transports. Celui-ci se trouvait à l'angle de la Vossstrasse et de la Wilhelmstrasse. De l'autre côté de la rue, se dressait, symétriquement, le palais Borsig.

Au premier étage, Gildisch s'adressa à une personne qu'il rencontra par harsard. Gustav Guder était huissier-chef. Le visiteur voulait parler au Dr Erich Klausener. «Qui dois-je annoncer?» Gildisch : «Il n'est pas nécessaire de m'annoncer.» Une porte s'ouvrit; un homme sortit dans le couloir. Il était en manches de chemise et voulait sans doute se laver les mains avant d'aller déjeuner. Un tel laisser-aller bon enfant ne surprenait pas trop. Ces serviteurs de la vieille Prusse, dévoués corps et âmes à l'État, considéraient en retour qu'ils étaient «chez eux» dans «leur» ministère. Guder : «Herr Doktor Klausener, ces messieurs voudraient vous parler.» Si l'on en croit les déclarations de l'accusé, lors du procès de Berlin, son compagnon aurait été plus silencieux que la statue du Commandeur. Muet et impassible, il se serait contenté d'observer les faits et gestes de Gildisch. Klausener, en apercevant l'uniforme de Gildisch, n'avait pas eu de doute sur le sens de cette visite. Comment lui aurait-il échappé alors que depuis près de trois heures, la vice-chancellerie était investie? Au cours de la matinée, il en avait bavardé avec un fonctionnaire des Transports. Le Dr Brandeburg lui avait conseillé de prendre quelques précautions et notamment de ne pas se démunir de son pistolet. L'ingénieur avait été fort étonné d'apprendre que l'ancien directeur des services de police au ministère de l'Intérieur de Prusse n'avait jamais possédé d'armes. Celui-ci avait appartenu au sérail. Il se croyait encore sans illusions. Lui aussi allait être appréhendé, placé en «détention préventive». À quoi bon résister? Il serait battu sur le champ. Résigné, il pria les deux hommes d'entrer dans son bureau. L'un des deux lui annonça qu'il était mis en état d'arrestation. Calmement, il demanda la permission d'enfermer dans un tiroir son traitement qu'il venait de toucher le matin même ainsi que quelques objets personnels auxquels il tenait. Puis, il passa son veston, se dirigea vers le porte-manteau près de la porte. Il leva légèrement la tête et tendit le bras pour saisir son chapeau. Le corps était quelque peu raidi par le mouvement. La nuque était bien visible. Gildisch incarnait en quelque sorte l'idéal de l'Aryen. Blond, les yeux bleus, le teint clair, il aimait, comme ses lointains ancêtres, les boissons fortes et l'on ne comptait plus les «cuites» mémorables qui lui déliaient la langue et l'avaient déjà plus d'une fois plongé dans des embarras désastreux. Il était surtout très grand. En pénétrant dans le bureau, il avait rapidement calculé les circonstances. Klausener n'avait guère prêté attention à ce représentant interchangeable de la force publique, exécuteur des basses œuvres dont tous les régimes ont besoin. Lorsque Klausener marcha vers le porte-manteau, Gildisch se plaça à deux mètres derrière sa victime sans se faire remarquer. Puis, il sortit doucement de la poche de son pantalon un Mauser 7,65. C'était son arme personnelle. Dans son étui, il avait son arme de service, un Parabellum 9 mm. Il avait au préalable armé le Mauser. Il allongea le bras, et, ayant à peine visé, car à cette distance, il ne pouvait manquer le but, il tira à la base du crâne. Une fois! Klausener tomba. Il était allongé sur le sol, mort, bien mort. Gildisch se tenait devant lui, l'arme à la main. À ce moment, la porte s'ouvrit brusquement. L'attaché d'administration Paxmann passait dans le couloir. Il avait entendu la détonation. Par une curiosité fort naturelle, il avait voulu s'enquérir. En apercevant ce géant blond en uniforme de SS, le Mauser au poing, devant le Ministerialdirektor Dr Klausener étendu sur le sol pendant qu'une tâche de sang s'élargissait près de la tête, Paxmann avait précipitemment refermé la porte. Le policier en civil poussa le verrou afin d'être à l'abri des indiscrets.

Puis Gildisch ou son compagnon demandèrent par téléphone des instructions à Heydrich. Simuler un suicide, placer deux hommes en armes devant la porte du bureau pour empêcher toute investigation judiciaire! Le corps sera enlevé dans la soirée. Gildisch s'employa tout d'abord à maquiller le crime. C'était particulièrement odieux, car Klausener était profondément croyant et n'aurait sans doute jamais attenté à sa vie. Au moment de poser l'arme à côté du corps, Gildisch s'était ravisé. Le Mauser lui appartenait. Il était prêt à sacrifier à l'État son humanité, mais pas un pistolet qu'il avait payé de ses deniers. Il tira le Parabellum de son étui et le plaça près de la main droite de Klausener. Ce geste lui fut d'ailleurs fatal. Quelques jours plus tard, tapant sur l'étui vide, il se plaignit auprès d'amis qu'il retrouvait le soir, au bistrot, qu'on ne lui avait toujours pas rendu son arme. Et de fanfaronner de son crime. Reconnu par un de ces compagnons après 1945, il fut dénoncé, se défendit fort mal et fut condamné à quinze ans de réclusion.

Gildisch entrouvrit la porte, appela Guder et lui ordonna de faire monter au premier étage deux hommes du détachement, qui attendait devant la vice-chancellerie. À ce moment, la maison dont la vie avait été comme suspendue pendant un instant par la détonation, se remit à vivre. Le secrétaire général, Carl Schwaner, vint sur les lieux. Il invita le policier et le SS à se justifier devant le ministre, von Eltz-Rübenach. Ils n'en avaient pas le temps. De fait, dès que les sentinelles furent placées devant la porte, ils quittèrent le ministère.

Dans l'après-midi, ni le secrétaire d'État Königs ni le ministre lui-même ne parvinrent à fléchir la consigne. On ne jugea pas nécessaire de les informer de ce qui s'était déroulé dans les bureaux du ministère. À 17 heures, les deux SS furent rappelés. Tard dans la soirée, un garçon de laboratoire enleva le cadavre et le transporta à la morgue de la Charité, dans la Hannoverstrasse. On l'y conserva quelques jours sans que la famille fût autorisée à voir le corps. Le secrétaire de police Ernst qui dirigeait la morgue s'y opposa. La dépouille mortelle fut incinérée à Wilmersdorf. Le certificat de décès n'indiquait pas la cause de la mort. Il portait uniquement la signature et le cachet de Ernst. Le Gestapa, pour en finir avec cette affaire, fit savoir officiellement que le Dr Klausener s'était tué pour se soustraire à une arrestation. C'était souiller un peu plus la mémoire du mort puisqu'on laissait entendre qu'il craignait une condamnation pénale et que, de plus, infidèle à sa foi, il avait placé le respect humain au-dessus de la confiance en la charité divine. Mgr Bares était absent de Berlin le 30 juin. Il effectuait une tournée pastorale en Poméranie. À son retour, le 1er juillet, il s'empara de l'affaire. Ses démarches et celles de l'ordinariat auprès de Hitler, de Göring et de Frick, bien qu'elles fussent réitérées, demeurèrent sans succès. La mort du Dr Klausener était un suicide. Ainsi, en avait décidé le Gestapa.

Pourquoi cette mascarade? L'intention sacrilège n'est guère contestable. Tuer n'était rien tant que l'on n'avait pas déshonoré, avili l'ennemi. Mais il semble bien que l'on ait voulu dissimuler qu'il y avait eu crime comme on l'avait fait pour les Schleicher et comme on le fit pour Gregor Strasser.

Nous avons relaté, avec toute la minutie possible, le déroulement de ces trois assassinats politiques. Les raisons de ceux-ci étaient évidentes. En un mot, on voulait intimider la «réaction». Le choix des modalités n'est pas moins clair. H. von Bose ainsi que le général von Schleicher auraient opposé une résistance aux policiers qui voulaient les arrêter, contraignant ceux-ci à faire usage de leurs armes. Klausener aurait mis fin volontairement à ses jours. La justice était dispensée de se prononcer sur les agissements, réels ou supposés, des inculpés et empêchait ceux-ci de se justifier. Tout cela est bien connu. Mais la procédure a eu des conséquences considérables qui n'ont pas été assez remarquées. Il est environ 13 heures lorsque Klausener, le dernier des trois, est abattu. À ce moment, Hitler tente, à Munich, de persuader SA-Führer, Gauleiter et autres dignitaires du Parti, réunis à la Maison Brune, qu'il vient d'échapper à un extrême péril. Vers 15 heures, il se met à rédiger les communiqués et ordres du jour qui seront publiés. Enfin, il délibère avec quelques fidèles sur le sort à réserver aux SA-Führer. Il est 16 heures environ. La délibération aurait-elle eu un sens si Hitler avait ordonné d'assassiner Bose, Schleicher et Klausener? La décision aurait été préjudiciée par ces trois meurtres. Il aurait été inconcevable que les Karl Erst, les Edmund Heines... ne fussent sanctionnés que par une peine de «détention préventive» alors qu'un ancien chancelier d'Empire auquel on n'aurait su, en toute justice, faire grief que de quelques opinions hétérodoxes, avait été massacré, avec sa femme, dans sa villa de Neubabelsberg? Aussi, nous devons nous demander, avec prudence et circonspection, si, outre les multiples raisons que Göring et Himmler avaient de faire disparaître ces trois hommes, il ne s'y en ajoutait pas une autre, de circonstance. Leur mort était un moyen de peser sur la décision du Führer et de le pousser aux extrêmes quoi qu'il en eût.

Physionomie de Berlin

La physionomie de Berlin était fortement contrastée. La journée du 30 juin fut très chaude, de cette chaleur sèche, continentale, qui brûle sans amollir. Les Berlinois quand ils le pouvaient, s'étaient réfugiés au bord de l'eau et s'ébattaient dans les lacs, la Havel, la Spree et les innombrables rivières paresseuses du Brandebourg. D'autres avaient trouvé asile dans un de ces bistrots berlinois, les Kneipe, où la « blanche », une bière peu alcoolisée que l'on coupe de sirop, coulait à flots. Le journaliste du *Neue Zürcher Zeitung*, qui parcourait la ville à la recherche de nouvelles, était stupéfait. Les Berlinois vivaient dans l'« inconscience » de la révolution qui était censée se dérouler sous leurs yeux. On apercevait bien des camions qui parcouraient les rues à vive allure. Ils étaient chargés d'hommes en armes, casqués, suant sous les lourds uniformes. Des policiers ? Des soldats ? On n'y prêtait pas trop attention. De-ci, de-là, la circulation était moins fluide comme si elle se heurtait à quelque obstacle lointain dont on ne se souciait guère. Pourtant, dans ce paysage paisible, il existait de véritables îlots d'état de siège. Le ministère de la Défense semblait tenu à l'écart de cette agitation. Le correspondant de presse n'apercevait qu'une sentinelle solitaire devant le portail. Elle allait et venait, d'un pas monotone, le fusil sur l'épaule. Tout le bâtiment paraissait sommeiller. La température était accablante. On était un samedi après-midi. « La Reichswehr, se disait-il, est au-dessus des luttes quotidiennes et des factions. Elle montre un visage impénétrable. » En se rapprochant du Tiergarten, il se heurtait à des obstacles et il fallut montrer patte blanche pour parvenir jusqu'à la Wilhelmstrasse. Mais ces îlots de révolution étaient en quelque sorte reliés par un réseau souterrain d'inquiétude, de défiance et de soupçons. C'était comme l'envers cryptique de l'unanimisme national et populaire que l'on célébrait en grande pompe. Baldur von Schirach habitait une villa à Wannsee. C'est, avec des proportions plus vastes, une nature plus sauvage, le lac du bois de Boulogne. Les eaux scintillaient au soleil. Les pelouses étincelaient d'un vert émeraude. La Reichsjugendführer se préparait sans hâte à se rendre à son bureau. Entre 10 et 11 heures, le secrétaire d'État Stuckart l'appela au téléphone : « Restez chez vous. En ville, c'est le délire. La Reichswehr a cerné le quartier des ministères. On prétend que la SA a tenté un putsch contre le Führer. On ne sait rien de précis. » Après un instant de réflexion, Schirach décida d'appeler la Reichsjugendführung. Son chef de cabinet était aussi perplexe. Dans le Reich, tout était calme. Seul, le responsable régional de Munich avait manifesté une excitation inquiétante. Hitler était arrivé à l'improviste dans la capitale bavaroise. Il avait fait arrêter la moitié du commandement de la SA. Baldur von Schirach croyait savoir que Röhm était en vacances à Wiessee. Hitler était allé à Essen pour le mariage de Terboven. Il devait être encore en Rhénanie. Par un premier mouvement, Baldur von Schirach voulut composer un numéro. Il allait prévenir Goebbels et Göring. Mais savait-il de quel côté ils étaient ? Mieux valait se faire oublier jusqu'à ce que les fronts fussent plus nettement dessinés. La splendeur de cette belle journée d'été était ternie par un voile gris. Curieux spectacle que celui de ce dignitaire du régime qui a rang de ministre et ne songe qu'à passer inaperçu ! Sans doute, la chose n'est pas nouvelle. Dans toutes les révolutions, beaucoup d'hommes ont dû de survivre à l'art avec lequel ils savaient faire le mort. Mais les circonstances étaient différentes. Des exécutions avaient lieu. Les foules partaient à l'assaut des palais. En ce jour, les « masses populaires » faisaient la trempette dans les lacs berlinois.

Baldur von Schirach n'était pas un cas unique. Très tôt dans la matinée, Hans Fritzsche, un journaliste qui travaillait au ministère de la Propagande fut réveillé par un appel téléphonique du ministre. C'était surprenant. Les instructions étaient encore plus surprenantes. Fritzsche se rendrait sur-le-champ au ministère, demanderait à la préfecture de police d'envoyer un détachement armé pour protéger les bâtiments et dirait au chef du personnel que tous les fonctionnaires, membres de la SA, étaient provisoirement suspendus, mais qu'il leur était interdit de quitter la maison. Aucune nouvelle d'importance ne serait publiée sans l'accord du ministre. Comment concevoir qu'une telle mission fût confiée à un subalterne ? Fritzsche répondit au ministre qu'il allait prévenir le secrétaire d'État Walter Funk et le Dr Kurt Jahnke, qui était à la tête de la 4e direction (Presse). Dans l'écouteur, le journaliste entendit le rire sarcastique de Goebbels : « Je serais surpris que vous parveniez à les joindre. » De fait, le ministère de la Wilhelmplatz était désert. Hans Fritzsche avait d'ordinaire une bonne douzaine de supérieurs et une cinquantaine de collègues d'un rang égal au sien. En ce jour, il était seul. Les secrétaires désœuvrées se laquaient les ongles en attendant le moment où elles échangeraient leur bureau surchauffé contre quelque plage berlinoise. Puis les téléphones se mirent à sonner furieusement. Les administrations, les rédactions allemandes, les correspondants étrangers voulaient savoir ce qui se passait. Si seulement Hans Fritzsche l'avait su !

Les diplomates furent tout aussi surpris par l'événement. Le consul de France avait assisté à l'investissement de la villa de Röhm. Pierre Arnal s'en alla aux nouvelles. De la Pariser Platz au Auswärtiges Amt, il n'y avait que quelques centaines de mètres. C'est ainsi que les fonctionnaires des Affaires étrangères apprirent l'opération de police. Peu après, ils furent alertés par Cerutti, l'ambassadeur d'Italie. Il donnait un grand déjeuner dans sa résidence de la Matthaïkirchstrasse. Ses invités ne pouvaient franchir les barrages. Enfin, le ministre téléphona. Il donnait une réception en l'honneur de l'un des frères de l'empereur du Japon. Les hôtes étaient recrutés parmi le « gratin » de la politique. Le général von Fritsch était présent comme s'il n'avait rien de mieux à faire qu'à sauver le décorum. Le prince se fit attendre. Une demi-heure, une heure... Les policiers avaient refusé de le laisser passer. Quel pays que cette Allemagne nouvelle !...

D'autres, plus hardis ou plus ambitieux, avaient cherché la sécurité dans l'œil du cyclone. Par quels tours de force étaient-ils parvenus à pénétrer dans la « villa » Göring ? Leur présence en ces lieux équivalait à un sauf-conduit. Comment la police aurait-elle osé appréhender des hommes qui étaient apparemment les familiers du ministre président ?

Dès que les brouillards se dissipèrent et que le nouveau paysage politique se constitua progressivement sous leurs yeux, ceux qui avaient été les plus timorés devinrent déclamatoires. La lâcheté et l'opportunisme le plus plat se drapaient dans le manteau de la vertu. Des baladins et des grouillots de presse, la mine grave, le sourcil froncé, l'indignation trop facile, distribuaient le blâme et l'éloge. A. Bronnen nous a dépeint trop brièvement cette comédie qui aurait exigé une plume plus mordante. On prétendait que le directeur de Radio-Allemagne (Deutschland-Sender), Götz Otto Stoffregen, avait accompagné Karl Ernst à Brême et s'apprêtait à s'embarquer pour la même croisière. Plus personne ne voulait le connaître. Ses plus fidèles compagnons de beuveries savaient à peine de qui l'on voulait parler. Par contre, son adjoint, Carl Hans Böse, un comique de province qui faisait carrière dans la radio, se répandait en flagorneries. D'une voix trop aiguë, qui se cassait brusquement, il proclamait à l'adresse d'un auditoire imaginaire, tout en circulant à travers les groupes «Et à qui sommes-nous redevables, une fois de plus, de cette grandiose action? À qui, Messieurs?... Mais à notre Goebbels!»

À partir de 15 heures, la DNB diffusa les premières informations officielles. La radio les retransmit aussitôt. Des éditions spéciales des journaux parurent dans la fin de l'après-midi. La physionomie de la capitale se transforma brusquement. Comme toujours et en tout lieu, la population ne resta pas confiné dans ses demeures, en des circonstances aussi exceptionnelles. Elle descendit dans la rue, en quête de nouvelles, mais plus encore à la recherche du contact de ses semblables. Comme Antée en touchant la terre, elle puise dans ces grandes rencontres collectives la force des certitudes partagées. La foule était cependant comme parcourue par des sursauts nerveux. On s'agglutinait autour des kiosques à journaux et l'on s'arrachait les feuilles dont l'encre était encore fraîche. Unter den Linden, les curieux circulaient en flots épais. Ils essayaient de passer outre, de pénétrer dans le Tiergarten où un millier d'hommes de la Landespolizei avait établi un véritable bivouac de campagne. Wilhelmstrasse et Vossstrasse, le cordon était infranchissable. À la gare du Zoo, des groupes s'étaient formés. On discutait vivement. Quelques voix critiques ne craignaient pas de parler haut. Des SA en uniforme allaient, par petits groupes, à travers la ville. Ils se dirigeaient vers les locaux de leur Sturm, un bâtiment désaffecté, l'arrière-salle de quelque bistrot. Inquiets, désorientés, ils avaient eux aussi besoin de savoir et de comprendre. Sur leurs camions, les patrouilles de la Landespolizei parcouraient les rues. On apercevait quelques mitrailleuses légères pointées sur un ennemi imaginaire. Le ciel était bleu et sans nuages. Les Berlinois découvraient soudain que la ville était en état de siège. Les raisons données étaient si fantastiques que la gouaille proverbiale de la capitale était prise de court. On ne cite pas un seul bon mot datant de cette journée.

La journée de Hermann Göring

La villa de la Leipziger Platz était gardée, à l'extérieur, par un détachement de la Landespolizei. On pénétrait dans une cour où l'on avait multiplié les mesures défensives. Gisevius aperçut des mitrailleuses installées sur les toits. Après avoir gravi quelques marches, on pénétrait dans un vaste hall. Il y régnait une vive agitation. Des hommes de la garde personnelle de Göring assuraient la surveillance. Les SS qui avaient accompagné Himmler faisaient antichambre. Les ordonnances, les gradés chargés d'une mission allaient et venaient. Blottis dans les profonds fauteuils, on apercevait quelques SA. Ils avaient été convoqués par Göring, avaient répondu à la convocation et attendaient que le ministre président ou une autre instance se prononçât sur leur sort : Lichterfelde, Columbia-Haus, Lichtenbourg ou la liberté ? Ils essayaient de se faire oublier. On apercevait deux Gruppenführer. Le premier était très vraisemblablement le prince August Wilhelm von Hohenzollern. Il avait vécu dans une sorte de rêve éveillé, s'imaginait que Hitler et Röhm n'avaient d'autres soucis que de le ramener sur le trône. Il multipliait les imprudences, se confiait à qui voulait l'entendre, fabulait dans une sorte de délire perpétuel. Le Gestapa devait détenir un épais dossier où ses frasques et ses incartades étaient soigneusement notées. Il avait la chance de porter un nom illustre. Il était difficile de faire fusiller un Hohenzollern. On décida de lui faire peur. On le convoqua au 11a de la Leipziger Platz. Göring le reçut et lui asséna qu'il était un traître, un « salaud de pédé » et qu'il allait être passé par les armes dès qu'on aurait le temps de s'occuper de lui. Recroquevillé dans un fauteuil, il tremblait comme une feuille au vent. Gisevius se délectait. Il n'avait vu personne claquer des dents avec une telle perfection. Le prince aperçut un de ses confidents, Sommerfeldt, un des collaborateurs de Göring, qui passait dans le hall. Il se reprit un peu. Blême, il murmura à l'oreille de celui qui s'honorait, hier encore, de son amitié : « Tout est perdu fors l'honneur ! » Sommerfeldt se hâta de s'éloigner. Après l'avoir bien laisse trembler, Göring reçut le prince une seconde fois et lui notifia la décision définitive sur son sort. Tout bien pesé, il n'était pas un traître, mais simplement un imbécile. Il était assigné à résidence à son domicile. Le Hohenzollern ressentit un profond soulagement.

Le second SA-Führer était le Gruppenführer Siegfried Kasche qui commandait le Obergruppe II. Il aurait été arrêté, selon Gisevius, à Berlin, dans la rue, puis conduit dans la « villa » Göring. On l'aurait oublié dans son fauteuil, incarcéré pendant quelques jours, puis élargi et réhabilité.

Des serviteurs en livrée circulaient à travers les groupes et offraient des toasts, sur des plateaux d'argent, aux personnes présentes. Beaucoup d'entre elles avaient perdu l'appétit.

Enfin, on pénétrait dans le bureau de Göring. C'est lui qui a été, en ce jour ou, tout au moins pour quelques heures, le cerveau de l'opération. Il lui a donné un caractère hybride en frappant à la fois la SA et la « réaction ». Il a su s'assurer la caution de von Blomberg. Ainsi, le champ était libre devant lui. Les exécutants pouvaient sévir impunément. Il a enfin coordonné les opérations menées à Berlin avec celles qui se déroulaient à Munich. Göring était resté en contact avec le Führer. Il lui fallu faire preuve d'une grande habileté pour présenter comme des accidents ou des suicides la mort de von Bose, des époux Schleicher et de Klausener. Il n'était pas seul. Le général von Blomberg avait regagné la Bendlerstrasse. Mais il restait autour du ministre président ses collaborateurs habituels : P. Körner, K. Bodenschatz, le major Jacobi. Il y avait aussi Himmler. Sa présence en ce moment dans le bureau de Göring illustrait suffisamment qu'il s'était subordonné au politique. Daluege avait fait, après 10 heures du matin, une brève apparition au ministère de l'Intérieur de Prusse et sans doute à l'état-major de la Landespolizei, installé, Vossstrasse, dans le même immeuble que le SA-Obergruppe. Puis, il était retourné à la «villa» Göring. C'est de là que furent dirigées les opérations : neutralisation de la SA, arrestations, et que furent ordonnées les exécutions. Pour travailler plus commodément, Himmler avait fait établir une liste des personnes qui devaient être mises en état d'arrestation. Elle aurait comporté, nous dit Gisevius, une centaine de numéros, mais tous les chiffres dont il fait état sont inférieurs à cent. Pour plus de commodité, on ne citait plus les noms, mais simplement le numéro de la liste. Karl Ernst était le numéro 2.

Il y avait aussi les bureaux des services, notamment le service des écoutes, et des pièces privées, où le valet de chambre et le tailleur de Göring veillaient.

Le ministre-président affichait un triomphe cynique. Il allait et venait, lourd, mais la démarche souple, presque feutrée, épanoui. La narine gourmande, il humait avec concupiscence les relents d'angoisse montant vers lui. Comment ne pas songer à quelque tigre?... La crinière blonde de Siegfried frisonnante, il se pavanait dans un uniforme de fantaisie. Sous une Litewska blanche, il portait un pantalon d'uniforme gris-bleu, soigneusement coupé dans le drap le plus fin, et des bottes noires de mousquetaire avec de larges revers. Gisevius le regardait fasciné et pourtant partagé entre le dégoût et l'envie de rire. Ce Göring était sans conteste un bel animal politique. Il aimait la lutte. Les scrupules ne l'entravaient pas. La volonté de vaincre s'unissait en lui à une intelligence rapide et déliée. Pour être sans faille, il ne lui manquait que de dépouiller une incroyable vanité. S'il se fût arrêté sur le Rubicon, c'eût été pour s'y mirer avec complaisance et se repaître du spectacle qu'il donnait à lui-même et aux autres. Il n'était plus alors que le chat botté jouant au tigre. Ceux qui l'entouraient étaient déroutés par de multiples changements de costume. Au moins trois dans la journée! On voyait Hermann se précipiter vers les appartements privés. Il appelait son valet de chambre, son tailleur. Combien ont deviné de quelle secrète faiblesse il souffrait? La fatigue, l'émotion, la tension de la volonté, les secousses qui ébranlaient un homme vivant dans tout son être les péripéties de la journée déréglaient son organisme instable. Tantôt, il était comprimé à la taille par son pantalon, tantôt il flottait dedans. Soucieux de l'apparence, il exigeait des retouches immédiates. Ainsi passaient les heures.

Elles passèrent vite. Peu après 14 heures, Göring décida de dresser un bilan. Les locaux de la SA avaient été occupés sans résistance, les hommes désarmés, les Stabswache internées au Columbia-Haus, les SA-Führer incriminés avaient été arrêtés, Karl Erst, dont on avait perdu la trace, avait été retrouvé à Brême par la police politique. Seuls quelques malheureux étaient parvenus à se soustraire aux policiers. La «réaction» n'avait peut-être pas été décapitée, mais les exécutions de von Bose, von Schleicher, Kleusener, Gregor Strasser constituaient un avertissement sérieux. À Munich, le Führer avec l'assistance de Goebbels et de Lutze était en train de rédiger quelques communiqués. Le ministre président donnerait une conférence de presse à l'intention des fonctionnaires du ministère de la Propagande, des correspondants allemands et étrangers, de tous les responsables des services officiels soucieux de comprendre ce qui se passait. Il parlerait au ministère de la Propagande.

La conférence de presse de Göring

Goebbels avait choisi, en 1933, pour abriter ses services, le palais qui occupait les numéros 8 et 9, au nord de la Wilhelmplatz. L'édifice avait été bâti par le Grand Maître de l'ordre des Chevaliers de Saint-Jean en 1737. Il avait été profondément remanié par l'architecte Schinkel de 1827 à 1828. Le dernier propriétaire avait été le prince Leopold. Aussi les Berlinois le désignaient-ils soit comme le palais de l'Ordre ou le palais Leopold. Des souvenirs historiques s'y rattachaient. Goethe y avait dîné au cours de l'unique voyage qu'il fit à Berlin. La reine Louise, qui ne parvint pas à fléchir Napoléon malgré sa beauté et ses larmes, y avait dansé, costumée au Minerve. Clausewitz y avait exercé les fonctions d'aide de camp... Depuis la révolution de 1918, le palais était inemployé. Les Affaires étrangères y avaient logé leur service de presse, la Pressestelle der Reichsregierung. Le palais gardait de beaux restes : la salle des stucs, la salle pourpre, la salle du trône, la galerie bleue. Goebbels était un homme de goût. Il ne lésina pas. La restauration coûta 700000 Marks ce qui était considérable pour l'époque. Mais architectes et artisans eurent pour instruction de conserver le décor créé par Schinkel.

Göring avait fait informer au préalable le représentant de Goebbels qu'il souhaitait faire une déclaration publique et que la presse devait être convoquée à 15 h 15. En l'absence du ministre, c'était au secrétaire général du ministère, le secrétaire d'État Walter Funk, d'accueillir le ministre-président. Il avait disparu. Göring s'arrêta quelques instants dans le bureau du prince Schaumburg-Lippe qui, Hanke se trouvant à Munich, était, en tant qu'aide de camp personnel de Goebbels, le premier personnage du cabinet. Göring s'était approché de la fenêtre. Il tambourinait sur les vitres. Soudain, il demanda au prince : «Savez-vous ce qui se passe?» Avec une prudence opportune, le prince ignorait tout de cette affaire. Ce sont de telles réflexions qui inspirèrent à Göring une boutade soigneusement recueillie et colportée. «Il est hautement temps que je m'occupe de cette boutique. C'est la pagaye.» Göring devait parler dans la salle de Pompeï. Elle était pleine. Au premier rang, les ministres ou leurs délégués! Seldte était là. Le général von Blomberg était représenté par le major Röhricht. L'officier savourait la situation en dilettante et s'enveloppait dans la gloire qui semblait rejaillir, en ce jour, sur la Wehrmacht. Lorsqu'il avait pénétré dans le bâtiment, il s'était heurté à Hans Fritzsche, qui n'était encore qu'un subalterne. Celui-ci lui avait dit avec un visible soulagement : «Quelle bonne chose! Vous nous considérez encore comme des relations avouables.» Göring venait d'arriver et avait accordé à l'officier une conversation en aparté. Karl Ernst avait «filé» avec l'argent d'une collecte, la fameuse «bataille des bottes», destinée à chausser la SA. Mais lui, Göring, avait dirigé personnellement le «nettoyage» du quartier général de Karl Ernst. Rien que des repris de justice... Le ministre président était en grande tenue. Selon les uns, il avait revêtu l'uniforme de général d'infanterie, selon les autres de général de la Luftwaffe. Röhricht portait l'uniforme de major de l'armée de terre. Il n'avait encore jamais vu un général lui faire rapport.

Dans la salle, il y avait aussi de nombreux hauts fonctionnaires qui tenaient désormais à témoigner de leur loyauté, et, bien sûr, des journalistes! Veit-Ulrich von Beulwitz, un SA-Sturmführer, était assis à côté du prince zu Schaumburg-Lippe. Les deux hommes se connaissaient bien. Beulwitz appartenait à la noblesse de Saxe et dirigeait le service de presse du Groupe. Ils bavardaient amicalement. C'était une imprudence de se montrer aussi ouvertement. Beulwitz fut reconnu par Röhricht et bien d'autres. Peu après la conférence de presse, il fut arrêté, transféré sur le champ à Lichterfelde et exécuté.

Les chaises ne suffisaient pas. On était debout, dans tous les passages, dans tous les angles. On chuchotait, on échangeait les derniers «tuyaux». L'attente accroissait la tension. Une sorte d'électricité parcourait l'assistance de temps à autre. Curiosité, peur et des sentiments moins avouables, la fascination du sang et de la mort ou simplement les basses petites vengeances qui vous donnent, pendant un instant, un fragile sentiment de puissance et vous aveuglent sur la condition de l'homme. On attendait. Göring arriva conduit par Hans Fritzsche, escorté par Gisevius, Nebe et Daluege. Il s'installa sur l'estrade.

Pour commencer, il prit longuement la pose. Légèrement penché en avant, le menton dans la main, il marquait par son sérieux et son silence, la gravité de l'instant. Chacun lisait dans l'attitude du ministre ce qu'il voulait y mettre. Pour Röhricht, Göring était le capitaine avant la bataille. Une dernière fois, il parcourut le terrain du regard, mesura le poids des forces adverses, récapitula les dispositions qu'il avait prises avant de donner le signal de la bataille. Gisevius avait le sentiment que son patron reculait devant l'abîme de trahison qui s'était ouvert soudain devant ses pieds et qu'il luttait avec lui-même pour surmonter sa répugnance à dévoiler sur la place publique tant de turpitudes. Enfin, il commença à parler d'une voix emphatique. Le voile de tristesse masquait mal la jubilation intérieure : « Messieurs, ceci est ma journée. » Depuis des semaines et des·mois, les services de Göring et de Himmler avaient fait des observations inquiétantes. L'attitude de la SA à l'égard de la population était devenue intolérable. Par la brutalité et la violence, la SA exerçait un véritable régime de terreur. Toutes les représentations avaient été inutiles. Victime de ses mœurs et de ses amitiés particulières, Röhm était devenu le prisonnier et l'otage de ses mignons. Lui faisait-on des remontrances, il promettait de porter remède aux abus, mais dès qu'il était retombé sous la coupe des personnages pervers qui composaient sa cour, il se riait des conseils et des avertissements qui lui avaient été prodigués. Ce véritable asservissement sexuel aurait pu avoir de plus graves conséquences. « Le commandement suprême de la SA avait forgé des plans dont le but était de ruiner le Mouvement, de porter la subversion dans l'État et d'édifier un État qui aurait été en quelque sorte la propriété de ces personnalités morbides. » On s'était servi de la rumeur qui annonçait une « deuxième révolution » pour habiliter de tels desseins.

Les malheureux SA-Führer avaient été trompés. Depuis des semaines, ils marchaient contre la « réaction » et, croyaient-ils, pour une seconde révolution. Ils ne savaient pas que Röhm avait partie liée avec la « réaction » et qu'il avait ourdi un véritable complot contre les Führer.

Cet exposé surprit, dérouta, laissa beaucoup d'auditeurs incrédules. Les conclusions en revanche semblaient découler de source. Le Führer avait défendu le Stabschef lorsque celui-ci avait été attaqué pour ses mœurs. Il y avait mis une passion et une loyauté sans défaut, car Röhm était un des alte Kämpfer, un des compagnons de combat de la première heure. Mais devant la menace d'une seconde révolution, le Führer n'avait pas tergiversé plus longtemps. Prompt comme l'éclair, il avait frappé. « Depuis des jours », Hitler avait ordonné à Göring d'exercer, à un signal convenu, les pleins pouvoirs en Prusse et d'y procéder à l'épuration nécessaire. « J'ai, disait le ministre-président, étendu ma mission en frappant aussi [ces représentants du passé qui entretiennent éternellement le mécontentement]. »

Göring se faisait à la fois rassurant et menaçant. Le pouvoir était solide et l'autorité du gouvernement intacte. Les opérations de police s'étaient déroulées sans rencontrer de résistance. Les meneurs avaient été arrêtés. Une épuration sévère était nécessaire. Elle frapperait les extrémistes, les éléments criminels, mais aussi « tous les milieux du mécontentement ». Il s'agissait de réhabiliter la SA du passé, la SA des années 1928, 1929, 1930, à qui l'on était redevable de la victoire. « Le peuple devait le comprendre. Le jugement serait impitoyable et rigoureux pour tous ceux qui avaient pêché et abusé de leur pouvoir pour opprimer le peuple. »

Puis, le ministre président répondit aux questions des journalistes :
« On dit que le vice-chancelier Papen aurait été arrêté?
– Le sujet mérite-t-il un tel intérêt?
– Le prince Auwi a-t-il été mis en état d'arrestation?
– J'ai dit au prince : de deux choses l'une, ou bien vous êtes coupable de

haute trahison ou bien vous êtes un idiot? Je retiendrai la dernière hypothèse.
– Qu'est devenu le général Schleicher?
– Nous y voilà! Vous le savez. On ne peut pas empêcher le chat de courir après les souris. Malheureusement, il y a eu une bavure. Il avait recommencé à se mêler de tout et avait la main dans toutes ces affaires. Aussi son arrestation avait-elle été ordonnée. Les policiers ont tiré. La responsabilité lui en incombe. Pourquoi s'est-il opposé à la force publique?
– Schleicher a été abattu?
– On ne fait pas d'omelettes sans casser d'œufs. La saison de la trahison est terminée.
– Y a-t-il des preuves de sa trahison?
– Ne vous faites pas de soucis. Ça, c'est mon affaire.
– Röhm?
– Lui non plus n'appartient plus au nombre des vivants.»

La conférence était terminée. Göring descendit de l'estrade et s'en alla, accompagné de Fritzche, Daluege, Nebe et Gisevius pendant que le bourdonnement des conversations remplissait la salle. Schleicher? Sur le seuil de la porte, Gisevius se tourna vers Fritzsche dont il percevait les réticences tacites et lui dit : «Cela s'est bien passé comme cela.»

Il devait être entre 17 et 18 heures. Göring retourna Leipziger Platz. Les témoignages sont imprécis sur les heures qui séparent la fin de la conférence de presse, du retour du Führer. Selon toute vraisemblance, le ministre président s'est accordé quelques instants de détente. Le reste était un travail de routine qu'il abandonnait à ses subordonnés. Prinz-Albrecht-Strasse, Himmler et Heydrich continuaient de diriger les arrestations de suspects. Aucune grande décision ne pouvait être prise avant l'arrivée de Hitler. Il s'envola de Munich vers 20 heures.

Le retour du Führer

L'avion piloté par le capitaine Baur devait atterrir vers 22 heures. Pour renforcer la sécurité, la SS avait encerclé l'aéroport de Tempelhof. Une compagnie de la Luftwaffe, qui n'existait pas encore officiellement, vêtue du nouvel uniforme gris-bleu, avait été disposée sur les trois côtés d'un carré ouvert vers la piste d'atterrissage. Les personnalités étaient arrivées peu à peu afin de saluer le Führer dès son retour. Chacun avait le souci d'être parmi les premiers à témoigner de sa loyauté. Göring, Himmler, Daluege, Frick, le général von Reichenau étaient là et d'autres moindres personnages comme P. Körner, Bodenschatz, Nebe, Gisevius... Göring et un caprice du hasard meublèrent l'attente dans le soir de cette belle journée de juin, qui eût couronné de toute sa splendeur le déclin du mois si la gloire de l'été n'avait été éclipsée par l'ombre d'une tragédie sordide. Le général Göring s'adressa à «ses» aviateurs qui entraient dans l'histoire officieusement et sous quels auspices! Le discours, tout de circonstance, était dépourvu de véritable intérêt. Les grands mots : «la loyauté du soldat», «la camaraderie jusque dans la mort» prenaient un étrange relief en ces circonstances. On eût dit qu'ils accusaient Göring par antiphrase... Le général von Reichenau n'entendait qu'une chose. L'armée de conscription serait commandée par des officiers de métier. L'esprit de la Reichswehr formerait la Wehrmacht. Un avion se posa. Un personnage en sortit les menottes aux mains. C'était Karl Ernst, arrêté à Brême, et transféré à Berlin. Dès qu'il posa le pied sur le sol, encadré par quelques SS et le Hauptsturmführer Gildisch, le prisonnier aperçut le détachement des troupes d'aviation, formé en carré, Göring, Himmler et tous les notables. Il levait les bras, bien haut au-dessus de sa tête, afin que les menottes fussent vues de tous, puis il les secouait, avec de grands mouvements entravés et maladroits. C'était à la fois la dénonciation déclamatoire d'une erreur judiciaire et comme un salut fraternel. Karl Ernst ne comprenait toujours pas très bien ce qui lui arrivait. Il fut un peu désemparé que personne ne songeât à s'enquérir de ses mésaventures. Il demeurait bien décidé de rire de cette ridicule méprise. Le malentendu serait bientôt dissipé. Quels effets n'en tirerait-il pas, entre ses compagnons, lorsqu'il leur raconterait l'arrestation par la police politique de l'homme qui commandait le Obergruppe III? Nebe et Gisevius avaient échangé un regard. Avec un cynisme de flic, Gisevius se dit que l'envie de rire ne tarderait pas à passer au SA-Gruppenführer.

Enfin, vers 22 heures, l'avion de Hitler fut annoncé. Un point noir grossit rapidement dans le ciel crépusculaire. Gisevius regardait l'horizon, une grande lueur rouge, rouge comme le sang des fusillés de Munich, de Berlin, comme le sang de ceux qui seraient abattus le lendemain, dans la capitale, en Saxe, en Silésie, dans toute l'Allemagne. Le Junker se posa sur la piste et se dirigea lentement vers les hangars, puis s'immobilisa. Dans le silence rétabli, on entendait les ordres de l'officier qui commandait le détachement d'honneur. La porte de l'avion s'ouvrit. Le Führer en sortit. Gisevius a donné le meilleur commentaire des photos de presse que nous possédons : «chemise brune, cravate noire, un manteau en cuir brun, des bottes noires comme en portent les militaires. Des pieds à la tête, un camaïeu des ténèbres. Couronnant ce tableau, le visage. Blême comme un linge, avec des reflets jaunâtres, creusé par les nuits sans sommeil, ombré par une barbe de deux jours, il paraissait à la fois ravagé et bouffi. Les cheveux, collés en mèches, tombaient sur la face, masquant presque les deux yeux. Le regard semblait éteint, sans une étincelle, et pourtant ces yeux privés de vie, ce regard d'hypnose, vous transperçaient comme un couteau.» Hitler reçut machinalement les salutations des Göring, Himmler, Frick, von Reichenau... Des claquements de talons, les bras levés à la romaine, des courbettes que les Allemands appellent si joliment des Diener, des «serviteurs», quelques mots échangés... Hitler se tournait déjà vers le suivant, puis il passa en revue le détachement d'aviateurs. Gisevius observait sa démarche. Le Führer ne marchait pas. On eût dit qu'il écartait précautionneusement les jambes comme s'il tentait de franchir de grandes flaques sans se salir... Il avait hâte d'en finir avec tout ce protocole. Le groupe se dirigeait déjà vers les automobiles dont les chauffeurs attendaient. Hitler posait de brèves questions. Göring et Hitler répondaient d'abondance. Soudain le Führer s'arrêta. Le Reichsführer se retourna. Il fit un geste impérieux à ceux qui suivaient. Ils devaient se tenir à distance. Puis, il tira du revers de la manche gauche de son manteau une liste marquée de plis, déjà froissée et la tendit au Führer. C'était la liste des personnes arrêtées. Une croix indiquait celles qui, en raison des circonstances, avaient soit trouvé la mort soit mis fin à leurs jours. Hitler lisait lentement. Son doigt glissait de nom en nom. Il se taisait. Göring et Himmler accompagnaient cette énumération muette de commentaires prolixes. À distance, le Führer paraissait se tasser, devenir tout petit. Soudain, il tressaillit et redressa la tête. Gisevius et Nebe se regardèrent. « Ils viennent de lui apprendre le "suicide" de Strasser. » Le cortège se remit en marche. Au moment où l'on montait dans les automobiles, une voix à l'accent des faubourgs berlinois lança dans le ciel maintenant enténébré : « Bravo Adolf ! » L'heure n'était pas aux congratulations. Il fallait cette énorme incongruité pour clore la scène. S'il arrivait que pour les foules, Göring fût Hermann, Goebbels Josef ou Jupp, jamais un Allemand, à l'exception de quelques familiers dont Röhm, n'aurait osé employer d'autres termes que le Führer ou tout simplement Adolf Hitler. Cette connivence populaire ou populacière ruinait d'un cri tout ce décor. Non le Führer n'était pas celui qui menait la Nation, il avait été en ces jours celui que l'on avait mené par le bout du nez, mais cela ne l'avait pas rabaissé aux yeux du peuple. L'appui de celui-ci était assuré, jusqu'au bout, contre tous les meneurs qui se dissimulaient dans l'ombre. « Bravo Adolf ! » C'était un ouvrier de l'aérodrome, demeuré anonyme, dont la présence sur le toit d'un hangar où il s'était installé afin d'assister plus commodément au retour du chancelier, avait échappé au service de surveillance. « Bravo Adolf ! » Les gros se mangeaient entre eux. Le peuple applaudissait. Le Führer n'hésitait pas à frapper quels que fussent le rang et les titres. Le peuple lui donnait en retour toute sa gratitude. « Bravo Adolf ! »

Le convoi se dirigea à vive allure vers la Wilhelmstrasse. Des groupes de curieux attendaient devant la chancellerie et saluèrent avec enthousiasme le Führer. À partir de ce moment, il devient beaucoup plus difficile de suivre les faits et gestes de Hitler. Il s'enferma dans la chancellerie. Les témoignages sont rares et de peu de portée. Seul un petit nombre d'hommes ont participé aux conversations : Göring, Himmler, Goebbels, Frick, le ministre de l'Intérieur, Gürtner, le ministre de la Justice, Lutze, le nouveau Stabschef ainsi que les militaires, von Blomberg, von Fritsch, von Reichenau. Ils ont été assistés par de hauts fonctionnaires, Lammers qui dirigeait la chancellerie, des secrétaires d'État comme Hanke de la Propagande, Grauert de l'Intérieur, Dietrich, chef des services de presse du Parti. Quelques membres du cabinet comme Brückner et Schaub ont été associés à ces délibérations qui tournèrent vite à la conversation privée. Les ministres n'ont pas laissé de confessions. Certains fonctionnaires et quelques militaires ont survécu, mais, pour des raisons compréhensibles, ils ont été frappés d'amnésie et n'ont gardé aucun souvenir de ces moments. Il est donc vain de tenter de reconstituer en détail l'emploi du temps de Hitler entre le 30 juin, 23 heures, et le 3 juillet, 10 heures.

Selon le prince zu Schaumburg-Lippe, Hitler aurait accompagné Goebbels à son domicile et y aurait terminé la soirée du 30 juin. Aurait-il remis les décisions au lendemain? Le pire n'était plus à craindre. Le reste n'était plus qu'affaire de routine!

Les exécutions à Lichterfelde

Les fusillades de Lichterfelde ont fourni un aliment à l'imagination des «témoins», des journalistes, voire des historiens. Un auteur, non des moindres, nous dépeint Hitler et Himmler, ivres de sang et de carnage, commandant les pelotons d'exécution et hurlant : «Feu! Feu! Feu!» Un autre, qui ne recula devant aucune extravagance, raconte comment le chancelier et le Reichsführer SS, impatients de meurtre, bousculèrent les tireurs pour servir eux-mêmes les mitrailleuses qui fauchaient une foule de victimes balayées par la peur et la mort dans un des angles de la cour de Lichterfelde. Nous épargnerons au lecteur la vision des flots de sang qui coulèrent de ces plumes prolixes. Une mise au point serait inutile si ces élucubrations n'avaient trouvé crédit auprès d'un très large public, voire auprès de spécialistes et ne contribuaient à masquer l'atrocité réelle de ces scènes.

Quatorze exécutions ont eu lieu, à coup sûr, à Lichterfelde, trois, le 30 juin, et onze, le lendemain. Le 1er juillet, Walter Schulze de Kolberg en Poméranie, chef d'état-major de von Heydebreck, et Max Schulz de Magdebourg, attaché à l'état-major de Schragmüller, ont été passés par les armes. La liste officielle n'indique pas le lieu du décès. Il n'est pas impossible que ce fût Lichterfelde. Il faudrait donc porter le nombre des exécutions à seize. Les victimes peuvent être classées en quatre catégories : Karl Ernst et ce que Gisevius appelait la Kumpanei, la «bande» à Ernst (Gehrt, Voss, von Beulwitz, Klemm, von Mohrenschild, Sander et sans doute le Sturmbannführer Krause; puis von Detten qui dirigeait le Politisches Amt et son adjoint le Oberführer Hans J. von Falkenhausen; la troisième catégorie comprenait les cas extérieurs : F. von Krausser, Koch, Schragmüller et peut-être Walter Schulz et Max Schulze. Enfin, le Dr Villain constitue l'exception à la règle.

La caserne de Lichterfelde, un ensemble de bâtiments du XIXe siècle, carré et sans âme, avait abrité, à partir de 1878, l'école principale des cadets (Hauptkadettenanstalt). Tout disait, en ces murs, la gloire des armes et de la monarchie prussiennes. C'est là qu'avaient été formés, dans ce rude moule, d'innombrables générations de cadets. Ernst von Salomon nous a décrit avec minutie leur vie dans un roman célèbre. En 1919, le corps des cadets avait été supprimé par le traité de Versailles, mais les bâtiments étaient restés la propriété de l'armée. Ils reçurent des affectations diverses. En 1934, la Leibstandarte y avait établi ses quartiers. Aujourd'hui, le quadrilatère délimité par les Finckensteinstrasse, Thekla-Strasse, Altdorfer et Baseler Strasse, porte le nom fort peu prussien de « Andrews Barracks ».

Le 30 juin 1934, vers 18 heures, un courrier de Göring remit un double message au SS-Obersturmbannführer (lieutenant-colonel), Kohlroser qui, en l'absence de Dietrich et de Reich commandait la Leibstandarte. Le premier document informait le SS-Führer que l'état d'exception avait été décrété dans l'ensemble du Reich et que les pleins pouvoirs avaient été confiés, en Prusse, à Göring, par le Führer Adolf Hitler. Le second contenait une liste sur laquelle figuraient trois noms : Karl Ernst, Daniel Gehrt et Gert Voss ainsi que des instructions concises. Les trois SA-Führer devaient être passés par les armes dès qu'ils seraient remis au SS-Sturmbannführer, qui était invité à prendre toutes dispositions nécessaires. Le premier soin de Kohlroser fut de faire confirmer par son supérieur hiérarchique, le Gruppenführer Dietrich, les ordres qu'il venait de recevoir. Il ne parvint pas à le joindre au téléphone, mais A. Wagner, le ministre de l'Intérieur de Bavière, apaisa les scrupules du Sturmbannführer qui élabora alors une procédure, répétée quatorze ou seize fois, au cours des trente-six heures suivantes, à Berlin.

Il serait fastidieux d'en renouveler, dans chaque cas, la description. Les formes ont été employées *ne varietur*. Nous les connaissons avec précision grâce au témoignage du SS-Sturmführer (sous-lieutenant) Keilhaus qui commanda le peloton d'exécution. Après son arrestation ou son transfert à Berlin, l'inculpé était conduit au Gestapa. Himmler, Heydrich ou leurs collaborateurs confirmaient une sentence qui avait été prononcée antérieurement par l'autorité politique ou, dans quelques cas, substituant à celle-ci une décision de police, ils décidaient du sort encore incertain d'un SA-Führer. Il ne semble pas que les accusés aient été entendus. L'état-major de la Leibstandarte était informé de la sentence par téléphone pendant que les condamnés à mort étaient conduits à Lichterfelde. À l'état-major du régiment, on procédait à une simple vérification d'identité. De là, les SA étaient menés directement devant le peloton d'exécution composé de huit sous-officiers et d'un tambour, sous le commandement d'un officier. Celui-ci lisait la brève sentence : « Le Führer et chancelier du Reich vous a condamné à mort. L'exécution aura lieu sans délai. » L'infortuné qui avait été tenu jusqu'alors dans l'ignorance et dont les doutes, les soupçons, les craintes avaient été combattus par un espoir insensé, avait à peine le temps de comprendre quelle fatalité le frappait. Il n'avait plus le temps de protester. Les roulements de tambour couvraient sa voix. La salve claquait. Il ne restait plus qu'un corps sans vie. Rosenberg a prétendu que Karl Ernst aurait caponné devant la mort. Il aurait pleuré, gémi, se serait lamenté, aurait imploré, au mépris de toute dignité, qu'on lui laissât la vie sauve, et pour finir se serait mis à fuir à travers la cour de la caserne. Le cérémonial imaginé par Kohlroser ne se prêtait guère à un tel exhibitionnisme... On aurait pu, a-t-on dit, apercevoir la scène de la Finkensteinstrasse. Plus vraisemblables sont les déclarations de deux témoins directs, Keilhaus et Stenwedel. Les SA-Führer sont morts courageusement ou, comme nous l'a déclaré l'un des deux SS-Führer, « ils ont fait preuve de tenue». Un seul peloton fut chargé de toutes les exécutions. Le cadavre était transporté au crématoire du cimetière de Wilmersdorf et les cendres conservées dans des urnes de bois, au Preussenhaus, où elles étaient remises aux familles, à la discrétion de l'administration judiciaire.

Les premières exécutions ont eu lieu dans la soirée ou dans la nuit du 30 juin au 1er juillet. Karl Ernst a été fusillé entre 22 et 24 heures ainsi que Gehrt et Voss. Fritz von Krausser, von Detten et von Falkenhausen furent d'abord détenus à Stadelheim. Ils ont été élargis le 30 juin, à 19 h 45 et sans doute remis à la police politique qui les fit transférer à Berlin, à minuit, selon le registre d'écrou de la prison de Munich. On est en droit de supposer qu'ils ont été passés par les armes, à l'aube ou dans les premières heures de la matinée. C'est entre 2 et 3 heures du matin, le 2 juillet, que sont tombées les dernières victimes bien que le Führer eût interdit de poursuivre la répression au-delà du 1er juillet, 24 heures.

Après cette étude de la «procédure», il reste à reconstituer les motifs des condamnations. Karl Ernst avait eu connaissance dans les derniers jours de juin, des rumeurs selon lesquelles les SA préparait un coup de force contre l'armée et le Führer. Le voyage de F. von Krausser à Berlin l'empêcha de prendre à la légère ces ragots. Par l'intermédiaire de Daluege, il demanda une entrevue à Frick, le ministre de l'Intérieur auquel il fit, le 27 juin, une solennelle déclaration de loyauté. Le lendemain, il assista au mariage de Terboven à Essen, puis il partit à Brême où il devait s'embarquer, avec sa jeune femme, pour une croisière à destination des Canaries. Ils voulaient rattraper le voyage de noces que les nécessités du service avaient fait différer. Le couple était accompagné par Martin Kirschbaum, l'aide de camp du Gruppenführer et, selon A. Bronnen, par Otto Stoffregen, directeur de Radio-Allemagne. Le 29 juin, ils flânèrent dans la cité hanséatique, puis passèrent une joyeuse soirée. Gisevius a prétendu que la municipalité avait organisé au Ratskeller, une réception, à midi, le 30 juin, en l'honneur du Gruppenführer. Aucun témoignage ne corrobore une telle assertion. Gisevius a donné une version colorée des recherches de police. Reichswehr et Gestapo auraient suivi des pistes multiples. Au cours de la nuit, on crut avoir repéré Karl Ernst à Munich. La déception fut vive de ne pas le dénicher à Bad Wiessee. Daluege, Gisevius et Nebe, qui le savaient à Brême, se seraient délectés des lamentables tâtonnements de leurs collègues bavarois. En fait, tous les services étaient mobilisés. Deux télégrammes l'attestent. Le premier adressé à la police de l'air (Flugwache) est signé Milch, le futur inspecteur de la Luftwaffe; il émanait du ministère de l'Air du Reich : «Sur l'ordre du Führer, livrer ici Gruppenführer Ernst, mort ou vif.» Le second est signé de Körner : «Rechercher par tous les moyens Ernst et capitaine de police de réserve Sander. Après arrestation prévenir télégraphiquement bureau du ministre président.» Daluege irrité de ne pas tenir le premier rôle puisque la répression pénale avait été confiée à Himmler a-t-il boudé et gardé son savoir pour lui, pendant quelques heures, comme le suggère Gisevius? A-t-il fini par prévenir Himmler que l'homme recherché par toutes les polices d'Allemagne se promenait tranquillement à Brême ? Karl Ernst a-t-il été tout simplement victime de la routine policière ? Il fut arrêté peu après midi en même temps que sa femme et Martin Kirschbaum. Vers 14 heures, Heydrich ordonna à Gildisch de se rendre en avion à Brême pour prendre livraison des prisonniers. Madame Ernst fut placée en « détention préventive », puis relâchée le lundi. Son mari et Kirschbaum furent transférés à Berlin. L'appareil qui les transportait atterrit à Tempelhof, dans la soirée, peu avant que Hitler n'arrivât de Munich. les deux hommes furent poussés vers des voitures qui attendaient. Prinz-Albrecht-Stasse ! Karl Ernst fut immédiatement conduit à Lichterfelde. Il mourut en criant : « Heil Hitler ! » Il ne savait toujours pas pourquoi il mourait. Martin Kirschbaum fut conduit au Columbia-Haus. Il ne bénéficia pas de l'amnistie du mois d'août 1934.

Les raisons de la mort du Gruppenführer sont évidentes. La Reichswehr voulait se débarrasser de lui de manière définitive. Le Generalmajor von Witzleben, commandant de la IIIe région militaire et son chef d'état-major, le colonel von Manstein, estimaient qu'il sabotait la défense nationale. On prit connaissance de sa mort avec satisfaction. À ce premier chef d'accusation s'ajoutait une homosexualité, relative certes, mais qui n'a été contestée par personne. En revanche, la vieille thèse du livre blanc, reprise, avec un luxe accablant de détails, par W. Hofer, selon laquelle Göring aurait profité des circonstances pour faire disparaître un de ses complices dans l'incendie du Reichstag est insoutenable. Pourquoi supprimer Karl Ernst et laisser vivre son complice Kirschbaum ? Cela aurait été d'une maladresse insigne. Aucun politique, aucun policier ne commettrait une telle imprudence. Il faut avoir l'âme rousseauiste d'un universitaire helvète pour proférer de telles naïvetés.

L'état-major du Obergruppe fut sévèrement épuré. Le Sturmführer Veit Ulrich von Beulwitz, qui dirigeait les services de presse, s'était fait remarquer en assistant à la conférence de Göring. Il fut arrêté peu après et fusillé. Wilhelm Sander, Stabsführer, chef d'état-major du groupe, avait représenté Ernst à Munich. H. Bennecke fut peut-être responsable involontairement de son arrestation. Sander fut appréhendé après la réunion de la Maison Brune. Bennecke en fut le témoin. Hitler avait-il approuvé cette arrestation ? Le témoignage de Lutze autorise une tout autre interprétation. Le Oberführer ne fut pas conduit à Stadelheim, mais probablement à la préfecture de police ou au siège de la BPoPo, puis transféré à Berlin et passé par les armes. Willi Klemm commandait une brigade. Nous ne savons pas dans quelles circonstances il fut arrêté non plus que Gehrt, Krause, W. von Mohrenschildt, Voss de l'état-major de Karl Ernst. Ils furent tous fusillés à Lichterfelde.

Georg von Detten et Hans Joachim von Falkenhausen avaient assisté à l'entretien de Röhm et d'André François-Poncet dans la villa du banquier Regendanz, le 24 mai, à Dahlem. Le chef du Politisches Amt avait d'ailleurs reçu l'accord du chancelier et il le tint informé, à ce qu'il semble, du contenu de la conversation. Les deux SA-Führer n'en furent pas moins présentés comme les maîtres d'œuvre de la fameuse conspiration Röhm - Schleicher. En les supprimant, Himmler faisait d'une pierre deux coups. Les accusés n'étaient plus en mesure de se défendre. À défaut d'autre preuve, la sanction établissait aux yeux de ceux qui n'étaient pas initiés aux arcanes de la politique, qu'ils étaient coupables. Il n'y a pas de fumée sans feu. Cela est bien connu. Hess, qui était resté aux côtés de Hitler pendant ces journées de terreur, fit, au début de juillet, une visite à madame von Detten et l'assura qu'il avait ignoré le sort de son mari et n'avait découvert qu'après coup le sort de l'infortuné Gruppenführer. Et dans le discours du 13 juillet, Hitler entreprit une réhabilitation voilée de « Monsieur (*sic*) von Detten qui, probablement trompé par de fallacieux prétextes, assuma la préparation diplomatique de l'action. »

Les cas les plus intéressants sont Fritz von Krausser, Koch, Schragmüller, bref les cas « extérieurs » avec W. Schulz, et M. Schulze. Il ne fait guère de doute que Hitler ait grâcié F. von Krausser. Plusieurs témoins l'ont affirmé. L'acharnement avec lequel la police politique s'efforça d'arracher à Vollmer, le chauffeur de Krausser, l'aveu que son patron était homosexuel constitue un argument supplémentaire. *A posteriori*, le Gestapa avait besoin d'un motif pour justifier l'exécution. Dès le mois de mars 1934, Himmler avait demandé à Röhm la tête de Koch qui aurait été homosexuel. Pourtant, celui-ci bénéficia de la grâce du Führer. Le 30 juin, il quitta Munich, après la réunion de la Maison Brune, libre. Puis, arrêté à Coblence, transféré à Cologne, puis à Berlin, il fut passé par les armes, à Lichterfelde, à la fin de l'après-midi du dimanche 1er juillet. Il était victime avant tout du sens de la « propreté » morale chez Himmler.

Le sort de Schragmüller fut semblable. Le Gruppenführer qui commandait le Groupe Centre (Magdebourg), fut tenu pour responsable des incidents dont le ministre Seldte avait été victime au moins de juin à Schönebeck. Ses relations avec la Reichswehr étaient-elles difficiles ? Aucun document ne permet de l'affirmer. Il fut arrêté le 30 juin à Munich, conduit à Stadelheim et libéré le jour même à 19 h 30 selon le registre d'écrou de la prison. Malgré les avertissements de Lutze, il décida de retourner à Magdebourg. Arrêté en gare de Halle par la police, il fut transféré à Berlin. Lichterfelde !

Ces trois destins particulièrement tragiques sont riches d'enseignements : dans ce système, la justice est rendue par décision administrative sans débat contradictoire ni recours. Le cas une fois tranché, l'appareil semble fonctionner de lui-même. Les différents services de polices ont reçu des avis de recherche. Ils arrêtent les suspects qui leur ont été signalés. Ceux-ci sont transférés à Berlin où ils sont exécutés sans délai. Apparemment, un univers à la Kafka où le vice capital du système judiciaire tient moins à un manque de coordination qu'à l'« automatisation » d'un mécanisme irresponsable. Il est cependant assez difficile d'imaginer que Göring, Himmler et Heydrich ignoraient les décisions prises par le Führer à Munich. Comment n'auraient-ils pas été informés des grâces dont avaient bénéficié von Krausser, Koch, Schragmüller et d'autres ?... Le système était à ce point dépourvu de transparence qu'ils pouvaient exciper, avec vraisemblance, de leur bonne foi et de leur ignorance.

Le Dr Edwin Villain (3.11.1898 - 30.06.1934) était le Sanitätsführer, le médecin-major de la SA-Standarte 15 (brigade 28, Horst Wessel, Berlin-Est). Il avait le grade de Standartenführer. Les témoignages tracent le portrait d'un personnage peu sympathique. Seule, sa veuve a esquissé une défense. Des hommes aussi différents que Diels et Gisevius se sont accordés pour l'accabler. Il aurait été brutal, cynique. Tout cela pimenté par une pointe de sadisme et un goût irrépressible de l'intrigue. Il n'aurait pas hésité, nous dit-on, à mettre son savoir de médecin au service des tortionnaires de la SA et de la police politique.

La première grande affaire à laquelle il aurait été mêlé fut la «Semaine sanglante de Köpenick». Ce faubourg de Berlin avait acquis une savoureuse renommée grâce au cordonnier Wilhelm Voigt. Condamné à une peine de prison, il réussit à s'évader, vola un uniforme de capitaine, s'en revêtit, arrêta une escouade qui passait sous le commandement d'un sous-officier, en prit le commandement et se fit remettre «au nom de l'Empereur» la caisse communale. Le prestige de l'armée impériale était si grand que personne ne s'étonna d'agissements aussi bizarres. L'Allemagne en fit des gorges chaudes. Sa Majesté Guillaume II consentit à trouver l'affaire drôle. Carl Zuckmayer en tira une alerte comédie. Köpenick était en fait une agglomération où les fronts sociaux étaient tranchés. Communistes et socialistes y tenaient de solides positions. Le 21 juin 1933, un groupe de SA voulut perquisitionner au domicile d'un adversaire politique, un jeune socialiste, Alte Dahlwitz Strasse 2. Au cours d'un échange de coups de feu, cinq personnes furent tuées, trois SA : Walter Apel, Ronert Gleuel, Wilhelm Klein, un communiste qui avait été arrêté peu auparavant et qui attendait, devant sa maison, la fin de la perquisition, et enfin un passant qui n'avait rien à voir avec toute cette opération. La répression fut sanglante. Elle dura une semaine et n'épargna aucun des adversaires de la SA. Elle aurait fait 91 morts et près de 500 blessés. Diel et Gisevius ont fait retomber la responsabilité des sévices les plus graves sur le Dr Villain. Sa femme a prétendu qu'il était alité pendant la Semaine sanglante.

Une seconde affaire lui fut fatale, elle l'opposa au Dr Leonardo Conti. Celui-ci était né le 24 août à Lugano. Il était entré dans le Parti le 16 novembre 1927, avec un numéro d'adhésion peu élevé (72225), et dans la SS le 16 novembre 1930 (n° 3982). Au début de l'année 1934, le Dr Villain exprima le souhait de devenir président de l'ordre des médecins à Berlin. Le ministre président de Prusse donna une réponse défavorable en s'appuyant sur les renseignements fournis par le Dr Conti, Führer de l'Association nationale-socialiste des médecins allemands (NSDAB). Villain ressentit ce refus comme une offense. Il rencontra Conti dans un grand hôtel de Munich, au cours de la nuit du 4 au 5 mars. Les versions de l'incident divergent beaucoup. Pour les uns, Villain aurait simplement giflé son rival en public. Gisevius nous dépeint une rixe de marlous. Le scandale était patent. La suite des événements est une de ces comédies administratives dont l'histoire du IIIe Reich est riche. À la demande de Conti, la BPoPo appréhenda Villain. Le

Dr Ketterer, le médecin personnel de Röhm, le fit libérer en faisant valoir que l'affaire relevait de la OSAF. Alors que le Dr Villain s'installait commodément dans son wagon-lit pour regagner Berlin, il vit surgir deux inspecteurs de police. Ils avaient reçu de Göring l'ordre de le ramener dans la capitale du Reich. Le médecin voulut descendre du train. Ils l'en empêchèrent. Il avait néanmoins eu le temps de faire prévenir ses amis. À Weiden, encore en-deçà de la frontière bavaroise, un policier se présenta avec des instructions du ministre d'État A. Wagner. Sa mission était de ramener Villain à Munich. Le SA-Führer se tint caché pendant quelque temps en Bavière. Himmler, Göring et Röhm décidèrent que le délit ne serait pas poursuivi au pénal, mais que toute l'affaire serait confiée à un tribunal d'honneur. Karl Ernst aurait été chargé de l'organisation. La présidence était assurée par Ludwig Gerhard Binz (29.03.1895 à Oelsnitz). Il avait le grade de Oberführer. Ses fonctions multiples n'étaient pas insignifiantes : affecté au Ministeramt, il dirigeait le service 2. Il aurait été, selon W. Hofer, rapporteur pour la politique militaire du Wehrpolitisches Amt (Office de politique militaire), vice-président de la Gesellschaft für Wehrpolitik und Wehrwissenschaft (Société de politique et de science militaire), rapporteur au ministère de l'Intérieur du Reich. Le tribunal d'honneur se réunit pour la première fois le 19 mars. Le 30 juin, la procédure n'avait pas abouti. Mécontents de la composition de cette cour et de la tournure des débats, le Dr Conti et Himmler avaient décidé d'en boycotter les séances. Le 4 mai, le médecin SS fit condamner son adversaire, par le tribunal de grande instance de Berlin, à huit mois de prison pour coups et blessures. L'affaire était néanmoins pendante devant la Cour d'honneur. Le Reichsführer SS voulait clore un dossier embarrassant. L'occasion était propice. Le Dr Villain aurait été arrêté par Gildisch, à son domicile de la Bahnhofstrasse 10. Transféré à Lichterfelde, il fut passé par les armes le 1er juillet. Le Oberführer Binz fut arrêté le 30 juin et envoyé au camp de Lichtenbourg où il passa trois mois. Himmler avait eu le dernier mot.

Le coucher du SS-Gruppenführer Kurt Daluege

Nous voudrions clore cette journée décisive par une anecdote très significative. Après avoir attendu le Führer à Tempelhof, Daluege et Gisevius retournèrent au ministère de l'Intérieur, puis firent rapport à Grauert, le secrétaire d'État. « Superficiellement », écrit Gisevius ! De la Königplatz, ils revinrent enfin Unter den Linden. Daluege déclara qu'il n'irait pas dormir chez lui, mais passerait la nuit au ministère afin qu'on fût, à tout moment, en mesure de le joindre sans délai. Son officier d'ordonnance lui dressa un lit de fortune dans son propre bureau. Gisevius élut domicile dans une pièce plus éloignée. Les trois hommes restèrent ensemble à bavarder pendant quelque temps. Puis la fatigue se fit sentir. Daluege se retira le premier. Gisevius et l'ordonnance continuaient à échanger des propos sur cette journée. Le premier fit une remarque sur le zèle de leur supérieur. L'officier d'ordonnance s'empourpra : «Quoi! du zèle...? du zèle...? Il fait dans ses culottes.»

Gisevius a très habilement suggéré que Daluege craignait un coup de main de la SS, au cours de la nuit. Après avoir liquidé la SA, Himmler aurait été tenté de supprimé ses autres rivaux, et d'abord le responsable des affaires de police en Prusse et dans le Reich, puis, qui sait? Il aurait peut-être été tenté de frapper plus haut. La thèse est sans doute séduisante. Mais est-ce bien Himmler que Daluege craignait en ce moment? N'était-il pas encore plus vraisemblable d'imaginer que la Reichswehr après s'être débarrassée de Röhm allait imposer une solution politique? Que lui opposer? La Landespolizei? Aurait-elle combattu l'armée régulière? La SS? Elle était bien trop faible pour résister à une troupe de métier. Les craintes de Daluege étaient vaines. Le calcul de Göring s'avéra exact. La Reichswehr, déjà compromise dans les meurtres de la matinée, ne bougea pas. Pourtant, le soupçon régnait. Il troublait tous les regards et engendrait une suspicion universelle qui poussait aux gestes extrêmes ou aux prudences ridicules.

Le 1er juillet à la chancellerie

À vrai dire, nous ne savons presque rien sur le début de la matinée à la chancellerie : quelques rares témoignages d'impression et les décisions administratives que l'on a trop souvent négligées. Malgré quelques heures de repos, Hitler était encore d'une nervosité extrême. Il demeurait agité par une sorte de fébrilité morbide et, en même temps, il avait gardé un étrange regard fixe, halluciné. La fièvre qui le rongeait se manifestait par un besoin inextinguible de parler, de se raconter comme si, en persuadant l'interlocuteur réduit au rôle de confident muet, il fortifiait sa conviction, car il se disait certain d'avoir échappé à un danger extrême. Les témoins les plus divers l'ont confirmé, et notamment Speer qui, malgré son admiration sans bornes pour le Führer, restait, en son for intérieur, capable d'une remarquable lucidité. Hitler croyait avoir évité le pire, la guerre civile. Des unités de la SA étaient descendues dans la rue, à Munich; elles avaient marché vers le Oberwiesenfeld. Un coup de feu malencontreusement tiré aurait été susceptible de déclencher une guerre intestine. Lui, qui d'ordinaire se taisait sur ses exploits militaires et mentionnait rarement quatre années de campagne exemplaires, se complaisait, en ce jour, à décrire l'expédition à Bad Wiessee. Il l'avait vécue comme un de ces hardis coups de main en territoire ennemi, grâce auxquels une poignée d'hommes déterminés, retournent, par leur audace et leur sang-froid, une situation désespérée. Il ne cachait pas que le spectacle qui s'était offert à lui chez le Hanselbauer lui avait causé un profond dégoût. Hypocrisie? Savoir que le Stabschef était homosexuel était une chose. Découvrir la nudité des corps rapprochés dans l'intimité du lit, se trouver soudain en face d'un mignon de trente ans, au teint brouillé, fardé comme une idole, l'avait révulsé. Les circonstances accroissaient son horreur. Depuis deux nuits, il avait à peine dormi. Il croyait, à cet instant, que sa mission historique avait été compromise. Et par qui ? Les images de Wiessee s'imposaient une fois encore à lui. N'était-ce pas sa justification ? Pourtant, il le sentait bien. Trop de choses lui échappaient. Il tentait de s'informer. Dans la matinée du 1er juillet, il fit convoquer le vieux général von Litzmann en qui il avait confiance.

L'entourage eut, semble-t-il, une attitude ambiguë. D'une part, il s'agissait de conforter Hitler dans l'hostilité grandissante qu'il éprouvait à l'égard de Röhm. La condamnation de celui-ci devait être le couronnement de l'action entreprise contre la SA. Elle n'avait pas encore été obtenue. Pour les militaires, Göring et Himmler, l'affaire était capitale. Tant que le Stabschef était vivant, ils avaient à craindre que leurs menées ne fussent un jour découvertes. Une fois le Stabschef exécuté, Hitler n'aurait pu revenir sur la décision sans se désavouer lui-même. Chez d'autres, une jalousie de courtisans s'assouvissait dans l'abaissement d'un homme qui avait jusqu'alors occupé une place privilégiée auprès du Führer. Brückner était un homme sympathique. Il subissait la contagion de cette adulation, de ces flagorneries et rivalisait avec les autres. Les menus des repas de gala donné par Röhm étaient tombés dans ses mains. On ne sait trop comment. Il les détaillait complaisamment au Führer : cuisses de grenouilles, langues d'oiseaux, ailerons de requins, œufs de mouettes, vieux bordeaux, antiques bourgognes, champagnes. Et ajoutait-il avec une indignation qui sonnait faux : « Tout cela vient de l'étranger. » D'autre part, on s'efforçait de détourner l'attention du Führer afin que devant l'étendue déjà prise par la répression, il ne fût pas tenté d'en suspendre le cours. Vers la fin de la matinée du 1er juillet, Alfred Speer qui n'était encore qu'un jeune architecte très doué, fut appelé au téléphone par Brückner ou Schaub : « Avez-vous quelques plans que le Führer ne connaisse pas encore ? Très bien ! Et bien apportez tout cela. » Speer le savait, l'architecture fascinait Hitler. Quand il se plongeait dans l'étude des épures, il oubliait toutes ses préoccupations. Et Speer n'avait pas été sans remarquer que l'entourage se servait de ce moyen oblique pour couper court ou prévenir une discussion que l'on jugeait inopportune. C'est ainsi qu'il fut décidé, en cette matinée du 1er juillet, de reconstruire la chancellerie. La nouvelle chancellerie comprendrait l'ancienne dont on ne garderait que la salle historique, celle du congrès de Berlin, elle engloberait le palais Borsig et tout le côté nord de la Vossstrasse. Sur-le-champ, l'exécution fut ordonnée. Au début de l'après-midi, sur la Wilhelmplatz redevenue déserte, le jeune Speer, assis sur un pliant, dessinait la future chancellerie du Reich pendant qu'une équipe de déménageurs vidait les locaux du Büro Papen.

L'influence de l'entourage était soutenue par les réactions de l'opinion publique. Elles ont été à la fois spontanées et de commande. Trop nombreuses, trop multiples, trop dispersées, elle ne sauraient être expliquées par l'existence d'un chef d'orchestre clandestin. Elles n'ont été ordonnées ni par Göring ni par Himmler ni par Lutze et encore moins par la Reichswehr. La sincérité personnelle n'en demeure pas moins d'une authenticité douteuse, car ces manifestations étaient subordonnées à des catégories de pensée, des formes de sensibilité collectives. Elles étaient toutes liées au dogme de l'infaillibilité du Führer. La mort de Schleicher? L'exécution de Röhm? Si le Führer l'avait ordonné, c'est qu'il avait de bonnes raisons. Cette foi sans défaillance s'alliait d'ailleurs fort commodément à l'opportunisme le plus vulgaire. Le doute et le scepticisme auraient été d'autant plus déplacés qu'ils auraient diminué la célérité avec laquelle on tenait à affirmer sa loyauté avant le voisin, le rival, l'ennemi intime. Devant ce flot d'adresses de fidélité, de télégrammes de félicitations signées par toutes les instances de l'État, du Parti, voire par d'humbles particuliers qui, en toute bonne foi, acceptaient la version officielle et se sentaient indignés, au fond de leur âme, par tant de félonie et d'ingratitude envers leur Führer — le secrétariat de la chancellerie en a compté des milliers — comment Hitler aurait-il été capable d'adopter une attitude critique sans décevoir l'immense attente qui montait vers lui? En ces heures d'incertitude, il n'avait qu'un droit et un devoir, d'ailleurs confondus : être le chef charismatique élu par le destin.

Hitler dut prendre un certain nombre de décisions politiques. La répression avait débordé les limites qu'il lui avait fixées avant de s'envoler de Bad Godesberg pour Munich. Le témoignage de Lutze est formel. Que faire? Désavouer? Légaliser? Le Führer s'est résigné à faire de nécessité vertu. Göring et Himmler exigèrent d'ailleurs lorsque Gürtner intervint pour faire valoir les prérogatives de la justice, que les exécutants ne fussent pas simplement absous pour raison de force majeure, mais que leur action fût reconnue comme «de droit». Ce furent eux qui obtinrent gain de cause. Un cas n'avait pas été réglé : celui de Röhm. Sa condamnation fut prononcée, selon Lutze, dans l'après-midi du 1er juillet, et plus précisément dans les premières heures de celle-ci.

Le président du Reich devait être informé. Le secrétaire d'État au ministère de la Propagande, W. Funk, assuma cette délicate mission. Il partit de Berlin, par avion, dans la matinée de dimanche, pour se rendre auprès du maréchal dont l'état de santé s'était subitement aggravé depuis le 28 juin. De Neudeck, il y avait peu à craindre. L'éloignement, la maladie, la sénilité croissante du moribond, l'entourage enfin limitaient les risques d'une intervention et d'un désaveu public. Pour plus de sûreté, mieux valait le circonvenir avant toute intervention extérieure.

La SA était désorganisée. La OSAF, les Obergruppe II, III, IV et VII, les Gruppe Poméranie, Saxe, Hochland, Westmark avaient été décapités. Lutze avait été désigné comme successeur de Röhm. Des commissaires furent nommés par intérim pour la Prusse, la Saxe et la Bavière. La réorganisation des unités prussiennes donna lieu à une longue discussion. Finalement, il fut décidé, malgré l'opposition de Himmler, que Daluege serait chargé de la reprise en main des groupes suivants : Berlin-Brandebourg, Poméranie, Ostmark, Silésie, Centre (Magdebourg); il lui était imposé, il est vrai, d'agir en parfait accord avec les organisations du Parti et de la SS.

Mais le plus important, pour Hitler, était de ressaisir la conduite des affaires qui, il le sentait bien, lui avait échappé pour une bonne part. Sur ce point, sa susceptibilité était extrême. Deux incidents mineurs le démontrent. Il avait été agréé par le chancelier que Goebbels prononçât, le 1er juillet, à 20 heures, un grand discours radiodiffusé qui offrirait aux Allemands la première version détaillée des événements qui s'étaient déroulés, depuis les premières heures du 30 juin, dans tout le Reich. Aucune annonce publique ne fut faite. Seul l'entourage du Führer eut connaissance de cette intention. Hitler voulait sans doute lire le texte de Goebbels avant de donner une approbation officielle. Personne au ministère de la Propagande n'avait été informé du projet. Goebbels, à son retour dans la capitale du Reich, avait accompagné Hitler à la chancellerie. Le lendemain matin, dès son réveil, il était de nouveau dans l'entourage du Führer. Le ministère de la Propagande était dirigé en ces heures par de hauts fonctionnaires, dépourvus de consignes précises. La situation de Hans Fritzsche était peu confortable. C'était à lui que les correspondants étrangers s'adressaient pour avoir des informations. Il n'en savait guère plus qu'eux. Peut-être moins ! Au cours d'une conversation avec Speer, il apprit que Goebbels parlerait à 20 heures. Il essaya de vérifier l'information. Les services de la chancellerie prétendaient tout ignorer, mais la direction de la radio lui confirma qu'une déclaration devait être retransmise à 20 heures par tous les émetteurs du Reich. Le nom de l'orateur n'était pas connu. Fritzsche hésita, mais en bon journaliste, il rédigea une dépêche. Le Dr Goebbels parlerait à 20 heures. Fritzsche était dans son bureau. Il regardait par la fenêtre, satisfait de lui-même. La radio venait de diffuser l'information. Elle était importante et lui donnait du champ. Soudain il vit quelques hommes sortir en courant de la chancellerie, à leur tête le secrétaire d'État à l'Information Hanke. Le secrétaire d'État ne tarda pas à faire irruption dans le bureau de Fritzsche, suivi par le Dr Kurt Jahnke qui dirigeait le département de la presse. Hanke voulait savoir qui avait lancé la nouvelle. Le Dr Jahnke affirma avec beaucoup de force qu'il n'y était pour rien. Fritzsche ne fit d'ailleurs aucune difficulté pour reconnaître son « crime ». Quel mal y avait-il à cela ? Il était là pour informer et non pour étouffer l'information. Le secrétaire d'État lui donna un avertissement solennel. Il avait tort de rire. L'affaire était très sérieuse. Le Führer l'avait pris très mal. Il n'avait pas encore donné son acquiescement au texte de Goebbels. Il avait eu le sentiment que le ministre de la Propagande voulait lui forcer la main. Le Dr Jahnke était sincèrement bouleversé. Il suait à grosses gouttes. Ce n'était pas uniquement la chaleur. Fritzsche fut désormais étroitement surveillé. À la fin de l'après-midi, le ministre lui remit une carte de visite d'Adolf Hitler sur laquelle le Führer avait griffonné de sa main : « Il a été donné à l'ancien Stabschef Röhm l'occasion de tirer la conséquence de ses actes de haute trahison. Il ne l'a pas fait et a été fusillé. » Fritzsche fit remarquer qu'il manquait un mot : *standrechtlich* (selon la loi martiale). Sinon, cette exécution n'était qu'un assassinat. Le ministre exigea que le texte fut respecté à la lettre. Fritzsche n'en fit rien. Lorsqu'il dicta l'information il ajouta, de son chef, *standrechtlich*. Goebbels se méfiait. Derrière le dos de Fritzsche, il soumit le texte à une dernière vérification et barra le mot ajouté. L'anecdote serait insignifiante si elle ne montrait avec quelle susceptibilité Hitler s'employait désormais à contrôler, jusque dans le détail l'application de ses directives.

Mais l'opération politique la plus importante consistait à «représenter» l'événement à l'opinion allemande et internationale, à en donner une image dans laquelle le Führer apparaîtrait comme le maître du jeu à la volonté duquel le destin lui-même devait se plier. Pour cela, Hitler s'accorda un large délai et procéda avec beaucoup de circonspection. Il voulait tout d'abord savoir. Il ignorait tant. La mort de Röhm par exemple ne ressemblait en rien à ce qu'il avait ordonné.

La mort de Röhm

Le Stabschef nous surprend par son attitude. Le 30 juin, il est arrêté au saut du lit. Il ne dit mot. Pas de protestations, d'invectives, d'injures! Comment a-t-il interprété ce qui lui arrivait? Pour lui, l'affaire était claire. «Adolf» avait pris le parti de l'armée. Transféré à Stadelheim, incarcéré dans la cellule 474, il conserva son calme. Dans l'après-midi, il prit part à la promenade des prisonniers. De retour dans sa cellule, il dressa une petite liste de ce qu'il désirait : des caleçons longs, des chaussettes chaudes et une sorte de saucisson sec, de la Hartwurst. Les salves du peloton d'exécution de la Leibstandarte ne paraissaient pas lui avoir enlevé sa placidité. Il vivait encore. C'était sans doute un signe encourageant. Pourtant il savait bien que Hitler ne reviendrait pas sur sa décision. Chez lui, derrière la façade d'impassibilité, des sentiments complexes : tout d'abord l'espoir naturel à tout condamné que le pire n'est pas inéluctable, espoir soutenu par notre incapacité à nous représenter la fin, le néant; et aussi le fatalisme du vieux troupier qui a vu de près la mort plus d'une fois; beaucoup de mépris aussi pour la comédie politique; et enfin, inconcevable pour nous, jusqu'à l'agonie, foi et amour dans le chef providentiel.

Dans la journée du 1er juillet, sans doute au début de l'après-midi, le chancelier est revenu sur la grâce qu'il avait accordée la veille. Il y avait certes quelque chose de paradoxal dans les décisions du 30 juin. Röhm était accusé d'avoir préparé un coup d'État. Il avait la vie sauve. Six de ses lieutenants avaient été fusillés à Munich, une bonne dizaine au moins dans tout le Reich. C'était illogique. Göring était d'ailleurs si assuré d'une condamnation à mort qu'il avait annoncé aux journalistes, dans l'après-midi du 30 juin, que le Stabschef avait déjà «expié ses crimes». La mansuétude du chancelier à l'égard de son Stabschef avait pris à contre-pied beaucoup de gens. Ils s'employèrent à retourner le Führer. Qui furent ces procureurs? Beaucoup de dignitaires détestaient Röhm : Hess, Rosenberg, Göring, Amann, Buch et combien d'autres. Mais en dehors de toute antipathie ou sympathie, quelques hommes avaient un intérêt immédiat à la disparition du Stabschef. C'étaient eux qui avaient «découvert» le complot prétendument conçu et dirigé par Röhm, à la fois contre le Führer et la Reichswehr. Aussi longtemps que le

Stabschef vivrait, ni Himmler ni Göring, ni Reichenau ne dormiraient tranquillement. C'est en conclusion d'un débat hystérique que la sentence fut prononcée. Hitler se refusait à faire passer Röhm par les armes. « Il était à mes côtés, disait-il, devant la cour de justice du peuple en 1923 ! » Mais, on s'accorda sur un compromis. Röhm ne serait pas déshonoré par un supplice infamant. On lui offrirait une sortie honorable. On lui proposerait de mettre fin à ses jours, de sa propre main. Un précédent historique se présentait à l'esprit. En 1912, les chefs militaires de l'Empire austro-hongrois avaient eu une désagréable surprise. Tous les espions envoyés en Russie étaient régulièrement arrêtés. Cela dura jusqu'en 1913. Un jour, une lettre postée à Podwoloczyska, la station frontière, arriva à Vienne, poste restante, sous un chiffre « Bal de l'opéra ». Elle fut ouverte. Elle ne contenait rien, sinon six ou huit billets de 1 000 couronnes. La préfecture de police fut prévenue, le guichet surveillé. Un monsieur distingué vint retirer l'enveloppe, prit un fiacre, s'arrêta quelque temps au café Kaiserhof dont il était l'habitué, lut son journal en prenant une tasse de moka et partit pour l'hôtel Klomser. Il avait été suivi et fut rapidement identifié. C'était le colonel Redl, le chef de l'espionnage autrichien. Deux officiers vinrent le trouver, lui remirent un pistolet et firent les cent pas devant l'hôtel pendant une partie de la nuit. À deux heures du matin, ils entendirent une détonation. Le colonel venait de se tuer. L'affaire était réglée. Les analogies entre les deux hommes surgissaient en foule. Comme Redl, Röhm s'était acquis dans le passé d'incontestables mérite, il était entré en contact avec une puissance étrangère. Comme Redl, Röhm était homosexuel. C'est ainsi d'ailleurs que les services russes avaient eu prise sur l'officier autrichien en brandissant la menace du chantage. Le parallélisme se prêtait admirablement à la broderie d'une sorte de vérité allégorique.

Himmler fut chargé de l'exécution des ordres. Il s'en remit à Heydrich. Le directeur du Gestapa confia la mission à Oberg qui dirigea la Gestapo en France à partir du mois d'avril 1942. Des instructions furent transmises au SS-Oberabschnittsführer Schmauser (Munich), qui désigna le SS-Brigadeführer Theodor Eicke, commandant du camp de concentration de Dachau et le SS-Obersturmbannführer Michael Lippert, commandant de la garde du camp. On était aux alentours de 16 heures. Détail curieux, Eicke et Lippert se firent suivre par une seconde voiture, piloté par le SS Hammerdinger qui travaillait comme chauffeur dans le camp. Elle transportait quelques SS. Schmauser ne les avait pas avertis des détails de l'opération. L'un et l'autre ont cru qu'ils étaient chargés de passer Röhm par les armes comme l'avaient été Schneidhuber, von Heydebreck et les autres. À Munich, Schmauser monta dans leur voiture et ils se dirigèrent vers Stadelheim.

Dans la prison, la scène de la veille se répéta. Le Dr Koch ne s'était pas encore fait à l'idée d'avoir à remettre des prisonniers à des inconnus, en dehors de toutes les procédures légales, afin qu'ils fussent abattus dans quelque coin de la prison. Schmauser et Eicke parlaient haut et fort. Le Dr Koch tenta de joindre A. Wagner. En vain ! Il se fit mettre en communication avec le ministre de la Justice. Frank s'était résigné. C'était pourtant un bon nazi, de vieille date, mais qui tenait encore compte de lui? Eicke avait d'ailleurs pris l'appareil des mains de Koch et il expliquait au ministre, sans détour, quelle était la tâche qui lui avait été confiée. Il était chargé de donner à Röhm l'occasion de mettre fin à ses jours et, au cas où le Stabschef s'y refuserait, de le supprimer de sa propre main. Puis il rendit l'écouteur au Dr Koch. Frank ne sut que donner un conseil et un seul à son subordonné. Il l'invitait à rédiger un rapport détaillé sur les faits. Koch appela Lechler, un administrateur, et lui ordonna de conduire ces messieurs dans le bâtiment neuf et de leur ouvrir la cellule de Röhm. Après leur départ, le Dr Koch fit une dernière tentative. Il rappela le ministère de la Justice. En ce dimanche, le Dr Stepp était de service. C'était un procureur et il avait, disait-on, des relations privilégiées avec la BPoPo. Il rassura le directeur. Si Eicke, lui dit-il, vous a donné sa parole, c'est que l'affaire est régulière.

La cellule 474 était placée dans la partie sud-ouest du bâtiment. Elle s'ouvrait sur un couloir nord-sud. Celui-ci débouchait, près de la cellule, dans un autre couloir, d'ouest en est, qui conduisait à un escalier placé juste dans l'angle sud-est de la prison. Des hommes de la Landespolizei montaient la garde dans les couloirs. Ils avaient l'ordre d'abattre le prisonnier en cas de tentative de fuite. Il était alors 18 heures environ. La nouvelle s'était répandue. Les policiers présents, ainsi que des curieux, peut-être une dizaine de personnes, se rapprochaient de la cellule, dans les deux couloirs. Ils avaient deviné ce qui allait se dérouler. Ils voulaient voir Röhm mourir... Eicke prit son pistolet, engagea une balle dans le canon, puis retira le chargeur. Il se fit ouvrir la porte par Lechler, entra dans la cellule, posa le *Völkischer Beobachter* du 1er juillet et le pistolet, sur la table et dit au Stabschef : «Röhm, vous avez mérité la mort. Le Führer vous donne la chance (*sic*) d'exécuter vous-même la sentence. Vous avez dix minutes pour agir.» Lechler referma la porte. Eicke et Lippert s'éloignèrent de quelques mètres. Ils attendaient. Rien! Lorsque les dix minutes furent écoulées, Eicke ordonna à Lechler d'aller cherche le pistolet dans la cellule et de ne pas refermer la porte. Il remit le chargeur et fit un signe à Lippert. Röhm était debout. Eicke lui demanda de retirer sa chemise. Le Stabschef avait quarante-six ans. Massif avec l'embonpoint que donne la bière et un cou de taureau, il donnait une impression de force et de solidité. Il était rouge et n'était pas dans ses meilleurs jours. Le rhume le travaillait. C'était un peu ridicule dans ces circonstances. Il avait peur sans doute, car ses minutes étaient comptées. Cette peur, c'était une vieille compagne, il savait comment il fallait traiter avec elle. Il l'avait ressentie en ce 23 juin 1916 lorsqu'il avait mené ses hommes, avec succès, à l'assaut de Thiaumont et du village de Fleury. Des noms oubliés qui ont signifié une fin atroce pour des dizaines de milliers d'hommes de part et d'autre! Il avait peur devant ces deux pistolets braqués sur lui. Eicke et Lippert ont visé longuement. Le temps se distendait à l'infini. Pourtant, Röhm faisait bonne figure. Il avait écrit : «Je suis un soldat.» Il saurait mourir en soldat. Enfermé entre ces quatre murs, désarmé, sans la lutte et le corps à corps comme exutoire de la colère et de la peur, il gardait contenance et laissait percer son mépris : « Non ! qu'Adolf ne compte pas sur moi pour lui rendre ce service. » Un peu de sueur perlait sur son front. Il regardait droit devant lui et aurait aperçu les officiers et les hommes de la Landespolizei qui se pressaient maintenant derrière Eicke et Lippert, pour le voir mourir, s'il n'avait été déjà retranché des vivants. Mais peut-être leur curiosité donnait-elle comme un sens à son attitude et lui communiquait-elle la force de supporter cette interminable attente ? Un commandement de Eicke ! Les deux coups claquèrent presque en même temps. Röhm tomba en arrière, mais vivait encore. Eicke se pencha vers lui et l'entendit murmurer : « ... Führer, mon Führer... » En écho, le SS-Brigadeführer répondit : « Tu aurais pu y penser plus tôt. » Puis, se tournant vers Lippert : « Donnez-lui le coup de grâce ! » Lippert tira. On apercevait trois blessures, deux sur la poitrine et la troisième dans la région du cou. Eicke fit refermer la porte de la cellule et ordonna qu'on n'y laissât entrer personne. Il retourna à Dachau. Lippert avait reçu l'ordre de conduire à Berlin quelques SA-Führer. Il prit ses dispositions. Au bout d'une heure, on vint enlever le corps. Le plus vieux compagnon de Hitler était mort, avec fermeté, avec courage. Pourtant les circonstances sordides et la médiocrité des exécutants l'ont privé de la grandeur que méritait cette fin solitaire.

Comment croire que Hitler ait accordé un délai de grâce fixé à dix minutes ? Quelqu'un a pris sur soi de l'abréger. Göring ? Himmler ? Heydrich ? Nous n'en saurons jamais rien. Encore fallait-il expliquer au Führer pourquoi la mort était survenue si vite, anticipant le terme assigné. C'était une nécessité pour prévenir toute indiscrétion qui eût mis la puce à l'oreille au chancelier. On inventa donc la fable que Hitler adopta et dont il fit part, au mois de juillet, à Elsa Schmidt, une vieille amie qu'il avait connue à Vienne. Röhm avait saisi l'occasion et, armé du pistolet de Eicke, avait tenté de s'évader. Il avait retiré sa vareuse pour se glisser dans l'uniforme d'un SS, s'était précipité dans le couloir de la prison. Au cours de l'échange de coups de feu, il avait été abattu ainsi que Martin Schätzl... La mort du Stabschef couronnait la répression. Un bref communiqué l'annonça.

L'après-midi du 1er juillet à Berlin

Au cours de la journée, Berlin sembla retrouver peu à peu son visage habituel, mais un observateur attentif distinguait l'apparition de traits nouveaux.

Les policiers postés aux carrefours étaient armés de carabine et portaient le casque d'acier. Des cars de police patrouillaient à travers la ville, transportant des détachements de la Landespolizei ou des SA-Feldjäger. Des sentinelles étaient placées devant certains édifices publics dont la garde était assurée par la Landespolizei ou la SS. En trois points seulement, on remarquait des concentrations de forces plus importantes : dans la Wilhelmstrasse devant la chancellerie, dans la Vossstrasse devant le siège du SA-Gruppe et dans la Matthaïkirchstrasse devant la villa de Röhm. La Reichswehr demeura invisible comme la veille. Cet appareil policier ne devait d'ailleurs pas tarder à disparaître dès le 2 juillet ou, tout au moins, à se faire de plus en plus discret.

Les Berlinois avaient été informés à la fin de l'après-midi du 30 juin. Les premières nouvelles avaient déclenché une agitation de fourmillière dans laquelle un passant vient de donner un grand coup de pied. Le lendemain, l'émotion paraissait retombée. La foule était moins colorée que la veille. Les uniformes étaient devenus rares. Ceux de la SA avaient complètement disparu. On lisait comme une délivrance sur les physionomies. Il n'y aurait pas de «seconde révolution», pas de retour aux troubles et aux désordres. On avait payé cher la paix civile retrouvée. Ce n'était pas pour la gaspiller comme une monnaie sans valeur dans de ténébreuses aventures. Pourtant, il courait, sous cette surface trop lisse et rassurante, une secrète inquiétude. Les autorités n'avaient pas tout dit. La rumeur circulait à nouveau, circonspecte et feutrée. En public, on s'abordait, même entre amis et gens de connivence, avec ce que l'on baptisa plus tard «le regard allemand», une interrogation muette et voilée au coin de l'œil. Le correspondant de la *Neue Zürcher Zeitung* avait été stupéfait, le 30 juin, par l'audace des groupes qui discutaient, dans la rue, en toute liberté, accusant ou défendant la SA, le Parti, l'Armée... Le 1er juillet, ce n'était plus qu'un souvenir. On avait renoué avec les confidences chuchotées au creux de l'oreille. Seules, les manifestations d'adhésion populaire au régime avaient droit de s'exprimer «spontanément». De fait, la foule s'agglutinait tout au long de la matinée dans la Wilhelmstrasse, devant la chancellerie. Police et SS firent évacuer le trottoir qui bordait l'édifice. Bientôt, il y eut plusieurs centaines, peut-être quelques milliers de curieux à guetter le Führer. La police veillait. Des inspecteurs en civil s'étaient mêlés à la foule. D'autres, tournant le dos à la chancellerie, étaient aux aguêts du moindre geste suspect dans cette masse humaine au sein de laquelle un désespéré aurait pu se glisser. Tous attendaient que Hitler se montrât à une fenêtre. Après son réveil, le chancelier avait repris ses consultations. Pour tromper l'attente, la foule poussait à intervalles réguliers des «Heil Hitler» en rafale. Vers 13 heures, Hitler, encadré par le général Litzmann et Frick, le ministre de l'Intérieur se présenta à une fenêtre. Il fut salué par des applaudissements frénétiques. Le détachement du régiment de garde de Berlin, qui assurait la relève, se dérouta de son itinéraire habituel et avant de gagner le ministère, il passa par la Wilhelmstrasse. Les hommes de la Reichswehr défilèrent devant la chancellerie au pas de parade pendant que la musique jouait la marche préférée du Führer, la Badenweiler Marsch. L'hommage était éclatant, le message sans équivoque. L'armée remerciait le chancelier de lui avoir confirmé le «monopole des armes». Elle se désintéressait des victimes de la répression.

L'après-midi du Führer fut en grande partie occupée par des tâches mondaines et protocolaires. Une garden party fut improvisée dans les jardins de la chancellerie. On y convia les membres du cabinet, les grands dignitaires nazis avec leurs épouses et leurs enfants. Hitler allait à travers les groupes, la tasse de thé à la main, bavardant en charmeur, caressant la joue des enfants.

Vers 1930 il reçut J. Dietrich qui arrivait de Munich. Le SS-Gruppenführer aperçut, autour du chancelier, les généraux von Blomberg, von Fritsch, von Reichenau et leurs aides de camp, le ministre de la Justice Gürtner ainsi que de nombreux autres ministres. Nous ne savons pas qui a eu l'idée, de fort mauvais goût, d'organiser ce divertissement pendant que la répression se poursuivait. On continuait de fusiller à Lichterfelde qui n'était distant de la Wilhelmstrasse que d'une dizaine de kilomètres. A-t-on voulu arracher Hitler à une sombre rumination? Voulait-on distraire son esprit d'une étude trop attentive des dossiers afin de l'empêcher de prendre une vue d'ensemble de la répression? Quoi qu'il en soit, il n'a pas eu, le 30 juin et le 1er juillet, tout le temps de diriger ni même de contrôler. Le 30 juin avait été la journée de Göring, le 1er juillet fut celle de Himmler et de Heydrich. Ce n'est que tard dans la soirée qu'alarmé par les informations qui affluaient désormais vers lui, de toute part, que Hitler se décida d'intervenir de manière plus énergique. Il l'a reconnu lui-même : «Pour empêcher que la passion et l'indignation politiques n'eussent la possibilité de recourir à une sorte de justice expéditive et de se venger d'un certain nombre d'autres suspects alors que tout danger était écarté et que l'on était en droit de considérer que la révolte était écrasée, j'ai, dès le dimanche 1er juillet, donné l'ordre rigoureux de mettre un terme à toutes représailles.» Le lundi, parut, dans toute la presse allemande, les communiqués suivants : «Berlin, 2 juillet. On communique de source officielle : les opérations d'épuration ont pris fin hier soir. Il n'y aura pas d'autres opérations dans cette direction. Ainsi, l'intervention entreprise pour rétablir et garantir l'ordre en Allemagne a duré en tout vingt-quatre heures. Dans l'ensemble du Reich, l'ordre et la paix règnent pleinement. Le peuple tout entier est rassemblé, avec un entousiasme sans exemple, derrière le Führer.» Le second était une instruction du Führer : «Les mesures prises pour écraser la révolte de Röhm ont cessé d'avoir effet dès le 1er juillet, au cours de la nuit.» Celui qui, de sa propre initiative et quelles que soient ses intentions, se rend coupable, dans le déroulement de ces opérations, d'un acte de violence, sera déféré devant les tribunaux réguliers pour recevoir son juste châtiment.»

Le Gestapa ne mit aucune hâte à transmettre les instructions de Hitler et les interpréta très librement. Le Sturmbannführer Hermann Behrends aurait fixé le délai à «7 heures du matin»; «D'ici là, aurait-il ajouté, tous les cochons doivent être liquidés.» Cette allégation de Gisevius est corroborée par les faits. En Prusse orientale, le délai ne fut même pas respecté. C'est au cours de la matinée du 2 juillet que fut donné l'ordre d'abattre A. von Hohberg und Buchwald. L'assassinat eut lieu vers midi. Dans la province de Saxe, Kurt Mosert fut abattu le 2 juillet, vers 23 heures.

*

*　　*

Dans ce chapitre, labyrinthique comme quelque château baroque, nous avons tenté de démonter les mécanismes du pouvoir, de faire apparaître le cheminement de l'autorité durant la crise alors que des décisions politiques reléguaient à l'arrière-plan les routines administratives. Sur les 40 heures qui s'écoulent entre 4 heures du matin, le 30, et 20 heures, le 1er, Hitler en a passé plus de la moitié en déplacements, en représentation, sans compter les quelques moments de repos qu'il a pris après deux nuits blanches. Que devenait l'autorité durant ces périodes de vacance ? Il apparaît que le Führerprinzip doit être assorti de toute une série de correctifs. Il est vrai que rien ne pouvait se faire sans l'ordre exprès du Führer. Le 30 juin, réunis dans la villa Göring, le ministre président de Prusse, Himmler, Daluege, attendaient autour du téléphone que leur parvînt le code convenu « Colibri ». Sans cette formule magique, ils sont impuissants. Mais quatre facteurs limitaient le Führerprinzip : l'influence de l'entourage, l'attente de l'opinion publique, du « peuple », le pouvoir des exécutants et enfin la conception même d'une autorité infaillible comme fondement de l'État. La volonté du Führer posait la loi. Les ordres les plus extravagants devenaient concevables et étaient exécutés sans hésitation. Le Führer le veut, dit-on. Comment vérifier si de telles instructions correspondent bien à ses intentions ?

Chapitre 14

LA RÉPRESSION DANS LE REICH

Les circonstances d'une bonne soixantaine d'assassinats, sur quatre-vingt-dix, et d'une centaine d'arrestations, sur deux mille cinq cents environ, sont connues avec précision. Il aurait donc été possible de faire le récit authentique de deux cents faits divers politiques. L'intérêt n'en aurait pas été médiocre, car c'est sans conteste une extraordinaire collection de documents psychologiques sur les acteurs du nazisme. Pourtant, il nous a fallu remettre, à une autre occasion, cette peinture de mœurs dont la richesse surpasse toutes les affabulations «historiques». Pour faire apparaître le sens de chacune de ces anecdotes, nous aurions été conduit à doubler l'étendue de ce livre. Nous nous sommes contentés de dresser un bilan de la répression, région par région, en indiquant le nombre et l'identité des victimes, leur origine sociale et leur appartenance politique, les motifs et les circonstances de leur arrestation ou de leur exécution. Cette comptabilité est pleine d'enseignements. Les statistiques officielles ayant été établies pour chaque Land : Prusse, Bavière, Saxe, Wurtemberg, Bade, Thuringe, Hesse, Hambourg, Mecklembourg, Oldenbourg, Brunswick-Anhalt, Brême, Lippe Lübeck, la division des paragraphes nous était prescrite par ces catégories bien que les limites politiques n'aient pas toujours coïncidé avec celles des régions militaires, des SA-Obergruppe ou des Gau (district) du Parti.

Avant d'aborder cette étude, nous ferons trois observations générales. Dans les modalités de ces exécutions, nous apercevons comme l'ébauche d'un rituel. Les SA-Führer étaient considérés comme des mutins. En règle générale, ils ont été châtiés selon les lois de la guerre et fusillés par un peloton de SS. Quelques-uns d'entre eux, et particulièrement ceux dont le seul crime était l'homosexualité, n'ont pas eu droit à ce dernier honneur et ont subi, notamment en Bavière, un châtiment infamant. Ils ont été abattus d'une balle dans la nuque. Le trait est remarquable. Pour ce qui est des victimes qui n'appartenaient pas à la SA, c'est à cette dernière méthode que les bourreaux ont eu recours. Le crime fut d'ailleurs maquillé. Les suspects auraient soit opposé une résistance armée aux policiers chargés de les appréhender, soit tenté de prendre la fuite, soit enfin mis volontairement fin à leurs jours pour se soustraire au châtiment qui les attendait. C'était faux. Faut-il le souligner? Détail? Nous ne saurions négliger cette tentative de codifier la répression. Elle a eu un aspect bureaucratique, escamoté par les amateurs de «Grand Guignol», qui en rehausse l'horreur. Pour finir, nous rappellerons aussi que dans les statistiques figurent les conséquences indirectes de la «Nuit des longs couteaux». Peut-être deux cents Allemands ont été placés en «détention préventive» pour s'être crus autorisés à déblatérer contre la SA ou pour avoir colporté des informations contredisant la version officielle. Ils ont été rapidement relâchés. Le 4 août, 120 personnes environ étaient encore détenues. Leur nombre ne dépassait guère la vingtaine à la fin du mois de septembre.

*

*　　*

La Prusse

Le plus vaste et le plus peuplé des Länder allemands avec 295 000 km^2 (62,45 % de la superficie du Reich) et 38 000 000 d'habitants (61,17 % de la population du Reich), la Prusse s'étendait, dans les limites de la petite Allemagne de Versailles, de Königsberg à Aix-la-Chapelle et de Flensbourg à Trèves, Zeitz et Oppeln. Elle comprenait, outre la capitale qui formait une unité autonome, douze provinces : Prusse orientale, Brandebourg, Poméranie, Grenzmark, Basse-Silésie, Haute-Silésie, province prussienne de Saxe (distincte du Land de Saxe), Schleswig-Holstein, Hanovre, Westphalie, Hesse-Nassau, Province rhénane et le pays de Hohenzollern. Nous avons adopté le découpage administratif, sauf pour le Hohenzollern que nous avons rattaché, pour des raisons pratiques, au Wurtemberg.

Sur 90 victimes de la «Nuit des longs couteaux», 59 étaient domiciliés en Prusse (68,60 %, une moyenne supérieure à celle de la population). Le nombre des arrestations fut de 1 124. En fait l'action de la police a été concentrée dans quelques provinces et, dans les autres, a été insignifiante.

Berlin et Brandebourg

La répression a été particulièrement grande à Berlin et dans le Brandebourg pour des raisons évidentes. Plus du cinquième de la population du Land y était concentrée. La capitale abritait les services centraux de l'Administration, de la police politique, voire de la SA. À partir du 1er juillet, une partie des prisonniers furent regroupés à Berlin, dans l'attente d'une décision définitive. Quatorze ou peut-être seize SA-Führer furent passés par les armes dans la cour de la caserne de Lichterfelde : Karl Ernst et ce que Gisevius appelle la «bande à Ernst», Veit-Ulrich von Beulwitz, Daniel Gerth, Willi Klemm, Krause, Walter von Mohrenschildt, Wilhelm Sander et Gert Voss, puis Georg von Detten et Hans J. von Falkenhausen du Politisches Amt, enfin le Dr Erwin Villain. C'étaient les «cas berlinois». Il faut y ajouter trois ou cinq SA-Führer domiciliés soit à Munich comme Fritz von Kraußer, soit à Coblence comme Hans Koch, soit à Madgebourg comme Konrad Schragmüller, qui furent transférés dans la capitale pour y être fusillés. Peut-être faut-il ajouter à ces trois cas bien attestés, Max Schulze (Madgebourg) et Walter Schulz (Kolberg)?

Huit civils furent assassinés à Berlin. H. von Bose fut abattu, dans un bureau de vice-chancellerie, par quelques SS, sur l'ordre de policiers en civil, vers 11 heures. K. von Schleicher et sa femme furent «tirés», dans leur villa de Babelsberg, entre Berlin et Postdam, par deux policiers en civil qui faisaient partie d'une équipe de quatre ou cinq hommes, vers midi. L'armée refusa de s'employer à réhabiliter l'ancien chancelier. Une seule satisfaction fut accordée à la famille et aux amis. Un an plus tard, l'association Schlieffen fut autorisée à affirmer que Schleicher n'avait commis aucun acte infamant, à la condition, il est vrai, que la réhabilitation ne fût pas rendue publique. Le directeur Klausener fut assassiné d'une balle dans la nuque, vers 13 heures, dans son bureau du ministère des Transports, Vossstrasse, par le SS-Hauptsturmführer Gildisch, agissant sous le contrôle d'un commissaire de la police politique. Heydrich ordonna de maquiller l'assassinat en suicide. Dans le courant de l'après-midi, Gregor Strasser qui avait été arrêté soit à son domicile 12 Briennerstrasse, à Wilmersdorf, soit sur son lieu de travail, fut abattu, dans la cellule 16 du Gestapa, par un SS-Hauptsturmführer, un petit brun. Le général F. von Bredow, qui avait dirigé le Ministeramt pendant que Schleicher était ministre de la Reichswehr, fut appréhendé par la police dans la soirée, à son domicile 15 Spichernstrasse, à Spandau. Il fut abattu au cours d'une «tentative de fuite» à Lichtenberg, un faubourg populaire à l'est de la capitale. Ses bourreaux n'auraient pas abandonné le cadavre au bord de la route, mais l'auraient ramené à Lichterfelde. Edgar J. Jung était détenu depuis plusieurs jours dans les caves de la Gestapa. Lui aussi entreprit, dans les environs de Oranienbourg, une «tentative de fuite» qui lui coûta la vie. Nous ne possédons aucun document sérieux sur les circonstances de l'assassinat de E. von Kessel. Son frère en a donné plusieurs versions, pieusement recueillies par W. Hofer, mais fortement divergentes. Selon Gisevius qui était fort bien renseigné sur la répression à Berlin, il aurait été tué par une équipe de policiers ou de SS, dans son appartement, au 21 de la Brückenallee. Le cadavre aurait été enlevé dans la nuit du 30 juin au 1er juillet. Othmar Toifl, SS-Truppführer (adjudant) et commissaire de policie stagiaire, était redouté, paraît-il, pour son sadisme et sa duplicité. Il s'était cru assez habile pour servir et tromper simultanément plusieurs maîtres. Heydrich le fit arrêter et assassiner au cours d'une «tentative de fuite». Le corps fut jeté en bordure d'une des allées de Grunewald. Daluege, fort attaché à ce mauvais garçon, fut profondément affecté de sa disparition et plus encore des circonstances dans lesquelles elle s'était produite.

Il n'y a pas eu d'autres victimes à Berlin. La liste des suspects à abattre était plus longue que celle des meurtres effectifs. Lors de son procès, Gildisch a déclaré qu'il y avait plusieurs équipes de policiers chargés de la répression. Le commissaire de police sous les ordres duquel il était placé, un petit bonhomme frêle, le visage boutonneux, reçut de Heydrich une liste sur laquelle figuraient «environ seize noms». Brüning fut recherché en vain. Il était à l'étranger. Treviranus réussit à gagner la Hollande. Le cas le plus extraordinaire et le mieux attesté est celui de Paul Schulz. À trente-six ans, l'homme avait un passé aventureux : officier d'infanterie pendant la guerre, Freikorps (Rossbach), instigateur d'au moins un crime de la Feme, affaire Wilms, collaborateur direct du major Buchrucker qui, de son bureau, dans les locaux de la IIIe région militaire, organisait la «Reichswehr noire», condamné à mort en 1927 pour l'assassinat de Wilms, bénéficiant d'une commutation de peine, inspecteur du NSDAP, ami de Gregor Strasser, mêlé aux tractations de Röhm avec le ministère de la Défense à partir de 1931. Retiré de la vie politique depuis 1933, il était néanmoins suspect à la fois par ses relations avec Schleicher et par sa fidélité à Gregor Strasser. Il fut arrêté à son domicile le 30 juin, conduit au Gestapa. On décida qu'il serait victime d'une «tentative de fuite». Près de Seddin, il fut tiré comme un lapin et touché de plusieurs balles. Ne perdant pas son sang-froid, il fit le mort pendant que les agents du Gestapa allaient chercher une couverture pour envelopper le «cadavre». À ce moment, Schulz bondit sur ses pieds et parvint à échapper à ses poursuivants. Il fit prévenir Hitler qui, dans l'immédiat, lui promit la vie sauve, puis, après maintes péripéties, lui conseilla de quitter l'Allemagne. Cette histoire rocambolesque racontée plus tard par Schulz lui-même et à laquelle nous avons peine à prêter foi, est pourtant confirmée par trois radio-télégrammes de police : 1) «L'ancien lieutenant Paul Schulz 5.2.1898 Stettin évadé la nuit dernière au cours d'un transport dans la région de Michendorf (District Potsdam). Manteau retrouvé indique blessure omoplate droite, coup de feu des poursuivants. Rechercher immédiatement dans tous hôpitaux où personnes présentant une telle blessure par arme à feu hospitalisées. En cas de constatation surveillance rigoureuse et informer service Gestapa II 1a»; 2) 1er juillet, 16 h 25 : «Où se trouve le lieutenant Paul Schulz? Schulz est sous la protection personnelle du Führer. Informer Gestapo Berlin Heydrich SS-Gruppenführer»; 3) 18 juillet : «Schulz à classer Gestapa II 1 z.b.V.» La sécheresse de ces documents a une éloquence irréfutable. D'autres furent retrouvés alors que l'on ne fusillait plus. La police avait appréhendé Edith Luetgebrune-Gehse le 1er juillet, mais ne réussit à retrouver son mari le SA-Gruppenführer Walter Luetgebrune, un remarquable avocat, qui avait défendu de nombreux nationaux-socialistes traduits devant les tribunaux de la République, conseiller juridique et ami de Röhm, que le mardi 3. Trop tard pour le confier à un peloton d'exécution! Nous ne saurons jamais combien Göring et Himmler avaient désigné de «condamnés» à la mort.

Il y eut plusieurs lieux de détention. Les prisonniers étaient d'abord conduits au Gestapa. Le nombre des cellules était insuffisant. Les détenus furent parqués dans l'espace central de la cave. Ils devaient rester assis sur des bancs placés le long des murs et il leur était interdit de converser entre eux. La police politique disposait en outre du «Columbia», c'était le nom donné par les Berlinois à un bâtiment du Columbia-Damm, en bordure du terrain de Tempelhof. Il avait été conçu comme prison militaire, avait été transformé en 1919 en une blanchisserie industrielle. Avec la Gestapo, il avait retrouvé sa destination première. La garde était assurée par des SS. Le Feldjägerkorps retint un certain nombre de suspects dans la caserne de la Kleine Alexanderstrasse. Les femmes furent conduites à la prison de femmes de l'Alex. Les documents ne nous disent pas si le régiment Wecke, caserné dans la Papestrasse, a lui aussi possédé ses geôles propres.

La plus ancienne statistique de prisonniers que nous possédions date des premiers jours du mois d'août. Selon une estimation donnée par Duesterberg, il y aurait eu, vers le 5 juillet, cinq à six cents détenus, dont environ quatre cents SA, au Columbia. C'est un ordre de grandeur vraisemblable. Tous les cadres du Groupe Berlin-Brandebourg devaient en effet être internés à partir du grade de Standartenführer et au-dessus. À cela s'ajoutaient les SA-Führer des services centraux : Ministeramt, Politisches Amt, etc. La plupart d'entre eux furent rapidement élargis. Au début du mois d'août, seuls 15 SA-Führer demeuraient en détention. Dans six cas, subalternes ou considérés comme «jugés», les SA-Führer ont été envoyés dans le camp de concentration de Lichtenbourg. Les neuf autres suspects ont été maintenus à Berlin, à la disposition de la police. Parmi tous ces SA-Führer, Hans Gewehr acquit très vite, dans la littérature historique, une étrange célébrité. Il aurait été un des incendiaires du Reichstag. Sur l'ordre de Göring, il aurait été supprimé le 30 juin. Après la guerre, le disparu fit savoir qu'il était bien vivant et que son arrestation avait de tout autres raisons. Il avait été l'intime de Karl Ernst et on le soupçonnait d'avoir participé à la conspiration ou, tout au moins, on espérait de lui qu'il ferait une déposition compromettante pour le Gruppenführer. Rien n'y fit. Pour la légende et W. Hofer, il demeura «l'incendiaire» du Reichstag.

Si l'on croit les indications données par Duesterberg, au moins une centaine de personnes qui n'appartenaient pas à la SA mais étaient domiciliées soit à Berlin soit dans le Brandebourg, furent placées en détention provisoire. Elles formaient un groupe fort hétérogène. Parmi eux, de nombreux conservateurs. Outre les collaborateurs de Papen que nous avons déjà mentionnés, des personnalités comme le comte Roderich von Thun, un monarchiste, Vicco von Bülow-Schwante, directeur de la section Allemagne au ministère des Affaires étrangères et Stahlhelmführer, Ludwig Nissen, directeur du ministère de la Justice, etc. Ils furent, à deux exceptions près, rapidement mis en liberté. Leur libération a été le résultat d'un calcul politique. La «Nuit des longs couteaux» avait montré, à tous, que personne n'était à l'abri des arrêts discrétionnaires du nouveau pouvoir. Quelques notables avaient été assassinés, une centaine jetés en prison : les y garder avait plus d'inconvénients que d'avantages. La leçon avait porté. En attendant pour les élargir que les sollicitations en leur faveur se multiplient, on n'aurait fait qu'affaiblir la vigueur de cet avertissement. Ils n'étaient plus que vingt au début du mois d'août, encore faudrait-il soustraire de ce chiffre neuf cas de «propagation de fausses nouvelles» ou de critique intempestive de la répression. Les onze derniers constituaient une collection sans unité, mais, dans chaque cas, le Gestapa avait un motif précis de les maintenir en «détention préventive». Werner von Alvensleben et sa secrétaire, Margot Vollmer, appréhendés par la police, le 30 juin, à Brustdorf, auraient servi d'intermédiaire entre Röhm et Schleicher. Le Dr Alexander Werth, beau-fils de Regendanz, était présent lorsqu'André François-Poncet avait rencontré Röhm chez le banquier à Dahlem. Le Gestapa a sans doute escompté qu'ils finiraient par faire quelque déclaration qui eût étayé la thèse d'un complot préparé en commun par Röhm et Schleicher. Le Ministerialdirektor Ludwig Niessen, arrêté le 1er juillet à Berlin, était accusé de «menées subversives» (?). Transféré à Munich, il fut libéré, sur l'ordre de Göring, le 18 août. Gerhard Rossbach fut arrêté à son domicile, le 3 juillet. C'était lui qui avait commandé le légendaire Freikorps Rossbach. Il avait trouvé une couverture et une protection auprès de Göring et dirigeait le corps de la défense passive (Luftschutzkorps). Il a raconté ses mésaventures avec verve dans un volume de mémoires *Mein Weg durch die Zeit*. C'est à son arrestation qu'il faut rattacher celle de Werner Lass, cadre de la HJ, Unterbannführer Mitte, et celle de Hans Schumann, du corps de la défense passive. Le premier, personnalité marquante, avait assuré la direction (Bundesfuhrung) de la Schilljugend, un groupe de jeunesse fondé par Rossbach et baptisé du nom d'un héros de la guerre de libération qui, en 1809, avait tenté de soulever la Prusse contre Napoléon. Le second appartenait lui aussi au camps des Bündische, l'extrême-droite révolutionnaire. Ces trois cas sont intéressants car ils ne sont pas isolés. Nous avons déjà cité Paul Schulz. Le fameux Kapitän Ehrhardt échappa de peu aux policiers qui venaient l'arrêter. Ernst von Salomon a donné un récit haut en couleur de sa fuite. Le marin parvint à se soustraire aux hommes de Heydrich, mais avec sa proverbiale insouciance, il avait égaré son journal où il avait noté sans la moindre prudence les réflexions que lui inspirait son siècle. Dans le discours du 13 juillet, Hitler a fait mention d'un «journal avec les notations d'un homme qui fut jeté en 1918 dans les voies de la résistance contre la loi et qui, depuis lors, vit dans un monde où la loi semble n'être qu'un prétexte à la subversion. Document bouleversant! Ce ne sont que conspirations, conjurations. Un aperçu de la mentalité de ces hommes qui, à leur insu, ont trouvé dans le nihilisme leur ultime profession de foi! Incapables de participer à tout travail constructif, déterminés à combattre tout ordre, pénétrés de haine contre toute autorité, ils ne trouvent de satisfaction à leur inquiétude et à leur fièvre qu'en se consacrant sans arrêt, en pensée et par l'action subversive, à la ruine de tout ce qui existe. Un grand nombre d'entre eux ont participé, à l'aube de notre combat, avec nous, à l'assaut contre l'État aujourd'hui disparu, mais le refus de toute discipline a écarté la plupart d'entre eux, au cours de la lutte, du mouvement national-socialiste, soumis à une stricte discipline.» Le rapprochement s'impose. Himmler était persuadé que les anciens des Freikorps, qui ne s'étaient pas ralliés sans condition, constituaient une réserve potentielle de combattants capables d'utiliser une situation de crise pour reprendre leur entreprise «nihiliste». Edith Luetgebrune fut prise comme otage pour contraindre son mari à se livrer aux policiers. Enfin, il reste trois cas mal élucidés : Paul Rhode, un membre du Parti, Max Schneider, un SS-Scharführer (sergent), expédié à Lichtenbourg et un certain Gerhard Röber dont nous ne savons rien (également Lichtenbourg).

Cette brève analyse montre que la police a mené une action systématique et n'a pas frappé à tort et à travers.

Prusse orientale, Poméranie et Grenzmark

En Prusse orientale, vieille terre allemande sur laquelle la cohésion nationale était renforcée par la situation insulaire, la répression fut limitée. Le 1er juillet, le SA-Truppführer Franz Bläsner de la 29e Standarte (Tilsit) fut abattu au cours de son transfert à Königsberg. Sans doute une «tentative de fuite»! Les raisons de ce règlement de compte sont inconnues. Quelques SA-Führer furent transférés à Berlin, puis rapidement remis en liberté. Le Obergruppenführer Heinrich Schöne ne fut pas inquiété. E. von dem Bach-Zelewski, qui dirigeait à la fois le SS-Oberabschnitt Nordost et la Staatspolizeileitstelle de Königsberg, estimait d'ailleurs que c'était le Gauleiter W. Kube, «vrai gibier de potence», qu'il aurait fallu jeter en prison. Le 2 juillet, Bach-Zelewski fit assassiner par deux SS-Führer, sur l'ordre de Heydrich, Anton von Hohberg und Buchwald dans son domaine de Dulzen. On tenta sans succès de maquiller le meurtre en suicide. Cavalier exceptionnel, ce hobereau, ancien officier de carrière, n'avait adhéré à la SS que par passion pour le cheval. Il espérait de sa fonction de Reiterführer des possibilités accrues. Pour avoir signalé au ministère de la Défense que le SS-Gruppenführer Wittje avait tenu des propos hostiles à la Reichswehr, il fut exclu de la SS, puis abattu, à l'occasion du «putsch» de Röhm. Il n'est pas connu que des civils aient été arrêtés.

Après Berlin et le Brandebourg, la Silésie, la Bavière et la Saxe, la Poméranie est une des régions allemandes qui fut le plus durement touchée. Le SA-Gruppe avait eu des relations difficiles avec la Reichswehr en 1933. Himmler et Heydrich tentèrent de démontrer que le commandement avait très activement participé à la conjuration. On prit prétexte d'un bref voyage du comte Spreti, à Stettin, le 25 juin. Il serait venu apporter les dernières consignes. On invoqua aussi une marche de certaines unités du Groupe, de Stettin en Bavière. Elles auraient fait mouvement, sous couvert d'entraînement, pour se joindre aux conjurés, à Bayreuth (?). Le Gruppenführer Peter von Heydebreck fut passé par les armes, dans la cour de la prison de Stadelheim, le 30 juin. Le lendemain, son chef d'état-major fut exécuté; tous les Brigadeführer furent destitués. Le 2 juillet, une vingtaine de SA-Führer furent transférés à Berlin sous une escorte de la Landespolizei. Au début du mois d'août, seuls dix demeuraient en détention. Six d'entre eux : H. Hientzch, W. Leuchner, Arved Theuermann, Hans Vieweg, Hans Harries et Werner Naumann étaient incarcérés dans les locaux du Feldjägerkorps. Quatre autres : Hans von Arnim, A. Brandt, W. Giesecke, A. Hanne, appréhendés après le 2 juillet, étaient retenus à la prison de Stettin. Des exclusions infamantes furent prononcées. Une quinzaine sont attestées. Les simples radiations d'office furent encore plus nombreuses.

Le Stahlhelm était, dans la province, dirigé par des conservateurs invétérés, souvent monarchistes. Pour ces «Chouans» poméraniens, Hitler était un «rouge». Le noyautage du Grenzschutz par les nazis, l'incorporation du Stahlhelm dans la SA avaient été ressentis comme une offense. Il existait donc une véritable opposition conservatrice, peu nombreuse, mais irréductible. Les premières difficultés marquantes avaient surgi en octobre 1933. L'hostilité des Stahlhelmer n'était pas dirigée exclusivement contre la SA, bien que celle-ci apparût, en raison à la fois de ses prétentions militaires et de son radicalisme, comme une sorte d'ennemi naturel. C'était en fait l'ensemble du Mouvement qui était rejeté. Au mois de mai 1934 déjà, la Gestapo dut sévir. La «Nuit des longs couteaux» permit de prendre des mesures plus radicales. À Anklam, cinq personnes dont Hans Bone von Schwerin auf Spantekow furent emprisonnés. À Rügen, Ferdinand von Bothmer, à Greifswald, un avocat, le Dr Freitag et un capitaine de vaisseau, le baron von Forstner subirent le même sort. Forstner fut torturé, traité par les policiers, a dit Duesterberg, «d'une manière bestiale». Joachim von Rohr-Demmin avait réussi à échapper aux recherches. Sa femme fut prise en otage et jetée en prison. Pour autant que nous sachions, les suspects avaient tous été relâchés à la fin du mois de juillet. Ce n'était qu'un simple avertissement. La manœuvre avait cependant réussi. Comment ces hommes, qui ne juraient que par l'armée prussienne, auraient-ils encore eu foi dans la parole de généraux allemands? Pas un seul gradé n'avait levé le petit doigt pour les défendre en ces journées. La Reichswehr perdait sa clientèle héritée de la vieille Prusse.

Trois anciens SS : le Dr Joachim Hoffmann, Fritz Pleines et Gustav Fink furent également exécutés. Hoffmann avait dirigé un camp de concentration à Bredow, un faubourg de Stettin. Les détenus y étaient odieusement torturés. Le scandale fut tel que Göring ordonna une enquête en mars 1934. Le tribunal de Stettin condamna, le 6 avril, huit inculpés, policiers et SS, à des peines allant de treize ans de réclusion à 3000 RM : Hoffmann treize ans de réclusion, Pleines cinq ans de réclusion et Fink dix ans de prison. Le 30 juin, ils étaient détenus respectivement à Berlin-Moabit (Hoffmann), Brandebourg (Pleines), Gollnow (Fink). Selon un témoignage tardif recueilli par Höhne, ils auraient été passés par les armes à Lichterfelde. Tous les documents officiels indiquent comme lieu de l'exécution Stettin. C'est le plus vraisemblable. Himmler n'aurait pas accordé l'honneur d'une mort militaire à des «criminels» de droit commun. Le Reichsführer SS tenait à souligner que la propreté morale était une des vertus des SS et il voulut rajouter quelque rigueur au «laxisme» des tribunaux réguliers.

Dans la Grenzmark qui appartenait pourtant au même Obergruppe, la SA se tira beaucoup mieux d'affaire. Pas une seule exécution. Le Gruppenführer S. Kasche aurait, selon Gisevius, échappé au peloton d'exécution par un caprice de Göring. Il fut réhabilité et poursuivit brillamment sa carrière. Il y eut cependant quelques arrestations. Au début du mois d'août, un seul prisonnier était maintenu en détention, le Standartenführer Adolf Kantorski de Deutsch-Usch, toujours incarcéré à la prison de Schneidemühl.

La Silésie

C'est la province à laquelle les historiens du «putsch» ont emprunté le plus d'exemples pour illustrer leurs démonstrations. Elle aurait été le paradigme de la répression nazie. Elle a été en réalité un cas tout à fait atypique. La police politique avait trois antennes en Silésie : Breslau, Oppeln et Liegnitz. La première était dirigée par le SA-Obergruppenführer Edmund Heines, la deuxième par un fonctionnaire falot, Metz. Seul le poste de Liegnitz avait à sa tête un homme en qui Himmler avait pleine confiance. La Gestapo ne pouvait donc diriger la répression. Il fallut improviser un appareil de substitution. La conduite des opérations fut confiée au SS-Obergruppenführer Udo von Woyrsch, authentique hobereau silésien, personnage tumultueux qui avait fait carrière grâce à ses talents d'orateur. Il était assisté des responsables des trois Abschnitt : Breslau (Berkelmann), Görlitz (Hildebrandt) et Oppeln (Werner). On lui adjoignit Müller-Altenau. Au mois de juin 1934, la direction du SD en Silésie avait été confiée à cet ouvrier de la onzième heure et non à quelque SS chevronné.

À son retour de Berlin, von Woyrsch convoqua ses subordonnés, Berkelmann, Hildebrandt et Werner, et leur transmit les consignes de Himmler. Röhm préparait un coup d'État. Une vaste opération de police serait peut-être nécessaire. À cette occasion, il faudrait «rattraper ce que l'on avait oublié de faire le 30 janvier 1933». Cela signifiait que la «réaction» devait être décimée à son tour après les partis «marxistes». Berkelmann, le 28, Hildebrandt, le 29, Werner, à une date indéterminée, convoquèrent les commandants des unités qui leur étaient subordonnées, respectivement les Standarte 16 et 43 (Breslau), 8 et 70 (Görlitz), 23 et 45 (Oppeln). Ils répercutèrent les ordres reçus et invitèrent les Standartenführer à dresser des listes de suspects. Nous savons comment la Gestapo a procédé. Avec un véritable professionnalisme, elle a puisé dans les dossiers en instance. Les SS silésiens n'avaient aucune expérience en ce domaine. Ils ont jugé «à la gueule». Contrairement à ce qui s'est passé ailleurs, les listes établies ne purent, en raison de la brièveté des délais, être soumises à l'instance générale. Enfin, le plus grave fut que von Woyrsch se trouva investi par les circonstances d'une autorité disproportionnée à la faiblesse de son caractère. Göring avait délégué les pleins pouvoirs au général Niehoff, inspecteur de la Landespolizei. Woyrsch fut informé au début de la matinée; Niehoff, en tournée d'inspection, vers midi. Lorsque le général revint à Breslau, von Woyrsch, installé à la préfecture de police, décidait de tout, à tort et à travers, et ne voulut rien céder de ses prérogatives. On arrêtait les suspects par fournées. Le Präsidium n'avait pas assez de locaux pénitentiaires pour les contenir. Il fallut réquisitionner un restaurant. Dans les Abschnitt, même désordre, même anarchie. Au cours de l'après-midi, Müller-Altenau, qui venait d'être nommé à la tête de la Staatspolizeileitstelle de Breslau, par Himmler, tenta de mettre un peu de système dans la confusion. Il se mit à dresser un état des personnes arrêtées à Breslau. Il y en avait bien une centaine. Les abus et les excès ne résultèrent pas uniquement d'un manque d'autorité d'une part et d'un zèle intempestif de l'autre. Toute cette agitation brouillonne a favorisé les règlements de compte anonymes. Il était aisé de faire parvenir un ordre aux exécutants sans qu'il fût possible, après coup, d'en établir l'origine. Les procès d'après-guerre l'ont bien montré.

Le Obergruppenführer Edmund Heines fut passé par les armes, le 30 juin, dans la cour de la prison de Stadelheim. Il avait été accompagné à Wiessee par Erich Schieweck. Le Obertruppführer fut extrait de Stadelheim, le 1er juillet, à 18 h 30, en compagnie de Neumayer, Vogel et Schweighardt, conduit à Dachau par Eicke et Lippert qui venaient d'assassiner Röhm. Il fut exécuté au cours de la nuit, selon toute vraisemblance d'une balle dans la nuque, dans la «cellule de la mort», qui se trouvait à l'intérieur du bâtiment administratif. À Breslau, le 30 juin, sept SA-Führer furent désignés pour le peloton d'exécution : le Brigadeführer Karl von Wechmar qui commandait le Untergruppe Basse-Silésie, le Brigadeführer Hans Ramshorn qui commandait celui de Haute-Silésie et exerçait en même temps les fonctions de préfet de police à Oppeln, le Oberführer Otto Stucken qui commandait la Brigade 19 à Cosel, le Standartenführer Karl Belding, commissaire de police à Breslau, accusé d'avoir organisé l'«attentat» contre Himmler dans la Schorfheide (20 juin), le Obersturmführer Reinh. Nixdorf affecté à l'état-major de Heines, le Sturmbannführer Kurt Engelhardt, chef d'état-major adjoint de la Brigade 19 et le Sturmhauptführer Karl Lipinski qui commandait la Standarte montée 19 à Militsch. Ils furent conduits dans les forêts de Obernigk/Deutsch-Lissa par un détachement de la 16e SS-Standarte, sous le commandement du Obersturmführer Mohr, et fusillés, les uns après les autres, à la lumière des phares des véhicules, le 1er juillet entre 2 et 3 heures du matin. Ils subirent leur sort sans prononcer un mot. Seul von Wechmar cria avant de mourir : «Je suis innocent.»

Auparavant, le Obersturmführer Enders, commandant de l'école de sport automobile de Croischwitz auprès de Schweidnitz, avait été arrêté par Makosch, Führer de la 43e SS-Standarte, brièvement interrogé dans la caserne de la Reichswehr à Schweidnitz, conduit sur une hauteur hors de la ville et abattu sans autre forme de procès vers 18 heures.

Dans la nuit du 1er au 2 juillet, le Obersturmbannführer Engels, vice-préfet de police de Breslau et le Obersturmbannführer Oskar Heines furent abattus, au cours d'une «tentative de fuite», dans le «Zettelsbusch», un bois qui se trouvait à une vingtaine de kilomètres de Breslau. En fait ils furent assassinés d'une balle dans la nuque. Oskar Heines, absent de Breslau le 30 juin, y était revenu de lui-même et s'était présenté spontanément à la préfecture de police.

C'était la partie « officielle » de la répression dirigée contre la SA. Elle avait fait douze victimes. Himmler n'en avait ordonné que huit. Sur le télégramme qu'il avait envoyé à Breslau ne figurent ni E. Schieweck ni Otto Stucken, ni Kurt Engelhardt, ni Karl Lipinski. Certaines décisions de Himmler étaient du reste surprenantes. Pourquoi faire supprimer Enders ? En revanche, le prétendu complice de Belding, dans l'affaire de l'attentat de la Schorfheide, le Standartenführer Bernhard Fischer fut arrêté et laissé en vie. Il fut envoyé à Lichtenbourg.

À cela s'ajoutèrent six affaires qui n'avaient pas été programmées : deux SA-Führer de Leobschütz, l'assassinat du Dr Lindemann à Glogau, de Kamphausen à Waldenbourg, de l'ancien SS-Oberführer Sembach à Brieg, de deux communistes à Landeshut et de trois juifs ainsi que de l'épouse de l'un d'entre eux à Hirschberg. À Leobschütz, le SA-Obertruppführer Gotth. Langer et le Scharführer Alois Bittmann avaient été chargés de la garde d'un dépôt d'armes appartenant à la SA. Dans la nuit, ils aperçurent des ombres qui s'approchaient du bâtiment. Ils tirèrent. C'était le détachement mixte de gendarmerie et de SS à qui l'on avait confié le désarmement de la SA. Lorsque le malentendu fut éclairci, Langer et Bittmann ne firent aucune difficulté pour remettre leurs armes. Néanmoins, ils furent condamnés à mort, vraisemblablement par U. von Woyrsch. Les interventions en leur faveur demeurèrent sans succès. Les services centraux étaient trop heureux d'avoir à citer un cas de résistance armée de la SA. Il fallait le monter en épingle. Langer et Bittmann furent passés par les armes dans la cour de la prison de Leobschütz. Ils avaient dix-neuf ans. Sembach avait dirigé le SS-Oberabschnitt Sud-Est avant von Woyrsch. À la suite d'un différend avec Himmler, il fut accusé, en février 1934, de malversations financières. On lui proposa de mettre volontairement fin à ses jours. Il se défendit et affirma son innocence. Exclu de la SS, il trouva appui auprès du Gauleiter Brückner et de Heines. Le 30 juin, il fut arrêté à Brieg vers 18 h 30 et assassiné, le lendemain, à l'aube, près de Boberröhrsdorf, par un détachement de quatre SS à la tête duquel était le SS-Hauptsturmführer Exner. L'exécution fut maquillée en crime de rodeurs avec beaucoup de maladresse et le cadavre jeté dans les basses eaux d'un barrage. Le corps fut découvert le 2, rapidement identifié ainsi que les meurtriers. Himmler convoqua Woyrsch à Berlin et lui aurait demandé : « Quel est le mort retrouvé dans le barrage ? Qui a fait cela ? » À Glogau, le Dr Lindemann, un médecin juif, était honorablement connu. Le 1er juillet, un détachement de SS commandé par le Unterscharführer Bischoff fut envoyé à Glogischdorf où le Dr Lindemann dirigeait les exercices de gymnastique d'un groupe de jeunesse juive. Bischoff, accompagné d'un ou deux SS, demanda au médecin de bien vouloir le suivre dans un bois voisin. Quelques membres d'une société de tir, rassemblés en une joyeuse compagnie dans un restaurant, virent passer un groupe de trois ou quatre hommes. Puis, on entendit quelques coups de feu. Le corps avait été enterré sommairement, il fut enlevé de nuit. Il ne fut jamais retrouvé. L'ordre d'assassiner le Dr Lindemann n'est pas venu de Berlin. De Breslau? De Görlitz, de l'état-major de la 70e Standarte? Du Sturm de Glogau? Une initiative de Bischoff? Il faudrait dépeindre tout le milieu familial du Unterscharführer. La mère, bouchère ambitieuse et avide, paraît avoir été une sorte de lady Macbeth du comptoir! Malgré l'émotion publique à Glogau, les assassins furent distingués, par Himmler en personne, au début du mois de juillet, dans le grand amphithéâtre, 8 Prinz-Albrecht-Strasse. À Waldenbourg, le Sturm 11 de la 43e SS-Standarte fut mis en état d'alerte dans l'après-midi du 30 juin, par le Standartenführer Makosch. Celui-ci demanda aux SS rassemblés de « rattraper ce qui avait été oublié en 1933 » et leur promit de « couvrir » tous les « cas » qui lui seraient signalés au plus tard le 1er juillet. Le Obersturmführer Jenke désigna, après cela, un détachement mobile et donna l'ordre de « liquider » le directeur du service du travail, le Dr Letsch, et le directeur des abattoirs, le Dr Grosser. Pour compléter ces instructions, il ajouta : « Vous connaissez vous-mêmes les autres éléments subversifs. » Letsch et Grosser étaient absents de leur domicile. Le chef du détachement se rabattit sur Kamphausen, un ancien membre actif du Zentrum. Arrêté à son domicile, il fut conduit en direction de Schweidnitz jusqu'à Neu-Kraussendorf. On le fit descendre et il fut abattu de deux coups de revolver. Le corps fut abandonné dans le fossé. Au retour, un SS fit rapport à Jenke : « C'est la m... Mission non remplie. On en a tué un, mais on n'a pas coincé les autres. » Jenke : « Dommage! J'avais plus confiance que cela en Daponte » (le chef du détachement)! Le 4 juillet, Himmler autorisa des poursuites contre les auteurs d'un meurtre qui n'avait pas été prescrit officiellement. Ils furent jugés entre le 26 septembre et le 31 octobre. Trois des inculpés furent condamnés à des peines de 1, 2 et 5 ans de prison. Les autres furent acquittés. Makosch avait tiré son épingle du jeu en chargeant ses subordonnés. Himmler le fit exclure de la SS. À Landeshut, le Sturmführer Heuwer fit assassiner, le 1er juillet, deux communistes. Il s'était fait couvrir par le chef du bataillon, le Obersturmführer Skarabis (Landeshut) et le Standartenführer Himpe (Hirschberg) qui, dit-il, lui auraient remis des listes établies par l'état-major du Abschnitt. Les circonstances ne confirment pas de telles allégations. Ewald Köppel, un mineur qui avait appartenu au parti communiste, avait été conduit à la maison d'arrêt. Comme il faisait du tumulte, Heuwer dit au SS Bittmann : « Fais le taire ou fais-lui son affaire! » Bittman fit ouvrir la porte de la cellule et abattit le prisonnier d'un coup de carabine. Un détachement fut chargé d'arrêter un autre communiste Robert Reh et de l'exécuter. On dit aux hommes : « Vous ne risquez rien. L'ordre est venu d'en haut. » Reh aurait connu un ou plusieurs dépôts d'armes clandestins du KPD. C'était un prétexte. Il fut conduit en bordure de la forêt municipale et abattu. Une instruction fut ouverte. La procédure fut « abolie » au mois de septembre. Enfin à Hirschberg, une cinquantaine de personnes furent arrêtées et conduites dans le manège de la

Waldersee-Kaserne qui abritait le bataillon de chasseurs du 7e RI. Dans la soirée du 1er juillet, il fut décidé de fusiller le Dr Alex Zweig, un médecin, le Dr Walter Förster, un avocat, Charig, un commerçant, tous juifs, et madame Jeanette Zweig qui était de confession chrétienne. Ils étaient accusés d'avoir eu des sympathies pour le communisme. L'ordre n'a pas été donné par le Abschnitt. Ce fut une initiative soit de la Standarte (Himpe, Hirschberg), soit du Sturm (Obertruppführer Böttger, Hirschberg). On demanda des volontaires pour accompagner les quatre détenus à Görlitz. Les hommes savaient déjà qu'il y aurait «une tentative de fuite». Pourtant, on trouva plus de SS qu'il n'en fallait pour cette sinistre corvée. À la sortie de la ville, les quatre prisonniers furent abattus d'une salve dans le dos. Les corps furent abandonnés au bord de la route. Une instruction fut ouverte. Des inculpations prononcées. Des arrestations eurent lieu. La procédure fut «abolie» au mois de septembre.

Ce bilan statistique est fort révélateur. 14 SA-Führer de Silésie ont été exécutés : 1 à Munich, 1 à Dachau, 9 à Breslau, 1 à Schweidnitz et 2 à Leobschütz. Dix ont été envoyés à la mort par une instance supérieure : Heines par Hitler, Schieweck par Himmler. L'ordre de fusiller Heines, Engels, von Wechmar, Ramshorn, Nixdorf, Belding, Enders a été transmis par le Reichsführer SS, sans que nous sachions exactement sur quels éléments la décision était fondée. On ne saurait exclure que la condamnation de Enders ait été la conséquence de rivalités avec le Chef AW. La condamnation de Langer et Bittmann a été pour le moins confirmée par U. von Woyrsch. Il reste donc trois cas dont la responsabilité ne saurait être attribuée de façon précise : Engelhardt, Lipinski et Stucken. L'exécution de Sembach a été ordonnée soit par von Woyrsch, soit par Himmler/Heydrich. Reste le meurtre de huit civils dont la responsabilité incombe à des chefs subalternes locaux. Il est remarquable qu'aucun d'eux n'a eu lieu dans le Abschnitt XXIV (Haute-Silésie, Oppeln, Oberführer Werner). Un seul, Kamphausen, eut lieu dans le Abschnitt VI (Breslau, Oberführer Berkelmann). Il est imputable aux propos du Standartenführer Makosch, véritables appels au crime, trop bien entendus par le Obersturmführer Jenke qui donna pratiquement carte blanche au détachement chargé de la répression. Les six derniers eurent lieu dans le Abschnitt XXI (Basse-Silésie, Görlitz, Brigadeführer Hildebrandt). Là encore, les déclarations de Hildebrandt ont été la cause première. Mais le Brigadeführer ne fut lui aussi que trop bien entendu par Himpe et Böttger à Hirschberg, Skarabis et Heuwer à Landeshut. Les crimes étaient si gratuits qu'ils furent condamnés sans appel par Gürtner, avec des nuances par Göring, et désavoués par Hitler lui-même dans les lettres d'abolition. En fait, ces actes apparaissent à l'analyse d'une grande complexité. Les fanfaronnades sanguinaires de von Woyrsch, Berkelmann et Hildebrandt, le climat très particulier de la province, fait de haines de classes, de violence et de brutalité, la médiocrité du «matériel humain nazi», pour reprendre le mot d'un grand seigneur silésien, qui se traduisait simultanément par un manque de sens des responsabilités, un penchant à la duplicité chez les chefs et un relâchement de la discipline dans les unités, les facteurs personnels, tout a contribué à faire de la Silésie une exception. Pour clore ce triste chapitre, nous ne devons pas manquer de signaler que le bilan aurait été plus lourd si un heureux concours de circonstances n'avait préservé un certain nombre de victimes désignées. Le Dr Blümel n'était pas bourgmestre de Waldenbourg, mais de Hirschberg. Lorsque l'ordre, qui avait été adressé d'abord au Standartenführer Makosch à Frankenstein, parvint au destinataire compétent le Standartenführer Himpe, à Hirschberg, on ne fusillait plus. Les Dr Letsch et Grosser, à Waldenbourg, durent la vie au fait qu'ils étaient absents de leur domicile. Il semble bien que certains éléments de la SS auraient été heureux de faire disparaître le Gauleiter Brückner. On murmurait qu'il était «homo».

Un autre trait caractéristique de la répression en Basse-Silésie fut l'usage systématique de la «correction». Des opposants ou des tièdes envers lesquels il était impossible de formuler la moindre raison justifiant une mesure de détention préventive, furent simplement «corrigés», c'est-à-dire qu'ils subirent un sévère «passage à tabac». L'auteur de l'initiative a sans doute été le Brigadeführer Hildebrandt. Lors de son procès Himpe a soutenu qu'il avait été instruit par Hildebrandt, dans l'après-midi du 1er juillet, que les prisonniers devaient être répartis en trois catégories. Les premiers seraient fusillés. Les deuxièmes seraient conduits à la maison d'arrêt, les derniers enfin seraient relâchés après avoir reçu une «admonestation». Selon un document contemporain, Himpe avait convoqué ses subordonnés à Hirschberg, le 29 juin, et leur avait déclaré que la révolte de Röhm devait être étouffée dans l'œuf, mais qu'en même temps un coup serait porté à la «réaction». «Seules mesures à envisager : exécution par les armes, châtiments corporels et emprisonnements!» Dans le cercle de Bunzlau, au cours de la nuit du 1er au 2 juillet, des hommes du SS-Motorsturm 9/21 arrêtèrent des personnalités, le baron Wrangel, le chef d'escadron von Eggeling, le contre-amiral Quast-Faslem, le médecin-major de réserve Walter, etc. Les victimes étaient conduites dans la campagne, frappées jusqu'à évanouissement et abandonnées. Des sévices sur les prisonniers détenus dans la caserne de la Reichswehr à Hirschberg ne sont certes pas attestés. Il y a de bonnes raisons de supposer qu'ils n'ont pas été mieux traités. À Glogau (Abschnitt XXI, SS-Standarte 70, Standartenführer von Woedtke), le Dr Jacobson, un avocat, fut maltraité par deux SS dans son appartement jusqu'à ce qu'il perdît connaissance. Dans les districts de Breslau et de Oppeln, de tels cas de violences ne sont pas connus.

Le nombre des arrestations a été très élevé. Tous les gradés de la SA, à partir du grade de Standartenführer et au-dessus, furent mis aux arrêts ou incarcérés comme à Berlin et dans le Brandebourg. Selon un rapport du lieutenant-colonel von Kamptz, officier de la Landespolizei nommé par Daluege, commissaire pour la Silésie, 19 SA-Führer faisaient l'objet d'une instruction judiciaire et furent maintenus en détention. Cette liste était-elle exhaustive? Elle ne mentionne ni Enders, abattu à Schweidnitz, ni Bernhard Fischer, arrêté à Breslau, ni le Sturmbannführer Erwin Passarge, arrêté le 5 juillet, à Breslau, ni le Sturmhauptführer Wilhelm Opitz, libéré le 10 juillet, sur l'ordre de Müller-Altenau, ni Moritz Prinz Ratibor, Sturmbannführer, arrêté le 1er juillet, également à Breslau, ni enfin le Sturmhauptführer Kurt Spiller, arrêté le 30 juin à Oppeln. C'était donc 24 SA-Führer au moins qui étaient encore détenus vers le 10 juillet. Les inculpations, à l'exception d'un cas d'homosexualité, étaient identiques : « menées subversives ». Au début du mois d'août, la plupart des suspects avaient été remis en liberté. Seuls 7 SA-Führer demeuraient en détention.

Pour les civils, nous ne possédons que des estimations. À Breslau l'arrestation d'une centaine au moins de suspects fut décrétée. Peut-être étaient-ils 200 ? À Hirschberg, entre 40 et 60 personnes, à Landeshut de 15 à 20 furent arrêtées. Il n'est probablement pas excessif de fixer à 300 le nombre des arrestations civiles en Silésie. Toutes n'ont sans doute pas été enregistrées. Quels étaient ces suspects ? À Landeshut, des communistes furent appréhendés, mais le plus souvent c'étaient des notables : à Hirschberg, le bourgmestre, à Landeshut, le maire, un commissaire de police, un avocat, un industriel, à Liegnitz un procureur et deux commissaires de police, à Cosel un Landrat a.D. Au début du mois d'août, la plupart avait été remis en liberté. Demeuraient en détention le Dr Blümel, maire de Hirschberg, victime d'une intrigue intérieure au Parti, Franz Hirschfelder, directeur de banque, arrêté le 4 juillet à Breslau, Franz Jureczek, un ouvrier arrêté le 30 juin à Hirschberg, Fridolin Kunze, maire de Landeshut, Siedentopf, commissaire de police à Liegnitz et, peut-être, Gröhn, commissaire de police à Landeshut.

Tel est le bilan de la répression en Silésie : 22 assassinats, des centaines d'arrestations, des « leçons » d'une violence aveugle. C'est autant, voire plus qu'à Berlin. Proportionnellement beaucoup plus compte tenu des chiffres respectifs de la population, de la concentration des services centraux et du transfert de la répression dans la capitale ! Les autorités régulières auraient sans doute admis exécutions et arrestations si elles avaient été l'œuvre de la Gestapo, police d'État. Elles jugèrent intolérables des actes commis, sans aucune légitimation, par la SS, une organisation du Parti. D'où de nombreux conflits avec les représentants des pouvoirs publics : magistrats, maires agissant comme officiers de police, commissaires, gendarmes, etc. Cela ne signifiait pas, de la part de ceux-ci, une opposition au régime. L'administration avait été soigneusement épurée. C'était une tentative vaine de maintenir les prérogatives de l'État contre le Parti. Simultanément, la population exprima, plus ou moins nettement, un refus instinctif de cette violence aveugle. Les deux phénomènes se conjuguèrent et s'épaulèrent. L'attitude des magistrats rendait confiance à ceux qui hésitaient encore à exprimer toute leur réprobation. La protestation sourde permit aux procureurs d'invoquer la nécessité de l'ordre public. C'était un combat sans espoir. Hitler eut beau désavouer les injustices les plus criantes, il ne put remettre en question la logique du système policier.

Mais en même temps, la répression en Silésie a eu une signification exemplaire. Elle nous montre quel potentiel de violence était contenu dans le mouvement et non seulement dans la SA, mais encore plus dans la SS. Soumise d'ordinaire à la parole du Führer, elle lui échappe et son cours tumultueux se précipite comme un torrent qui emporte tout sur son passage. Cette violence n'est ni capitaliste ni anticapitaliste. Elle est foncièrement antibourgeoise dans la mesure où la bourgeoisie représente, non la morale, mais une domination établie sur des règles fixes, bref le droit. Cela distinguait la Silésie de la Saxe ou de Hambourg, par exemple, où des fractions rivales, à l'intérieur du mouvement, se disputaient le pouvoir.

Province de Saxe

La documentation est trop pauvre et fragmentaire pour qu'il soit possible de dresser un tableau détaillé de la répression dans la province. Trois SA-Führer furent passés par les armes : le Gruppenführer Konrad Schragmüller et le Oberführer Max Schulze. Le cas le plus curieux est celui du SA-Standartenführer Kurt Mosert, âgé de vingt-sept ans, qui commandait à Torgau. Son destin n'avait rien à voir avec l'affaire Röhm. Le 30 juin, il fut arrêté par des SS affectés à la garde d'un camp de concentration aux environs de Torgau. Le 17 juillet, Behrends qui dirigeait le Sonderreferat II 1 s'enquit de son sort. Où était Mosert ? Il avait été abattu, après son arrestation, sans autre forme de procès. Selon l'état civil de Prettin, il est mort le 2 juillet à 23 heures. Il a donc été la dernière victime de l'affaire Röhm. Son crime avait été de protester contre les pratiques des SS auxquels la direction du camp incombait. On y assassinait un peu trop volontiers. On avait même imaginé d'enterrer les corps de quelques victimes sous le portail du KZ. Ainsi, les détenus ne franchissaient jamais le seuil sans fouler aux pieds les restes de leurs camarades morts. Mosert s'était emporté contre de tels procédés. Le commandant du camp n'avait pas voulu l'entendre. Mosert s'était plaint à Berlin. Il gênait. Pour trouver une issue honorable, on inventa un subterfuge. Mosert était mort dans un accident. Il eut droit à des funérailles officielles. C'était une sorte de réhabilitation.

À Magdebourg, le Brigadeführer Walter Nibbe fut arrêté, transféré à Berlin. Il était encore détenu au Gestapa dans les premiers jours du mois d'août.

À Erfurt, quelques arrestations eurent lieu : Gruppenführer Werner von Fichte, préfet de police de la ville, Obertruppführer Wilhelm Boening, de la Brigade 142 et commissaire de police de la Stapostelle, et Oberführer Hans Simon. Ils furent, tous les trois, appréhendés le 2 juillet. Werner von Fichte fut rapidement innocenté et remis en liberté. Au début du mois d'août, Boening était détenu dans la cave du Gestapa, Simon par le FJK. Tout indique que Heydrich s'assurait ainsi le contrôle plus étroit de la police politique à Erfurt.

Deux autres SA-Führer subirent un emprisonnement prolongé : le Standartenführer Dr Rudolf von Saal, de Deltzsch, arrêté le 2 juillet et conduit à la maison d'arrêt de Halle et le Standartenführer ou Obersturmführer Ernst

Schröter, arrêté le 7 juillet et détenu à la prison de Weissenfels. Le 30 juin, le Regierungspräsident avait demandé à ce dernier de prendre clairement position. Le SA-Führer avait louvoyé, avait parlé d'une administration « réactionnaire », prétendu que Hitler n'approuvait pas toutes les mesures ordonnées par le Reichsführer SS. Le 9 août, le Oberpräsident de la province adressa un rapport accablant au ministre de l'Intérieur de Prusse.

La police politique a très vraisemblablement appréhendé un certain nombre de civils. Le Stahlhelm était puissant dans la province. Elle correspondait à deux fédérations régionales de cette organisation : Landesverband Magdebourg et Landesverband Centre. L'incorporation à la SA ne s'était pas faite sans résistance. Duesterberg avait été un des pères fondateurs du Landesverband Centre. Depuis le retrait de l'ancien 2ᵉ Bundesführer, la Gestapo surveillait ses faits et gestes. Le 30 juin, il séjournait à Kreuth, en Haute-Bavière, non loin de Bad Wiessee. Il fut arrêté dans la nuit du 1ᵉʳ au 2 juillet, conduit à Dachau, puis transféré à Berlin (Gestapa, puis Columbia). D'autres Stahlhelmer subirent sans doute le même sort. En tout cas, un seul civil était encore détenu au début du mois d'août, un garçon boucher, Paul Möbis, appréhendé le 6 juillet à Torgau et conduit au camp de concentration de Lichtenbourg.

Schleswig-Holstein, Hanovre, Hesse-Nassau

Pour ces trois provinces, la documentation est encore plus rare. La seule raison n'en est apparemment pas la destruction des archives et des pièces officielles. Il n'y eut rien à relater. En Schlesvig-Holstein, le Gruppenführer Meyer-Quade qui dirigeait le Gruppe Nordmark avait de bonnes relations avec Hinrich Lohse, Gauleiter et Oberpräsident de la province. Cette marche frontière n'avait guère d'importance militaire. Il est possible que quelques arrestations aient été ordonnées. Rien ne l'atteste avec certitude. En revanche, nous savons que, dans cet îlot de modération, la rumeur s'épanouit avec une luxuriance extraordinaire. Dans la population, on murmurait que Hitler avait choisi ce lieu où il se serait retiré avec tous les paladins du régime afin de fuir à l'étranger si Röhm avait triomphé.

Le Hanovre coïncidait avec une partie du Obergruppe VI (Groupe Basse-Saxe). Le Obergruppe était dirigé par Viktor Lutze, désigné pour succéder à Röhm. La SA fut, comme ailleurs, désarmée, mais, à notre connaissance, aucun SA-Führer ne fut arrêté. En Frise orientale, un SA-Führer et à Osnabrück, le commandant de la SA-Brigade 64, le Standartenführer Bischoff furent exclus du Parti sur l'ordre du Gauleiter Röver. L'affaire n'eut pas de suites pénales. Pour ce qui est des civils, une seule arrestation est attestée. À Wilhelmshaven, le major a.D. Waldemar Pabst fut appréhendé et incarcéré à la maison d'arrêt. Il avait été mêlé à l'assassinat de Rosa Luxemburg et de Karl Liebknecht, avait pris part au putsch de Kapp et Lüttwitz, dirigé par un Wehrverband autrichien, la Heimwehr et travaillait pour la « Rheinische Metallwaren-und Maschinenfabrik A.G. » (Borsig). Il dirigeait les ventes d'armes sous le couvert d'une firme de Soleure (Suisse). Une partie des armements destinés à des clients étrangers : Grèce, Turquie, Abyssinie, etc., aurait-elle été livrée à la SA?

En Hesse-Nassau, la SA (Obergruppe IX Coblence, Groupe Hesse) était sous les ordres du Gruppenführer Adolf Heinz Beckerle. Les unités furent désarmées par la Landespolizei. Des brutalités furent exercées. Beckerle était un homme habile. Dans une biographie officieuse, il fit écrire : « Lorsque, vers la fin du mois de juin, le cercle autour de Röhm tente de se révolter contre le Führer, le Gruppenführer sait aussitôt ce que lui ordonne son devoir. Il est le premier SA-Gruppenführer à publier un ordre du jour dans lequel il peut constaster, avec fierté, que le SA-Gruppe de Hesse, du chef jusqu'au dernier homme, était pleinement conscient de ce que le devoir lui prescrivait. » Il n'y eut que deux arrestations de longue durée. Le Sturmführer Wilhelm Gerlach de Hanau, ancien combattant, nationaliste que l'humiliation de Versailles avait conduit dans les rangs de SA, fut arrêté le 1er juillet et transféré à Berlin (Columbia). Un différend avec le Kreisleiter, personnage brutal et autoritaire, aurait été la raison véritable de son arrestation.

Konrad Nussbaum, commissaire de police affecté au Gestapa, avait eu des démêlés avec la SS et le SD au mois de janvier 1934. Après la nomination de Heydrich, il avait été muté à Francfort dans le service de la police judiciaire. Le 2 juillet, il fut arrêté, transféré à Berlin (Columbia) et maintenu deux mois en détention, puis rétabli dans ses fonctions à Francfort-sur-le Main.

Westphalie, province rhénane

En Westphalie, les relations étaient fort mauvaises entre le Gruppenführer (Obergruppe X) Wilhelm Schepmann et le Gauleiter Josef Wagner (Bochum). On ne connaît pourtant pas d'exemple d'arrestations de SA-führer, le 30 juin. Dans les semaines qui suivirent, Wagner inspira une procédure disciplinaire contre Schepmann qui avait été, entre-temps, muté à Dresde, et quelques-uns de ses collaborateurs. L'année suivante, les poursuites aboutirent à un non-lieu.

À Aix-la-Chapelle, un incident, qui aurait pu avoir de graves conséquences, se produisit dans l'après-midi du 30 juin. La brigade 76, qui dépendait du Gruppe Niederrhein (Gruppenführer Heinz Knickmann, Duisbourg-Hamborn) était dirigée par le Oberführer Henrich et son chef d'état-major Dr Kloeppel. Le 30 juin, au début de l'après-midi, deux informations parvinrent à l'état-major. Un télégramme du Gauleiter de Munich et ministre de l'Intérieur de Bavière, Adolf Wagner, avait été reçu par les postes frontières. L'arrestation éventuelle de Röhm y était ordonnée. Schepmann était à Munich. Il donna des instructions par téléphone à son chef d'état-major resté à Dortmund. Il fut mal entendu. Le chef d'état-major ordonna pour l'ensemble du Obergruppe la prolongation du service de la SA. Les bâtiments devaient être gardés en permanence. « Il y avait de l'orage dans l'air ! » Kloeppel alerta les différentes unités et se barricada dans la Maison de la brigade. Il y fut rejoint par Henrich, qui s'étonna de trouver à la porte une sentinelle en armes, deux grenades passées dans le ceinturon. Les interventions du Freiherr Hermann von Lüninck, Oberpräsident de la province rhénane et du Gauleiter Grohé (Cologne) demeurèrent sans effet. C'est seulement lorsque Knickmann s'entremit que les assiégés consentirent à capituler. Kloeppel et l'aide de camp de Henrich furent d'abord conduit au Klingelpütz, la prison de Cologne, puis remis en liberté le 2 juillet. Leur libération était assortie d'une condition. Le port de l'uniforme leur était interdit. C'est un cas qui présente de grandes analogies avec l'incident de Leobschütz ! Mais Bittmann et Langer ont été fusillés. À Aix-la-Chapelle, seul le chef d'état-major de la Brigade fut sanctionné. Exclu de la SA, il fut de plus, en tant que fonctionnaire, révoqué. Ces variations de la jurisprudence eurent, nous semble-t-il, deux raisons d'ailleurs évidentes. En Silésie, la décision fut prise souverainement par le SS-Obergruppenführer. En Rhénanie, elle fut soumise au ministère de l'Intérieur par le Oberpräsident. Enfin, la position de la Reichswehr n'était pas la même. La brigade 76 était intégrée au dispositif de protection des frontières et donnait toute satisfaction, dans ce domaine, à la Wehrmacht.

Dans le Gruppe Westmark (Coblence), deux SA-Führer : Koch et Hans W. Schmidt furent passés par les armes. L'un et l'autre étaient soupçonnés d'homosexualité. Schmidt avait été le mignon de Heines avant d'être muté en Rhénanie. Sans que nous sachions pourquoi, il n'avait pas encore été exécuté le 1er juillet à minuit. Heydrich ordonna que le prisonnier fut transféré à Berlin. Le malheureux fut victime d'une « tentative de fuite », près de Francfort. Les autorités militaires de Breslau doutèrent de la nouvelle de sa mort. À la fin du mois de juillet, certains milieux des Sudètes étaient persuadés que Schmidt avait échappé au châtiment et se cachait, sous une fausse identité, à Spindelmühl (Tchécoslovaquie). Certains se proposaient de le liquider. L'Abwehr s'intéressa à l'affaire.

Un civil fut supprimé, Adalbert Probst, qui dirigeait la Deutsche Jugendkraft, une association catholique de jeunesse. Beaucoup de légendes furent tissées autour de sa mort. La vérité est plus sèche. La police ne l'avait pas trouvé à son domicile, 61 Moltkestrasse à Düsseldorf. Il était en visite chez Mgr Wolker, Generalpräses (président-général) de la Jeunesse catholique allemande, non loin de Cologne. On n'en fit pas mystère. Les policiers téléphonèrent à Braunlage et demandèrent à Probst de bien vouloir les y attendre. Celui-ci ne chercha pas à se dérober. Vers 20 heures, il suivit sans résistance les fonctionnaires de la Gestapo. Il fut transféré à Lichtenbourg, mais avant d'arriver au camp, il fit, lui aussi, le 2 juillet, une malencontreuse « tentative de fuite ».

Des opposants furent arrêtés ou malmenés, et rapidement remis en liberté. Quelques cas sont attestés par des documents officiels. Ce sont des manifestations d'arbitraire local. À Geldern (Rhin inférieur), de jeunes catholiques qui faisaient un pèlerinage à Kevelaer, haut-lieu de la spiritualité catholique en Basse-Rhénanie, furent arrêtés, incarcérés par la HJ et durent, pour retrouver leur liberté, souscrire un bulletin d'adhésion à la Jeunesse hitlérienne. Pour leur part, le Kreisleiter Hamacher et le SS-Sturmführer Pöttmann décidèrent d'arrêter le comte Hoensbruch. Comme ils ne le trouvèrent pas, ils se rabattirent sur un paysan, Leurs, propriétaire du Grauelshof, ancien député national-allemand au Landtag, Stahlhelmer, et sur un autre agriculteur Johann Waerdt. Les deux prisonniers furent «passés à tabac» par les SS. Leurs devait faire «une tentative de fuite» dans un bois voisin. On abandonna le projet. Le Oberpräsident von Lüninck constatait que «seuls les ordres du Führer et ceux de ses chargés de mission avaient été exécutés... dans l'ensemble de la province rhénane», à l'exception des incidents survenus à Geldern. Il demanda la punition de Hamacher et de Pöttmann, en se référant aux déclarations faites par Goering, le 12 juillet, aux procureurs généraux. La police «couvrit» les abus de pouvoir.

Les réactions les plus vives vinrent du clergé catholique. Klausener, responsable de l'Action catholique, Probst, président du DJK, et, en plus, Beck, directeur d'un foyer d'étudiants catholiques à Munich, Martin, Gauleiter du Bund Neudeutschland en Saxe avaient été assassinés. De nombreux ecclésiastiques prirent position publiquement, notamment dans la région de Münster. En chaire, ils dépeignirent le martyre de Klausener. Dans la Ruhr, en Basse-Rhénanie, les mêmes exhortations ferventes retentirent. Elles furent entendues. Le 10 juillet, Münster célébrait l'anniversaire d'une double épreuve que Dieu avait envoyée, il y avait des siècles, à la cité westphalienne : la peste de 1382 et l'incendie de 1383. Jamais la grande procession n'avait attiré une telle foule. Alors que s'achevait la cérémonie célébrée par Mgr Clemens, August comte von Galen, prélat réactionnaire, mais opposant sans concessions au régime, qui aux menaces d'arrestation de la police avait répondu qu'il faudrait le mener, revêtu de tous ses ornements sacerdotaux, la crosse au poing, à pied, à travers la ville, jusqu'aux bureaux de la Gestapo, le peuple des fidèles, au lieu de se disperser, fit au prélat une ovation exceptionnelle. On entonna des chants religieux comme *L'alliance du baptême sera un lien inébranlable*... La main droite levée, dans une sorte de salut à la romaine, les croyants criaient «*Heil Galen*!» Les autorités s'en émurent vivement.

Dans ces deux provinces si éloignées du berceau de la Prusse, ce furent la «réaction», et d'abord le catholicisme qui, plus que la SA, reçurent les coups les plus rudes.

Saxe et Thuringe

Le Land de Saxe était l'héritier de l'ancien royaume. Paysage politique contrasté où le «marxisme» avait eu, avant 1933, quelques-uns de ses plus solides bastions! Nous connaissons mal les événements qui marquèrent la physionomie du 30 juin et des journées suivantes, en Saxe. La destruction des archives dans l'effroyable incendie, allumé par les bombardements du 14 et du 15 février 1945, nous a sans doute privés d'un grand nombre de documents. Comment croire que dans les dépôts des villes épargnées, rien n'a subsisté ?

Les relations entre le SA-Gruppe et la Reichswehr étaient détestables. Le Gruppenführer Hans Hayn était la bête noire des militaires dont beaucoup gardaient un esprit de caste très fort. Un second conflit opposait le ministre président de Saxe et le Gauleiter Martin Mutschmann. Le premier, Manfred von Killinger, avait commandé la compagnie d'assaut de la brigade Ehrhardt, il avait été mêlé à nombre d'affaires comme l'assassinat de Erzberger et de Rathenau ; rallié au NSDAP en 1927, il avait rang de SA-Obergruppenführer. En tant que ministre président, il représentait l'État. Mutschmann a lutté, à la fois avec ténacité et brutalité, pour imposer la prépondérance du Parti en Saxe. La police politique enfin n'est pas restée à l'abri de ces luttes. Une Gestapo fut créée en 1933. Au mois de janvier 1934, Himmler en devint le Kommandeur. Concluant avec trop de précipitation, Hans Buchheim affirma que la police politique de Saxe fut, à partir de ce moment, soumise au Reichsführer SS. L'autorité de ce dernier demeurait, semble-t-il, en grande partie nominale. Le personnel mis en place par le ministre de l'Intérieur n'avait pas été remplacé. Le service ne dépendait plus du Dr Karl Fritsch, mais l'influence de ce dernier y demeurait grande. Fritsch aurait dû servir le ministre président. Il gardait une grande reconnaissance à Mutschmann, de l'avoir installé, le 6 mai 1933, dans son fauteuil de ministre. C'est à lui qu'il obéissait. En tout cas, la situation administrative était si embrouillée que Heydrich appliqua, en Saxe, la même procédure qu'en Silésie. Alors qu'ailleurs la Gestapo dirigeait la répression, sous l'autorité des inspecteurs de la Landespolizei ou des Gauleiter, le chef de l'antenne du SD, le Obersturmbannführer Lothar Beutel, fut chargé de remettre directement, dans la matinée du 30 juin, au SS-Oberabschnittsführer, Friedrich Karl von Eberstein, la liste des hommes à exécuter. La liste comptait « à peu près vingt-huit noms ». Un additif à cet ordre disait qu'une partie de ces personnes devaient être arrêtées et les autres exécutées. Le document n'était pas signé. F.K. von Eberstein eut des doutes. Il conseilla à Beutel de demander à Berlin une confirmation écrite. Heydrich confirma huit sentences de mort. Le nombre réel fut inférieur : 5 à Dresde, 1 à Plauen et 1 à Chemnitz. Au moins 258 personnes furent mises en état d'arrestation.

Ce fut la SA qui paya le plus lourd tribut. Cinq SA-Führer furent exécutés : le Gruppenführer Hans Hayn, fusillé à Munich, le Standartenführer Otto Pietrzok, affecté à son état-major, le Brigadeführer Dr Joachim Schröder qui commandait la brigade 33, le Obersturmführer Lamberdus Ostendorp du Feldjägerkorps de Saxe, à Dresde, et enfin le Sturmführer Max Schuldt, domicilié à Chemnitz, mais abattu dans la capitale saxonne.

Les arrestations de SA furent nombreuses. Le prince Ernst Heinrich de Saxe dénombra dix SA dans la pièce où il avait été logé, au KZ de Hohnstein. D'autres se trouvaient à la préfecture de police, le seul bâtiment de la vieille ville épargné par les bombardements. Cinq demeuraient en détention au début du mois d'août : le Brigadeführer Peter Vogt, arrêté le 3 juillet à Dresde, le Standartenführer Otto Kossatz, arrêté le 30 juin à Dresde et le Obersturmführer Arno Schreiber, arrêté le 1er juillet à Dresde. Ils étaient détenus tous les trois au Columbia. À Rochlitz, le Standartenführer Jentzsch et le Obersturmführer Gerstenberg furent appréhendés le 1er juillet, transférés à Berlin (Gestapa), relâchés à la fin de l'été. Gerstenberg fut alors assigné à résidence dans un bâtiment de la place du marché à Rochlitz, le Hitlertum. Le 13 décembre, le bourgmestre lui enjoignit de s'établir au domicile de sa mère, 22 Leipziger Strasse.

Une arrestation mérite une attention particulière. Manfred von Killinger avait été convoqué en tant que SA-Obergruppenführer à Bad Wiessee. Il fut appréhendé, conduit à Stadelheim et libéré, le 30 juin, à 13 heures. La décision n'avait pas été prise sans l'assentiment du Führer. Le 1er juillet, le SA-Führer était de retour à Dresde. À 14 h 30, « il fut de nouveau arrêté, par ordre du Kommandeur des polices politiques », et conduit au camp de concentration de Hohnstein. De nouvelles instructions furent bientôt adressées à Dresde et Killinger fut définitivement élargi, mais déclaré inapte à toute fonction de commandement dans la SA. « Pour mettre fin aux rumeurs sans fondement *(sic)* au sujet de l'arrestation ou de l'exécution de l'ancien Führer du Obergruppe IV », un communiqué officiel fut publié, le 3 juillet. Il était signé par le Freiherr von Eberstein et parut dans toute la presse saxonne. L'affaire présente une série de singularités. La responsabilité de la seconde arrestation n'incombait pas à Hitler, mais soit au Kommandeur des polices politiques, Himmler, soit à Mutschmann et au ministre de l'Intérieur qui étaient en mesure d'utiliser la Gestapo de Dresde comme truchement de leurs volontés. Le 1er juillet, à 14 h 30, rien n'empêchait de faire fusiller le prisonnier. Si Himmler avait voulu corriger une décision de Hitler, pourquoi n'aurait-il pas donné des instructions en ce sens au SS-Oberabschnittsführer ? Il aurait été facile d'imputer le meurtre légal à la routine administrative comme cela fut fait pour d'autres. Pourquoi enfin la mise au point officielle a-t-elle été signée par von Eberstein ? On ne peut s'empêcher de penser que Killinger dut son salut à la circonspection du SS-Grupenführer. Ce dernier n'aurait-il pas, comme il l'avait conseillé à Beutel, demandé une confirmation écrite des ordres reçus ?

Un membre de la Jeunesse hitlérienne, le HJ-Führer Friedrich Karl Laemmermann fut arrêté à Plauen et abattu sans jugement. Il avait vingt ans. Il aurait été homosexuel. Selon Gisevius, il a été victime d'une erreur administrative. Dans le fichier de la police politique, sa carte avait été mal classée et glissée, par inadvertance, parmi celles des homosexuels. On voulut faire un exemple. Laemmermann fut exécuté. La version est assez vraisemblable. Le jeune homme fut réhabilité. Une inhumation publique eut lieu le 8 août. Madame veuve Laemmermann fut autorisée à faire paraître un faire-part de décès dans la presse locale. On pouvait y lire que le disparu était mort « debout et innocent. Il avait volontiers donné sa vie pour sa patrie et le Mouvement, fidèle au Führer jusque dans la mort». Hitler envoya une couronne de fleurs. Le Kreisleiter prononça un discours et le journal local, le *Voigtländischer Anzeiger-und Tageblatt* (10 août 1934), rendit compte de la cérémonie.

Les oppositions politiques : monarchistes, conservateurs, Stahlhelmer, catholiques ainsi qu'un certain nombre de fonctionnaires d'autorité ne furent pas épargnés. Ernst, Ewald Martin dirigeait, en Saxe, le Bund Neudeutschland, une organisation catholique très conservatrice, fondée après 1918. Il avait le titre de Gauleiter (responsable régional). Il a été très probablement abattu dans sa cellule de la préfecture de police, au cours de la nuit du 30 juin au 1er juillet. Les autres prisonniers entendirent la détonation. Combien d'arrestations? Nous ne connaissons de source sûre que les noms des hommes encore maintenus en prison, au début du mois d'août. Il n'en restait plus que deux : un directeur de ministère, Friedrich Günther, appréhendé le 30 juin à Dresde et Max Hecker, commissaire de police dans la capitale saxonne, arrêté le 3 juillet et jeté dans le camp de concentration de Sachsenbourg. Il y en avait eu d'autres. Le prince héritier de la maison de Saxe, Ernst Heinrich avait été arrêté à Moritzburg, le 30 juin, conduit d'abord à la préfecture de police, puis à Hohnstein. Il s'y retrouva en compagnie du secrétaire général du gouvernement de Saxe et d'un directeur de ministère, Hertzsch, qui appartenait aux services du Reichsstatthalter Mutschmann.

En Thuringe, le Land voisin constitué en 1918 par la réunion des principautés saxonnes, la répression n'eut pas la même importance. Pas d'exécutions! Quelques SA-Führer, dont le Gruppenführer Lasch qui ne fut pas fusillé comme l'affirme Gisevius, furent arrêtés. Un avis de recherche fut lancé, le 2 juillet à 21 heures, par la Stapoleitstelle de Magdebourg contre le Standartenführer Schillings de Zella-Mehlis, qui s'était soustrait à la police en prenant la fuite. Incarcérés, maltraités, les SA-Führer furent néanmoins rapidement remis en liberté. Des opposants furent arrêtés. Nous connaissons l'identité de l'un d'entre eux, un Stahlhelmer notable, le Freiherr von Palombini. Transféré à Berlin le 11 juillet, il rejoignit à Columbia, Duesterberg. À la fin du mois d'août, tous les suspects appréhendés au cours de la «Nuit des longs couteaux» en Thuringe avaient été remis en liberté.

Brunswick, Anhalt

Dans ces deux petits États de l'Allemagne centrale, au nord du Harz, pas d'exécutions. À Brunswick, neuf personnes furent arrêtés et six maintenues en détention au-delà du mois d'août. Les chiffres correspondants sont douze et six pour le Anhalt. Aucun des prisonniers ne figure sur les listes nominatives dressées par la Gestapa. Il est assez vraisemblable qu'il s'agissait de «propagateurs de fausses nouvelles».

Dans la presse internationale circula une information selon laquelle la SA serait descendue dans la rue à Brunswick et aurait manifesté pour Röhm contre Hitler. On attribuait cette révolte au noyautage de la SA par des éléments «marxistes». La nouvelle était sans fondement. La SA fut, à Brunswick, fidèle sans restriction au Führer. Le Brigadeführer Sauckel fut un des premiers à faire acte d'allégeance, le 30 juin, à Hitler et Lutze. Les journalistes ou leurs informateurs ont-ils fait une confusion avec la «diète» de Basse-Saxe qui se tint à Enger et Brunswick, le 23 et le 24 juin? Toutes les organisations du NSDAP y participèrent et des discours contre la «réaction» y furent prononcés. Mais le 30 juin, l'ordre public ne fut pas troublé.

Lippe

Cet État minuscule et pittoresque à souhait, entre le Harz et le Teutoburger Wald, avait été formé par la réunion de Lippe-Detmold et de Schwarzenbourg-Lippe. Au début de l'année 1933, la Lippe-Detmold avait attiré l'attention de tous les observateurs internationaux. Les élections à la diète régionale avaient été considérées comme un test politique majeur. Le déclin du NSDAP allait-il s'accentuer? Le scrutin n'avait pas été défavorable au Mouvement et avait ruiné les espoirs des démocrates. La «Nuit des longs couteaux» ne troubla guère le sommeil des placides éleveurs qui forment le fond de la population. Dans la Schaumbourg-Lippe, une personne fut arrêtée et rapidement remise en liberté. Dans la Lippe-Detmold, le nombre des arrestations s'éleva à quatre. Au début du mois d'août, une seule, apparemment, demeurait en détention. Le Sturmbannführer Friedrich Reese avait été appréhendé le 3 juillet à Barntrup, pour des raisons locales, difficiles à établir aujourd'hui, et conduit à la maison d'arrêt de la capitale, Detmold. Il avait retrouvé la liberté à la fin du mois d'août. Cinq arrestations pour une population de 175000 âmes.

Mecklembourg, Lübeck, Hambourg

Nous avons rassemblé ces trois Land dont le territoire correspondait au SA-Gruppe Hansa. Le Gruppenführer Herbert Fust était revenu de Munich sans être inquiété. À son retour, il fut l'objet de diverses attaques. Il fut défendu par les Gauleiter de Mecklembourg et de Hambourg, respectivement Friedrich Hildebrandt et Karl Kaufmann. La répression n'éprouva guère la SA. Pas d'exécutions! Au début du mois d'août, deux SA-Führer de Rostock, le Obersturmbannführer Walter Radeloff et le Obertruppführer Hans Jürgen Willers étaient encore détenus. Ils avaient été arrêtés, l'un le 1er et l'autre le 2 juillet. Le premier fut transféré à Berlin (Columbia) et le second placé à la maison d'arrêt de Rostock. Les documents connus ne font pas état d'arrestations de SA-Führer à Lübeck ni à Hambourg. Selon, H. Höhne cependant, qui ne nomme pas ses sources, Fust, Henke et Purucker auraient été appréhendés à Berlin. L'indication est exacte en ce qui concerne Purucker, mais la mesure n'avait rien à voir avec son appartenance à la SA. Pour ce qui est de Fust, elle paraît controuvée.

Les mesures de détention préventives prises contre les opposants au nazisme ne paraissent pas avoir été très nombreuses. Nous n'avons pas de chiffres pour le Mecklembourg. À Lübeck, il s'éleva à trois. Tous les suspects avaient été remis en liberté au début du mois d'août.

Le cas le plus intéressant est celui de Hambourg. Le Gauleiter, soupçonné de « déviationnisme », était surveillé par le SD depuis des mois. Anton Milewski-Schröder, un SD-Führer chargé de cette mission secrète, avait trahi Heydrich et s'était rallié à Kaufmann en échange de la protection de ce dernier. Le 30 juin, le Gauleiter, convoqué à Bad Wiessee, était absent de Hambourg. Sa villa du Harvestehuder Weg, dans le quartier chic des bords de l'Alster, fut occupée de force par la SS. Milewski-Schröder qui s'y était réfugié, fut appréhendé. Des fonctionnaires : Ellerhausen et Puchrucker furent placés en garde à vue. Le crime de Puchrucker était mince. Obéissant aux instructions du secrétaire d'État Ahrens, il avait consigné Ellerhausen à son domicile au lieu de le jeter en prison. Kaufmann se rendit à Berlin et intervint auprès du Führer. Ellerhausen et Puchrucker furent remis en liberté le 2 juillet. Milewski-Schröder était encore en détention, dans un lieu indéterminé, au début du mois d'août. Pour apprécier pleinement ces événements, il faut se reporter au journal personnel de Carl Vincent Krogmann, le bourgmestre de Hambourg. Il avait rang de ministre président. Lui et Ahrens se sentaient comme entourés par une menace imprécise et craignaient qu'une décision moins innocente qu'ils ne l'avaient cru, un mot auquel ils n'avaient attaché aucune signification, ne devint un prétexte pour les livrer à l'abirtraire obscur de la police politique.

Quatre autres arrestations sont connues. Celles de Brinkmann, de Hustert et de North étaient liées à l'affaire Elbrechter. Celui-ci servait, au printemps 1934, selon Krebs, d'agent de liaison entre Max Habermann, ancien responsable du DHV (Syndicat des employés de commerce), une organisation antimarxiste et nationaliste, et d'autre part Gregor Strasser à la fin de l'année 1932.

En revanche, nous ne savons rien d'un certain Theodor Kessemeier, Gauwart (responsable de Gau) (?) arrêté le 1er juillet et transféré à Berlin (Columbia).

Brême et Oldenbourg

Ces deux Lander formaient une unité puisqu'ils avaient pour Reichstatthalter, le même homme, Carl Röver, également Gauleiter du district Weser-Ems. La SA appartenait au Gruppe Nordsee (mer du Nord) qui débordait, il est vrai, les limites de Brême et du Oldenbourg. Le groupe était rattaché au Obergruppe VI (Hanovre, Viktor Lutze). La répression fut de peu d'importance. Il n'y eut pas d'exécutions. À Brême, treize personnes furent arrêtées et douze dans le Oldenbourg. Dans la cité hanséatique, une seule aurait été remise en liberté au début du mois d'août alors que dans le Oldenbourg, elles auraient été toutes élargies à cette date.

À Brême, il convient d'ailleurs de distinguer les aspects généraux des aspects proprement locaux.

Karl Ernst, Martin Kirschbaum et madame Ernst y furent arrêtés, au début de l'après-midi du 30 juin. On transféra les deux premiers à Berlin. Le Gruppenführer fut immédiatement passé par les armes. Martin Kirschbaum vécut de longues semaines au Columbia. Madame Ernst, d'abord conduite à la maison d'arrêt, fut remise en liberté le lundi matin.

Un conflit souvent violent avait opposé, dans la ville, la police à la SA qui prétendait assurer seule l'ordre public. Partout en Allemagne, après l'incendie du Reichstag, la SA transformée en police auxiliaire a procédé, de sa propre autorité, à des arrestations. Elle a molesté les suspects, les a maintenus, sans aucun contrôle politique ou judiciaire, dans ses bunkers de sinistre mémoire. Pour noircir un tableau déjà bien sombre, certains historiens n'ont pas craint d'«en remettre» et surtout de systématiser. Ce qui aurait été d'ailleurs caricature, était hélas, à Brême, la réalité la plus quotidienne. Le nom seul de Johann-Gossel-Haus, une ancienne Maison du peuple, propriété du parti communiste, située près du Buntes Tor, faisait trembler les opposants. La police, elle-même impuissante, était défiée et narguée ouvertement par la SA. Les abus devinrent si criants que le gouvernement, soutenu par le Reichsstatthalter, dut intervenir. En mai 1934, une instruction judiciaire fut ouverte, des SA inculpés, jugés et condamnés, le Gruppenführer von Schorlemer et quelques-uns de ses collaborateurs suspendus de leurs fonctions pendant que V. Lutze confiait la direction du groupe, par intérim, au Oberführer Dr Raecke. Le 30 juin, l'épuration fut complétée par une série de mesures administratives fort efficaces. L'aide de camp du Gruppenführer, Feuerherd, l'aide de camp de la Standarte 266, Herbert Hinsch, un ancien capitaine de vaisseau de cinquante-quatre ans, le Gruppenstaffelführer Scheibner, le Sturmhauptführer Oldenburg, le Obersturmführer Schädtler et le Oberscharführer Neander furent arrêtés et incarcérés à la maison d'arrêt de Brême. Ils y furent rejoint vers la fin du mois par le Freiherr Wilhelm von Schorlemeer qui avait été appréhendé le 19 juillet à Löbau (Saxe). Deux autres personnes furent mises en état d'arrestation : un commerçant, Hermann Schierenbeck, et un journaliste, rédacteur en chef de la «Bremer Zeitung». Nous n'avons aucune raison de soupçonner qu'il y eût d'autres arrestations.

Dans le Oldenbourg, aucun SA-Führer ne fut inquiété. Cela ressort d'une déclaration de C. Röver, dans un discours prononcé le 7 juillet. Il n'avait exclu du Parti que deux hommes, l'un en Frise orientale, l'autre à Osnabrück, c'est-à-dire dans la province prussienne de Hanovre. Les douze suspects, d'ailleurs vite relâchés, étaient des civils qui avaient mérité une «admonestation».

Hesse, Bade, Wurtemberg

Ces trois Länder du Sud-Ouest correspondaient au Obergruppe V (Stuttgart, Obergruppenführer von Jagow). Il comprenait deux groupes : Sud-Ouest (Gruppenführer Ludin), c'est-à-dire approximativement le Bade et le Wurtemberg, et d'autre part, le Palatinat (Kurpfalz). Ce groupe, dirigé par le Brigadeführer Schwitzgebel, englobait non seulement le Palatinat proprement dit, mais une partie de la Hesse. Vieilles terres de féodalité, ces régions gardaient encore dans le chevauchement des frontières administratives de l'État, de l'armée, du Parti (Gau), de la SA comme un souvenir de leur passé. À cela s'ajoutait une distinction majeure. La rive gauche du Rhin et une bande de cinquante kilomètres, sur la rive droite, étaient démilitarisées. La Reichswehr n'avait pas le droit d'y faire stationner des troupes. En cas d'irruption française en Allemagne, les généraux de la Wehrmacht n'auraient disposé, dans un premier temps, pour résister à l'envahisseur, que du Grenzschutz constitué, pour l'essentiel, par la Landespolizei et la SA. Situation exceptionnelle, elle était variée encore par la diversité des constellations régionales, par le tempérament des Gauleiter et Reichstatthalter : Josef Bürckel dans le Palatinat, Karl Weinrich en Hesse, Robert Wagner dans le Bade et Wilhelm Murr en Wurtemberg.

Dans le Palatinat, une sorte d'arrangement aurait été conclu entre Bürckel et Schwitzgebel. Aucun SA-Führer ne fut inquiété. Selon une note de service du 6 juillet « aucun chef ni homme de la SA n'[aurait été] arrêté dans le Obergruppe V. » Elle disculpe notamment le Brigadeführer Wagenbauer et le Oberführer Berchtold. En fait, le Gruppenführer Ludin après avoir été contrôlé par le Führer et laissé en liberté, fut mis, un peu plus tard, en état d'arrestation par des instances subalternes et bientôt relâché. Le SA-Oberführer Hermann Berchtold, qui commandait la 56e brigade (Stuttgart), fut appréhendé et maintenu en détention jusqu'au mois d'août. Nous savons aussi que la Gestapo aurait souhaité inculper le Obergruppenführer von Jagow. Cependant, à l'exception de Berchtold, il ne semble pas que la police soit parvenue à compromettre des SA-Führer. Le général Liebmann, qui commandait à Stuttgart, jugeait très satisfaisantes les relations avec les milices brunes. L'information selon laquelle quelques dizaines de SA se seraient réfugiés en France en passant soit par le poste frontière de Kehl soit par celui de Chalampé paraît avoir été sans fondement.

Les victimes de la répression furent donc, avant tout, des opposants politiques, au sens large du terme, ou des « propagateurs de fausses nouvelles ». Le Palatinat était rattaché, pour des raisons historiques, au Land de Bavière. Il n'existe donc pas de statistique particulière pour cette province. En Hesse, il y eut treize arrestations dont quatre furent levées avant le 4 août. Dans le Bade, le nombre atteignit vingt-trois. Tous les détenus avaient été remis en liberté au début du mois d'août. Un incident est assez révélateur. À Michelsbach, la police voulut appréhender un prêtre, représentant courageux du catholicisme, qui, à l'occasion, ne craignait pas d'utiliser la chaire pour dénoncer le régime et en prédire la fin prochaine. La population s'opposa à son arrestation par la gendarmerie. Il fallut faire appel à des renforts, et notamment à la SA, qui rossa avec conviction les fidèles. C'est en Wurtemberg que la rigueur fut la plus grande. Il y eut cent-sept arrestations et une exécution. La victime fut le Dr Mattheis. L'affaire est bien connue. Ce juge de première instance (Amtsrichter), figure pittoresque comme il y en a tant dans cette patrie d'individualistes obstinés qu'est la Souabe, nationaliste convaincu, avait rejoint le national-socialisme avant 1933, et était devenu le chef de la police politique. Il était entré en conflit avec Wilhelm Murr. Trop entêté pour s'accommoder, il commit une double erreur. Il s'appuya sur le ministre président, Christian Mergenthaler, un personnage falot, SA-Führer à titre honorifique. Murr trouva un puissant allié en Himmler qui désigna, pour succéder à Mattheiss, un certain Dr Stahlecker. Mattheis ne se tint pas pour battu. Il continua tout simplement à occuper les lieux et refusa de passer ses pouvoirs au nouveau titulaire. L'affaire trouva un épilogue le 30 juin. Le Dr Mattheis était à Oberndorf-sur-le-Neckar. Dans la journée, il partit pour le lac de Constance. Était-ce une coïncidence ? Avait-il été averti ? Il voulait s'arrêter chez un ami qui avait une villa dans un petit bourg, près du lac. La police ne l'y trouva pas. Le suspect était chez sa mère qui habitait non loin de là à Ueberlingen. Il y fut appréhendé. Les SS qui avaient été chargés de cette mission entreprirent de le transférer à Ellwangen. Au cours d'une halte à Ravensbourg, le prisonnier fit une tentative de fuite qui n'était pas simulée. Selon certains témoins, il se serait réfugié dans une auberge de la place du marché. Le Landrat Paradeis, appelé en renfort, l'exhorta à faire preuve de plus de dignité. Dès lors, le Dr Mattheis se résigna et se laissa conduire jusqu'à la caserne de SS, à Ellwangen, où il fut promptement fusillé ou abattu d'une balle dans la nuque. Le contentieux administratif était réglé et Himmler pouvait placer un de ses hommes à la tête de la Gestapo du Wurtemberg. Selon le meilleur connaisseur de l'histoire de la Souabe sous le nazisme, le Dr Paul Sauer, il n'existe aucun document sur les autres arrestations. Nous en sommes réduits à des spéculations. L'importance des chiffres doit être attribuée moins à la puissance des oppositions : oppositions religieuses, conservatrices et au Stahlhelmer qu'à la pugnacité de Murr. Seules des enquêtes sur le terrain permettraient, par les témoignages des survivants, de lever un coin du voile.

La Bavière

Avec les provinces orientales de la Prusse et la Saxe, la Bavière a été une des régions où la répression fut particulièrement sévère. Par le nombre des arrestations : 543, elle se classe derrière la Prusse : 1124 et loin devant la Saxe : 258. Si on les rapporte au chiffre de la population, elle se place en tête : une arrestation pour 14150 habitants, contre 20138 en Saxe et 25508 en Prusse. Le résultat devrait certes être corrigé, car en Prusse, la répression a été concentrée, comme nous l'avons vu, dans quelques provinces : Berlin et le Brandebourg, la Poméranie, la Grenzmark et la Silésie. Mais, en Bavière comme à Berlin, il convient de distinguer entre un aspect proprement régional et un aspect central puisque, le 30 juin, Munich a été durant quelques heures, autant que Berlin, un centre de décision.

L'exécution fut confiée d'abord au SD, dirigé, du moins pendant ces journées, par Werner Best. La police politique, la Bayerische Politische Polizei (BPoPo ou BPP), a joué un rôle non négligeable. Elle était installée dans le palais Wittelsbach. La police criminelle n'est pas intervenue directement dans l'arrestation des suspects, mais elle a participé aux perquisitions. Les tâches de terrain ont été confiées à la SS. Le Obergruppenführer Ernst Heinrich Schmauser commandait le Oberabschnitt avec trois Abschnitt : I (Munich, Standarte 1, 29, 34), IX (Wurzbourg, Standarte 3, 41, 56) et XXVIII (Ratisbonne, Standarte 31 et 68). Il est à peu près impossible de reconstituer aujourd'hui, dans le détail, la part de responsabilité des exécutants. Selon le témoignage de Duesterberg, le Standartenführer von Nordeck, qui commandait la 3e Standarte, aurait opéré à Munich d'une manière particulièrement odieuse. La police en uniforme et la gendarmerie ont, à l'occasion, apporté leur concours dans la poursuite des suspects qui avaient réussi à se soustraire à une arrestation. Les avis de recherche étaient des ordres. Un trait particulier était la proximité du camp de concentration de Dachau, banc d'essai et modèle du système concentrationnaire, à la tête duquel se trouvait le Oberführer Theodor Eicke, véritable inventeur de la doctrine. Enfin, bien que beaucoup plus discrète, l'influence de la Wehrmacht n'a cessé de s'exercer au cours de ces journées.

Le 30 juin, trente SA-Führer, parmi ceux qui affluaient de toute l'Allemagne vers Wiessee ou ceux qui étaient domiciliés à Munich et en Bavière, furent incarcérés à Stadelheim ainsi que le valet de chambre de Röhm et deux civils. Il y eut d'autres arrestations. Ainsi Karl Schreyer, dont la déposition dans le procès Lippert-Dietrich concorde rarement avec les faits vérifiés n'a pas été détenu à Stadelheim. Il a probablement été conduit directement au palais Wittelsbach. Sander, arrêté au sortir de la Maison Brune, ne figure pas non plus sur le registre d'écrou. Il a peut-être été transféré sans délai à Berlin. Le total était donc sensiblement plus élevé que trente-deux. Quelques-uns des détenus de Stadelheim furent libérés : le 30 juin, von Killinger à 13 heures, Schragmüller et Viechteler, Sonderbeauftragter (chargé de mission) auprès du ministre de l'Économie en Bavière à 19 h 45; le 1er juillet à 13 heures trois SA-Führer de Munich : Theodor Schmidt, Engelbert Betz et Friedrich Gärtner, le 5 juillet un Scharführer Eugen Kern, un ingénieur, Anton Eichinger et un commerçant, Josef Werner, le 27 juillet, Leopold Hofmeister, mécanicien affecté à la Stabswache de Röhm. Le 30 juin à minuit, trois prisonniers : von Krausser, von Detten et von Falkenhausen furent transférés à Berlin. Karl Daller, un Scharführer, fut remis, à une date inconnue, à la BPP, et bientôt rendu à la liberté.

Le destin des prisonniers a été divers. Le 30 juin, six d'entre eux furent passés par les armes dans une des cours de la prison de Stadelheim. Le

1er juillet, Röhm fut abattu dans sa cellule. Ce même jour, à 18 h 30, après l'assassinat du Stabschef, quatre SA-Führer : le Standartenführer Hans Schweighardt, le Obersturmführer Max Vogel, le Obertruppführer Erich Schieweck et le Rottenführer Neumayer furent extraits de leur cellule et conduits à Dachau. Ils y furent abattus d'une balle dans la nuque. Trois d'entre eux appartenaient à l'entourage de Röhm. Erich Schieweck avait accompagné Heines à Wiessee. Le 2 juillet, à 3 h 30 du matin, ce fut le tour de Heinrich König, un des chauffeurs de l'état-major de la SA, du Obertruppführer Martin Schätzl et du Standartenführer Uhl. Les deux premiers appartenaient au personnel de la OSAF. Uhl était un personnage pittoresque et médiocrement intéressant. Quelques mois avant le 30 juin, il aurait, dans l'un des meilleurs restaurants de Ingolstadt, fusillé, avec ses compagnons de débauche, au cours d'un fin repas qui dégénérait en beuverie, une galerie de prélats accrochés aux murs. Il s'était fait photographier, dans une pose avantageuse, le pistolet brandi, le pied posé sur la poitrine d'un SA qui faisait le mort. Était-ce ces excentricités qui inspirèrent à la police politique la légende de l'attentat projeté contre le Führer? Uhl, disait-on, devait abattre Adolf Hitler pendant le récital que le chanteur Heinrich Schlusnus a donné, le 1er juillet, à Braubach-am-Rhein. Uhl était mort. Il aurait été bien incapable de démentir. Theodor Schmidt avait dû être à nouveau arrêté par la police, après son élargissement de Stadelheim, car il fut conduit à Dachau et exécuté.

Au début du mois d'août, les prisonniers de Stadelheim, maintenus en détention, n'étaient plus que cinq : le Gruppenführer Robert Bergmann, aide de camp de Röhm, le Standartenführer Friedrich Vollner, le Sturmhauptführer Kurt Egger, le Truppführer Josef Höfl et le valet de chambre de Röhm. Mais entre-temps, d'autres SA-Führer domiciliés en Bavière avaient été arrêtés : le comte Du Moulin-Eckart, à Wiesbaden (Lichtenbourg), le Obertruppführer Bechteler, le Standartenführer Biest, le Oberscharführer Josef Steindl (Ingolstadt), le Obertruppführer G. Völk. Le 2 juillet, le Sturmbannführer z.b.V. Gerhard von Prosch, arrêté le 30 juin, avait été incarcéré à Stadelheim. Le 3 juillet, un chauffeur et un mécanicien de la OSAF, probablement Albert Ankirchner et Paul Bogensberger, furent arrêtés par la gendarmerie dans le district de Bogen et remis à la BPP. Le 6 juillet, le Scharführer Ludwig Pommer fut appréhendé à Bad Tölz par la police politique. Le 10 juillet, le chef d'état-major du Groupe Ostmark, Franz Bock fut conduit à Stadelheim. D'autres sans doute, après une vérification, avaient été remis en liberté.

Le cas le plus intéressant est celui de Karl Kraft, qui commandait la brigade 84 (Chiemgau), et des Obersturmführer Karl Oberhuber, Hans Schroll ainsi que Anton Tambosi. Le 30 juin, vers 8 heures du matin, Kraft avait été convoqué par téléphone à Munich. Peu après, il avait été mis en garde, par un second appel téléphonique. Reichswehr et SS se préparaient à attaquer la SA. À Traunstein, la Reichswehr n'avait qu'un service mobilisateur, le Meldeamt für freiwilligen Arbeitsdienst géré par quelques L-Offizier ou employés civils : le major Bischoff, le capitaine Huber et Lechelmair. Le 30 juin, vers 10 heures, Bischoff voulut se rendre dans les bureaux du Brigadeführer, pour une réunion de routine au cours de laquelle devaient être fixées les modalités du recrutement des SA à incorporer au 1er octobre. Cette réunion était prévue de longue date. Alors qu'il était en chemin, il fut rappelé au Meldeamt. Le major Rupp, premier officier d'état-major de la subdivision de Munich le demandait au téléphone pour l'informer de la situation. La conversation était à peine terminée que le Truppführer Fricke, suivi d'une douzaine de SA, fit une irruption théâtrale dans la pièce et déclara que le major Bischoff et le capitaine Huber étaient mis en état d'arrestation. Le SA-Sturmhauptführer Dorsch, arrivé sur ces entrefaites, accepta de conduire Bischoff et Huber auprès de Kraft. Celui-ci manifestait une extrême nervosité. Il était coupé du groupe Hochland. Les communications téléphoniques étaient bloquées à Rosenheim. Il interrogea les deux officiers. Savaient-ils ce qui se passait? Ils nièrent. Kraft leur affirma qu'il n'avait pas ordonné leur arrestation. Ils étaient libres. Son chef d'état-major assortit, il est vrai, cette mesure d'une condition. Il pria Bischoff et Huber de ne pas quitter Traunstein. À 13 heures, Schroll leur annonça que toutes les mesures prises à leur encontre étaient annulées. Un incident indépendant de l'occupation du Meldeamt s'était produit dans la matinée. Le SA Werr avait rencontré dans la rue Lechelmair. Il l'avait confondu avec le capitaine Huber, l'avait insulté et giflé à plusieurs reprises. Au début de l'après-midi, Bischoff posa un ultimatum. Il demanda réparation, dans les formes définies avec précision, avant la fin de la soirée. N'ayant pas obtenu satisfaction, il adressa deux rapports à la subdivision, le premier le 30 juin, le second le 2 juillet. Dans ce dernier, il proposait des sanctions : 1) exclusion de Werr et de Fricke; 2) mesures disciplinaires ou pénales à l'encontre de Dorsch et de Schroll; 3) la bonne foi de Kraft lui paraissant établie, absence de poursuites à l'encontre du Brigadeführer. La subdivision transmit le dossier à la police politique. Kraft, Schroll et un Obersturmführer, Oberhuber, dont le rôle dans cette affaire n'a pas été parfaitement élucidé, furent arrêtés le 5 juillet et incarcérés à Stadelheim à 19 heures. Ils y furent rejoints, le même jour à 21 heures, par Tambosi, l'aide de camp du Gruppenführer Schmid. Le Obersturmführer avait pris peur le 30 juin. Il avait quitté Munich en automobile, s'était réfugié en Rhénanie. La gendarmerie l'avait déniché à Ingelheim, cité jadis chère à Charlemagne, le 3 juillet. Cette fuite lui avait probablement sauvé la vie. On ne fusillait plus. Le premier à être réclamé par la BPP fut Kraft, qui lui fut remis le 6. Il était extrêmement suspect. Le 29 juin, il avait rendu visite au Brigadeführer von der Osten, à Schlechting, et avait rencontré, au domicile de celui-ci, le Gruppenführer Schmid. Comment un policier, dressé par métier au soupçon, n'aurait-il pas flairé dans cette circonstance un fumet de conspiration? Le lendemain, la BPP réclama Oberhuber. Le 27 juin, Tambosi fut transféré à Berlin (Columbia). Au début du mois d'août, il était le seul à être encore détenu. Selon toute apparence, les trois autres avaient été remis en liberté. Seules des sanctions disciplinaires furent prononcées. L'épisode, en soi mineur, n'en a pas moins une signification exemplaire. Il nous montre, jusque dans le détail, la part prise par la Wehrmacht, non seulement dans la préparation de l'affaire, mais dans l'épuration de la SA. La fameuse phrase de Hitler : «Tout homme qui sera réclamé par la Reichswehr lui sera livré!» apparaît alors dans la lumière blême et blafarde des petits matins d'exécution capitale!

Les oppositions politiques furent durement réprimées. Quatorze personnes qui n'appartenaient pas à la SA furent exécutées. Leur influence réelle n'était pas considérable. Mais quelques-unes d'entre elles étaient, en Bavière, de véritables symboles. Gustav von Kahr, le Generalkommissar pour la Bavière, avait fait échouer par son obstination le putsch du 9 novembre 1923. Le Dr Alexander Glaser, un avocat, avait en 1924, après l'échec, présidé le Deutsch-Völkischer Block (Bloc nationaliste-raciste) dans le Landtag de Bavière. Il représentait ces nationalistes qui avaient flirté avec le nazisme en s'imaginant qu'ils parviendraient à domestiquer Hitler. L'ingénieur Ballerstedt avait présidé le Bayernbund, ligue bavaroise à tendance particulariste et monarchiste et publié une revue *Bayerisches Vaterland.* Le Dr Gerlich, un journaliste, avait quitté les très conservatrices *Münchner Neueste Nachrichten* auxquelles il reprochait trop de complaisance envers Hitler, pour fonder son propre hebdomadaire *Der gerade Weg*. Il s'adressait aux libéraux de droite. Fritz Beck, un catholique, dirigeait à Munich le service des œuvres universitaires. Il était très écouté, a-t-on dit, des étudiants. De plus, quelques-uns d'entre eux étaient déjà détenus. En les désignant au bourreau, Hitler ou quelques-uns de ses lieutenants auraient cherché à assouvir de vieilles rancunes personnelles. Nous y voyons bien plutôt une tentative, très calculée de donner une série d'avertissements à la «réaction». Il y eut enfin quelques cas aberrants. Karl Zehnter était le patron d'un restaurant, très connu à Munich, *Zum Bratwurstglöckl.* Röhm y fréquentait. Il était l'ami de Zehnter. On a dit que ce dernier appartenait à la «confrérie des frères en chaleur». Cela suffisait à Himmler. On a inventé de fabuleux romans de complots et de conspirations, forgés dans quelque arrière-salle, entre Röhm et Goebbels. Tout cela est le produit d'un délire interprétatif. Ernestine Zoref était l'amie d'un nazi malheureux dans la lutte pour le contrôle des *Münchner Neueste Nachrichten.* On inventa la fable d'un réseau d'espionnage qui aurait conduit vers Paris. Le capitaine de police Röhrbein s'était vanté de détenir des secrets d'État. Deux cas demeurent inexpliqués. Le critique musical des *Münchner Neueste Nachrichten*, Willi Schmidt, fut arrêté à son domicile et abattu à Dachau. C'était un homme qui ne faisait pas de politique. Les nazis ont prétendu qu'il avait été victime d'une homonymie. C'est assez vraisemblable, mais l'identité du véritable suspect n'a jamais été établie de manière probante. Le Pater Stempfle enfin était tout autre chose qu'un adversaire du régime. Cet ecclésiastique bavarois, haut en couleur, avait dirigé le *Miesbacher Anzeiger*, une feuille locale qui se distinguait par la virulence de sa propagande nationaliste et raciste. C'était un ami personnel de Hitler, qui, en apprenant la mort du prêtre, se serait exclamé : «Ils ont tué mon bon Pater Stempfle!» Exemple unique d'un règlement de compte personnel comme en Silésie? Cette affaire-là n'a pas non plus été élucidée.

Trois procédures ont été employées. Trois des victimes furent censées avoir fait « une tentative de fuite ». Karl Zehnter fut abattu dans le véhicule de police et son corps jeté sur le talus près de Lagermoos, au bord de la route de Dachau à Augsbourg. Beck, arrêté à son domicile, le 30 juin, fut conduit dans une clairière du Allacher Forst, un bois entre Munich et Dachau et tué, vers 23 heures. Le corps fut abandonné sur place. Ballerstedt fut exécuté dans le Gündiger Wald, un autre bois près de Munich. Son corps fut également laissé sur place. Le Dr Glaser fut abattu d'une balle dans la tête, dans son appartement. Il vivait encore. On le transporta à l'hôpital. Une tentative de suicide ? Les six autres : G. von Kahr, le Dr Gerlich, Röhrbein, le Dr Schmidt, le Pater Stempfle et Ernestine Zoref furent conduits à Dachau, menés dans le local pénitentiaire du camp et assassinés d'une balle dans la nuque. Eicke avait quelques prisonniers encombrants, des « marxistes », détenus depuis des mois : Adam Hereth, Erich Gans, Walter Habich et le Dr Julius Adler. Ils furent accusés d'avoir « approuvé » la conspiration de Röhm et subirent le même sort que ceux dont le nom a été inscrit sur la liste officielle. Le cérémonial nous a été décrit dans la déposition d'un SS qui appartenait à la garde du camp. « ... le 30 juin, au cours de l'après-midi, une voiture s'arrêta devant la Kommandantur. Eicke était assis sur la terrasse et fumait. La voiture dans laquelle se trouvait Kahr stoppa. Un SS en descendit, se dirigea vers Eicke et lui fit rapport... Il y avait alors plus d'une centaine de SS à proximité. Ils se rassemblèrent autour de la voiture et criaient : "Kahr ! Kahr !". La tension était effroyable. Le vieillard (Kahr avait quatre-vingt-un ans) fut conduit sur le champ dans le local disciplinaire qui se trouvait à côté de la Kommandantur. La porte était en fer. Sur le seuil, Kahr fut "réceptionné" (*sic*) par le surveillant. Il se peut que Eicke ait accompagné le prisonnier dans le local. Moi, Johannes St., j'avais couru avec quelques autres SS jusqu'à la porte qui s'était refermée. Peu après, nous entendîmes un coup de feu. Le soir même, la nouvelle se répandit dans le camp. Kahr avait été abattu. C'était "K" (un nom prédestiné pour un surveillant d'abattoir) qui avait procédé à l'exécution. » Ce rituel mécanique a été répété six fois.

Le nombre des arrestations a été de 543. Nous avons identifié près de cinquante SA. À supposer même qu'il faille doubler ce chiffre, environ 400 personnes qui n'appartenaient pas à la SA auraient été mises en état d'arrestation. Seul un petit nombre d'entre elles a été identifié. Ces indications suffisent pour distinguer les grandes catégories. La « Nuit des longs couteaux » servit de prétexte pour éliminer ou exclure quelques membres du Parti jugés indésirables comme R. Maier, chef d'un service du APA (Office de politique étrangère) (Munich, 7.7), Babette Völk (NSDAP, Munich). Les conservateurs de toute couleur furent les principales victimes. Citons quelques cas révélateurs. Le colonel de police a.D. von Seisser était, avec Kahr et von Lossow, un des trois principaux responsables de l'échec du putsch du 9 novembre 1923. Le 30 juin, la BPP se présenta à son domicile. L'officier était absent. Sa femme, sa fille et la bonne furent prises en otage par le détachement de SS. Lorsque von Seisser apprit, à son retour, ce qui s'était passé, il résolut d'aller aux nouvelles et s'adressa à la police. La préfecture de police s'empressa d'informer la BPP qui ordonna l'arrestation du visiteur. C'était peu après minuit, le 1er juillet. Il fut transféré au palais Wittelsbach dans la matinée. Ce délai lui a peut-être sauvé la vie. Nombreux furent les monarchistes à être placés, pour une courte durée, en détention préventive et, parmi eux, des hobereaux comme Enoch von Guttenberg. Enfin, il ne faudrait pas oublier les «propagateurs de fausses nouvelles». Rien qu'à Munich, une quinzaine d'entre eux furent appréhendés au mois de juillet et mis en détention préventive. Le Dr Morsbach, présenté tantôt comme le directeur de la Kaiser-Wilhelm-Gesellschaft, tantôt comme celui du DAAD (Service d'échanges universitaires) fut arrêté à Lauda (?). Il était très connu en Angleterre où la nouvelle de sa mort, inexacte heureusement, provoqua une vive émotion.

*

* *

Ce tour d'Allemagne a été fastidieux pour le lecteur, sans doute, tout comme il l'a été pour l'auteur. Le caractère répétitif des actions — passé par les armes, abattu au cours d'une tentative de fuite, abattu au cours d'un échange de coups de feu avec la police ou d'une balle dans la nuque..., ou encore arrestation, suicide..., Gestapa, Columbia, Lichtenbourg, Dachau — lasse et écœure par cette boucherie systématique sans grandeur. On a dépeint bien souvent une sorte d'opéra grandiose. La réalité nous renvoie l'image d'une usine de la mort. Rien que pour cette raison, cette analyse méthodique aurait été utile. Les meurtres du 30 juin 1934 n'ont pas été un massacre incontrôlé, anarchique, quelque sanglante orgie. À l'exception de la Silésie où la direction des opérations a échappé au Gruppenführer von Woyrsch, la répression a été calculée et s'est déroulée selon une routine administrative rigoureuse, quoique encore imparfaite.

Pour la procédure, nous distinguons trois catégories. les SA-Führer accusés de rébellion ont été traités comme des mutins. Ils ont été fusillés par un peloton d'exécution. Ce cérémonial militaire a été, sauf exception, refusé à ceux qui étaient accusés d'homosexualité. Les victimes qui n'appartenaient pas à la SA étaient, selon la police, mortes dans des circonstances qui enlevaient toute responsabilité aux autorités. Légitime défense! Ils s'étaient opposés à leur arrestation et avaient tiré sur les hommes chargés de les appréhender. Tentative de fuite! Suicide! On n'a pas remarqué que les deux premières méthodes avaient été préconisées par Eicke à l'usage des unités de garde des camps. On n'assassinait pas un détenu qui déplaisait. Il résistait à ses gardiens ou tentait de fuir. Dans les deux cas, l'usage des armes était légitime. L'instruction judiciaire achoppait sur l'absence de témoins. Les SS se souciaient peu de dénoncer des camarades. Les prisonniers craignaient trop les représailles pour parler. La méthode fut appliquée, le 30 juin, à des hommes qui se trouvaient en dehors des camps. Elle s'est révélée beaucoup moins efficace. L'action de la justice a trouvé des auxiliaires dans la population. Et si Gürtner n'a pas obtenu que les exécutants fussent punis, les dossiers réunis par d'intrépides magistrats demeurent une source de mémoire, source première pour la connaissance vraie des événements.

La direction ? Même pour ce qui est des opérations de police, il apparaît qu'il n'y a pas eu d'unité. Hitler, mais surtout Göring, Himmler, Heydrich ont donné des instructions. Sur cela vinrent se brocher les nombreuses initiatives locales d'un Reichsstatthalter, d'un Gauleiter, voire d'un Kreisleiter qui détournèrent la volonté de l'autorité publique pour régler leurs petites affaires. Il en résulte deux séries de conflits. En Silésie et en Rhénanie, les représentants de l'État, le procureur général dans le premier cas, le Oberpräsident dans le second, ont condamné l'arbitraire avec lequel une formation du Parti avait procédé. Ils ont eu l'appui et parfois le soutien manifeste de la population. Le fait est remarquable. Les représentants de l'État n'eurent certes pas le dernier mot. Leurs interventions n'en gênèrent pas moins Gestapo, SD et SS. Plus fréquents ont été les conflits à l'intérieur du NSDAP pour des « enjeux de pouvoir ». Leur diversité est extrême et témoigne du fait que le passé demeurait, malgré la volonté centralisatrice qui s'était exercée depuis 1870, encore bien vivant, et que les traditions féodales puis fédérales étaient peut-être ensevelies, mais qu'elles n'étaient pas mortes. Dans le Mecklembourg, à Hambourg, Gauleiter et SA-Führung sont alliés contre le SD. En Westphalie-sud, c'est le Gauleiter qui mène l'attaque contre le Gruppenführer Schepmann. Dans le Palatinat, le Gauleiter et le SA-Brigadeführer s'entendent pour régler la répression à l'amiable. En Saxe, une opposition masquée existe entre le Reichsstatthalter et la SS-Führung. En Wurtemberg, la « Nuit des longs couteaux » fournit un prétexte à apurer un contentieux qui existait entre Reichsstatthalter et ministre-président. Nous devons donc écarter l'hypothèse selon laquelle il y aurait eu un front unique contre la SA, à l'intérieur du Parti. Le peuple, lui, s'est tenu à l'écart de ces luttes entre les diadoques.

La géographie de la répression est révélatrice. Les régions où elle a été le plus intense ont été du nord au sud : la Poméranie, la Grenzmark, Berlin et le Brandebourg, la Silésie, la Saxe et la Bavière. Berlin et Munich constituent des cas particuliers, puisque pour des raisons diverses, elles furent successivement des points de regroupement de la répression. C'est donc dans la zone du Grenzschutz Ost que le nombre des SA-Führer fusillés ou condamnés à des peines sévères fut le plus élevé. On ne saurait nier qu'il y ait eu là un rapport de cause à effet et que le rôle du commandant militaire ait été déterminant.

Enfin, cette étude nous révèle qu'il y a eu une certaine proportionnalité entre les exécutions ou arrestations des SA-Führer et de ceux qui n'appartenaient pas à la SA. Dans le Brunswick, le Anhalt, le Hanovre, le Oldenbourg, la Hesse, le Bade, la SA a été, sauf exception, mise hors de cause. Aucun civil n'a été exécuté. Le nombre des arrestations a été faible. En revanche, il a été élevé à Berlin et en Bavière. Nous constatons d'ailleurs qu'il est inférieur à celui des SA-Führer à l'Est, supérieur à celui-ci à l'Ouest.

De plus, la police politique n'a pas frappé, à l'aveuglette, la «réaction». Une examen attentif des circonstances locales nous montre que les coups ont été portés contre des groupes qui avaient manifesté, d'une manière ou d'une autre, leurs désaccords avec certains aspects de la politique nazie. En Poméranie, par exemple, la SA est sévèrement épurée pour satisfaire la Reichswehr, mais en même temps, le Stahhllem, responsable, en partie, des difficultés qui avaient surgi à propos du Grenzschutz, est décimé. À Munich, l'exécution du Gruppenführer Schmid apporte quelque satisfaction au général Tscherning qui n'avait pas oublié les incidents du mois de décembre. Simultanément, de nombreux adhérents du Heimatbund, du Bayernbund, qui regroupaient nombre d'anciens officiers, sont soumis à une épuration sévère. Le catholicisme politique a été, avec discernement, une des cibles de Heydrich. Les assassinats ont été l'exception. Le meilleur avertissement était encore une mise en détention à titre préventif, pendant quelques jours. Cette série d'avertissements donnés à la «réaction» eut une autre conséquence. Les conservateurs n'avaient cessé, depuis 1918, de mettre leurs espoirs dans la Reichswehr. L'armée apparaissait comme le recours suprême contre la République, contre le soulèvement du peuple, de la plèbe. Comment, après le 30 juin, auraient-ils encore fait confiance à des généraux qui les avaient laissés mener à l'abattoir, sans une protestation, et sablaient le champagne pour célébrer la mort de Röhm, alors que des hommes et des femmes de leur caste étaient jetés dans les geôles du Reich, avec les prisonniers de droit commun? La Wehrmacht fut, en ces circonstances, d'un apolitisme sans faille. Il fallut des années pour qu'elle aperçût les conséquences de cette abstinence.

ÉPILOGUE ET CONCLUSION

Ce n'est pas le lieu d'établir un catalogue exhaustif des mesures politiques ou administratives prises après le 1er juillet 1934. Nous nous contenterons de dresser un bilan général.

Hitler était persuadé d'avoir échappé à un danger réel. Il n'est pas contestable qu'un accrochage entre SA et Reichswehr, à Munich, dans la nuit du 29 au 30 juin, aurait pu avoir des conséquences incalculables. Le 3 juillet, le Führer présida une séance de cabinet, puis s'envola vers Neudeck et ne rentra à Berlin que le lendemain. Du 4 au 13 juillet, il se consacra, à l'exception de quelques tâches protocolaires, à l'étude des dossiers. Comment aurait-il pu ignorer que ses ordres avaient été outrepassés ? Pourtant, dans le discours qu'il prononça devant le Reichstag le 13 juillet, tout en laissant entendre, à mots couverts, qu'il n'était pas dupe, il assuma publiquement la responsabilité de toute la répression à l'exception, ajoutait-il, de quelques abus de pouvoir qui relevaient des tribunaux réguliers. Sous peine de ruiner l'image du chef charismatique, il lui était interdit de reconnaître qu'il n'avait pas été le Führer, le « Guide » infaillible.

Hindenburg signa le 2 juillet, après avoir consulté le ministre de la Défense, un communiqué dans lequel il approuvait l'action du gouvernement. Le lendemain, Hitler était à Neudeck. Le président était de plus en plus malade et ne comprit pas grand chose aux explications du chancelier. Le 2 août, le vainqueur de Tannenberg mourut. La veille, sur une proposition, spontanée, semble-t-il, de Blomberg, les fonctions de président du Reich et de Chancelier avaient été réunies et confiées à Hitler. La Wehrmacht payait sa dette.

Le seul à créer des difficultés fut Papen. Il confirma sa démission, n'assista pas à la séance de cabinet du 3 juillet. Malgré un échange de correspondances et des entretiens de vive voix avec Hitler, il refusa de revenir sur sa décision. Le 13 juillet, il resta loin du Reichstag. Mais il avait fait une concession majeure. Il avait accepté, « dans l'intérêt supérieur du pays », que sa démission fût provisoirement tenue secrète.

Pour certains ministres, la « Nuit des longs couteaux » signifia un grave échec. Au ministère de la Propagande, ce fut la débâcle. Un exemple ! Les services annoncèrent la mort de Werner von Alvensleben. La nouvelle fut suivie très vite d'un démenti. Il s'agissait en fait d'un cousin de W. von Alvensleben. La rectification appela une seconde mise au point. C'était bel et bien ce dernier qui avait été arrêté. Il n'avait pas été fusillé, mais transféré dans un camp de concentration. Cependant, à l'heure où l'information était publiée, il était vraisemblable qu'il « n'était plus au nombre des vivants », ce qui était faux. Le résultat fut catastrophique. Alors même que les porte-parole du ministère se mirent à parler vrai, ils ne furent pas crus.

Le ministre de l'Intérieur du Reich et de Prusse, W. Frick, avait été tenu à l'écart. Il n'eut connaissance des événements que tard dans la journée du 30 juin et d'une manière incomplète. Ce fut Gisevius qui, trois ou quatre jours plus tard, lui révéla l'ampleur de la répression. Ainsi, les compétences en matière de police lui échappaient déjà de fait.

Gürtner, ministre de la Justice, fut tout d'abord plus fortuné. Plus de 2000 personnes avaient été arrêtées dans des conditions arbitraires. Les familles s'inquiétèrent du sort des disparus. Le plus souvent, elles s'adressèrent aux parquets. Des procureurs courageux ouvrirent des instructions en Silésie, en Bavière et peut-être dans d'autres provinces. Une loi approuvée le 3 juillet par le cabinet affirmait que « toutes les mesures prises le 30 juin, le 1er et le 2 juillet 1934, pour réprimer les actes de haute trahison et d'intelligence avec l'étranger [étaient] de droit comme légitime défense de la part de l'État ». Les magistrats qui avaient engagé des poursuites ne tardèrent à trouver la faille. Ne leur revenait-il pas d'établir ce qui était légitimement absous par la loi et ce qui relevait du droit commun ? Göring et Himmler intervinrent auprès de Hitler. Une liste des coupables exécutés « de droit » fut dressée et communiquée, le 12 juillet, aux plus hauts magistrats du Reich. Les « cas silésiens » avaient été disjoints et des instructions furent diligentées. Certains SS furent incarcérés. U. von Woyrsch menaça de prendre d'assaut la prison de Breslau. Himmler intervint. Les inculpés furent relâchés, puis bénéficièrent, au mois de septembre, de « lettres d'abolition ». Seuls les assassins de Kamphausen furent jugés et condamnés. Gürtner dut finalement s'incliner.

Le ministre des Affaires étrangères n'eut guère à se féliciter de l'affaire Röhm dont les conséquences diplomatiques furent déplorables. Quelques pays approuvèrent l'énergie avec laquelle la « rebellion » avait été écrasée. L'Italie eut des réactions modérées. C'est l'opinion anglaise qui fut le plus choquée. C'était inquiétant car la Grande-Bretagne avait été jusqu'alors assez réticente envers la politique de Barthou, qui menait activement son projet de pacte oriental. Le Auswärtiges Amt n'eut d'autre ressource que de faire sienne la thèse d'une collusion entre Röhm et André François-Poncet. L'ambassadeur s'en trouvait neutralisé et n'obtint satisfaction qu'à la fin du mois d'août. C'était au mieux, pour la diplomatie allemande, un palliatif.

L'opinion publique eut des réactions contrastées. D'abord un soulagement! «Un lâche soulagement!» La seconde révolution n'aurait pas lieu. Mais bientôt, à mesure que l'on découvrait les nouvelles méthodes de la police, on conçut des inquiétudes d'autant plus vives que l'on s'élevait dans les hiérarchies sociales. Un homme aussi considérable de Thyssen, après s'être concerté avec quelques industriels de la Ruhr et de la Basse-Rhénanie, se résolut à demander des explications. Elles lui furent fournies, à ce qu'il semble, par le ministère de la Défense. Le Führer n'avait pu agir autrement. Cela coupait court à tout. Pourtant un malaise persista, car la délation s'était déchaînée. Elle prenait souvent des formes ridicules. À Lahr, dans la plaine badoise, le bourgmestre voulait révoquer J. Demmer, un fonctionnaire municipal subalterne qu'il n'aimait pas. Il l'accusa d'avoir été de connivence avec Gregor Strasser. Demmer était lui aussi membre du Parti. L'affaire grossit sans que l'on puisse dire d'après le très volumineux dossier qui fut le vainqueur.

La SA fut traitée avec une extrême rigueur. Les cadres supérieurs avaient été décimés en Bavière, Saxe, Silésie, Brandebourg, Mecklembourg, Rhénanie... L'épuration administrative prononça des milliers de radiations dont une partie seulement étaient des exclusions infamantes. SS, NSKK, Chef AW devinrent des organisations autonomes. Les services centraux : Ministeramt, Politisches Amt, Presseamt, etc. furent dissous. Le désarmement, confié d'abord à la SS et à la Landespolizei conjointement, puis à la Landespolizei seule et enfin aux cadres de la SA, fut mené pendant des mois avec une minutie extrême sous le contrôle vétilleux du ministère de la Défense. Mais très vite, Hitler, secondé par Goebbels et Göring, dut intervenir pour que la SA, qui demeurait l'armée politique du Führer, ne fût pas pas mise au ban de la nation et même du mouvement.

Les vainqueurs étaient la Wehrmacht, Göring et Himmler. À l'armée était confirmé, de la manière la plus radicale, le «monopole des armes». Pour célébrer ce triomphe, on sabla le champagne dans certains mess. En revanche, les généraux de la Reichswehr se ralliaient sans réticence à la politique intérieure du Reich. Le 5 juillet, Blomberg déclara devant les chefs des grandes unités : «C'était une nécessité inéluctable de frapper non seulement les mutins de la SA, mais de frapper aussi ces milieux que l'on désigne aujourd'hui par le terme de "réaction"». Ce «coup à droite» était nécessaire dans l'intérêt même de la Wehrmacht. Nous devions selon les intentions de ces milieux être entraînés dans un camp qui ne peut être le nôtre. Contre Schleicher et consorts, le coup porté a été d'une extrême violence. Dans l'entourage de Papen, il y a eu une victime. Contre d'autres, des mesures préventives seront prises prochainement, sous une forme atténuée et graduée.» Après avoir entendu de tels propos, pas un général ne sollicita d'être mis en disponibilité ou de faire valoir ses droits à la retraite. Ces techniciens acceptaient, avec le divorce entre l'armée et les conservateurs, la fin d'une tradition qui avait fait la force de la Prusse.

Göring tira de l'aventure quelques satisfactions d'amour-propre. Il fut nommé grand veneur d'Empire. Il aurait sa Luftwaffe. Mais le ministre président de Prusse continuait à perdre de l'influence sur les polices.

Le véritable vainqueur était Himmler. Le 3 juillet, il réunit au 8 Prinz-Albert-Strasse, de 150 à 250 hommes qui s'étaient «distingués» entre le 30 juin et le 2 juillet. Ils furent promus au grade supérieur et reçurent un «glaive d'honneur». Grâce aux opérations de répression, le Reichsführer SS parvint à étendre son influence sur les polices du Reich. De nombreux SA qui occupaient des responsabilités de police avaient été éliminés. Ils furent remplacés par des SS. C'est le Gestapa qui mit sur pied le service liquidateur de l'affaire, le Dezernat S II 1. Il était dirigé par H. Behrends, qui travaillait en accord avec ses homologues, le major Ilges pour le SD, et Gisevius pour le ministère de l'Intérieur. Ainsi, des services indépendants les uns des autres prenaient l'habitude de collaborer avant même que l'unification des polices du Reich ne fût prononcée au profit de Himmler. Et le dessein de celui-ci fut favorisé par l'opportunisme de tous les ambitieux qui sentaient d'où soufflait le vent. Le ralliement de Daluege fut spectaculaire.

De plus, l'armement complet d'une division SS avait été concédé par Blomberg et Reichenau. C'était une brèche dans le «monopole des armes». Himmler ignorait la reconnaissance. Quelques années plus tard, la police laissait Blomberg épouser une femme qui avait été «en carte». Puis, le scandale fut découvert. Le général dut démissionner. Fritsch fut accusé d'homosexualité par un obscur indicateur. Il fut relevé de ses fonctions, puis réhabilité. Les deux généraux se défendirent mollement. Étaient-ils tenus par les compromissions auxquelles ils avaient consenti le 30 juin 1934?

Et pourtant! N'est-ce pas finalement la SA qui eut le dernier mot? En réduisant les fonctions de l'armée brune à l'endoctrinement et à la formation physique, Hitler a été le plus avisé de tous les politiques. C'est parmi ces jeunes gens aux corps musclés et durs, rompus à l'obéissance, portés par un enthousiasme aveugle, que la Wehrmacht fut contrainte de recruter ses cadres subalternes. Eux, ils ont porté sans lutte ni discorde, à l'appel même des militaires, l'esprit nouveau au cœur de la vénérable institution. Qui, parmi ceux qui ont vécu l'année 40, ne se souvient de ces sous-officiers, de ces lieutenants ou capitaines, arborant sur leur vareuse le SA-Sportabzeichen? Leur enthousiasme discipliné par les hécatombes de Pologne, leur entraînement et leur compétence ne furent-ils pas les piliers de la victoire dans la campagne de France? Et ce n'est pas la SS qui déjoua la révolte des généraux le 20 juillet, mais un major sorti du rang qui avait eu vingt ans en 1932. L'événement est symbolique.

*

* *

Tous les historiens qui ont étudié l'affaire Röhm, de Wheeler-Bennett à Marlis Steinert, nous ont offert, à deux réserves près, le même cocktail à la recette simple : une bonne dose de lutte des classes, corsée par une mystérieuse convergence des intérêts du Führer et des conservateurs ou des généraux, et, avec cela, un zeste de barbarie germanique. En soixante ans, la recherche n'a fait que deux progrès. Mau (1953) et Krausnick (1954) ont établi que Röhm et la SA n'avaient pas préparé de putsch. Cela n'expliquait d'ailleurs rien et rendait encore plus incompréhensible le sanglant dénouement de la crise. Bennecke (1962), puis K.-J. Müller (1969) qui, lui, s'appuyait sur un dépouillement systématique des archives militaires, ont montré que la Reichswehr a joué sa propre partition dans ce concert infernal. C'était un progrès, mais toutes les difficultés n'étaient pas levées. Comment le commandant de l'armée de terre pouvait-il être satisfait de la collaboration avec la SA alors que le ministre de la Défense craignait une dévolution du « monopole des armes » à l'armée brune ?

Pour une reconstitution satisfaisante de la crise, il faut faire intervenir quelques concepts nouveaux. Au départ, il y a bien eu une série de désaccords et de frictions provoqués par la collaboration de la SA au réarmement clandestin du Reich. Ces difficultés ont été surestimées de manière démesurée et ne rendaient nécessaire en aucune façon quelque « Nuit des longs couteaux ». Malheureusement, elles ont été reflétées, en 1934, par un miroir déformant : l'opinion publique dans un système totalitaire. Vers la fin de mars, les militaires lancent une rumeur : un conflit sanglant avec la SA est inévitable. Le bruit fut répercuté par la fameuse campagne contre le dénigrement. Les Allemands se persuadèrent que dans le pays et, au sein même du gouvernement, un affrontement encore feutré entre révolutionnaires et conservateurs se dessinait. À l'étranger, ces supputations furent prises pour des certitudes. À ce moment, le moins sérieux de tous les hommes politiques du Reich, Papen, entra en scène. À Marbourg, il dit clairement : pas de seconde révolution, sinon gare à la troisième ! Les nazis s'inquiétèrent. Les militaires aussi. Les premiers craignaient un « coup de torchon » des conservateurs. Les seconds s'interrogeaient. Et si les révolutionnaires l'emportaient ? La SA ne deviendrait-elle pas l'armée de la nation ? Les premiers furent vite rassurés. Papen était un homme seul. Ni Hindenburg ni la Wehrmacht ne le soutenaient. Pour le ministre de la Défense, la réponse n'était pas aussi simple. Les Allemands, les masses allemandes croyaient en Hitler. Aucune combinaison politique n'était concevable sans le Führer. Lui seul détenait la légitimité. C'était donc lui qu'il fallait gagner. Pour parer au péril, les militaires élaborèrent une « intox ». On imagina de persuader Hitler que Röhm avait préparé de s'attaquer à l'armée et... au Führer. On y parvint au terme de dix journées remplies d'intrigues tortueuses, que nous croyons avoir reconstituées. Cette thèse qui bat en brèche les idées reçues est-elle une si grande nouveauté ? Un homme du sérail avait vendu la mèche dès 1951. Foertsch écrivait alors : « Qu'avait fait le commandement de la Reichswehr pour conjurer le danger ? Il n'avait pas fait beaucoup, mais au propre, il avait tout fait. Il avait informé Hitler et s'était assuré des alliés en la personne de Göring et de Himmler. » Mais qui sait encore s'oublier assez, afin de lire dans un texte autre chose que ses propres préjugés ?

Nous ne voudrions pas éluder une dernière réflexion. La reconstitution événementielle de l'affaire Röhm confirme-t-elle ce que l'on appelle pompeusement les «théories» du nazisme? On peut ranger celles-ci en quelques catégories. Les premières sont sociologiques. Pour les marxistes, le fascisme n'a été qu'une phase dans l'histoire de la lutte des classes. D'autres sociologues ont vu dans ce phénomène la mort de l'individu et l'avènement des masses. Les psychologues s'en sont donné à cœur joie avec toutes les ressources de la psychanalyse. Ou bien, au moyen de l'histoire, ils ont inventé un «homme allemand» et barbouillé d'érudition les plus mauvais clichés populaires. Les spécialistes de l'idéologie ont cru trouver dans la doctrine le secret d'un système politique qui se souciait en fait des idées comme d'une guigne et a pratiqué le plus cynique des opportunismes. Les politologues enfin ont multiplié les aperçus ingénieux. Sauer a démontré que le nazisme ne pouvait être révolutionnaire. Fraenkel a mis en valeur le dualisme entre État et Parti. Toutes ces «théories» sont peu adéquates à la nature de la crise telle que nous la décrivons.

En revanche, des concepts essentiels ont été à peine étudiés. L'Allemagne avait été désarmée. La politique de réarmement clandestin dut faire feu de tout bois. Érigé en système, le palliatif conduisait tout droit à une mobilisation totale de la nation. Cela devint la doctrine de l'armée. Les origines de la notion, les conséquences de son application, son rapport avec le totalitarisme ont été à peine effleurés bien que Ernst Jünger ait attiré très tôt l'attention sur un phénomène dont il pressentait l'importance.

On conçoit le nazisme comme une sorte de machine qui aurait broyé un peuple. Il est compréhensible que les Allemands se soient accommodés et s'accommodent encore d'une telle vue des choses qui les disculpe. Pour qui a conservé quelques souvenirs des années 1940-1945, les «résistants» étaient rares dans la Wehrmacht et il ne fait guère de doute que le Parti (ou ce qui en restait) a gardé quelque emprise sur les masses après 1945 jusque que dans les camps de prisonniers de guerre. Propagande et terreur n'expliquent pas tout. Le Führer charismatique tirait ses pouvoirs de l'acclamation populaire. Mais le peuple ne se laissait pas manipuler *ad libitum*. Les «dérapages» de la campagne contre le dénigrement l'ont prouvé. Au cœur de l'homme, le désir de liberté demeure jusque dans la nuit du totalitarisme. En conséquence, notre histoire demeure ouverte.

Enfin il est surprenant que le chef d'État qui était sans doute, en 1934, l'homme le plus puissant de la terre, avec Staline, ne soit pas parvenu à savoir, le 30 juin, si la révolution régnait dans la rue à Munich. Bien des spécialistes, parmi les meilleurs, ont préféré commettre un contresens pour ne pas admettre qu'Hitler avait été manipulé comme il l'a été, tant le résultat leur semblait incongru. Et pourtant, le Führer a été «informé» comme on sait. La manœuvre a été rendue possible par l'organisation des pouvoirs. Dès 1919, la duplicité imposée par le réarmement clandestin était devenue la règle de la vie publique. À partir de 1933, la presse était contrôlée et n'informait plus guère. Privé d'opposition, le Führer savait ce que son cabinet voulait bien lui transmettre ou guère plus. Enfin la volonté du Führer posant la loi, l'avenir apparaissait aussi arbitraire et indéterminé que peut l'être une volonté humaine. Mais, il faut nous interroger. Ces phénomènes rendaient manifeste une tendance propre à totalitarisme : une destruction de l'intelligence au profit d'une tension extrême de la volonté, la foi comme négation de la raison. Cet abêtissement s'exerçait jusque sur des hommes qui échappaient à l'emprise directe du fascisme ou du communisme. Combien de pèlerins de Nuremberg ont été aveugles à la répression policière permanente, aveugles aux camps de concentration, aveugles enfin au fait que tout ce déploiement de puissance était destiné à les écraser ? Combien de pèlerins de Moscou la Rouge ont vu dans le Goulag un progrès du système pénitentiaire, nié les grandes exterminations et ont tiré ou tirent encore fierté de leur cécité ? Combien de pèlerins de l'Allemagne démocratique et socialiste n'ont pas perçu l'évidence qui crevait les yeux, le délabrement de l'habitat, les queues devant les magasins d'alimentation, etc. ? Le XXe siècle n'a-t-il pas été, en politique, à la fois l'ère du cynisme impitoyable et celle du délire onirique ? Ces questions nous ramènent à ce que nous sommes. Le danger aujourd'hui vient-il de l'extérieur ? Ou bien, comme on l'a dit au lendemain de l'écrasement du nazisme : Hitler est-il en nous ?

Ce livre apporte quelques certitudes. Il soulève un bien plus grand nombre d'interrogations. C'est le propre de toutes les vérités humaines.

ANNEXES

Tableau comparatif de l'organisation de la Reichswehr, SA, SS

Reichswehr	*SA*	*SS*
Région militaire (Wehrkreis) ou Division (11230 off. et hom.)	Obergruppe	Oberabschnitt
Subdivision (Wehrgau)	Gruppe	Abschnitt
—	Brigade (15000 h.)[1]	—
Régiment (850/2400 h.)[2]	Standarte (1200/3000 h.)	Idem
Bataillon	Sturmbann (250/600 h.)	Idem
Compagnie	Sturm (au moins 2 Trupp)[3]	Idem
Section	Trupp (3/6 Schar, 20/60 h.)	Zug
Escouade	Schar (4/12 h.)	Gruppe
		Trupp
		Rotte

1. La brigade a été appelée tout d'abord Gausturm, puis Untergruppe.
2. Les chiffres des effectifs de l'armée ont été fixés de manière impérative et détaillée par le traité de Versailles. Le régiment d'infanterie comptait 70 officiers et 2300 hommes de troupe et sous-officiers. Les chiffres respectifs étaient 85 à 1300 pour un régiment d'artillerie, 40 et 800 pour un régiment de cavalerie. Pour la SA et la SS, les chiffres d'effectifs présentaient des différences considérables entre unités équivalentes. Les nécessités pratiques imposaient cependant des limites. Une partie des difficultés de la SA en 1934 tenait à la disproportion des effectifs et de l'encadrement et, par extension, à la médiocrité des cadres.
3. Sturm, Trupp et Schar étaient les seules unités qui avaient une existence réelle. Ces volontaires qui se réunissaient pendant leurs heures de liberté se connaissaient personnellement et connaissaient bien leurs chefs. Les hommes d'une Schar étaient souvent des voisins de quartier ou d'immeuble. Les autres unités avaient surtout une signification administrative.

Tableau d'équivalence des grades de Reichswehr, de la SA et de la SS

	Reichswehr	*SA*	*SS*
Général d'armée	Generaloberst		
Général de corps d'armée	General der Infanterie	Obergruppenführer	Idem
Général de division	Generalleutnant	Gruppenführer	Idem
Général de Brigade	Generalmajor	Brigadeführer	Idem
—	—	Oberführer	Idem
Colonel	Oberst	Standartenführer	Idem
Lieutenant-Colonel	Oberstleutnant	Obersturmbannfüh.	Idem
Commandant	Major	Sturmbannführer	Idem
Capitaine	Hauptmann	Hauptsturmführer	Idem
Lieutenant	Oberleutnant	Obersturmführer	Idem
Sous-lieutenant	Leutnant	Sturmführer	Idem
Adjudant de Cie	Stabsoberfeldwebel	Haupttruppführer	Sturmscharf.
Adjudant-chef	Oberfeldwebel	Obertruppführer	Hauptscharf.
Adjudant	Feldwebel	Truppführer	Scharführer
Sergent-chef	Unterfeldwebel	Oberscharführer	Oberscharf.
Sergent	Unteroffizier	Scharführer	Unterscharf.
—	Hauptgefreiter	—	—
Caporal-chef	Obergefreiter	—	—
Caporal	Gefreiter	Rottenführer	Idem
Soldat de 1re classe	Obersoldat	Obersturmann	Sturmmann
Soldat de 2e classe	Soldat	Sturmann	SS-Mann
(candidats en instance)		SA-Anwärter	SS-Anwärter

Organisation territoriale de la Reichswehr (01-04-1934)

1er corps d'armée (Gruppenkommando), Berlin, von Rundstedt[1],
(1re, 2e, 3e, 4e division)
2e corps d'armée, Cassel, Ritter von Leeb (5e, 6e, 7e division)

Aire géographique	*Région militaire (Wehrkreis) ou Division*	*Subdivision (Wehrgau)*	*Commandant*
Prusse orientale	WK I 1. Div. Königsberg	 Allenstein Königsberg Marienbourg	von Brauchtisch v. Niebelschütz v. Küchler Wodrig
Poméranie Mecklembourg Schleswig-Holstein Lubeck Hambourg	WK II 2. Div. Stettin	 Hambourg Lubeck Schwerin Stettin	v. Bock 1 amiral colonel Hoth Schwandner Gercke
Brandebourg Neumark Silésie	WK III 3. Div. Berlin	 Berlin Breslau Francfort/O. Postdam	v. Witzleben Schaumburg v. Kleist Colonel Haase Keitel
Saxe Province de Saxe	WK IV 4. Div. Dresde	 Dresde Leipzig Magdebourg	List Colonel Raschik Colonel Friderici Colonel Otto
Thuringe, Hesse Wurtemberg Bade	WK V 5. Div. Stuttgart	 Cassel Stuttgart Ulm	Liebmann colonel Osswald Brandt colonel Hahn
Brunswick Hanovre Oldenbourg Brême Westphalie	WK VI 6. Div. Münster	 Brunswick Hanovre Münster	Fleck colonel Schwarznecker v. Gossler colonel Glokke
Bavière	WK VII 7. Div. Munich	 Munich Nuremberg Ratisbonne	Adam Tscherning Stephanus Wäger

1. Divisions et subdivisions étaient commandées, sauf exception, par des généraux. Nous n'avons indiqué le grade que dans les cas qui s'écartaient de la norme.

Organisation territoriale de la SA (11-06-1934)

Obergruppe	*Führer*	*Gruppe*	*Führer*	*Wehrkreis ou Wehrgau*
I. Königsberg	Heinrich Schoene	Ostland (1)	—	I
II. Berlin	Siegfried Kasche	Pommern (2) Ostmark (3)	v. Heydebreck —	II et III Stettin Francfort/O.
III. Berlin	Karl Ernst	Berlin-Brandenburg (4)	—	III Berlin/Postdam
IV. Dresde	—	Sachsen (5) Thüringen (6) Mitte (7)	H. Hayn K. Lasch Schragmüller	IV et V Dresde Cassel Magdebourg
V. Stuttgart	v. Jagow	Südwest (8) Kurpfalz (9)	Ludin Schwitzgebel	V Stuttgart ZD
VI. Hanovre	v. Lutze	Nordsee (10) Niedders-achsen (11)	(suspendu) —	VI Münster Hanovre
VII. Münich	Schneidhuber	Bayer. Ostmark (12) Hochland (13) Franken (14)	Rakobrandt Smid v. Obernitz	VII Ratisbonne Munich Nuremberg
VIII. Breslau	Ed. Heines	Schlesien (15)	—	III Breslau
IX. Coblence	—	Hessen (16) Westmark (17)	Beckerle H. Koch	V et ZD Cassel ZD
X. Dortmund	Schepmann	Westfalen (18) Niederrhein (19)	Schramme Knickmann	VI et ZD Münster ZD
XI. Linz 1934 : Munich	Reschny	Österreich (20)	—	

XII. Hambourg	—	Hansa (21) Nordmark (22)	Fust Meyer-Quadde	II Hambourg et Schwerin Lubeck

Au mois de juin 1934, la SA était en pleine réorganisation territoriale. Tous les postes n'étaient pas pourvus. La « Nuit des longs couteaux » substitua un nouveau plan à celui qui venait d'entrer en application et qui, par conséquent, ne fut jamais entièrement mené à terme.
ZD = Zone démilitarisée.
Dans la colonne « Gruppe », les chiffres entre parenthèses indiquent le numéro d'ordre affecté aux différents Groupes.

GLOSSAIRE

Pour permettre au lecteur de se reporter plus facilement aux ouvrages allemands ou aux sources, nous avons gardé dans le texte les termes originaux désignant titres, corps, fonctions, groupements, ou administrations, ainsi que quelques expression difficilement traduisibles plutôt que de leur substituer des équivalents approximatifs et incertains.

Le lecteur qui ne comprend pas l'allemand trouvera dans ce glossaire l'équivalent ou une périphrase. Pour les grades et les unités de la Reichswehr, SA et SS, il est prié de se reporter aux tableaux comparatifs.

A

Abschnitt : Unité de la SS et du SD.
a.D. : Lit. hors service, ajouté au grade des officiers, ou au titre de certains fonctionnaires retraités.
Allgemeine SS : Lit. SS générale, les unités de bénévoles par opposition aux unités encasernées.
Alter Herr : Lit. vieux monsieur, les «seniors» des corporations d'étudiants, employé pour Hindenburg.
Alte Kämpfer» : Lit. vieux combattants, formule rituelle qui désignait les membres les plus anciens du NSDAP.
Amtmann : Fonctionnaire administrant un Amtsbezirk en Bavière et en Souabe, environ un arrondissement.
Amtsrichter : Juge de première instance aux compétences limitées.
Anhaltelager : Lit. camp de détention, usuel en Autriche avant 1938.
APA - Aussenpolitisches Amt : Lit. Office de politique étrangère, service du Parti dirigé par Rosenberg, rôle insignifiant.
AFü - Artillerie-Führer : Officier commandant l'artillerie d'une division.
Arbeitsgau : Litt. district du travail, correspondait aux Gau.
Arbeitsgauführer : Chef du Service du Travail pour un Gau.
Ausbildung ausserhalb des Heeres : Lit. formation en dehors de l'armée, désignait l'instruction clandestine de la SA.
Ausbildungswesen der SA : Services d'instruction (militaire) de la SA.
Auswärtiges Amt : Lit. Office étranger, le ministère des Affaires étrangères.

B

Baronesse : Baronne avant son mariage, puis «Baronin».
Bayerische Ostmark : Lit. marche orientale de Bavière, Basse-Bavière, désignait un des groupes du VIIe SA-Obergruppe.
BPoPo ou BPP Bayerische Politische Polizei : Lit. police politique de Bavière, la Gestapo bavaroise.
Bayernbund : Approximativement Union bavaroise, parti conservateur et monarchique, supprimé en 1933.
Befehlshaber : Officier exerçant un commandement autonome.
Begleitmannschaft : Détachement d'accompagnement.
Bendlerblock : Lit. le bloc de la rue Bendler, désignait le ministère de la Défense.
Bezirksamtmann : voir Amtmann.
Braunes Haus : Maison Brune, siège du NSDAP (Munich).
Bund : Terme difficilement traduisible : fédération, union, ligue, etc.; l'image la plus exacte est celle du faisceau; les membres d'un Bund étaient unis entre eux et surtout à leur chef par un lien personnel; très employé dans la mouvance nationale-révolutionnaire.
BDM Bund deutscher Mädel : Lit. Bund des jeunes filles allemandes, la branche féminine de la Jeunesse hitlérienne.
Bund ND (Neues Deutschland) : Bund Nouvelle Allemagne, association catholique conservatrice et nationaliste créée après la défaite de 1918.
Bunker : Lit. soute à charbon d'un navire, désignait les locaux dans lesquels la SA incarcérait et torturait ses victimes en 1933.

C

Chef AW Chef Ausbildungswesen : Chef des services d'instruction de la SA, désignait à la fois la personne de Krüger et le service.

D

DAF Deutsche Arbeitsfront : Lit. Front allemand du travail, organisation qui rassemblait salariés et chefs d'entreprise et s'était substituée aux syndicats, dirigé par le Dr Ley.
Deutsche Christen : Lit. Chrétiens allemands; désignait les fidèles qui s'étaient ralliés à une sorte de protestantisme d'État.
DJK Deutsche Jugendkraft : Lit. Force de la Jeunesse allemande; désignait une association catholique qui avant 1933, pratiquait la formation prémilitaire.
Deutsche Staatspartei : Lit. parti d'État allemand, parti démocratique qui résulta d'une scission à l'intérieur du DDP en 1930.
Deutscher Luftsportverband : Lit. Ligue allemande du sport aérien, créée le 25 mars 1933, fédérait tous les clubs et organisations d'amateurs, fournit un camouflage à l'instruction des futurs pilotes de la Luftwaffe.
Deutschlandlied : Désigne l'hymne national.
DHV Deutschnationaler Handlungsgehilfen-Verband : Lit. Association nationale-allemande des employés de commerce, syndicat des employés de commerce, dont certains éléments étaient proches de Gregor Strasser.
DNVP Deutschnationale Volkspartei : Lit. parti populaire national-allemand, ou Nationaux-allemands, parti d'extrême-droite, réactionnaire et antirépublicain qui s'allia avec le NSDAP contre le régime de Weimar, supprimé en 1933.
Deutsch-Völkischer Block : Lit. bloc allemand «raciste», regroupement des groupuscules extrémistes après l'échec du putsch de Munich (1923), disparaît à la fin de l'année 1924.

Dezernat : Ressort ou bureau de la compétence d'un fonctionnaire subalterne, voir Sonderdezernat.

E

Erbprinz : Prince héritier.

F

Fahrabteilung : Échelon divisionnaire motorisé de transport.
Feldherrnhalle : Bâtiment construit à Munich entre 1841-44 sur le modèle de la Loggia dei Lanzi (Florence) à la gloire des chefs de guerre bavarois, devant lequel le putsch de 1923 fut brisé par la police. C'était devenu un des hauts lieux du culte nazi.
Feme : Signifie à l'origine châtiment; le Femegericht ou tribunal de la Sainte-Vehme ou tribunal des francs-juges était peut-être une très ancienne institution germanique qui, au Moyen-Âge, jugeait les coupables ayant échappé à la justice ordinaire; désigna, entre 1918 et 1930, les meurtres commis par les nationalistes contre les Allemands soupçonnés de pactiser avec l'étranger.
Fliegersturm : Lit. Sturm ou compagnie d'aviation; les volontaires du Deutscher Luftsportverband étaient organisés militairement.
Forschungsamt : Lit. Office de recherches, service des écoutes téléphoniques.
Frauenschaft : Voir NS-Frauenschaft.
Freiherr : Baron d'Empire.
Freikorps : Lit. corps franc, ou plutôt corps de volontaires, les Freikorps étaient des unités régulières, composées de volontaires recrutés par un chef, pour le compte de la Reichswehr; le lien personnel entre le chef et ses hommes étaient très étroit.
Freikorpsführer : Commandant d'un Freikorps.
FAD Freiwilliger Arbeitsdienst : Service volontaire du Travail.
Frontbann : Lit. le ban du front, nom donné par Röhm à un Wehrverband regroupant les éléments de la SA après l'interdiction de 1923.
Führer : L'emploi du terme est d'origine militaire, il désignait un «meneur d'hommes», à tous les échelons de la hiérarchie; après 1918, il fut repris par les chefs des Freikorps, puis par le NSDAP qui en fit un usage quasiment mystique; au singulier, sans autre qualification, le Führer était Hitler; en composition : SA-Führer, SS-Führer, Reichsführer, Sanitätsführer, Wirtschaftsführer (chef d'entreprise), il signifiait un grade, une situation sociale ou une fonction; l'usage suggérait une sorte d'unification politique de tous les pouvoirs au sein de la société.
Führerprinzip : Cette unification reposait sur le Führerprinzip; un responsable devait assumer toute l'autorité qu'il détenait, sans aucune défaillance, en revanche une obéissance absolue lui était due; c'était la théorie.
Führerzimmer : Bureau du Führer dans la Maison Brune.
Führung : Commandement, direction.
Führungsamt : Lit. Office de commandement, l'état-major de la OSAF.
Funktionär : Terme par lequel on désignait les permanents salariés des partis et des syndicats avant 1933.

G

Gau : À l'origine, le territoire contrôlé par le chef d'une tribu germanique; la plus importante des divisions territoriales et administratives du NSDAP; correspondait approximativement aux Land ou aux provinces prussiennes.
Gauleiter : Lit. directeur d'un Gau.

Gauleitung : Lit. direction du Gau; désignait tantôt les services tantôt le bâtiment dans lequel les services étaient logés.
Gauwart : Responsable d'un service, le plus souvent financier, à l'échelon du Gau.
Geheimrat : Conseiller privé, titre honorifique.
Gemeindevollzugspolizei : Police municipale.
General der Infanterie : Grade de la Reichswehr.
Generalleutnant : *Id.*
Generalmajor : *Id.*
Generaloberst : *Id.*
General Präses : Président général, titre de l'ecclésiastique dirigeant, au niveau national, des organisations de jeunesse.
Generalstaatskommissar : Lit. commissaire d'État général, titre de G. Kahr lorsque, muni des pleins pouvoirs, il gouverna la Bavière, sans le parlement, en 1923.
Gestapa Geheimes Staatspolizeiamt : Office de la police secrète d'État, la centrale de la police politique installée à Berlin au 8 de la Prinz-Albrecht-Strasse; il convient de la distinguer des services des provinces prussiennes ou des services des différents Lander.
Gestapo Geheime Staatspolizei : Police secrète d'État ou police politique, désigne l'ensemble des services.
Gleichschaltung : Lit. rendre égal, désigne le processus totalitaire de prise de contrôle de toutes les fonctions sociales par le NSDAP à partir de 1933.
Grenzkommando : Détachement (de surveillance) des frontières.
Grenzschutz : Lit. protections des frontières, dispositif clandestin de mobilisation et de défense territoriale établi par la Reichswehr le long des frontières avec la Pologne et la Tchécoslovaquie.
Gründerjahre : Lit. années des fondateurs, désigne la période de prospérité (1871-1873) qui suivit la fondation de l'Empire allemand.
Gruppenführer : Grade de la SA et SS.
Gruppenkommando : Corps d'armée.
Gruppenstaffelführer : Führer d'un échelon (cavalerie, aviation, etc.) de Groupe.

H

Hauptsturmführer : Grade de la SA et SS.
Heer : Armée de terre.
Heeresleitung : Commandement de l'armée de terre; le commandant portait le titre de Chef der Heeresleitung.
HWa Heeres-Waffenamt : Office d'armement de l'armée de terre, une sorte d'état-major des fabrications militaires.
Heimatbund : Lit. Union du pays natal, organisation conservatrice et monarchiste.
Heimwehr : Lit. Défense de la nation, le principal Wehrverband autrichien.
Hellweg : Voie très ancienne qui traverse la Ruhr d'est en ouest.
Herrenhaus : Lit. Chambre des Seigneurs, première chambre de Prusse avant 1918; située au 3-4 de la Leipzigerstrasse, abritait en 1934 différentes institutions, notamment le Staatsrat.
Herrenklub : Lit. Club des Seigneurs, en fait un club très conservateur dont l'importance politique a été très surestimée.
Hilfspolizei : Police auxiliaire constituée, le 22 février 1933, par ordonnance de Göring, d'éléments de la SA, SS et du Stahlhelm, dissoute le 15 août, par ordonnance du 8 août.
Hilfwerkslager : Lit. camp d'assistance de la SA; leur importance a été surestimée de manière incompréhensible par la Reichswehr et par les historiens; l'effectif n'a guère dépassé 10000 hommes pour l'ensemble du Reich.
HJ Hitlerjugend : Jeunesse hitlérienne.
HJ-Gebietsführer : Führer d'un district, correspondait au SA-Gruppe.

HJ-Unterbannführer : Grade de la HJ correspondant à SA-Sturmbannführer.
Hochland : Lit. Haut-Pays, la Haute-Bavière, désignation d'un SA-Gruppe (Munich).
Horst-Wessel-Lied : Chant de Horst Wessel, un SA-Sturm-führer, grièvement blessé le 14.01.1930, décédé à la suite de ses blessures le 23.02.1930; auteur de ce chant (1929) qui devint l'hymne de la SA, du Parti et enfin le second hymne national.

I

Infü Infanterieführer : Commandant de l'infanterie d'une division.

J

Jungdeutscher Orden : Lit. Ordre des Jeunes Allemands; un Bund fondé par Mahraun qui a parfois flirté avec le régime de Weimar; dissous en 1933.
Jugendsport : Lit. sport de jeunesse, voir SA-Sport.
Jungstahlhelm : Lit. Jeune Casque d'Acier, voir Stahlhelm.
Junker : Étymologiquement jeune seigneur, prince héritier, puis, dans certaines régions d'Allemagne, synonyme de noblesse terrienne; dès le milieu du XIXe siècle; le terme a reçu des connotations polémiques et désignait l'aristocratie réactionnaire de Prusse; dans l'historiographie française et dans l'historiographie marxiste en général, le terme est employé, non sans une note péjorative pour gros propriétaire foncier noble, agrarien.

K

Kaiser-Wilhelm-Gesellschaft : Société «Empereur Guillaume», fondée en 1911 pour favoriser le développement des sciences, finançait et administrait un certain nombre d'instituts se consacrant à la recherche.
Kapitän : Capitaine de vaisseau.
Kernstahlhelm : Lit. le noyau du Stahlhelm, voir ce terme.
Klingelpütz : La prison de Cologne.
Knappe : Mineur de fond.
Kommandantur : Bureau de la place.
Kommandeur : Commandant d'un bataillon, régiment ou d'une division.
Kommandeur der politischen Polizei aller Länder : Commandant de la police politique de tous les Land; titre porté par Himmler à partir d'avril 1934.
Kommando : Terme aux significations multiples : commandant, ordre ou détachement chargé d'une mission.
Kommunallandtag : Diète des assemblées communales; institution propre à la province prussienne de Hohenzollern.
Kraftfahr-Abteilung : Échelon divisionnaire motorisé, l'embryon des divisions d'infanterie portée et des Panzerdivision.
Kraftfahrwesen der SA : Lit. services motorisés de la SA, voir NSKK.
Kreis : Lit. cercle, division administrative qui correspond à l'arrondissement.
Kriminalrat : Lit. conseiller criminel, commissaire divisionnaire.
Kripo Kriminalpolizei : Police judiciaire.
Kroll-Festsäle : Salles des fêtes de Kroll, établissement berlinois.
Kronprinz : Prince de la couronne, prince héritier.
Kulturkampf : Lit. lutte pour la culture, désigne la politique menée par Bismarck contre l'ultramontanisme.
Kumpanei : Néologisme formé sur Kumpan (copain), approximativement la bande.
Kyffhäuserbund : Lit. union du Kyffhäuser : le Kyffhäuser est une montagne du Harz où, caché dans une caverne profonde, l'empereur Barberousse dormira jus-

qu'à ce que le Reich, l'Empire soit rétabli; le Bund avait été fondé en 1873; en 1934 il était avec 3 millions d'adhérents la plus importante association d'anciens combattants.

L

Land : Désignation des États fédéraux qui composaient le Reich : Prusse, Saxe, Bavière, etc.
Landeshauptmann : Lit. capitaine du Land; en Prusse, directeur des administrations provinciales autonomes, ne relevant pas de l'État, p.e. administrations communales.
Landeskriminalamt : Office de police judiciaire du Land, service central ayant autorité sur toute la police judiciaire du Land.
Landesleiter : Lit. directeur du Land, responsable du Stahlhelm.
Landesleitung : Direction régionale.
Landespolizei : Lit. police du Land, police encasernée créée par Göring.
Landesstellenleiter : Lit. directeur du service du Land, responsable d'un service régional de propagande.
Landesschutz : Lit. Défense territoriale, appareil de mobilisation et d'instruction des réserves clandestines, à ne pas confondre avec Landesverteidigung ou Défense nationale.
L-Offizier : Officiers du Landesschutz.
Landesschutzoffizier : Officiers du Landesschutz.
Landesverband : Subdivision régionale (Stahlhelm).
Landrat : Fonctionnaire administrant un Kreis, correspond à sous-préfet.
Landsturm : Première réserve.
Landtag : Diète du Land, le parlement des différents États fédéraux : Prusse, Saxe, etc.
Landwehr : Deuxième réserve.
Leibstandarte : Lit. régiment de garde, unité de la SS affectée spécialement à la garde du Führer; elle avait été désignée auparavant comme Verfügungstruppe, troupe d'intervention.
Luftschutzkorps : Corps de défense passive.
Luftwaffe : Lit. arme aérienne, désignait l'aviation militaire.

M

Majorsecke : Lit. le tournant du commandant, expression imagée qui désignait le tournant décisif d'une carrière militaire puisque, pour accéder aux grades supérieurs ou généraux, il fallait franchir ce tournant décisif.
M-Beauftragter : Lit. chargé de mission M (militaire?), subordonnés du Chef AW employés au renseignement.
M.frw.A. Meldeamt für freiwilligen Arbeitsdienst : Lit. Bureau de recrutement pour le Service volontaire du Travail, camouflage des services du Landesschutz.
Militäranwärter : Soldats de métier libérés de leurs obligations postulant un emploi civil réservé.
Ministeramt : Lit. Office ministériel, cabinet du ministre de la Reichswehr.
Ministerialdirektor : Fonctionnaire dirigeant une direction ou une division d'un ministère.
Motor-SA : SA motorisée.
Motor-Brigade : Brigade motorisée.
Motor-Standarte : Standarte (régiment) motorisé.
Motorsturm : Sturm (escadron) motorisé.
Münster : Nom donné dans certaines régions aux cathédrales.

N

NSBO Nationalsozialistische Betriebszellenorganisation : Organisation des cellules d'entreprise nationale-socialiste.
NSDAP Nationalsozialistische Deutsche Arbeiterpartei : Parti ouvrier national-socialiste allemand.
NSDFB Nationalsozialistischer deutscher Frontkämpfer Bund : Union nationale-socialiste allemande des combattants du front, désignation officielle du Stahlhelm après le 28.03.1934.
NS-Frauenschaft : Organisation des femmes nationales-socialistes.
NSKK Nationalsozialistisches Kraftfahrkorps : Corps motorisé national-socialiste, voir Kraftfahrwesen der SA.

O

Oberabschnitt : Lit. secteur principal, corps et division territoriale de la SS et du SD.
Oberabschnittsleiter : Directeur d'un Oberabschnitt, fonction du SD.
OB Oberbürgermeister : Bourgmestre d'une Kreisstadt (ville formant un cercle autonome.
Oberführer : Grade de la SA et SS.
Oberkommando (der Wehrmacht) : Commandement suprême de la Wehrmacht.
Obermusikmeister : Chef de musique (militaire).
Oberpräsident : Lit. président supérieur, fonctionnaire administrant une province (Prusse).
Oberregierungsrat : Lit. conseiller de gouvernement, conseiller d'administration de la 1re classe.
Oberscharführer : Grade de la SA et SS.
Obersturmbannführer : *Id.*
Obersturmführer : *Id.*
Obertruppführer : *Id.*
Organisationsleiter : Lit. directeur de l'administration, désignait tous les responsables du NSDAP placés sous les ordres du Führer, chargés de l'organisation, à l'exception des services du personnel et de la formation.
OSAF Oberste SA-Führung : Lit. Commandement suprême de la SA (Munich), comprenait différents offices : Führungsamt, Zentralamt, Personalamt, etc.
Osthilfe : Lit. assistance à l'Est, programme d'aide à l'agriculture des provinces orientales de Prusse qui, à la suite de malversations financières, provoqua un scandale en 1932.

P

Personalunion : Cumul de deux ou plusieurs fonctions par une même personne.
Pfarrernotbund : Lit. Union d'assistance des pasteurs, organisation créée en 1933 par Martin Niemöller pour s'opposer à la « normalisation » du protestantisme.
PG Parteigenosse : Lit. camarade du Parti, terme calqué sur le « Genosse » des partis marxistes, désignait tous les adhérents du NSDAP, surtout employé comme abréviation.
Pimpf : Membre de la Jeunesse hitlérienne.
PO Politische Organisation : Tous les services politiques du NSDAP, par opposition aux services du personnel, de la formation et aux organisations annexes : RAD...
Politisches Amt : Lit. Office politique, service diplomatique du ministre d'État Röhm.
Polizeigruppe General Göring : Lit. groupe de police « Général Göring », régiment de police encasernée, stationné à Berlin.

Präsidium : Siège des services et résidence d'un Oberpräsident ou d'un Regierungspräsident.
Pressestelle : Service de presse.
Preussenschlag : Coup d'État de Prusse (20.07.1932) qui permit à Papen de destituer le gouvernement légal.
Preussenhaus : Lit. Maison de Prusse, le siège du Landtag.
Provinziallandtag : Lit. Diète provinciale, assistait le Oberpräsident (Prusse).
Prüfungsstelle : Service de vérification (des fabrications militaires).

R

RAD Reichsarbeitsdienst : Service du Travail du Reich (à partir de 1933).
Regierungsbezirk : Subdivision administrative de la province.
Regierungspräsident : Lit. président du gouvernement, fonctionnaire administrant un Regierungszbezirk, correspond au préfet.
Regierungsrat : Lit. conseiller de gouvernement, conseiller d'administration.
Reichsfrauenführerin : Responsable nationale de la NS-Frauenschaft.
Reichsjugendführer : Führer de la Jeunesse du Reich, B. von Schirach.
Reichsführer SS : Führer national de la SS, H. Himmler.
Reichsleiter : Lit. directeur du Reich (national) terme collectif pour désigner les responsables nationaux du NDSAP.
Reichssportführer : Führer du sport du Reich, Tschammer von Osten.
Reichsstatthalter : Lit. vicaire d'empire, représentant permanent du chancelier d'Empire et du gouvernement central auprès des gouvernements des Land.
Reichsverband Deutscher Offiziere : Union d'empire des officiers allemands; association d'officiers très conservatrice.
Reichsverteidigungsrat : Conseil de la Défense du Reich.
Reichszwischenbefehlsstelle : Lit. échelon de commandement intermédiaire du Reich, désignait l'état-major du Grenzschutz à l'ouest.
Reiterführer : Commandant d'une unité de cavalerie dans la SA et SS.
Revier : District, îlot ou le bassin minier de la Ruhr.
Revierpolizei : Police en uniforme affectée à un district.
Ritter : Chevalier.
Rollkommando : Troupe d'intervention motorisée.
Rottenführer : Grade de la SS.
Rüstungsplan : Plan de réarmement (clandestin), deux plans ont été élaborés entre 1926 et 1930.

S

Sanitätsführer : Officier du service de santé de la SA et SS.
SA Sturmabteilung : Section d'assaut.
SA-Bevollmächtigter : Chargé de mission de la SA auprès des administrations.
SA-Hochschulamt : Office universitaire de la SA.
SA-Sport ou Wehrsport : Préparation ou instruction militaires.
Jugendsport : Lit. sport de jeunesse, jusqu'à 14 ans.
Geländsport : Lit. sport de terrain, jusqu'à 17 ans.
SA-Sport : Sport de la SA, au-dessus de 18 ans.
SA-Sportabzeichen : Insigne sportif de la SA.
Scharführer : Grade de la SA et SS.
Schill-Jugend : Jeunesse de Schill (un héros de la résistance à Napoléon), une sorte de Wehrverband.
Schützen-Standarte : Régiment de tirailleurs de la SA.

Schutzhaft : Lit. détention préventive, en fait internement administratif prononcé par la Gestapo.
Schutzpolizei : Lit. police de protection, unités fortement militarisées de la police en uniforme.
Schwarze Front : Lit. Front Noir, fraction organisée par Otto Strasser.
Schwarze Reichswehr : Lit. Reichswehr Noire, au propre désignation des forces clandestines de la 3e division, par extension toutes les réserves clandestines.
SD Sicherheitsdienst : Lit. service de sécurité, le service de renseignement du Parti, organisé par Heydrich.
Sicherheitspolizei : Lit. police de sécurité, la première forme de la Schutzpolizei, interdite par les Alliés.
Sonderbeauftragter : Chargé de mission spéciale.
Sonderbüro : Bureau spécial.
Sonderdezernat : Service chargé d'une mission particulière.
SS Schutzstaffel : Lit. échelon de protection.
Staatspolizeileitstelle : Lit. service directeur de la police d'État, échelon intermédiaire entre Gestapa et le suivant.
Staatspolizeistelle : Lit. service de la police d'État, rattaché à l'administration d'un Regierungsbezirk.
Staatsrat : Lit. Conseil d'État, en fait assemblée représentative des provinces en Prusse.
Stab : État-major.
Stabschef : Chef d'état-major, titre réservé à Röhm.
Stabsführer : *Id.*, en usage dans les unités de la SA et SS.
Stabsleiter : *Id.*, en concurrence avec le précédent.
Stabswache : Garde d'état-major.
Stadtverordnetenversammlung : Lit. Assemblée des élus municipaux, organe représentatif qui n'existait que dans le Land Hohenzollern.
Stahlhelm : Casque d'Acier, le plus important des Wehrverband.
Stahlhelmer : Membre du Stahlhelm.
Stahlhelmführer : Führer du Stahlhelm.
Standarte : Régiment de la SA ou SS.
Stellvertreter : Lit. lieutenant, désignait en général un adjoint, sans aucun qualificatif «Der Stellvertreter désignait Hess.
Sturm : Compagnie de la SA ou SS.
Sturmbann : Bataillon de la SA ou SS.
Sturmbannführer : Grade de la SA ou SS.

T

Truppführer : Grade de la SA ou SS.
Truppenamt : Lit. Office des troupes, l'état-major de l'armée de terre.
Turn-und Sportabteilung : Lit. section gymnique et sportive, première désignation de la SA.

U

Umbau : Lit. reconstruction, remaniement, transformation, désigne un plan intermédiaire (après le 1er et le 2e Rüstungsplan), conçu par Schleicher, fut mis en application partiellement en 1933.
Uradel : Noblesse d'extraction.
USCHLA Untersuchungs und Schlichtungsausschuss : Commission d'enquête et de conciliation, le tribunal du Parti.

Untergruppe : Échelon intermédiaire entre Gruppe et Standarte dans la SA, n'était plus en usage en 1934.
Unterrichtsgemeinschaft : Lit. Communauté d'enseignement, désignait en Bavière un groupe d'instruction militaire composé de SA ou autres volontaires.
Unterscharführer : Grade de la SS.

V

Verband : Unité opérationnelle, bataillon, régiment ou division.
Verfügung : Arrêté ou circulaire d'application.
Verfügungstruppe : Troupe d'intervention, a désigné d'abord la garde personnelle d'Hitler, puis certaines unités SS.
VGAD Verstärkter Grenzeaufsichtsdienst : Service de surveillance renforcée des frontières, désignait à l'ouest le Grenzschutz.
Vorschlag : Lit. proposition, projet, désignait l'ensemble des règles régissant la collaboration entre SA et Reichswehr.

W

Wachtruppe : Troupe de garde (des camps de concentration).
Wehrgau : Subdivision militaire.
Wehrgauführer : Commandant d'une subdivision.
Wehrgauleitung : Commandement d'un Wehrgau.
Wehrmachtamt : Voir Ministeramt.
Wehrpolitisches Amt : Lit. Office de politique militaire, service de la SA qui n'eut aucune signification.
Wehrsport : Voir SA-Sport.
Wehrverband : Lit. corps de défense, désignait les associations d'anciens combattants qui participaient au Grenzschutz et au Landesschutz et servaient de couverture à la reconstitution de réserves clandestines; le plus important était le Stahlhelm.
Wehrwolf : Lit. le loup armé, le loup-garou, un Wehrverband.
Westmark : Lit. marche occidentale, désignait un SA-Gruppe.

Z

Zentralamt : Lit. Office central, le secrétariat général de la OSAF.
Zentralstaatsanwaltschaft : Lit. Parquet central, créé afin de poursuivre les délits et crimes politiques, avait son siège à Berlin.

BIBLIOGRAPHIE

I. Sources

a) Archives

Contrairement à ce qui a été souvent affirmé, tous les documents se rapportant à l'affaire Röhm n'ont pas été détruits. Il existe des pièces administratives de toutes sortes et, notamment dans les archives régionales, des télégrammes de police grâce auxquels il est possible de reconstituer la répression. Les fonds les plus importants sont : *Bundesarchiv* (Coblence) séries R 43, R 53, NS 17, NS 23, Zsg. 101. *Bundesarchiv/Militärarchiv* (Fribourg en Br.) séries RH, Wo 1-5, WK VII, WK XIII, *Landespolizei. Archiv des Auswärtigen Amtes* (Bonn) *Geheimarchiv* et rapports de l'ambassadeur Köster. *Zentralarchiv* (Mersebourg) Rep. 77. tit. 4043. Nr. 483.

Archives régionales : Berlin (*Geheimes preussisches Staatsarchiv*) différentes listes de détenus. Brême (3-N. 7, Nr. 93). Coblence (Best. 403.441.475.717). Detmold (D 70, L 76, M1 I, P. M2). Dusseldorf (Reg. Aachen. Reg. Düsseldorf. RW 18, 34, 35, 58). Hanovre (Hann 180, Lün III, XXX, Nds 721). Karlsruhe (Abt. 233, 465). Kiel (Sign. 33 124/125). Marbourg (série SA). Munich HStA (MA 106 670). Munster (série SA). Oldenbourg (Best. 136 Nr. 2878). Osnabruck (Rep. 430. 439. 450). Sigmaringen (Rep. 2 Ho 235, Wü 65/4). Wiesbaden (Abt. 408. 483).
Le journal de G. von Krausser est conservé aux archives municipales de Deux-Ponts.
Document Center (Berlin) dossiers personnels des SA et SS.
Zentrale Stelle der Landesjustizverwaltungen (Ludwigsbourg). Dossiers d'instructions concernant les meurtres du 30 juin.

b) Instituts

Le *Institut für Zeitgeschichte* de Munich possède une série de documents de valeur inégale :
– Des témoignages recueillis après la guerre et classés sous la rubrique ZS. Certains sont d'excellente qualité. Beaucoup doivent être utilisés avec circonspection.

– Les notes prises par le général Liebmann pendant les conférences d'état-major (ED1/1-2). C'est un document irremplaçable.
– Des photocopies et microfilms de documents d'archives (FA et MA).
– Les actes d'accusation et sentences des différents procès se rapportant à l'affaire Röhm.
La *Friedrich-Ebert-Stiftung* (Bonn) possède le journal de V. Lutze.
La *Forschungsstelle für die Geschichte des Nationalsozialismus* (Hambourg) possède le journal de Krogmann.

c) Presse

Le journal de référence est naturellement le *Völkischer Beobachter*, mais le dépouillement systématique de la presse régionale (nous avons consulté environ 150 titres) est d'une grande utilité. Ces quotidiens fournissent des comptes-rendus, voire le texte intégral des discours prononcés ainsi que des reportages sur les grandes manifestations. On y trouve aussi à glaner de nombreuses informations importantes : par exemple la date à laquelle a été annoncé le congé de la SA, plus de deux mois avant le 30 juin. Parmi la presse étrangère, nous ont été utiles *Le Temps, The Times* et surtout la *Neue Zürcher Zeitung*.

d) L'opinion

Dans ce travail, l'étude de l'opinion allemande au cours du premier semestre de 1934 a tenu une grande place. Il est hasardeux de se fier aux allégations tardives des acteurs ou des spectateurs de ce drame. Mais nous possédons deux séries de documents d'une valeur irréfutable : 1. les rapports des *Regierungspräsident, Oberpräsident*, éventuellement des services de police, 2. les dépêches des diplomates en poste à Berlin (DDF, DBFP, FRUS). Ce sont des témoignages contemporains et ils n'étaient pas destinés à la publicité.

e) Sources imprimées

Akten der Reichskanzlei, Teil I 1933-1934, Boppard 1983, 2 Bde.
Akten zur deutschen auswärtigen Politik, Serie C, Göttingen 1971 sqq.
Domarus, *Hitlers Reden*, Munich 1965, 4 Bde.
Horkenbach, *Das deutsche Reich von 1918 bis heute*, Berlin 1930 sqq.
Keesing-Archiv, 1931, 1932, 1933, 1934, Wien 1932 sqq.
Procès des grands criminels de guerre, Nürnberg 1949, 42 v.

II. Travaux

a) Mémoires

Cette littérature, très abondante, est en général de qualité médiocre, mais fournit maints détails, parfois significatifs. Parmi les publications les plus importantes, nous signalerons les ouvrages de : Aloisi, Erwin von Aretin, P. Bor (Halder), A. Bronnen, H. Brüning, R. Diels, Dr Otto Dietrich, Th. Duesterberg, H. Foertsch, A. François-

Poncet, W. Görlitz (Keitel), E. Hanfstaengl, R. Höss, H. Hoffmann, P. Kleinewefers, E. von Manstein, Dr Otto Meissner, V. Müller, F. von Papen, Dr Henry Picker, H. Rauschning, E. Röhm, E. Röhricht, G. Rossbach, E. von Salomon (*Die Kadetten, Die Geächteten* et *Der Fragebogen*), F. Sauerbruch, F. von Schaumburg-Lippe, W. Schellenberg, R. Scheringer, B. von Schirach, P. Schulz, L. Graf von Schwerin von Krosigk, H.-G. Seraphim (Rosenberg), Martin H. Sommerfeldt, A. Speer, H. Speidel, H. Springer (H. Fritzsche), Otto Strasser, Treviranus, F.G. von Tschirschky.

b) L'Allemagne et le nazisme avant 1933

Il existe de nombreuses synthèses :

ERDMANN K.D., «Die Zeit der Weltkriege» in Gebhardt, *Handbuch der deutschen Geschichte*, Stuttgart 1954, Bd. IV.
EYCK Erich, *Geschichte der Weimarer Republik*, Erlenbach-Zürich 1954/59, 2 vol. Juriste, Eyck a été un témoin de l'histoire qu'il raconte.
SCHWARZ A., «Die Weimarer Republik» in L. Just, *Handbuch der deutschen Geschichte*, Konstanz 1958, Bd. IV, Abt. III, à notre avis, n'a pas été dépassé.
BRACHER K.D., *Die Auflösung der Weimarer Republik*, Villingen 1955 (1978, livre de poche). Capital pour les dernières années de la république de Weimar.
BROSZAT Martin, *Die Machtergreifung*, DTV München 1984. Histoire du parti nazi jusqu'en 1933.
MÖLLER Horst, *Weimar die unvollendete Republik*, DTV München 1985.

En français, on préférera :

CASTELLAN G., *L'Allemagne de Weimar 1918-1933*, Paris, 1969.
BARIÉTY J. et DROZ J., *République de Weimar et Régime hitlérien 1918-1945, L'Allemagne*, t. III, Paris, 1973.
BADIA G., *L'Allemagne contemporaine, Paris, 1962*, t. I.

c) L'Allemagne nazie

La littérature est encore plus abondante que pour la période précédente. Nous signalerons quelques grandes synthèses :

ERDMANN K.D., «Deutschland unter der Herrschaft des Nationalsozialismus 1933-1939» in Gebhardt, *Handbuch der deutschen Geschichte*, Stuttgart 1954, 1959, 4e édit. (édition de poche DTV München, 1980), Bd. 4.
HOFER W., «Die Diktatur Hitlers» in L. Just, *Handbuch der deutschen Geschichte*, Konstanz 1965, Bd. IV, Abt. 4.
BRACHER K.D., SAUER W., SCHULZ G., *Die nationalsozialistische Machtergreifung*, Köln/Opladen, 1960.

En français, outre les ouvrages déjà cités de G. Badia (t. 2) et de J. Bariéty et J. Droz :

STEINERT M.G., *Hitler et l'Allemagne nazie. L'Allemagne nationale-socialiste 1933-1945*, Paris, 1972.
BROSZAT M., *L'État hitlérien* (trad. de l'allemand), Paris, 1985.
BRACHER K.D., *La Dictature allemande* (trad. de l'allemand), Toulon, 1986.

d) La SA

Elle a été relativement peu étudiée. Il existe quelques monographies régionales d'auteurs anglo-saxons ou allemands : R. Bessel, J.M. Diehl, O. Domröse, J.H. Grill, D.W. Mühlberger, etc. Quelques ouvrages généraux :
BENNECKE H., *Hitler und die SA*, München, 1962.
MERKL Peter M., *The Making of a Stormtrooper*, Princeton, 1980.
FISCHER C., *Stormtroopers. A Social, Economic and Ideological Analysis 1929-1935*, London, 1983.
LONGERICH P., *Die braunen Bataillone Geschichte der SA*, München, 1989.
Il manque une bonne biographie de E. Röhm. L'ouvrage de J. Mabire, *Röhm L'homme qui inventa Hitler*, Paris, 1983, se lit agréablement, mais est dépourvu de toute valeur critique.

e) L'armée

La liste des travaux consacrés à la *Reichswehr* et à la *Wehrmacht* est sans fin. L'ouvrage de référence a été publié, sans aucune modification, sous deux titres différents :
Handbuch zur deutschen Militärgeschichte, München, 1978, Bde. VI et VII.
Deutsche Militärgeschichte, München, 1983, Bde 3 et 4. La politique générale de la NSDAP envers la Reichswehr a été définie par :
HITLER A., *Mein Kampf*, München, 1938, 360/364ᵉ édition, pp. 578-612.
VOGELSANG Thilo, *Reichswehr, Staat und NSDAP Beiträge zur deutschen Geschichte 1930-1932*, Stuttgart 1962. L'ouvrage n'a pas été remplacé. À notre avis, il doit être corrigé sur trois points : 1) À partir de 1931, Hitler s'est écarté, de propos délibéré, de la ligne de conduite définie dans *Mein Kampf*. Il a mis la SA à la disposition de la *Reichswehr*. Une lettre de Bormann à Hess, en date du 5 octobre 1932 (texte intégral in J. von Lang, *Der Sekretär*, Berlin, 1990, 3ᵉ édit., pp. 449 sqq.) est parfaitement explicite; 2) Cette collaboration a été estimée par le commandement militaire plus hautement que ne le suppose Th. Vogelsang; 3) Au mois de janvier 1933, l'attitude du commandement de l'armée de terre nous semble avoir été moins radicalement hostile à Hitler que ne le dit Vogelsang. À défaut de Schleicher, le chancelier Hitler apparaissait comme un moindre mal. D'ailleurs, Hitler s'était engagé, à la demande de l'armée, à ne pas intervenir dans les questions militaires, qui relevaient de la compétence du ministre de la Défense et du président du Reich. On oublie enfin que le «nazi» Blomberg a été nommé ministre avec l'agrément de Hindenburg.
MÜLLER Klaus-Jürgen, *Das Heer und Hitler Armee und nationalsozialistisches Regime* 1933-1939, Stuttgart 1969. Après Bennecke (*Die Reichwehr und der "Röhm-Putsch"*, München, 1964), Müller a démontré de manière irréfutable, en s'appuyant sur une riche documentation, que l'armée n'a jamais eu le souci de défendre les positions politiques des conservateurs, mais de préserver son «monopole de la défense nationale» qui resta une chasse gardée, tout en hâtant dans la mesure du possible le réarmement d'abord clandestin de l'Allemagne. L'auteur, spécialiste de l'histoire militaire, a été moins hardi dans le domaine proprement politique et s'en est tenu à la thèse d'une convergence des intérêts des généraux et de Hitler qui, nous dit-il, aurait craint un accroissement de la puissance de Röhm et de la SA.
En français :
BENOIST-MÉCHIN J., *Histoire de l'armée allemande*, Paris, 1964, t. III. Hélas! c'est

jusqu'à ce jour le seul travail d'ensemble en français. Pour le 30 juin, l'auteur a repris, à la lettre, la version des faits donnée par Goebbels et Hitler.
CASTELLAN G., *Le Réarmement clandestin du Reich 1930-1935. Vu par le 2e Bureau de l'État-Major Français*, Paris, 1954. Dans un domaine limité, essentiel. En comparant avec la documentation devenue accessible après la guerre, on s'aperçoit que le 2e Bureau a constamment surestimé les préparatifs clandestins et notamment l'importance militaire de la SA, mais en revanche sous-estimé de manière désastreuse le potentiel industriel et la capacité de mobilisation du IIIe Reich.

f) Les polices

Il manque une bonne histoire des polices allemandes de 1933 à 1945.
G. Schulz a traité, dans la 2e partie de l'ouvrage déjà cité de Bracher, Sauer, Schulz, de la Gleichschaltung de l'exécutif.
ARONSON S., *Reinhard Heydrich und die Frühgeschichte von Gestapo und SD*, Stuttgart, 1971. Documenté et sûr!
GRAF C., *Politische Polizei zwischen Demokratie und Diktatur*, Berlin, 1983. Complète l'ouvrage précédent. On y trouvera toute une série de biographies critiques des principaux responsables de la Gestapo.
DESCHNER G., *Reinhard Heydrich Statthalter der totalen Macht Biographie*, Esslingen, 1977. Bien documenté et d'une lecture facile.
En français :
DELARUE J., *Histoire de la Gestapo*, Paris, 1962. Sur l'affaire Röhm, l'auteur s'est malheureusement contenté de reprendre sans le moindre examen critique, un certain nombre d'idées reçues. Par exemple, il cite un nazi (?), selon lequel il y aurait eu 71 victimes. À notre connaissance, personne n'a avancé ce chiffre. Peut-être est-ce une mauvaise relecture de notes manuscrites, car, selon Hitler, il y aurait eu 77 victimes?
CALIC Éd., *Heydrich l'homme clef du IIIe Reich*, Paris, 1985. L'auteur a beaucoup d'imagination; cela l'a dispensé de prendre en considération les travaux allemands les plus sérieux, notamment ceux de K.-J. Müller.

g) La justice

GRUCHMANN L., *Justiz im dritten Reich 1933-1940*, Munich, 1987. Cet ouvrage capital permet de comprendre un aspect essentiel de la «Nuit des longs couteaux». Environ 2500 personnes avaient été arrêtées dans des formes contraires à la légalité. Les familles s'adressèrent très souvent aux parquets pour savoir ce qu'étaient devenues les personnes arrêtées. Dans de nombreux cas, les magistrats diligentèrent une instruction. La situation était intenable pour le gouvernement. Par une décision d'autorité, on désigna les exécutions qui, en conformité avec la loi du 3 juillet, devaient être considérées comme «de droit». Les magistrats, procureurs et procureurs généraux, en furent informés le 12 juillet. C'est l'origine de la fameuse «liste officielle des victimes» sur laquelle Bennecke fut le premier à attirer l'attention. Malgré cela, quelques procureurs passèrent outre, par des artifices de procédure, jusqu'à ce qu'ils fussent rappelés à l'ordre.

h) L'incendie du Reichstag

De nombreux auteurs ont expliqué et continuent d'expliquer, au moins partiellement, la «Nuit des longs couteaux» par l'incendie du Reichstag. Elle aurait été le prétexte ou l'occasion de faire disparaître les incendiaires recrutés dans la SA, qui seraient devenus des témoins gênants. Dès 1934, c'était la thèse W. Münzenberg, dont on sait aujourd'hui qu'elle était une construction forgée pour les besoins de la cause. Elle a été réfutée de manière convaincante par F. Tobias. Un «comité international» domicilié à Luxembourg tenta à cor et à cri de la ressusciter et ne réussit qu'à provoquer des querelles stériles. Les principaux ouvrages sont les suivants :
TOBIAS F., *Der Reichstagbrand Legende und Wirklichkeit*, Rastatt, 1962.
HOFER, CALIC, GRAF, ZIPFEL, *Der Reichstagsbrand Eine wissenschaftliche Dokumentation*, München, 1972/1978, 2 vol.
BADIA G., *Feu au Reichstag . L'acte de naissance du régime nazi*, Paris, 1983.
BACKES, JANSSEN, JESSE, KÖHLER, MOMMSEN, TOBIAS, *Reichstagsbrand Aufklärung einer Legende*, München/Zürich, 1989.
Le débat a laissé les Allemands passablement indifférents. Les éditeurs de Hofer, tout comme de Backes, ont dû solder leur stock comme «livres neufs d'occasion». Nous n'aurions pas signalé ce qui fut une polémique acharnée, livrée parfois dans l'enceinte des tribunaux, tant il apparaît que l'incendie du *Reichstag* et l'affaire Röhm n'ont aucun lien, si la thèse ne continuait de s'affirmer dans des ouvrages de vulgarisation et si le public français n'ignorait encore aujourd'hui à peu près tout de cette querelle allemande. Pour donner un exemple des absurdités auxquelles Hofer et consorts en sont réduits, Karl Ernst, chef des incendiaires, est, nous dit-on, arrêté en compagnie de son aide de camp (autre incendiaire) par Gildisch (troisième incendiaire). On fusille Karl Ernst pour le faire taire. L'aide de camp est maintenu en détention seulement pendant quelques mois. Et qui dirige l'exécution de Karl Ernst? Gildisch bien sûr! Comme cela, le secret ne pouvait être que bien gardé.

i) L'affaire Röhm

Les deux premières études scientifiques sont :
MAU Hermann, «Die zweite Revolution Der 30. Juni 1934», in *Vierteljahreshefte für Zeitgeschichte*, München, 1953.
KRAUSNICK Helmut, «Der 30 Juni 1934 Bedeutung Hintergrund Verlauf» in *Das Parlament*, Beilage «Aus Politik und Zeitgeschichte» B XXV/54.
Les deux auteurs ont montré de manière convaincante que Röhm et la SA n'avaient pas préparé de putsch contre l'armée et Hitler. Pourquoi donc cette purge?
Dans l'ouvrage de K.D. Bracher, W. Sauer, G. Schulz (3e partie), Sauer a donné une étude magistrale des rapports de la SA et de la Reichswehr. Mais ce travail comporte deux défauts. G. Sauer s'efforce de répondre à une question que l'histoire n'a pas posée : une deuxième révolution, socialisante, était-elle possible dans l'Allemagne nazie? Et l'historien fait preuve, ici et là, d'une touchante ingénuité qui limite la portée de sa critique. Par exemple, W. Sauer n'hésite pas à déclarer que le chef de l'*Abwehr* ne pouvait être mêlé à cette sombre affaire, car, allègue-t-il, c'était un trop honnête homme!... Nous avons déjà dit ce que H. Bennecke et K.-J. Müller ont apporté à notre compréhension de la crise. Depuis lors la recherche n'a pas fait de progrès. La plus récente analyse a été donnée par Mme Marlis Steinert, *Hitler*, Paris, 1991. L'information est remarquablement précise. C'est Mme Steinert qui donne l'estimation la plus approchée du nombre des victimes : 89 (83 figurant sur la liste

officielle + Kamphausen + le critique musical W. Schmidt + quatre «marxistes» détenus à Dachau qui auraient «approuvé» l'action de Röhm). Elle ignore le cas de Kurt Moser. Précision qui tranche sur les évaluations des autres témoins ou historiens : Gisevius de 150 à 200 (chiffres repris par Mau et Krausnick); Delarue «un millier sans doute»; J.B. Duroselle, idem; G. Badia 1076; Rossif, dans un «documentaire» célèbre, 2000 SA (il y en eut 51)! Cependant pour l'essentiel, l'historienne reste fidèle à la thèse reçue : conflit entre conservateurs et révolutionnaires, pressions des généraux sur Hitler et convergence des intérêts des militaires et du Führer. C'était déjà la thèse de Charles Bloch, *La Nuit des longs couteaux*, Paris, 1967.

Il faut signaler quelques récits. L'un d'entre eux a une importance particulière :

GISEVIUS H.-B., *Jusqu'à la lie*, Paris, 1946/1948. L'auteur a dirigé, au ministère de l'Intérieur de Prusse, le service liquidateur du 30 juin. Il avait pour homologue, à la Gestapo, le fameux Behrends. Il était fort bien renseigné, mais son récit doit être lu à la loupe, car l'auteur a réussi à métamorphoser des rivalités de services en opposition au régime. Jusqu'à sa mort, Gisevius, témoin de l'accusation à Nuremberg, est parvenu à se faire passer pour un résistant de la première heure.

HÖHNE Heinz, *Mordsacje Röhm Hitlers Durchbruch zur Alleinherrschaft*, Hamburg, 1984. Remarquablement documenté, le livre est intéressant moins par le dessein d'expliquer, à partir de la crise, l'instauration d'un régime véritablement totalitaire, que par une conclusion annexe qui contredit d'ailleurs l'affirmation de «totalitarisme» absolu. En faisant le récit des événements, l'auteur a été, à de nombreuses reprises, conduit à constater que Hitler n'avait pas pu avoir ordonné tous les meurtres.

En français :

GALLO Max, *La Nuit des longs couteaux*, Paris, 1970.

j) Quelques thèmes de recherche

L'affaire Röhm est doublement énigmatique. Pourquoi cette purge, certes, mais aussi pourquoi les historiens ont-ils si longtemps tergiversé? alors qu'il existait un témoin privilégié, H. Foertsch, dès 1951? L'armée, disait-il, avait tout fait. Après s'être assuré la complicité de Himmler et de Göring, elle avait «informé» Hitler des menaces qui pesaient sur lui. Puis, la décision de sévir ayant été prise, l'armée n'avait plus rien fait ou presque. Les militaires s'étaient tenus en réserve. C'était clair. Mais il ne suffit pas de montrer quelles ont été les défaillances de nos prédécesseurs, il faut encore en expliquer les causes. Il y a eu des raisons psychologiques. Après le 20 juillet 1944, l'armée semblait incarner, en ses meilleurs éléments, une des rares traditions intactes de l'histoire allemande. Fallait-il annuler ce dernier recours contre les maléfices d'une histoire récente? C'était aussi le moment où la RFA, pour retrouver les prérogatives de la souveraineté nationale, devait, sous la pression de ses nouveaux alliés, se réarmer. Il aurait été inopportun de diffamer les cadres de la future Bundeswehr. Enfin il était commode de rejeter sur cette entité indéfinissable, «les nazis», tous les crimes de l'Allemagne. L'auteur a rencontré de très nombreux Allemands ayant participé ou assisté à cette tragédie. Deux d'entre eux se souvenaient d'avoir été nazis. Un très haut gradé de la SS n'hésita pas à nous déclarer : nous n'avions rien à voir avec le nazisme; nous n'étions que des soldats. Comment avons-nous pu être aveugles à ce point, entre 1940 et 1945, en ne comprenant pas que la Wehrmacht était composée d'opposants au régime?

Ces explications psychologiques demeurent insuffisantes. Un homme comme notre vieil ami, aujourd'hui disparu, Helmut Krausnick, était d'une honnêteté rigoureuse et d'une lucidité parfaite. Les défaillances des interprétations tenaient aussi, tenaient surtout aux défauts de l'outillage conceptuel. Pour analyser convenablement la crise, il faut faire intervenir quatre notions qui n'ont pas été élucidées et définies de manière satisfaisante.

a) «Mobilisation totale». La formule a été employée par Ernst Jünger dans *Die Totale Mobilmachung*, Berlin, 1931 (essai repris dans *Blätter und Steine*, Hamburg, 1934) et a été longuement analysée dans *Der Arbeiter*, Hamburg, 1932, ouvrage capital qui n'est toujours pas traduit en français. Elle a été réutilisée par Hermann Rauschning, *Die Revolution des Nihilismus*, Zürich, 1938 (*La Révolution du nihilisme*, Paris, 1939 et 1990). La mobilisation totale a d'abord été un expédient afin de rassembler, malgré les interdictions du traité de Versailles, toutes les ressources disponibles. Mais l'idée d'une totalité opératoire, qui donnait une puissance supérieure à toute autre, n'était pas un produit de circonstance et correspondait à des tendances profondes de l'époque. On sent chez les généraux de la Reichswehr un véritable plaisir intellectuel à concevoir une organisation sans faille de toute la jeunesse allemande en vue de la guerre totale. Devant une solution aussi «élégante», pour employer le langage des mathématiciens, les scrupules moraux se sont tus. Il reste à faire l'archéologie du concept, à en mesurer le champ d'application réel dans l'Allemagne nazie et à en calculer les conséquences ultérieures.

b) «Le chef charismatique et son peuple». La formule est de Max Weber («Die reinen Typen der legitimen Herrschaft» in *Gesammelte Aufsätze zur Wissenschaftslehre*, Tübingen, 1968, 3e édit., p. 481.488. Ce texte a été publié pour la première fois en 1922, après la mort de Weber). Hitler a été considéré comme un chef charismatique, mais l'on s'est contenté de ressasser la formule plutôt que de la creuser. Il est vrai qu'en juin 1934, au moment où de nouvelles combinaisons gouvernementales commencent à être échafaudées à Berlin, leurs auteurs s'accordent sur un point. Le chancelier ne saurait être que Adolf Hitler. Il est comme le roi dans une partie d'échecs. Sans lui, toutes les configurations sont privées de sens. Malheureusement, les recherches, nombreuses, ont été préjudiciées par une question qui était dépourvue de signification historique. Comment cela a-t-il été possible? Elle était logiquement irrecevable, car elle présupposait que les contemporains de la prise du pouvoir connaissaient l'issue. Cela n'est pas sans rappeler l'anecdote selon laquelle l'employé de l'état-civil se serait levé lorsque le comte Hugo déclara la naissance d'un fils prénommé Victor, et l'aurait félicité d'être le père d'un génie. Quant au fond, la question interroge sur la capacité de l'homme à faire le Mal. Cela relève de la morale, de la théologie, non de l'histoire. Les seules questions qui aient un sens historique sont les suivantes : que voyaient les Allemands en Hitler? qu'attendaient-ils de lui? L'important est ailleurs. L'introduction d'une figure charismatique dans le jeu politique n'en simplifie pas les règles, contrairement à ce que l'on a cru. La philosophie simple du marteau et de l'enclume n'a pas de place ici. Les généraux doivent gagner Hitler. Ils ont besoin d'alliés. Ceux-ci ne donnent pas leur soutien sans contre-partie : un sévère coup de semonce aux conservateurs. Le *Führer*, à son tour, ne doit pas décevoir les attentes qui ont été mises en lui. C'est une double sujétion. Hitler est contraint d'assumer toutes responsabilités. Ainsi, il s'interdit de sanctionner les abus de pouvoir de certains exécutants. Peut-on encore parler d'une «forme de pouvoir légitime»? Parmi les très nombreux ouvrages consacrés à ces questions, nous citerons :

Geschichte und Psychoanalyse, hrsg. v. H.-U. Wehler, Köln, 1971.

Horn W., *Führerideologie und Parteiorganisation in der NSDAP*, Düsseldorf, 1972.

Der «Führerstaat» Mythos und Wirklichkeit, hrsg. v. G. Hirschfeld und L. Kettenacker, Stuttgart, 1981.

c) L'opinion. Les études sur l'opinion en Allemagne, sous la nazisme, innombrables, sont de trois sortes : 1. études des instruments de manipulation de l'opinion, la propagande et la terreur; 2. études, historiques, psychologiques ou psychanalytiques, de la vulnérabilité de «l'homme allemand» à la propagande; 3. études des réactions de la population allemande, dans une situation donnée, d'après les rapports des fonctionnaires d'autorité. À l'exception des dernières qui fournissent un matériau brut, elles ne nous ont été d'aucune utilité.
L'analyse de la crise du 30 juin, sans préjugés, ruine le postulat sur lequel reposent toutes ces théories. Même dans un système totalitaire, l'opinion n'est pas une cire molle à laquelle les gouvernants imposent leur empreinte. Elle garde une spontanéité qui échappe à tout embrigadement. Mais sa fonction sociale n'est plus de porter un jugement, plus ou moins adéquat, sur la situation et les événements, elle est de secréter une représentation fictive qui se substitue à la réalité et finit par s'imposer à tous. Telle est l'histoire de la «seconde révolution». Dans ce domaine, tout est à reprendre, en utilisant d'ailleurs les disciplines déjà énumérées. Il faudrait partir d'un travail comme *La Rumeur d'Orléans*, d'Edgar Morin.
d) Pouvoir politique et organisation administrative. Il est apparu tout au long de ces pages, notamment dans le récit des difficultés entre SA et Reichswehr d'une part, dans celui de la répression d'autre part, qu'une des faiblesses du régime tenait à la difficulté de traduire la décision politique en termes d'exécution ou de gestion. L'ouvrage classique de E. Fraenkel, *Der Doppelstaat*, Frankfurt/Main, 1974, voit la raison de ce vice constitutif dans la dualité État/Parti. Dans le cas que nous avons examiné, cette dualité n'a pas eu les effets diagnostiqués par Fraenkel. Sauf exception, toutes les polices ont accepté de coopérer à une opération qui apparaissait comme dirigée par la SS. Les militaires n'ont pas eu grand-peine, semble-t-il, à faire taire leurs scrupules. Un seul conflit notable mérite d'être mentionné. La magistrature a eu du mal à se subordonner à la police. Ce fut un conflit symptomatique. Il n'opposait pas les fonctionnaires de l'État aux représentants du Parti. Il se jouait dans l'âme et conscience des magistrats. Pouvait-on demeurer juge du droit lorsque la loi devenait un argument ou un expédient de circonstance? Ce qui était en cause, ce n'était plus «le pouvoir injuste de la loi», mais la soumission à l'anarchie, à l'anomie, ou bien son rejet. De ce mépris du droit, le régime a tiré une efficacité immédiate qui a valu au système bien des admirateurs parmi ceux qui le considéraient de l'extérieur, mais cette efficacité était, à long terme, ruineuse pour la société, car aucun schéma d'organisation ne remplacera l'expression d'une volonté commune, même lorsque celle-ci repose, pour une bonne part, sur ses éléments fictifs. Par là, le nazisme se distingue d'une dictature conservatrice et réactionnaire comme le franquisme. En Espagne, la loi était au service d'une classe, elle n'en constituait pas moins une règle. Dans le nazisme, fondé sur l'acclamation populaire et l'adhésion des masses, il n'existait pas de maxime de l'action gouvernementale. La volonté du Führer posait la loi. Tout devenait possible. L'ouvrage de Gruchmann constitue une bonne introduction, mais ne mesure pas, nous semble-t-il, toutes les conséquences politiques de ce système.

Note de l'auteur : Ce livre était sous presse lorsque *Der Spiegel* (n° 31, 27.7.1992) a publié le *Journal* inédit de Goebbels du 27 juin au 6 juillet 1934. Ces notes, non destinées à la publication, confirment point par point notre analyse des réactions de Hitler : scepticisme masqué devant les démarches pressantes et ambiguës de l'armée, tergiversations jusque dans la matinée du 29, nécessite d'un coup à droite pour parer une éventuelle troisième révolution dont Papen avait brandi la menace, obligation de légaliser après coup les exécutions (environ 60, selon Goebbels), etc. Une seule correction : le ministre de la Propagande n'aurait pas eu à supplier pour participer à cette « action virile »; c'est Hitler qui lui aurait demandé de venir à Godesberg.

INDEX

Les noms de Hitler et de Röhm qui reviennent à chaque page n'ont pas été retenus ni ceux des personnages secondaires.

TABLE DES MATIÈRES

TROISIÈME PARTIE

LE DISCOURS DE MARBOURG

QUATRIÈME PARTIE

LE «FUEHRER» EST MANIPULÉ

CINQUIÈME PARTIE

LA RÉPRESSION